KB213131

제일철학 1

Erste Philosophie
Erster Teil: Kritische Ideengeschichte

by Edmund Husserl

Published by Acanet, 2025

한국연구재단총서
Academic Library of NRF
학술명저번역 669

제일철학 1
비판적 이념사

Erste Philosophie

Erster Teil: Kritische Ideengeschichte

에드문트 후설 지음
박지영 옮김

아카넷

일러두기

1. 이 책은 1956년에 후설 전집(Husserliana) 제7권으로 출간된 *Erste Philosophie*(1923~1924) 1권을 완역한 것이다. 단, 원서이 편집자 무돌프 뵘(Rudolf Boehm)의 해설과 주석은 한국어판에 옮겨 싣지 않았다.
2. 원서의 본문에서 자간을 달리하여 강조한 내용은 볼드체로 표시했다.
3. 옮긴이가 독자의 이해를 돕기 위해 보충한 내용은 대괄호로 묶었다.
4. 각주는 대부분 옮긴이가 단 것이며, 원주인 경우에는 별도로 '원주'라고 표시했다.

차례

1권 비판적 이념사

1부 플라톤의 철학 이념에서부터
    데카르트에서 그 이념의 근대적 현실화가 시작되기까지
    | 11

2부 로크의 자아론 시도의 시작원리와
    그것이 제기하는 지속적 문제들 | 111

3부 버클리와 흄, 그리고 독단적 합리론을 통해
    현상학의 회의적 예비 형태가 형성됨 | 195

논문 | 273

부록 | 393

찾아보기 | 592

2권 현상학적 환원의 이론

1부 철학의 필증적 시작에 대한 사전 성찰

2부 세속적 경험에 대한 비판. 초월론적 환원으로의
    첫 번째 길

3부 현상학적 환원의 현상학에 대하여.
    초월론적 환원을 위한 두 번째 길의 개시

4부 현상학적 심리학, 초월론적 현상학과 현상학적 철학

논문

부록

옮긴이 해제

찾아보기

상세 차례 | **1권 비판적 이념사**

1부 플라톤의 철학 이념에서부터 데카르트에서
　　그 이념의 근대적 현실화가 시작되기까지 | 11

1장　철학의 이념과 그 역사적 유래 | 13

　　1강　현상학에 제일철학의 발전 형태를 부여하는 역사적 과제에 대
　　하여 | 13

　　2강　플라톤의 변증술과 철학적 학문의 이념 | 24

2장　논리학의 정초와 형식. 명제적 분석론의 한계 | 32

　　3강　정합성 혹은 일치성의 논리학으로서의 아리스토텔레스-스토아
　　의 전통 논리학 | 32

　　4강　보충: 분석적 수학으로서의 정합성의 보편적 논리학, 형식 존재
　　론의 상관적 취급 방식, 그리고 진리의 논리학의 문제에 대하여 | 41

3장　소피스트적 회의를 통해 야기된, 인식하는 주관성에 대한
　　최초의 숙고 | 51

　　5강　이념 인식의 발견과 그리스에서의 철학적, 합리적 학문의 시작 |
　　51

　　6강　플라톤의 변증술의 이념에 함축된 인식 이론에 대한 요구 | 58

　　7강　인식하고 일반적으로 수행하는 주관성에 관한 학문으로서의 논
　　리학의 완전한 이념—진리의 논리학—에 대한 체계적인 밑그림 | 67

4장　주관성에 관한 학문의 역사적 시작 | 76

　　8강　아리스토텔레스의 심리학 정초와 심리학 일반의 근본 문제 | 76

　　9강　회의주의. 철학의 역사에서 회의주의의 '불멸성'의 원천적 의미.
　　데카르트의 결정적 조치 | 83

10강 데카르트적 성찰 | 91

11강 초월론적 학문에 대한 최초의 실제적 개관. 데카르트의 성찰로
부터 로크로의 이행 | 100

2부 로크의 자아론 시도의 시작 원리와
그것이 제기하는 지속적 문제들 | 111

1장 로크의 시야가 근본적으로 제한되었던 것과 그 이유 | 113

12강 객관주의의 소박한 독단주의 | 113

13강 경험론의 선입견. 인식론에서의 심리학주의 | 125

14강 진정한 직관적 의식 학문의 형성을 저지하는 동기가 된 근대 자
연과학의 모범성 | 132

2장 로크의 연구에 숨어 있는 진정한 지속적 문제틀의 비판적
규명 | 143

15강 내재의 문제와 의식에서의 종합적 통일의 문제 | 143

16강 의식의 종합적 자아-대상 극화에서 의식의 종합이 지닌 내재적
내용의 비실재성과 상호주관성의 문제. 버클리의 로크 비판에 대한
논평 | 154

17강 '외재성'의 구성에 관한 물음에 대하여: 지각에서 사물의 자체소
여라는 데카르트적 명증 | 162

3장 순수 의식에 관한 형상적 학문의 이념을 놓친 지표로서의
경험주의의 추상 이론 | 176

18강 보편적 본질의 직관적 자체소여를 오인함 | 176

19강 직관 관념을 확장할 필요성 | 183

3부 버클리와 흄, 그리고 독단적 합리론을 통해
현상학의 회의적 예비 형태가 형성됨 | 195

1장 로크로부터 버클리의 순수 내재적 철학의 급진적 귀결로 |
197

20강 로크와 그 후계자들을 통한 회의주의 부활의 긍정적인 역사
적 의미 | 197

21강 버클리의 발견, 그리고 실재적 세계의 구성 문제를 자연주의
적으로 오해함 | 206

22강 버클리의 모나드론적 단초. 라이프니츠와의 비교. 흄으로 넘
어감 | 211

2장 흄의 실증주의: 회의주의의 완성, 그와 동시에
초월론적 근본학의 결정적 준비 단계를 완성함 | 218

23강 모든 관념을 인상으로 환원한 흄의 유명론적 환원과 이러한
원리의 불합리 | 218

24강 의식 학문의 필수적 형상학과 흄의 귀납적-경험적 객관주의
| 230

25강 흄에게서 구성의 문제, 그러나 그것은 완전한 회의주의로 끝남
| 238

3장 근대의 합리주의와 형이상학 | 250

26강 근대 합리주의와 그 독단론의 실정적으로 건설적인 노선의
특징 | 250

a) 초월론적 근본학의 결여로 인해 미래의 진정한 형이상학의 준비가
어떻게 방해받았는지를 개관함 | 250

b) 기회 원인론 이래 합리주의적 구축에서의 역진적 절차에 대한 비판

적 논평. 전진적 탐구의 과제 | 257

27강 형이상학과 인식론에 관하여. 라이프니츠의 모나드론과 칸트

의 이성 비판의 의미 | 261

논문 | 273

철학적 문화의 이념: 그리스 철학에서 그 이념이 최초로 싹틈 | 275

칸트의 코페르니쿠스적 전환과 그러한 전환 일반의 의미 | 281

칸트와 초월론적 철학의 이념: 1924년 5월 1일 프라이부르크 대학

교 칸트 축제를 위한 강연의 사유를 확장하여 재현함 | 308

엄밀한 학문 이념의 역사적 발생이 아닌 이념적 발생의 문제 | 380

부록 | 393

부록 1 루트비히 란트그레베가 작성한 개요 | 395

부록 2 철학의 이념을 설립함에 대하여 | 406

부록 3 철학의 정의 | 414

부록 4 이론적 관심의 보편적 경향과 철학의 시작 | 417

부록 5 파르메니데스에서 플라톤으로의 발전 추이에 관한 소견 |

425

부록 6 그리스적 근원 사고방식을 통해 철학에 부과된 문제들 |

428

부록 7 플라톤과 이념 수학의 정초 | 446

부록 8 플로티노스의 이론에 대한 주해 | 448

부록 9 쿠자누스의 본질 직관론 | 451

부록 10 데카르트와 회의 | 453

부록 11 데카르트 비판의 어려운 점 | 462

부록 12 데카르트에서 흄에 이르는 근대적 자아론의 길과 잘못 든 길 | 477

부록 13 현상학의 발전에서 데카르트, 로크, 라이프니츠, 브렌타노의 의의에 대하여 | 486

부록 14 흄의 원칙 | 488

부록 15 흄과 칸트, 칸트의 선험적 종합 판단의 문제와 그 해결 도식에 대한 이의 제기 | 489

부록 16 칸트의 인간학적 이론에 맞서서 | 500

부록 17 칸트의 사실 개념 | 514

부록 18 칸트와 라이프니츠의 비판에 대하여 | 516

부록 19 칸트는 정말로 인식 비판의 근본 문제에 집중했는가? | 534

부록 20 칸트의 초월 철학과 나의 초월론적 현상학의 대결에 대하여 | 542

부록 21 칸트와 독일 관념론 철학 | 563

부록 22 칸트 이후의 철학에 대한 발췌와 메모 | 584

찾아보기 | 592

1부

플라톤의 철학 이념에서부터
데카르트에서 그 이념의
근대적 현실화가 시작되기까지

1장

철학의 이념과 그 역사적 유래

1강 현상학에 제일철학의 발전 형태를 부여하는 역사적 과제에 대하여

'제일철학'은 알려져 있다시피 **아리스토텔레스**가 철학의 한 분과의 이름으로 도입한 것이지만, 아리스토텔레스 이후 시대에 우연히 사용된 '형이상학'이라는 표현을 통해 밀려나게 되었다. 내가 아리스토텔레스가 만들어낸 이 표현을 다시 받아들인다면, 나는 바로 이 표현이 잘 사용되지 않는다는 바로 그 점으로부터 다음과 같은 이점을 끌어내게 된다. 즉 '제일철학'이라는 표현은 우리에게 다만 문자 그대로의 의미만을 일깨우지, 역사적 전승의 다양한 침전물은 일깨우지 않는다. 이 침전물은 형이상학이라는 모호한 개념으로서 이전 시대의 다양한 형이상학적 체계에 대한 기억을 혼란스럽게 서로 뒤섞고 만다.[1] 이러한 문자 그대로의 의미는, 본래 이 용어가 어떻게 만들어졌는지에서 잘 이해될 수 있듯이, 나중에야 비로소 분명히 정의될 문제 내용을 지니는 분과학문이 실현해야 할 이론적 의도를 형식적으로 미리 그려보는 것으로서 한때 기능했다. 우리의 강의를 바쳐야 할 저 학문이 그 문제 형태에 있어서 아리스토텔레스의 제일철학의 문제 형태로부터 얼마나 멀어지든 간에, 저 형식적 미리 그려봄은 우리에게 탁월하게 기여할 수 있을 것이다. 그 때문에 우리는 이 단어를 넘겨받아서 여기에서부터 우리의 최초의 숙고를 이어나갈 수 있을 것이다.

제일철학 — 이 단어의 말 그대로의 의미에서 읽어내야 하는 것은 무엇인가? 명백히도 그것은 전체성과 완전성에 있어서 철학을 형성하는 철학들 일반 가운데 첫 번째 철학이 되는 하나의 철학이어야 할 것이다. 학문들은 자유로운 결합과 임의에 따라서 질서를 받아들이는 것이 아니라 자

⁝

1 아리스토텔레스는 '존재로서의 존재를 탐구하는 학문'을 첫 번째 학문이라는 의미에서 '제일철학(πρώτη φιλοσοφία)'이라고 불렀다(아리스토텔레스, 『형이상학』 IV, 1, 1003 a 21). 이를 우리는 존재자 일반의 제1의 원리와 원인을 탐구하는 학문이라고 이해할 수 있을 것이다. 아리스토텔레스가 제일철학을 다룬 저술은 '형이상학(Metaphysica)'이라고 불리게 되었는데, 이 명칭은 아리스토텔레스 자신이 붙인 것이 아니다. 이 명칭은 이 저술이 기원전 1세기경 안드로니코스에 의한 전집 편찬에서 자연학에 관한 책 다음에 놓임으로써 '자연학 다음의 책(τὰ μετὰ τὰ φυσικά)'이라 불린 데서 유래했다. 이때 'meta'라는 말은 '무엇의 뒤'라는 뜻 이외에 '무엇을 넘어서'라는 뜻으로도 이해됨으로써 형이상학은 경험의 세계에서 변동하는 것을 넘어 그 배후에 존재하는 것 일반의 궁극적 원인을 연구하는 학문이라는 뜻으로 자리 잡게 된다. 그러나 '형이상학'이라는 말은 철학사를 거치면서 매우 다양한 의미로 사용되게 된다. 형이상학은 기본적으로는 '존재하는 실재의 본성에 관한 고찰'이라는 존재론의 의미를 지니지만, '초감각적이거나 초현상적 실체들에 대한 학', '제1의 원리들을 다루는 사변적으로 세워진 철학적 체계', '인간의 삶의 의미에 대한 궁극적 물음들을 다루는 것' 등 매우 다양한 의미를 지니게 됨으로써 그 뜻이 대단히 불명료해지게 된다. 또 형이상학의 분야는 중세를 거치면서 수많은 독단적 사변들로 어지럽혀지기도 했다. 그래서 후에는 그 말의 뉘앙스가 '사변적이다', '추상적이다', '뜬구름 잡는 소리 같다'와 같이 상당히 부정적인 어감을 지니게 되기도 하였다. 여기서 후설은 '형이상학'이라는 말에 침전된 이러한 다양한 의미들이 '형이상학'이라는 학문의 본래적 의미를 혼란스럽게 하는 데 반해, '제일철학'이라는 명칭은 이러한 불필요한 혼란과 오해 없이 '형이상학'이라는 학문이 갖는 본래적인 의미와 위상을 보다 명확하게 드러내주는 말로서 유용하다고 이야기하고 있다.

기 자신 안에 질서를, 그러니까 질서의 원리를 지니기 때문에 제일철학은 당연히 '그 자체로', 즉 내적인 본질 근거에서 첫 번째 철학인 것을 의미한다. 이 경우 제일철학은 가치와 지위에서 첫 번째 것이라고 생각될 수 있다. 비유하자면 철학의 지성소(至聖所)를 자기 안에 지니는 것이다. 반면에 그 밖의 '두 번째' 철학들은 필요한 전 단계들, 비유하자면 저 지성소의 전실(前室)을 뜻해야 할 것이다. 그러나 제일철학의 다른 의미가 있을 수도 있고, 심지어 본질 근거에서 더 쉽게 이해되는 의미가 있을 수도 있다. 어쨌든 저 의미가 여기에서 우리가 우선시하는 의미다. 학문은 목적 활동적 작업에서 발원하는 작업 형성물이다. 목적의 통일체는 귀속하는 목적 활동성의 합리적 귀결에서 질서의 통일체를 산출한다. 모든 학문은 독자적으로 끝없이 다양한 정신적 형성물을 제공한다. 이들을 우리는 진리라고 부른다. 그러나 학문의 진리는 연관 없이 쌓아 올려진 것이 아니다. 상관적으로, 학자의 행위가 진리를 개별적으로 계획 없이 추구하고 산출하는 것이 아니다. 모든 개별적 산출물들은 더 높은 주도적 목적 이념 아래에 놓이고, 궁극적으로는 학문 자체의 최상위 목적 이념 아래에 놓인다. 형성하는 작업에 이를 통해 규칙이 미리 그려지듯이, 모든 개별적 진리들은 체계적인 형태, 즉 그것들에 각인된 목적론적 형태를 취한다. 확고한 질서 속에서 개별 진리들이 더 아래, 그리고 더 위의 목적 형식의 진리 연합물 속에 들어선다. 개별 진리들은 가령 추론, 증명, 이론과 결합된다. 그리고 최상위에서는 전체 학문에 이론의 이념적 전체 통일체가 속한다. 이것은 무한히 계속 추구하는 학문 속에서 무한히 확장되고 계속해서 더 높이 형성되는 보편적 이론의 이념적 전체 통일체다.

우리가 철학을 물론 학문으로 생각하는 한, 이러한 사실은 또한 철학에도 적용되어야 한다. 그에 따라 철학은 모든 자신의 진리 산출물들과 산출된 진리들에 대해서 진리들을 위한 이론적 시작을 가져야만 한다. '제일철학'이라는 이름은 그러면 시작에 관한 학문적 분과학문을 암시할 것이다. '제일철학'이라는 이름에 따라 우리가 기대하는 것은, 철학의 최상위 목적이념이 시작에 관한, 혹은 시작들의 제한된 영역에 관한 고유한 그 자체로 완결된 학문을 요구한다는 것이다. 이 학문은 시작들에 관한 고유한 문제틀, 그러니까 정신적 준비를 향한, 그리고 정밀한 형식화와 학문적 해결책을 향한 문제틀을 지닌다. 내적인 뗄 수 없는 필연성에서 이러한 분과학문은 모든 다른 철학적 분과학문에 앞서게 되고, 그러한 다른 철학적 분과학문들을 방법적으로, 그리고 이론적으로 정초해주어야 한다. 입구, 즉 제일철학 자체의 시작은 그에 따라 철학 일반의 시작이 될 것이다. 철학적 주체의 관점에서 우리는 그에 따라 다음과 같이 말해야만 한다. 참된 의미에서 철학을 시작하는 자는 제일철학을 그 시작에서부터 정말로, 그래서 절대적으로 지속적인 진리 내지는 가장 완전한 통찰을 통해 형성하는 그러한 자이다. 그것이 근원적인 연구에서 성공하지 않는 한, 이러한 의미에서 철학을 시작하는 자는 아직 없고, 실제로 실현되는 제일철학 자체도 없다. 그러나 만약 언젠가 그러한 연구가 성공한다면, 더욱 일상적인 다른 말뜻에서 철학을 시작하는 자도 있을 수 있게 된다. 그는 초심자로서, 다른 사람이 미리 생각한 진리들을 자신의 통찰적 사유 속에서 뒤따라 산출하고, 이를 통해서 제일철학을 시작하는 자를 자기 안에 뒤따라서 형성한다.

　'제일철학'이라는 말뜻을 중심으로 한 이러한 설명과 함께, 동시에 나의 강의의 의도에 대한 최초의 형식적 밑그림이 주어진다. 제일철학의 이념을 충족시키는 것은 진지한 시도여야 한다. 그리고 교육적인 제시를 통해서, 동시에 자발적으로 함께 사유하는 청자를 필연성의 길로 이끄는 시도여야 한다. 이 길 위에서 그는 참된 의미에서 제일철학을 함께 시작하는 자가 될 수 있고, 이로써 시작하는 철학자가 될 수 있다. 나는 미리 이렇게 말해야 한다. 제일철학의 숙원은 어떤 역사적으로 전승된 철학적 체계에서 이미 오래전에 충족된 것이 결코 아니다. 다시 말해 확신할 만한 합리성의 진정한 학문의 형태로 충족된 적이 없었다. 그러니까 여기에서 행하려는 것은 단지 오래된 역사적 상속물에 생명을 부여하는 것이 아니고, 이러한 관점에서 연구자들의 정신적 헌정의 노고를 그저 덜어주는 것이 아니다. 물론 이와 함께 동시에, 나는 그 어떤 역사적 철학도 궁극적 형태의 철학으로, 즉 철학에 무조건적으로 요구된 가장 엄밀한 학문의 형태의 철학으로 승인할 수 없다고 말한다. 엄밀한 학문적 시작이 없다면, 어떠한 엄밀한 학문적 전진도 없다. 엄밀한 제일철학을 통해서야 비로소 어떤 엄밀한 철학, 영원 철학(*philosophia perennis*)[2]이 나타날 수 있다. 무한성이 모든 철학의 본질에 속하는 한, 그것은 계속해서 생성되는 것으로 나타날 것이지만, 그럼에도 최종적 타당성의 본질 형태 속에서 나타나게 된다.

다른 한편 내가 확신하는 것은 새로운 초월론적 현상학의 등장에서 이미 참되고 진정한 제일철학의 최초의 등장이 수행되었다는 것이다. 그러나 말하자면 단지 최초의, 아직은 불완전한 근사치로서 그러하다. 여러 프라이부르크 강의에서 나는 다양한 형태로, 그 근사치를 가능한 한 높은 단계로 끌어올리고, 주도 이념, 방법, 근본 개념들을 완전히 명료하게 하려는 시도를 했다. 그리고 동시에 현상학에 제일철학의 이념으로부터 요구되는 발전 형태를 부여하려는 시도를, 즉 가장 철저한 철학적 자기의식에

---

2 영원 철학은 시대를 초월하여 모든 민족과 문화에 공통된 인류의 영원불변하는 핵심 진리를 의미한다. 이 말은 16세기에 아고스티노 스테우코(Agostino Steuco)가 자신의 저서에서 처음으로 사용한 표현이다. 17세기에는 라이프니츠가 모든 종교의 기초가 되는 사상을 나타내는 데 이 말을 이용하기도 했다.

서, 절대적인 방법적 필연성에서 자기 형성하는 시작의 철학의 형태를 부여하려는 시도를 했다. 지난겨울의 입문 강연[3]에서 나는 이러한 목표를 중요한 부분으로 달성했다고 생각했다. 지금의 강연에서 나는 더욱 추가적으로 단순화하고 개선할 수 있기를 희망한다. 어쨌든 새로이 나는 제일철학의 이념이 단계적으로 확장됨을 보여주고 싶다. 저 이념이 보편적 학문론의 필연적이고 진정한 이념을 현실화함을 보여주고 싶다. 이를 통해 저 이념이 이성 삶의 전체 이론을 포괄하며, 그래서 인식하는 이성, 가치평가하는 이성, 그리고 실천적 이성의 보편적 이론을 포괄함을 보여주고 싶다. 그리고 다시, 저 이념은 우리의 전체 학문 활동을 개혁하고, 모든 학문적 분과주의(Spezialistentum)로부터 우리를 구제해낼 소명이 있음을 보여주고 싶다.

나는 도입부터 이야기하겠다. 이 도입은 우리의 기획을 위해 필수불가결한 내적 전제들을 마련해줄 것이다. 우리는 철학에 대해 허다하지만 유감스럽게도 별로 명료하지는 않은 개념들 중 우리를 이끌어줄 수 있는 것으로서 어떤 것을 선택해야 할지 이제까지 조금도 알지 못했다. 우리가 어떤 개념을 선택했든, 그 개념은 처음에는 다만 비어 있는, 추상적이고 형식적인 말의 관념으로서만 우리에게 다가올 것이다. 그래서 그러한 개념은 우리의 영혼을 추동하고 우리의 의지의 에너지를 운동시킬 힘을 갖지 못할 것이다. 이야기했듯이, 관건은 전체 철학의 개혁이고, 그 속에 포함되어 있는 것은 모든 학문 일반의 보편적 개혁이다. 어떤 문화 영역에서건 철저하고 보편적인 개혁이 관건인 곳에서는 깊이 뒤흔드는 정신적 궁핍이 추진력이 된다. 즉 보편적인 정신적 상황은 그것의 현재의 형식과 규범 속에서는

• •
3　『철학 입문』(1922~1923)을 가리킨다.

계속 살아가는 것이 더는 가능하지 않다는 깊은 불만족으로 영혼을 채운다. 그러나 이러한 상황의 변경 가능성, 즉 해당 영역의 정신적 삶을 만족시키는 목표와 방법들의 형성 가능성이 고려되어야 한다면, 그러한 상황의 내적 동기 원천에 대한 철저한 숙고가, 그리고 여기서 정신적 활동의 굳어진 유형 속에서 쉼 없이 애쓰는 인류의 전체 정신적 구조에 대한 철저한 숙고가 명백히 요구된다. 그러나 그러한 숙고는 현재로부터 해석하고, 거꾸로 다시 현재를 잘 이해할 수 있게 조명하는 역사로부터 비로소 완전한 빛을 획득한다. 그래서 우리는 현재의 학문과 철학이 제공하는 어지러운 잡다로부터 원초적 시작의 시대로 되돌아가야만 한다. 역사적으로 되돌아보는 것은 그래서 우리에게 우선 영혼의 준비에 기여해줄 것이다. 즉 그것은 우리의 관심과 의지를 움직일 수 있게 하는 매우 강한 동기부여를 일깨워줄 것이다.

나를 수십 년간 붙잡고 있던 확신의 관점에서, 유럽 철학의 전체 역사를 되돌아볼 때 어떤 철학이 나에게 빛을 비추었는지 오늘 이야기해야 한다면, 나는 둘 내지 셋을 거명하게 될 것이다. 그것은 철학의 위대한 시작, 철학의 길을 열었던 사람들의 이름이다. 첫 번째 자리에 나는 **플라톤** 혹은 비할 데 없이 탁월한 쌍성 **소크라테스와 플라톤**을 거명한다. 참되고 진정한 학문의 이념의 창조, 혹은 — 오랫동안 정확히 같은 뜻을 가져온 것인데 — 철학의 이념의 창조 및 방법의 문제의 발견은 이 사상가로, 그것도 완결된 창조로서 플라톤으로 소급된다.

두 번째 자리에 나는 **데카르트**를 거명한다. 그의 『제일철학에 관한 성찰(*Meditationes de prima philosophia*)』[4]은 그때까지 철학의 절대적으로 필연

:.
4   데카르트의 대표적인 저서로서 초판은 1641년 라틴어로 출판되었다. 여기서 데카르트는

적인 시작을 발견하고, 이 시작을 절대적이고 완전한 순수한 자기 인식에서 길어내려는 시도를 전례 없는 철저주의(Radikalismus)에서 행했다는 점에서 철학의 역사에서 완전히 새로운 시작을 의미한다. 기억될 만한 이 '제일철학에 관한 성찰'로부터 근대 전체를 관통하는, 모든 철학을 초월론적 철학으로 새로이 형성하려는 경향이 생겨나게 된다. 그러나 이를 통해 그려지는 것은 근대 철학만의 근본 특성이 아니라, 더 이상 의심할 여지 없이 모든 미래를 위한 학문적 철학 일반의 근본 특성이다.

우선 더 오래된 소크라테스와 플라톤의 (진정하고 철저한 철학으로의) 시작을 고찰해보자. 여기에 대해 몇 가지 미리 말해둘 것이 있다. 소박하게 외부 세계를 향했던 최초의 그리스 철학은 발전 과정에서 **소피스트적 회의**[5]를 통해 단절을 겪었다. 소피스트적 논변을 통해서 이성의 이념은 그 모든 근본 형태에서 가치를 잃는 듯이 보였다. 그것은 모든 의미에서 그 자체로 참된 것 — 그 자체로 존재하는 것, 아름다운 것, 좋은 것 — 을 기만적 망상으로 설정하고, 인상 깊은 논변을 통해 허위로 증명했다. 이로써 철학은 자신의 목적 의미를 상실했다. 원리적으로 주관적–상대적일 뿐인

··

방법적 회의를 통해 자아, 신, 세계의 존재 증명을 시도했다.

5   소피스트(σοφιστής)는 어원적으로 '지혜로운 사람'을 뜻하는 말이다. 소피스트는 넓은 의미에서는 이론적, 실천적 지식을 가진 사람을 뜻했고, 좁은 의미에서는 직업적으로 변론술과 수사학을 행하고 가르치던 사람을 뜻했다. 이 좁은 의미에서의 소피스트들은 기원전 5세기에서 4세기경, 그리스 아테네를 배경으로 활동했다. 대표적인 인물로 프로타고라스, 고르기아스 등이 있다. 프로타고라스는 "인간은 만물의 척도다"라는 주장을 통해 상대주의 사상을 설파하였고, 고르기아스는 "아무것도 존재하지 않는다. 비록 존재한다고 해도 우리는 그것을 알 수 없다. 비록 무엇이 존재하고, 우리가 알 수 있다고 해도 우리는 그것을 다른 사람에게 전할 수 없다"는 논변으로 회의론을 펼쳤다. 소피스트들은 선반적으로 회의론적 경향이 강한 철학사들로서 절대적이고 보편타당한 진리의 존재나 그 인식 가능성을 부정했다.

존재자, 아름다움, 좋음에 대해서는 어떠한 그 자체로 참된 명제나 이론도 있을 수 없었고, 어떠한 학문도, (그리고 당시 같은 것을 의미하는 것으로서) 어떠한 철학도 있을 수 없었다. 그러나 철학만 영향을 받았던 것은 아니었다. 행위하는 삶 전체가 자신의 확고한 규범적 목표를 빼앗겼고, 실천적인 이성적 삶의 이념은 타당성을 상실하게 되었다. **소크라테스**는 처음으로, 소피스트적 역설에서 경솔하게 처리된 문제들을 진정한 인간성으로의 도정에 있는 인류의 결정적 문제들로 인식했다. 소크라테스는 알려져 있듯이 단지 실천적 개혁가로서 [소피스트적] 회의에 반발했다.

플라톤은 이러한 반발의 주안점을 학문으로 옮겨서 학문 이론적 개혁가가 되었다. 플라톤은 동시에, 소크라테스적 추진력을 잃지 않고서, 이성적 인류로의 발전이라는 의미에서 자율적인 인류 발전의 길을 처음으로 학문으로 이끌고, 방법에 관한 철저한 통찰에 근거한 새로운 정신에서 개혁된 학문으로 이끈다.

소크라테스, 그리고 그다음에 플라톤의 일생의 과업의 의미를 차례대로, 그 결정적 주요 이론 속에서 해명해보기로 하자. 소크라테스에 관하여 우리는 플라톤이 우리에게 전승한 풍부한 밑그림을 따라간다.

소크라테스의 윤리적인 삶의 개혁은 그가 참되게 만족하는 삶을 이성으로부터의 삶으로 해석했다는 것을 통해 특징지어진다. 그것은 다음을 의미한다. 즉 인간이 지치지 않는 자기 숙고와 해명 속에서 자신의 삶의 목표에 대해, 그리고 물론 그러한 삶의 목표를 통해 매개되는 자신의 삶의 길에 대해, 자신의 그때그때의 수단에 대해 비판 — 궁극적으로 평가하는 비판 —을 수행하는 삶을 의미한다. 그러한 해명과 비판은 인식 과정으로서 수행되고, 더욱이 소크라테스에 따르면 모든 권리와 자신의 인식의 근원적 원천으로 방법적으로 되돌아감으로서 수행된다. 즉 우리의 말로 표현하자면, 완전한 명료함, '통찰', '명증'으로 되돌아감을 통해서. 깨어 있는 모든 인간 삶은 외적이거나 내적인 노력과 행위로서 수행된다. 그러나 모든 행위는 사념들, 믿음들에 의해 움직인다. 여기에는 환경세계의 실재적 현실성들과 관계하는 존재 사념도 있지만, 또한 가치 사념들, 아름다움과 추함에 대한 사념들, 좋음과 나쁨에 대한 사념들, 유용함이나 무용함에 대한 사념들 등도 있다. 이러한 사념들은 대개 아주 모호하고, 모든 근원적인 명료성과는 멀리 떨어져 있다. 소크라테스적 인식 방법은 완전한 해명의 방법이다. 이 방법에서, 완전한 해명 속에서 등장하는 아름다움과 좋음 자체는 아름다움과 좋음으로 그저 추정된 것에 규범을 제공하며, 그것에 대립한다. 이를 통해 아름다움과 좋음 자체에 대한 참된 앎이 획득된다. 완전한 명증을 통해 근원적으로 산출되는 이러한 진정한 앎이야말로 인간을 덕 있게 만드는 유일한 것이라고 소크라테스는 가르친다. 혹은 같은 말이지만, 인간에게 참된 행복을, 가능한 최대의 순수 만족을 마련해줄 수 있는 유일한 것이라고 가르친다. 진정한 앎은 이성적인 삶 혹은 윤리적인 삶을 위해 필요한 (그리고 소크라테스에 따르면 충분한) 조건이다. 비이성, 불명료성 속에서의 나태한 삶, 아름다움과 좋음에 관한 참된 앎을 해명하여 얻기 위해 노력하기를 중단하는 태만한 수동성, 이런 것들은 인간을 불행하게 만들며, 인간에게 한심한 목표를 뒤좇게 한다. 사람들이 본래 목표로 삼는 모든 것을, 그리고 그러면서 추정적 미와 추, 이익과 피해에 대해 불명료하게 전제한 모든 것을 반성적으로 명료하게 만들 때 참과 거짓, 진과 위가 구분된다. 그것이 구분되는 것은, 바로 완전한 해명을 통해 사태 자체의 본질 형태가 직관적으로 현실화되기 때문이다. 이와 함께 또한 가치와 무가치까지도 구분된다.

모든 그러한 해명은 즉시 범례적 의미를 획득한다. 삶, 역사, 신화의 개별적 특수 사례에서 참된 것 혹은 진정한 것 자체로서, 그리고 불명료한 한갓 사념의 척도로서 직관되는 것은 곧장 보편적인 것에 대한 예를 제시한다. 그것은 자연적으로 생기는 순수한 본질 직관 속에서 — 이러한 본질 직관 속에서 모든 경험적이고 우연적인 것은 비본질적인 것, 그리고 자유로이 변경 가능한 것이라는 성격을 띠게 된다 — 본질적으로 진정한 것 일반으로서 직관된다. 이러한 순수한 (혹은 선험적인[6]) 보편성 속에서 그것은 그러한 본질의 모든 생각 가능한 특수 경우들 일반에 대한 유효한 규범으로 기능한다. 더 구체적으로 말해보겠다. 이처럼 우리가 일상적 삶이나 신화 또는 역사에서 가져온 사례 대신에 '어떤 인간 일반'에 대해 생각한다고 하자. 그러니까 그러한 상황 일반에서 가치평가하고 추구하는 자로서 저러한 목표를 향하고, 저러한 방식 일반으로 행위하는 인간에 대해 생각한다고 하자. 그렇다면 저러한 목표와 방식 일반이 진정한 것이라는 점, 또는 반대 경우에는 일반적으로 진정하지 않고 이성적이지 않은 것이라는 점이 일반적으로 명백해진다. 후자로 판명 나는 경우는 물론 해명에 들어서는 아름다움과 좋음 자체가 앞서 추정되었던 것과 명백히 상반되어서, 그 사념을 올바르지 않은 것으로 폐기할 때이다.

---

6 '선험적'은 'apriorisch'를 번역한 말이다. 아프리오리(*a priori*)는 원래 '경험에 선행하면서 경험에 독립적인 인식'이라는 의미로 쓰였다. 현상학에서 아프리오리는 경험에 선행하면서 경험을 가능하게 하는 지향적 대상, 다시 말해 본질의 소여 방식을 가리킨다.

2강 플라톤의 변증술과 철학적 학문의 이념

요약해보자. 윤리적 실천가였던 **소크라테스**는 모든 이성적 삶의 의미에 이의를 제기하는 소피스트 철학에 반발하면서 (윤리적–실천적) 관심의 중심점에 불명료한 사념과 명증[7] 사이의 대립이라는, 모든 깨어 있는 인격적 삶의 근본적인 대립 개념을 세웠다. 소크라테스는 우선은 이성의 보편적 방법의 필요성을 인식했고, 이러한 방법의 근본적 의미를, (현대적으로 표현하자면) 이성의 직관적이고 선험적인 비판으로서 인식했다. 혹은 더 정확히 특징짓자면 소크라테스는 그러한 방법의 근본 의미를 모든 궁극성의 근원 원천으로서 필증적 명증[8] 속에서 완성되는 해명적 자기 숙고의 방법으로서 인식했다. 우선 그는 순수하고 일반적인 본질의 자체적 존립을, 순수 본질 직관의 절대적 자체소여[9]로 직관했다. 이러한 발견과 관련하여 **소크라테스**에 의해 윤리적 삶에 대해 일반적으로 요구된 철저한 해명 자체(*eo ipso*)는 순수한 본질 직관을 통해 산출될 수 있는 이성의 일반적 이념에 근거한 활동적 삶의 원리적 규범화 내지 정당화라는 중요한 형태를 획득한다.

알려져 있다시피 소크라테스에게는 이론적–학문적 의도가 없었기 때문에, 그는 진정한 삶의 실천의 방법의 이론으로서 본래적으로 학문적인 표

∴

7 후설은 명증(Evidenz)을 진리 경험으로 규정한다. 여기서는 대상이나 사태가 공허하게 사념되기만 하는 것이 아니라 대상이나 사태 자체에 대한 직관에 의해 충족되어 생생하게 경험된다. 명증은 사태 자체가 주어지는 직관적 경험이다. 가령, '사과'라는 단어를 읽는 것은 공허하게 사념하는 것이고, 사과를 직접 보는 것은 명증이다.

8 필증적 명증(apodiktische Evidenz)은 의심 불가능한 명증을 뜻한다. 사태가 필증적 명증으로 주어질 경우 그 사태가 존재하지 않음을 생각하는 것은 모순이다.

9 '자체소여(Selbstgegebenheit)'는 현상학의 근본 개념 중 하나로서 사태 그 자체가 의식에 주어지는 소여 방식을 뜻한다. 한편 '자체부여(Selbstgebung)'는 대상이나 사태가 의식에 자기 자체를 보여줌을 의미하는 말이다.

현과 체계적인 수행을 하지는 않았다. 그렇다고 해도 소크라테스에게 실제로 이성 비판적 근본 사유의 맹아 형태가 놓여 있음은 확실한 사실로 여겨도 된다. 그러한 맹아 형태를 이론적, 기술적으로 형태화하고 지극히 생산력 있게 발전시킨 것은 **플라톤**의 불후의 공적이다.

이제 플라톤을 보자.

그는 철저한 책임성이라는 소크라테스적 원리를 학문에 전이시켰다. 이론적으로 인식하고 연구하고 근거 짓는 것은 물론 우선은 추구하고 행위하는 삶의 특수한 유형일 뿐이다. 이러한 삶은 여기에서도 자신의 진정성의 원리에 관한 철저한 숙고를 요구한다.

소피스트들이 주관주의를 통해 보편적인 윤리적 신념들을 어지럽히고 훼손했던 한에서 **소크라테스**의 삶의 개혁이 소피스트들에게 대항했다면, **플라톤**은 학문('철학')의 훼손자로서의 소피스트들에게 대항했다. 이 두 관점 모두에서 소피스트들은 저항을 거의 받지 않았고, 유해한 활동을 수행했다. 진정한 이성적 삶 일반도, 진정한 학문적 인식 삶도 아직 없었기 때문이다. 또한 여기에서는 모든 이성성이 한갓 소박한 교만이었을 뿐이고, 그들의 궁극 목표와 방법의 궁극적 가능성과 합당성에 대해서 그 자체로 명료하지가 않았다.

진정한 이성 삶은, 특히 진정한 학문적 연구와 수행은 철저히 해명하는 숙고를 통해 소박성의 단계를 완전히 넘어서야 한다. 이념적으로 말하자면 그것은 모든 단계에 대해서 완전히 충분한 정당화를 준비해두어야 하고, 맨 위에서는 통찰을 통해 길어진 원리들로부터의 정당화를 준비해두어야 한다.

이러한 소크라테스적 정신에서 **플라톤**은 드높은 진지함을 가지고서 학문 적대적 회의를 극복하려 한다. 이 진지함을 통해 그는 모든 진정한 학문의 아버지가 된다. 그는 그 자체로 타당한 인식의 가능성과 모든 이성적인 것들을 결합하는 학문의 가능성에 대항하는 소피스트적 논변들을 가볍게 여기지 않고 오히려 심도 있는 원리적 비판에 맡긴다. 이와 함께 그는 그러한 인식과 학문의 가능성을 적극적으로 천착하기를 감행한다. 이 감행을 그는 (소크라테스적 산파술에 대한 깊은 이해로부터 인도되어) 직관적 본질 해명의 정신에서, 그리고 그것의 일반적 본질 규범의 명증적 산출의 정신에서 행한다. 마지막으로, 그는 그러한 원리적 통찰들에 토대하여 진정한 학문 자체를 궤도에 올리기 위해 온 힘을 다해 노력한다. 이 모든 활동을 통해 그는 모든 진정한 학문의 아버지가 된다.

우리는 **플라톤**을 통해서야 비로소 순수한 이념들, 즉 진정한 인식, 진정한 이론과 학문, 그리고 (그것 모두를 포괄하는) 진정한 철학이 인류의 의식에 들어섰다고 말할 수 있다. 또한 플라톤은 이 이념들을, 가장 원리적이기에 철학적으로 가장 중요한 연구 주제로서 인식하고 다룬 첫 번째 사람이기도 하다. 플라톤은 또한 철학적 물음의 창조자이자 방법, 즉 인식 자체의 본질에 놓인 '철학'의 최상위 목적 이념을 체계적으로 실현하는 방법에 관한 학문의 창조자이다. 진정한 인식, (그 자체로 타당한, 궁극적으로 규정하는) 진정한 진리, 그리고 (궁극적으로 규정하는 진리의 자기 동일적 기체인) 참되고 진정한 의미에서의 존재자는 플라톤에게는 본질적 상관자들이 된다. 가능한 진정한 인식 속에서 달성될 수 있는 그 자체로 타당한 모든 진리들의 전체 개념은 이론적으로 묶인, 그리고 방법적으로 실행될 수 있는 통일체, **하나의** 보편 학문의 통일체를 필연적으로 형성한다. 그것이 플라톤적 의미에서의 철학이다. 그래서 그 상관자는 모든 참된 존재자의 총체이다.

이와 더불어 철학의 새로운 이념이 이후의 전체 발전을 규정하면서 출현한다. 철학의 새로운 이념은 이제부터 한갓 아무 학문, 인식에 순수하게 향해진 관심의 소박한 형성물일 수 없다. 또 이미 이전에 그랬던 것 같은 단순히 보편적이기만 한 학문일 수 없고, 동시에 절대적으로 정당화된 학문이어야 한다. 그것은 모든 단계에서 그리고 모든 관점에서 궁극성을 추구하며, 그것도 실제로 가동된 정당화의 토대 위에서, 인식자에 의해 (그리고 모든 함께 인식하는 자들에 의해) 완전한 통찰에서 절대적인 것으로 언제나 책임져질 수 있는 그러한 학문이어야 한다.

플라톤의 변증술을 통해, 새로운 시대의 이러한 시작을 통해 이미 이러한 더 높고 진정한 의미의 철학은 단지 철학의 가능성의 조건들의 원리적인 앞선 연구에 토대해서만 가능하다는 사실이 암시되었다. 여기에는, 살아 있는 맹아에 포함되어 있는 양, 미래에 의미심장한 이념, 즉 철학의 필수적인 정초의 이념과, 철학을 두 단계로, 말하자면 '첫 번째' 철학과 '두 번째' 철학으로 분류함의 이념이 놓여 있다. 그 자체로 절대적으로 정당화되는 보편적 방법론이 제일철학으로서 선행한다. 혹은 이론적으로 표현하자면, 모든 가능한 인식의 순수한 (선험적) 원리들의 총체에 관한 학문, 그리고 여기에 체계적으로 포함된, 그래서 순수하게 원리들로부터 연역 가능한 선험적인 진리들의 전체에 관한 학문이 선행한다. 통찰할 수 있듯이, 이를 통해 경계 지어지는 것은 모든 원리적 근본 진리들의 본질 결합을 통해 결합된, 모든 실현될 수 있는 선험적 학문들의 통일체다.

두 번째 단계에서는 '진정한', 즉 이성적 방법으로 '설명하는' 사실 학문의 전체가 생겨난다. 사실 학문들은 제일철학 위에 정당화되며 근거 지어진 채로, 가능한 이성적 방법 일반의 선험적 체계로 소급 관계하면서, 저 방법을 지속적으로 이용함으로써, 철저한 합리성을 확보한다. 즉, (언제나 필증적 필연성의 통찰에서) 선험적 원리들로부터 진행되는 모든 방법적 단계들을 궁극적으로 정당화된 것으로서 증명할 수 있는, 저 특유의 '설명'을 확보한다. 동시에 이러한 학문은 (계속해서 이념적으로 말하건대) 최고의 선험적 원리들 자체의 인식된 체계적 통일체로부터 합리적 체계의 통일체를 획득한다. 이러한 학문들은 '두 번째 철학'의 분과학문들이고, 그 상관자와 영역은 사실적 현실성의 통일체다.

플라톤 자신으로 돌아가보자. 플라톤은 결코 학문만의 개혁가이고자 하지 않았음을 이제 강조해야겠다. 그의 궁극적 의도에서 보자면, 플라톤은 자신의 학문 이론적 노력에서조차 언제나 소크라테스주의자였다. 즉, 가장 보편적인 의미에서 윤리적 실천가였다. 그래서 플라톤의 이론적 연구는 아직 더 깊은 의미를 지니고 있었다. 요약하자면 관건은, 완전한 의미에서 그리고 전체 정당한 유효 범위에서 오랫동안 측정되지 못한 다음 근본 신념이다. 모든 인간적 이성 활동의 궁극적 근거 지음, 보증, 정당화는 술어적으로 판단하는 이론적 이성의 형식에서, 이러한 이성의 매개를 통해 수행된다는, 그리고 궁극적으로는 철학에 의해 수행된다는 근본 신념이다. 인간성을 참되고 진정한 인간성의 높이로 고양시킴은 진정한 학문이 자신의 원리적으로 뿌리박히고 결합된 전체성 속에서 발전함을 전제한다. 그것은 모든 합리성의 인식 장소이다. 인류의 적임의 지도자(집정관)는 그러한 참된 학문으로부터 공동체적 삶을 합리적으로 질서 지을 통찰들을 길어 올린다.

그러한 직관을 통해서 새로운 종류의 문화의 이념이 밑그림 그려진다. 즉 말하자면 그 문화는 그 안에서 다른 문화 형태들 중 하나로 학문이라는 문화 형태가 자라나서, 점점 더 의식적으로 '진정한' 학문의 목적(Telos)을 추구하게 되는 문화가 아니다. 그 문화는, 그 안에서 학문이 모든 공동체 삶의, 그러므로 모든 문화 일반의 지배원리(ἡγεμονικόν)의 기능을 맡도록 소명을 받고서 점점 더 의식적으로 추구되는 문화다. 이는, 개별 영혼 속에서 다른 영혼 부분에 대비되는 정신(νοῦς)과 비슷하다. 도야(Kultivierung)의 과정으로서의 인류의 발전은 개별 인간에서의 발전으로서만이 아니라 '거대한 인간'[10]의 도야에서의 발전으로서 수행된다. 참되고 '진정한' 문화로의 도야의 가능성의 최고의 조건은 진정한 학문의 창조이다. 진정한 학문은 모든 다른 진정한 문화를 고양시키고 가능한 최선의 방식으로 성취하기 위한 필수적인 수단이자 그 자체가 그러한 문화의 하나의 형태이다. 모든 참되고 진정한 것은 그러한 것으로서 증명될 수 있어야 한다. 모든 참되고 진정한 것 자체가, 목표 진정성의 명증에서 발원한 자유로운 산출물로서만 가능하다. 모든 참된 것의 궁극적 증명, 궁극적 인식은 판단하는 인식의 형태를 띠고 그러한 것으로서 학문적 규범들 아래에 서 있다. 그것은 원리적 정당화를 통해, 그러니까 철학으로서 자신의 최고의 합리적 형태를 갖게 된다.

또한 그러한 (여기서 물론 추가적으로 형성된) 사유를 플라톤은 본질적인 특성들에서 미리 형성했고, 준비했으며, 또한 그것의 원초적 형식들 속에서 근거 지었다. 그리고 확실히, 유럽 문화에 무엇보다 특징적인 경향, 그러니까 우선 자기 자신을 이성적으로 형성하는 학문을 통한 보편적 합리화로의 경향이 처음으로 천재 플라톤에게서 깨어나게 되었다. 이 경향은

∴

10 '거대한 인간(Mensch im großen)'은 플라톤이 『국가』에서 국가를 사람에 비유해서 논한 것을 가리키는 표현이다. 플라톤은 국가의 구조를 인간의 영혼의 구조에 비유했는데, 인간의 영혼이 이성적인 부분과 의지의 부분, 욕망의 부분으로 나뉘듯 거대한 인간으로서의 국가도 세 부분으로 나뉘어 계층별로 서로 다른 역할을 수행하게 된다. 국가라는 거대한 인간의 이성적 부분은 이성적인 통치자 계급을 나타내고, 의지적 부분은 용기 있는 전사 계급을, 욕망적 부분은 욕망을 지녔으나 절제의 덕을 갖추어야 하는 일하는 백성들을 나타낸다. 그리고 정의는 각 계층이 자신의 기능을 충실히 수행할 때 달성되는 국가 전체의 조화로운 상태를 의미한다.

보편적 문화 의식 자체 속에서 승인된 규범이라는 점점 더 강력하게 형성되는 형태를 취하고, 결국 (계몽의 시대에) 문화 발전을 익식적으로 주도하는 목적 이념이라는 형태를 취하게 되는데, 이러한 점도 플라톤의 영향의 결과라고밖에 생각될 수 없다.

이러한 맥락에서 특히 획기적이었던 것이 다음과 같은 인식이었다. 즉 개별 인간과 그의 삶은 필연적으로 공동체와 개인의 공동체적 삶의 통일성 속에서 기능하는 구성원으로 고찰되어야 한다는 점, 그래서 이성의 이념도 한갓 개별 인간적인 이념이 아니라 공동체적 이념이라는 것, 그래서 사회적으로 결합된 인간들과 사회적 삶의 형태는 저러한 이념하에서 판단되어야 한다는 것에 대한 인식이었다. 플라톤은 알다시피 공동체를 그 규범적 발전 형태의 관점에서 국가, '거대한 인간'이라고 불렀다. 플라톤을 이끄는 것이 실천적-정치적 삶의 사유와 행위를 일반적으로 그리고 불가피하게 규정하는, 자연적으로 생겨난 통각임은 명백하다. 그러한 통각은 지역, 도시, 국가를 개별 인간과 유비적으로 생각하고, 느끼고, 실천적으로 결단하며 행위하는 것으로서, 그래서 인격체와 같은 것으로서 바라본다. 그리고 모든 근원적 통각들처럼 실제로 이것도 그 자체로 근원적 권리를 갖는다. 그래서 플라톤은 사회적 이성에 관한, 참된 이성적 인간 공동체 일반 내지는 진정한 사회적 삶 일반에 관한 이론의 창시자가 되었다. 요컨대 완전한 참된 윤리학으로서의 사회 윤리학의 창시자가 된 것이다. 이것은 플라톤에게, 완전히 위에서 상술한 의미에서, 철학에 대한 자신의 원리적 이념을 통한 특수한 특색이 된다. 즉 **소크라테스**가 이성적 삶을 통찰력 있게 정당화되는 앎 위에 근거 지었다면, **플라톤**에게는 이제 이러한 앎을 철학, 즉 절대적으로 정당화된 학문이 뒷받침한다. 뿐만 아니라 이성적 개별 삶을 공동체 삶이, 개별 인간을 '거대한 인간'이 뒷받침한다. 그래서 철학은 진정한, 참된 이성적 공동체와 그것의 참된 이성적 삶의 가능성을 위한 이성적 기초, 원리적 조건이 되었다. 플라톤에게서 이것이 국가 공동체의 이념으로 제한되고 시간적으로도 조건 지어진 채 숙고되었다고 해도, 얼마든지 넓은 범위로 생각될 수 있는 공동체화된 인간까지 그의 근본 사유를 보편적으로 확장하기는 어렵지 않다. 이로써 새로운 인간과 인간 문화의 이념의 길이 트이게 되었으며, 그것도 철학적 이성으로부터의 인간과 문화의 이념의 길이 트이게 되었다.

순수 합리성 속의 이러한 이념이 이후로 어떻게 확장될지, 그 실천적 가능성은 어디까지 미치는지, 또 그것이 어디까지 최고의 실천적 규범으로 인정될 수 있으며 실현될 수 있는지, 그것은 여기서 열린 물음이다. 그래도 어쨌든 엄밀한 철학에 대한 플라톤의 근본 사유는 그것을 통해 개혁될 공동체 삶의 기능으로서 사실상 부단하고 증대되는 영향력을 발휘한다. 의식적으로든 무의식적으로든 그것은 유럽 문화 발전의 본질 특성과 운명을 규정한다. 학문은 모든 삶의 영역으로 전파된다. 그리고 학문이 번성한, 또는 번성했다고 믿는 모든 범위에서 궁극적으로 규범을 주는 권위라는 의미를 차지한다.

2장

논리학의 정초와 형식. 명제적 분석론의 한계

3강 정합성 혹은 일치성의 논리학으로서의
아리스토텔레스-스토아의 전통 논리학

우리는 지난 강의에서 철학의 플라톤적 이념을 알게 되었다. 지금 무엇
보다 우리가 관심을 갖는 것은 유럽 학문의 발전이다. 즉 어떻게 그리고
어디까지 플라톤적 추동력이 펼쳐졌는지가 우리의 관심사다.

플라톤의 변증술로부터 나온 새로운 철학, 논리학, 일반 형이상학(**아리
스토텔레스**의 제일철학), 수학, (가령 물리학, 생물학, 심리학, 윤리학 그리고 정
치학과 같은) 다양한 분과학문들로 나뉘는 자연과학과 정신과학은 절대적
으로 자신을 정당화하는 학문으로서의 플라톤적 철학의 이념이 다만 불완
전하게 현실화된 것이었다. 우리는 이렇게 말할 수 있다. 모든 학문적 인
식의 완전하고 궁극적인 합리성을 향한 플라톤의 의도의 철저주의는 약화

되었는데, 그것은 합리성의 하부 단계만이 (구체적인 학문적 작업에 전문적으로 미리 빛을 비추는 일반적 방법론의 기능을 지닌 논리학의 체계적 형성에서, 그리고 개별적인 학문적 분과학문 자체의 수행에서) 힘들게 성취되었기 때문이다. 분과학문들은 그 방법에 대한 끊임없는 비판적 사전 숙고와 사후 숙고 아래에서 이제 정말로 성장했다. 그것들은 이러한 관점에서 — 특히 처음부터 선호된 수학적 인식 영역에서 — 즉시 합리성을 획득했으며, 이러한 합리성은 논리학이라는 적임의 지도자가 학문적으로 고정된 규범 법칙들로부터 정당화할 수 있었던 것을 훨씬 능가하는 것이었다. 당연하게도 하나와 다른 하나, 논리학의 발전과 학문의 발전은 처음부터 손을 맞잡고 함께 갔다. 비판적 정당화를 향한 태도에서, 그리고 이 경우 원리적인 것을 향한, 그래서 순수 일반성을 향한 태도에서, 이미 가장 오래된 수학의 원시적인 이론적 수행에, 그리고 그 추론과 증명에, 이념적 형식들과 형식 법칙들의 확고한 구조가 고개를 들이밀어야 했다. 판단 활동에서 생겨난 기초적 판단 형성물들과 복합적 판단 형성물들이 참된 것이어야 한다면, 그것의 사태들에 적합한 것으로서 통찰될 수 있어야 한다면, 그것들은 확고한 형식들에 명증적–필연적으로 구속되어 있다는 점이 주목되어야 한다. 진정한 플라톤적 정신에서, 비록 완전하지는 않더라도, 순수한 판단 형식들이 이념적–개념적으로 파악되게 되었고, 거기에 근거한 — 판단 진리(그리고 판단 오류)의 가능성의 형식적 조건을 말하는 — 순수한 합리적 법칙들이 발견되었다. 그래서 순수할 뿐 아니라 형식적인 논리학의 근본 부분이, 혹은 이렇게도 말할 수 있을 텐데, 순수 이성적 학문 이론의 근본 부분이 생겨났다. 그리고 순수 이성적 학문 이론의 규범은 바로 그 형식적 일반성에 의해 보편적 타당성을 지녀야만 하는 것이었다. 학문 일반, 모든 생각 가능한 학문은 정말이지 진리를 성취하고자 한다. 학문 일반은 그 진술하는 행위에서, 진술하는 주체에 의해 단순히 그저 판단된 것이 아니라, 진술하는 주체에 의해 명증적으로 입증되고 언제나 다시 명증적으로 입증될 수 있는 판단으로서의 진술 내용을 산출하고자 한다. 그래서 분명한 것은 형식 논리적 법칙은 바로 가능한 참된 판단의 순수한 형식을 형성하는 법칙으로서 모든 생각 가능한 학문들에 대해 규범적 의미와 모든 필연적인 타당성을 가져야만 한다는 것이다.

아리스토텔레스 분석론의 위대한 업적을 발전시킨 **스토아** 논리학은 실제로 엄밀한 형식적 학문의 필수적 이념을 어느 정도의 순수성 속에서 처음으로 성취해냈다는 위대한 공로가 있다. 스토아적 논리학은 이를 위한 근거를 렉톤(λεκτόν)[11]에 관한 중요한 —물론 치워지고 잊히기는 했지만— 이론을 통해 놓았다. 그 이론에서 처음으로, 판단함에서 판단된 판단(노에마[12]적 의미에서의 판단)으로서의 명제의 이념이 정확히 파악되고, 삼단논법의 법칙성이 명제의 순수한 형식들과 관계 맺게 된다.

본질적으로 이 스토아 논리학은, 그리고 전체 전통 논리학은 진리에 관한 본래적 논리학이 아니라 한갓 무모순성, 일치성, 정합성의 논리학이었다. 더 정확히 말하자면, 다른 점에 있어서는 언제나 변화하던 논리학의 핵심 요소를 형성했던 천 년간 존속한 이성적 이론들은, 그 실질적 진리성

⋮

11 '렉톤(λεκτόν)'은 '말해질 수 있는 것'을 뜻하는 그리스어로서 스토아 논리학에서 명제의 의미를 지칭하는 말로 사용되었다. 육체적이고 물질적이며 감각적인 특성을 지니는 언어와 무형의 범주에 속하는 명제의 실제적 내용, 즉 의미를 구분한 것은 스토아 논리학의 중대한 발견이었다. 렉톤은 의미는 있지만 물질적이지 않기 때문에 온전한 존재가 아니고, 단지 정신 내적으로만 존재한다. 스토아 논리학에서 삼단논법과 같은 논리를 구성하는 것은 물질적인 언어가 아니라 무형으로 존재하는 명제의 의미, 즉 렉톤이다.

12 의식 체험에서 의식의 작용적 측면이 노에시스적 계기라면, 그 상관자로서 의식 작용의 대상적 측면이 노마에적 계기다. 모든 지향적 체험은 노에시스와 노에마의 양 측면을 본질적으로 지닌다.

이나 가능성에 관한 모든 물음에 앞서서, 한번 내려진 판단을 그것의 한갓 분석적 의미에 따라서 귀결에 맞게 확정할 가능성의 형식적 조건으로 제한되어 있었다. 여기서 말하는 것은 분석적 사유에 관한 **칸트**의 이론에서 이미 의도되었으나, 칸트에 의해서도 후대 사람들에 의해서도 아주 필수적인 학문적 해명에 이르지 못한 극히 중요한 구분이다. 그렇기 때문에 나는 여기에서 원리적 투명성에 대한 모든 요구를 충족시킬 체계적 보충 설명을 하고자 한다.

누군가가 잇따라 판단을 내리고, 이미 내려진 판단이 내적으로 그에게 계속 타당하게 되는 방식으로 판단에 판단을 연달아 줄 세운다고 우리가 생각해본다면, 여기에서 생겨나는 것은 판단들의 무차별적인 계열이 아니라, 함께 타당함의 통일체, 전체 판단의 통일체 속에서 계속해서 사념되는 계열이다. 하나의 판단 통일체가 모든 개별적인 판단을 관통한다. 그것은 하나의 의식 흐름에서 단순한 잇따름 속에서 등장하는 판단들이 아니다. 오히려 그것들은 현행적 판단 산출 후에도 정신적 파악 속에 계속 정립되어 있는 것, 그러니까 잇따름 속에서 함께 파악되어, **하나의** 파악 속에 계속 정립되어 있는 것이다. 저 판단들은 판단 의미들을 서로 연결하는, 판단함의 진행에서 의미 있게 구축되는 통일체를 가진다. 이것은 함께 정립되고, 포괄적이며, 개별적 판단들에 정초된 하나의 판단의 통일체다. 이 하나의 판단이, 내적으로 함께 속하는 타당성의 통일체를 저 판단들 모두에 할당한다. 이러한 방식으로 한 논문의 다양한 언명들이, 그리고 저러한 방식으로 모든 이론과 모든 전체 학문이 모두를 포괄하는 판단 통일체를 갖는다.

모든 그러한 포괄적 판단 통일체의 내부에는 판단들이 판단들과 함께 납득할 만한 방식으로 특수한 관계에 서 있거나 혹은 나중에 그러한 관계 속에 들어설 수 있다. 그러한 판단들은 특수한 방식의 판단 통일체, 즉 정합성과 비정합성의 통일체들을 형성할 수 있다. 그래서 모든 추론은 정합성의 판단 통일체다. 추론할 때, 소위 추론된 판단은 단순하게 전제 판단들 **다음에** 등장하는 것이 아니다. 그것은 잇따라 판단될 뿐 아니라 전제 판단들**로부터** 결론 판단이 끄집어내어져 판단된다. 전제 판단들에 (판단에 적합하게) 이미 포함된 것이 '추론된다'. 전제 판단들을 통해 이미 '선결된 것이' 이제 정말로 명시적으로 판결된다. 가령 모든 A가 B이고 모든 B가 C라고 우리가 판단한다고, 그것도 한꺼번에 판단한다고 해보자. 그러면 우리는 '그것으로부터' 그리고 거기에 명백히 함께 포함된 것으로서 모든 A는 C라고 판단할 수 있다. 그래서 결론 문장은 독립된 판단 산출물이 아니라 전제들로부터 산출된 판단이다. 우리가 우리의 사념들로서의 이러한 전제들에 머물러 있는 한, 우리가 우리에게 그것이 가지는 타당성 속에서 그것을 붙들고 있는 한, 우리는 모든 A는 C라고 계속해서 판단할 수 있을 뿐 아니라 이러한 판단이 저 전제들로부터 언제나 산출될 수 있으며, 전제들 '속에' 모종의 방식으로 '미리 결정된 것'으로서 놓여 있음을 알 수 있다.

때로는 우리는 판단하면서 어떤 전제들로부터, 새로운 판단이 그 전제들 속에 있다는 생각에서 새로운 판단으로 진행한다. 그러나 우리가 이전에 판단했던 전제 판단들과 이러한 새로운 판단 자체를 정확히 살펴본다면, 그리고 우리의 판단 사념들을 분명하게 한다면, 우리는 때때로 결론 판단이 정말로 전제 판단들에 포함되어 있지 않음을 알게 된다. 그러나 다른 경우들에서, 가령 모든 통찰력 있게 진행되는 추론들에서, 우리는 결론 문장이 이러한 전제들의 진짜 결론 문장이며, 정말로 그것의 판단하는 정립을 통해 함께 정립될 수 있는 것으로 규정됨을 알 수 있다. 우리는 포함되어 있음이, 전제 판단들 자체와의 관계 속에서 자기 동일적인 언명 문장으로서의 결론 문장에 실제로 귀속되는 관계적 속성임을 인식한다. 역으로 이러한 전제 판단들은 상응하는 속성들로 그것들의 의미의 동일한 판단들로서의 그것들〔전제 판단들〕에 그 자체로 속하는 속성들, 즉 이러한 결론 판단을 자신 안에 포함하여 지니고 있다는 속성을 가짐을 인식한다. 즉 그것들은 언제나 가능한, 현행적 판단들 속에서 수행될 수 있는 명증적 이행—이 속에서 결론 판단은 정합성이라는 자신의 특성 속에서 명증적으로 등장한다—을 위한 출발점이 되는 판단들임을 인식한다.

순수하게 판단들로서의 판단에 속하는 대로의 추론적 정합성의 반대 특성은 비정합성 혹은 모순이다. 가령 만약 우리가 모든 A는 B라고 판단했는데, 우리가 여전히 이러한 확신을 갖고 있는 동안, 우리는 가령 특수한 경험의 가르침 때문에 여기서 이러한 A는 B가 아니라고 판단하게 될 수 있다. 그러나 시선이 이전 판단으로 돌아가고, 그것이 그 의미에 따라 분명해지자마자, 우리는 새로운 판단이 이전 판단과 모순됨을 인식한다. 역으로, 이전 판단이 나중의 판단과 모순됨을 인식한다. 우리가 가령 경험의 근거 위에서 새로운 판단을 고수해야 한다면, 이러한 상황에 직면해서 즉시 이전 판단의 포기가 뒤따르고, 이전 판단이 부정적인 판단, 즉 모든 A가 B인 것은 아니라는 판단으로 변경됨이 뒤따른다.

끝으로 아직 우리는 포함되어 있음과 배제되어 있음, 내지는 포함과 배제의 두 관계와 더불어 발생하는 그 밖의 관계를 언급해야 한다. 문장들, 가령 A와 B는 서로 포함 관계에 있지도 않고 배제 관계에 있지도 않은 채 서로에게 관계할 수 있다. 가령 U는 X이고, Y는 Z라는 문장들이 그렇다. 이러한 문장들은 무모순성이라 불리는 조화로움을 갖는다.

우리는 이것이 우리의 판단하는 삶 속의 우연적인 경험적 사건이 아니라, 본질 법칙들, 일반적으로 통찰할 수 있는 순수하게 이념적이고 일반적인 타당성이며 이들이 정합성, 비정합성, 무모순성과 관계함을 즉시 알게 된다. 그리고 이러한 법칙들을 규정하는 것은 오로지 순수한 판단 **형식들**임을 알게 된다. 예를 들어 우리는 조금 전에 비정합성에 관해 이야기한 셋에서 즉시 다음과 같은 법칙을 인식할 수 있다. 즉 B가 A에 모순되고, A를 통해 '배제되고', A가 정립되면, B에 대한 정립은 폐기된다. 그러한 법칙들을 따라가면서 우리는 판단 정합성과 모순, 판단적으로 포함되어 있음과 배제되어 있음, 그리고 조화로움이 포괄적인 이념적 법칙을 통해 서로 결합되어 있는 판단 관계들임을 알게 된다. 게다가 더 자세히 보면, 직접적 정합성과 간접적 정합성, 직접적 모순과 간접적 모순이 구분되며, 우리는 모든 것을 고려하면서, 다양한 판단 형식들과 가능한 전제 조합의 형식들을 체계적으로 따르면서, 완결된 체계적 이론의 통일체로 함께 합쳐지는 다형적 법칙성에 이르게 된다.

이제 다음을 주의하는 것이 중요하다. 순수한 판단 정합성과 비정합성으로서의 모순과 조화로움은 그것들이 그저 가능한 방식으로 참인지 거짓인지에 대한 물음 없이, 순수하게 판단들로서의 판단들과 관계한다. 우리는 여기서 두 가지 종류를 날카롭게 구분해야 한다.

1) '사태 자체'로 되돌아감을 통해 판단이 참인지 거짓인지 확신함으로써 확증의 의미에서 판단을 통찰 가능하게 만드는 것, 마찬가지로, 판단의 가능성, 판단의 가능한 진리 혹은 거짓 내지는 그 선험적 가능성 혹은 선험적 불가능성(불합리성)을 산출하는 방식으로 판단을 통찰적으로 명확히 하는 것.

2) 완전히 다른 것으로서, 명제들로서의 판단들 속에 순수하게 정합성 속에서 함께 판단되거나 혹은 판단들을 통해 모순으로서 배제되는 것을 주시함으로써 판단을 그저 '분석적으로 분명하게' 만드는 것. 나는 언명 문

장의 **분석적 판단 의미**(한갓 의미 통일체)라고 말한다. 이 말을 통해 내가 의미하는 것은, 모든 판단함 내지 언명함으로부터 형성될 수 있으며 반복적으로 언제나 다시 명증적으로 식별될 수 있는 판단 사념인데, 이때 해명하고 입증하는 직관을 통해 판단된 사태 영역에 우리가 의거하는지 아닌지에 저 판단 사념의 형성이 전혀 영향받지 않는 방식의 판단 사념이다.

이렇게도 말할 수 있을 텐데, 우리는 이를 통해 '한갓된 판단'(한갓된 의미 통일체)을 그에 상응하는 실질적[13] 가능성 혹은 심지어 실질적 진리와 구분한다. 다의적 표현인 '의미(Sinn)'의 다른 개념들이 가리키는 것이 이것이다.

전통적인 삼단논법 전체, 그래서 그 선험적 핵심 내용에 따른 전통 형식 논리학 전체는 원래 다만 무모순성을 유지하는 조건 내지는 정합성의 산출과 올바른 획득, 비정합성의 배제라는 법칙에 대해서만 이야기한다. 그에 따라 진리라는 개념은, 그리고 가능성, 불가능성, 필연성이라는 개념들은 여기서 순수하게 경계 지어진 형식적 분과학문들, 보편적 무모순성의 본질 조건들과 순수한 정합성 속의 사유에 대한 형식적 분과학문에는 원래 속하지 않는다. 정합성의 이성적인 법칙성은 단지 순수한 언명 의미로서의 판단에 눈을 돌리고, 그 순수한 형식들을 완전히 명료하게 함으로써만 통찰된다. 그러나 판단이 어떻게 실질적으로 적절하게 될 수 있는지, 우리가 진리와 거짓에 대해, 실질적인 가능성과 불가능성에 대해 어떻게

---

13 여기서 '실질적'은 'sachlich'의 번역어다. 이 용어는 후설 현상학에서 자주 사용되지만, 우리말에 정확히 대응되는 번역어는 없다. 'sachlich'는 우리말로 보통 '사태'로 번역되는 'Sache'에서 파생된 말이다. 여기서 '실질적 가능성', '실질적 진리'란 실제로 있는 사태에 근거하고, 실제로 있는 사태에 부합하는 가능성과 진리다. 이 말은 '사태적'으로 번역되기도 하였으나 '사태적'이라는 말은 우리말 표현으로 잘못되었거나 어색한 표현이므로 '실질적'이라는 번역어를 선택했다. 문맥에 따라 '사실적' 혹은 '물적'으로 번역하기도 하였다.

결정할 수 있는지 하는 문제는 여기서는 숙고하지 않는다.

물론 한편으로 진리와 진리 양상, 그리고 한갓 판단 포함, 판단 배제, 그리고 판단 공존은 가까운 연관이 없지 않다. 왜냐하면 가령 어떤 판단도, **하나의** 판단을 동시에 제시하는 어떠한 종합적인 통일적 판단 체계도, 그래서 가령 어떠한 이론도, 그 속에서 모순이 입증될 수 있다면 결코 참일 수 없기 때문이다.

모든 모순은 거짓이다. 이때 단적인 모순이라는 말로 우리가 뜻하는 것은, 판단들로부터 함께 정립된 하나의 판단인데, 저 판단항들 중 어느 하나는 최소한 다른 하나를 배제하고, 그에 모순되는 판단이다. 그런데 우리는 또한 법칙을 형식화할 수 있다. B가 A에 모순되고 A가 참이라면 B는 거짓이고, B가 참이라면 A는 거짓이다. 만약 우리가 진리 대신에 가능성과 필연성 내지는 그 반대를 취한다면, 그에 상응하는 법칙이 타당하다. 우리는 더 나아가 정합성 관계, 순수한 판단 포함의 관계에 대해 유사한 법칙을 갖는다. 무엇보다 다음과 같은 근본 법칙이 타당하다. 결론을 이끄는 명제가 참이라면(가능하다면) 결론 명제는 참이고(가능하고), 결론 명제가 거짓이라면(불가능하다면), 결론을 이끄는 명제도 거짓이며, 그 전체 전제들도 거짓이다. 모든 그러한 결합법칙은 주의 깊게, 그리고 순수한 정합성 명제들에서 분리된 고유한 원리들로서 세워져야 한다. 순수한 개념 형성에서 이제 우리는 각각에 속하는 타당성 개념들을 가진 다양한 영역들을 구분해야 한다. 정합성 논리학에서 "결론 문장이 타당하지 않다면 전제들도 타당하지 않다"는 법칙은 "추론된 판단의 포기는 결론을 이끄는 판단의 포기를 조건 짓는다"와 같은 뜻이다. 그것은 추론의 모든 관계는 역전될 수 있다는, 결론 문장의 부정은 전제들의 부정을 귀결로 가진다는 다른 법칙과 관련되어 있다. 그러나 진리 논리학은 가능한 판단을 판단으로 만드는 또는 이미 판단된 것으로서의 가능한 판단에 판단 정립을 거부하는 타당성과 부당성을 말하지 않고, 진리로서의 타당성 그리고 진리 파생물로서의 타당성을 말한다.

형식 일반적 결합법칙들의 그러한 부류들과의 관계와 더불어 물론 한갓 정합성과 무모순성의 형식 논리학은 진리 논리학의 유용한 하부 단계로 증명된다. 그러나 단지 하부 단계일 뿐이다. 참된 판단들, 그리고 보편적으로 참된 것들을 가능하게 하는 것에는 그러나 본래적인 인식 관심이 관계한다. 맨 위에, 보편적인 인식, 보편적이며 절대적으로 정당화된 진리의 체계의 산출을 가능하게 하는 것에는 플라톤적 의미의 철학이 관계한다. 그에 따라 물론 최고로 이성적인, 순수한 본질 법칙들에서 움직이는 정합 논리학을 넘어서, 진리의 획득을 위한 순수한 이성적인 방법론이 요구되었다. 이러한 관점에서 사람들은 충분히 멀리 나아가지 않았다. 참된 학문을, 심지어 철학을 가능하게 함이라는 훨씬 멀리 나아가는 문제들은 우선 도외시하더라도, 진리 일반을 가능하게 함이라는 가장 일반적인, 실제로 접근하기 어렵기는 한 문제의 관점에서조차 충분히 멀리 나아가지 않았다.

4강 보충: 분석적 수학으로서의 정합성의 보편적 논리학, 형식 존재론의 상관적 취급 방식, 그리고 진리의 논리학의 문제에 대하여

지난 강의에서 우리는 **아리스토텔레스**에 의해 분석론이라는 명칭으로 구상되었고, 후대에 보충되고 순수화되었으며, 말하자면 전통 논리학의 확고한 요소를 형성했던 형식 논리학의 이성적 이론을 특징지었다. 이러한 논리학은 주요 핵심에 따라서 볼 때, 정합성, 비정합성, 무모순성을 지배하는 본질 법칙성의 이성적인 체계학이었다. 나는 (물론 전통 자신은 보지 못했던) 다음을 명료하게 하고자 시도했다. 즉 우리가 그 의미를 순수하게 파악해보면, 자신의 고유한 이론적 요소에서, 진리 개념의 다양한 파생물과 양상들을 전혀 다루지 않는 하나의 **고유한 분과학문**이 본래적으로 경계 지어진다는 것을 명료하게 하고자 했다. 이때 진리의 파생물이란 (가능적 진리로서의) 가능성, 필연성, 개연성 등 및 그 부정들이다.

정합성의 논리학을 우리가 분리하는 근거는 한 번 더 되풀이해서 말하자면, 한갓 **판단 의미(명제)**로서의 판단은 — 혹은 우리가 언명하는 판단의 영역에서 말할 수 있듯이, **언명 문장들의 동일한 의미**는 — '한갓 명료화(Verdeutlichung)'를 통해 명증적으로 파악될 수 있다는 데에 있다. 이러한 명증은 가능한 혹은 실제의 진리에 대한 모든 물음에 앞서 놓여 있다고 우리는 이야기했다. 혹은 같은 말이지만, 이러한 명증은 판단이 자신의 사태와의 관계에서 직관적인지 그리고 그 사념이 어느 정도 직관의 충만으로 채워질 수 있는지 아닌지 하는 문제와 독립적이다.

한갓 명료화라는 이러한 **명증[14]**의 본질을 이루는 것은, 이러한 명증은 그때그때의 언명 의미들이 그것의 진리 혹은 가능한 진리로 검증되는지, 즉 그때그때의 언명 의미들이 이러한 언명 의미(즉, 우리가 거기서 판단하면서 생각하는 **바로 그것**)를 해명하거나 입증하는 직관화로 이행할 수 있는지 여부에 달려 있지 **않다는** 것이다. 저것을 통해 수행되는 것은 완전히 다른 종류와 방향의 명증일 것이다. 용어적 구별을 행하면서, 우리는 (가령 "2가

14 후설 현상학에서 명증(Evidenz)은 일반적으로 진리 경험으로 규정되며, 특히 사태 자체가 주어지는 직관적 경험을 지칭한다. 그러나 여기서 후설은 명증 개념을 보다 폭넓게 사용하고 있는 것으로 보인다. 그러니까 사태 자체가 주어지지 않더라도, 판단들로부터 어떤 판단이 정당하게 도출될 때 우리가 갖게 되는 올바른 인식도 명증의 범주에 포함시키고 있다.

3보다 작다"는 언명에서) 언명의 동일한 '분석적' 의미를 산출하는 **분석적 명료화**를 실질적 해명 혹은 입증, 그리고 거기에 등장하는 가능성 혹은 진리와 대립시켰다. 여기서 의미에 대한 완전히 다른 개념이 특징지어진다. 특히 부정적 어법에서, 가령 "2는 3보다 크다"는 것은 "어떠한 의미도 갖지 않는다"고 말해진다. 그런데 물론 그것은 **분석적 의미**는 갖는다. 그것은 거기서 판단하는 언명에서 사념될 무엇에 따라서 보면 분명한 문장이다. 여기서 빠져 있는 것은 **실질적 의미**, 가능성, 진리다. 이들은 해명을 통해, '2', '3', '크다'에 대한 실질적 직관화로의 소급을 통해 명증적이 되는 것이다. 분석적 의미를 향한 명증, 분석적 명료화의 명증을 위해서는—이렇게 말할 수도 있을 텐데—**한갓 기호적 판단함, 한갓 말로 된 판단함**으로 충분하다. 이런 것들은 자신의 편에서는 가능성과 진리에 대해 어떠한 것도 산출하지 않으며, 마찬가지로 필연성, 타당성의 개연성에 대해서, 그리고 그 반대에 대해서 어떠한 것도 산출하지 않는다.

이제 이러한 구분과 관련해서 이렇게 말할 수 있다. 온전한 삼단논법은, 순수하게 파악되면, 그리고 우리가 아리스토텔레스적인 단어를 사용하고자 한다면 '분석론'이라고 할 수 있다. 그것은 한갓 동일한 이념적인 언명 의미들 혹은 분석적 직관화의 요소로서의 판단들과 관계한다. 왜냐하면 정합성과 비정합성, 포함되어 있음과 배제되어 있음과 같은 관계들, 무모순성의 방식에서 분석적인 조화로움의 관계 같은 것은 오로지 순수한 판단 사념들, 판단 의미들로서 이러한 판단들과 관계하기 때문이다.

그러나 **전통 논리학**은 한갓 분석적 정합성과 무모순성의 논리학이 아니고자 했다. 전통 논리학은 끊임없이 **진리**에 대해, 그리고 진리의 파생물들에 대해 이야기했다. 그리고 이때 단순히 정합성의 맥락에서만 진리에 대해 말하려 한 것이 아니었다. 전통 논리학은 진리의 방법이고자 했다. 그리고 자명하게도 그것은 전자가 되고자 할 수도 없었는데, 왜냐하면 전통 논리학은 우리가 앞에서 이야기했던, 판단함들에 귀속되는 이중적인 명증을 이론적으로 획득하지 않았고, 그와 더불어 그에 속하는 다양한 판단 의미 개념도 획득하지 않았기 때문이다. 그에 따라 전통 논리학은 정합성을 필연적으로 방법론적으로 구분하면서 정합성에 귀속되는 것을 제시하지 않았고, 다음으로 진리와 진리 양상을 분리하면서 이것들에 특수하게 속하는 것, 그래서 실질적인 충전성의 명증으로부터 판단들에 대해 형식적인 일반적 타당성의 선험적 법칙들의 형태로 이야기될 수 있는 것을 제시하지 않았다.

그에 따라 방법적 진행의 커다란 불완전성이 역사적 논리학, 즉 모든 인식의 보편적이고 원리적인 방법론으로서 그 고유한 진행에서 최고의 방법적 요구들을 충족시켜야 할 역사적 논리학에 고착했다. 역사적 논리학이 자기 자신과의 관계에서 불명료함과 어중간함에 고착되어 있었다면, 그 방법적 규범들은, 모든 인식을 위해서 그 자체로 불충분하고, 불명료하며, 부분적인 방식으로 머물러야 했다.

실제로 상술한 것을 제하고도 논리학은 그다지 멀리까지 나아가지 못했다. 논리학은 그것이 이론적으로 전개되었던 유일한, 원리적으로 일면적인 차원에서조차 ― 우리가 보게 될 것이듯 ― 불충분한 채로 있었다. 이러한 허용되어서는 안 될 제한이 가지는 매우 의미심장한 단점을 여기에서 확인할 수 있다. 전통 논리학은 술어적으로 규정하는 판단과 판단 기체 사이의 상관관계를 이론적으로 충족시킬 능력이 없음을 보였으며, 그에 따라 술어적인 진리와 참되게 존재하는 대상성(Gegenständlichkeit)[15] 사이의 상

15 일반적으로 현상학에서 대상은 의식이 '지향하는' 것이다. 이때 대상 개념에는 시공간상에 존

관관계를 이론적으로 충족시킬 능력도 없음을 보여주었다. 모든 술어적인 언명의 의미는 (그 자체로), 그러한 언명이 말하고 있는, 그것이 판단적으로 명명하는, 그것이 그러그러하게 규정하는 어떤 대상들과 관계한다. 정합성과 술어적 판단의 진리를 다루는 형식적 이론들은 상관적으로 또한 (순수한 정합성 혹은 무모순성에서 생각할 수 있고, 즉 판단에 적합하게 정립할 수 있는 것으로서의) 가능한 판단의 대상성으로서의 명사적 대상성에 관한 이론을, 그리고 조화롭게 생각할 수 있을 뿐 아니라 가능한 진리 속에서 존재하는 대상들 일반에 관한 이론을 요구한다.

더 자세히 설명해보면 다음과 같다. 대상 일반에 대해 선험적으로, 그리고 형식적 일반성에서 무엇이 타당한지 물을 수 있다. 형식적 일반성에서라는 말은, 모든 생각해낼 수 있는 대상 일반에 대해서, 그리고 생각해낼 수 있는 대상으로서만 간주된 대상 일반에 대해서라는 뜻이다. 그런데 그것은 즉, 가능한 판단 의미 속에서(논리적 의미의 명제 속에서) 그것들에 (단적으로 혹은 가정적으로 혹은 조건적으로, 확실성, 추측, 개연성 등 속에서) 속한다고 생각된 속성들, 관계적 성질들 등의 기체로서 나타나는 대로의 대상 의미에 대해서라는 뜻이다. 모든 판단은 이것과 저것에 대한 판단이고, 해당되는 기체 자체가 의미 계기로서, 대상 계기로서, 판단이라 불리는 의미 통일체의 결합에 속하게 된다. (집합론, 산술학, 다양체론에서) 분석적 수학이 사유 대상으로 특징짓는 것은 다름 아닌 그러한 대상 의미들이다. 이와 관련하여 더 자세히 보면, 여기에는 (의미에 적합하게 동일한 것으로 생각

••

재하는 개체적인 사물뿐 아니라 '종(Spezies)'이나 '본질'과 같은 이념적 대상, 가치, 규범 등 가치론적 대상, 명제에서 표현되는 '사태'까지도 포괄된다. 대상성(Gegenständlichkeit)이라는 말은 이렇게 넓은 의미의 대상을 표현하기 위해 사용되는 말이다.

된) 동일한 기체를 통해 결합된 가능한 판단의 가능한 종합적 결합들에 대한 물음뿐 아니라, 그 속에서 판단들이 조화롭게 결합되고, 상관적으로 동일한 대상들이 모순 없는 규정들을 통해 규정되는 것으로 생각되는 그러한 종합적 결합에 대한 물음이 있다. 형식적 일반성에서의 대상 의미를 임의의 의미 형태 일반의, 혹은 선험적으로 가능하고 개념적으로 구성할 수 있는 어떤 형태들 중에서 선택된 어떤 형태들의 판단 의미의 기체로 생각한다면, 이와 같은 기체들이 일치 속에서 정립될 수 있는 선험적 형태 체계들에 대한 물음, 그리고 기체들이 이러한 체계들 속에서 취하는 일치적 규정 형식들에 관한 물음이 있다. 일치적 규정의 모든 형태는 동시에 그러한 형식 속에서 모순 없이 규정될 수 있는 대상 일반에 대한 법칙이다. 가능한 대상들의 규정 방식에 대한 직접적으로 명증적인 일치하는 체계를 체계적으로 설립하는 것, 그리고 거기서 정합성에 포함된 모든 규정 형태들을 구성적으로 분석적으로 연역하는 것, 이것은 다양체론[16]의 과제이다. 무언가에 대한, 또는 무언가들 일반에 대한, 즉 계속되는 술어화에서 조화롭게 판단할 수 있어야 하는 가능한 술어적 의미의 기체로서의 대상들 일반에 관한 이론이 **형식 존재론**이다. 형식 존재론은 다만 일치하는 판단들 일반에 대한, 그리고 판단들이 정합적으로 일치하는 판단 체계로 연결되는 형식들에 대한 이론의 상관적인 고찰 방식일 뿐이다. **완전히** 포괄적으로 생

··

16 다양체(Mannigfaltigkeit)는 원래 리만(B. Riemann)이 시각화되지 않은 n차원의 수학적 공간을 가리키기 위해 사용한 개념인데, 현대 기하학에서 특정한 공리의 연역적 체계를 지칭하게 되었다. 후설은 이 개념을 자신의 학문 이론의 형식적 근거를 수립하기 위해 사용한다. 후설은 모든 이론 체계 일반을 담아낼 수 있는 보편적인 이론 형식이 가능하다고 보았고, 다양체론이 이론의 형식 체계에 관한 메타 이론으로 기능할 수 있다고 생각했다. 다양체론에 대한 연구는 엄밀한 이론 체계가 갖추어야 할 논리적 조건들에 관한 연구로서 순수 논리학의 최종적인 과제다.

각된 명제 논리학은 그 자체로 형식 존재론이고, 거꾸로 **완전히** 실현된 형식 존재론은 그 자체로 형식 명제론이다.

범주적 개념들, 즉 사유 대상을 일치적으로 판단될 수 있는 가능적 판단들로 규정하는 선험적이며 가능한 규정 형식들은, 판단들 자체를 규정하는 개념들과 구별되고, 그래서 존재론적 범주와 명제적 범주가 대립하게 된다. 그러나 다른 한편, '명제' 혹은 '판단'도(우리는 이것을 '사유 사태' 혹은 '생각된' 사태 자체라고 말할 수도 있는데), 그것이 규정 기체로서 기능하는 판단 형성물들을 가능하게 하는 한, 그 자체로 하나의 존재론적 범주이다. 사유 대상들로부터 사유 대상들이 생겨나게 하는 산출물들의 모든 가능한 형태들, 그리고 그것들에 대해 산출되는 규정들을 연구하는 것도 물론 형식 존재론의 과제다. 다른 한편 사유 대상들의 모든 가능한 규정들이 취해야 하는 모든 가능한 판단 형태들도 형식 존재론이 포괄한다.

그러나 충분히, 우리는 여기서 분리할 수 없는 상관관계가 대상과 판단(혹은 '대상들'과 '사태들' ─ 지금의 태도에서는 둘 모두 한갓 정립 의미, 한갓 '생각된 것들'로서)을 결합시킨다는 것, 그리고 하나의 유일한 선험적 학문이, 자기 자신과 되돌아 관계하면서, 때로는 특수하게 사태 형태 혹은 판단 형태들, 그리고 그것들에 속하는 정합성 법칙들을 향하고 때로는 대상적 기체와 그 정합적 규정을 향하면서 대상들과 사태들을 다룬다는 것을 알게 된다. 여기서 등장하는 모든 개념들, 분석적─논리적 범주들은 '의미들'에서 순수하게 길어지는 개념들이다. 명제와 관련해서는 오직 일치성에 대해서만 이야기하고, 진리에 대해서는 이야기하지 않듯이, 대상과 관련해서는 오직 그 무모순적 생각 가능성에 관해서만 이야기하고 그 실질적인 가능성이나 현실성에 대해서는 이야기하지 않는다. 그래서 전체 형식 존재론 **혹은** 형식 명제론은, 현실적으로 완전히 포괄적으로 이해했을 때, 분석론이다.

전통 논리학이 방법적으로 얼마나 불완전하게 작업했는지, 또 '보편 수학(mathesis universalis)'[17]이라는 명칭 아래 **라이프니츠적** 정신에서야 비로소 불완전하게나마 본래적으로 관철된 이러한 보편적인 형식 논리학의 이념과 거기에 포함된 형식 존재론의 이념이 전통 논리학에 얼마나 멀리 떨어져 있는지를 분명히 드러내주는 사실이 있다. 그것은, 논리학에 마주서 있는 특수 학문적 분과학문들 가운데에서 또한 개별적인, 심지어 **수학적인 분과학문들**이 나타났다는 것이다. 이들은, **산술학**처럼, 형식 존재론의 중요한 작은 분과로서, **형식 존재론**의 이념에 철저히 포섭되는 것이다. 학문적 인류의 역사적 의식에서 논리학과 산술학이라는 명칭 아래에서 동떨어져 있는 것, 논리학과 물리학 혹은 논리학과 정치학만큼이나 멀리 동떨어져 있는 것은 원래 아주 밀접히 서로 관련되어 있었다. 산술학과 명제 논리학(가령 삼단논법)은 하나의, 그리고 심지어 이미 하나의 순수하게 분석적으로 파악되어야 할 논리학의 완전한 이념 아래 둘 다 분과학문으로서 배열된다. 다른 한편, 산술학과 기하학처럼 역사적 의식에서 내적으로 하나였던 것은 분리되어야만 했다. 기하학은 공간적인 직관을 요구했고, 기하학의 개념들은 실질적 영역으로, 공간성으로 되돌아가야 했다. 이와 반대로 산술학에서는 무언가 일반의 양상을 표현하는, 집합이나 수와 같은 개념들이 있고, 원리적으로 여기서 요구되는 명증은 판단 정합성의 논리적-명제적 개념들을 획득하게 하는 그러한 종류의 것이다. 정확히 고찰

．．
17 보편 수학(*mathesis universalis*)은 모든 존재자에 관한 보편적인 학문으로서의 '보편학'의 이념을 담고 있다. 보편 수학은 보편학을 수학을 모델로 실현하고자 하는 것으로서 데카르트가 구상했고, 라이프니츠에 의해 구체적으로 시도되었다. 후설은 보편적 존재론이라는 라이프니츠의 이념이 초월론적 현상학을 통해 실현될 수 있다고 생각했다.

해보면, 전체 산술학과 전체 분석적 수학은 실제로 하나의 그러나 그저 다른 방향을 향하는 분석론, 하나의 그저 다른 방향을 향하는 정합성의 논리학이다. 즉 술어적 정립들, 판단들을 향하는 대신 그것들은 오히려 '사유 대상들'의 정립과 관계한다. 여기에서 나는 더 진행하지 않고, 이러한 암시들로만 만족해야겠다.

전통 논리학의 〔앞에서〕 특징지은 결함은 어떤 완전히 근본적인 방법론적 결함들과 긴밀히 관련되어 있다. 그 결함들 때문에 **진리의 이념과 참된 존재의 이념** 및 그 밖의 이러한 이념들과 본질적으로 관련된 여타 이념들, 양상적 변경들의 이념을 다루는 데에 어려움이 있었다. **논리학**이 실제로, 그리고 플라톤적 변증론의 위대한 지향들의 실현에서, 진리의 성취를 위한 하나의 **보편적이고 근본적인 방법론**이고자 했다면, 그 연구는 앞에서 특징지은, 진리와 참된 존재라는 상관관계 수준만을 주제적으로 향해서는 안 되었고, 이 수준과의 상관관계 속에 있는 다른 상관적 쌍을 주제로 삼아야 했다. **판단은 판단하는 행위에서 판단된 것이고, 판단하는 행위는 하나의 주관적인 삶이다.** 근원적으로 참되게 판단함은 통찰 속에서 확증하는 판단함이고, 참되게 존재하는 대상성은 경험하는 혹은 그 밖의 그 자체로 직관하고 파악하는 체험에서 경험된 주체에게 주어진 대상성이며, 통찰적인 판단 속에서 규정되는 것이다. 객관적으로 참된 판단함은 필연적으로 모두에게 통찰적으로 확증되는 혹은 확증될 수 있는 판단함이다, 등등. 그것은 판단과 진리를, 대상과 실제성의 연구를 요구하되, 단지 동일한 언명 의미의 관점에서, 그리고 동일한 기체 의미에서의 대상의 관점에서만 요구하는 것이 아니다. **판단함**, 통찰함, 상호주관적으로 궁극적으로 확증됨, 대상 정립함과 대상 경험함의 **주관적인 것**의 관점에서도, 그리고 이때 특히 인식하는 체험에서, **의식 속에서**, 사념된 대상이나 참된 대상 자체 같은, 명제와 진리로서의 판단 같은 그러한 모든 것이 그 자체로 주어지는 그러한 주관적 양상의 관점에서도 요구한다.

획기적이고 최고로 감탄할 만한『오르가논(Organon)』[18]에서의 **아리스토텔레스**의 연구 이래 **명제, 참된 명제, 대상**, 실제로 존재하는 대상의 개념을 가리키는 차원에서의 주요 문제들에 대한 논리적 연구가 계속되었다. 그리고 실제로, 주관적-반성적 숙고의 한 부분이 자기 역할을 행한 이후, 그것은 아주 자연적인 진행이었다. 학자로서의 보편적 회의에 맞서야 하는 사람은 — 소피스트적 회의의 거부는 그리스적 사유에서 원리적인 방법론의 발전을 강요한 역사적 동기였다 — 그래서 인식하는 행위에서 진리와 참된 존재에 얼마만큼 도달할 수 있는지를 철저하게 숙고하기 시작하는 사람은, 우선은 학문적 성취의 야심 찬 내용들을, **명제들과 이론들**을 보게 될 것이다. 그러나 그러고 나서는 필연적으로, 인식의 면을 목표로 갖는 주관적으로 향하는 숙고로 이끌릴 것이다. 여기에서 그는 명증과 맹목적인 사념, 일치하는 판단과 모순적인 판단과 같은 것들을 명료하게 구분할 것이며, 그것으로부터 인식 정당화의 최초의 방식이 생겨날 것이며, 그것이 학문의 최초의 정초의 길을 터줄 것이다.

··

18 아리스토텔레스가 쓴 논리학 저작들, 즉 개념을 다루는『범주론』, 명제를 다루는『명제론』, 그리고 추론을 다루는『분석론 전서』,『분석론 후서』,『토피카』,『소피스트적 논박』을 묶어서 이르는 명칭이다. '오르가논'은 원래 '도구'를 뜻하는 말로서 아리스토텔레스 철학에서 오르가논, 즉 논리학은 학문을 수행하기 위한 도구적 역할을 지닌다.

3장

소피스트적 회의를 통해 야기된,
인식하는 주관성에 대한 최초의 숙고

5강 이념 인식의 발견과 그리스에서의 철학적, 합리적 학문의 시작

지난 강의의 끝에서 나는 플라톤이 대화편에서 행한 연구, 이러한 철저한 방법론적 숙고는 때로는 논리학에서, 학문적 방법론에서 실현되었음을 이야기했고, 그러나 이러한 논리학은 일면성 때문에 완전히 충분한 방법론의 지향된 이념을, 그리고 그것을 통해 실현될 수 있는 철학, 플라톤적 의미의 철학의 이념을 결코 실현하지 못했음을 이야기하기 시작했다. 일면성으로 내가 특징짓는 것은 이러한 논리학이 진리와 참된 존재, 그리고 더 일반적으로 말하자면, 판단(명제 의미)과 판단 대상이라는 상관관계 쌍을 통해 특징지어지는 주제적 층위의 학문적 이론화에 결코 도달하지 못했다는 점이다. 그런데 나는 동시에 인식하는 주관성을 이념적 통일체와 관계시키는 두 번째 상관관계를 언급했다. 또 우리가 언명 문장이라고, 다양한 판단 양상 속의 진리라고 부르는 자기 동일적 무엇이 주관적 체험의 주관적 방식 속에서 주어짐을 언급했다. 명료하게 경험되거나 명료하지 않게 경험되거나 혹은 그 밖의 방식으로 의식되는 등의 다양한 방식 속에서 주어지는 판단 대상도 언급했다. 시작의 동기부여 속으로, 여기에서는 역사적 동기부여 속으로 들어가보자. 이 역사적 동기부여는 소크라테스-플라톤적 반작용을 규정했고, 그것을 통해 새로운 의미의 철학의 이념과 그에 기여하는 방법론을 발달시켰다. '학문' 혹은 철학이라는 명칭 아래 모든 객관적 인식의 가능성에 대한 반박을 담고 있는 회의의 사실 앞에 학자로서 서 있는 자의 시선은 우선은 동시대의 철학 혹은 전승된 철학의 내용을, 그래서 그것의 정리(定理)와 이론들을 향하게 될 것이다. 그러니까 필연적으로 그는 즉시 이러한 정리가 가진 인식함의 측면, 그것의 주관적 발원의 방식과 관계하는 주관적 숙고로 들어가게 될 것이다. 그러나 그는 우선은 다음을 명료하게 할 것이다. 즉 판단함 일반, 판단적 명제를 설정함은 그것이 여전히 생생한 확신 속에 있는 것이더라도, 아직 이성적인 판단함이 아니고 진정한 의미에서의 인식함이 아니다. 그는 사태와 사태 자체를 직관하고 직관 속에서 규정하는 통찰적 판단함을, 모호하고 사태와 동떨어진 '사념함'과 대조하게 될 것이다. 그는 다음과 같이 말할 것이다. 그러한 한갓 사념함은 맨 먼저 그 진리 가치를 증명해야 하고, 사태 자체를 눈앞에 세우는 상응하는 직관에 맞춤으로써만 그렇게 할 수 있으며, 임의적 직관이 아니라 특수한 직관을 통해서, 한마디로 명증화를 통해서만 그렇게 할 수 있다, 등등. 마찬가지로 앞과 같은 의도에서, 그는 사태를 부여하는 직관의 가치에 대해, 혹은 가령 외적 영향의 경우에서처럼, 직관을 참칭하는 것에 대해 숙고하게 될 것이다. 그는 아마도 외부 지각은 경험 대상 자체에 대한 직관함과 파악함으로서 주관적으로 주어진다는 것, 그러나 이때 경험하는 자는 계속해서 단지 흐르는 존재만을 얻게 되지 결코 궁극적인 존재 자체를 얻게 되지 않는다는 것, 이 경우 그가 그때그때 얻게 되는 것에는 한갓 사념이 끊임없이 부착되게 된다는 것, 이 사념은 결코 존재 자체의 현실적 충만까지 오지 않고, 아무리 열성적으로 진행된다 해도 보충하는 경험까지 오지 않는다는 것을 스스로에게 분명히 할 것이다. 그래서 외부 경험은 결코 대상의 자체 소유, 자체 파악이라는 큰소리에 걸맞을 수 있는 의식이 아니라는 점을 분명하게 할 것이다. 그러나 학문은 일상적인 느슨한 의미에서의 진리와 관계하는 것이 아니라 **객관적** 진리와 관계한다. 무엇으로 이러한 객관성을 성취할 수 있을까?

그래서 객관적 진리 일반과 모든 참된 존재 일반에 대한 인식 가능성을 부정하는 보편적 회의로, **소피스트 철학**은 그러한 반성을 하지 않을 수 없게 했다. 이러한 반성의 목적은 다음의 것들에 대한 정당화 또는 보편적인 반성적-비판적 숙고였다. 즉, 표상함과 판단함, 직관적인 것과 비직관적인 것이라는 매우 다양한 방식으로 인식함 자체 속에 체험적으로 있는 무엇에 대한 숙고, 완전하거나 진정한 인식, 그리고 불완전한 인식과 같은 다양한 인식에 대해, 최상위에서는 학문적인 객관적 인식에 대해 이야기하는 것에 근거를 제공한 무엇에 대한 숙고, 결국은 모든 규범적 개념들에 가능적 의미를 부여해야만 했던 무엇에 대한 숙고였다.

경험과 판단 속에서 사념된 것이 주어지는 주관적 방식에 시선을 향하면서 이러한 방식으로 인식 반성이 발전의 정점에 서 있었다고 해도, 그것이 곧장 이러한 여기 열린 주관적 인식 방식의 영역과 인식하는 주관성 일반 및 그 자체를 포괄적, 성공적인 방식으로 **이론적으로 다루는 데**에 이르리라는 것을 의미하지는 않는다. 인식의 비판적 자기 정당화라는 목적을 위해 필요한, 이와 같이 주관적으로 향하는 연구의 방법을 형성하고, 이를 통해 인식의 철저하고 진정한 방법론의 발달에 돌입할 수 있기까지 그야말로 수천 년이 지나갔다. 최초의 인식 비판적 숙고에, **플라톤의 끈기 있고 심원한** 앞선 연구에, 그리고 그의 위대한 후계자들의 중단 없는 인식 숙고에 학문적 성과가 없었다는 것은 아니다. 완전히 그 반대다. 다만 말해야 할 것은, 주관적인 관점에서의 인식에 관한 참으로 합리적인 본질의 형식으로〔다른 학문에〕영향을 끼칠 필요가 있었지만 그러지 못했다는 사실, 그 대신 특수 학문이 비교적 빠르게 형성되었고, 그러한 특수 학문들이 상대적으로 만족시키는 완전성은 저 결함을 감소시키는 데 결코 기여하지 못했다는 사실이다. 우리는 이것이 얼마나 많은 것을 뜻하는지 곧 알게 될 것이다.

우선 몇 가지를 더 자세하게 상술해보자. **진정한 인식의 주관적 방식**에 관한 최초의 깊은 숙고는 필증적 진리에 관한 인식이라는 이념적 인식에 대한 발견을 자신의 가장 위대하고 오래된 성과로서 품고 있었다. 순수 본질 개념들의 근원적으로 통찰적인 — 또한 완전한 — 산출이 있다. 본질 법칙들, 이해할 수 있는 필증적 보편성과 필연성에 관한 법칙들은 저 본질 개념들에 근거한다. 이러한 발견은 이미 현존하는 수학을 정화하고 원리적으로 완성하는 데에, 그것을 순수 이념적 학문으로서의 순수 수학으로 변형하는 데에 즉시 영향을 미쳤다.

여기서 유의해야 할 점은 엄밀한 학문의 역사, 그리고 특히 가장 좁은 의미에서의 정밀한 학문의 역사는 충분한 근거에서 플라톤 시대 이전으로 거슬러 간다고 말할 수 있지만, 플라톤 이전의 학문의 형태는 단지 학문의 선-형태라는 성격으로만 인정될 수 있다는 것이다. 그래서 무엇보다 수학은 플라톤적 변증술에서 수행된 주관적-방법론적 예비 작업에 힘입어서야 자신의 특수한 학문적 특징을 획득했다. 이러한 방식으로 비로소 수학은 **이념적인 가능적** 공간 형성물 및 수 형성물과 관계하는 **순수** 기하학·산술학이 된다. 저 형성물은 직관적으로 끄집어내어 볼 수 있는, 모든 가능성들이 점근(漸近)하는 극한 이념과의 관계하에서 생각된다. 이러한 순수한 점근적 이상('순수한' 통일체, '순수한' 직선 등)은 직접적 본질 개념 및 본질 법칙과 관계하고, 이들은 또한 '공리'로서 순수한 연역의 구조 전체를 짊어진다. 순수 수학에 최초로 고전적 체계를 세운 **유클리드**는 알다시피 플라톤주의자였다. 그는 **에우독소스**(Eudoxos)[19]와 같은 위대한 선임자에 의지해, 『원론』[20]에서 플라톤 학파의 이상에 따라 순수한 이성적 학문에 대한 최초로 수행된 윤곽을 제시했다. 그러나 우리는 더 정확하게 말해야 하겠다. 기하학은 일반적 방법론 밖에서 합리성의 근거 지어진 이러한 이상에 따라 구상된 최초의 성공한 학문이었다. 그것은 순수한 이념 직관 속에서 자신의 근본 개념을 창조했고, 이념 법칙과 본질 법칙들, 그러니까 필증적 명증 속에서 무조건적으로 타당한 필연성으로 이해되는 법칙들을 형성했던 **최초의 학문**이었다. 그것은 체계적 질서에 따라 직접적 본질 법칙들을 기초 놓는, 그리고 순수한 일치의 형식에서 체계적으로 쌓아 올리면서 거기에 간접적으로 포함된 모든 본질 법칙들을 해명하는 최초의 학문이며, 그에 따라 모든 특수한 것과 특수한 것들을 적용할 때 제시될 수 있는 사실성들을 순수한 이성적 법칙성의 이러한 요소들로부터 설명하고, 선험적 필연성들로 통찰되게 하는 최초의 학문이다.

  그러나 다른 한편에서 강조되어야 할 것은 인식 비판적 예비 연구에

19 에우독소스(기원전 408?~355)는 고대 그리스의 수학자, 천문학자로서 플라톤의 제자였다.
20 유클리드(기원전 330?~275?)가 저술한 13권의 책인 『기하학 원론』을 가리킨다. 이 책은 수학과 기하학에 관한 그리스 수학자들의 연구를 집대성한 것으로 현대의 순수 수학의 원형이 되었다.

서 발원한 합리성의 이상은 방법론 자체 내부에서 체계적 영향을 발휘했고, 동시에 수학을 순수 합리적 수학으로 변형시켰다는 것이다. 여기서 나는 물론 플라톤의 직접적 제자였던 **아리스토텔레스**가 토대를 다진 **분석론**을 이야기하고 있다. 분석론이 명제, 진리, 참된 존재자에 관한 형식 논리학으로 발전하는 과정에서 있었던 모든 불완전성에도 불구하고, 분석론은 처음부터 〔수학과〕 동일한 의미에서의 합리적 학문의 근본 부분을 형성했다. 그것은 정합성과 진리의 본질 법칙들을 연역적으로 전진하면서 체계적으로 수립하는 것이었다. 여기에는 사념된 진리와 가능성, 그리고 사념된 정합성과 비정합성에 따른 특수하고 사실적인 판단들을 합리적으로 규범화한다는 임무가 방법론적으로 부여되었다.

그래서 **인식의 보편적 방법론**은 진정한 인식의 가능성이라는 반박된 가능성을 철저하게 숙고하고, 보편적 반성 속에서 그 가능성을 성찰하는 예비 연구로서 시작되었다. 이러한 방법론은 이 예비 연구로부터 **합리성이라는 최초의 이상**을 획득했다. 그리고 이제 자신의 고유한 방법론적 영역 안에 특정한 방향으로 이러한 이상을 실현하면서 그것은 그 자체로 이러한 방향에서 — 즉 판단, 판단된 대상, 진리, 참된 존재라는 이념들에 의해 특징지어지는 차원에서 — 어떤 **합리적** 방법론으로 형성되기 시작했다. 이러한 방법론에 내재적인, 이러한 방법론 속에서 자발적으로 산출된 동기부여로부터 〔이 방법론의〕 발전이 시작되었다. 이러한 발전 속에서 그러한 방법론은 순수 **합리적인** 학문적 분과학문으로 형성되기 시작했다. 그것은 저 방법론 자체로부터 앞서 구상된 이념에 따라서 합리적인 분과학문이었다. 이 방법론 외부에서는 동일한 이념에 따라서 **산술학**과 **기하학**이 진정한 학문으로서 구상되기도 했고, 이후에는 다른 학문에서도 마찬가지였다. 여기에서 언급해야 할 것은, 고대에 이미 형성을 향한 압력하에 있었던 **합리**

적인 설명적 자연과학을 향한 최초의 그리고 물론 가장 원시적인 시작이다. 그러니까 물리학과 천문학의 시작이다. 물론 이러한 자연과학은 그 자체로 하나의 순수한 합리적 학문이 될 수는 없었다. 그러나 자연과학에는 (오랫동안 충분히 이해되지 못했음에도 불구하고) **합리적인 사실 해명의 새로운 형태**가 있었는데, 이는 자연과학이 방법적 도구로 순수 수학을 사용함으로써 경험적 인식에 원리적 필연성의 지분을 마련해줬기 때문이다.

방법론의 틀 내부에서나 외부에서나 이러한 방식으로 창조된 합리적 학문은 역사적으로 완전히 새로운 유형의 학문이었다. 이 학문들은 이후의 미래 전체와 우리 시대를 위한 진정한 학문의 개념을 형성하는 미리 구상된 방법론적 이상(물론 이 학문들은 구현됨을 통해서 비로소 이 이상을 완전하게 규정한다)을 구현한다. 그러나 그 학문들이 아무리 위대한 일을 수행했다고 해도, 무엇보다도 먼저 순수 수학이 보편적 의식에게 진정한 학문의 이상을, 말하자면 **원형적으로** 제시했으며, 새롭게 정초되는 학문에 대해 수천 년 동안 최고로 찬양되는 모범으로 기능했다고 해도, 순수 수학과 뒤따르는 모든 학문들은 한갓 '**특수 학문**'일 뿐이었으며, 더 적절히 말하면, 우리가 충분한 근거에서 철학적 학문에 대립시켜야 할 그저 **독단적 학문**일 뿐이었다.

독단적 학문과 **철학적** 학문의 이러한 대립은 무엇을 의미하는가? 지금까지 우리가 이야기한 것은 모든 독단적 합리성에 아직 충족되지 않았지만 반드시 필수적인 요건을 적어도 예감하면서 이해할 수 있는 길잡이를 미리 제공해준다. 우리가 인식의 최상위 목적 이념으로서 철학에 대한 플라톤의 이념을 고수하는 한, **철학적 학문**이란 우리에게 그저 **절대적 정당화에 근거한** 학문만을 의미한다. 그러니까 자신의 인식을 모든 관점에서 지지할 수 있는 학문이다. 달리 말하자면 모든 생각 가능한 관점에서 모든 인식 형성물을 학자가 완전히 정당화할 수 있어서, 여기서 제기될 수 있는 어떠한 정당화 물음도 대답되지 않은 채 남아 있지 않은, 그리고 이러한 물음과 어떻게든 유관한 어떠한 인식의 특징도 ─ 이 인식이 언명의 분석적 의미와 관계하든, 아니면 상응하는 직관적 사태와 관계하든, 아니면 인식 작용이 전개되고 언명된 것 및 인식된 것이 나타날 수 있는 유일한 장이 되는 다양한 주관적 양상과 관계하든 ─ 고려되지 않은 채로 남아 있지 않은 학문이다.

새롭게 등장하는 학문의 경우, 모든 관계에서 궁극적으로 정당화하는 이러한 합리성은 어떤 사정에 놓여 있는지, 그것이 우리의 다음 질문이 될 것이다.

6강 플라톤의 변증술의 이념에 함축된 인식 이론에 대한 요구

새로운 유형의 학문, 그러니까 스스로를 '합리적'이라고 부르기 좋아했던 저 학문들에서 합리성은 어떠한 사정에 놓여 있는지 묻는 것으로 우리는 지난 강의를 끝맺었다. 이러한 학문들이 참으로, 그리고 합리성의 참된 경이라고 일컬을 만한 저 유클리드 기하학조차도, 철학적 분과학문에 대해 플라톤의 이념에 상응했는가? 그러니까 참되고 진정한 앎을 만들고, 이를 통해 모든 참된 명제 속에서 진실로 존재자가 무엇인지를 우리에게 **궁극적으로** ─ 즉, 거기에서 **모든 이성적 물음이 끝나게 되는** 방식으로 ─ 말해주는 것으로서의 철학적 분과학문에 대한 이념에 상응했는가?

한번 숙고해보자. 형식 논리학 내지 순수 논리학이라는 명칭 아래 순수 산술학, 기하학, 설명적 자연과학으로 성장한 학문 이론들이 근원적으로 정초되었을 때나 앞의 것을 이어받아 추후에 산출되었을 때, 명제들은 가령 닥치는 대로 설정되거나 맹목적 사념함 속에서 받아들여진 것이 아니다. 거기서 그것은 결코 그냥 판단된 것이 아니라 직접적 통찰에서든 간접적 정합성의 통찰, 그러니까 추론적 필연성의 의식에서든 **통찰력 있게** 판단된 것이다. 이때 그때그때의 판단 생각, 그때그때의 언명의 의미 내용은 통찰 속에서 대상성 자체에 맞춰진다. 즉 명백히 완전한 충전성[21] 속에서 해당하는 학문적 노력이 향하는 그때그때의 영역들의 사태들 자체에 맞춰진다.

거기서 획득되었던 것은, 성공적으로 수행했다는 의식 속에서 획득되었다. 이러한 수행이 성공적이라는 점은, 연구자와 수립자가 수반되는 반성적 검토 속에서 스스로에게 납득시켰던 것이다. 여기서 무엇을 더 요구할 수 있었을까? 그럼에도 불구하고 여기에서 실제로 더 많은 것, 그러니까 학자가 정신적 작업을 하는 동안에 언제나 수행하는 저 검토하는 반성에 비해 더 높은 수행을 생각할 수 있어야 하는 것이 아닌가? 그러한 저 검토하는 반성의 본질은 사유 활동의 진행과 결과를 그저 바라보는 것이다. 그리고 산출된 의미 내용, 유도된 경험과 자발적으로 수행된 경험 혹은 그 밖의 해명하고 확증하는 직관을 그저 바라보는 것이다. 그리고 특히 이 경우 의미 내용이 어느 정도까지 상응하는 직관적 내용으로 충족되는지, 그래서 순수하게 사념된 것 자체, 그러니까 우리가 한갓 분석적 의미라고 부르는 것이 의미의 충실 속에 직관적으로 놓여 있는 것에 정확히 맞아떨어지는지, 혹은 결국 맞지 않아서 사념이 포기되거나 변경되어야 하는 것은

---

21 충전성(充全性, Adäquatheit)은 명증의 한 양상으로서 의식 대상이 의식에 남김없이 온전히 주어지는 경우에 획득된다. 후설에서 명증은 다양한 단계와 등급을 가지는데, 충전적 명증은 대상이 있는 그대로 남김없이 주어지는 절대적인 명증, 최종적인 진리 경험의 이상을 지시한다.

아닌지 하는 것들을 바라보는 것이다. 이때 학자는 언제나 그가 이론적 규정을 위해 목표로 설정한 대상을 향한다. 그러나 이렇게 하는 과정에서 그는 자신이 대상을 이미 충분히 가까이서 보았는지, 아직 다른 측면을 고찰해야 하는 것은 아닌지 등을 물을 수 있다. 그러한 새로운 고찰의 결과로, 대상 규정의 변화가 반드시 필요한 것으로 드러난다면, 그는 가령 "대상이 실제로는 내가 처음에 생각했던 것과 같지 않다. 대상에 대해 내가 얻게 된 새로운 측면이 이에 대해 깨우쳐줬다" 등으로 말함으로써 스스로에게 이를 정당화한다. 이러한 숙고로부터 다음과 같은 점이 분명해진다. 즉, 학자가 어떤 대상을 규정할 때, 그는 이 대상을 언제나 하나의 동일한 것으로 주시하지만 그럼에도 대상이 그에게 제시되는 다양한 주관적 현출 방식이 결정적이며, 이 점을 그는 자신이 하는 일을 정당화할 목적으로 때때로 시행하는 반성적 시선 전환 속에서 분명히 한다는 것이다. 그는 필요에 의해 나름대로 주의 깊고 철저하게 이것을 행할지 모르지만, 어쨌든 그것은 한갓 바라봄이고, 주관적으로 향해진 이러한 바라봄의 틀에서 지속되는 실천적 행위, 그러니까 승인함, 각인하는 붙잡음, 혹은 거부함, 숙고함이라는 실천적 행위이다. 그러한 바라봄과 행함은, 그것이 심지어 단일한 학문적 행위의 구성 부분이기라도 한 것처럼, 개별적 경우에 언제나 부착되어 있다.

그러나 여기서 더 많은 것이 요구되어야 하는 것은 아닌가? 여기서 **보편적** 물음을 제기할 수 있고 제기해야 하는 것이 아닌가? 여기서 문제시되는 것은 가능적 인식 주체 일반의 인식하는 삶에서 보편적으로 한계 지어져야 할 사건, 즉 고유한 이론적 관심을 받을 가치가 아주 충분한 사건이 아닌가? 그럼에도 불구하고 인식하는 주관성의 과정에는, 학자가 때때로 정당화하는 숙고를 행할 때에야 **겨우 스쳐 가는 불빛**이 비칠 뿐이다. 여기서 각

1부 플라톤의 철학 이념에서부터 데카르트에서 그 이념의 근대적 현실화가 시작되기까지

각의 경우에 학자가 대상의 측면들에서 주시하는 것은, 그가 대상을 하나의 동일한 것 — 때로는 앞에서, 때로는 뒤에서 보이고, 어떤 때는 지각되고 어떤 때는 기억되며, 학자가 몰두하며 연구할 때는 오로지 그것만· 주시되다가 시선을 바꾸면 다시 의식의 배경으로 물러나는 것, 때로는 명료하고 분명하며, 때로는 모호하게 눈앞에 서 있는 그러한 동일한 것 — 으로서 주시하는 동안 대상이 끊임없이 주어지는 무수한 양상의 몇몇일 뿐이다.

저러한 모든 것에 대한 이론적 탐구, **인식하는 행위 일반**을, 특히 학문적이라 불리는 일반적 유형의 인식하는 행위를 모든 양상에 따라 **이론적 주제**로 삼는 연구가 있어야 하지 않겠는가? 이러한 연구는 다양한 학문의 각각의 작업하는 학자에게도 아주 유용한 보편적 통찰을, 그러니까 아마도 **더 높은 방식의 정당화**, 즉 그의 개별적 행위의 원리적 규범화를 그에게 가능하게 하는 보편적 통찰을 제공해야 하지 않겠는가? 학자 자신은, 그러니까 각각의 학문의 학자는 여기에 아주 많은 관심을 기울이기는 한다. 그럼에도 문제시되는 것은 인식하는 학자가 정신적 작업을 하는 동안, 흘러가는 **활동적 삶**의 거대한 다양성을 이론적으로 탐구하는 것이다. 이러한 삶은 그것이 학자에게 숨겨져 있는 동안에도 학자의 인식하는 작업수행이 존립하는 곳이며, 인식 형성물로서, 인식 목표와 방법으로서 끊임없이 학자의 시선에 놓여 있는 것들을 형성하는 것의 **내적인 면**이 존립하는 곳이다. 이론적으로 사유하고 이론적으로 작업을 수행하면서, 학자는 그가 직접 **보지 않는** 이러한 과정 속에서 **살아간다**. 그가 바라보는 것은 이러한 과정 속에서 형태화된 결과와 결과에 이르게 한 방법이다. 그것은 변화하는 경험 속에서, 변화하는 주관적 시각, 관점 속에서 하나의 동일한 사물로 주어지는 경험된 것이다. 혹은 변화하는 언명하는 판단 행위에서 자기 동일적인 것으로서 주어지는 판단, 가령 "2 × 2 = 4"라는 우리가 언제나 다시 되돌아올 수 있는 동일한 명제로서 주어지는 판단이다. 그리고 또 증명하는 인식 행위 속에서, 대상적으로 직관된 것에 잘 맞추어진 명제들, 모든 증명 속에서 동일한 것으로 밝혀지는 올바름의 성격 등이다. 소박하게 수행하는 이러한 사유로부터 그의 행위를 주관적으로 정당화할 목적으로 요구되는 새로운 반성적 태도로 학자가 넘어갈 때에야 비로소 이전에 숨겨졌던 주관적 삶에 근거한 몇 가지 것들이 나타나고, 학자의 관심을 끄는 이러저러한 주관적 소여 방식의 계기들, 그러니까 경험 대상들, 판단들, 그리고 이 판단들의 올바름이 주관적으로 주어지는 방식의 계기들이 파악하는 시선 속에 들어온다. 그러나 우리가 앞서 이야기했듯이, 한갓 개별적인 방식으로, 구체적인 개별성 속에서 나타나는 것이지 아직은 결코 이론적 주제로서 나타나지는 않는다.

그러나 이러한 인식하는 삶, 그러니까 표상 작용, 판단 작용, 정초 작용, 검토하는 정당화 작용, 또 그 밖에 여기서 모호하고 일반적 명칭으로 부를 만한 여타 작용 등 극도로 다양한 이러한 인식 활동들을 이론적으로, 그리고 전면적으로 탐구하는 일이 매우 필요하다는 사실은 분명하며, 이러한 사실은 학문적 작업수행으로서 인식 작용 속에 놓여 있는 것을 더 정확하게 떠올려볼 때, 우리에게 거대한 숙원(Desiderat)으로 느껴지게 된다. 그러나 그것은 모든 인식하는 자에게 언제나 새롭게 작동하는 다양한 작용들 속에서 동일한 인식 통일체, 동일한 경험 대상과 사유 대상, 동일한 언명 문장, 그리고 마침내는 동일한 진리와 거짓이 주관적, 의식적으로 형성되는 다양한 삶의 활동성이다. 그가 가진 것, 그것을 그는 단지 그의 소유함의 소유된 것으로서, 그의 경험함의 경험된 것으로서, 그의 사유함의 논리적으로 구축된 것으로서, 그러니까 주관적인 삶 속에서 어떤 방식으로든 '만들어진' 것으로서 갖는다. 그리고 이때 그것이 '하나의' '동일한' 것으로,

그러니까 새로운 지각과 기억이 그리로 소급될 수 있는 하나의 동일한 지각 대상으로 불린다면, 이러한 하나의 동일한 판단으로, 반복된 통찰 속에서 획득된 이러한 동일한 진리로 불린다면, 그것은 그저 다양한 주관적 작용들, 삶의 계기들이 종합되는 주관적인 동일화 작용 덕분에, 그러니까 이러한 '동일한 것'을 주관적으로 어떻게든 형성하는 어떤 통일성 의식 덕분에 '동일하다'고 불리는 것이다. 인식하는 자에게 무언가가 존재할 수 있는 것, '하나의' '동일한' 것으로 불릴 수 있는 것은, 그것이 바로 그러한 주관적 체험 속에서, 앞서 말한 동일화 작용 속에서 생겨난다는 오직 그 이유 때문이다. 동일한 인식 통일체, 그리고 인식 통일체의 동일한 종과 유(사물들 일반, 대상들 일반 혹은 경험 명제들 일반, 더 일반적으로는 명제 일반)는 여기에서 처음부터, 인식하는 삶에서 그것들이 의식적으로 형성될 수 있는 다양한 주관적 방식이, 상응하는 확고한 방식과 종류에 따른 유형 속에서 전개된다는 사실을 가리킨다. **인식 통일체의 일반성**에는 그러한 통일체가 주관적으로 주어질 수 있는 **주관적인 인식 방식의 규칙적인 유형의 일반성**이 상응한다는 사실을 우리는 미리 예상할 수 있다.

우리가 표상하고 생각하는 모든 대상은 **모든 사람**에게 표상될 수 있고 생각될 수 있으며, 마찬가지로 모든 판단 생각, 모든 임의적인 언명 의미는 모두에 의해 언제나 다시 **뒤따라 이해될 수 있음**을 우리는 자명하게 여긴다. 이것은 표상하고 이해하고 의미를 구성하는 — 동일한 의미가 생겨나는 — 등가적인 주관적 체험이 모든 사람 각각 속에서 가능하다는 사실을 의미한다. 우리는 우리가 통찰한 진리를 모든 사람이 통찰할 수 있음을 자명하게 여긴다. 진리의 **보편타당성**은 상응하는 통찰하는 주관적 체험이 언제든 보편적으로 재생산될 수 있음을 의미한다. 그리고 이것은 모든 객관적인 것과 논리적인 것에 대해 그러하다. 이러한 사실이 가리키는 것은 사념된 대상, 사념된 판단 내용, 인식된 진리, 추론된 결론 등이 의식되는 주관적 삶의 (보통은 숨겨진) 작동 과정은 특정한 **유형적 형태** 속에서 진행되고, 그렇게 진행되면서 언제나 다시 동일한 것을 수행하며, 그래서 실제로 인식 작용의 유형과 인식된 것의 통일체 형태 사이에 **규칙적인 상관관계**가 존재한다는 사실이다. '실제로 존재한다'와 '참되다'라는 특수한 특성들은 이념 통일체적인 의식적 의미들에서 나타나고, 소위 통찰 속에서 동일하게 사념된 것에서 나타난다. 여기서 '통찰', '명증'이라는 명칭하의 인식하는 삶은 특수한 형태를 지니게 되는데, 그것은 **합리성**의 형태, 올바름을 만드는 삶의 방식, 엄밀한 의미에서의 인식을 만드는 삶의 방식이다. 이들의 본질적 형태들은 어떠하냐, 이들이 어떻게 이론적으로 평가되어야 하느냐는 문제는 특히 중요한 물음이 될 것이다.

이제 이러한 방향 속에 자신의 주제적 '영역'을 갖는 **학문은 어떤 것인가**, 그것은 어디에 있는가? 논리학을 인식의 보편적 방법론으로 파악하는 데 익숙한 사람, 그러니까 논리학을 플라톤적 변증술에서 구상된 완전한 학문으로 이해하기를 원하는 사람은, 물론 그러한 학문이 논리학이라고 대답할 것이다.

그럼에도 불구하고 아리스토텔레스적 분석론에서 나온 형식 논리학은 어쨌든 이러한 학문이 아니다. 적어도 만약 우리가 그러한 학문에 앞서 논의했던 전적으로 필수적인 순수한 경계 설정을 부여한다면, 형식 논리학은 그러한 학문이 될 수 없는 것이다. 그러면 그러한 학문은 그것의 영역, 그것의 주제적 분야로 대상 일반과 판단 일반의 상관관계, 가능적으로 존재하는 대상 일반과 참된 판단 일반의 상관관계를 거기에 속하는 모든 형식적 변경들과 더불어서 갖는 확고하게 완결적인 합리적 학문이다. 그러나 사유 대상과 가능적 대상 일반을 위한 선험적 법칙을 세운다는 것은 대상이 의식되고 주관적 인식에서 주어지는 그러한 주관적 방식에 대한 법칙을 세우는 것을 의미하지 않는다. 그리고 마찬가지로, 판단 일반, 정합적인 판단 관계들 일반, 판단들의 진리 일반을 위한 선험적 법칙을 세운다는 것은 판단하는 활동성의 수행 속에서 판단이 등장하는 주관적 방식을, 혹은 판단이 진리나 개연성으로 주관적으로 특징지어지는 명증의 방식을 주제화하고 그에 대해 선험적 법칙을 세우는 것을 의미하지 않는다. 형식 논리학에서 '판단'이라는 것은 다양한 주관적인 언명 작용들 속에서 제시되고, 언제나 끄집어내어져 직관될 수 있는 동일한 언명 의미, 그러니까 "2 × 2 = 4"와 같은 동일한 명제를 의미한다. 선험적 일반성에서 명제 일반은 그것들이 형식 논리학의 주제이듯이, 이념적 대상성의 고유한 영역을 형성한다. 이것은 산술학에서 수가 그러한 것과 같다. 명제와 유사하게 수도 동일한 이념적인 것이고, 여기서는 셈하는 작용과 수에 대한 생각에 관한 주관적으로 매우 다양한 방식 속에서의 동일한 것이다. 그래서 산술학에서는 셈하는 주관적 행위나 그 밖의 산술적 의식이 아니라 오로지 수가 주제적 영역을 형성하듯이, 형식 명제론에서는 명제들이 주제적 영역을 형성한다.

일반적으로 우리는 이러한 관점에서 볼 때, 합리적 분과학문으로서의 **순수 형식 논리학**이 새로운 합리적 의미에서의 그 밖의 모든 학문들과 대등하다는 것을 알게 된다. 그러한 모든 학문들처럼 순수 형식 논리학은 **존재적이지 인식론적이지 않다.** 즉, 인식하는 주관성과 주관적 방식을 향하지 않는다. 우리의 암시에 따라서 보자면 맨 처음 형성되는 삼단논법과 혹은 더 정확히 말하자면 명제 논리학과, 더 자세히 고찰하자면 처음부터 함께 속하는 그러한 합리적 분과학문들에만 이러한 점이 타당한 것이 아니다. 그러니까 산술학, 그리고 형식적인 분석적 수학의 모든 다른 분과학문들에만 타당한 것이 아니다. 좁게 혹은 넓게 파악된 형식 논리학이 다른 모든 학문에 비해 두드러진 위치를 갖는다면, 그리고 모든 학문 일반에 대한 보편적 방법론의 틀에 속한다면, 또 이러한 형식 논리학이 모든 학문이 경우에 따라 사용할 수 있고, 모든 학문이 스스로 거기에 묶여 있음을 아는 그러한 이념적 법칙을 표명한다면, 이는 논리학과 논리학을 포괄하는 보편 수학이 대상 일반, 그리고 판단들 내지는 진리 일반에 대해 이야기하고, 어떤 대상이든 대상이 생각될 수 있는 모든 방식에 대하여, 그리고 가능한 판단의 모든 형식들에 대하여 이야기하고 있기 때문이다. 그러나 물론 모든 학문에서 이론이, 그리고 판단 형성물이 세워지고, 모든 학문에서 대상들이 판단된다. 그래서 형식 논리학과 모든 논리적-수학적 분과학문은 모든 학문, 모든 생각할 수 있는 학문 영역, 모든 생각할 수 있는 학문적 명제와 이론에 타당해야 한다. 혹은 이렇게도 말할 수 있을 텐데, 형식적인 논리적 법칙은 한번 발견되면, 모든 학문을 자신의 이론적 내용에 따라 규범화하고, 모든 학문에 대해 정당화 원리로서 기능해야 할 소명을 가져야 한다.

그러나 이야기했듯이, 다른 한편 수학적 분석을 포함한 형식 논리학은 다른 모든 학문과 마찬가지로 자신의 탐구 영역을 인식 주관성에서 갖지 않는다는 점에서는 그것들과 동등하다. 그럼에도 이러한 고찰을 통해 인식의 주관적인 것과 관계하는 학문이 요청됨이 우리에게 감지되었는데, 이러한 학문은 인식 일반과 모든 대상 영역, 그리고 학문 영역에 대한 인식의 주관적인 것을 체계적으로 탐구하는 학문이다. 그러한 학문은 생각할 수 있는 모든 학문과 완전히 동일한 방식으로 관계하고, 그 관계 속에서 그 학문들의 주관적인 인식의 측면을 탐구한다는 동일한 과제를 갖는데, 이와 같은 고유한 독특성을 통해 그 밖의 다른 모든 학문들과 구별되게 된다.

7강 인식하고 일반적으로 수행하는 주관성에 관한 학문으로서의 논리학의 완전한 이념 ─ 진리의 논리학 ─ 에 대한 체계적인 밑그림

인식─주관적인 것에 관해 우리가 요청한 학문은 형식 논리학과 어떤 유사한 점이 있다. 그러나 이러한 학문이 모든 학문들과 관계하면서 그것들을 포괄하는 방식은 완전히 다르다. 모든 학문은 인식하면서 그 이론의 내용에 따라 의미 있는 방식으로 대상과 관계한다. 모든 학문에서 대상은 실제적이고 가능적인 판단의 대상이고, 실제적이고 가능한 진리의 기체이다. 그러나 이러한 모든 이론적 내용들은 인식 **통일체**로서 실제적이고 가능적으로 인식하는 주체 ─ 다양한 주관적 인식 방식 속에서 동일한 대상, 동일한 판단, 진리를 그 자체로 의식에 적합한 방식으로 형성하고 언제나 형성할 수 있는 주체 ─ 와의 근원적이고 영속적인 관계를 갖는다. 이러한 의식성과 주관성 일반에 관한 **보편적 학문**은, 그것이 갖가지 '객관적인 것', 객관적 의미, 그리고 모든 종류의 객관적 진리를 인식 삶 속에서 형성하는 한, 모든 학문의 인식에서의 **모든 가능한 주관적인 것**을 주제적으로 포괄한다. 이는 논리학이 자신의 개념과 법칙들 속에서 모든 학문의 모든 가능한 **객관적인 것**을 포괄하는 방식과 유사하다. 달리 표현하면 객관성 일반에 관한 합리적 학문으로서의 논리학은 그 이념이 아무리 멀리까지 확장되더라도(그리고 어쩌면 보편 수학을 넘어서더라도) 필수적인 대립물로서 **인식 작용에 관한 논리학**, 하나의 학문, 아마도 인식 주관성 일반에 관한 합리적 학문을 가져야 하리라. 그리고 이 두 학문, 아마도 개별 분과학문들의 함께 속하는 집단들로 나뉠 이 두 학문은 필연적인 상관관계 속에 있을 것이다. 그래서 로고스(*Logos*)가 객관적 관점에서 인식된 것, 언명 의미, 참된 개념 등등을 암시할 뿐 아니라 이성, 그러니까 주관적이고 인식적인 측면도 암시하는 한, 여기서 '논리학(Logik)'이라는 말이 적합한 말이 된다.

여기서 다음을 주목해야 한다. 인식 작용의 논리학에서 바로 이것, 즉 인식 주관적인 것이 주제가 된다면, 이것은 물론 당연하게도 다시 하나의 인식 작용 속에서 일어나는 일이다. 인식 주관적인 것은 새로운 언명과 진리들의 대상이 되며, 이 언명과 진리들은 다시 변화하는 주관적 방식 속에 있는 학자의 인식 작용 속에서 형성되는 것이다. 이에 따라 분명해지는 것은 우리가 요청한 인식 주관적인 것에 관한 보편적 학문은 그것이 자기 자신, 그러니까 자기의 고유한 인식 주관적인 것과 관계한다는 주목할 만한 특성을 지닌다는 점이다. 이러한 학문은 거기서 객관적 논리학과 재차 유사한 관계에 있다. 객관적인 보편적 학문으로서 객관적 논리학도 자기 자신과 관계하기 때문이다. 그러나 객관적 논리학은, 그것이 자신의 개념들과 명제들에 객관성을 수립하는 한에서만 그렇다. 모든 법칙, 그리고 또한 모든 논리적 법칙은 명제이다. 그것이 모든 명제 일반에 대해 진리를 진술하는 모순율과 같은 논리 법칙이라면, 그것은 그 자체가 하나의 명제인 한에서 자기 자신과 되돌아 관계한다. 모순율은 만약 하나의 명제가 참이라면, 그것과 모순되는 대립명제는 거짓이라고 이야기하며, 이는 모든 생각할 수 있는 명제들에 대해서 타당하다. 그러나 이러한 법칙 또한 하나의 명제이고, 그래서 그것 자체가 진술하는 보편타당한 진리 아래에 종속된다. 이처럼 전체로서의 객관적 논리학 또한 자기 자신과 주제적으로 되돌아 관계한다. 이와 유사한, 단지 이와 상관적일 따름인 자기 자신과 되돌아 관계함이 인식하는 주관성에 관한 논리학에 명백히 타당함에 틀림없다. 이러한 법칙을 인식하게 하는 모든 인식 활동성 역시 이 논리학이 세우는 주관적 인식 활동성의 보편적 법칙성 아래에 종속됨에 틀림없다.

요구된 인식 학문에 관해 더 이야기할 것이 떠오른다. 우리가 그러한 학문을 주관적인 인식 삶을 향하는 논리학으로 파악한다면, 처음부터 우리가 떠올리는 것은 정당화의 원리로 사용할 수 있는, 여기서는 바로 주관적 관점에서의 정당화의 원리로 사용할 수 있는 보편적 통찰들이다. 그리고 처음부터 우리가 떠올리는 것은 또한, 자신의 참된 '있음(Sein)'과 '그렇게 있음(Sosein)' 속에서 규정될 수 있는 대상 영역에 대한 참된 이론을 목표로 하는 **학문적** 연구와 사유다. 그러나 **참되지 않은**, 그럼에도 불구하고 가장 일반적인 유적 특성에 따라서는 '인식 작용'이라고 불릴 수 있는 인식 작용에 대한 철저한 연구 없이는, 참된 인식 작용은 규범화될 수 없고, 규범적 목적을 위해 연구될 수도 없다. 그뿐 아니라, 우리는 또한 우리가 **이론적** 혹은 학문적 인식이라 부르는 것이 **탁월한 높은 형태**일 뿐이며, 더 낮은 인식 단계와 도로 관계한다는 사실도 고려해야 한다. 그러니까, 이론적 혹은 학문적 인식은 가령 자신에 속하는 감각적으로 직관적인 판단 방식들을 지닌 다양한 형태의 감각적 직관 작용 및 감각적 상상 작용과 도로 관계한다. 이러한 감각적으로 직관적인 판단 방식들은 선-학문적 인류의 인식 삶의 전형적 형식으로서 학문적 판단에 역사적으로 앞서고 심지어 동물들에게서도 발견될 뿐 아니라, 학문적 사유 자체에 언제나 필연적으로 함께 기능하는 기초이자 토대의 역할을 한다. 물론 인식하는 주관성에 관한 학문의 완전한 형태는 그 영역의 실질적 연관 일반을 추적하는 데에까지 이르러야 한다. 그리고 이러한 영역은 이미 유적-실질적인 공동체가 어떻게든 도달할 수 있을 만큼 넓게 파악되어야 한다. 가령 누구도 삼각형에 관한 학문을, 그리고 그것과 나란히 원에 관한 고유한 학문을 창시하려 하지 않을 것이다. 마찬가지로 여기서 누구도 한갓 인식하는 학문적 이성에 관한 학문만을 요구하지 않을 것이다. 대신에, **가장 넓게 파악된 의미에서** **인식 일반**에 관한 완전히 포괄적인 학문을 요구할 것이다. 이 학문에서는 선험적이거나 경험적인 학문적 이론화의 모든 형태와 마찬가지로 지각, 기억, 펼쳐지는 상상이라는 원초적 형태들 전체도 이론적으로 문제시된다.

그러나 결국 우리는 더욱더 나아가야 한다. 누가 인식하는 주관성을, 느끼고, 추구하고, 욕망하고, 의지하고, 행위하는 주관성으로부터, 즉 저 낮고 높은 모든 의미에서의 가치평가하고 목적 활동적으로 수행하는 주관성으로부터 분리하려 할 수 있겠는가? 사람들은 이론적 이성을 가치평가하는 이성, 가령 미적으로 평가하는 이성에 평행하게 놓고, 다시 실천적 이성, 사람들이 특히 윤리적 삶의 형태의 올바른 방식에 대해 생각하게 되는 이성에 평행하게 놓는다. 그러나 그에 따라 주관성이 동일한 주관성 속에 외적으로 서로 나란히 놓여 있는 분리된 부분으로 나뉘는 것은 아니다. 느낌, 추구함, 경우에 따라서는 목적의식적 의지함의 요소가 인식에 놓여 있고, 인식의 요소가 다른 모든 작용 종류들과 이성 종류들 속에 놓여 있다. 내적으로 서로 얽혀 있는 평행한 문제들, 우리가 인식의 경우에서 알게 되었던 것과 동일한 유형의 문제들이 도처에서 등장한다. 주관적인 인식 삶과 그 속에서 의식되는 인식 통일체 사이의 상관관계는 느끼고 가치평가하며 활동적으로 창조하는 삶과 그 속에서 의식되는 가치 통일체, 목적 통일체 사이의 상관관계와 명백히 유사하다. 우리가 가령 인식 영역에서 다양한 형태의 주관적 경험과 의식적인 하나의 동일한 경험 대상을 구분했다면, 그리고 그러한 경험 대상이 이러한 동일한 것으로서 보이면서 서 있는 동안, 그것은 끝없이 변화하는 주관적인 모습을 가지며, 그것이 그 어떤 방식으로든 우리에게 보임으로써만 우리에게 자명하게 의식될 수 있다는 사실을 우리가 지적했다면, 그러니까 우리가 주관적인 것과 객관적인 것을 구분했다면, 우리는 당연히 예술작품이나 교향곡, 조각품의 경우에도 유사하게 구분해야만 한다. 아름다운 창작물은 우리의 감정이, 모종의 주관적인 방식으로 이야기하는 한에서만 우리에게 아름다운 것으로서 현존한다. 그리고 이는 다시 교향곡의 음이, 어떤 주관적인 현출 방식 속에서, 어떤 주관적으로 느껴지는 강도 속에서, 어떤 주관적인 속도 속에서 의식됨을 전제한다. 혹은 조각품의 경우, 대리석상이 주관적으로 어떤 측면에서, 어떤 관점에서, 어떤 주관적으로 영향을 주는 조명 속에서 보인다는 점을 전제한다. 감정은 이럴 때에만 이야기하고, 바로 미적으로 느끼는 의식의 형식으로 이야기한다. 미적 향유 속에서, 그리고 예술작품이 우리에게 완전한 현실성으로 현존하는 의식 속에서, 표상 방식과 표상 방식에 토대한 감정 방식의 어떤 리듬이 전개되고, 특정하게 정돈된 주관적 체험이 전개된다. 그러나 이때 의식되는 아름다움 자체는 이러한 다양한 형태의 삶이 아니고, 그것을 의식하는 이러한 의식이 아니다. 관찰자가 의식적으로 자기 앞에 두고 미적으로 즐기는 것은 이러한 하나의 아름다운 창작물이며 또 그것의 미적인 가치 특성들이다. 반면 창작물을 미적으로 의식해 가지는 주관적인 다양한 형태의 인식 삶, 그리고 감정 삶은 그에게 당연히 숨겨져 있다.

여러분은 우리가 실제로 **미적인 통일체와 미적인 주관성**에 대하여 유사한 문제들에, 그리고 **미의 진리 혹은 참됨**과 관계하는 미적 **이성**의 문제들에 부딪히고 있음을 보고 있다. 그리고 명백하게도 이것은 우리가 어떤 의미에서든 **이성에 대해 이야기하는 어디에서나** 마찬가지다. 이러한 모든 문제들은 그 해결에 있어서 서로 얽혀 있다. 인식하는 주관성, 미적인 주관성, 윤리적 주관성은 인식함, 느낌, 가치평가함, 행위함이라는 명칭하에서 분리된 작용을 수행하는 것이 아니다. 이 작용들은 내용적으로는 서로 다르지만 내적으로 얽혀 있으며, 끊임없이 서로에 토대하는 작용들이다. 그리고 상응하는 정초 작용 자체를 보여주는 통일체적 작업수행을 수반한다. 그래서 우리가 미리 보았듯이, 오직 주관성에 관한 **하나의** 완전한 학문만이 존재할 것이다. 그러니까 주관성이 의견의 통일체로서 혹은 경우에 따라서는 이성적 확증의 통일체로서 모든 가능한 의식의 통일체를 형성하는 한에서, 이러한 형성을 행하는 주관성에 관한 학문만이 존재할 것이다. 어떤 사물, 수, 명제, 아름다움과 좋음, 목적 형성물, 작업 활동적 행위와 같은 무언가를 의식해 가짐으로서의 의식에 대해 우리가 이야기한다면, 그것은 그러한 통일체를 어디서나 동일하고, 그 자체로 구별되지 않게 가짐을 뜻하지 않는다. 오히려 이러한 통일체들에 따라서, 그리고 사실 이미 하나의 동일한 통일체의 경우에도, 얼핏 반성해보아도 이미 알 수 있듯이, 그것은 극도로 다양한 주관적 삶이다. 그것은 삶이 주체에게서 진행되는 방식 속에서, 그때그때 사념된 것으로서의, 경우에 따라서는 주체에게 진리와 참됨의 방식으로 직관된 것으로서의 통일체를 이루어내는 하나의 삶이다. 의식해 가짐은 오직 의식적 작업수행으로서만 존재한다.

아직 논의할 점이 있다. 지금 고려되고 있는 학문은 그 속에서 모든 객관적인 것이 의식되고 언제나 의식될 수 있는 것으로서의 주관적인 것 일반에 관한 보편적 학문이어야 한다. 혹은 이렇게도 말할 수 있는데, 우리는 의식 주체, 그리고 무언가에 **관한** 의식으로서의 의식 자체와 관계하는 모든 것을 탐구하는 것을 이러한 학문의 주제로 설정한다. 이러한 학문은 주관이 의식-활동적인 것으로서 나타나는 모든 생각 가능한 방식과 더불어, 이러한 방식을 통해 주관이 자신을—가령 이성적 혹은 비이성적으로 인식하는 것으로서, 가치평가하는 것으로서, 의지하는 것으로서—규정하는 방식을 고려해야 할 것이다. 또 의식의 모든 구별 가능한 유와 종들을 규정하면서 연구해야 할 것이며, 그것도 **의식 대상을 부단히 고려하면서,** 즉 의식 자체에서 그때그때 사념되고 이러저러하게 의식된 통일체들을 부단히 고려하면서 연구해야 할 것이다.

동일한 통일체들이 경우에 따라서는 다른 학문, 객관적 학문의 주제가 되기도 하고, 우리가 마침 염려하고 실천적으로 숙고하고, 경우에 따라서는 행위하면서 다루는 그러한 실천적 삶의 주제가 되기도 한다. 그러나 이론적이든 실천적이든, 객관적 주제가 된다는 것과, 다양한 방식으로 그것과 관계하는 의식에 객관적인 것으로서 의식 주관성에 관한 학문의 (주관적) 주제가 된다는 것은 다른 것이다. 특히 다양한 주관적 현출 방식들, 통각적 형태들, 그리고 이러저러한 방식의 하나의 동일한 객관적인 것이 의식에 주어지는 주관적 성격들이 **어떻게** 보이고 또 규정되는가 하는 관점으로부터 의식 주관성에 관한 학문 내에서 검토되는 것은 다른 것이다.

　우리는 우리가 객관적 학문이라고 부르는 학문들을 갖고 있다. 그리고 모든 대상들은 객관적 학문들 속으로 편입된다. 그러나 또한 모든 대상은 동시에 의식 주관성에 관한 우리의 학문에도 속한다. 객관적 학문의 대상으로서 그것들은 학문적으로 분리된 영역으로 나뉜다. 모든 그러한 학문은 자신의 영역을 갖고, 모든 다른 학문은 다른 영역을 갖는다. 그러나 **모든** 학문의 **모든** 대상들은 동시에 인식 주관성과 의식 주관성 일반에 관한 저 보편적 학문에 **함께** 속한다. 객관적 학문은 자신의 영역의 대상들을 일치하는 경험에 근거하여 이론적 진리 속에서 규정하고자 한다. 그래서 자연과학은 자연의 진리를, 언어학은 언어의 진리를 규정하고자 하는 등이다. 그런데 의식의 학문이 동일한 대상들, 그리고 모든 종류의 대상들을 함께 연구한다면, 이는 다른 의미를 지니며, 완전히 다른 종류의 연구를 의미한다. 여기서 물음은 일치하는 경험 속에서 그 실제적 존재에 따라 파악되는 대상들이 개별적으로, 그리고 서로와의 관계 속에서 이론적 진리에서 **무엇인가** 하는 것이 아니다. 물음은 **인식 작용이 어떻게 보이고,** 또 어떻게 이론적으로 규정되는지, 그리고 그 속에서 그러한 대상들과 대상들 일반이 통일체로, 동일한 대상들로 의식될 수 있는 갖가지 가능한 그 밖의 의식이 어떻게 규정되는지 하는 것이다. 그것은 가령 경험함이 어떻게 보이는지 하는 물음, 경험된 것이 현실성으로, 그리고 지속적으로 존재하는 현실성으로 의식되는 그러한 경험 통일체가 어떻게 보이는지 하는 물음을 의미한다. 그러나 또한 경험된 것이 나중에 환영으로 전락하는 그러한 경험 진행이 어떻게 보이는지 하는 물음, 공간 사물의 어떠한 현출 방식이, '여기'와 '저기', '오른쪽'과 '왼쪽'의 어떠한 주관적 차이가, 혹은 형태와 색채 원근과 같은 것의 어떠한 주관적 차이가, 객관적인 것이 경험하는 자에게, 그리고 더 나아가 판단하면서 생각하는 자에게 나타나고 나타나야만 하는 주관적 방식들로서 고찰될 수 있는지 하는 물음을 의미하기도 한다.

그래서 우리의 학문은 **온갖 객관적인 것을 의식의 객관적인 것**으로서, 그리고 주관적 양상에서 주어진 것으로서 다룬다. 의식 주체와 의식 자체는 의식된 대상적인 것들과 분리되어 고찰될 수 없다. 반대로 의식은 의식된 것 자체를 자기 안에 지닌다. 그리고 의식이 자신 안에 의식된 것 자체를 지니는 방식이 연구 주제가 된다. 그런데 그것은 그 어떤 제한된 의식의 의미에서의 인식 대상들에만 타당한 것이 아니다. 그것은 또한 모든 유형의, 모든 특수적인 가치평가하는 실천적 의식 삶에도 타당하다.

그러나 동시에 주목해야 할 것은 모든 종류의 의식 통일체들은 가능한 인식을 위해 언제나 준비되어 있고, 그러니까 또한 이론적 대상이 될 수 있기 때문에 학문들은 그것들 모두에 관계할 수 있고, 실제로 이미 관계하고 있다는 점이다. 가령 예술학과 같은 미적 대상들에 관한 학문들, 경제적 재화에 관한 학문들 등등. 따라서 인식하는 주관성에 관한 완전한 학문은 또한 이러한 근거에서, 그리고 그 자체로(eo ipso) 어떠한 유형의 통일체이든 그러한 통일체들을 언제나 형성하는 의식 삶의 모든 방식들 너머에까지 뻗쳐야만 할 것이다.

여기까지 왔기 때문에 이제 다음과 같은 물음을 제기할 시간이 되었다. 그리고 이로써 우리는 다시 역사적 고찰로 흘러 들어간다. 물음은 이것이다. 고대 그리스는 의식이라는 명칭 아래 의식 통일체를 수행하는 주관성에 관한 학문에 대한 요구를 아마도 틀림없이 벌써 느끼지 않았을까? 그리스 철학은 자신의 보편적 인식 추구에서 늘 새로운 학문을 정초함으로써 모든 방향에서 앞서 나아갔다.

관심은 자연적인 소박한 삶의 진행에서는 오로지 인식 통일체, 가치 통일체, 목표 통일체들에만 맡겨져 있지만, 이 관심이 방향 전환을 겪어서, 이전에 소박한 의식 수행에서는 자신에게 숨겨져 있는 의식이 자아에게 보이고 연구될 수 있게 되는 일이 일어날 수 있다는 사실이 그리스 철학에서 간과될 수 있었을까?

이로써 모든 종류의 대상들에 관해, 이러한 대상들에 관한 어떠한 합리적인 객관적 학문들도 대답하지 못하는 물음이 제기될 수 있다는 것, 그리고 아무리 합리적인 학문일지라도, 자신의 대상들에 대해 제기될 수 있는 물음들의 차원들 중 하나를 완전히 무시하는 학문은 철학적 학문의 이념을 결코 완전히 충족시킬 수 없다는 사실이 그리스 철학에서 간과될 수 있었을까?

4장

주관성에 관한 학문의 역사적 시작

8강 아리스토텔레스의 심리학 정초와 심리학 일반의 근본 문제

이에 대해 우리는 이렇게 대답해야 한다. 진정한 인식과 진정한 학문의 방법론으로 생성 중이었던 **논리학**으로부터, 그리고 마찬가지로 이에 평행하게, 실천적으로 이성적인 행위, '윤리적 행위'의 방법론으로 발전하기 시작했던 **윤리학**으로부터, 사람들은 처음부터, 자신의 이성적이거나 비이성적인 행위 속에서 인식하고 행위하는 주관성으로 이론적 관심을 향할 운명이었다. 인식의 가능성에 대한 **소피스트적 공격**의 방식은 이러한 관점에서 동기부여하는 힘을 지녀야만 했다. 새로이 열려야 할 길은 자연적이고 소박한 세계 고찰을 통해 밑그림 그려졌다. 모든 종류의 이성과 비이성은 인간적인 영혼 능력들, 그러니까 학문, 실천적 지혜와 덕, 정치, 헌법 등에서 작동하는 어떤 정신적 작업수행 능력들에 대한 이름이다. 그래서 이는 **학**

문적 주제로서 **인간**과 인간의 영혼 삶으로 이끌고, 거기서부터 그러한 삶의 하부 토대와 관련해서는 동물과 동물적 영혼 삶으로 이끈다. **심리학적** 이론화는 여기서 **논리적이고 윤리적인 문제틀과의 관련 속에서** 수행되었다.

그러나 이러한 방법론에 대한 이성 이론적 요구를 차치하더라도, 사람들은 **심리학의 요구**로 즉시 이끌리게 되었다. 플라톤과 그를 생산적으로 계승한 아리스토텔레스가 합리적 학문의 보편적 이념을 구상하고 돌파해 나간 후, 정신적 사조는 이후의 전체 발전을 규정하는 과제, 그러니까 옛 철학이나 학문을 이성적인 철학이나 학문으로 논리적으로 변형함을 통해서든, 모든 도달 가능한 영역들에서 완전히 새로운 학문을 정초함을 통해서든, 이러한 이념을 늘 새로운 이성적 학문들 속에서 실현시키고자 하는 과제의 마력에 사로잡혀 있었다. 그래서 물론 물리적 자연에 대해서도 그랬듯이 살아 있는 자연에 대해서도, 동물과 인간에 대해서도, 다음으로는 사회적 삶에 대해서도 새로운 학문이 창조되어야만 했다. 관심의 관점에서 모든 것에 앞서 있었던 것은 인간에 관한 학문, 인간학, 물론 물리적인 것과 얽혀 있는 심리적 인간학이었다. 왜냐하면 자연적인 객관적 고찰에서는 동물적 통일체 속에는 영혼적 존재와 육체적 존재가 실재적으로 얽혀 있기 때문이다.

그래서 이미 고대에, **아리스토텔레스**의 위대한 정신 속에서 **주관성에 관한 보편적 학문에 대한 최초의 구상**이, 말하자면 하나의 심리학으로서 생겨났다. 그리고 이 학문은 모든 영혼적인 기능을 다루어야 했듯이, 인간적 이성의 기능도 다루어야 했다. 세계의 총체를 다루는 경험적 학문의 계열에 있는 객관적 학문 중 하나인, 다른 학문과 나란히 있는 이 학문은 논리학 및 윤리학과 특출난 관계를 맺게 되었고, 이를 통해 모든 다른 학문 및 그 영역들과 특출난 관계를 맺게 되었다.

심리학이 출현할 때, 물론 심리학은 철학적 정신에게는 참으로 **부단한 십자가**다. 지난 강의에서 인식과 인식 통일체라는 우리의 시작점에서, 그리고 논리학, 다음으로는 윤리학의 방법론적 분과학문과의 관련 속에서 우리에게 자라났던 문제들을 장악할 능력이 심리학에는 처음부터 없었다. 인식하는 이성과 실천적 이성의 능력에 대해 아무리 많은 것을 이야기하더라도, 이러한 능력과 관계하는 **작용 영역들**을, 그리고 그에 따라 일반적으로 무언가에 **대한 의식으로서의 의식**을 올바른 방식으로 **체계적으로 기술적으로 해명**하고, 이론적으로 파악할 **방법**이 **결여되어** 있었다. 그런데 이것은 근본적인 결함이었다. 이 결함은, 심리학이 합리적인 기술과 해명 속에서 전진하는 진정한 학문의 확고한 형태로 발전하는 것을 불가능하게 만들어야 했다. 모든 삶의 맥박에서 인간적인, 그리고 동물적인 영혼 삶은 이러저러한 것에 **대한** 의식이다. 전체로서 그것은 부단히 새롭게 형성되는 의식, 표상하고, 판단하고, 느끼고, 추구하고, 행위하는 의식, 극도로 다양한 형태를 가진 의식의 연속적으로 통일적인 흐름으로 특징지어진다. 이러한 의식 속에서 대상들과 주관적 현출 방식들에 따라 부단히 변하면서, 한편에서는 감각 자료, 감정, 의지와 같은 주관적인 체험들 자체가 의식되고, 다른 한편에서는 이와 함께 공간 속의 사물, 식물과 동물, 신화적인 힘, 신이나 정령들, 다양한 문화 형태들, 사회들, 가치들, 재화들, 목적들 등이 의식된다. **무언가에 대한 의식으로서의 의식에 대한 체계적이고 기초적인 분석**으로 파고 들어가지 않고서, 말하자면 영혼 삶의 ABC로 파고 들어가지 않고서 **심리학**이 어떻게 올바른 길 위로 올 수 있었겠는가?

그러나 여기서 우리가 관심을 갖는 의식 탐구 내의 결함은 다른 학문들 가운데의 하나의 객관적 학문으로서의 심리학 자체에 수반하는 단순한 결함이 아니라, 심리학이 진정한 합리적인 설명적 학문의 단계에 오르는 것을 방해하고, 그래서 심리학이 수학적 자연과학과 합당하게 어울리는 동반자가 되는 것을 방해하는 저 방법의 결함이다. 의식 탐구는 물론 논리학과 윤리학에서도 문제시된다. 그런데 여기서 우리가 관심을 갖는 것은 이러한 관점에서의 심리학의 권리주장, 즉 이러한 원리적 방법론의 기초가 되고, 학문과 삶의 실천에서 모든 원리적 규범화를 위한 힘의 근원적 원천이 되며, 이를 통해 모든 다른—그렇지 않다면 대등했을—객관적 학문 위에 우뚝 서고자 하는 심리학의 권리주장이다.

심리학이 인식과 행위의 방법론을 이론적으로 길어내야 할 주관성에 관한 학문임이 우선은 아주 자명해 보였을지 모른다. 그러나 이는 논리학과 윤리학이 더는 학문적이고 윤리적인 행위 속의 인간적 행동 방식에 대한 경험적-기술적(technisch) 규칙 체계이고자 하지 않고, 그럴 수도 없었을 경우에야 실제로 자명한 것이었다. 그러나 논리학은 실제로 단지 인식에 관한 경험적 기술론(Technologie), 가령 일종의 건축학과 같은 경험적 기술학(Kunstlehre)으로만 생각되었는가? 논리학의 기원에 따르면 분명히 그렇지 않다. 논리학은 처음부터 대상 일반, 명제와 진리 일반에 대한 선험적 법칙들을 제공했고, 그에 따라 주관적인 관점에서도, 그리고 아주 명백하게, 인식함, 판단함, 통찰함 일반에 대한 선험적 규범들을 획득하는 것을 목표로 삼았다. 여기서 다음과 같은 질문이 떠오른다. 그러한 선험적 법칙들, 즉 그 순수한 이념적 의미에 무조건적인 일반성과 타당성의 필연성이 속하는 문장들이 인간의 우연적 사실성, 세계 총체의 사실 내부에 있는 이 사실적 동물 종 인간(homo)의 우연적 사실성에 의존할 수 있을까? 그와 같은 의존성은 모든 논리적 법칙들이 오직 동물적 법칙의 타당성만을 지님을 의미해야 하지 않을까? 그렇다면 이것은 인간 종의 변화, 인간적 인식 행위의 사실적 규칙 과정의 적합한 변화는 논리 법칙의 변화를 수반할 수 있고, 수반하게 될 것이라는 사실을 함축해야 하지 않을까? 그러나 우리가 논리 법칙의 절대적 타당성을 포기한다면, 대단히 곤란한 상황에 빠져들게 된다. 만약 실제로 논리적 방법이, 인간 종 자체의 사실과 더불어, 인간의 생물학적 특성들 속에서, 그리고 그중에서 여기에서 전제된 심리적 특성들 속에서, 한갓 경험적—인간학적 타당성만을 지닌다면 어떠하겠는가? 그리고 여기서 마찬가지로 전제된 세계 전체의 사실은 어떠하겠는가? 세계에 관한 앎을 제공해주는 것은 학문이고, 특히 인간에 대한 앎을 제공해주는 것은 물리적이고 심리적인 인간학이다. 이러한 학문이 실제로 타당성을 지닐 경우에만 우리는 실제로 그리고 진실로, 인간이 존재하며, 이러저러한 심리학적 법칙들의 지배하에 있다고 말할 수 있다. 그러나 모든 학문 일반과 마찬가지로 이러한 심리학적 법칙들에 처음부터 끝까지 원리적 권리를 부여하는 그것, 즉 자신의 논리적 원리들을 통해 이를 행하는 논리학이 인간의 사실에 의존해야 한다면, 논리학은 논리학을 통해서야 비로소 정당하게 존재하는 것으로 타당할 수 있는 것에 의존하는 셈이다. 심지어 우리가 겨우 최초의 논리적 원리만을 끌어들일 때, 벌써 순환이 등장한다. 모순율이 한갓 경험적—상대적인, 인간 종의 사실에 의존하는 타당성이라면, 이는 모순율이 더는 타당하지 않게 되는 방식으로 인간 종을 변경하는 것을 생각해볼 수 있다는 사실을 함축한다. 그러나 그러면 이러한 다른 종류의 인간에 대해서도, "그는 존재하고, 존재하지 않는다", "그렇게 존재하고, 그렇게 존재하지 않는다", "그는 다른 종류의 인간이고, 다른 종류의 인간이 아니다" 등의 말을 할 수 있을 것이다.

모든 학문이 자명하게도 세계와 곧바로 관계하고 있으며, 이때 이러한 세계는 경험의 의심할 여지 없는 사실로 전제되고 있다고 할 때, 이러한 자명성이 난점을 수반한다는 것이 우리에게 드러난다. 여기서는 무엇보다 논리학이 이러한 세계의 사실, 그리고 특히 인식 능력이 있는 인간의 사실과 관계한다고 할 때의 이러한 자명성이 그렇다. 플라톤의 변증술로 근원적으로 설계되고 규정되면서, 논리학은 인식 일반의 가능성에 관한 근본적인 학문이어야 했다. 논리학은 인식하는 행위 속에서 진리의 작업수행을 성취할 가능성을 아주 원리적으로 다루고자 했다. 논리학은 단적으로 그리고 아주 일반적으로 이러한 가능성을 부정했던 소피스트 철학에 대항했다. 그래서 논리학이 정말로 철저하게 기획되었다면, 그것은 처음부터 아주 원리적으로 모든 인식의 가능성과 진리를 의문시해야만 했다. 그러나 이러한 사실은 논리학이 인간의 현존과 자명하다고 주장되는 세계의 현존을 경험의 결정된 사실로 사용해서는 안 된다는 사실을 함축한다. 왜냐하면 이것 또한 인식에서 나온 사실일 뿐이며, 인식의 사실로서 그 가능성에 관해 물음이 제기되어야 하기 때문이다.

플라톤이 이러한 근본적 정신에서 논리학을 정초하기 위해 아무리 애썼을지라도, 그는 여기에 필수적인 시작들과 방법들로 파고들지는 못했다. 이미 **아리스토텔레스**가 미리 주어진 세계가 가지는 아주 자연적인 자명성에 빠져듦으로써 저 근본적인 인식 정초를 포기하게 된다. 그래서 고대의 학문은 그것이 아무리 철학이라고 주장하더라도, 그러니까 정말로 궁극적으로 정당화된 학문, 완전히 만족시키는 학문이라고 주장하더라도, 그리고 그 경탄할 만한 작업수행에도 불구하고, 단지 우리가 독단적 학문이라고 부르는 것만을 성취했을 뿐이며, 진정한 철학적 학문이 아니라 진정한 철학적 학문의 전 단계로서 간주될 만한 것을 성취했을 뿐이다.

모든 실제적이고 가능적인 인식과 학문에 본질 상관자로 생각되어야만 하는 인식하는 주관성이 탐구되지 않는 한, 모든 가능한 인식하는 의식에 관한 보편적이고 순수한 학문 — 이러한 학문에서 모든 참된 존재가 주관적인 작업수행으로서 밝혀진다 ─ 이 정초되지 않는 한, 어떤 의미에서는 아주 합리적인 그 어떠한 학문도 완전한 모든 의미에서 합리적이지는 못하다. 우리가 논의했듯이, 모든 학문의 맞은편에는 인식 주관성에 관한 학문이 있으며, 이러한 학문은 가장 넓게 이해해본다면, 의식 주관, 의식, 그리고 의식적으로 사념된 대상성 일반을 다루는 학문이다. 이러한 학문은 모든 다른 학문이 모든 각각의 단계에서, 가장 낮은 수준의 경험에 따라서도, 의식적으로 수행하는 모든 것을 이러한 주관적인 작업수행에 따라 원리적으로 이해할 수 있게 만들고, 이를 통해 처음으로 궁극적으로 합리적이 되게 만드는 그러한 방식으로 모든 다른 학문의 맞은편에 상관자로서 서 있다. 이러한 학문을 심리학과 동일시하자마자, 이러한 학문의 원리적인 고유한 입장을 오해하자마자, 이러한 학문의 영역을 열어주는 근본적인 방법을 놓치자마자, 모든 학문과 모든 인식 대상성, 그래서 세계 전체까지도 우리에게 세계와 모든 존재의 순수하고 진정한 의미를 가로막는 어두움, 수수께끼, 모순이 부착되게 된다. 학문은 그것이 세계와 모든 인식 대상성을, 거기서 인식적으로 성취되는 모든 참된 언명들이 인식 대상을 그 어떤 방향에서 혼란스럽게 하는 모든 생각할 수 있는 어두움과 모순들을 지니지 않는 방식으로 이론적으로 규정할 때만 궁극적 의미에서의 학문, 즉 철학일 수 있다.

그러나 고대 전체는 우선은 그러한 학문의 필요성과 특성을 보지 못했다. 그럼에도 불구하고 그러한 학문의 결여는 언제나 어떤 방식으로든 감지되고, 그래서 이제까지의 학문의 불충분성은 감지된다. 이러한 상황의 역사적 지표는 말하자면 **회의주의의 불멸**이다. 불패의 부정적 정신으로서 회의주의는 고대 학문의 융성에 동행하면서, 철학의 모든 새로운 형태마다 새로운 반(反)철학(Antiphilosophie)을 끊임없이 대립시킨다. 일반적으로 말해서, 회의주의는 정교하게 짜인 논변으로 모든 철학의 불가능성, 즉 궁극적으로 정당화되는 학문의 불가능성을 입증하려고 고집한다. 이러한 입증을 극복하기 위해 그리스 철학 학파들에서 고안되었던 모든 반박에도 불구하고 말이다. 회의주의라는 히드라에는 언제나 새로운 머리가 자라나고, 심지어 잘린 머리도 즉각 다시 자라난다. 어쨌든, 논변을 통해 모든 개별 학문을, 심지어 정밀한 수학조차도 공격하는 회의주의가 이렇게 울창하게 번성한다는 것은, 플라톤 이후의 학문이 학문의 포부에 따라 철학으로서 수행해야 했던 것, 즉 절대적 정당화로부터 비롯된 인식을 진실로 수행하지 않았다는 증거다. 그렇지 않았더라면, 학문은 회의주의의 활동을 불가능하게 만들어야 했을 것이고, 회의주의적 활동의 역설을 말끔히 해소시켜야 했을 것이다. 이 역설이 가지고 있는 유혹적이면서 주관적으로 설득력 있는 힘의 궁극적 원천으로 돌아감을 통해, 학문은 자기 자신의 원리적 정당화라는 긍정성 속에서 저 역설이 가진 참된 힘을 충족시켜야 했을 것이다. 회의주의와의 이러한 끊임없는 싸움으로부터 철학이 아무리 수많은 가치 있는 통찰을 얻었더라도, 회의주의가 자신의 힘을 철학이 아직 전혀 보지 못했던 차원, 즉 순수 의식으로부터 은밀하게 끌어오는 한, 철학은 말하자면, 회의주의의 심장을 찌를 수는 없을 것이다.

9강 회의주의. 철학의 역사에서 회의주의의 '불멸성'의 원칙적 의미. 데카르트의 결정적 조치

가장 오래된 회의주의 논변, 고대 소피스트들의 논변의 배후에 이미 철학이 결코 장악할 수 없었던 진리의 내용이 담겨 있었다. 이미 이러한 가장 오래된 궤변들에서 지극히 중요한 철학적 동기들이 문을 두드렸지만,

문은 열리지 않았다. 문이 열리는 순간, 새로운 인식 영역이 열렸으며, 모든 인식은 이러한 인식 영역으로부터 궁극적으로 자신의 위엄을 입증해야만 했다. 이제 여기서 우리에게 필수적인 일은 소피스트들의 논증에서 가장 심오한 진리의 의미를 숙지하는 것이다.

모든 회의주의의 본질은 주관주의다. 근원적으로 회의주의는 **프로타고라스**[22]와 **고르기아스**[23]라는 위대한 두 소피스트들로 대표된다. 이들이 최초로 내놓은 것으로 보이는 원리는 다음과 같은 사유 속에 놓여 있다.

1) 모든 객관적인 것은 인식하는 자가 그것을 경험함을 통해서만 인식하는 자에게 현존한다. 인식하는 자가 그것을 경험한다는 말은 그러나 그것이 인식하는 자에게 주관적으로 어떤 방식으로든 이러저러한 현출 방식들 속에서 현출함을 의미한다. 사물은 어떤 때는 그렇게 보이고, 다른 때는 다르게 보인다. 누구나 사물이 그에게 그때그때의 경험함의 순간 속에서 보이는 대로 그것을 본다. 모든 사람이 의심할 여지 없이 진술할 수 있는 것은 그때그때 정말로 주어진 것이며, 그렇게 보이는 것으로서 그렇게 보이는 것이다. 존재자 자체는, 모든 겉모습과는 떨어져 있으며, 그 자체로 존재하고, 자기 자신과 절대적으로 동일한 것인데, 이는 경험되지 않고 또 경험될 수 없다. 여기서 사유는 두 방향을 향할 수 있다. 존재자 자체는 원리적으로 경험될 수 없거나, (같은 말이지만) 생각될 수 없다. 주관적 현출들이 자신의 객관적인 것으로서 관계하는 참된 존재자란 것은 불합리한

⋅⋅

22 프로타고라스(기원전 485?~414?)는 고대 그리스의 유명한 소피스트로서 "인간은 만물의 척도"라는 말을 통해 진리의 보편타당성과 객관성을 부정하고 상대주의를 설파했다.

23 고르기아스(기원전 483?~376)는 프로타고라스와 함께 대표적인 소피스트로 꼽힌다. 고르기아스는 저작 『비존재에 관하여』에서 "아무것도 존재하지 않는다. 존재하더라도 인식되지 않는다. 인식되더라도 언어로 전달되거나 해석되지 않는다"고 논증했으며, 이를 통해 급진적인 회의주의와 상대주의 사상을 피력했다.

말이다. 혹은, 그러한 무언가가 정말로 존재한다고 생각될 수도 있다. 그러나 주관은 경험, 그러니까 변하면서 현출하는 것에 의지하기 때문에, 그러한 무언가에 대해 알 수 없다.

2) 더 근본적이고, 그 때문에 철학적으로 특히 흥미로운 **고르기아스**는 전자의 보다 극단적인 테제를 주장한다. 그러나 이는 조금 전에 논의한, 그 자체로 중요한 프로타고라스의 인식, 즉 모든 사물적인 것(혹은 우리가 아주 잘 더 일반적으로 이야기할 수 있듯이, 모든 대상적인 것 일반)은 인식 주관에게 단지 변화하는 주관적 현출 방식들 속에서만 경험될 수 있다는 그러한 인식에 의지하지 않고서, 고르기아스가 전승한 주요 논변(그의 이름과 연결된 세 논변 중 두 번째 것)의 의미에서 이해되어야 한다. 고르기아스의 사유는 간단히 말하면 다음과 같다. 내가 존재하는 것으로 인식하는 모든 것은 나의 인식, 나의 표상 작용의 (표상된 것이라는 의미에서) 표상, 나의 사유 작용의 사유된 것임이 자명하다. 그러나 표상 작용이 '외적인 것', 표상 작용에 초월적인 것을 표상한다면, 이러한 '외적' 존재를 표상하는 것도 바로 이 표상 작용 자체. 이러한 관점에서 표상된 것이 경험된 것으로 여겨지든, 가령 바다 위의 전차 전투와 같이 꾸며진 것으로 여겨지든 마찬가지다. 만약 우리가 이러한 (완전히 명료하게 전승되지는 않은) 고르기아스의 논변을 논변의 마지막 귀결까지 추적해본다면, 우리는 '나-화법(Ichrede)'으로 표현했을 때, 다음과 같이 말해야만 할 것이다. 즉 내가 '확증적' 경험을 경험과 비교해본다면, 내가 '통찰', '명증', '에피스테메(ἐπιστήμη)'[24]와 같이 이성적 사유로 끝나는 통찰을 맹목적인 의견, 한갓 독사(δόξα)[25]와 대

---

24 에피스테메(ἐπιστήμη)는 플라톤 철학에서 이데아를 파악하는 진정한 인식, 참된 인식을 뜻한다. 에피스테메는 객관적 인식으로서 학문을 가능하게 하는 높은 단계의 인식이다.

비시켜 구별하고, 전자를 선호한다면, 나는 그럼에도 필연적으로 나의 주관성의 틀 안에 머물게 된다. 그리고 내가 이러한 경험을 어떻게 특징짓든지, 그러니까 가령 사유 필연성의 감정으로 특징짓든지, 무조건적인 보편타당성의 의식 등으로 특징짓든지 여기서 아무것도 변경되는 것은 없다. 모든 구별, 내가 확인할 수 있어야 하는 모든 선호하는 특성들이 나의 표상 작용, 나의 주관적 의식 내부에서 등장한다. 그러나 만약 그렇다면, '참된 것', '필연적인 것', '법칙', '사실'로 특징지어지는, 또한 그 밖에 다른 어떤 것으로 특징지어지는 모든 것은, 오직 나의 표상 작용 내부에서만 특징지어진다. 그리고 일반적으로 우리가 나의 표상 작용에서 표상된 것만을 정립할 수 있고, 다른 것은 전혀 생각할 수 없다면, 존재자 자체, 그러니까 표상되든 아니든 존재한다고 간주되는 무언가를 가정하는 것은 아무 의미도 지니지 못한다.

어디까지 진지하게 생각된 것인지 우리가 올바르게 알지 못하는 이와 같은 기발한 역설에서, 회의주의적 논변에서, 비록 원시적이고 모호한 형태이기는 하지만, 가장 보편적인 의미를 지닌 완전히 새로운 동기가 인류의 철학적 의식에 들어서게 된다. 세계가 소박하게 미리 주어져 있다는 생각이 처음으로 의심스럽게 되고, 그로부터 세계 자체도 세계 인식의 원리적 가능성에 관해, 그리고 세계의 자체 존재의 원리적 의미에 관해서 의심스럽게 된다. 다르게 표현해보면 다음과 같다. 실재적인 세계 총체가, 그

25 독사(δόξα)는 플라톤 철학에서 감성적 대상들에 대한 낮은 단계의 인식을 뜻한다. 독사는 한낱 주관적인 인식이라고 하여 철학사에서 오랫동안 그 가치를 인정받지 못했으며, 과거에는 억견, 속견 등으로 번역되기도 했다. 현재는 흔히 '의견' 또는 '믿음'으로 번역되나, 후설 자신은 독사를 이와 다른 의미에서 사용한다. 후설에서 독사는, 가치적 의미나 실천적 의미는 담지 않고 실질적인(sachlich) 의미만을 가지는 지향을 뜻한다. 후설은 모든 인식의 궁극적 원천이 생활세계 내의 독사에 있음을 발견함으로써 독사의 인식적 가치를 재조명했다.

리고 후속하는 결과로는 가능적 대상성 일반의 총체가, 처음으로 가능한 인식, 가능한 의식 일반의 대상으로서 '초월론적으로' 고찰된다. 그것은 주관성과의 관계 속에서 — 그것은 이 주관성에게 의식적으로 현존할 수 있다 — 고찰되며, 순수하게 이 관계 속에서 고찰된다. 이것은 다음을 의미한다. 주관성 또한 그러한 초월론적 기능들을 수행하는 것으로서 순수하게 고찰되고, 주관성의 의식, 초월론적 기능 자체는 그 속에서 혹은 그것을 통해 모든 생각 가능한 객체가 이러한 주관에게 그들이 가질 수 있는 내용과 의미를 의식 주관에 대해 지니게 되는 바로 그러한 것으로서 고찰된다.

앞에서 상론한 것에서 짐작해볼 수 있듯이, 소피스트 철학과 소피스트 철학에서 나온 회의가 가진 초월론적 동인(Impuls)은 고대에 영향력을 발휘하지 못한다. 특수 학문에서 성공적이었던 독단적 객관주의 속에서 번성하는 철학뿐 아니라 회의적인 새로운 철학 또한, 여기에서 분명히 드러나고 있으며 보다 철저하게 다루어질 것이 요구되는 저 문제틀의 실질적 중대성을 이해하는 데에 이르지 못한다.

이러한 상황은 본질적으로 근대에까지 계속된다. 역사가들은 유럽의 역사를 고대, 중세, 근대로 오랫동안 즐겨 나누어온 것이 어디까지 내적 근거를 가지는지 논쟁하고 싶어 할지 모른다. 그러나 철학에 관한 한, 그리고 학문적 문화의 역사에 관한 한, 어떠한 논쟁도 있을 수 없다. 근대의 철학이 **플라톤** 이래의 철학과 비교해볼 때, 그 근본 특성에 있어서 하나의 새로운 발달 계열을 나타내며, **데카르트**가 자신의 『제일철학에 관한 성찰』을 통해 철학사적 생성의 흐름에 완전히 새로운 전환을 부여한 새로운 시대의 토대를 다진다는 사실은 여기서 의심할 여지가 없다.

데카르트 철학과 근대 철학 전체의 새로움은 이러한 철학이 보편적 발달 상황에서 아직 극복된 적이 없는 회의주의와의 싸움을 새롭게, 완전히 새로운 정신에서 받아들였으며, 또 회의주의를 정말로 철저하게, 그 궁극적인 원리적 뿌리에서 파악하고, 이로부터 회의주의를 최종적으로 극복하고자 시도했다는 데 있다. 여기서 이러한 철학을 내적으로 주도한 것은 다음과 같은 확신들이었다. 즉 그러한 극복은 결코, 성공적으로 해나가는 객관적 학문은 관심을 둘 필요가 없었던 그러한 한갓 골칫거리인 부정들을 제거하는 기능을 지닌 것이 아니라, 객관적 학문과 보편적 철학을 위해 중대한 의미를 지닌 동기가 회의적 논변들에 있다는 확신이었다. 더 자세하게는 이러한 회의적 논변들 속에서 객관적 학문들의 근본적 불명료성과 방법적 불완전성이 감지될 수 있으며, 이러한 논변들의 가치 있는 핵심의 순수화와 이론적 전개는 이제까지의 학문을 확실하게 하고, 동시에 새로운 정신으로 충족시키며, 이러한 학문을 새로운 방식으로 명료하게 하고 자기 정당화하게 하는 데로 이끌어야만 한다는 확신이었다. 이 모든 것은 결국, 우리가 이러한 방식으로만 근원적이고 철두철미 필연적인 보편 철학의 이념을 현실화시키는 데로 전진적으로 실현해나갈 수 있다는 확신으로 이르게 된다.

이제까지 성취된 발전으로부터 우리는 다음과 같이 이야기할 수 있다. 근대 철학의 가장 심오한 의미는 회의주의적 전통의 철저한 주관주의를 보다 높은 의미에서 실현해야 할 과제가 근대 철학에 내적으로 자라났고, (비록 불명료할지라도) 이 과제의 동력이 근대 철학을 끊임없이 움직였다는 데 있다. 바꾸어 말하면, 그러한 발전은 객관적 인식과 학문의 가능성을 부정하는, 배리적이고, 유희적이며, 경솔한 주관주의를 새로운 종류의 진지한 주관주의를 통해, 그리고 철저한 이론적 양심 속에서 절대적으로 정당화되는 주관주의를 통해, 요컨대 초월론적 주관주의를 통해 극복하는 데로 나아간다.

근대는 **데카르트**에서 시작한다. 왜냐하면 데카르트가 처음으로 회의적 논변의 기저에 있는 의심할 여지 없는 참된 것을 이론적으로 충분히 다루고자 시도했기 때문이다. 맨 처음 그는 가장 보편적인 존재 토대를 이론적으로 손에 넣었다. 그것은 가장 극단적인 회의적 부정에서조차 전제되어야 하고, 그러한 부정이 논증하면서 도로 관계해야 하는 존재 토대, 말하자면 그 자체로 확실한 인식하는 주관성이다. 어떤 방식으로는 물론 **아우구스티누스**가 이미 그러한 존재 토대를 손에 넣었다고, 그가 이미 "에고 코기토(*ego cogito*)"의 의심 불가능성을 이미 지적했다고 말할 수 있다. 그러나 데카르트에서 새로운 전환이 일어났는데, 이는 데카르트가 〔회의주의에 대한〕 한갓 반론의 반-회의주의적 요점으로부터 이론적 주장을 만들었기 때문이다. 철학의 가능성에 관한, 회의를 통해 일깨워진 물음의 관점에서 데카르트가 초월론적 주관성을 고찰하는 한, 초월론적 주관성은 그에게 필연적으로 이론적인 근본 주제가 된다.

여기서 주목해야 할 것은 코기토는 물론 그 의심 불가능성으로 인해 모든 진리 일반, 그러니까 객관적 진리뿐 아니라 "에고 코기토"라는 명칭의 모든 주관적 진리까지도 부정하는 절대적 부정주의(Negativismus)의 유희적인 극단을 곧장 반박한다는 점이다. 그러나 전통적으로 철학의 가능성에 대항하는, 그리고 본래적으로 오직 철학의 가능성에만 대항하고자 했던 회의는 이를 통해 반박되지 않는다. 그러니까 '그 자체로' 존재하는 대상에 관한 '진리 자체'에 대한 인식의 가능성에 대항하는 회의는 반박되지 않는다. 그래서 그것은 무엇보다 우선 '객관적인', 자체로 존재하는 세계를 겨냥하지만, 긴밀한 연관하에서 다음으로는 자체로 존재하는 플라톤적 '이념들', 그 자체로 타당한 논리적이고 수학적인 원리들, 모든 종류의 그 자체로 타당한 학문들, 혹은 우리가 이렇게도 말할 수 있을 텐데, 객관적 학문들을 겨냥한다. 이러한 회의가, 오직 이러한 회의만이 철학을 초월론적 철학의 길로 들어서도록 강요하는 위대한 역사적 사명을 갖는다. 아우구스티누스의 의미에서가 아니라 **데카르트**의 의미에서 "나는 생각한다"라는 것은, 바로 그것에 의지함으로써 참된 철학의 절대적으로 보장된 체계적 고양이 뒤따를 '아르키메데스의 점'[26]이다. 순수한 자기 인식의 절대적 근거에서, 그리고 이러한 자기 인식의 틀 안에서 절대적 정당화 속에서 수행된 사유 과정을 통해 참된 철학이 내재적인 산출물로서 자라날 것이다. 즉 절대적 시작으로부터 모든 단계에서 절대적으로 그 자체로 정당화되는 행위로서 자라날 것이다. 그래서 에고 코기토는 순수하게 여기에 기반하여 건립되는 철학, 즉 보편적 지혜(*sapientia universalis*)에 대한 최초의 유일한 토대일 것이다.

그러나 또한 다른 한편 아직 다음과 같은 사실이 강조되어야 한다. 데카르트의 『성찰』은 데카르트의 우연적인 주관적 사색이고자 하지 않으며, 또한 저자의 사상을 전달하기 위한 하나의 문학적 예술 형식이고자 하지도 않는다. 그것은 명백히, 철저하게 철학하는 주관이라면 필연적으로 빠짐없이 행해야 하는, 동기관계의 방식과 순서에 있어서 필연적인 사색들로서 제시된다. 저러한 주관은, 철학의 이념을 자신의 삶의 주도하는 목적 이념으로 선택했고, 그래서 그것을 자신의 인식 삶에서 자발적으로 실현함으로써 진정한 철학자가 되어야 할 그러한 주관으로서, 저 사색을 행해야 한

•••

26 이 표현은 고대 그리스의 철학자 아르키메데스가 움직이지 않는 한 점만 주어진다면 그 점을 받침대로 삼아 긴 막대기를 지렛대로 이용해 지구를 들어 올릴 수 있다고 주장했던 것에서 유래한다. 여기서 아르키메데스의 점이 지구 전체를 들어 올릴 수 있는 중심점이 되듯, "나는 생각한다"라는 것이 모든 지식과 참된 철학 전체를 가능하게 하는 근본적 기초가 되는 중심점으로 비유되고 있다.

다. 여기에 데카르트의 『성찰』의 영원한 의미가 놓여 있다. 그것은 철학적 시작의 필연적 양식(Stil)을 묘사한다. 아니면 〔적어도〕 묘사하고자 시도한다. 오직 성찰함을 통해서만 철학자는 시작할 수 있다. 그러나 이러한 성찰의 진행, 방법은 필연적인 형태를 갖는다. 다른 한편으로 그리고 상관적으로, 철학의 시작 자체는— 시작하는 이론, 방법, 그리고 그 문제들의 원칙은— 객관적인 이론적 관점에서 생겨나야만 한다. 이 둘은 함께 생성 중에 그려져야 하고, 둘 다 나름의 방식으로 학문적으로 그려져야 한다.

10강 데카르트적 성찰

이를 통해 강력한 동인이 주어졌고, 곧바로 발전의 거대한 생성과 완전히 새로운 형성 속에서 영향을 미쳤다는 사실이, 역사를 들여다보면 드러난다. 『성찰』 이래 철학은 우선은 불명료하게 피어오르는 새로운 종류의 문제들을, 비로소 그러한 문제들을 정말로 생산적으로 다룰 수 있게 해줄 원리적 명료성과 순수성의 단계로 가져오려는 끊임없는 노력에 기력을 소모한다. 철학은 언제나 새롭게 접근하고 엄청난 노력을 기울였지만, 물론 완전히 만족스러운 방식으로는 이러한 작업에 성공하지 못했다. 전개 과정 전체의 출발점부터 벌써 치명적인 불명료성에 붙들려 있었다. 여섯 성찰의 가장 중요한 처음 두 성찰에 실제로 위대한 발견이 있었는데, 이는 초월론적 철학이 시작할 수 있기 위해 무엇보다 필요했던 발견이었다. 그것은 말하자면 절대적 의심 불가능성 속에서 언제나 자기 자신을 자각할 수 있는, 초월론적으로 순수한, 그 자체로 절대적으로 완결된 주관성의 발견이다. 그러나 데카르트는 이러한 발견의 본래적 의미를 손에 넣을 수 없었다. "나는 생각한다, 나는 존재한다(ego cogito, ego sum)"라는 유명한 말이 지닌 겉보기의 사소함의 배후에는 실제로 너무나도 거대하고 어두운 심연이 열리게 되는 것이다. 데카르트는, 새로운 대륙을 발견했으나 이에 대해 조금도 알지 못하고 그저 옛 인도로 가는 새로운 항로를 발견했다고 생각했던 콜럼버스와 같았다. 왜냐하면 데카르트는 새롭고 철저하게 정초되어야 할 철학의 문제의 가장 심오한 의미를 파악하지 못했고, 혹은 본질적으로 같은 말이지만, 에고 코기토에 뿌리박힌 초월론적 인식의 정초 및 학문의 정초의 진정한 의미를 파악하지 못했기 때문이다. 그런데 이 점은 다시 데카르트가 회의(Skepsis)로부터 올바른 방식으로 배우지 못했기 때문이다.

이 점을 밝히기 위해, 『성찰』에서 데카르트가 걸어간 길을 우선 대략적으로 회상해보자. 이 길은 우리 자신이 진정한 철학을 엄밀하게 정초하는 방식을 기획할 때 다시 한번 더욱더 철저하게 다룰 길이다.

데카르트는 이제까지의 모든 학문이 아직 참다운 엄밀한 학문, 절대적으로 정초된 학문이 아니라고 이야기한다. 그러한 학문에 도달하기 위해서, 절대적으로 신뢰할 수 있는 체계적인 구축 속에서 보편적인 학문, 즉 철학을 획득하기 위해서, 우리는 빈 서판[27]을 준비해야 하고, 이제까지의 모든 인식 일반을 의문시해야 한다. 우리의 원리는 생각해낼 수 있는 모든 의심에 절대적으로 저항할 만큼 확고하지 않은 것은 어느 것도 타당한 것으로 여기지 않는 것이리라. 그러면 일상적인 의미에서의 세계 총체 전체, 그러니까 우리의 감각을 통해 주어지는 세계 전체는 우리가 인정할 수 있는 타당성의 범위에서 즉각 사라질 것이다. 왜냐하면 우리 모두가 시인할

. .

27 원문의 표현 'reinen Tisch machen(빈 서판을 준비하다)'은 로마에서 새로 글을 기록하기 위해 빈 서판(*tabula rasa*)을 준비하던 데서 유래한 것이다.

수 있듯이, 감각은 속일 수 있기 때문이다. 우리가 감각을 따르다 오류를 범할 가능성은 언제나 열려 있다. 그러나 이제 내가 모든 세계를 의심할 수 있고, 어쩌면 심지어 [실제로] 의심한다고 하더라도, 한 가지는 의심할 수 없다. 그것은 바로 내가 의심하고 있다는 **사실**, 더 나아가 이 세계가 나에게 감각적으로 현출한다는 사실, 내가 지금 이러저러한 지각을 갖고 있고, 그에 대해 그러저러하게 판단하고, 느끼면서 가치평가하고, 욕구하고, 의지한다는 등의 사실이다. 나는 존재한다, 생각하는 나는 존재한다(*sum cogitans*), 나는 이러한 지각들, 기억들, 판단들, 감정들 등을 지니고 흘러가는 이와 같은 의식 삶의 주체이며, 이러한 흐름 속에서 절대적 의심 불가능성 속에서 이와 같은 사실을 확신한다. 심지어 나의 신체를 포함하여 세계 전체가 존재하지 않더라도 나는 존재한다. 즉 이러한 의심할 수 있는 세계가 존재하든 존재하지 않든 간에 나는 존재한다. 그래서 나의 절대적 존재, 그리고 나의 절대적 삶을 지닌 '나에 대한 존재(Fürmichsein)'가 절대적으로 완결된 존재로서 생겨난다. 그리고 이것이 바로 우리가 앞서 우리의 편에서 '초월론적 주관성'이라고 부른 것이다.

분명 이러한 자아는 그 자체로 자아가 아닌 것들을 함께 정립하는 모든 작용들로부터 멀리 떨어져 있는 자아, 즉 순수한 정신적 주체로서 순수하게 파악된 구체적 자아에 다름 아니다. 그러나 이제 이러한 순수한 자아가 자신의 의식 속에서 객관적 세계를 감각적으로 경험한다면, 그리고 자신의 인식 작용들 속에서 학문을 구축한다면, 어느 정도까지 그것은 한갓 주관적 현출들의 내적 소유, 그리고 주관적 명증 속에서 주관적으로 산출된 판단들의 내적 소유가 아니게 되는가? 그것이 명증이라고 해도, 일상의 모호하고 맹목적인 판단에 비해 학문적 판단을 선호하는 이성의 통찰이라고 해도, 주관적 의식 사건일 것이다. 주관적 체험을 넘어 타당성을 주장해도

될, 그 자체로 타당한 진리의 기준이라는 가치를 이러한 주관적 성질들에 부여하기를 정당화하는 것은 무엇인가? 이제 심지어, 주관 외적이라고 주장되는 세계와 인식이 관계할 때, 나는 단지 나 자신과 나의 주관적 체험만을 직접적으로 의심할 여지 없이 확신한다면, 이러한 세계가 존재하고 이러한 객관적 학문이 정말로 타당하다는 믿음에, 그 믿음이 요구하는 주관 외적인 가치를 부여하는 것을 정당화해줄 수 있는 것은 무엇인가?

데카르트는 명증의 권리와 그 초주관적 유효 범위를 입증하려는 시도에서 길을 잃고, 순환에 빠졌다. 이 순환은 일찍이 주목되어 많은 비판을 받았다. 데카르트는 인간적인 순수한 자아(ego)의 유한한 특성에서 신의 필연적 현존을 추론한다(추론 과정은 중요하지 않다). 신은 명증의 기준을 갖고서 우리를 속일 수 없을 것임을 추론한다. 이제 이러한 기준을 사용하는 것이 허락되고, 이로부터 인도되어, 수학과 수학적 자연과학의 객관적 타당성이 추론되며, 이와 더불어 이러한 학문이 인식하는 대로 자연의 참된 존재가 추론된다. 그리고 나서 두-실체-이론(Zwei-Substanzen-Lehre)이 정립되는데, 이에 따르면 궁극적인 철학적 진리에서, 참된 객관적 세계는 물질적 물체들과 이것들에 인과적으로 결합하고 있는 정신적 존재들로 구성된다. 그리고 이것들 각자는 나의 자아의 방식을 따라 그 자체로 절대적으로 존재한다.

새로운 발전을 규정하는 일련의 사고는 이와 같은 모습이다. 이 일련의 사고의 첫 번째 정점인 에고 코기토는 확실히 어느 정도까지는 누구나 이해할 수 있는 발견이었다. 그것은 너무나도 새롭고 비할 수 없이 중요한 통찰이었기에, 그러한 발견은 강력하고 지속적인 영향력을 발휘하지 않을 수 없었다. 자신의 자체 존재(Insich- und Fürsichsein) 속에서 자기 자신을 직접적으로 의식하는, 그 자체로 절대적으로 의심할 여지 없이 경험 가능한 주관성이 자신의 순수한 '대자 존재(Fürsichsein)'[28] 속에서, 자신의 순수한 삶을 형성하는 자신의 의식 흐름 속에서 처음으로 드러났고, 확고히 한정되었다. 그리고 자아에 대해 현존하고, 어떻게든 정립될 수 있으며, 생각될 수 있는 것은 무엇이든 오직 자아의 의식 삶에 현출하는 것으로서, 자아에게 주관적으로 그 어떤 방식으로든 의식된 것으로서만 존재한다는 사실이 눈에 들어왔다. 이와 더불어 회의적 상대주의가 "생각할 수 있거나 인식할 수 있는 모든 것이 현출하는 것이라면, 오직 현출이라 불리는 주관적 자료들만 인식 가능하고, 자체적으로 존재하는 것, 참된 것에 대해서는 어떠한 인식도 있을 수 없다"는 사유 속에서 모든 인식 가능한 존재를 (다만 회의적으로) 환원시켰던 저 '한갓 주관적인 것'의 영역이 학문적으로 드러났다.

이러한 상대주의를 통해 철학에 설정된 전적으로 불가피한 과제의 본래적 의미 속으로 데카르트는 깊이 파고들지 못했다고 나는 이제 벌써 이야기했다. 이러한 과제는 철학, 즉 이제 더는 이성의 소박한 자기 확신 속에서, 순전한 소박성 속에서 자신의 방법적 수단에 대한 명증을 신뢰하면서 작업해서는 안 되는 그러한 학문 일반에 대해 설정되는 과제다.

회의를 통해 의문시되었던 것은 무엇인가? 그것은 객관적 인식의 일반적 가능성, 그러니까 순간적 의식과 이 의식에 순간적으로 거주하는 의견 및 현출을 넘어서는 인식을 획득할 수 있을 가능성이다. 이러한 인식은 그

---

28 '대자 존재(Fürsichsein)'는 '자기 자신에 대한 존재'로도 번역될 수 있다. 이 용어는 헤겔에서 유래한다. '대자 존재'는 '즉자 존재(Ansichsein)'라는 개념과 대비된다. 즉자 존재가 '다른 것'과의 관계 없이 오직 그 자체로 존재하는 것을 의미하는 데 반해, 대자 존재는 자기 자신과의 관계 속에서 자기 자신에 대해 존재하는 인간의 자기의식적 존재 방식을 의미한다.

자체로 존재하는 대상, 그 자체로 존속하는 진리를 인식한다고 주장하는 인식이다. 회의를 통해서 자신을 나타내는 대상에 소박하게 몰두하는 인식으로부터 반성적 태도로의 이행이 수행되었고, 이러한 반성적 태도 속에서는 인식하는 의식이 가시적이 되고, 인식된 것이 다양한 인식 작용의 통일체로서, 인식 작용과의 관계하에서 고찰되어야 했는데, 그러자마자 자체 존재와 자체 타당한 것의 가능성과 의미가 즉시 수수께끼처럼 되어버려야 했다. 한편으로 우리는, 인식하는 자**에게** 모든 대상이 자신이 의미하는 바를 의미하고 자신이 타당한 바대로 타당하며 자신이 존재하는 바대로 존재하는 것은, 인식하는 자의 인식을 통해서, 인식하는 자에게 다양한 형태로 의식적으로 수행되는 의미부여와 판단 수행을 통해서라는 사실과 마주하게 되었다. 그러나 다른 한편, 세계는 자명한 사실로서 자신의 권리를 요구했고, 사람들은 다음과 같은 질문을 하지 않을 수 없게 되었다. 도대체 '외적인' 실재적 존재의 의미와 권리는 사정이 어떠하며, 마찬가지로 이념적 대상성의 자체 존재는 사정이 어떠한가? 순수한 내적인 인식 수행은 영혼 밖의 존재에 대해, 그 자체로 어디든 간에 '밖에' 있는 무언가에 대해서, 그 외 그 자체로 존재하는 것, 갖가지 그 외의 의미들에 대해서 무엇을 의미할 수 있는가? 여기서 우리는 결국 언젠가 다음과 같은 숙고에 이르러야 할 것이다. 즉 외적인 것, 그리고 자체 존재라는 말은 오직 인식으로부터만 자신의 의미를 길어 오고, 외적인 존재에 관한 모든 주장과 근거 지음, 그리고 인식은 인식의 내부에서 그 자체로 실행되는 판단 수행이자 인식 수행이라는 사실에 대한 숙고에 이르러야 할 것이다.

이는 적어도 데카르트를 통해 순수한 주관성, 그 자체로 완결된 에고 코기토가 드러난 순간 완전히 분명하게 나타난다. 그러나 그렇다면 우리는 다음과 같이 말해야 했지 않을까? 그러니까 여기에서 인식하는 인식에 주목함을 통해서, 그리고 모든 대상과 진리를 가능적 인식에 도로 관련시키기라는 필수적이 된 절차를 통해서 우리가 빠져들게 되는 모든 불명료함과 곤경들, 우리를 점점 더 깊이 사로잡는 모든 불가해성과 수수께끼는, 우리가 바로 그 의식을, 작업수행하는 의식으로서 전혀 연구하지 않았다는 데에서 유래한다고 말해야 했지 않을까?

모든 학문적인 연구들은 이제까지 객관적 방향을 가졌고, 소박한 경험과 인식 속에서 어디서나 객관성을 미리 가졌고, 전제했다. 그러나 인식하는 주관성이 자신의 순수한 의식 삶 속에서 어떻게 이러한 의미 수행, 판단 수행과 통찰 수행, '객관성'을 성취하는지는 결코 주제가 되지 않았고, 순수한 주제가 되지 않았다. 인식하는 주관성이 경험과 경험 믿음 속에서 미리 갖는 객관성을 어떻게 이론적으로 전진하면서 규정하는지가 아니라, 인식하는 주관성이 어떻게 이미 자체로 이러한 소유에 이르는지는 주제가 되지 않았다. 왜냐하면 인식하는 주관성은 자신 안에서 수행하는 것만을 소유하기 때문이다. 지각 속에서 '자신의 맞은편에 하나의 사물을 가짐'이라는 가장 단순한 것조차 이미 의식이며, 아주 풍부한 구조 속에서 의미 부여와 실제성 정립을 수행한다. 다만 그에 관해서 무언가, 심지어 학문적으로 유용한 무언가를 아는 데에 반성과 반성적 연구가 필요할 뿐이다. 순수한 주관성, 그리고 이와 더불어 순수하게 그 자체로 자신의 내재적 완결성 속에서 고찰되는 의식의 연관을 데카르트적으로 드러냄으로써 비로소 모든 객관적 연구의 과제와 대립하는 이러한 과제의 의미를 혼란되지 않게 획득하는 것이 가능해졌다. 객관적 연구가 인식하는 자에게 미리 주어진 대상들을 이론적으로 규정하고자 한다면, 지금 필수적인 것이 된 초월론적 연구는 아주 다른 것이고자 하므로 이러한 연구는 '미리 주어져−가짐', '대상들의 단적인 현존'을 원리적으로 **타당한 것으로** 간주해서는 안 된다.

초월론적 연구의 과제는 인식에서 객관성 자체, 그리고 모든 범주의 객관성이 어떻게 그러한 것으로서 주관적으로, 인식하는 자에게, 그리고 인식하는 자의 인식하는 '가짐' 속에서 구성되는지를 보편적으로 모든 방식과 단계에서 연구하는 데 있다. 즉 이미 가장 단순한 지각으로서의 인식이 어떻게 이러저러한 대상의 미리 주어짐을 수행하는지, 그리고 그 위에서 보다 높은 인식 수행을 실행하는지를 연구하는 데 있다.

그래서 실제로 초월론적 학문은 모든 객관적 학문들과 완전히 다른 주제를 가지며, 객관적 학문들 모두와 분리되어 있으나 상관자로서 객관적 학문들 모두와 관계한다. 우리가 이미 알 수 있듯이, 이러한 새로운 종류의 학문에 있어서 모든 것은 이러한 학문이 자신의 과제를 순수하게 하고, 그래서 자신의 연구가 소박한—객관적 연구 태도로 후퇴하지 않도록 할 수 있음에 달려 있다. 그러나 데카르트의 발견과 그 방법 — 우리가 곧 알게 되겠지만, 물론 이는 본질적으로 순수화되어야 하는 것이다 — 에서야 겨우 그것이 효과적인 방식으로 가능해졌다.

우리의 고찰에서 좀 더 나아가보자. 우리의 고찰의 방식은 회의 속에 숨겨진 초월론적 동기부여를 완전한 명료성으로 가져오는 것이다. 이것은 단지, 데카르트가 처음 두 성찰에서 초월론적인 순수한 주관성을 드러낸 후, 데카르트가 그저 어느 정도 손을 뻗쳐 붙잡기만 하면 될 정도로 데카르트에게 벌써 지평 속에 놓여 있었던 인식을 산출할 생각에서이다. 이전에 획득한 통찰이 올바르다면, 곧 이후의 귀결들이 따라 나온다고 나는 이야기한다. 이제 객관적 학문은, 아무리 정밀하다고 하더라도, 아직은 플라톤적 이념의 의미에서의 철학, 즉 우리에게 궁극적인 답을 주면서 스스로를 절대적으로 정당화할 수 있는 그러한 학문이 아니라는 사실이 그 이유와 더불어 완전히 분명해진다. 객관적 학문은 그렇게 하지 못한다. 심지어 수학의 방법을 따르는 순수한 합리적 학문조차도, 이러한 학문의 그토록 명증적인 정리들 중 단 하나에서조차도 그렇게 하지 못한다. 곧바른 연구 방향의 합리성이, 비록 논박되는 것은 아니지만, 그 원리적 의미에 따라, 그 작업수행의 본질(잠재력)에 따라 의문시되고, 초월론적 인식 수행의 연구에서 발원하는 저 합리성이 획득될 때에야, 그리고 객관적 존재, 객관적 진리, 그리고 인식하며 작업수행하는 의식의 본질 관계를 오해함으로써 생겨난 모든 혼란과 오해가 초월론적 학문의 적극적 해명을 통해 제거될 때에야 비로소 하나의 철학이 자라날 수 있다.

여기서 말하는 것은 가령 객관적 학문에 부수적으로 덧붙여질 수 있고, 근본적으로는 객관적 학문과 큰 관계가 없는 사소한 해명이 아니다. 인식하는 의식에서만 유래할 수 있는 것으로서의 그 자체로 존재하는 대상성의 의미가 불명료하고 수수께끼 같은 한에서, 소박한 자명성 속에서 미리 주어지는 세계 총체의 의미, 그리고 결국 객관적 학문에서 인식되는 모든 실제성과 진리들의 의미 또한 불명료하게 남는다. 불명료함이 지배하는 곳에서는 불합리 또한 멀리 있지 않다. 실제로, 가장 완전한 학문의 합리성, 또한 수학의 합리성도 수많은 불합리한 이론들, 그러니까 시간이 지남에 따라 교체되면서 저 학문의 결과에 따라붙었던, 그리고 전적으로 초월론적 오해에서 자신의 원천을 가지는 수많은 불합리한 이론들을 막지 못했다. 회의주의적 부정들에 이미, 인식되어야 할 실재 전부와 관계하는 불합리한 입장, 즉 유아론의 입장이 회의주의적 부정들의 상관자로서 내포되었다. 유아론은 "세계의 총체는 나 자신으로 환원되고, 나는 혼자이며, 그 밖의 모든 것은 내 안의 주관적 허구다. 적어도, 나 자신에 관해서만 나는 앎을 가질 수 있다"는 입장이다. 그러나 객관적 학문을 인정하고 존중하는 사람들까지도 늘 새로운 불합리한 이론들에 빠져드는데, 그것들은 이제 유물론으로, 혹은 다양한 관념론, 유심론, 플라톤적 실재론 등으로 불린다.

우리가 물리학(Physik)을 넘어 형이상학(Metaphysik)을 필요로 하고 추구하며, 다른 모든 학문들에 대해서도 그렇게 하는 주된 이유는 어쨌든 (그렇지 않다면 자신의 고유한 방법론적 길을 추구했을) 객관적 이론과 학문들은 초월론적 해석과 오해에 묶여 있어서, 결국 그 고유한 방법론 자체가 혼란에 빠지는 일이 충분히 자주 있기 때문이다. 그러나 정당한 학문적 인식에 필연적인 등급이 있어야 한다면, 그리고 이 등급에 따라서 하부 단계의 학문 위에, 그 어떤 유형이든 최고의 궁극적 물음들을 다루는 '형이상학'이라는 이름의 보다 높은 학문이 건립되어야 한다면, 어쨌든 우선 확실한 것은, (어떻게 이해되든) 그러한 형이상학은, 그것이 만약 정말로 궁극적인 것에 관한 학문이고 정말로 절대적으로 근거 지어진 학문이어야 한다면, 초월론적 주관성에 관한 학문을 요구한다는 사실, 그리고 그것은 가령 초월론적 주관성에 관한 학문을 근거 짓거나 초월론적 주관성에 관한 학문에 그 어떤 전제를 제공해줄 수 없다는 사실이다. 이와 같은 사실은 형이상학에도 다른 모든 학문에도 타당한 것이다.

11강 초월론적 학문에 대한 최초의 실제적 개관.
데카르트의 성찰로부터 로크로의 이행

어떤 학문의 모든 주장들의 의미와 인식 가치가 일차적이고 가장 원초적인 차원에서 어떤 물음들에 대답하는 데에 달려 있다면, 그와 함께 그 학문이 인식한다고 권리주장하는 전체 존재의 의미도 저 물음들에 대한 대답에 달려 있다면, 그 학문은 저 물음들을 해결하지 않은 채, 심지어 묻지도 않은 채 놓아두어서는 안 된다. 그러나 이러한 물음들은 초월론적 물음이다. 이미 이러한 이유에서 초월론적 물음들은 탁월한 종류의 물음이어서, 초월론적이지 않은 모든 물음들에 앞서야 하며, 그와 함께 또한 초월론적 주관성에 관한 학문도 모든 다른 객관적 학문에 앞서야 한다. 물론 역사적 발생의 의미에서가 아니라 철학의 이념, 가장 참되고 엄밀한 학문의 필수적인 이념이 규정하는 그와 같은 의미에서 앞서야 한다. 왜냐하면 그러한 학문이 추구하는 것은, 학문으로서 가지는 의미를 충족시키는 것 이상도 이하도 아니기 때문이다. 그리고 이것이 의미하는 바는 그러한 학문은 자기 자신을, 자신의 방법과 결과를 이해하지 못하는 한, 그리고 원리적인 의미에서 이해되지 못한 사태에 대해 계속해서 이야기하고 또 그에 대한 이론을 세우는 상태에 있는 한, 자기 자신을 학문으로 여겨서는 안 된다는 것이다.

그래서 여기에서 우리의 생각은 초월론적 학문의 기능이 그저 모든 학문으로부터(그리고 그러한 학문들 자체와 반성적으로 되돌아 관계함 속에서) 어떤 언짢은 오해를 ─ 학문의 방법에 부착될 수 있는 것이든, 학문에서 인식된 대상적 존재의 의미에 부착될 수 있는 것이든 ─ 멀리하게 하는 데에 있다는 이야기가 결코 아니다. 그런 이야기라면 이것은 거의 다음과 같은 이야기이다. 즉 마치 모든 초월론적인 것을 가리는 단단히 부착된 가리개를 통해, 혹은 인식하면서 구성하는 의식을 고려하는 데에서 생겨나는 모든 개념과 사유들을 엄격하게 피하면서, 곧바른 시선 향함과 명증 속에서 생겨나는 사태적 연관에 주의 깊고 영리하게 시선을 고정시키는 것을 통해, 이미 가장 엄밀하고 완전히 충분한 학문을 창조할 수 있다는 식의 이야기이다. 그러나 오해가 없다는 것은 아직 올바른 해석을 획득했다는 것을 의미하지 않으며, 묻지 않은 질문들, 그리고 아마도 가장 절박한 질문들도 역시 대답되지 않은 채로 있다.

아마도 초월론적 눈가리개를 쓰는 것은 객관적 시선 향함에서 힉문적 이론, 즉 객관적인 학문적 이론의 위대한 성과를 성취하기 위한 때때로 유용하고, 심지어 필수적인 보조 수단일지 모른다. 그러나 비유하건대 이러한 정신적 눈가리개가 단단히 뿌리내리면서, 그래서 초월론적인 것을 무시하는 것이 습관적인 눈먼 상태로 되어버리면, 오해가 없다는 것의 장점은 아주 비싼 대가를 치를 것이다. 왜냐하면 이제 모든 해석이 탈락되고, 우리가 세계와 더불어 본래적으로, 그리고 궁극적으로 무엇에서 존재하는지 알기 위해, 그리고 세계가 우리에게 궁극적으로 어떠한 실천적-윤리적 태도 취함을 요구하는지를 알기 위해 수행되어야 하는 해석 또한 탈락될 것이기 때문이다.

소박한 경험 정립 속에서 우리에게 단적으로 현존하는 세계를 인식하는 주관성에(특히 주관성이 데카르트적 방식으로 순수한 주관성으로서 직관된다면) 되돌아 관련짓는 것이 참된 존재 자체와 그 절대적 의미에 대해 말해줄 수 있는 바가 없으리라는 것은 실제로는 결코 사실이 아니다. **라이프니츠는** 모나드론[29]이라는 천재적 통찰 속에서 모든 존재자는 자신의 궁극적인 참된 존재에 관해서는 모나드로 환원된다고 주장했다. 이러한 모나드는 다

..

29 라이프니츠에서 모나드(Monad)는 우주를 구성하는 불가분의 실체다. 모나드는 지각과 욕구를 지닌 정신적 실체다. 각각의 모나드는 완전한 독립성을 가지고 있어서, 다른 모나드와 관계하지 않고 오직 자기에게 내재하는 과거와 현재와 미래의 모든 술어들에 따라서 변화한다. 그러한 의미에서 라이프니츠는 모나드가 "창이 없다"고 말한다. 후설은 "완전한 구체성 속에서 파악된" 초월론적 주관을 지칭하기 위해 이러한 모나드 개념을 차용하여 '초월론적 모나드'라고 불렀다. 그러나 라이프니츠의 개별 모나드들이 각자 우주 전체를 반영하면서도 창을 갖지 않고 서로 교류하지 않는 데 반해 후설의 초월론적 모나드는 부단히 상호작용하고 교섭하는 모나드, 즉 창을 가진 모나드라고 할 수 있다.

름 아니라 데카르트적 자아다. 결국 초월 철학적으로 근거 지어진 세계 고찰이 바로 그와 같은, 혹은 그와 유사한 해석을 절대적인 필연성으로서 요구했던 것일 수 있다. 그리고 이것은 아마도 우리가 인식에 대한 초월론적 고찰을 형이상학과 가장 밀접하게 연관시킬 때 정당화될 것이다. 그러면 궁극적인, 절대적으로 근거 지어진 초월론적 철학 자체가 존재에 대한 의미 해명을 통해 우리를 존재에 관한 궁극적 앎(Auskunft)으로 이끄는 일을 수행해야만 할 것이다.

데카르트의 에고 코기토로부터 열렸으며, 동시에 회의의 동기가 완전히 영향을 끼치게 한 철학적 문제의 지평을 가로질러 횡단하였으니, 근대를 시작한 위대한 데카르트 자신으로 다시 돌아가보자.

그러나 여기서 이제 우리는 유감스럽게도, 데카르트가 이러한 위대한 문제에 관해, 그것이 자신의 지평 속에 붙잡을 수 있게 놓여 있었음에도 불구하고, 아무것도 알지 못했음을 확인해야만 한다. 그리고 또 우리가 말할 수 있듯이, 데카르트는 초월론적 의식 학문, 초월론적 자아론의 필요성과 이념에 관해 아무것도 예감하지 못했다. 그럼에도 불구하고 데카르트는 이러한 초월론적 자아를 발견함으로써, 그와 같은 학문을 위한 주제와 순수 의식 삶의 다양체 속에서의 작업 영역을 발굴해냈다는 불멸의 명성을 지니고 있다.

데카르트를 추동했던 의식, 즉 이제까지의 모든 학문이 불충분하며, 가능한 모든 회의에 대항하여 안전한 절대적 학문이 필요하다는 의식은 폭넓고 지극히 인상 깊은 사유 과정과 체계 속에서 영향을 끼친다. 그러나 그것은 처음부터 여기서 요구되었던 성찰들 속에서 영향을 끼친 것은 아니었고, 또 최소한 그 **양식**에 있어서는 미래의 철학을 예견할 수 있는 그러한 체계 속에서 영향을 끼친 것도 아니었다. 데카르트는 회의를 통해 일깨워진 (초월론적 문제로서의) 문제의 가장 깊숙한 의미와 객관적 학문의 독단적 소박성의 가장 깊숙한 의미를, 그리고 결국에는 완전히 충분한 학문의 가장 깊숙한 의미를 해명했을 그러한 성찰들을 제공하지 않았고, 초월론적 학문으로서의 이러한 학문에 필수적인 길을 구상했을 성찰을 제공하지 않았다. 데카르트는 철학을, 그러니까 철학 자체, 참된 철학을 진정으로 시작했다. 그러나 시작의 시작에서만 그랬다. 말하자면, 에고 코기토에서 정점을 이룬 그의 성찰들의 시작만이, 그가 여전히 소박하고 거칠게 사유를 이끌어갔음에도 불구하고, 『제일철학에 관한 성찰』의 전형적 양식이 된 필수적 양식을 이미 보여준다. 나는 "아직 소박하고 거칠게 사유를 이끌어갔음에도 불구하고"라고 말했다. 왜냐하면 이 사유 전개는 여기서 벌어지고 있는 것에 대한 궁극적으로 명료한 통찰이 아니라 위대한 천재의 한갓 본능이 지배하고 있기 때문이다.

데카르트는 그가 연 초월론적 철학의 입구, 유일하게 참된 근본적인 철학의 입구에 머물러 있었다. 그는 아무도 들어서지 않았지만 들어서야 할 '어머니들의 나라'[30]로 가는 길로 나아가지 않았다. 그의 철학적 철저주의는 실패했다. 초월론적 주관성 속에 있는 모든 인식의 근원 근거들로 되돌아가야 한다는 그의 신념은 그와 그 후대인들에게 올바른 결실을 가져다주지 못했다. 왜냐하면 그는 그러한 철저주의의 보다 깊은 의미를 만족시킬 수 없었기 때문이다. 그는 해명적 숙고를 충족적 결말까지 밀고 나가지 못했기에, 그 자신의 훌륭한 시작을 이해하지 못했다. 그 때문에 그는 곧, 그렇지 않았더라면 그에게 부조리한 것으로 인식되었을 문제들에 굴

30 어머니들의 나라(Reich der Mütter)는 괴테의 『파우스트』에 등장하는 어머니 여신들의 세계로, 과거로부터 미래까지의 모든 형상이 창조되는 근원적 세계다.

복했다. 데카르트가 새롭고 축복 가득한 자극과 함께 근대 철학에 가지고 온 모든 커다란 불행은 바로 이것과 관련되어 있다. 그의 불명료함들, 가짜 문제들, 잘못된 두-실체-이론은 수학적 학문의 (마찬가지로 잘못된) 근거 지음에 토대하는데, 이러한 것들이 미래를 규정하고 혼란케 한다. 데카르트는 초월론적 토대, 즉 에고 코기토 위에 구축되는 진정한 초월론적 철학의 설립자가 되지 못하는 만큼, 철두철미 객관주의적 선입견에 사로잡혀 있다. 철학적으로 성찰하는 그의 방법론적 장치 전체는 결국 객관적 학문의 토대인 객관적 세계와 객관적 학문 자체를 회의주의의 공격으로부터 구출하는 데 사용된다. 특히 그의 목표는 수학과 수학적 자연과학에, 그것들이 새롭게 생성되고 있던 형식과 방법에 있어서, 절대적 타당성의 권리와 모든 진정한 학문의 원형의 역할을 귀속시키는 데로 가버린다.

데카르트가 발견한 순수 자아는 그에게 다름 아닌 순수 영혼이었다. 그것은 모든 인식자에게 절대적 의심 불가능성 속에서 주어지는, 그리고 직접성 속에서 **유일하게** 주어지는, 객관적 세계의 작은 일부이며, 이것으로부터 그 밖의 모든 세계가 추론을 통해 보증되는 것이다. 데카르트는 명증의 문제를 통해 본래적인 초월론적 문제와 마주치기는 했음에도, 이를 이해하지는 못했기 때문에, 이러한 전체 파악과 이를 근거 짓는 명증 이론의 불합리를 보지 못했다. 그는 명증을 진리의 한갓 지표, 기준으로 파악하는 것의 불합리를 보지 못했고, 이제 다시 이러한 지표의 정당성을 보증할 모든 증명들의 불합리를 보지 못했다. 그리고 초월론적 영역으로부터, 순수 자아로부터 객관적 영역으로 이끈다고 하는 모든 잘못된 추론들의 불합리를 보지 못했다. 나쁜 유산이 된 이러한 불합리는 초월론적 '실재론'의 모든 이론들의 형식으로 근대를 관통했고, 그 밖의 불합리의 동기들도 미래로 전해졌다. 데카르트적 철학의 **객관주의적인 근본 태도**와 학문 정초의 전체 양식은 새로운 정밀한 학문들, 그리고 데카르트 철학의 모범을 따르는 이후의 모든 실증 학문들에, 겉보기에만 그럴듯한 하나의 권리를 수여했다. 그것은, 이 학문들이 스스로를 절대적 학문으로 간주하면서 결국에는 자신들을 근원적으로 자립적인 학문들로서 철학에 대립시킬 권리였다. 이러한 객관주의적 경향은 심리학주의적이고 자연주의적인 이성 이론의 형성을 요구했고, 그러한 이론들의 숨겨진 불합리 때문에 이제 몇 세기가 고생해야만 했다.

이러한 상황은 고대 플라톤 이후의 상황과 약간 유사하다. 당시에 대해서 우리는 이미 심리학주의와 자연주의에 대해 충분히 이야기할 수 있다. 우리 시대에나 저 시대에나 이러한 단어들은 초월론적 문제 설정을 심리학적 혹은 생물학적–자연과학적 문제 설정과 혼동하는 데에서 비롯되는 완전히 잘못된 이성 이론을 가리킨다. 고대에는 **플라톤**이 시작하는 자이다. 그는 회의를 주시하면서 인식의 가능성을 철저하게 물음에 부치고, '변증술'이라는 이름으로 이를 적극적으로 해명하고자 성찰하며, 이러한 해명에 대한 최초의 기획을 시도한다. 그러나 우리가 보여주었듯이, 이미 **아리스토텔레스** 이래로 이러한 철저주의의 추동력은 이제 막 성공한 객관적 학문들이 준 인상으로 인해 약화되었는데, 이러한 객관적 학문들은 너무나 인상적이었기에 사람들은 회의적 문제의 깊이를 진지하게 숙고하는 경향을 충분히 가지고 있을 수 없었다. 그리고 그에 따라 사람들은 고대 논리학과 윤리학에 잠복해 있는 심리학주의를 거의 감지하지 못했다.

근대에도 상황은 어느 정도 유사하다고 나는 이야기했다. 충분히 깊이 파고들지 못했던 **데카르트**의 철저주의는 어떤 진지한 계승자도 찾지 못한다. 학문들이 그럼에도 불구하고 고유의 방법 속에서 아주 당당하고 자립적으로 형성되기 때문이다. 물론, 그리고 다시 고대와 유사하게, 인식의 문제는 너무나도 강력하게 도입되었기에, 실증 학문들의 맞은편에서 사라질 수 없었으며, 언제나 다시 스스로에게 관심을 향할 수 있었고, 또 그래야만 했다. 이 문제에 대한 이론적 논의가 다시 심리학주의적이고 자연주의적인 형태로 영향을 미친다.

로크의 『인간 지성론』[31]은 〔이러한 논의들의〕 이후의 발전의 운명에서 특별히 중요하다. 이 작품은 내적 경험에 토대한 근대 감각주의 심리학의 기초 작업인 동시에 인식 이론적 심리학주의의 기초 작업이다. 주목할 만한 교훈적인 전도(Verschiebung)가 여기에서 일어난다. 근본적 철학이, 그리고 미리 근본적으로 의문시된 학문을 절대적으로 확실한 토대 위에 체계적으로 정초하는 일이 더는 진지하게 논의되지 않는다. 세계는 확고하게 서 있고, 객관적 학문의 가능성도 근본적으로는 확고하게 서 있다. 그러나 객관적 학문을 진척시킬 수 있기 위해서는 객관적 학문의 도구, 즉 인간 지성을 올바른 방식으로 연구하는 일이 필요하다. 이때 구체적으로 취해진 자명한 주제여야 하는 것은 로크에 따르면, 다름 아닌 데카르트적 자아(*ego*)다. 이는 물론 다만 자연적인 객관적 방식으로 파악된 인간적 영혼이며, 명증적인 내적 경험에서 발견되는 대로의 그 자체로 순수한 우리의 인간적 정신이다. 데카르트가 에고 코기토를 자신의 학문의 주제로 삼기를 포기했다면 — 이것이 그의 철저한 인식 정초의 맥락에서 충분히 치명적인 것이었는데 — 로크의 새로운 점은 그가 이를 수행한다는 데에 있다. 그러나 이때 로크는 완전히 자연주의적으로 태도를 취하고, 자아를 미리 주어진 세

..

31 『인간 지성론(*An Essay Concerning Human Understanding*)』은 존 로크의 주요 저작으로 1690년에 출간되었다. 여기서 로크는 인간 지식의 범위와 확실성, 한계 등을 규명하고자 하였다.

계 속의 영혼으로 간주한다.

로크가 얻고자 힘쓴 것은 완전한 의미에서의 심리학이 아니다. 로크는 모든 심리 물리적인, 혹은 그의 표현으로는, 정신에 대한 '물리적인' 고찰을 배제한다. 그럼에도 불구하고 그것은 물론 완결된 연관으로서의 심리학 전체에 편입되는 분과학문이다. 말하자면 영혼은 그 신체의 영혼으로서 세계에 속하고, 심리 물리적인 인과성의 얽힘 속에 있다. 그런데 영혼을 그 내면성에 따라서도, 그리고 모든 것을 결합하는 인과 법칙성 아래에 놓여 있는 인과적 외적 얽힘에 따라서도 탐구하는 것이 완전한 심리학의 과제다. 그러나 로크는 영혼의 단순한 역사를 제시하려 한다. 그는 영혼을 자신의 고유한 내적 존재 속에서, 그리고 순수하게 내적 경험에 근거하여 한갓 '역사적' 방식으로 연구하고자 한다. 역사와의 이러한 비교는 여기서 순수 영혼적 내면성에 대한 기술적 고찰이 문제시되고 있으며, 또 영혼 삶의 최초의 깨어남에서 시작된 영혼의 발달을 체계적으로 기술하는 것이 관건임을 보여준다. 그럼에도 불구하고 그것은 아직 로크가 원래 목표로 하는 것을 가리키지는 않는다. 왜냐하면 다른 한편, '인간 지성론'이라는 표제는 로크가 원래 목표하는 것이 지성의 발달, 즉 인식 능력의 발달임을 보여주기 때문이다. 바로 이러한 길에서 로크는 인식 타당성의 본질, 가능성, 유효 범위, 범위와 한계, 그리고 기술적으로 구별될 수 있는 모든 인식의 유형들을 해명하고자 한다. 이것이 이 저서의 본래 주제다. 그리고 더 나아가 정당화된 가능한 학문들과 이러한 학문을 구성하는 방법의 본질, 근본 유형, 권리 영역을 해명하고, 이러한 방법을 매개로, 학문적 행위에서 지적 존재로서의 인간을 이끌어야 할 규범들을 획득하고자 한다. 그리고 인간적인 윤리적 행위와 그 규범화에 대해서도 유사한 목표를 가진다.

가능한 타당성에 관한 인식 문제를 순수성 속에서 원리적으로 파악한다면 그것은 로크의 방법의 객관주의와 양립할 수 없다는 사실, 저 인식 문제는 자체로 — 이미 데카르트가 행했듯이 — 객관성 총체를 철저하게 의문시할 것을 요구하며 그래서 전적으로 오로지 순수 의식의 토대 위에 머무를 것을 요구한다는 사실을 로크는 보지 못한다. 그리고 더욱이 데카르트가 놓쳤던 것, 데카르트가 참된 초월론적 학문을 그르쳤던 이유를 보지 못한다. 다시 말해 로크는 여기서 본래적 과제가 무언가에 **관한 의식**으로서의 의식을 체계적으로 탐구하는 것이며, 특히 명증과, 통찰력 있는 정초라는 명칭 아래, 인식자에게 의식이 근원적으로 자신의 고유한 연관 속에서 대상적인 것의 자체 가짐과 자체 확증을 산출하는 탁월한 의식 연관의 관점에서 탐구하는 것임을 보지 못한다. 그는 참된 객관성이란 오직 의식 안에서만 의미와 근원적으로 실현하는 확증을 겪을 수 있는 무엇임을 보지 못한다. 또는 참된 존재란 본질 특성들과 법칙들에 따라 직관적으로 이해될 수 있는, 주체에게 내재적인 목적론을 보여준다는 사실, 그리고 이것이 바로 여기에서 수행되어야 하는 일이라는 사실을 보지 못한다.

2부

로크의 자아론 시도의 시작 원리와
그것이 제기하는 지속적 문제들

1장

로크의 시야가 근본적으로 제한되었던 것과 그 이유

12강 객관주의의 소박한 독단주의

지난 강의의 끝에서 말한 것을 우리는 다음과 같이 표현할 수도 있다. **로크**는 고대 회의주의가 제기한 근본적인 인식 문제를 보지 못했기에, 그것은 당연히 그의 『인간 지성론』의 주제가 아니다. 그럼에도 불구하고 이 책은 지성에 관한 이론, 즉 인식 이론이고자 하고, 그것도 형이상학의 끝없는 다툼을 끝장내고, 학문의 완전함을 위해 필수적이며, 학문의 완성을 위해 요구되는 해명, 즉 학문적 작업수행의 참된 의미, 그리고 학문의 근본 개념과 방법들의 궁극적 원천에 대한 해명을 모든 학문에 마련해주는 그러한 인식 이론이고자 한다. 여기서 목표는 원리적인 것들이다. 그러니까 모든 학문 일반에 공통적인 것, 그리고 경험적 학문과 순수 이성적 학문의 차이와 같은, 본질적으로 구별되는 학문 유형의 차이를 규정하는 것이다.

데카르트가 절대적으로 근거 지어진, 절대적으로 정당화된 학문의 체계로서 참되고 진정한 철학을 추구하면서 인식의 문제와 맞닥뜨렸고, 또한 모든 진정한 학문에 선행해야 할 지성에 관한 이론을 이미 적어도 요구하기는 했다면, 그러한 이론을, 바로 그러한 목적으로 실제로 수행하고자 한 사람은 바로 로크이다. 그러나 로크는 데카르트적 정신의 상속자로서의 자격이 없으며, 『성찰』에 놓인 가장 귀중한 추진력을 흡수하지 못했다. 마찬가지로, 우리는 데카르트 자신을 책망해야 했는데, 데카르트는 초월론적 인식의 문제와 맞닥뜨렸음에도 그것 자체를 본래적으로 보지 못하고, 오해했으며, 그 때문에 철저하게 근거 지어진 보편학 혹은 철학이라는 자신의 기획을 좌초시킬 수밖에 없었기 때문이다. 초월론적 자아론과 그에 포함된 진정한 초월론적 인식 이론을 발전시키는 대신에 데카르트는 신학적 인식 이론과 독단적 형이상학이라는 잘못된 길로 빠져들었다. 그러나 로크는 또한 데카르트적 **시작**의 위대함과 의의를 포기했고, 이와 더불어, 언제라도 그것으로부터 인도되어 더 나은 상승으로, 철학으로, 우선은 초월론적 인식 이론으로 넘어갈 수 있었을 직접적인 동기부여의 원천을 포기했다.

모든 학문과 경험 세계 자체를 의문시함으로써 데카르트처럼 시작하는 대신에, 로크는 새로운 객관적 학문의 타당성을 완전히 소박하게 전제하고, 게다가 경험된 세계의 현존을 자명한 것으로 간주했다. 그는 자신의 인식론, 그리고 유사한 모든 인식론에 포함되어 있는 불합리와 순환성을 보지 못했다. 이것을 완전하게 확인하는 것이 결정적으로 중요하다. 로크 이후 인식론적 저작의 주제는 미규정적으로 일반적인 표현을 사용하여 '객관적 인식 일반의 해명'으로 미리 특징지을 수 있다. 이 경우, 인식은 우선은 객관적인 것에 대한 주관적 의식—가짐의 모든 다양한 방식들을 가리키기 위한 가장 일반적인 명칭이다. 이러한 방식들 속에서 해당 자아는 가장 일반적으로 다음과 같은 말들로 표현될 수 있는 것을 체험한다. 즉 "나는 사물, 인간, 그리고 이와 같은 것들을 지각한다, 나는 그것들을 기억하거나 예상한다, 나는 그것들을 명료하지 않게 표상한다, 나는 확실성 혹은 불확실성 속에서 그와 같은 모든 것들을 행한다, 그것들은 한갓 가능성들로서 나에게 의식된다" 혹은 "그것들이 저기 혹은 거기에 있다고 내가 추측한다" 혹은 "나는 확신했고, 이제는 의심하게 되었으며, 존재하지 않는다는 확신에 이르렀다"와 같은 말들로 표현될 수 있는 것을 체험한다. 물론 여기에는 또한 모든 술어적으로 (파악하는) 판단 작용들이 포함되고, 특히 이론적-학문적 판단 작용들이 포함된다.

가장 넓은 의미에서, 이러저러한 의미의 그리고 이러저러한 확실성 양상에서의 '사념함(Vermeinen)'이라 불리는, 그와 같은 모든 의식-가짐의 맞은편에 한갓 상상함 혹은 꾸며냄이 있는데, 이것은 실제적인 사념함이 아니라, 사념함 속으로 들어가 상상함이다. 우리가 여기서 상론할 필요는 없는 쉽게 통찰할 수 있는 근거에서 이것 또한 인식이라는 명칭의 범주에 들어간다. 이러한 범주의 인식을 수행한다는 것, 즉 의식의 이러저러한 특수한 양상 속에서 그 어떤 객관적인 것을 의식한다는 것은 이러한 의식 가짐 자체를 현행적 인식 범위에서 가짐을 뜻하지 않는다. 이것은 해당되는 대상에 주제적으로 관계함을 의미하지만, 대상의 의식-가짐을 주제로 가짐을 뜻하지는 않는다. 인식 해명이라는 과제, 보다 분명하게 말하면 인식하는 체험의 해명이라는 과제는 따라서 자신의 원천과 의미를 체험을-깨닫게-됨에서 갖는다. 곧바로 대상을 향하는 보통의 인식에서, 대상들은 다양한 단계에서 알려지고 인식되며, 자신의 명료함과 명증을 획득할 수 있다. 그러나 이때, (대상이 우리에게 바로 대상이 되게 하는) 변화하는 모든 주관적 양상 속에 있는 주관적 체험으로서의 인식함 자체는 인식되지 않은 채로, 불명료한 채로 남아 있다.

그러나 인식론의 특수한 목표는 이러한 가장 넓은 의미에서의 인식 형
태들에 대한 일반적 연구의 토대 위에서 **엄밀한** 의미에서의 인식 수행
에 놓여 있는 그와 같은 특수한 인식 활동을 해명하는 것이다. 사념함
일반, 모든 종류의 의식 일반과 그 특수 형태는 가능한 목적론적 판단
(Beurteilung)에 종속된다. 그와 같은 의식은 자아가 목표(Telos)를 향하는
것, 즉 참된 있음(Sein)과 그렇게 있음(Sosein) 속에 있는 대상 자체를 향하
는 것을 처음부터 포함하거나 혹은 자신 안에 포함시킬 수 있다. (생각함
일반으로서의) 사념된 인식과 엄밀한 의미에서의 인식은 구별되는데, 엄밀
한 의미에서의 인식은 (탁월한 생각함으로서) 그 속에서 인식하는 자가 목표
자체에 도달한 의식을 갖는 인식이다. 이와 관련해서 한갓 생각함, 한갓
겨냥하는(한갓 지향하는) 의식의 형태에는 확증과 그 부정적 대립물인 반박
이라는 의식의 이행 형태들이 속한다. 통일적 의식, 인식의 길은 한갓 겨냥
함을 충족하는 겨냥함으로 바꾼다. 혹은 그 반대로, 이전에 겨냥한 생각함
과 모순되는 자체 파악된 것, 겨냥된 목표가 등장하여, 이전에 겨냥한 생
각함이 '폐기되는' 다른 종결 의식(Endbewußtsein)으로 바꾼다. 엄밀한 의
미에서의 인식의 그와 같은 탁월한 과정, 즉 이성의 작업수행의 목적론적
과정은 자연적인 수행에서는 숨겨져 있고, 알려지지 않으며, 그것 자체가
다시 인식되지 않는다. 그러한 과정은 해명하여 밝힘을 필요로 하고, 그러
한 과정을 명료한 자체 파악으로 가지고 오는, 그러한 과정을 주제적으로
향하는 반성을 필요로 한다. 그리고 그것들을 향하면서 체계적으로 인식
하는 탐구가 필요하다. 이러한 탐구를 통해 우리는 대상적인 것에 대해 인
식하는 작업수행이 본래적으로 무엇을 의미하는지, 그리고 그것이 대상적
인 것을 겨냥하면서 받아들이는 것을 어떻게 가능하게 하는지, 혹은 대상

적인 것이 어떻게 한 번은 한갓 사념된 것으로, 다른 때는 참된 존재자로서, 겨냥된 목표로서, 그리고 언제나 겨냥될 수 있는 목표로서 이해될 수 있는지 이해하게 된다.

가령 우리의 외적 경험에서, 우리의 깨어 있는 의식 삶 속에서 하나의 지속적인 층을 형성하는 주관적 체험의 흐름에서, "나는 지속적으로 공간-시간적 자연을 경험한다", "나는 그러그러한 사물을 경험한다" 등의 표현을 가능하게 하는 이러한 작업수행이 어떻게 성취되는지는 불가해하다. 그때그때의 경험함 자체에는 "저기에 사물, 즉 대상적인 것이 이러저러한 성질을 지니고 이러저러하게 변화하면서 저쪽의 저 다른 사물에 영향을 미치며 존재한다"와 같은 생각이 놓여 있다. 저기 있는 이러한 사물이 그것의 모든 주관적 변화에도 불구하고 하나의 동일한 대상적인 것이며, 그것은 지금 경험에 등장하면서 이제 막 생겨난 것이 아니라 내가 '딴 곳을 볼 때에도' 그 자체로 존재하며, 계속해서 존재한다는 사실이 경험함 자체에 놓여 있다. 그 자체로 존재하는 것이 나의 주관적인 경험함 속에서 어떻게 그 자체로 주어지고, 그 자체로 파악되며, 경험하면서 나에게 고유한 것이 되는지 누군가 묻는다면, 그 물음은 경험함 자체가 무엇인지, 경험함이 그 자체로 대상적인 것을 어떻게 갖게 되고, 그 자체로 존재하는 것을 어떻게 의식되게 하며, 의식적으로 증명하는지가 여기서 불명료하고 이해하기 어렵다는 사실을 드러낸다. 하지만 그것은 경험함 속에서 경험된 것은 알려지지만 경험함, 경험하는 작업수행의 본질과 의미는 알려지지 않음을 의미한다. 그러나 이러한 사실은 아주 당연하다. 체험이라고 불리는 주관적인 삶은 그 고유한 본질에 숨겨져 결코 연구되지 않았기 때문이다. 동일한 것이 이론적 사유가 수행되는 다양한 주관적 체험들에도 적용된다. 경험의 토대 위에서 개념들을 형성하고, 술어적으로 판단하면서 우리는 이론적 통찰들로서 명제들을 형성하고, 그것들을 더 높은 형태들과 결합시킨다. 우리가 획득한 것을 우리는 참되게 존재하는 객체에 대한 진리라고 부르고, 이러한 진리는 우리의 주관적 행위 속에서 형성되어, '그 자체로' 타당성을 갖는다고 확신한다. 우리에게 경험된 객체가 경험 확증의 중단 없는 일치를 통해 그 자체로 존재하는 것으로 여겨지듯 말이다. 재차 필요한 것은 인식하는 삶과 작업수행을 술어적으로 향하는 해명하는 연구이다. 이러한 연구를 통해 우리는 이러한 인식하는 삶의 내재에서 사념되고 겨냥된 이론적 진리로서 혹은 객관적 존재로서, 이론적으로 참된 규정의 기체로서 본래적으로 작업수행되는 것이 무엇인지 비로소 이해할 수 있게 된다.

모든 인식론적 물음 설정이 무엇을 목표하는지, 또 객관적 인식 일반의 원리적 일반성에 부착되어 있는, 그리고 바로 이러한 일반성 속에서 인식 이론적 과제를 통해 이론적으로 이해할 수 있는 명료함으로 변하게 되는 그러한 불가해성이 무엇인지를 우리가 지금까지 명료하게 하였다면, 객관적 경험의 선이론적 소여들의 사용과 객관적 학문에서 나온 전제들은 인식 이론에서 모두 허용되지 않는다는 것이 이제 아주 분명하고 확실해졌을 것이다. 그러한 사용은 명백히 불합리한 메타바시스(μετάβασις)[32]를 의미할 것이다. 인식 이론, 즉 인식하는 '이성'의 이론의 보편적 주제는 가능한 인식함의 인식된 것으로서 모든 대상성을 포함하지만, 단적인 대상성은 전혀 포함하지 않는다. 경험으로부터 혹은 이론적 사유로부터 대상성을 얻

··

32 이 말은 아리스토텔레스에서 유래하는데 '부당이행'으로 번역될 수 있다. 이때 부당이행이란 어떤 유에서 상이한 유로 부당하게 걸음을 옮기는 것을 뜻한다. 이 표현이 함축하는 바는 어떤 사물을 증명할 때 그 사물에 속해 있지 않은 다른 유로부터 출발하여 그 사물로 이행함으로써 증명해서는 안 된다는 것이다. 후설은 특히 심리학과 논리학 사이의 혼동, 실제적인 것과 이념적인 것 사이의 혼동을 경고하기 위해 이 용어를 사용한 바 있다.

는다는 것, 그리고 이미 획득된 것을 통해 더 새로운 인식 소유물을 획득한다는 것은 소박한 자연적 방식 속에서 인식 취득으로부터, 파악하는 판단과 통찰들로부터 새로운 판단과 통찰들로, 결국에는 이론들, 학문들로 전진해 감을 의미한다. 그러나 바로 이것은 정말이지 모든 단계마다 수수께끼이다. 행해진 것은 그러한 단계마다 '거기에' 있고, 그것만이 시야에 있고, 그것만이 '주제'다. 반면 행위함 자체를 이루는 의식적인 삶과 작업수행은 체험되기는 하지만 주제화되지는 않는다. 이것을 시야에 두고 경험하고 이론화하면서 작업하기 시작하는 것, 그리고 현행적 삶 속에서 보이지 않는, 그래서 불가해한 삶을 이해할 수 있게 만들고 이론적으로 진술할 수 있게 하는 것, 이것이 바로 대상성에 대한 자연적 태도 속에서의 모든 문제들에 대립하는 새로운 문제들이다. 따라서 순수 주관성의 틀 속에서 모든 의식적 가짐, 인식 취득, 객관적인 것의 획득, 그리고 또한 모든 의식적인 사념함과 술어적 진리들, 이론들을 성취하는 것을 순수 주관적 작업수행으로서 이해할 수 있게 하는 것이 객관적, '실증적' 학문을 수행하는 것과 근본적으로 철저하게 다르다는 점이 분명하다. 인식자에게 대상이 형태 지어지는 주관성을 혼란스럽게 알아채고 아직 이해하지는 못한 데에서 회의주의적 동기가 결코 생겨나지 않았더라도, 그러니까 초재적 세계를 부정하거나 적어도 초재적 세계를 인식 불가능한 것으로 여기고 따라서 객관적으로 존재하는 것에 대한 학문의 가능성을 의심하는 경향이 결코 생겨나지 않았더라도, 저 [객관적 학문 수행과 주관적 탐구 사이의] 근본적인, 그 틈을 메울 수 없는 구분은 명백히도 존속할 것이다. 저러한 경향이 생겨난다면, 세계의 존재와 인식 가능성이 의문시되지만 그것에 대한 의식은 의문시되지 않는 곳에서, 어떠한 객관적 존재도, 객관적 학문의 어떠한 전제들도 미리 전제될 수 없음이 한층 분명해진다. 더욱이 순수하게 의식으로부터만 대상성과 그 인식이 갖게 되는 의미를 해명함으로써 회의주의에 응수하고자 하는 연구에서는 결코 전제될 수 없음이 분명해신다.

　로크와 로크 이후의 모든 인식 이론가들이 의심할 여지 없이 원했던 것으로서, 로크가 인식 수행의 일반적 본질을 명백히 하길 원했다면, 또 인식하는 행위의 원리적 규범을 획득하기 위해 불완전한 것이 완전하게 될 수 있기를, 그리고 이로써 처음으로 진정한 학문, 원리적 자기 책임성에 입각한 학문이 가능해질 수 있기를 원했다면, 그는 자신의 기획의 의미를 흔들리지 않는 명료함으로 가져와야 했다. 그래서 그 의미를, 즉 이러한 맥락에서 인식의 본질과 작업수행, 혹은 타당성에 관한 물음이 무엇을 의미하는지를 흔들리지 않는 명료함 속에서 지켜내야 했다. 그는 인식, 즉 진정한, 이른바 이성적 인식의 고유한 작업수행이 다름 아니라 대상성의 모든 종류와 형태를, 참된 존재자를, 참된 언명을, 참된 이론과 학문을 인식하는 자에게 획득하면서 구성하는 것임을 알아야만 했다. 주관성 속에서 **획득 가능한 것**으로서의 대상성은 주관성의 의식 영역 자체(실제적이고 가능적인 의식) 속 이외의 어디에서도 자신의 장소를 가질 수 없다는 것, 그리고 대상성을 가령 모사나 지시를 통해서야 의식이 향할 수 있는 무언가로서 규정함으로써 대상성을 모든 가능한 의식 밖에 세우는 것은 무의미하다는 것을 알아야 했고, 철저한 파악 속에서 고수해야 했다. 모사 의식이든 지시 의식이든 의식이 향하는 것이 의식 이외의 다른 곳에서 증명될 수 있는 양, 이러한 향함 자체가 충족하는 동일화의 종합 외의 다른 것으로 현실화될 수 있는 양하는 것의 무의미함을 말이다. 이때 무엇보다 알아야 했던 것은 단적으로 자명하게 현존하는 것으로서 미리 주어진 모든 것은 단지 경험하는 작용들의 경험된 것으로서 존재하고, 오직 경험하는 작용들로부터만 그 의미와 타당성을 얻게 된다는 사실이다.

데카르트의 코기토가, 그리고 그것이 일반적으로 의문시된 세계와 학문의 중요한 토대가 된다는 것이 이미 발견되었기 때문에, 위에서 말한 것들은 조금만 깊이 파 내려가면 쉽게 알 수 있는 것이었다고 사람들은 생각할지 모른다. 그러나 자연적인−소박한 사유 태도로 다시 떨어지려는 경향은 너무나도 강하다. 그래서 데카르트의 철저주의로도 여기서 벌써 충분하지 않았다면, 처음부터 철저주의 같은 것이 없었던 로크의 경우는 어떠했겠는가? 로크는 완전히 소박성에 잠겨, 데카르트적인 **시작**, 즉 소박한 독단주의를 극복하는 이와 같은 참된 시작을 포기했기 때문에, 미래가 저 근본 통찰(모순 없는 인식 이론과 철학의 시작이 의지하는 통찰, 즉 문제 설정 자체의 순수한 의미에 대한 통찰)에까지 철저히 작업하는 것을 극히 어렵게 했다.

로크는 소박한 독단주의적 태도를 확고히 고수하면서 그럼에도 지성, 이성의 원리적 문제를 해결하고자 한다. 그래서 이러한 문제들은 로크에게는 아주 자명하게 심리학적인 문제들이 되었다. 진정한 객관적 학문과 철학의 근거 놓기가 그 자신도 객관적인 학문인 심리학의 토대 위에서 수행된다. 자연적 태도를 취하는 사람들에게 심리학이, 그 안에서 진정한 인식의 본질과 규범들, 그리고 학문적 방법들이 탐구되어야 할 학문으로 나타나는 것은 자명하다. 로크가 이끈 근대 전체에서 근본적으로 상이한 문제들이 뒤섞이게 되는데, 이는 '인식론', '이성 이론'이라는 명칭의 이중적 의미 속에 반영되어 있다. 이 이중적 의미는 원리적으로 상이하지만 내적으로는 본질적으로 연관되어 있다. 두 과제를 구별하는 것, 그러면서 다른 한편으로는 통찰력 있게 이들을 서로 관련시키는 것이 이제부터 이후의 철학의 발전의 과제가 되었다. 철학의 뒤섞임 속에서 하나의 진정한 철학이 발원해야 한다면 그렇다. **인식론, 지성**의 이론, **이성**의 이론이란 말하자면, **인간의 인식 작용의 심리학**을 의미할 수 있고, 또 정당하게 의미할 수 있다. 이것은 즉, 인식의 심리학이 완전한 심리학의 요소 부분이듯이, 인간의 영혼 삶의 전체 연관 속에서 요소 부분을 형성하는 하나의 인간 영혼 능력으로서의 인간 이성의 심리학이다. 다른 한편, 같은 말이 **초월론적** 인식론과 이성론을 의미할 수 있다. 이러한 이론에 대해서는 어떤 심리학도 고향의 장소가 되지 못하고 유용한 전제들의 장소가 되지 못한다. 오히려 모든 객관적 학문과 거기에 귀속된 모든 존재 영역이 문제적이듯이, 모든 심리학도 말하자면 문제에 속하게 된다.

이제 이러한 혼란이 다음 세대에게 아무리 치명적인 것이었을지라도, 그리고 아무리 오랫동안 진정한 이성 이론으로의 길을 방해했을지라도, 그것은 새로운 철학의 발전 방향을 완전히 빗나가게 하지는 않았다. 나는 앞서 이미 두 측면의 문제의 분리와 동시에 그것들의 내적인 연관에 대해서도 언급했다. 수천 년을 거친 혼동 속에서 이 문제들은 애매하게 혹은 곁눈질하면서 단지 두 측면으로서만 다루어졌는데, 이러한 혼동은 물론 내적인 관련, 본질 연관 속에 그 근거를 가져야 한다. 또한 인식론적 관심이 그와 같은 활기를 띤 후에도 이 연관은 유효하게 입증되어야만 했고, 심리학으로부터 초월론적 문제로의 이행의 가능성을 열어놓아야만 했다. 객관적인 심리학적 방법의 소박성에는, 그 모든 해석의 의미 변경과 다의성에도 불구하고, 저 본질 연관에서 유래하는 값진 계기가 놓여 있을 수 있었으며, 미래를 향한 값진 추동력이 놓여 있을 수 있었다. 미래의 발전을 자극하고, 그것을 초월론적 지성론과 철학의 정초로 몰고 간 동기부여를 묘사하기 위해 우리는 아직 로크에 대해 계속해서 더 이야기할 충분한 이유가 있다.

이러한 심리학은 본유 관념(*ideae innatae*)론[33]을 주장한 **데카르트적 플**

---

33 인간이 태어나면서부터 가지는 관념을 본유 관념이라고 한다. 본유 관념론은 플라톤의 상

라톤주의와 **케임브리지 학파의 플라톤주의**에 대한 반동으로서 어떤 방식으로는 진보였다. 우리는 이러한 학설을 심리학주의로, 보다 정확하게는 **신학적** 심리학주의로 아주 잘 특징지을 수 있다. 이러한 심리학주의에서 인식론적으로 문제시되는 것은, 어떤 개념들의 근본 개념으로서의 특별한 지위와, 이들에 속하는 명제들의 공리적 근본 명제로서의 특별한 지위다. 그러니까, 모든 학문적 이론 내지는 모든 이론적 행위가 원리적으로 묶여 있는 적절한 원리적 규범으로서의 특별한 지위다. 물론 모든 논리적 근본 개념들과 형식적인 수학적 근본 개념들, 그리고 윤리적 근본 개념들이 관건이다. 왜냐하면 윤리학의 근본 개념들과 근본 명제들은 전체 논리적 개념들이 학문적 작업수행에 대해 갖는 지위와 명백히 유사한 지위를, 전체 삶의 실천에 대해서 갖기 때문이다. 근본 개념과 근본 명제들은 모든 이성적 실천에 묶여 있는, 절대적으로 타당한 원리적 규범들로서 주어진다. 따라서 이들에게는 실천적 이성의 이론을 위한 평행한 물음이 부착되어 있다. 누구나 이러한 모든 원리적 요소들을 자신의 사유 속에서 주관적으로 자신의 것으로 삼으며, 필증적 명증 속에서 그것의 절대적 권리를 파악한다. 그러나 신학적 심리학주의에 따르면, 절대적인, 초주관적인, 필증적 명증 속에서 표명되는 권리의 궁극적 원천은, 그러한 명증을 각자의 영혼에 근원적으로 심어주는 신이다. 이것이 모든 이론들 내지는 모든 이성적 실천의 원리적 요소들의 초주관적 타당성에 대한 신학적-심리학적 해명이다.

데카르트에게서도 이러한 학설은 이미 언급했던 신학적 명증 이론과 연관되어 있었다. 로크는 그의 시대에 아주 큰 영향을 미친 자신의 유명한

••

기론에서 기원한다. 데카르트는 우리에게 본유 관념이 있음으로 인해 인식이 가능하다고 주장했다. 라이프니츠도 이 입장을 철저히 받아들였으나 경험론자인 로크는 거부했다.

책『인간 지성론』의 1권에서 이러한 학설에 반대했다. 로크가 이제 이러한 신학적 심리학주의에 대립시킨 것은 새로운, 자연주의적인 심리학주의이다. 로크의 심리학과 인식론에 대한 심리학주의적인 근거 놓기는 모든 신학적 전제들을 배제한다. 그래서 새로운 자연과학처럼 로크의 심리학은 순수하게 경험에 입각한 학문, 혹은 더 정확히 표현하면, 순수 귀납적인 사실학이다.

그러나 우리가 이미 알고 있듯이, 그것은 특수한 제한을 지닌 심리학이었다. 즉 이 심리학은 오로지 인식하는 실천적 이성의 문제를 해결하는 데에만 봉사해야 했고, 그 때문에 모든 심리 물리적인 물음들은 포기했던 심리학이었다. 그래서 순수하게 내적 경험에 토대한 심리학이었다. 인식의 문제에 있어서는 오직 기술적 방법들만이 고려된다는 사실을 로크가 분명하게 감지할 수 있었던 한에서 (그리고 구체적인 설명 덕분에 로크의 독자들도 감지할 수 있었던 한에서) 거기에는 중요한 동기가 놓여 있었다. 인식의 문제의 해결, 그리고 궁극적으로는 이성적 타당성의 문제들에 대한 해결은 그것의 의미에 따라서 볼 때, 인식 현상들 자체에 대한 직접적인 직관적 고찰에 토대해서만 획득될 수 있다는 사실이 감지될 수 있었고, 그러한 해결은 데카르트의 에고 코기토의 범위 속에서, 인식하는 자에게 인식 체험의 자체 주어짐이라는 의심할 여지 없는 토대 위에서 움직여야 한다는 사실이 감지될 수 있었다. 실제로 모든 종류의 객관적 인식의 실제적이고 가능적인 타당성이 문제시되고 비판에 맡겨지는 곳에서는 인식하는 삶 자체는 그 실제적, 가능적 존재에 따라서 볼 때, 문제시될 수 없는 사실이다. 모든 비판적 물음에 전제된 것으로서, 이러한 의미에서 의심 불가능한 것으로서, 언제나 반성적 고찰에 직접적으로 접근 가능한 것으로서 그렇다. 로크가 에고 코기토를 아무리 객관주의적으로, 즉 인간학적-심리학적으로 오해했다고 하더라도, 데카르트가 놓친 순수 자아론의 형성을 시도했던 것은 커다란 진보였다. 비록 심리학적 전도(Umwendung)와 오해 속에서 시도되었던 것이고, 그래서 심리학주의적 자아론, 인간의 내면성의 일종의 역사로서의 자아론이기는 했지만 말이다.

13강 경험론의 선입견. 인식론에서의 심리학주의

그리고 실제로, 로크가 정말로 여기서 방법론적으로 요구된 기술로서 (자기 자신을 반성적으로, 그리고 순수하게 내적으로 기술하는 자아에 의한) 내재적으로 직관적인 의식 요소들에 대한 기술에 도달하였다면, 그래서 의식 삶에 대한 진정한 기초 분석과 기초적인 것으로부터의 의식 삶의 구축에 대한 진정한 제시에 도달하였다면, 이러한 작업수행은 진정한 심리학을 위해서뿐만 아니라 초월론적 자아론을 위해서도 궁극적인 의미를 지녔을 것이다. 오해를 해명한다면, 그리고 상응하여 계속적으로 수정을 가한다면, 기술의 본질적 내용은 초월론적 학문에 도움이 되었을 것이다.

여기서 **결여되었던 것**은, 정확히 표현하면, 다양한 노선들에 있다. 그중 하나는 경험적-귀납적 고찰 방식의 근본 결함과 관계한다. 데카르트 자신과 데카르트의 동시대인이었던 **홉스**에 의해 이미 생겨나고 있는 새로운 심리학은 새로운 자연과학을 본뜬 하나의 **순수 귀납적** 학문으로서 구성되는데, 우리는 이를 영혼적인 것에 관한 '자연과학'이라고 부를 수 있을 것이다. 로크가 처음 행했던 것처럼 이러한 심리학을 우선은 내적 경험의 틀 안에서 영혼 삶의 단순한 기술적 자연사(Naturgeschichte)로 만들어내는 것이 어떤 철학적 목적을 위해 중요하게 생각되었다고 하더라도, 이 심리학은 순수 귀납적 학문으로 남아 있다.

그러나 이제 다음을 고려해야 한다. 원리적 학설, 심지어 생각할 수 있는 가장 원리적인 학설로서, 분석적 논리학과 불명료하게 얽혀서 역사적으로 등장한 이성 이론은 분석적 논리학처럼, 그 고유한 의미에 따라서 볼 때 그 자체로 선험적 이론이 되어야 했다. 즉 형상적 직관으로부터 얻은 이념학이라는 근원적인 플라톤적 의미에서의 선험적인 이론이 되어야만 했다. 아주 일반적으로 '인간'이라는 경험적 종에 관계하든, 특수한 유형들로 인종, 민족, 시대, 장소, 개인, 연령 등에 관계하든, 경험적인 지성론이 존재하고, 인간적 지성의 경험적 유형이 존재한다는 것은 확실하다. 이와 같은 유형들은 경험적인 방식으로 기술적으로 그리고 귀납적으로 연구되고, 이러한 연구들로부터 경우에 따라서는 유용성이 산출될 수 있다. 가령 개인 교육이나 국가 교육에 이로운 유용성이 산출될 수 있다. 그러나 여기서 지성 내지 비지성에 대해, 크고 작은 지성적 작업수행에 관해, 그리고 유형적 오류 등에 대해서 이야기할 때 언제나, 이 모든 것의 배후나 위에는 의미를 규정하고 규범화하는 것으로서 순수 논리학이 있고, 의식 삶에서 인식되지 않은 채 수행되는 그러한 작업수행을 가장 깊고 궁극적으로 이해하기 위한 것으로서 초월론적 이론이 있는데, 이 초월론적 이론은 원리적인 본질을 해명하는 것으로서의 선험적인 이론이다.

선험적 인식의 본질을 해명하는 것, 마찬가지로 다른 한편으로 경험적 인식 자체의 본질을 해명하는 것이 그러한 이론의 보편적 과제에 속한다는 데에서 어려움을 발견할 수 있다. 결국 가장 완전한 보편성에서 이해된 모든 인식론에 부과된 '자기 자신과 되돌아 관계함'에서 어려움을 발견할 수 있다. 그럼에도 불구하고 어쨌든 미리 충분히 알 수 있는 것은 그와 같은 인식론 일반이 수행된다면, 그것은 오직 이념학, 즉 인식 주관성의 본질과 인식 주관성의 가능한 작업수행에 관한 순수 이성적 학문의 형식과 포부에서만 수행될 수 있다는 점이다. 그렇지만 누군가가, 자기가 경험적 인식, 가령 인식 심리학을 수행한다고 생각하면서 실제로는 선험적 필연성의 인식을 획득하고 있는 경우를 생각해볼 수 있다. 그래서 우리 실증주의 시대에는 자신들의 명료한 행위에 대해 불명료하게 반성하면서 유행하는 이론에 굴복함으로써 자신들의 순수 선험적인 인식, 그리고 사실상(de facto) 순수한 일반성과 필연성 속에서 통찰한 인식을 경험적인 것으로 여기는 수학자들이 충분히 존재한다.

이러한 의미에서 나는 로크의 내재적 기술이 그 원리적 의미에 대한 오해에도 불구하고, 인식론적으로 아주 생산적일 수 있었으리라고 생각했다. 로크가 정말로 방법적으로 올바른 의식 분석을 수행했더라면, 순수하게 유지된 내적 경험과 내적 상상 속에서, 실제적이고 가능적인 내재적 체험의 제시되는 구체적 형태들을 체계적인 요소 분석에 맡기고, 이로써 주의 깊고 용어적으로 고정된 개념 형성 아래 정확한 기술을 성취했더라면, 이는 실제로 그러했을 것이다. 그러나 로크도, 다른 심리학자들이나 심리학적 인식 이론가들도, 그와 같은 기술에 이르지 못했다.

그것은 물론 학문의 역사에서 가장 주목할 만한 사실 중 하나다. 수학적 형식의 무한성(수학적 다양체들)과 관계하는 이론적 설명, 극도로 복잡하고, 단계적으로 서로의 위에 구축되는, 극도로 정교한 개념 형태들과 연역적 이론들을 통해서만 수행될 수 있는 설명이 성공하기 매우 어렵다는 사실은 놀라운 일이 아니다. 그러나 기술보다 방법적으로 더 간단하고 쉬워 보이는 것은 무엇이랴! 물론 자연사의 영역처럼, 극도로 복잡하게 구축된 형태들이 아주 풍부한 거대한 세계 영역을 지배함에 있어서 기술의 체계 역시 학문적 정신에 어려움을 준다. 그러나 여기서 다루는 것은 객관적 기술들이다. 그것들 각각은 모든 단계에서, 다양한 객관적 관찰과 귀납의,

객관적 질서를 가지고서 밀접히 관계 맺는 특수한 특징들을 확인하는 것과 관계하여, 무엇보다 탐사 원정 같은 거대 행사를 전제하는 것이다. 순수 주관적 영역에서는 사정이 이와 다르다. 여기서 각각의 기술은 시작하자마자 충전적 경험 속에서 자신의 대상을 장악한다. 그러니 경험하는 파악 작용은 자체가 벌써 특수한 어려움의 영역일 수 없다. 마치 기술할 대상을 완전히 놓칠 원리적 위험이 있기라도 한 것처럼 말이다. 그러나 정확히 이것이 이상하게도 로크의 심리학과 인식론에서의 상황이다. 그는 순수한 내적 경험 속에서 경험된 것을 기술한다고 주장하면서도 그러한 순수한 경험을 실제로 결코 수행하지 않았고, 그것의 진정한 존립 요소들을 결코 보지 않았으며, 순수한 경험의 영역 속에서 실제 분석을 결코 수행할 수 없었기에 진정한 체계적 기술을 결코 수행할 수 없었다.

로크의 방법이 실패한 데에는, 기술하면서 동시에 기술되는 주관성 자체의 본질에 놓여 있는 심오한 이유가 있다. 그래서 어려움들은 결코 우연적이지 않다. 외적 경험, 일반적으로 객관적 경험은 자연적 태도의 경험이다. 여기에는 또한 인간의 일상적인 자기 경험이 속한다. 그것은 자신의 실천적−활동적 삶 속에서, 자신의 이웃들과 교류하면서 언제나 다시 자기 자신을 되돌아 지시하면서, 한갓 사물 경험과 교대로 수행하는 자기 경험이다. 그것은 자연적이고 자유로우며 자신으로부터 흘러나오는 것 같은 삶의 활동성이다. 이제 경험 학문으로서의 심리학이 기술과 설명을 추구할 때, 자연과학자는 공간 사물적인, 이른바 '감각적인', '외적인' 경험을 이용하듯이, 이러한 심리학은 이와 같은 자연적 자기 경험을 이용한다.

순수 내재적 자기 경험, 순수 내적 자기 경험의 테두리 안에서, 그래서 본질적으로는, 데카르트가 주장했지만 아마도 비판적으로 제한되어야 할 의심할 여지 없는 자기 소여의 명증의 테두리 안에서 기술들을 수행하기 위해, 아주 일반적으로 어떤 방법적 근거들을 심리학이 가졌는지 또 일반적으로 진정한 학문적 심리학이 가져야 하는지는 이 자리에서는 우리의 관심사가 아니다. 로크와 심리학적인 인식론에서 그와 같은 근거들은, 우리가 이미 이야기한 바와 같이, 본질과 합리적 타당성에 따르는 인식의 문제에 놓여 있다. 여기에서 이끄는 역할을 하는 것은, 우리는 오직 인식의 작업수행 자체를 들여다보고, 고정시키는 분석 속에서 설명할 때에만 인식의 작업수행을 해명할 수 있으며, 그래서 학문적 해명은 오직 학문적 기술들의 토대 위에서만 이루어질 수 있다는 확실히 의심할 여지 없는 사유다. 그렇다면 자명하게도 이러한 기술의 대상은 순수한 고유 본질성 속에 있는 인식, 오직 순수한 에고 코기토 — 로크식으로 말하자면 내적 경험 — 속에서만 이러한 순수 고유성 속에 주어지는 인식이다.

그러나 여기에는, 자명하게 관찰하고 고정시키는 실제적인 순수한 내적 경험의 수행을 방해하는, 기술적 상황의 본성 자체에 놓여 있는 근거들이 있다. 내적 관찰의 어려움들은 시간이 지남에 따라, 그리고 특히 최근에 충분히 논의되었다. 이는 — (비록 외적 경험의 영역에서의 기술들이 의심할여지 없는 명증을 그 자체로 요구하지는 않더라도) 외적 경험의 영역에서의 기술들의 경우와는 전혀 달리 — 서로 다른 관찰자의 기술들이 잘 조화되지않는 것처럼 보인다는 데서 야기되었다. 그 자체로 참된, 경우에 따라서는논쟁이 해결될 수 있게 하는 것으로서의 기술적 결과를 이론의 여지 없이정말로 확신시키며 해명하려는 모든 시도는 실패했다. 그러나 이와 같은어려움에 관한 모든 논의들은 실제로 내적 경험을 갖지 않고, 상응하는 순수한 내면성의 순수한 기술을 갖지 않는 한 거의 도움이 되지 않는다. 이후에 상세히 이야기하겠지만, 이러한 기술은 비로소 실현되기 위해, 그 순수성을 유지하고 이러한 순수성의 유지에 대한 학문적 확실성을 지니기 위해 고유한 방법, 즉 현상학적 환원의 방법을 필요로 한다. 말하자면 (바로 이러한 방법이 수행하도록 가르치는 것인데) 자연적인 객관주의적 태도가 그 모든 소여들과 더불어 저지될 때에만, 그에 따라 그렇지 않았다면 피할 수 없는 객관적으로 경험된 것(혹은 같은 것이지만, 순수한 내면성을 초월하는 것)의 혼합이 아주 불가능하게 될 때에만, 이러한 어려움은 극복될 수 있다. 그럴 때에야 비로소 '내적인 것' — 그러니까 에고 코기토의 명증 속에 순수하게 포함된 것 — 이라는 명칭 아래에 놓여 있는 것을 실제로 볼 수 있다. 그리고 그럴 때에야 비로소, 일종의 최면 속의 선입견이 정말로 본 것을 다시 가리지 않는 한, 내적인 삶 전체는 속속들이 의식이고 동시에 의식된 것이며, 그래서 오직 그런 것으로서만 기술될 수 있는 것임이 나타난다. 우리는 이러한 사실을 알 수 있고 알아야만 하게 된다.

물론 진정한 '내적 경험'은 로크의 백지설[34]에서와 같은 어떤 장이나 평면 또는 공간 같은 것이 아님이 즉시 드러난다. 그랬더라면 움직이는 정신적 시선이 그 위에서 모든 방향으로 미끄러지면서, 거기서 등장하는 소여들을 공간적 질서의 순서에 따라서 차례대로 단적으로 파악하고 고정할 수 있었을 것이다. 오히려 언제나 새롭게 시작하는 반성에서, 그리고 이미 반성적으로 주어진 것에서 시작하는 다양한 단계의 반성에서 어마어마하게 많은 의식 양상이 등장한다. 수많은 다양한 방식 속에서 의식 자체가 다시 (다른) 의식의 의식된 것으로서 나타날 수 있고, 계속되는 포함 관계 속에서 이 다른 의식이 다시 또 다른 의식의 의식된 것으로서 나타날 수

34 로크는 오랫동안 수용되어오던 본유 관념의 존재를 부정하고, 인간의 정신은 태어날 때 '빈 석판(*tabula rasa*)', 즉 '백지'와 같다고 주장했다. 우리의 정신은 백지의 상태에서 태어나서 감각 경험이나 경험된 것의 반성을 통해 지식을 쌓아가게 된다는 것이다. 이때 정신에 비유되고 있는 '백지'라는 것은 하나의 공간적 비유다.

있다. 참으로 다양한 연속체, 의식의 의식의 의식의 연속체 등이 등장한다. 여기서 내적 존립 요소를 파악하는 지각함도 그 자체가 내적으로 지각 가능한 존립 요소에 함께 속한다. 그것은 반성될 수 있고, 오직 그 때문에 우리는 그것에 대해 알고 그것을 기술하면서 '내적 경험'의 영역에 속하는 것으로 포함시킨다. 물론 기술함, 이론화함도 마찬가지이다. 이것들은 활동적인 수행 속에서는 파악되지 않고 관찰되지 않지만, 그 자체가 반성적으로 파악될 수 있고 기술될 수 있으며, 이러한 더 높은 단계의 기술함도 다시 파악될 수 있고 기술될 수 있다. 내적으로 경험된 것이나 가능한 것도 의식된 것으로서 그것에 대한 의식과 분리 불가능한 관계를 갖는다. 이 의식을 통해서 저것이 관찰되거나 파악되지 않은 채로 순수 내재적 영역에 속하는 것이다. 이와 같은 의식은 자신의 편에서는 덧붙여진 어떤 것이 아니고 자신의 체험 내용과 분리된 것이 아니다. 의식은 그 내용에 대한 의식이고, 내용은 그 의식의 내용이다. 둘은 분리 불가능한 하나이다. '무엇에 관한 의식'이라는 그러한 구체화에 얼마나 풍부한 기술적 특성들이 속하는지, 이미 가장 단순한 경우에도 얼마나 가장 복잡한 구조들이 속하게 되는지는 여기서 결코 암시될 수조차 없다.

로크와 그 후대는 이 모든 것을 전혀 몰랐다. 심리학과 인식론은 수 세기 동안 끊임없이 내적 경험의 소여들에 관해 말할 수 있었고, 지각, 표상, 판단 작용, 의지 작용, 느낌 등과 같은, 이러한 소여들의 상이한 종들(Arten)과 유들(Gattungen)에 관해 말할 수 있었다. 사람들은 기술적 개념 속에 이 모든 것을 학문적으로 고정했다고 생각했다. 거기서 순수성 속에 놓여 있는 것, 순수한 내면성 속에서 실제로 고정될 수 있는 것을 결코 보지도 못했고, 보도록 배우지도 못했으면서도 말이다. 이 모든 것은 아주 기이한 일이지만, 내적인 근거들과 역사적 방해 요인을 인식하고 나면 이해할 수 있는 일이다. 방법이 내적 지각의 단순한 방법이 아니라 가장 넓은 의미에서의 경험의 방법으로, 그래서 무엇보다도 내적 경험의 방법으로 이해되기를 원했다는 사실, 그러면서 내적 기억의 절대적 명증은 포기했다는 사실은 별로 도움이 되지 않았다. 원리적 상황은 기억에서나 지각에서나 동일하기 때문이다. (그것으로부터 모든 심리학적 개념들이 구축되는 개념들로서) 자신의 구성적 근본 개념의 전체 체계를 유일한 원천으로서의 순수한 내적 경험에서 길어 올리지 않는 심리학은 생각될 수 없다는 것이 참이라면, 근대 심리학은 자신이 학문으로서 잘 근거 지어졌고, 자신의 개념적 재료를 갖고 있으며, 심지어 그것을 기술적으로 내적 경험에서 길어 올렸다고 생각하면서도, 실제로는 진정한 개념을 산출할 수 있는 유일한 영역인 순수한 내적 경험의 영역을 인식하지 못했던 기묘한 광경을 제공한다. 적절히 수정을 가하면(mutatis mutandis) 동일한 것이 — 가령 단순히 로크류의 심리학주의적 인식론에서만이 아니라 — 근대 인식론에서도 이야기될 수 있을 것이다.

14강 진정한 직관적 의식 학문의 형성을 저지하는 동기가 된 근대 자연과학의 모범성

그러나 이미 암시했듯이, 근대의 이념사적 상황에서 유래하는 역사적 동기도 있다. 이 동기는 처음부터 방해하는 선입견으로 기능했고, 순수 내면성을 볼 때 주어지는 것이 그 고유성 속에서 인식되게 하는 것을 저지했다.

이러한 관점에서 근대 자연과학을 모범으로 삼은 것은 심리학에 극히 해로운 영향을 미쳤고, 여전히 미치고 있다. 근대 자연과학의 모범성이 어느 정도까지 천재적 사상가를 현혹시킬 수 있었는지는 이미 **홉스**에게서 보게 된다. 홉스에게 자연과학은 철학적으로 궁극적으로 가능한 참된 학문의 원형으로 간주되었기 때문에, 그는 물질적 자연에 절대적 존재를 부여하였을 뿐 아니라, 거꾸로 모든 절대적 존재를, 내적으로 경험되는 영혼적 존재까지도 자연으로 환원시켰다. 데카르트가 순수하게 파악된 자아(ego)를 그 사유 작용들(cogitationes)과 함께 정신적 실체로 절대적으로 정립했다면, 홉스가 보기에 주관적인 내적 삶은 한갓 주관적 가상이며, 이것의 참된 존재는 물질적인 심리-물리적 상관자에 있다. 홉스는 이로써 근대 유물론의 아버지가 되었고, 또한 근대 유물론적 심리학의 아버지가 되었다.

물론 로크는 자연과학의 모범성에 이러한 방식으로 영향을 받지는 않았다. 그러나 자연과학의 모범성은 비록 다른 방식에서이긴 하지만 로크에게서도 치명적인 것이 되었다. 우선 로크도 자연과학의 모범성을 절대화했고, 그가 이해하는 방식대로 자신의 시대의 자연과학적 규정들 속에서 자연을 절대화했다. 그래서 물질적인 물체는 그 시간성과 공간성 속에서, 그 물리적 속성들 속에서, 말하자면 오로지 기하학적-기계적 규정성들 속에서 절대적 실재성이다. 로크는 여기서 제일성질과 힘을 구분한다. 일차적이고 근원적인 성질들, 그러니까 크기, 형태, 위치, 운동이나 정지는 어떤 상태에서도 물질적 물체에 분리 불가능하게 부착된 성질들이다. 이러한 성질들을 통해 물질적 물체는 다른 물체와 우리의 감각에 힘의 영향을 행사한다. 이제 물체들에 관한 경험 직관들, '관념들'을 고찰해보자. 이 속에서 우리 밖의 물질적 사물들이 우리에게 감각적으로 현출하고, 우리에게 주관적으로 제시된다. 그러면 이러한 관념들도 외적인 성질들의 유사물로서 일차적 성질들을 포함한다. 그러나 다른 한편, 색깔, 음, 따뜻함과 차가움 등과 같은 특수한 감각적 성질들에는 물질적 실재성들과 같은 종류의 것들이 귀속되지 않는데, 이러한 것들은 단지 주관적이고, 그것들이 심리-물리적 인과성의 연관에 의해 기하학적-기계적 속성들을 **지시하는** 한에서만 객관적으로 의미 있게 된다. 감각된 음은 어떤 규칙적 형식의 공기 진동을 가리키며, 이를 통해 인과적으로 '설명된다'. 마찬가지로 감각된 색깔은 물질의 방사를 통해, 또는 그 밖의 물리적 운동 과정을 통해 설명된다. 그리고 어디서나 이런 식이다. 그 자체로 존재하는 물질적 물체들은 제일 성질들의 기체일 뿐 아니라 힘들의 기체라고 로크는 이야기한다. 로크는 이러한 것들을 내적 경험에서 근원적으로 경험되는 영혼의 힘의 유사물로 간주한다. 성질들과 여기에 속하는 힘들은 한갓 복합체나 집합체의 방식으로 물질적 실재성들을 조립하는 자립적 요소들이 아니다. 그것들은 통일적 기체에서, 즉 완전히 알려지지 않은 것, '알지 못하는 무언가(Je ne sais quoi)'인 실체에서 존립한다.

자연과학과 그 자연과학적 자연에 대한 해석, 그리고 또 자연과학적 자연, 참된 자연이 외적 경험의 의미에서의 자연에 대해 맺는 관계에 대한 해석은 자연과학의 모범성을 통해 심리학에 대한 해석 및 영혼과 내적 경험의 소여들에 대한 해석에 도로 영향을 미쳤다. 잘 알려져 있다시피, 로크의 경우, 심리학의 형이상학적 의미에도 영향을 미쳤는데, 이에 따르면 물리적 작용이나 상태처럼 영혼적 작용이나 상태에도 알려지지 않은 기체인 영혼적 실체가 담지자로서 놓여 있다. 그리고 이로부터 로크에게 도출된 생각은 이러한 담지자가, 외적 경험을 자연과학적으로 다룰 때 물질적 실체로 놓여 있게 되는 것과 동일한 것이 아닌지 우리는 알 수 없다는 것이다.

근대 자연과학과 이와 혼합된 형이상학이 로크와 근대 전체의 지성론에 미친 이러한 방식의 영향은 거기서부터 전수된 특수한 기존 신념과 관련하여 어떠한 상세한 비판적 검토도 요구하지 않았다. 여기에서 비판은,

잘못된 순환을 다음과 같이 지적하는 것으로 이미 완료된다. 그것은, 이성의 이론은 그 고유한 의미에 따라서 이성 일반의 비판이며, 자명하게 승인된 전제들에 토대하는 특수한 인식의 권리 검토라는 일상적 의미에서의 비판이 아니라는 것이다. 달리 말하면, 이성 이론의 목표는 (경험하는 생각, 이론화하는 생각, 판단하는 생각, 가치평가하는 생각, 실천적 생각처럼) 어떤 형태의 생각이든 주관적 생각의 극복 불가능한 매개 속에서 객관적 권리와 같은 무언가가 소위 이성의 작용 속에서 어떻게 등장하는지, 어떻게 그것이 특수한 타당성 양상, 통찰의 양상 속에서 근원적 의미를 획득하는지, 그리고 거기서부터 어떻게 (단적인 진리의 규범이건 가능성의 규범이건 개연성의 규범 등이건) 변경 불가능한 규범의 힘이 생겨나는지를 명료하게 하는 것이다. 이성 이론은 모든 의식, 모든 사유 작용, 그러니까 갖가지 종류의 객체적인 것에 관한 모든 사유 작용은 '사유하는' 자아의 자립성(Abgeschlossenheit) 속에 수행된다는 사실, 진리와 정당성에 관한 모든 이야기는 그 의미를 주관성 자체 속에서, 생각과 생각된 것의 특수한 종류에 따라 상이한 의미 형태를 갖는, 통찰에 근거한 어떤 특수한 생각에서 얻는다는 사실을 깨닫는 것으로부터 생겨난다. 객관적 인식을 수행하는 동안, 말하자면 익명적으로 머물러 있는 인식하는 삶의 은폐와 관련하여, 이러한 익명성을 들추어낼 필요성이 생겨난다면, 이러한 불명료성으로부터 수수께끼와 의심이 생겨난다. 이성의 객관적 인식과 객관적 작업수행이 이성 이론의 주제가 된다면, 그러한 불명료성과 이성 문제 자체는 모든 인식, 모든 객관적 생각과 근거 놓기에 동일한 방식으로 영향을 끼친다. 객관성에 대한 모든 믿음은 문제의 보편성에 함께 포함되어 있다. 이성 이론의 객관적 무전제성은 따라서 자명한 것을 의미한다. 그것은 다름 아니라, 우리가 원리적으로 보편적인 것으로서 이성 이론적 문제 설정의 의미를 끊임없이 잊지 말아야 하며, 그에 따라 특히 문제의 보편성 속에 의문시된 것은 어떠한 것도 전제해서는 안 된다는 것을 의미한다.

따라서 로크의 방식에는, 모든 자연주의적(인간학적, 심리학주의적) 이성 이론에서처럼, 일종의 모순적 순환이 놓여 있다. 그것은 자연, 자연과학을 타당한 것으로 전제하면서 동시에 그 타당성의 가능성에 대해 묻는다.

그러나 자연과학과 자연과학을 통해 신성시된 자연과학적 사유 방식의 영향은, (특히 치명적인 방식으로 미래의 발전을 규정한) 로크의 인식론의 아주 중요한 다른 특성에서도, 즉 우리가 의식의 자연화라고 부르는 것에서도 드러난다. 우리가 여기에서 생각하는 바가 무엇인지는 더 자세한 설명을 필요로 한다.

방금 확립한 것에 따라서, 로크는 에고 코기토에 순수하게 근거 지어진 방식으로 객관적 인식과 학문의 가능성을 이해할 수 있게 만들고, 절대적으로 근거 지으려고 한 데카르트적 시도의 계승자, 그러니까 모든 인식이 수행되는 순수한 주관성의 권리를 강조하고, 모든 종류의 초월적인, 객관적 인식을 에고 코기토의 틀 속에서 그 가능성과 권리가 입증되기 전에는 타당한 것으로 간주하지 않으려는 시도의 계승자가 전혀 아니다. 다른 한편, 모든 초재가 드러나고 입증되어야 하는 순수 내재에 관한 사유는, 그 독단적 방식의 소박한 비일관성에도 불구하고 로크에게도 결정적인 것으로 남아 있다. 정신에 유일하게 직접적으로 주어진 것은 정신의 고유한 관념들이다. 이것은 로크의 『인간 지성론』에서 자주 반복되는 원리다. '사유된 것으로서의 사유된 것(cogitatum qua cogitatum)'과 더불어 사유 작용(cogitatio)이라는 명칭하에서 직접적으로, 절대적으로 의심할 여지 없이 확실하게 주어진 것으로서, 자아가 순수한 의식 속에서 반성하면서 수행하는 '명석 판명한 지각(clara et distincta perceptio)'으로서 데카르트가 순수하게 한정한 것이, 로크에게서는 정확히 이러한 직접성 속에서 '관념'이라고 불린다.

로크가 제시하고자 한, 그리고 그것을 통해 인식론적 문제를 풀고자 한 의식의 저 '역사'는 이러한 '관념들'의 영역과 관계한다. 의심할 여지 없이 중요하지만, 완전히 무르익지는 못한 동기가 로크의 출발점과 후속하는 방법을 이끌었고 미래('인식론')에 계속해서 영향을 미쳤다. 로크는 스스로에게 이렇게 물었다(비록 모호하기는 했지만, 그는 다음의 물음들이 자신의 전체 기획의 근원적 동기임을 암시했다). "형이상학자의 논쟁들은 왜 그렇게 만족스럽지 못하게 흘러가는가, 그 노력들에도 불구하고 형이상학자의 논쟁들은 왜 확실하고 서로를 설득시키는 결과물에 전혀 이르지 못하는가?" 왜냐하면 형이상학의 논쟁들은 신과 세계에 대한 모호한 표상들을 가지고서, 육체와 정신에 관해, 실체와 우연적 속성(Akzidens)에 관해, 수, 크기, 힘, 원인과 결과 등에 관해, 그것들의 근원, 그것들의 명료하고 근원적인 의미를 묻지 않고서, 그러니까 이러한 표상들과 이 표상들로 고안된 형이상학적 사유 형성물들이 명료한 직관 자체에서 현실화될 가능성이 어쩌면 없지는 않은지, 혹은 로크가 말하듯, 그것들이 그 본성에 따라서 볼 때 인간적 인식에 내재된 한계를 넘어서는 것은 아닌지 확인하지도 않고서 작업하기 때문이다. 그래서 로크는 모든 형이상학을 되밀어내고(물론 그는 이러한 작업을 제대로 실현해내지는 못했다), 무엇보다 '인간적 앎의 최초 시작의 역사'를 구상하고자 한다. 그에게는 동일한 이야기인데, 그는 내적 지각의 직접적 객체이자 사유의 가장 직접적인 객체인 관념으로 되돌아가고자 하고, 단순한 관념들을 체계적으로 제시하고, 이러한 관념들에 정신이 수행하는 정신적 작업을 기술하고자 한다. 그리고 더 높은 앎의 형태로 나아가, 정신이 어떻게 단계적으로, 자신이 형성할 수 있는 모든 지식을 근원적으로 형성하는지 보여주고자 한다. 이것은 '역사적' 연구다. 로크 역시 이러한 연구를 심리-물리적 해명에 대립시켰으며, 이를 인식론적 과제로 간주했다.

그러나 이 경우, 해명하고 보충하면서 다음을 또 덧붙여야 한다. '관념'들은 그것들이 내적 경험에서 처음으로 등장하는 대로의 근원적인 형식에서는 쉽게 구별될 수 있고, 또 관념들의 일치와 구별에 관해 쉽게 인식될 수 있다. 여기서는 어떠한 오류의 원천도 흘러나오지 않는다. 그러나 근원적 등장 후, 관념들은 단순한 재생산적 형태 속에서는 다소간 흐릿하고 불명료하게 되돌아가고, 구별되지 않은 채 서로에게 쉽게 흘러 들어간다. 그렇지 않다면 유용할 언어적 사유의 위험이 이것과 관련되어 있다. 우리 인간은 날카롭게 구별될 수 있는 감각적 관념들, 이른바 단어들을 그 밖의 갖가지 관념들을 위한 기호로 사용하고 언어적 형태로 사유하는 능력을 갖고 있다. 단어의 의미가 명료한 직관에 따라 정향된다면, 더욱이 우리가, 의미를 부여하는 이러한 직관들이 우리 기억 속에 남아 있는 흐릿한 재생산으로부터 근원적으로 명료한 관념들로 언제나 되돌아갈 수 있다면, 그래서 그 의미를 명료하게 할 수 있다면, 우리의 언어적 사유는 의미와 진리를 가질 수 있게 될 것이고, 언제나 그것의 진리를 주장할 수 있게 될 것이다. 그러나 우리가 끊임없이 불명료한 단어와 단어 의미들로 작업하고, 그러한 것들로부터 언제나 새로운 말의 생각과 견해를 형성한다면, 그러니까 근원적 직관으로 돌아가 이러한 형성물에 가능한 명료한 의미, 진리 의미가 상응하는지 확인하지 않고서 그렇게 한다면, 그러한 사유는 가치가 없다.

로크에 따르면, 스스로 습득했거나 전수받은 우리의 모든 개념들을, 다시 말해, 우리가 삶 속에서 갖고서 작업하는 다소간 혼란스러운 의미의 표

2부 로크의 자아론 시도의 시작 원리와 그것이 제기하는 지속적 문제들

상들을, 그러나 무엇보다도 모든 학문에서 보편적이고 지배적인 역할을 담당하는 우리의 자연적이고 학문적인 전체 세계 파악의 근본 개념, 근본 표상들을 해명해야 할 거대한 과제가 여기서 생겨난다. 이것은 바로 앞에서 언급한 개념들, 즉 정신과 육체, 사물과 속성, 공간과 사물 등이다. 이러한 모든 개념에는 명료함과 분명함이 결여되어 있는데, 여기서 생겨나는 오류들은 분명 특별히 광범위한 결과들을 가짐에 틀림없다. 그래서 이러한 개념들의 경우, 해명하면서 근원적인 관념들로 돌아가 이러한 관념들에 따라 그 개념들에 새로운 경계를 설정하고 확고한 형태를 부여하는 것, 그리고 그 개념들을 가능한 한, 궁극적이고 근원적으로 명료한 개념 요소들 속에서 분석하는 것이 가장 중요한 과제이다.

여기서, 그 서술의 미심쩍은 불명료함에도 불구하고, 그럼에도 핵심에 있어서는 중요한 사유가 로크에게 생겨난다. 우리가 순수 의식의 근원적 직관에서 생기는 모든 기초적 관념들(여기서는 '사유된 것으로서 사유된 것 *cogitata qua cogitata*')을 제시할 수 있다면, 더 나아가 단순 관념이 복합 관념들로 근원적, 직관적으로 합쳐지는 방식을 체계적으로 밝힐 수 있다면, 가능한 인간 인식의 전체 우주는 그것으로써 미리 윤곽 지어질 것이다. 그러면 말하자면 모든 가능한 개념들에 대해서, 모든 가능한 말의 의미들에 대해서 관념의 재료를—말하자면 기초 관념과 정당한 개념의 ABC로서—미리 규정할 수 있을 것이다. 그리고 또한 정말로 직관적인 복합 관념들이 결합되는, 관념들 자체로부터 끌어낸 방식을, 말하자면 모든 가능한 참된 사유를 경계 짓는 형성 방식의 ABC를 갖게 될 것이다.

이러한 방법적 구상 속에 중요한 동기가 형태를 갖추려 하고, 거기에서부터 인식론에 목표가 주어질 수 있으리라는 것은 분명한 사실이다. 여기에 다름 아닌, 초월론적 인식 정초의 본질에 속하는 진정한 직관주의의 예감이 놓여 있음을 우리는 확신하게 될 것이다. 그것은 진정한 인식론의 방법적 양식에 대한 예감이며, 거기에 의존하는, 모든 학문의 새로운 정초에 대한 예감이다. 이러한 정초를 통해 모든 학문은 처음으로 가장 깊고 궁극적인 의미에서 엄밀한 학문이 된다. 초월론적 인식론의 강화로 분명 새로운 학문적 이상, 그러니까 모든 인식 형성물의 궁극적 근원 원천과 거기서 인식된 모든 존재의 근원적인 참된 의미의 궁극적 근원 원천에 이르기까지 스스로 자신을 이해하고 스스로 책임지는 학문의 이상이 빛을 발하기 시작하기 때문이다.

그러나 저 방법적 구상은 이러한 예감 — 물론 우리의 설명은 이러한 예감을 한참 넘어섰다 — 의 생산력 있는 결과에 이를 수는 없었다. 로크는 의식의 소박한 자연화로 즉시 빠져들어갔고, 보편적 인식 해명이라는 이러한 이념에 아주 필수적인 명료함을 마련해주는 길 전체가, 저 의식의 소박한 자연화를 통해 차단되게 되었다.

의식의 소박한 자연화는 순수한 내적 경험의 영역, 즉 이러한 소위 '관념들'의 영역을, 전적으로 공간 세계의 유비에 따라 외적 경험의 영역으로 생각하는 것으로부터 생겨난다. 로크가 고대의 전통에서 다시 받아들인 유명한 '백지-비유'가 이를 보여준다. 깨어나 의식이 된 영혼은 아무것도 쓰지 않은 하얀 종이와 비슷한데, 경험이 이 종이에 글씨를 쓴다. 이후 여기서 영혼에, 혹은 그보다는 내적 경험 영역에 등장하는 것은 언제나 새로운 글씨, 언제나 새로운 관념들[35]이다. 이러한 비유에는 사물화로의 경향이 나타나

••

35 로크가 감각(sensation)과 반성(reflection)을 대립시키면서 야기했던 혼동, 그러니까 로크의 다른 혼동들과 함께 심리학적 전통과 인식론적 전통으로 전이된 혼동을 간과해서는 안 된다. 사람들은 흔히 〔감각과 반성이라는 말을〕 외적 경험과 내적 경험이라는 말로 번역한다. 그러나 불명료함에 사로잡혀서 감각이라는 말이 이중적으로 기능한다는 사실에 유의

있는데, 이러한 경향은 로크의 철학이 계속 발전해감에 따라 점점 더 뚜렷한 영향을 미치게 된다. 칠판 위의 기호, 분필 선, 잉크의 선은 사물적인 사건이고, 단지 사물적인 것만을 상징한다. 공간이 물리적 사물의 존재 영역이듯이, 의식의 장은 텅 빈 서판, 영혼 내적인 사물적인 것들을 위한 일종의 공간이다. 자연과학, 우선은 기술적 자연과학, 다음으로는 설명적 자연

⁘

하지 못한다. 우선, 데카르트적 의미에서의 '사유 작용(*cogitatio*)'으로 [기능한다]. 이것은 자신의 감각적으로 '사유된 것(*cogitatum*)'을 지니고 있는데, 이것은 현상들로서, 의식 서판 위의 '관념'으로서, 해당되는 경험된 사물이 존재하는지 존재하지 않는지에 의해 그리고 세계 전체가 (데카르트가 그렇게 하고자 했듯) 가능한 초월론적 가상으로서 '의심' 속에 머물러 있는지 그렇지 않은지에 의해 영향받지 않은 채로 남아 있는 것이다. 자신의 사유된 것을 가지고 있는 이러한 감각적 '코기토(*cogito*)'의 존재는 로크가 논박하지 않은 의심할 여지 없는 명증, 즉 "나는 생각한다(*ego cogito*)"의 명증이다. 바로 그 때문에 그것은 의식 서판의 관념들에 속한다. 만약 우리가 순수한 의식 경험의, (혹은 내적 경험이라는 용어를 쓰고 싶다면) '내적' 경험의 올바른 개념을 형성한다면, 이 개념은 그래서 모든 '관념들'을, 이러한 의미에서의 감각 관념까지 포괄한다. 다른 한편, 이러한 감각은 관념들이 아니라 감각적 관념을 '통해서' 경험된 공간 사물을 대상으로 갖는 외적 경험이 결코 아니다. 이러한 [감각적 관념들을] 통해서'가 어떤 것이든 간에, 그리고 관념으로서의 순수한 사물 현상과 외적 경험의 자연적 태도에서 경험되는 사물과의 관계가 어떤 것이든 간에, 확실한 것은 이들이 별개의 것이라는 것이며, 하나에서 다른 하나로 넘어갈 때 태도 변경이 있다는 것이다. 하나의 태도에서 우리는 지각 믿음을 수행하고, 이러한 현존하는 사물을 '갖는다'. 그러나 다른 태도에서는 이러한 믿음이 억제되고, 우리는 사물 대신 '사물 현상'을 갖는다. 그래서 우리는 둘 모두를 외적 경험(외적 지각과 이것의 파생물)이라 불러서는 안 된다. 자명하게도 올바른 개념은 (믿음 속에서 수행된) 사물 경험이라는 개념이다. 반면 다른 개념은 '내적' 경험이라는 특수한 형태를 산출하는데, 이것은 사물 현상들에 관한 경험이며 지각하는 사념이나 사물들에 관한 믿음에 대한 반성적 경험이다. 우리가 이러한 혼동을 해명한다면, 그럼에도 불구하고 로크의 방식은 모든 인식적 문제들을 내적 경험, 순수 이념 경험이나 의식 경험이라는 토대로 환원하는 것으로 특징지어질 수 있다. 이 모든 것은 올바른 의미에서 이해된 것이다. 그렇다면 물론 감각적 관념들이라는 명칭으로 끊임없이 외적으로 경험된 사물들(심지어 경험될 수 없는, 소위 필연성 속에서 가정되는 실체)과 '관념들'로서의 사물 현상들 둘 다를 지칭해서는 안 된다. 이러한 철저한 혼동이, (자신의 음영 지게 하는 감각 자료들을 갖는 속성 현상들과 대립된) 사물 속성들에까지 전이되어, 오늘날까지 여전히 심리학과 인식론의 문헌에 스며들어 있다. 오래전의 나의 증명에도 불구하고 말이다. ─ 원주.

과학이 외적 경험의 사물과 사건들에 관해, 외부 공간의 사물과 사건들에 관해 다루고, 그것들을 기술하고 인과적으로 설명하듯이, 심리학은 의식의 장에서 관념들과 관념 형성물들에 대해 유사한 과제를 지닌다.

많은 감탄을 받은 새로운 자연과학은 진정한 학문 일반의 원형이 되었고, 그 영향으로 사람들은 자명한 것처럼 이제 공간-사물적 실재성을 영혼적 실재성을 포함한 모든 실재성의 원형으로 간주하게 되었다. 이것은 이미 **데카르트**의 이원론의 원천이자, **홉스**의 유물론, **스피노자**의 평행론의 원천이었고, **로크**의 경우, 감각적 관념이나 속성들의 복합체 아래에 놓여 있다고 생각되는 물질적 실체와 유사하게, 의식을 영혼 실체의 토대에 근거해서 지탱되거나 심지어 야기되는 우유적 존재로 해석하는 데에로 이끌었다. '관념들'의 영역에 대한 로크의 백지설에 있는, 내적 경험의 소여들의 자연화의 원천도 여기에 있다.

2장

로크의 연구에 숨어 있는
진정한 지속적 문제틀의 비판적 규명

15강 내재의 문제와 의식에서의 종합적 통일의 문제

영혼적 실재성이 정말로 자연과 동일한 존재론적 유형이라면, 심리학은 학문으로 엄밀하고 정밀하게 수행되었을 때, 사실상 완전히 자연과학처럼 보여야만 할 것이다. 그것은 순수 귀납적 연관들의 학문이어야 한다. 그리고 귀납적인 것과 단지 얽혀 있기만 한 근본적으로 완전히 다른 연관들은, 그리고 그에 따라 심리학적 연구와 이론의 본질적으로 다른 유형의 방법은 원리적으로 배제되어야 할 것이다. 자연과학의 모범성에 의해 권장된 순수 자연주의적인, 순수 귀납적인 심리학의 이러한 유형은, 로크가 내적 경험의 '백지(*tabula rasa*)'를 심리학과 인식론의 필연적인 최초의 인식의 장으로─그 위에 모든 기술과 귀납적 이론화가 구축되어야 할 자명한 토대 영역으로─제시한 것처럼 보인 후, 이제 특수한 형태를 얻었다. 물론 맹목적 일관성을 지닌 사람이 아니었던 로크 자신은 그러한 심리학과 인식론을 수행하지 않았다. 이 일을 처음으로 했던 사람은 **흄**이었고, 우리는 이것이 철학적으로 의미하는 바가 무엇인지 듣게 될 것이며, 그것은 다름 아닌 모든 철학과 학문 자체의 종말임을 듣게 될 것이다. 한마디로, 그것의 완전히 새로운 역사적 양식을 통해서만 주목할 만한 근본적으로 부조리한 회의주의임을 듣게 될 것이다. **로크**의 저작에는 말하자면 이러한 종말의 시작만이 놓여 있는데, 그것은 우선은 아주 문제없어 보였지만, 깊이 사유하는 자는 감지할 수 있는 그것의 불균형 때문에 새로운 형태로 떠밀려갔다.

내적 경험은 로크에게 자아, 즉 '정신'이 그때그때 갖는 직접적 소여들의 총체를 포괄한다. 자명하게도 이러한 소여들은, 외적 경험의 소여들이 외적 자연의 실재적 사건이듯이, 주관성의 테두리 내의 실재적 사건들이다. 그러나 이러한 평행화에는 골칫거리가 있는데, 이는 이미 로크의 기술들에서 감지된다. 상이한 시선 방향들이 여기서 고려된다. 한편으로 '백지'의 **자아** 측면이다. 이것이 내적 경험의 영역이라면, 그것은 경험하는 자아의 영역이고, 내적으로 경험함은 이러한 영역의 사건들**에 대한** 자아의 의식함이다.

더 나아가 자아는 내적으로 경험된 것으로서의 의식된 것을 가지기만 하는 것이 아니다. 자아는 또한 이러한 것으로부터 그리고 의식 서판의 기호들로부터 **촉발된다**. 자아는 반응하면서 활동성을 수행한다. 자아는 속성들을 풀어낸다. 자아는 자신에게 분명하게 한다. 자아는 어렴풋하게 기억된 것을 밝게 드러낸다. 자아는 모으고, 비교하고, 관련짓는다, 등등. 정직한 로크는 본 것을 결코 완전히 포기하지 않는다. 로크는 그 때문에 '정신'의 활동성을 주장하고, 또 이러한 활동성이 일반적으로 일어날 뿐 아니라 '정신'에 직접적으로 의식되고, 그래서 관념들로서 다시 의식의 서판 위에 기입된다고 주장한다. 그러나 이 모든 것에서, 이 경우 언제나 암묵적으로 이야기된, 그리고 내적 경험을 기술할 때 언제나 이야기되어야만 하는 자아는 사정이 어떠한가? 로크는 자아에 대해 혹은 그의 표현에 따르면, 정신에 대해, 기호를 다루는 인간이 의식의 서판 앞에 서 있는 듯 이야기한다(감지되다시피 이것은 어불성설이다). 그리고 더 나아가 그것을 인식할 수 없는 실체로 해석한다. 그는 때로는 그것을 관념이라고 부르고, 때로는 그것이 관념이라는 것을 부정한다. 뒤의 것이 로크의 원래 견해이다. 만약 로크에 따라 관념들(본래적인 관념들)의 영역이 가능한 앎의 영역이라면, 자아는 의식 체험의 복합체로 환원된다. 마치 사물이 '속성들'의 복합체로 환원되듯이, 혹은 감각적 관념들의 복합체로(이것은 우리에게 잘 알려진 혼동이다) 환원되듯이 말이다. 그러나 이것은 거북하다. 왜냐하면 활동성의 주체로서의 자아, 그리고 모든 관념들에 관해 지각하는 자로서의 자아는, 변화하는 감각적 복합체의 동일한 사물이 그러하듯, 부정될 수 없기 때문이다. 게다가 마지막 관점에서, 감각적 관념 복합체를 포함하는 관념 복합체 일반이 주관성 내부에 놓여 있다는 눈에 띄는 어려움이 드러난다.

잘 알려져 있듯, **데카르트**는 사유 작용(*cogitatio*)의 명증뿐 아니라 사유 작용의 자아(*ego*)의 명증에도 가치를 부여했다. 그리고 후자의 명증에 심지어 주된 역점을 두었다. 그러나 이러한 자아는 **무엇으로서**, 그리고 **어떻게** 주어지는가? 그것은 형이상학적 사유 실체(*substantia cogitans*)인가? 그것은 로크의 의미로 말하자면, '알지 못하는 무언가', 즉 우리가 내적 의식의 체험에, '백지'의 체험에 필연적으로 덧붙여 생각해야 하고, 덧붙여 가정해야 하는 무언가인가? 즉, 로크의 평행론에 따라, 인식할 수 없는 물질적 실체를 외적 사물 경험의 자료에 필연적으로 덧붙여 생각하고 덧붙여 가정해야 함과 마찬가지인 것인가? 그러나 알아보는 지각함, 판단함, 가치

평가함, 의욕함이라는 나의 작용-체험을 반성하면서, 내가 그것들을 결코 자아 없는 사실들로서 발견하는 것이 아니라 필연적으로 에고 코기토의 보편적 형식 속에서 발견한다는 사실은 직접적으로 명증적이지 않은가? 분리 불가능하게 그리고 완전히 직접적으로, 나는 그러한 체험들 속에서, 혹은 그러한 체험들과 관련하여 어디서나 동일한 의식-자아를 발견한다. 모든 그러한 작용-체험은, 내가 그것을 자아의 작용으로 바라본다면, 그것의 입장에서는 반성적 작용의 주제이다. 그리고 이제 다시 반성하면서, 나는 그것을 자아의 작용 체험으로서, 그러니까 작용 체험들을 수행하는 동일하게 같은 자아의 작용 체험으로서 인식한다. 정말이지, 이제 가장 완전한 일반성에서, 모든 임의의 의식 체험은, 자아의 작용이 아닌 의식 체험까지도 바로 이러한 방식에서 **나의** 체험이다. 가령 나는 어떤 멜로디를 들음을 인식하는데, 나는 듣고 있는 동안에는 알아챔 작용 속에서 이 들음을 향하지 않았고, 이후 돌아보는 바라봄 속에서 '알아채지 않으며 들음'으로 이 들음을(또는 알아채지지 않은 멜로디로서 이 멜로디를) 의식한다. 마찬가지 방식으로 나는 그것을 명증적 반성 속에서 나의 체험으로 의식하고, 그러한 체험들의 종합적 수행 속에서 모든 체험의 동일한 자아로 의식한다. 이 모든 체험은, 내가 언제나 나의 체험이라고 부르고 언제나 부를 수 있어야 하는 체험, 그런데 오직 그러한 반성들과 종합들의 토대 위에서만, 하나의 동일한 자아인, 나 자신인 자아의 부단히 명증적인 동일화하에서 이렇게 부를 수 있는 체험이다. 나는 다음과 같이 묻는다. 이 모든 것이 내적 경험의 기술 안에서 왜 근본 사실들로서 표명되지 않는가? 내적 의식의 영역에서 내가 갖가지 변화하는 체험들을 발견하지만, 이 모든 것은 나의 자아의 체험이고, 이러한 자아는 절대적 동일성 속에서 존재한다는 사실이 왜 이야기되지 않는가?

물론 절대적 동일성 속의 이러한 자아는 어려움을 낳는다. 사람들은 이러한 자아를 잘 알려진 인격, 즉 내가 내 삶의 경험으로부터 알고 있는 자아와 동일화하고 싶어 한다. 그러나 인격적 실재성을 규정하는 나의 성격 속성에 관해 절대적 명증이란 말은 있을 수 없다. 그럼에도 불구하고, 순수한 코기토의 자아인 순수한 자아에 대해 모든 명증 중에 가장 강력한 명증을 주장한 데카르트는 전적으로 옳지 않은가? 그러므로 그것은 결코 공허하고 완전히 형이상학적인 구성물이 아니다. 단 한 가지 사실, 즉 내가 나의 것이라고 부를 수 있는 모든 생각 가능한 체험들에, 수적으로 동일한 잃어버릴 수 없는 주체-극(Subjektpol)으로 그것이 속한다는 사실을 제외하면, 그것에 대해 내가 절대적 명증 속에서 이야기할 수 있는 것은 거의 없음에도 불구하고 말이다. 그러나 [자아는 그 체험들에] 부분으로 [속하는 것은] 아니다. 자아 자체가 사라지면 체험의 모든 부분도 함께 사라진다. 그리고 어떤 새로운 체험도 이전의 체험과 내실적으로 동일한 **부분**을 가질 수 없다.

우리가 처음부터 자연주의적으로 편견을 갖는다면, 그래서 오직 외부 존재와 유사한 것에만 초점을 맞춘다면, 내적인 사물에는 아니더라도 ― 여기서 처음부터 지속적인 사물이란 말은 있을 수 없기 때문에 ― 어쨌든 실재적 사건과 유사한 것을 향한다면, 물론 '순수 자아'를 가지고서 많은 것을 시작할 수는 없을 것이다. 우리는 체험을 자연화할 수 없고, 체험들에, 수적으로 동일한 자아 ― 모든 것에 명증적으로 속하지만 어떤 실재적인 것도, 어떤 실재적 부분도, 어떤 실재적 부속물도 아닌 절대적으로 동일한 것 ― 와 같은 그러한 자연적 부조리를 끼워 넣을 수 없다. 여기서 우리는 자연주의적 선입견 아래에 있는 모든 심리학이 ― 이는 거의 근대의 모든 심리학에 해당된다 ― 왜 순수 자아를 보지 못하게 되었는지, 그리고 영혼이 순수 자연적으로 물리적인 것에 평행한 실재성으로 생각되고,

내적 의식의 영역이 실재적 체험의 영역으로 생각된다면, 왜 순수 자아를 보지 못하게 될 수밖에 없는지 그 이유를 이해한다.

로크 자신은 순전하게 자아를 보지 못했던 것은 아니다. 그러나 자아를 가지고서 무엇을 시작해야 할지 알지 못했다. 로크가 자연주의적 사유 방향을 받아들이면서 그럼에도 자아를 고수했던 한, 모순적 동기의 긴장이 생겨났고 그것은 지양되어야 했다. 자연주의가 결정하는 것으로서 남아 있던 한, 그것은 자연주의적 학설의 계속적 발전 속에서 자아의 배제, 내지는 자아의 아래에 놓여 있다고 가정되는 영혼적 실체의 배제에 이르러야만 했다.

다른 관계들에서 여전히 의식의 자연화의 부조리가 드러났고, 부조리한 견해와 이론들로 뒤엉키게 되었다. 이러한 견해와 이론들의 모순은 모든 일반적 불투명한 매질 속에 있어서 결코 드러날 수 없었지만, 내적 긴장으로서는 감지된다.

여기서 우선 상론해야 할 것은 의식의 자연화는 자아뿐 아니라 의식으로서 의식에 본질적으로 속하는 모든 것을 보지 못하게 한다는 것이다. 의식이 자아 없이 생각될 수 없듯이, 의식은 또한 그 어떤 것, 즉 의식에 의식되는 그 어떤 '대상성' 없이는 생각될 수 없다. 그래서 자아, 그리고 이러한 의식의 의식된 것으로서 자아 속에서 의식된 것을 함께 기술하고 함께 이론화하지 않는다면, 의식의 더 높은 이론화는 말할 것도 없고, 의식에 대한 어떠한 기술도 가능하지 않다. 자연적이고 통상적인 표현 방식에서, 의식은 그 어떤 대상성과 '관계한다'. 그리고 이때 '의식'이라는 말은 무언가에 대한 그 어떤 지각, 무언가에 대한 기억, 무언가에 대한 기호로서의 기호에 대한 체험, 무언가에 대한 좋아함으로서 좋아함과 같은 체험을 가리킨다. "나는 지각하고, 현전적인 무언가에 대해 알아차린다, 혹은 나는 기억하면서, 그리고 기억된 것을 붙잡아 향하면서 지나간 것에 대해 알아차린다"와 같은 자아―작용에 관해서라면, 이것은 특별한 의미에서 "나는 해당되는 대상적인 것과 관계한다, 혹은 나는 그것을 향한다"를 뜻한다. 3인칭의 자아(Ich)를 써서 말하자면, 그때그때의 자아는 관계한다, 또는 향한다. 이때 다른 한편에서는 작용 체험 자체가 또한 자신의 방식에서 상응하는 무언가와 관계하고 있다고 이야기된다. **브렌타노**[36]가 지향적 관계라고 부르는 이러한 관계(이에 따라 나는 체험을 '지향적 체험'이라고 부른다)는 그 밖의 관계들 ― 우리가 대상들에 서로 귀속시키는 관계이든, 그 어떤 대상들에 대해 자아나 그때그때의 의식에 귀속시키는 관계이든 ― 과 본질적으로 다른 의미를 지닌다. 작용들에, 지향적 체험들 자체에 순수하게 포함된 관계로서의 지향적 관계의 대상은 단순한 지향적 대상이고, (브렌타노가 스콜라 철학을 이어받아 도입한 용어로는) 내재적 대상이다. 그것은 그것이 정말로, '실제로' 존재하는지 그렇지 않은지에 대한 물음이나 결정 없이 추정된 것**으로서**, 작용 속에 순수하게 추정된 것이다. 우리가 정상적인 의미와 변양된 의미에서 단적으로 관계에 대해 언명할 때, 이러한 언명은 그 고유한 의미에 따라 존재자를 존재자와 관련시키는 자신의 권리를 주장한다. 그리고 이러한 관계 자체가 설정되고, 실제로 존재하는 대상들(그것이 실재적 대상인지 이념적 대상인지는 상관없다) 사이의 관계로 주장된다. 우리가 보게 되듯, 작용 자체에 놓여 있는 작용 대상에 대한 관계는 사정이 다르다. 작용이 관계하는 대상은 그것이 정말 존재하는지에 관한 사정이 어떠하든

---

36 프란츠 브렌타노(Franz Brentano, 1838~1917)는 독일의 철학자이자 심리학자다. 철학의 기초학으로서 경험적 방법에 의해 정신 현상을 기술하는 기술적(記述的) 심리학의 이념을 전개했다. 후설은 오스트리아 빈 대학에서 브렌타노의 철학 강의를 수강하고 수학자에서 철학자로 전향한 것으로 잘 알려져 있다.

그 작용의 대상이고 그 작용의 대상으로 남아 있다. 그렇지만 내가 지각하면서 나를 나의 환경세계의 그 어떤 대상, 가령 저기 시냇가에 있는 이러한 나무와 관련시킨다면, 그리고 그에 따라 "나는 이 나무를 본다"고 말한다면, 물론 그러한 말의 정상적인 의미에서는, 나무가 다른 한편으로 동시에 이 지각함 속에서 지각된 것으로서 생각되는 동안, 나무가 정말로 거기 **존재한다**는 의미가 내포되어 있다. 여기서 우리는 정상적인 관계 언명을 갖는데, 이러한 언명 속에는 지향적 관계가 동시에 함께 포함되어 있고, 함께 이야기된다. 하지만 만약 우리가 나무의 존재에 물음을 제기하거나 혹은 나무의 존재에 관한 모든 입장 취함을 자의적으로 억제한다고 해도, 그것은 다음과 같은 사실에 대해 아무것도 변경시키지 않는다. 즉 그 지각 체험은 그 자체로 '이 나무'에 관한 지각이고, 그것의 내재적 대상과 관계하면서, 나무에 대한 지각으로, 그것인 바대로 남아 있다. 이러한 지각이 환영으로 평가되어야 한다는 것이 나중에 밝혀지더라도 말이다. 이에 따라 우리는 명료성을 위해 다음을 구분하는 것이 좋을 것이다. 즉 이 의식의 내재 속에서 의식된 것 자체인, 그때그때의 의식의 내재적 대상(내재적인 지향적 대상), 그리고 정상적인 언명에서 기체−대상(Substratgegenstand)으로서(언명이 관계하는 것으로서) 언명되는 것이며, 그것이 정말로 존재한다는 의미로 언명되는 것인 단적인 대상. 우리가 존재 믿음 속에 있다면, (우리가 단적으로 경험하면서, '그' 나무, 저기에 이 나무를 주어진 것으로서 가질 때처럼) 나무가 우리에게 정말로 존재하는 것으로 여겨진다면, 우리는 정상적인 태도에서 정상적인 말로 "이 나무…"라고 언명한다. 그러한 모든 언명은 자명하게 나무를 실제적인 것으로 생각한다.

체험 자체의 순수 내재 속에서 — 존재하든 존재하지 않든 상관없이 — '추정된 대상 자체'를 대상에 대한 모든 입장 취함의 억제하에서 인식되게 하려면, 태도의 변경이 필요하고, 존재 변양의 수행이 필요하다.

이러한 아주 필수적인 해명을 통해서 비로소 의식 대상성으로서(내재적인 지향적 대상성으로서) 모든 의식에 분리 불가능한 것의 올바른 의미가 이해되고, 또한 **순수 내재적 기술**의 의미가 이해된다. 그때그때의 추정된 것을, 해당되는 의식에서 그 자체로 추정된 것인 바대로 기술하지 않을 때, 우리는 저 의미를 넘어서는 것이며 폐기하는 것이다. 가령 우리가 자연적 태도로 — 이 태도에서 우리는 우리의 전체 지식이 언명을 규정하게끔 한다 — 되돌아가서, 바로 다른 종류의 확신에서 나온 특징들, 어쨌든 여전히 마찬가지로 정당한 우리의 여타 지식에서 나온 특징들을 지향적 대상의 기술에 포함시킬 때가 그런 경우다.

모든 의식이 자신의 내재적 대상을 자신 안에 '지니고' 있다면, 이러한 '자신-안에 지니고 있음'은, 마치 내재적인 지향적 대상이 그 의식에 실재적 단편으로서, 실재적 계기로서, 부분으로서 내재하는 것과 같은 내실적[37] 내재의 의미를 가질 수는 없다는 사실에 이제 유의해야 한다. 그렇게 생각하는 것은 명백히 모순일 것이다. 가령 우리가 이미 이야기했듯이, 우리가 회상하는 과거는 기억함 자체 속에서 기억된 과거이고, 우리가 예상하는 미래는 예상함 자체 속에서 예견된 미래이다. 그러나 실제적 과거나 미래가 그렇듯, '추정된 과거나 미래', '내재적인 지향적 과거나 미래'는 현재적 체험 속의 내실적 존립 요소가 아니다. 체험 과정의 모든 그 자체로 내재적인 시간적 구성요소들은 내재적 시간 흐름의 자료인 체험의 내실적 부분이다.

∴

37 '내실적(reell)'이라는 말은 지향적 의식 체험의 구성요소로 의식 체험에 직접 실제로 속함을 뜻한다. 사물 지각과 같은 지향적 체험의 '내실적' 구성요소에는 '감각소여'와 감각소여에 의미의 혼을 불어넣는 '파악 작용(Auffassungsakt)'이 있다.

그러나 우리가 동일한 것을 회상하거나 미리 예상하는 그러한 다양한 기억과 예상은 내재적 시간성 속에서 분리된 체험들이고, 어떤 부분도 공동으로 가질 수 없다. 이것은 임의의 다른 예들에서 드러난다. 가령 우리가 기억이라고 부르는 의식 작용은 그 자체로 이러저러하게 기억된 과거에 대한 의식이다. 마찬가지로 우리가 외부 지각이라고 부르는 의식은 그 자체로 지각된 외적인 것에 관한 의식이다. 어디서나 그렇다.

본질적으로 분리할 수 없는 이러한 내재는 그래서 내실적 내재가 아니며, 내실적으로 포함된 것이 아니다. 그렇게 생각하는 것은 명백한 모순일 것이다. 이것은 의식이 그 내실적 단편들, 부분들에 관해 심문되고 기술될 수 있음을 배제하지 않는다. 가령 술어적 판단은 명백히 내적인 시간적 과정들로서 자신의 계층화된 단계들과 단편들, 자신의 주어 정립, 이와 관련된 자신의 술어 정립 등을 갖는다. 마찬가지로 분리된 의식 체험도 전체와 결합될 수 있고, **내실적으로** 결합될 수 있다. 그러나 다른 한편 우리가 알아야 할 것은, 의식과 의식의 결합은 지향적 대상성에 관해서도 무언가를 의미하고, 의식의 결합으로서 자신의 작업을 수행하는데, 이러한 작업수행은 자연적 영역에서는 유사한 것이 없어야 하는 것이다. 이러한 작업수행은 그것이 '종합'으로서 하나의 통일적인 지향적 대상성을 산출한다는 것에서 존립하는데, 이러한 대상성은 **하나의** 의식으로서 묶인 의식에 대해 그것의 대상성인 것이다. 그럼에도 불구하고 우리는 이와 같은 마지막 사실을 강조하는 것이 좋을 것이다. 즉 의식과 의식은 결합될 뿐 아니라—그 자체로 기이한 특징인데—그러한 것으로서 **자신의** 내재적 대상성을 갖는 **하나의** 의식으로 결합된다. 그러면 종합의 이러한 대상성은 결합된 의식 체험의 종합에서 필연적으로 정초된다. 종합을 일종의 내실적 결합처럼 다룬다는 것(가령 근대적 방식으로, 내실적 결합 형태들—'형태성질들·³⁸ — 을 가지고 종합을 충족시키고자 하는 것)은 의식의 독특한 성격을 보지 못하고 부조리에 빠져드는 것을 의미한다.

더 나아가 이와 관련하여 다음과 같은 사실을 알아야만 한다. 대상의 의식적 동일성, 즉 **하나의 대상**이라는 말을 근거 짓는 것은 하나의 종합을 되돌아 가리킨다. 이러한 종합 속에서 다양한 의식, 가령 갖가지 다양한 지각들이 하나의 동일한 대상에 관한 하나의 의식으로 종합적으로 결합되는데, 이때 이러한 '하나의 동일한 것' 자체는 의식적으로 함께 현존하고 그 자체로 지향적이다. 그리고 또 알아야 할 것은, 이러저러한 통일성과 동일성, 그리고 **대상들** 일반을 자아에 대한 대상들로서 의식하게 하는 이와 같은 지속적으로 지배하는 유형의 종합과 평행하게, 역으로 자아 자체도 **보편적** 종합의 지표라는 것이다. 이 종합을 통해, 나의 것인 모든 무한히 다양한 의식은 보편적 통일성을, 대상적인 통일성이 아니라 **자아적인** 통일성을 지니게 된다. 혹은, 이러한 유형의 종합을 통해 이러한 의식 체험의 '존속하고 지속하는 자아'는 끊임없이 구성되고 의식됨을 알아야 한다.

∴

38 '형태성질들(Gestaltqualitäten)'은 게슈탈트 심리학에서 사용되는 개념이다. 게슈탈트 심리학은 인간의 정신 현상을 개개의 감각적 부분이나 요소의 집합이 아니라 그 자체로서 전체성으로 구성된 구조를 갖는 것으로 파악한다. '형태성질들'은 개별적인 요소들의 합으로 나타나는 것이 아니라 전체적인 구성이나 패턴으로서의 특징을 지니는데, 형태성질들에는 유사성, 가까움, 연속성, 폐쇄성 등이 있다. 유사성은 비슷한 속성을 가진 요소들이 함께 그룹화되는 경향을 나타내고, 가까움은 서로 가까이 위치한 요소들이 함께 그룹화되는 경향을 나타낸다. 연속성은 일련의 요소들이 일정한 방향이나 패턴으로 연결되어 있는 것처럼 인식되는 경향을 말하며, 폐쇄성은 불완전한 그림이나 패턴에서 누락된 부분을 보충하여 완전한 형태로 인식하려는 경향을 나타낸다. 게슈탈트 심리학은 이러한 형태성질들을 통해 인간의 인지 과정의 구조와 패턴을 이해하고자 한다. 후설은 게슈탈트 심리학에 대해 비판적인 태도를 취하는데, 이는 게슈탈트 심리학이 너무 외형적인 것에 초점을 두고 의미와 의도를 간과함으로써 개별적인 인식의 경험과 의미 구조를 충분히 이해하지 못한다고 보았기 때문이다.

16강 의식의 종합의 자아-대상 극화에서 의식의 종합이 지닌 내재적 내용의 비실재성과 상호주관성의 문제. 버클리의 로크 비판에 대한 논평

자아와 **대상**이라는 명칭 아래에서 모든 의식 체험 자체가 절대적 필연성 속에서 갖는 이러한 이중적 극화는, 그것과 유사한 것을 자연 실재성 속에서 생각하는 것은 모순이 되고 말 방식으로 존재한다. 실재적인 것은 실재적인 존립 요소의 단편, 실재적 부분과 계기, 실재적 결합 형식들을 갖는다. 그러나 의식의 종합은 이러한 극의 형식 속에서 **비실재적인** 내재적 내용을 갖는다. 의식에 분리 불가능하게 포함된 것으로서의 이러한 비실재성이 함께 기술되어야 하며, 그것도 이러한 비실재성이 그때그때의 의식에 속하게 되는 모든 변화하는 양상 속에서 기술되어야 한다는 사실을 알고 인식하는 데서 시작한다면, 기술적 작업의 참된 무한성이 열리게 된다.

그러면 우리는 무엇보다 우선, 가능한 반성 방향의 다양체들에 주목하게 된다. 무언가에 대한 의식, 가령 지각된 것에 대한 지각함, 기억된 것에 대한 기억함, 판단된 것에 대한 판단함과 같은 것이 거기서 의식된 것에 비해 공허한 것이거나 기술적으로 빈곤한 것이 아니고, 마치 가령 지각함과 기억함이 단지 말할 수 없는 '의식의 질'을 통해서만 구별된다는 양 기껏 질적인 차이만을 갖는 것이 아니라는 사실이, 가능한 반성 방향의 저 다양체와 더불어 비로소 분명하게 드러난다.

이것들은 오히려 극도로 복잡한 의식의 방식들이다. 이 방식들은 아주 상이한 차원들 속에서 변화되고, 늘 새로운 지향적 작업수행을 행한다. 이러한 지향적 작업수행은 지각함, 특히 사물 지각이나 기억함, 예상함, 판단함, 파악함, 또 가치평가함, 원함, 의지함 등과 같이 거칠게 지칭된 이러한 이름들 각각에 벌써 속한다. 의식은, 그것이 겉보기에 가장 단순한 지각 작용이든 혹은 주목되지 않은 의식해 가짐이든, 마치 주체가 자신의 지향적 대상을 주머니 속에 갖고 있는 것처럼 단순히 자기 안에 갖고 있는 것과 같은 방식으로 무언가를 공허하게 갖는 것이 결코 아니다.

그러나 로크와 그 후계자들은 이러한 가짐을 진지하게 관찰하고, 본질적으로 존재하는 바대로 그것을 실제로 기술할 생각을 하지 못했다. 자연과학자가 경험을 수행한다면, 그는 오로지 경험된 사물과 사건만을 주시하고, 그것들을 자신이 경험한 것으로 취하며, 이것으로부터 그가 가진 것을 기술하고 해명하면서 그저 이론화하는 데로 나아간다는 사실이 자명하다. 오로지 대상성만을 향하는 것은 자연과학적 방법의 본질적 부분이다. 여기에는 주관적인 것을 물음 밖에 놓고, 심지어 의도적으로 활동 밖에 놓는 것이 포함된다. 그러나 심리학자나 인식론자에게는 모든 주관적인 것이 주제에 함께 속한다. 그래서 그에게는 대상적인 것에 관한 주관적 가짐이 무시할 수 있는 것이 아니다. 주관적 가짐은 자체로 무엇이다. 그러나 가져진 것 자체는 가짐으로부터 분리될 수 없이 자신의 본질에 따라서 기술될 수 있는 것이다.

가령 단적인 외적 경험함과 같은 그 어떤 지향적 체험을 관찰한다면, 반성적 고찰은 거기에서 갖가지 것들을 볼 수 있음을 드러내준다. 어떤 사물을 단순히 보는 작용 자체에 이미 얼마나 많은 것이 들어 있는가! 즉 대상에 대한 무한히 변화하는 주관적 바라봄, 이것은 자연이나 공간 자체 속에서는 아무것도 아니고, 바로 사물에 대한 주관적 바라봄이다. 내가 이전에 이미 언급했듯이, 지각적으로 추정된 사물은 그 어떤 방식으로 나타남 없이는, 다르게는 지각적으로 결코 의식될 수 없다. 이것으로 벌써 풍부한 기술의 주제가 암시된다. 사물 지각에만 주관적 기술의 그러한 주제가 풍성하게 있는 것이 아니다. 모든 의식에서 같은 것이 드러난다. 자신의 편에서 모든 개별적인 체험을 의식하는 저 보편적인 의식해 가짐 또한, 그러니까 소위 '내적' 의식 또한, 비록 물론 깊이 감추어져 있긴 하지만, 지극히 정교한 지향적 구조들을 지닌 참으로 경이로운 구조물이다.

혼란이 생기지 않게 하기 위해서, 여기서 나는 의식이라는 개념이 다의적이라는 것에 주목하고 싶다. 그래서 여기서 문제시되는 분석의 주제로서 다양한 것이 이야기될 수 있다. 즉 1) 자아의 보편적 의식이 이야기될 수 있다. 그것은 그 속에서 자아가 그 어떤 의미에서 현존하고 파악할 수 있는 모든 것을 의식하는 것이다. 그것은 그 속에서 자아가 시야의 보편적 통일성 속에서 이 모든 것 ― 외적인 것과 내적인 것, 비-자아적인 것과 자아적인 것, 상이한 단계의 지향적 개별 체험들과 그것의 내실적이고 관념적인 내용들 ― 을 포괄하는 것이다. 2) 본래적인 데카르트적 의미에서의 의식, 즉 데카르트적 명증의 에고 코기토를 통해 지시되는 의식이 이야기될 수 있다. 여기서 초재적 존재, 가령 물리적 자연은 실제성으로서 정립되거나 존재하는 것으로서 상정되는 것이 아니라 인위적인 방식으로 타당성 밖에 놓인다. 3) 데카르트적 장에서 지각함, 원함, 의지함 등으로 개별적으로 나타나는 지향적 체험들이 이야기될 수 있다.

언젠가 진정한 기술함을 배운 누구에게나, 이 모든 보편적이고 개별적인 형태 속의 의식의 독특한 본질을 보지 못하는 영혼의 눈멂이 다음과 같은 사실 속에서 드러난다. 즉 로크와 그 후예들의 기술은 내실적 부분들과 결합들에 관해서 올바른 내실적 분석과 기술을 할 수 없었다는 사실에서 말이다. 물론 이것은 분리 불가능하게 함께 현존하고 어떤 방식에서는 필연적으로 보이는 것인 지향적으로 포함된 것을 계속해서 내실적으로 포함된 것으로 오해하기 때문이다. 그와 같은 오해 때문에 완전히 틀린 문제들이 생겨났는데, 이러한 문제들은 수 세기를 가망 없이 괴롭혔다. 이와 같은 방식의 근본적 오류는 가령 객관적 세계와 심리 물리적 인과성의 가능성을 처음으로 이해시켜야 하는 인식론적 연구에서 객관적 세계와 심리 물리적 인과성을 전제하는 그와 같은 독단적 전제들과는 완전히 다른 선상에 놓여 있다. 비록 어쨌든 오해의 이러한 두 방식은 서로를 요구하고 이론들 속에서 내적으로 결합되어 있기는 하지만 말이다.

앞서 이야기한 것을 예를 통해 분명히 하고자, 나는 일차 성질과 이차 성질에 관한 로크의 널리 알려지고 널리 지배적인 학설[39]을 언급하려 한다. 내재적 체험으로, 그러니까 내적 경험의 자료로 고찰될 경우, 외적 경험은 사물들에 관한 경험, 즉 식물이나 천체 등에 관한 경험이다. 그러나 이러한 사물은 그 자체로 외적 경험 속에, 그러니까 주관적 체험 속에 있지 않다고 말해진다. 그래서 자명하게도, 우리가 내적으로 갖는 것은 내적인 지각-상(Wahrnehmungsbild)이고, 이 지각-상에 외부 사물이 그저 다소간 완전하게 상응한다. 아주 오래된 유치한 상 이론(Bildertheorie)은 이러한 잘못 추정된 자명성에 근거해서 내적 경험의 이론에 받아들여진다. 새로운 자연과학에 대한 로크의 해석, 그리고 자연과학자들 자신의 해석에 따르면, 내적인 지각-상은 본래의 상과 인과적 표지의 혼합물이다. 전자

••

39 로크는 『인간 지성론』에서 지식이 감각 경험과 관념에 의해 형성된다고 주장하면서, 대상의 속성을 설명하는 데 일차 성질과 이차 성질의 구분을 도입했다. 일차 성질은 대상의 속성 중 본질적이고 불변적인 성질로 간주된다. 이러한 성질은 대상의 크기, 형태, 운동 등과 같은 물리적 특성을 포함한다. 로크는 일차 성질이 대상의 존재에 독립적이며, 인식자와 관계없이 공통적으로 존재한다고 보면서 사물의 크기나 모양은 사물 자체에 내재되어 있다고 주장했다. 이차 성질은 대상의 속성 중에서 상대적이고 주관적인 성질을 일컫는다. 이러한 성질은 대상의 색상, 맛, 냄새, 소리 등과 같은 감각적 특성을 나타낸다. 이차 성질은 인식자의 감각과 관련이 있으며, 다양한 인식 주체에 따라 다른 인식을 유발할 수 있다. 그래서 로크는 색상이나 맛과 같은 이차 성질은 대상에 의해 직접적으로 생성되는 것이 아니라, 인식자의 감각에 의해 형성된다고 주장했다.

는 외적 지각에 감각 직관적으로 현출하는 대상들의 이른바 일차적 혹은 근원적 성질들에 관한 것이다. 보이는 연장은 실제로 내적인 상으로서 존재하고, 외부 사물 자체의 연장과 유사한 것인 한에서 실제로 상이다. 자연과학적 이론에 따르면 외부 사물들은 실제로 그 자체로 연장되어 있다. 크기, 형태, 위치, 운동, 수 등도 마찬가지이다. 이와 반대로 특수한 감각 성질들, 소위 '이차', '파생' 성질들은 자연 사물 자체의 어떤 성질들과의 유사함이 없다. 이것들은 시각적이거나 청각적이거나 하는 등의 어떠한 성질도 갖지 않는다. 자연 자체에는 모종의 운동 사건들이 있고, 일반적으로, 일차 성질들, 수학적-기계론적 성질들만을 갖춘 모종의 사물들이 존재한다. 그리고 이러한 사물들은 이제 그러한 성질들과 그에 속하는 인과성을 통해 우리의 지각-상에서 제시될 수 있는 감각적 음들, 감각적 색깔들 등에 대해 설명하는 원인이 된다.

이러한 학설의 완전한 부조리가 그것의 거의 일반적인 타당성을 별로 손상시키지 않았다는 사실은 기이하다. **버클리**가 처음으로 이 부조리를 인식했지만, 단지 불완전하게만 설명할 수 있었다. 버클리는 그 어떤 특수한 감각적 성질 부여 없는 연장은 생각할 수 없음을 지적함으로써, 그러니까 일반적으로 말하면, 이차 성질 없는 일차 성질은 생각할 수 없음을 지적함으로써, 그 학설의 부분적 부조리를 반박할 수 없게 명백히 드러냈다. 그러나 로크의 내재적 자연주의의 제자였던 그는 궁극적으로 해명하는 이야기는 할 수 없었다. 그는 과연 다른 유익한 것을 말하고, 외부 존재에 관한 로크의 학설과 초월적-물리적인 것으로 이끄는 모든 인과 추론의 불합리를 자신의 천재적 시선으로 간파해내기는 했다. 로크에 따르면 외부 사물의 내적 지각-상은 외부의 자연 사물로부터 인과적으로 유래하는 다양한 감각의 감각 자료들의 연상적 복합체다. 정신은 그러한 연상적 복합체에 '담지자'로서 '알지 못하는 무언가'를 갖다 붙일 수밖에 없고, 이때 결과로부터 초재적 원인으로의 인과 추론이 자신의 역할을 수행한다. 버클리는 그러한 추론이 증명 불가능하고 생각해낼 수 없는 것이라고 탁월하게 이의를 제기한다. 즉 로크에 따르자면 유일하게 직접적인 소여들인 것에 근거해서, 그러니까 모든 감각적 자료들이 속하는 백지의 소여들에 근거해서, 주어진 자료들로부터 연상적-귀납적 방식으로 새로운 자료들로 어떻게 추론되는지, 주어진 감각적 복합체들로부터 새로운 복합체로 어떻게 추론되는지는 잘 이해된다. 혹은 고유한 신체성과 고유한 심리적인 것 사이의 경험되는 통일성의 유비에 따라서, 감각적으로 경험되는 신체성으로부터 경험되지 않는 다른 영혼 삶으로 어떻게 추론되는지는 잘 이해된다. 그러나 '알지 못하는 무언가'로의 추론, 고유한 내재적 영역 속에 유사한 것이 없으며 원리적으로 경험될 수 없는 것으로의 추론은 무의미하다. 그러한 사유의 근간에서 버클리가 아무리 올바른 길 위에 있었을지라도, 그는 실제적 해명을 줄 수 없었고, 내면성 속에서의 외면성의 지향적 구성에 관한 이론을 줄 수 없었다. 왜냐하면 그 자신 또한 로크와 마찬가지로 **지향성**을 보지 못했고, 그 때문에 지향적 문제들을 들추어낼 수 없었기 때문이다.

우선 로크나 로크와 마찬가지로 해석하는 자연과학자가 세계를 두 배로, 실로 천 배로 만드는 것에 거의 반발하지 않았다는 사실은 놀라운 일이다. 한편으로 우리는 소위 자연 자체, 원형이라 추정되는 것을 가졌을 것이고, 다른 한편으로 우리는 각각의 주관 속에 자연과는 약간 차이를 지니지만, 그럼에도 그 자체로 마찬가지로 자연이고, 그 자체로 실재적 세계일 그러한 지각-상들의 고유한 체계를 가졌을 것이다. 게다가 우리는 인간 주체로서의 주체가 동시에 자신의 신체를 통해 객관적 세계의 일원이

되어야 하고, 그래서 주관적 세계가 소위 객관적 세계에 동시에 삽입되어야 한다는 기묘함을 지니게 될 것이다. 사람들은 이것은 세계가 아니라 그저 세계의 상들이며, 본래는 그저 개별적 주체들 속의 연상적인 감각 복합체일 뿐인데, 연상적 복합체는 사물이 아니라고 반론할지 모른다. 나는 대답한다. "과연 그렇다. 그러나 사물들은 도대체 무엇을 통해 연상적 복합체들과 구별되어야 하는가?" 로크의 학설을 받아들인다면, 우리는 이렇게 말해야만 할 것이다. 즉 우리가 감각 자료들의 유일하게 주어진 내적 복합체에 대한 원인으로, 외적 복합체를, 저 내적 복합체와 유사한 것을 생각해야 한다면, 그래서 담지하는 실체 없이는 우리가 그러한 참된 외적 복합체를 생각할 수 없다는 것이 참이라면, 그러면 우리는 원리적으로 동일한 종류의 것인 내적 복합체에 대해서도 내적 실체를 생각해서는 왜 안 되는가? 그래서 실제로 그리고 불가피하게, 내적인 전체상들은 다름 아닌, 그 속에서 외적 사물들이 모사되는 내적 사물들일 것이다.

그래서 그 속에서 우리가 초월적 자연을 생각할 수 있을 모든 다른 종류의 것에 대해서도 동일한 것이 타당해야만 할 것이다. 우리가 로크의 '알지 못하는 무언가'를 포기할지라도 말이다. 그것은 내적 존재와 외적 존재가—비록 그저 불완전할지라도—상의 성질을 지녔음을 받아들이는 데 우리가 머무른다면 타당해야만 할 것이다.

단지 감각만이 감각과 유사하고, 연상적 감각 복합체와 유사한 것은 필연적으로 그 자체로 다시 연상적 감각 복합체이며, 감각은 감각하는 주관성 없이는 생각될 수 없다고 버클리가 말한 것은 원리적으로 옳지 않은가? '객관적 자연'이라는 이 복합체의, 소위 원형적 객관성의 우선성의 의미를 우리가 최소한이라도 이해할 수 있게 만들지 않고서는, 우리는 소위 객관적 자연에 속하는 상관자로서의 주체의 수를 하나씩 증가시켜야 할 것이다. 그럼에도 또한 유의해야 할 것은 모든 주체가 순수하게 자신의 내부에서 자연을 경험한다는 사실, 그래서 그것은 결코 그것의 (소위) 상들을 넘어설 수 없다는 사실이다. 주체는 경험과 경험을 결합시키면서, 자신의 상들의 조화를 체험하면서, 달리 말하자면, 사물, 일반적으로는 자연의 정당한 현존을 확신하면서, 오해에서 비롯되고 고안된 초재적인 것으로의 저 추론을 감행할 어떠한 동기도 명백히 발견할 수 없다. 고유한 직접적 경험 속의 개별적 자아로서도 그러하다. 고유한 주관성과 그 자체로 경험되는 자연을 초월하는 유일한 방식은 다른 주관성으로의 타인경험(Einfühlung)[40]이다. 즉, 유사한 정신성의, 그리고 스스로 경험된 것과 유사한 감각적 상들의 내적으로 동기부여된 정립이다. 그러나 우리는 왜 이것을 **우리가** 보는 것과 동일한 사물이라 부르고, 우리 모두가 보는 **하나의** 자연에 대해 이야기하는가? 로크는 이렇게 숙고하고 물어야만 했을 것이다.

그럼에도, 여기까지 왔다면, 우리는 사태 자체, 그러니까 지향적 사태를 바라보고, '백지-심리학자들'의 근본적인 눈멂을 이해할 충분한 준비가 되었다.

∵

40 '타인경험(Einfühlung)'이라는 용어는 후설의 상호주관성의 현상학의 중심적인 개념을 가리킨다. 이 용어는 '감정이입', '자기이입' 등으로 번역되고 있다. 'Einfühlung'이라는 용어는 립스(Theodor Lipps, 1851~1914)의 감정이입론에서 학술적 개념으로 처음 등장하였는데, 후설은 립스의 감정이입론이 타인을 나에 의해 완전히 동일화될 수 있는 단순한 나의 표상으로 간주하고 있다고 비판한다. 후설에 의하면 우리는 타인을 결코 단순한 나의 복사물로 경험하는 것이 아니라 나를 초월하여 그 자체로 현실적으로 존재하는 그 무엇으로서 경험한다. 그런데 'Einfühlung'을 '감정이입'으로 번역하는 것은 후설의 타인경험 이론에 등장하는 'Einfühlung'을 립스의 감정이입론에 등장하는 'Einfühlung'과 유사한 것으로 오해하게 할 우려가 있다. 또 타인경험의 구조는 단순히 타인에게 '자기'를 '이입'하는 것도 아니기 때문에 '자기이입'이라는 번역어도 오해를 낳을 수 있다. 따라서 후설의 타인경험 이론에 등장하는 'Einfühlung'은 다양한 유형의 타인경험을 지칭한다는 점에서 '타인경험'으로 번역하는 것이 가장 적절해 보인다.

17강 '외재성'의 구성에 관한 물음에 대하여: 지각에서 사물의 자체소여라는 데카르트적 명증

우리가 이미 지향성, 무엇에 대한 의식으로서의 의식에 대한 안목을 획득했다면, 우리로서는 이렇게 반론하게 될 것이다. 즉 백지 위의 이러한 내적 상들과 기호 전체, 그리고 초월적 자연에 대한 상들과 기호는 잘못 인도된 반성이 고안해낸 것이라고 말이다. 이것들은 아직 순수 주관성을 알지 못하거나 의식 주관성으로서의 순수 주관성을 가지고 무엇을 해야 할지 알지 못하는 인식론적 원시성의 최초 단계들에서만 그럴듯해 보이는 것이다. 상 이론이 가장 오래된 그리스 철학에서 이미 등장한다는 사실이 지시하는 것은, 경험된 외재성들에 자연적으로 몰입해 있는 자연적 세계 삶의 태도를 최초의 시작하는 자처럼 포기하는 것, 그리고 내적인 것과 외적인 것을 관련짓는 철학적 반성으로 최초로 이행하는 것은 즉시 그러한 구축들로 밀어붙이게 되었다는 사실뿐이다.

그러나 순수한 사유 작용(cogitatio)을 드러내는 데카르트적 방법을 철저히 사용해보자. 이것은 절대적으로 명증적인 것으로서의 그때그때의 주관적 체험을 산출하고, 절대적 명증의 테두리 내에서 내실적 부분들과 지향적 존립 요소들에 따라 분석하도록 허용한다. 그리고 또 외적 지각의 유형의 체험들에 대해 이러한 방법을 사용해보자. 그러면 내가 가령 어떤 책상, 집, 나무를 볼 경우, 나는 주관적 감각 복합체와 같은 무언가 혹은 무엇에 대한 내적 상, 책상이나 집 등에 대한 기호와 같은 무언가를 보는 것이 아니라 바로 책상 자체, 집 자체를 본다는 사실이 절대적으로 명증적이지 않은가?

확실히, 지각된 사물은, 내가 그것을 지각함에도 불구하고 환영일 수는 없다. 나는 아마도 착각에 지배당할지도 모른다. 나는 충분한 근거를 가지고서 한갓 추정된 지각 사물과 진짜 사물을 구분한다. 그러나 이와 같은 충분한 근거는 나의 경험하는 삶, 동일한 내적인 삶의 내부 이외의 어디에 놓여 있겠는가? 이와 같은 삶을 나는 그것의 절대적으로 명증적인 고유한 존립 요소에 따라 언제나 이러한 방법으로 묻고 연구할 수 있다. 지각에서 지각으로의 고유한 이행 속에서, 이행이 일치 종합의 통일체로서 부단히 수행되는 한, 나는 이렇게 이야기한다. 즉, 한번 몸소 그 자체로 현존하는 것으로 정립된 것, 가령 이 책상은 하나의 동일한 것으로서 언제나 자신을 제시하고, 정립하는 지향은 끊임없이 확증된다고 이야기한다. 그러나 다른 경우들에서는, 이 경험하는 동일화하는 정립이 불일치를 통해 갑자기 예기치 않은 단절을 겪고, 나는 경우에 따라 이제까지 현존하는 것으로서 지각된 것이 이제 무의 성격을 지니거나 이제까지 영향받지 않은 현존 성격이 말하자면 무의 취소선을 통해 삭제됨을 보게 될 수도 있다. 그러나 후자의 경우가 등장하지 않는 한, 경험이 자신의 종합적 통일성 속에서 자신의 일치를 보존하는 한, 지각된 것은 바로 정상적으로 지각된 것으로서 단순히 '거기에' 존재한다. 벌써 예견되는 것은, 나는 그것의 참된 존재라는 것을 다음과 같이 이해할 수밖에 없다는 사실이다. 즉 참된 존재는 확증의 항구성에서 자라난 이념으로서 미래의 경험의 진행 속에서 결코 깨질 수 없는 확증의 이념이다. 이때 사물에 대해 내가 한번 획득한 경험은 이후의 어떠한 경험을 통해서도 포기될 수 없고, 단지 이후의 경험들을 통해 보충되고 동시에 확증될 뿐이다. 어쨌든 명증적인 것은, 사물이 실제로 존재한다면, 실제 사물은 지각된 것 이외의 다른 것일 수 없고, 지각된 것 자체가 (그 자체로 존재하는 것으로서, 나의 지각에 들어오지 않는) 그 자체로 존재하는 참된 사물의 한갓 상이라거나 기호라고 이야기하는 것은 완전히 틀렸다는 사실이다.

여기서 다음을 숙고해보자. 나는 내가 나의 직관 속에 사태 자체가 아니라 사태와 유사한 것, 혹은 사태의 한갓 상을 가졌다고 언제 말할 수 있는가? 여기서 우리는 다음과 같이 이야기해야 한다. 유사물이란 다른 것, 즉 그것과 닮은 것이나 그것과 다소간 유사한 것의 유사물이다. 그래서 나는 사태 대신에 다른 것, 즉 그것과 다소간 닮은 것을 갖는다. 그러나 내가 지금 보고 있는 나무나 집은 다른 집이나 나무와 닮아서 그것들에 대한 유사물인 것이 아니다. 유사물은 그 속에서 다른 것이 닮게 되는 그 무엇이고, 다른 유사한 것에 대한 대리자, 유사성 기호로 주어진 것이다. 여기서 유사물은 객관적 속성을 갖지 않고, 주관적 파악함 속에서 기능하는 독특한 방식을 지닌다. 그것은 유사하게 하는 것이라는 특수한 의식을 전제하는데, 이러한 의식 속에서만 유사한 것은 자신의 진짜 의미 장소들을 갖는다.

그리고 이것은 본래적인 의미에서의 상에서 더욱더 맞는 이야기이다. 하나의 상은 오직 고유한 의식, 모사하는 의식 속에서 상으로서의 의미를 얻어내는 사람에게만 상이다. 즉 직관적으로 주어진 것, 혹은 그것의 구체적으로 제시된 개별 특징들 속에서 그 자체로 주어지지 않는 다른 것이 의식적으로 제시되어야 한다. 마치, 직관적으로 어른거리는 것으로서의, 회화나 소묘의 방식으로 나타나는 풍경화에서는 자체로 보이지 않고 여기에서 직관화만 되는 것을 모사적으로 제시함과 마찬가지다. 여기서 지각 속에 현전하는 것은 벽에 걸린 사물, 액자 속의 캔버스 혹은 책상 위에 놓인 동판화다. 회화적인 상은 이러한 지각과 더불어 함께 의식되는 허구이고, 그것 자체는 다만 지각을 통한 그러한 정초 속에서 허구를 현출시키는 고유한 종류의 의식에 의해서만 나에게 현존한다. 이러한 허구에서 다른 것, 즉 존재자이긴 하지만 현전적이지 않은 것이 나에게 현전화되어야 한다면,

나는 모사하는 현전화의 상응하는 의식을 수행해야만 한다. 이러한 의식 속에서, 현전화 제시의 의미와 타당성이 직관적 허구에 부여된다.

명백히 여기서 단순한 지각에 대립하여 근본적으로 상이한 의식이 작동하는데, 우리가 사물을 단순하게 바라볼 때에는 이것이 작동하지 않는다. 사물 자체를 가짐과 대립해서 다른 것에 대한 기호를 가짐에서도 사정은 마찬가지이다. 기호 자체에는 다른 것에 대해 기호로 존재함에 대한 특수한 의식이 속한다. 이러한 의식은 아주 독특한 지향적 구조를 지니는 의식이다.

그러나 이제 우리는 이렇게 이야기해야 할 것이다. "그렇다, 일상적인 지각함은 물론 처음부터 유사화하는 재현함이거나 혹은 상이나 표지를 통한 재현함이 아니다. 그것은 지각함이고 그 이상 아무것도 아니다. 그러나 거기서 지각된 것은 바로 외적인 자연 사물 자체가 아니다. 올바른 상황을 획득하기 위해서 우리는 이러한 새로운 의식 방식을 작동시켜야만 하지 않는가?"

그럼에도 불구하고 여기서 무엇보다 중요한 것은 직접적으로 지각된 것을 순수하게 지각의 고유한 의미에 따라서 충실하게 기술하는 것이다. 그것은 그때그때의 지각에 내실적 존립 요소 부분으로 속하면서, 지각과 함께 생겨나고 지각과 함께 사라지는 감각적 자료들의 복합체가 아니라, 단지 한 번은 이 측면에서 그리고 또 다른 때는 저 측면에서 지각되고, 종합적으로 통일되는 지각의 진행 속에서 시각적으로 점점 더 풍부해지고 점점 더 다양한 모습을 띠게 되는 가령 여기의 이 책상일 뿐이라는 사실을 확립할 필요가 있다. 그러나 이러한 진행 속에서 그것의 의미 내용을 제시하고 증명하며, 그것의 실제적 현존을 확증하는 것은 언제나 그것 자체, 즉 이 책상(종합적 통일체, 의식적인 하나의 동일한 대상)이다. 다만 이때 전제되는 것은 불일치가 나타나서 그것의 현존을 말하자면 삭제하거나 그것이 한갓 가상이었다고 말하도록 강요되지 않는다는 것이다. 생각해낼 수 있는 모든 확증, 실제성 증명이 거기서 증명하는 것은, 이야기했듯이, 지각에서 자체 현존의 의식 성격 속에서 의식되는 종합적 통일체이고, 다름 아닌 **외적인 것 자체**, 공간 사물 자체이다. 그리고 이것은 처음부터 초재적인 것 자체다. 여기에 대한 앎은 그 밖의 어디에서 와야 할까? 지각을 통해서, 그리고 일치하는 지각 연관 속에서 지각 자체의 연속적 확증을 통해서가 아니라면 그러한 앎은 어떻게 입증될 수 있을까? 유사하게 하기, 모사하기, 표지를 수행할 수 있는 것은 무엇인가? 지각이 없다면 아무것도 할 수 없다. 내가 이미 사물 자체를 경험하고, 경험 속에서 직접 사물의 현존을 부여하고 입증했을 경우, 그래서 내가 생각할 수 있는 근원적 방식으로 외부 세계의 앎을 획득했을 경우, 나는 주어진 사물들을 통해 다른 것을 유사하게 보고, 모사적으로 제시하며, 가령 깃발의 신호가 배의 도착을 지시하듯, 표지를 통해 현전화할 수 있다. 그러나 아직 결코 그 자체가 자신의 존재 방식에서 경험되지 않은 것을 그와 같은 유비나 상징을 통해 처음으로 획득하고자 하는 것은 어떤 의미를 지닐 수 있겠는가? 그것들에 의미를 부여하는 의식은 그것의 충족하는 확증의 근원과 방식에 따라서 가능한 지각을 소급 지시하고, 그것이 초월적인 것을 지시할 수 있어야 한다면, 초월적인 것에 대한 지각을 소급 지시한다.

그래서 우리가 명증적인 방식으로 지각에서 지각된 것으로서 의식해 가지는 것에다가 다른 무언가에 대한 유사물이나 기호를, 그리고 이제 심지어 인식할 수 없는 것, 지각할 수 없는 것을 은근슬쩍 밀어 넣는 것은 어불성설이다. 이제 사람들이 이러한 생각에 이르고, 여기서 이해할 수 있는 이론을 발견할 수 있다는 것은 명백히 다음과 같은 사실에서 비롯된다. 즉 사람들은 소박하게 자연화하면서 내적 경험의 영역에서 단지 의식 서판의 자료와 같은 것만을 보려고 하고, 이제 은근슬쩍 아주 소박하게 이러한 서판의 뒤에 전체 인간 주체를 세운다는 사실에서 비롯된다. 당연히 이 전체 인간 주체는 서판 바깥에서 그 밖의 세계를 보고, 여기저기로 바라보면서 서판 위의 기호를 서판 바깥의 세계와 관련짓고 비교하고, 상호적인 인과성들을 인식하고, 그에 따라 백지의 자료들에서 자신의 인식에 이용할 유사물이나 인과적 기호를 만들 수 있다. 사람들은 내재적인 심리학적, 인식론적 내적 태도에서 분석하지 않고, 순수하게 파악된 의식 자체에, 순수한 에고 코기토와 그 지향적 내용들에 몰두하지 않는다. 그 대신 사람들은 자연적인 소박한 외부 고찰 속에서 자신과 다른 인간들을 미리 주어진 세계의 부분으로 간주한다. 그리고, 그들의 내적 삶을, 그것이 공간성 속의 신체를 통해 함께 위치 지어져 있기에, 마치 공간 사물과 같은 것인 양 간주한다. 실재적 통일체 형식 ─ 현대적인 견해와 용법으로는 '형태성질들'[41] ─ 을 통해 묶여 있거나 융합되어 있는, 그리고 그것의 지속적 변화 속에서 오직 자연적인, 즉 한갓 귀납적으로 인식할 수 있는 인과성을 통해서만 지배되는 실재적 자료들의 한갓 복합체인 양 간주한다. 순수한 '내적 경험' 속에서, 사유 작용들(cogitationes)의 흐름으로 주어진 것에 대한 반성에 순수하게 바라보며 몰두함 속에서, 모든 자연적인 것과 대립하여 완전히 다른 종류의 존재 방식이 드러난다는 사실을 보는 눈이 사람들에게는 없다. 그리고 그것은 철저히 사유 작용(cogitatio)이고, 다양하게 변화하는 '현출 방식들'의 방식 속에 있는 내재적─지향적 '대상들'에 관한 의식이라는 사실, 그리고 그것은 우리가 위에서 자아 중심화라 부른 것을 통해 보

41 여기서 '형태성질들'은 게슈탈트 심리학에 등장하는 용어다. 주 38 참조.

편적으로 중심을 가지게 되다는 사실을 보는 눈이 없다.

물론 경험하는 의식 흐름 자체와 그 종합적 연관들 속에서 외재성이 어떻게 구성되는지 이해하는 것, 그리고 추정된 존재와 참된 존재의 구별이 어떻게 설명될 수 있는지, 주관적 현출 방식과 현출하는 것 자체, 그리고 그것의 진리 속에서의 이러한 자체 사이의 구별이 어떻게 설명될 수 있는지, 더 나아가 더 높은 단계에서 학문적 인식의 가능성, 본질, 작업수행이 어떻게 궁극적으로 해명하는 이해에 이를 수 있는지를 이해하는 것은 단순한 일이 결코 아니다. 그러나 모든 그러한 작업수행 속에서 오직 순수한 의식 자체의 본질 기술만이 이러한 이해를 산출할 수 있다. 내적 경험을 토대로 하여 지성을 탐구할 것을 요구하는 형식으로 이것을 **예감했다는 사실**이 어쨌든 로크의 사소하지 않은 공로이다. 그러나 여기서 문제가 되는 것은 자연주의적으로 오해된 내적 경험이 아니라 의식 삶**으로서의** 의식 삶이 그 모든 유형에 있어서 그 자체로 무엇인지 그리고 무엇을 성취하는지를, 개별적으로 그리고 그것의 종합적 연관과 지향적 동기부여에 따라 내재적 명증의 테두리 속에서 진행하면서 진술하는 일이다. 여기서 어떠한 진술도 순수 내재의 태도에서 벗어나서는 안 되고, 제시되는 것은 순수 의식 자체에 놓여 있는 대로 정확하게 취해지고 타당하게끔 해야 한다. 그리고 거기서 추정된 것은 그것이 추정된 대로 정확히 취해지고 승인되어야 한다. 그래서 가령 지각된 것은 그것이 지각된 것으로서 스스로를 부여하는 의미에 따라서 혹은 지각 자체가 그것에 부여하는 의미에 따라서 정확하게 취해져야 한다. 가령 시간적 고려에서는 시간적으로 현전하는 현존의 의미에 따라서 그렇다. 마찬가지로 기억된 것은 그것이 기억된 것으로서 스스로를 부여하는 대로, 여기서는 오직 이러한 의미부여에서 의미를 획득하는 '존재했던 과거'라는 의미로써 정확하게 취해져야 한다. 그리고 어디서나 이런 식이다. 여기서 개별적 대상들이 그것들의 주관적 시간 양상을 어떤 의식 방식으로부터 어떻게 획득하는지, 그리고 이전에 그때그때 상론한 것에 따라, 다른 의식 방식으로부터 유사물, 상, 기호와 같은 주관적 양상들이 그 의미를 어떻게 획득하는지[도 이런 식으로 연구되어야 한다].

그래서 단적인 대상들은 모든 관점에서, 그리고 모든 생각 가능한 주관적이고 객관적인 의미에 따라서 순수하게 실질적으로, 객관적으로 취해질 경우, 자신을 그렇게 규정된 대상들로 구성하는 자신의 의미를, 의미부여하는 의식으로부터 갖는다. 그리고 이러한 의식을 통해 대상들은 의식 주체에게 그것들이 의미하는 바를 의미하고, 가능성이나 실제성에 따라서 그것들이 무엇인지를 의미한다. 대상성의 모든 근본 유형에 대해서 그에 상관적인 의식의 근본 유형들과 의식 종합의 근본 유형들 — 여기에서 의식적 작업수행으로서 그와 같은 성질의 대상들이 타당성의 통일체로서 구성된다 — 이 그 구조에 따라 연구되어야 한다. 이러한 구조에는 물론 이미 자주 강조된, 언제나 새로운 단계에서의 소여 양상들이 속한다. 지금의 양상, 방금의 양상, 다가옴이라는 양상과 같은 내재적으로 지향적인 개별적 대상에 속하는 시간성과 관련해서 그렇다. 또 공간 사물과 그 공간성, 그러니까 여기와 저기에 따라, 왼쪽과 오른쪽 등에 따라 방향 설정함이라는 양상, 다양한 관점의 소여 양상, 공간 형태의 소여 양상, 공간 형태 위에 '펼쳐져 있는' 색채의 소여 양상, 혹은 변화하는 사물적 측면에 따른 소여 양상들, 요약하자면 자연과학적 고찰 방식을 배제하는 '한갓 주관적인 것' 전체와 관련해서도 마찬가지이다. 그러나 모든 대상성들은, 이념적 대상성들 또한 다양한 소여 방식의 통일체들이다. 구체적 의식 체험들 — 대상성들은 이러한 의식 체험의 내재적, 지향적 대상들이다 — 에 평행하게, '어떠함 속의 대상성들'은 '종합적 통일'로 온다. 그러나 그것은 바라보는 반성 속이 모든 관점에서 드러나아 하고, 정확히 기술되어야 하고 이를 통해 이해될 수 있어야 한다.

한편에서는 인식하는 의식과 그 밖의 의식, 다른 한편에서는 '그것의' 대상성이라는 상관관계에 관한 모든 그러한 문제들, 즉 인식하는 주관성 안에서의 세계의 주관적 구성의 문제들, 바꿔 말하면 모든 의미부여와 타당성의 원천으로서의 주관성에 관한 모든 문제들을 자연주의적 심리학과 인식론은 원리적으로 보지 못한다. 그리고 이것이 의미하는 바는 자연주의적 심리학과 인식론은 본래적인 인식론적 문제들, 경험적 표현법으로는, 본래적인 심리학적 인식 문제들을 보지 못한다는 것이다. 그래서 로크의『인간지성론』에서 그가 데카르트에 대립하여 에고 코기토의 소여들에 관한 학문을 정초하고자 시도함으로써 시작된 전진을 우리가 오인하지 않았더라도, 이제 분명한 사실은 로크는 내적 경험의 토대 위에서 모든 인식에 관한 진정한 근본 학문으로, 그리고 다른 한편에서는 진정한 객관적 심리학으로 돌진해 나갈 수 없었다는 사실이다.

우리가 끝낸 비판은 문제적 주요 노선에서 로크의 인식론의 내재적 자연주의가 가진 방법론적 부조리를 우리에게 드러내주었다. 이때 또한 분명해진 것은, 자연적인 객관적 태도에 머무르는 채로 우리가 객관적 심리학을 형성해내려고 해도, 지향적인 것, 영혼적 의식 삶의 근본 성격을 보지 못함으로써 실제적인 심리학을 불가능하게 할 수밖에 없다는 사실이다. 로크가 시작했고, 수 세기에 걸쳐 전개된 자연주의적 '백지' 심리학은 실패해야 했고, 귀납적 외재성에 매달려 있어야 했다. 정신적 삶에 근원적으로 본질적인 모든 것, 무엇에 대한 의식으로서 그리고 자아에 대한 의식으로서 의식이 가지는 모든 몹시 기이한 고유성들, 현실성과 가능성에 따라서, 수동성과, 자유로운 능동성에 따라서 의식 흐름에 이해할 수 있는 통일성과 이해할 수 있는 발생의 성격을 부여하고, 의식을 철저하게 이성적인 합법칙성의 장소로 만드는 갖가지 종합의 모든 경이, 이 모든 것이 작동 밖에 머물러 있게 되고, 기껏해야 자연주의적 위장과 오해 속에서 비자의적으로 비학문적으로 타당하게 될 수 있을 뿐이다.

그것이 비록 직관의 유효 범위 내에, 그리고 의식 속에 그때그때 함축된 믿음과 추정을 직관적으로 설명할 수 있는 능력들의 유효 범위 내에 놓여 있음에도 불구하고, 그것은 작동 밖에 머물러 있게 된다. 자연과학의 방법은 능동적 삶과 모든 정신과학에서 부단히 수행되는 정신적 경험을 보지 못하게 하고, 거기서 수행되는 방법으로서 정신적 동기부여, 숨겨져 있는 공동의 믿음, 이론적이고 실천적인 전제 등을 드러내는 방법을 보지 못하게 한다. 경험과 경험적 방법에는 오직 하나의 유형만이 있어도 되었다. 그것들은 자연과학적으로 수행된 것과 전적으로 동일한 본질 유형이어야만 한다.

물론 여기서 올바른 심리학적 방법에 관한 물음은 우리의 물음이 아니다. 우리의 관심은 자신의 고유한 작업수행에 관한 인식의 궁극적 자기 이해에서 발원한 절대적 학문의 가능성이고, 오직 이성에 관한 진정한 이론을 정초하는 것이다. 이제 이러한 관심을 통해 객관적 심리학과 객관적 학문을 사용하려는 모든 시도가 배제된다면, 이제 여기서 그럼에도 불구하고 객관적 심리학과 이성 및 주관성에 관한 순수한 학문 사이의 밀접한 관심 공동체가 드러난다. 그렇기에 우리가 로크가 시작한 심리학에 약간의 시선을 던지는 데에, 그리고 그래야만 하는 데에는 근거가 있다.

우리는 이성 이론에 대한 로크의 방법을 비판적으로 설명했다. 이러한 설명의 수확물을 숙고해본다면, 그 방법은 한편으로는 객관주의와 '심리학주의'로 인한 부조리에 빠져 있다. 그러니까, 어디서나 객관적 세계와 객관적 학문을 전제하고, 이성에 관한 자신의 이론을 심리학, 그러니까 그 밖의 객관적 학문과 얽혀 있는 객관적 학문으로서의 심리학 위에 근거 지음으로써 부조리에 빠져 있다. 다른 요점을 특별히 부각하여보자면, 로크의 방법은 자신의 지극히 중요한 주도적 동기를 이해하고 작동시키는 방법 전체로 인해 불합리에 빠져 있다. 여기서 우리가 이야기하는 것은, 물론 모든 개념과 인식 형성물의 근원을 의식 속에서 찾아내려는 동기, 그리고 '관념들' 자체와 언제나 새로운 관념들을 산출하는 작용들을 직접적으로 직관함으로 — 통상적인 말로는, '내적 경험' 혹은 '자기 경험'으로 — 되돌아가려는 동기다. 로크의 방법은 이러한 경험을 완전히 소박하게, 그리고 이성 문제의 독특한 의미에 어긋나게끔, 심리 물리적 경험의 구성요소라는 자연적인 객관적 의미에서의 자기 경험으로(신체적인 것과 객관적으로 결합된 영혼적인 것의 경험으로) 해석한다.

그러나 우리가 마지막에 수행한 비판은 그 결과에 있어서 훨씬 중요한 다른 불합리와 관련된 것이었다. 왜냐하면 심리학적 자기 경험과 초월론적 자기 경험을 구별하지 못하고, 그럼으로써 의식 흐름의 심리학적 통일체와 초월론적 통일체를 구별하지 못하는 이러한 무능력보다 훨씬 나쁜 것은 의식을 의식으로서의 그 본질 고유성에서 보지 못하고, 순수한 경험 분석에, 더 넓게는 순수한 직관적 분석 일반 — 가능한 의식 형태와 그 본질 법칙적 변양들, 함축들과 종합들의 분석 — 에 의식으로서의 의식을 내맡기지 못하는 무능력이기 때문이다. 지향성, ~에 관한 의식으로서의 의식이라는 표제가 열어주는 거대한 과제는 물론, 로크와 그에 뒤따르는 전체 심리학처럼 우리가 모든 의식 삶의 이러한 근본 특성을 보지 못할 경우, 그리고 우리가 의식의 자연화라고 불렀던 그러한 소박한 선입견을 통해 그렇게 할 경우, 닫힌 채로 머물러 있게 된다. 그와 같은 선입견은 의식의 흐름을 마치 처음에 비어 있는 하얀 종이 위의 심리학적 자료들처럼, 혹은 '어두운 방' 속의 심리학적 자료들처럼, '관념들'의, '자료들'의 함께 있음으로 파악하는 것이라고 특징지었다. 이 경우에 부분은 내실적 부분으로, 결합은 내실적 결합으로, 통일체 형식들은 내실적 통일체 형식들로, 오직 그러한 것으로만 생각된다. 지향적 존립 요소들에 대해서는, 불가피하듯이, 언제나 다시 이야기되었다. 그러나, 지향적 존립 요소들이 체계적으로 진술되어야 하고 그것의 지향적 착종들 속에서 추적되어야 하는 것으로서 주제화되는, 체계적 본질 직관과 고정시키는 기술의 토대 위에서 이야기된 것은 결코 아니었다.

여기에 로크가 미래에 물려준 '감각주의'의 본질이 있다. 왜냐하면 외적 감각과 내적 감각에 관한 인식론적으로 잘못된 모든 전통적 학설들의, 그럼으로써 외적 경험과 내적 경험의 '자료들'을 다루는 모든 작업들의 원리적 의미 내지는 불합리가 우리의 대비를 통해 폭로되기 때문이다. 이러한 감각주의는 로크의 저작에서 출발하는 두 발전, 즉 객관적 학문으로서의 심리학의 발전과 철학적 근본학으로서의 이성 이론의 발전에 심각한 손상을 입혔다. '심리학주의'와 객관주의의 일반의 극복 없이는(좋은 의미에서의 실증주의 없이는) 물론 어떠한 이성의 철학도 가능하지 않다. 이 이야기는, 단적으로 철학이 가능하지 않다는 이야기와 마찬가지다. 그러나 감각주의, 의식의 자연주의의 극복 없이는 진정한 객관적 학문으로서의 심리학조차도 가능하지 않다. 모든 심리학적 경험 사실의 근본 영역과 의식의 근본 영역을 단지 자연주의적 오해 속에서, 그것의 근원적 본질에 따라서 알지 못하는 심리학을 본래적인 학문으로 인정하기를 우리는 거부해야만 할 것이다.

심리학이 그런 것으로서 도대체 시작할 수 있어야만 한다면, 그것은 체계적이고, 순수 내재적인 의식 분석의 형태로, 즉 심리학적 '현상학'의 형태로 시작해야만 한다. 현상학적 요소 분석과 기술은 심리학에 ABC를 제공해준다. 이러한 ABC의 탐구와 이러한 ABC에서 선험적으로 형성될 수 있는 형태들 내지는 ABC에 속하는 구조적이고 발생적인 본질 법칙의 탐구가— 현대에 와서야 드러났듯이— 전체 학문을 형성하고, 동시에 선험적인 학문을 형성한다. 이러한 학문은 필연적으로, '엄밀한 학문으로서 등장할 수 있어야 하는' 모든 경험 심리학(심리학적 경험의 사실들에 관한 학문)에 선행한다. 이러한 학문은 바로 다름 아닌 심리적인 것 자체의 근원적으로 고유한 본질에 관한 학문이다. 그러한 현상학적 심리학(그리고 심지어 그것의 선험적인 성격을 오인했을 현상학적 심리학까지도)에 토대한 심리학주의는 치유될 수 있다. 만약 의식 분석이 실제적인 직관에서 길어졌고 실제적인 지향적 분석이기만 했더라면, 심리학주의가 진정한 이성 이론과 철학의 형성에 해를 끼치고, 참으로 그것을 원리적으로 불가능하게 만들기는 했겠지만, 그럼에도 심리학주의는 상대적으로 쉽게 개선될 수 있는 오류였을 것이다. 자연적 태도에서 초월론적 태도로의 변경을 통해, 앞서 정립된, 그리고 함께 정립되어야 하는 모든 객관성의 '괄호 치기'를 통해, 모든 내재적 분석은 그 본질 핵심 속에서 획득되고 인식론적으로 유용하게 남아 있게 되었을 것이다.

다른 한편 감각주의적 심리학주의는 치유될 수 없다. 심리적인 것 자체에 대한 그것의 진술들은 처음부터 실제적 진술이 아니고, 의식 삶 자체의 고유한 본질로부터 길어진 진술이 아니다. 지향성을 드러낸다는 것은 정신적으로 **이해한다**는 것이고, 인식과 그 형성물을 이해한다는 것이며, 특히 그 속에서 진리, 정당성의 형성물을 이해하는 것이다. 즉 구성적으로 형성하는 지향적 연관들을 방법적으로 드러냄으로써 지향적 형성물들을 이해하는 것이다. 학문적으로 기술적인 방식으로 이를 행하는 그것들을 학문적으로 이해하는 것이다. 다른 한편, 지향적 함축의 유형을 보고, 이해함의 요소들을 만들기를 아직 시작하지 않은 곳에서는 이해 가능한 어떠한 것도, 따라서 이해할 수 있는 어떠한 것도 존재하지 않는다. 그러나 심리학적 발생 또한 그 본질에 따라서 볼 때, 이해할 수 있는 발생이다. 그래서 필연적으로 모든 자연주의적 심리학은 그저 심리학적 발생의 외관적 설명만을 제공할 뿐이다.

3장

순수 의식에 관한 형상적 학문의 이념을 놓친 지표로서의 경험주의의 추상 이론

18강 보편적 본질의 직관적 자체소여를 오인함

위에서 우리의 비판의 특수한 기반은 물질적 실체들과 그 성질들에 관한 로크의 학설이었다. 또는 참된 외재성이 관념의 영역에서 내적으로 어떻게 제시되는지, 직접적으로는 그저 자신의 관념들의 백지만을 갖는 주체가 어떻게 그 백지 위에서 외재성의 상과 그 참된 존재에 대한 확신을 획득하는지 보이려는 로크의 시도였다.

같은 의미에서 그러면 우리의 비판은, 공간, 시간, 힘, 원인, 결과 등과 같은 자연 인식의 구성적 범주와 이어져 관계하는 로크의 상론들 전체 노선으로 계속될 수 있을 것이다. 그러나 이러한 방향으로 나아가는 것은 우리에게 중요한 관심사가 아니다.

로크가 언어와 사유, 진리와 지식, 학문 등을 다룬 장들, 그리고 로크의

추상 이론은 사정이 아주 다르다. 첫 번째 유형의 연구 뒤에, 즉 인식하는 의식 내에서 자연, 즉 그 자체로 존재하는 세계의 구성의 문제틀이 내재해 있다면, 이제 다루는 것은 특수한 로고스의 문제틀, 경험된 세계가 이론적 진리에서 규정되는 학문적으로 참된 현실성이 되기 위해 자신의 실재적 범주들과 함께 받아들여야만 하는 논리적 범주들의 형식적 뼈대이다.

여기서 이제 필요한 것은 영국 경험론에서부터 전체 근대 철학을 불운하게 규정했던 새로운 유형의 근본적 오류들을 드러내 밝히는 것이다. 그것들은 물론 고대 회의주의, 그리고 **홉스**와 더불어 소위 근대 경험주의로 흘러 들어오게 된 중세 유명론의 유산이며, 오래된 유전병이라고 할 수 있다. 우리의 새로운 주제는 올바르게 이해된 **플라톤적** 의미에서의 관념들과 관념적 법칙들을 알아보지 못함에 관한 것이다.

전통적 경험주의를, 말하자면 정의하듯이 특징짓는 것은 오직 개별적인 것들만 근원적으로 직관될 수 있다는 원리적 선입견이다. 보편성들의 직관적 파악 가능성을 부정하는 것은 그것의 가능적 존재를 부정하는 것과 손을 맞잡고 간다. 물론 올바른 사유는 직관적으로 입증되어야만 한다는 직관주의적 사상에 인도될 때, 직관적으로 표상되지 않는 것, 혹은 실제적 존재가 문제 되는 경우에는, 지각되지 않는 것은 존재할 수도 없다.

직관과 개별적 직관을 동일시하는 것, 그리고 자체 파악하는 직관과 지각을 동일시하는 것은 겉보기에만 자명한데, 이러한 동일시는 새로운 로크적 형태의 경험주의, 내재적 자연주의의 경험주의로 이행한다. 보편적 단어의 상관자인 개념적 본질들을 직시하는 것이 인정되지 않고, 다른 한편 그래서 그러한 본질들의 존재 자체가 인정되지 않는다. 직관적 인식의 총체는 의식의 서판에 제시될 수 있는 관념들의 전체다. 직관과 '지각' 내지 '경험'은 동일한 것이다. 바꾸어 말하자면, 이 서판의 자료들은 자연의 자료들과 꼭 마찬가지로, 시간적으로 개별적인 사실들이고, 외적 경험과 같은 종류의 것인 내재적 경험에서 주어지는 심리적으로 개별적인 것이다.

이러한 견해는 '보편적 관념들'에 관한 로크의 상세한 학설과 외견상 모순되어 보인다. 마찬가지로 직관적 인식과 논증적 인식에 관한 로크의 학설, 그리고 여기 근거해 경험적 학문과의 날카로운 구분 속에서 순수 논리학, 순수 수학과 순수 도덕에 대한 인정과도 외견상 모순되어 보인다. 그러나 더 자세히 살펴보면, 로크에게 추상적 관념이란 단지 서로 동일한 사물들의 다양체 중의 임의적 개별 사물에서 추출된 **개별적인** 단일한 계기일 뿐이다. 그리고 이러한 계기는 서로 동일한 사물들 모두에서 동등성 속에서 반복되는 것이다. 게다가 추상적 관념은 우리가 진술과 사유에서 유용성을 위해 이 계기에 부여하는 어떤 재현적 기능을 가리킨다. 예를 들어 여러 가지 사물들이 빨강으로서 서로 같다면, 우리는 모든 것에서 같은 방식으로 되풀이되는 일치의 계기를 (물론 개별적인 것인) 고유한 관념으로서 그 자체로 분리할 수 있다. 그러나 정신은 이 개별적인 것을 대표자나 견본으로 이용하는데, 이는 그러한 빨강의 계기를 마찬가지로 지니고 있는 모든 구체적인 사물들을 그에 따라 빨간 것으로서 사유하기 위해서, 즉 그것을 구체적인 견본 빨강과 같은 빨강의 계기를 지니는 사물로 사유하기 위해서다. 비로소 이것이 극도로 유용한 보편적 지칭, 그러니까 '빨강', '둥근' 등과 같은 보편적 단어의 형성과 사용을 가능하게 하고, 이에 따라 보편적 언명들을 가능하게 한다.

그러나 여기서 비교함, 추상함, 대표함, 규범화함의 작용과 같은 의식의 작용들이 아무리 끌어들여지더라도, 그리고 그 밖에 모으기, 관계 짓기, 결합하기, 구별하기, 동일화하기 등과 같은 심리적 작용들에 대해서 로크가 아무리 상세하게 다루더라도, 여기서나 모든 유사한 경우들에서 ~에 대한 의식으로서의 보편성—의식의 분석과 기술에 대해서는 아무런 언급이 없으며, 그것의 객관화하는 작업수행의 지향적 해명에 대해서는 아무런 언급이 없다. 지향성의 문제틀에 대한 이해는 전적으로 결여되어 있는 것이다. 그래서 로크는 또한, 보편적 사유의 기능 속에서, 이 기능의 특유의 방식으로 대상화하는 작업물로서 **독특한** 대상성들이 단계적 함축 속에서 자라난다는 사실, 더욱이 이러한 사유의 원본적 형식 속에서 근원적으로 직관적으로, 즉 직접적인 자체소여로서 자라난다는 사실을 인식하지 못한다. 로크는 감각적 지각함의 다양한 의식 체험들이 그 내재 속에서 수적으로 동일한 사물을 의식해 가질 수 있다는 기술적 진술에 이르지 못한다. 그리고 로크는 실재적인 것, 개별적 초재자가 허위가 아니라 문자 그대로 생생한 자체성 속에서, 지각에서 지각된 것으로서 등장할 수 있다는 사실을 알아차리지 못한다. 그렇다면 그는 완전히 유사한 것이 보편적 본질들과 관련하여 보편적 직관에, 플라톤적으로 말하자면, '관념들'에 적용되며, 마찬가지로 보편적인 사태나 관념의 관계의 통찰에 적용된다는 사실도 더더욱 알지 못한다. 이러한 사실은 전체 경험론에서 간과되었다. 로크의 추상 이론이 오늘날에 이르기까지 후대에 어떠한 변양을 겪었더라도, 의식적으로, 그리고 부정할 수 없는 의미로서, 모든 보편적 사유와 언명에 놓여 있는 것, 그리고 통찰적 언명들 속에 의심할 여지 없는 자체소여로 놓여 있는 것은 보이지 않은 채로 있다.

보편적 본질들 또한 대상이며, 대상으로서 의식적으로 사념되고, 그 밖의 대상들처럼, 특히 개별적 대상들처럼 올바르게 혹은 올바르지 못하게, 통찰적으로 혹은 비통찰적으로 진술된다. 그 밖의 대상들처럼, 개별적 대상들처럼 그것들도, 다른 것이 아니라 그것들을 사념하는 다양한 의식 속의 통일체들이고, 그 밖의 대상들처럼 경우에 따라서 그것들이 직접적 자체 파악으로 오는 탁월한 방식으로 의식된다. 그러므로 지각에서 지각된 사물들과 완전히 유사하게 말이다. 사물이 때로는 불명료하거나 공허하게 비직관적으로 의식되고, 때로는 자체 파악하는 지각이나 이전의 자체 파악을 다시 현전화하는 기억 속에서 의식될 수 있다면, 보편적인 것, 색이나 음 일반, 삼각형, 도형 일반과 같은 다양한 보편성 단계의 개념적 본질 또한 마찬가지이다. 그것은 때로는 불명료하게 생각되고 말해질 수 있으며, 때로는 명료하게 완전한 직관 속에서 그것 자체로서, 존재하는 보편적인 것으로서 직관되고 파악될 수 있다. 그리고 여기서 또한 상응하는 동일화 종합 속에서 명증적인 것은, 한 번은 이렇게 다른 때는 다르게, 어쨌든 상이한 분리된 체험들 속에서 의식된 것은 수적으로 동일하게 하나의 동일한 것이라는 점이다. 이 동일한 것은 경우에 따라서 한 번은 한갓 추정된 것일 수 있고, 다음에는 그 자체로 주어진 것일 수 있다. 여기서 또한 추정된 것을 자체 파악된 것으로 되돌아 이끄는 충족 종합은 미리 사념된 것의 올바름을 드러내는 증명적 확증의 종합이다. 그리고 여기서 또한 자체부여하는 직관으로의 되돌아감 속에서 사념은 충돌 속에서 산산조각 날 수 있다. 가령 사념된 정십면체[42]가 존재하지 않음이 드러날 수 있다.

동일한 것에서 종합적으로 합치하는 체험들은, 그것들이 보편적인 것을 생각하고, 보편적인 것에 대한 직관으로서 보편적인 것을 자신 안에 원본적으로 지닌다는 사실을 통해, 가령 내실적 단편과 같은 것을 공동으로 갖게 되는 것이 아니다. 동일한 사물에 대한 경험들로서의 다수의 사물 경험

..

---

42 루돌프 뵘(Rudolf Boehm)이 편집한 후설 전집 원문에 삼각형(Dreieck)으로 잘못 표기되어 있다. 루프트(Sebastian Luft)와 네이버하우스(Thane M. Naberhaus)에 의해 번역된 영역본 역주에서도 지적되었다.

들과 마찬가지로 그렇다. 다만 보편성에 관한 의식의 측면에서는 명백한 차이가 있다. 체험들 자체는 당연히 개별적으로 내재적인 자료들이지만, 체험들이 자신 안에서 지향적으로 사념하거나 그것 자체를 갖게 되는 보편적인 것은 개별적인 것이 아니고 바로 보편적인 것이다. 그래서 참된 실제적 의미에서 보편적인 것을 생각함, 보편적인 것을 표상함, 보편적인 것을 직관함이 존재한다는 것은 극단적인 플라톤주의를 고안해내는 것이 아니다. 우리가 의식에게 묻고, 그것도 절대적 명증 속에서 의식 자체에 사념과 작업수행으로서 놓여 있는 것에 따라 묻는 한에서, 의식 자체가 우리에게 주는 학설이다.

명증, 통찰에 대해 많이 이야기하지만, 지향적 기술의 방식에서 명증의 의식에게 묻지 못하며, 명증 의식을 그 본질에 따라 존재하는 바대로 인식하지 못하는 — 그래서 근원적으로 본래적인 사유, 즉 여기서는 능동적으로 그것 자체를 형성하는 사유의 과정에서 그것 자체로서, 말하자면 생생하게 의식되는 대상성들에 관한 자체부여 내지는 자체 파악을 인식하지 못하는 — 일반적인 전통의 의미들에 머물러 있는 한, 어떠한 이성 이론도, 어떠한 철학도 학문적으로 가능하지 않다. 그러나 자체 주어진 것들에 대한 파악은 직접적인 직관과 동일한 것이다. 그리고 만약 누군가가 (실제로 그랬듯이) 다음과 같이 말한다면, 이는 직관 개념 및 직관의 직접성의 이러한 확장에 대한 어리석은 반론일 것이다. 즉 누군가가 "사유는 직접적인 직관과 대비되는 간접적 의식이다. 직관은 수동성을 의미하고, 주어진 것을 그저 받아들임을 의미한다. 그러나 사유는 그와 같이 주어진 것으로부터 나아가는 다양한 능동성이다. 그러면 우리는 가령 개념 형성, 심지어 추론, 그리고 증명과 같은 것을 간접적이라고 부르기를 중단해야 하는가?"라고 말한다면 말이다. 이러한 반론은 어리석은 것이라고 나는 말한다. 외적 경험의 유형에서와 마찬가지로, 그것의 '수동성'도 자신의 다양한 함축을 가진다. 가령, 경험적 대상이 '직접적으로' 직관된 것이고, 자체 주어진 것인 동안에, 그것은 변화하는 지각함 속에서, 그리고 시간적 잇따름 속에서 다양한 통각들을 종합으로 가져온다. 이와 마찬가지로 사유에서도 비슷하다. 내가 반복해서 상세히 설명했듯이, 종합적 작용 통일체에 결합되어 있는 작용들의 다양체가 대상의 통일체를 의식하기 위해 여기에 속한다. 이 작용들이 본래성과 근원성의 형식을 갖는다면, 작용들은 산출하면서 이러한 산출 속에서 자체 주어진 것인 대상의 통일체를 구성한다. 능동적 종합의 이러한 전체 구조는 여기서 자체부여의 통일체이고, 여기서 문제시되고 있는 대상적인 것들 — 가령 추론하는 결과나 전체 증명 연관, 전체 이론의 대상적 통일체 — 의 직접적인 직관적 의식을 수행한다. 신조차도 실제적 산출의 이러한 작용 연관을 수행할 때만 그와 같은 것들을 직접적으로 부여할 수 있을 것이고, 사유할 때만, 그리고 사유의 결합 통일체가 요구하는 이 모든 것을 결합 속에서 사유할 때만 사유를 가질 수 있을 것이다. 모든 종류의 대상성은 자신의 주어짐의 직접성을 갖고, 자신의 직관의 방식과 자체부여하는 명증의 방식을 갖는다. 그러나 이렇게 하는 대신, '자연의 빛(lumen naturale)'[43]이라는 중세의 표현이 이미 비유적으로 의미했던 것을 사람들은 수 세기 동안 본래적으로 넘어서지 못했다. 즉 빛과 같은 신비로운 성질, 그러니까 사유의 필연성의 '느낌' 등이 명증적 사유의 특권을 형성한다는 생각을 본래적으로 넘어서지 못했다. 그러면 이러

⁙

43 이 표현은 중세 시대에 사상적인 빛이나 지성적인 깨달음을 나타내기 위해 사용되었다. 중세 철학자들은 이 표현을 통해 하나님의 지성이 인간에게 비춰지는 것을 설명하고자 했다. 이 개념은 중세 철학과 신학에서 널리 다루어졌는데, 중세 철학자인 토마스 아퀴나스는 '자연의 빛'을 이성과 신앙 간의 조화로 이해한 바 있다.

한 두드러짐이 왜 **진리**를 지시해야 하는지 그 근거에 관한 물음이라는 부조리한 문제가 등장한다. 그래서 데카르트가 신의 성실성(*veracitas*)[44]에 호소한 이래, 우리는 여전히 오래된 곤경에 처해 있다.

19강 직관 관념을 확장할 필요성

개별적인 현재적인 것에 대한 지각이나 개별적인 과거에 대한 기억의 정확한 유사물로서 우리가 사용하는, 보편자의 직관적 파악함과 특히 관계해서 보자면 확실한 것은 보편적인 직관을 하는 동안에 구체적인 개별 직관들이 의식의 장에 놓여 있으며, 구체적인 개별적 직관들은 보편적 직관의 필수적으로 기능하는 토대로서 보편적 직관에 함께 속한다는 사실이다. 이 경우 또한 다음의 사실이 확실하다. 즉 여기서 개별 직관이 수행되는 방식, 가령 빨강 일반의 직관에서 빨간 개별 사물이 의식되는 방식은, 개별 직관이 그러한 기능 속에 있지 않으며, 자신의 토대 위에서 보편적인 것을 끌어내 형성하고 직관하여 파악하는 데 기여하지 않는 경우와는 본질적으로 다르다. 왜냐하면 그 밖의 경우에는 개별적인 개별 사물이 '거기에 이것'으로서 파악되고, 생각되고, 정립된다면, 이제는 보편적인 것, 빨강 일반이, 그리고 단지 '이것'이 생각되고, 존재하는 보편적인 것으로서 직관되고 파악되기 때문이다.

의식 자체와 의식의 지향적 내용에 대한 시점을 벌써 획득하고, 이러한

∴

44 '신의 성실성'은 데카르트 철학에서 전제되는 개념이다. 신의 성실성에 대한 믿음은 하나님이 참되고 온전한 존재이며, 모든 사실과 진리의 원천이라는 믿음을 나타낸다. 데카르트는 인간의 이성에 대한 신뢰의 근거를 완전히 선하신 신의 성실성에서 찾았다. 또 데카르트에게서 신의 성실성에 대한 호소는 외부 세계의 존재 증명에 이용된 것으로도 유명하다.

시점에서 그러한 진술을 행한 우리는 이제 이후의 진행을 분명하게 밑그림 그린 셈이다. 이제 이러한 다양한 의식의 방식을 서로 대비하여 특징짓고, 개별적으로 직관하는 의식이 어떠한 변경을 경험하는지, 어떠한 방식으로, 어떠한 구조를 통해 '보편적인 통찰적 직관함'이라고 하는 이러한 새로운 작업수행을 실행하는지를 분석적으로 기술하는 일이 우리의 과제가 될 것이다. 이때 고려되어야 할 것은, 명료성이나 직관성의, 어디에서나 그렇듯이 여기에서도 가능한 완전성 단계 및 그 특성이다. 그리고 결국 고려되어야 할 것은, 중요한 비직관적 사유와 그 양상, 그 방식이다. 그러니까, 한갓 비어 있는 예견 속에서 사념하면서 비직관인 의미, 추정된 보편성을 구성하는 방식이다. 그러나 물론 이제 또한 그 속에서 사유 속의 보편적인 것이 생각되고, 통찰적인 사유 속에서 그 자체로 직관되고 주어지게 되는, 본질적으로 함께 속하는 가장 보편적인 형태들이 충족되어야 할 것이고, 또한 그저 특수한 영역에서만 등장하는 특수 유형들 또한 충족되어야 할 것이다. 빨강은 색깔의 종이고, 삼각형은 직선 도형이라는 유의 종이라고 내가 판단한다면, 종과 유들은 '~에 대한' 대상들, 즉 기체 대상들이다. 그러나 삼각형 일반, 그러니까 각각의 모든 삼각형의 각의 합이 180도라거나 하나의 빨간 끈이나 복수의 빨간 끈들이 바람에 펄럭인다고 내가 판단한다면, 나는 보편적인 '어떤'이나 '일반적' 대신에 특정한 것을 — 마찬가지로 보편성의 형식이지만 — 생각한 것이다. '그 빨강', '그 어떤 빨강', '각각의 모든 빨강'이라는 이 모든 것에는 공통적인 무언가가 내재해 있으나 의식의 방식은 서로 다르고, 그렇다면 근원적으로 명증적인 자체부여의 방식도 서로 다르다.

'순수한 직선 혹은 이념적 직선'과 같은 탁월한 형태의 보편적인 것, 그러니까 기하학적 개념이나 본질의 '이념적' 순수성 일반과 관계하는 연구는 완전히 다른 방향에 놓여 있다. 이러한 보편성은 가령 식물학의 기술적인 일반적 개념 — 예를 들어, '포도 모양의', '산형화서의', 또한 '원형의', '타원형의'와 같은 말들이 표현하는, 마찬가지로 물론 직관적으로 파악될 수 있는 유형들 — 에서 나타나는 개념적 보편성들과 대비된다. 여기서는 모든 기하학적 이념성들이 철저히 멀리 있고, 생각 밖에 있게 된다. 공간 형태들에서뿐만 아니라 모든 개별적이면서 그러한 것으로서 유형화될 수 있는 영역들도 마찬가지이다. 이념적 개념과 유형들은 비록 그것들이 어떠한 개별 사물도 아닐지라도, 자신의 방식에서 보이고, 자신의 방식에서 도형적으로 제시된다. 보편적인 것의 이러한 모든 특수 형태들에 대해서 그것을 구성하는 의식의 해명이라는 유사한 문제가 제기되고 해결되어야 한다.

의식을 의식으로서 파악하고 기술하는 법을 배운 사람들에게는 끝없이 진보하는 문제틀이 이와 같이 제시된다.

로크 이래의, 경험주의적 추상 이론은 완전히 다르다. 경험주의적 추상 이론은 실제적으로 명증적인 직관적 사유에서 필수적으로 기능하는 개별 직관들을 가리키고, 그 너머에 한갓 재현 이외에는 아무것도 없다고 말함으로써, 보편성 의식과 보편적인 것 자체를 요술처럼 없애버린다. 예를 들어, 보인 삼각형 혹은 허구의 삼각형은 기하학적인 직관적 사유 작용에서 모든 임의적인 삼각형에 대한 재현으로서 봉사한다. 그러나 이러한 '한갓 재현'이란 무엇인가? 정확히 보자면, 우리가 해당하는 통찰적 사유함 자체를, 가령 우리 예에서는 '삼각형 일반'을 붙잡는다면, 그것도 직접적 반성 속에서 그것에게 물어질 수 있는 대로 그것 자체를 붙잡는다면, 이러한 재현은 다름 아닌 부정되었던 보편적 직관함 자체다. 이 경우에는 재현이라는 모호한 말이 거의 적합하지 않을지라도 말이다. 그러나 이것을 이론적으로 보지 못하게 하는 것이 자연주의적 태도다. 경험론자도 물론 그것을 체험하고 어떤 방식으로는 보지만, 그것을 타당하게 두지 않는다. 사람들은 자연과학적 설명의 전형에 현혹되어 어디서나 같은 방식으로 설명하고자 한다. 사람들은 내적 경험의 영역을 그에 속하는 설명적 자연법칙을 가진 닫힌 사태 영역처럼 간주함으로써, 인식론적 근원의 문제, 즉 모든 종류의 대상성을 구성하는 의식의 해명의 문제에 자연적이고 인과적인 설명의 문제를 밀어 넣는다. 의식의 지향성과 그 작업수행을 이해할 수 있게 만드는 내용들을 되돌아 직관하면서 고찰하고, 분석하며 직접적으로 기술함으로써 초월론적인 순수한 자기 인식을 수행하는 대신에, 사람들은 자연적으로 오해된 내적 경험에 토대하여 심리학적-인과적 구축물들에 빠져든다. 보편적인 소여들과 보편성 의식의 영역에 대해서도 마찬가지로 그렇다. 그리고 이때 그러한 모든 구축물들은 거기에 부착된 외견상의 설명을 끌어들이는데, 이는 그것의 의미 내용이 인과적으로 가정된 것들과 애매하게 섞여 있는 이론적으로 경시된 의식에서 비롯된 것이다.

　　로크의 추상 이론뿐 아니라 아주 유명한 **버클리**의 이론, 그리고 후대의 모든 이론이 지니는 원리적 잘못은 하나의 개별적인 지점에 대한 사유에 해당하는 것이 아니다. 같은 방식으로 오히려 로고스의 전체 영역에 해당한다. 그래서 각각의 모든 사유의 작업수행, 각각의 모든 이론과 학문이 이해할 수 없게 되었다. 심지어 더 나아가, 그 귀결을 볼 수 있는 사람들에게는 모든 학문의 가능성이 원리적으로 폐기된다. 백지-심리학주의와 경험주의는 사유에 대한 자신의 이론을 통해 (비록 숨겨져 있을지라도) 이미 극단적인 회의주의이며, 그 어떤 형식이든 모든 진정한 회의주의에 독특한 생각 가능한 가장 철저한 불합리라는 비난에 내맡겨지게 된다. 즉 우리가 그 이론에 귀결적으로 포함된 것을 드러내 밝힌다면, 자명해져야만 하는 것은, 그 이론은 그 이론의 내용을 통해 모든 사유의 작업수행의 가능성을 일반적이고 원리적으로 부정하게 된다는 사실, 그리고 이를 통해 그 이론이 자기 자신의 사유 행위에서, 가능적이고 실제적으로 성취된 작업수행으로서 자기 자신의 이론의 형태 지음에서 사용하는 것을 부정한다는 사실이다. 말하자면 직업적 회의주의자인 **흄**조차도 다른 관계들 속에서 경험주의의 회의주의적 귀결을 드러내긴 하였지만, 보편적인 사유와 관련해서는 철저한 회의적 귀결을 보지 못했다. 그의 회의적 이론의 영향력을 빼앗지 않고, 그 이론이 처음부터 근거 없고 우스꽝스러운 것으로 보이지 않게 하기 위해, 그가 이러한 귀결에 대해 의도적으로 침묵한 것이 아니라면 말이다. 어쨌든 **로크**와 내적 경험에 대한 모든 그 밖의 자연주의자들은 그들이 사유, 그리고 학문적 사유의 작업수행을 포기하지 않았고, 그저 그것들을 심리학적으로 해명했으며, 이해할 수 있게 만들었을 뿐이라고 정직하게 생각했다. 그리고 이것은 특히 순수한 이성적 학문에서의 순수한 사유의 작업수행에 대해서도 그러했다.

여기서 수 세기의 비판이 근본적으로 실패했기 때문에, 원리적인 근본적 지점에서, 즉 공리적 인식과 진리에서 회의주의적 상황을 드러내는 것이 아주 중요한 일이 될 것이다. 그러니까 우리는 여기서, 달리 말하자면, 흄 자신이 자신의 회의주의적 논변의 토대로 사용한 것으로서 '관념들의 관계에 대한 인식'이라는 명칭으로 역사적으로 유명해진 **흄**의 학설을 비판한다. 그러나 본질적으로 이 학설은 **로크**에서 유래한 것이다.

가령 "빨강은 초록과 다르다", "2는 3보다 작다"와 같은, 관계들에 대한 보편적 명제들로 간주할 수 있는 명제로서 더 낮거나 높은 보편성에 관한 어떤 명제들은 직접적이고 완전히 명증적이다. 경험주의적 이론의 교리에 의하면 오직 개별적인 것만 직관적으로 주어지고 실제적으로 존재한다. 그래서 이에 따르면, 나는 그러한 보편적 명제들을 통찰하면서 단지 개별적 자료들의 개별적 관계들만을 그때그때 실제로 부여했던 것이다. 일반적인 것, 그리고 관계들 일반에 대한 봄이란 존재하지 않는다. 그러나 무엇이 이제 우리에게 그러한 보편적 명제들을 주장할 권리를 부여해야 할까? 신화적 재현을 관계적 사태의 보편성으로 전이시킨다면, 신화적 재현이 여기서 무언가 도움이 될까? 만약 그것이, 보편적인 것 자체는 그 자체로 직관되지 않는다는 주장과 결합되어야만 한다면 말이다. '이 빨강과 이 초록'이라는 개별적으로 보인 관계를 임의의 유사한 경우들에 대한 — 여기서 문제시되는 의미에서 — '재현'으로서 내가 사용할 수 있다는 사실을 나는 어떻게 아는가? 내가 언제 빨강을 표상하든, 그리고 어디서 초록을 표상하든, 해당하는 관계가 불가피하게 존립한다는 사실은 그러한 명제들의 의미에 놓여 있다. 보이거나 상상적으로 직관적인 빨강, 그리고 바로 그러한 초록의 본성에, 인간적인 의식에서 함께 주어져 단지 이러한 관계적 결합에서만 나타날 수 있다는 사실이 속해 있다고 해석한다면, 우리는 어디서 그리고 어떤 귀납을 근거로 이러한 심리학적 법칙이 제시되는지, 그리고 어디에서 경험주의자들이 자연법칙으로서 그것에 대해 무언가를 알게 되는지를 묻고자 하지도 않을 것이다. 어쨌든 공리가 이야기하는 것을 단적으로 판단하고 통찰하는 사람은 영혼에 대해, 현재, 그리고 모든 과거에 속하는 자신이나 타인의 영혼에 대해 이야기하지 않으며, 또 심리학적 법칙에 대해서도 이야기하지 않는다. 오히려 그는 단지 그가 아주 직접적으로 보고 통찰한 것에 대해서만 이야기하는데, 그것은 아주 단순한 것으로, "빨강은 초록과 다르다"와 같은 것이다. 심리학적 법칙을 끌어들이면 언제나 공리의 의미가 완전히 변화하는지 명료하지 않다. 게다가, 관계 지점이 의식될 때마다 그러한 관계적 결합이 나타난다는 것이 영혼의 자연법칙이라면, 주어진 개별 경우에서는 단지 **개별적인** 관계만 있어야 할 것이고, 문제시되는 것은 한갓 개별적인 경우가 어떻게 가능한가가 아니라 보편적인 법칙에 대한 앎과 공리적인 법칙에 대한 앎이 진정한 앎으로서 어떻게 가능한가 하는 것이 될 것이다.

근본적으로 그것은 언제나 동일한 방법인데, 이 방법은, 바로 서판 자체에, 즉 내적 의식 자체에 의식의 작업수행으로서 등장해야만 할 모든 것을 알고 사유하면서 수행하는 어떤 주체를 의식의 서판 뒤에 세우는 방법이다. 사람들은 이것을 억지로 해석하여 없애버리고자 한다.

그래서 우리는 이러한 경험주의가 단지 가짜 직관주의이거나 가짜 경험주의임을 안다. 왜냐하면 직관에서 길어 오지 않은 어떠한 것도 진술하지 않는다는 자신의 원리를 경험주의가 실행한다는 것은 단지 가상일 뿐이기 때문이다. 이러한 경험주의가 경험으로, 자체 파악하는 직관으로 되돌아가서 사물과 사태에 대해 진술된 모든 것을 평가한다는 것은 단지 가상일 뿐이기 때문이다. 공리적인 사유와 이성적 사유에 대한 심리학주의적 해석에서만 ― 이러한 해석을 진지하게 고려한다면, 그것은 그것의 공공연한 거부로 이끌어야만 할 것이다 ― 우리가 저러한 사실을 확신하는 것이 아니다. 이때, 그러한 해석 안에 놓여 있는, 그리고 모순율과 같은 순수 논리적 공리의 인식과 타당성조차 그것으로부터 영향을 받는다는 사실에 의해 가장 극단적인 형태로 그러한 해석 안에 놓여 있는 부조리한 회의만을 확신하는 것도 아니다. 아니, 우리는 또한, 근본적으로 경험주의에 따르면 개별적인 것에 대한 판단의 가능성조차 우리에게 이해할 수 있게 획득되지 않는다는 사실도 확신한다.

우리는 다만 다음의 사실에 유의해야 한다. "이 음은 저 음보다 높다"와 같은 개별적 언명은, 통일적 언명 의미를 지닌다. 내가 그것의 진리를 직접적으로 인식하는 것은, 내가 언명되는 것 자체, 즉 사태 자체를 직접적으로 인식할 때다. 우선은 여기서 '음'과 '더 높음'이라는 개념은 언명 의미의 존립 요소 부분으로서, 그리고 직관에 맞추어 재단될 때는 언명된 사태 자체의 존립 요소 부분으로서 나타난다는 사실이 강조되어야겠다. '음'과 '더 높은'이라는 말의 의미는 의미에 적합하게 직관을 통해 충족된다. 그러나 두 개의 음과 이 둘의 감각적 결합에 관한 한갓 감각적 경험을 통해 충족되는 것이 아니다. 직관적 충족은 바로 보편적인 것의 개별적 예로서의 이러한 감각적인 개별자와 관계한다. 그러나 보편적인 것에 대한 회의는 개별적인 경우들에서 보편적인 것을 폐기한다. 그리고 개별적인 언명은 함께 사념되는 개념적인 보편성들 없이는 생각될 수 없기 때문에, 이것만으로도 벌써 경험주의는 개별적인 것에 대한 단칭 언명조차 이해할 수 없게 만들고 불가능하게 만든다는 사실을 인식하기에 충분할 것이다.

그러나 또한 다음의 문제가 더 큰 관심사이다. 언명의, 그래서 개별적 언명의 문법적 형식 전체, 그러니까 주어 형식과 술어 형식, '이다'와 '아니다', '그리고'와 '혹은', '만약'과 '그렇다면' 등과 같은 것은 어떤 사정에 있는가? 우리는 통상적인 말로 이렇게 이야기한다. "나는 이 집이 빨간 지붕을 갖고 있음을 본다, 나는 이 음이 저 음보다 높음을 듣는다." 그리고 우리는 집, 지붕, 음 자체를 봄이나 들음에 대해서만 이야기하는 것이 아니다. 자연에는 사물들이 있다. 그러나 자연에 주어 형식과 술어 형식을 지니는 이러한 사태가 존재하는 것은 아니며, '더 높은'이라는 관계, 다른 한편에서는 다른 것으로서 '더 낮은'이라는 반대 관계가 존재하는 것은 아니다. 이것들은 각각의 경우에 전체 명제의 직관적인 것 속에 있는, 사태 속에 있는 그 자체로 다시 비자립적인 계기다. 실제로 '경험함'이라는 것은 단순히 개별적인 자료들을 경험함이 아니다. 경험함은 자체부여, 자체 파악, 자체 가짐의 의식이고, 그것도 일반적으로 생각되거나 그 어떤 의식 형태들 속에서 생각될 수 있는 것, 그리고 개별 형식들을 지니는 무수히 많은 언명 형태들 속에서 생각될 수 있는 것, 그러고 나서는 이러한 의미 형성 속에서 정확히 주어지고, 자체 직관되며, 참되게 존재하는 것으로서 파악될 수 있는 것에 관한 의식이다. 의식적 생각함에, 경우에 따라서는 완전히 비직관적인 생각함에, 모든 형태 속에서 정확히 맞추어 재단되는 직관 관념의 이러한 확장 없이는, 인식 상황, 그리고 인식과 참된 존재에 대한 이해를 기술한다고는 결코 말할 수 없다.

모든 선입견을 제쳐놓고, 경험이나 직관을 명증, 엄밀한 의미에서의 인식과 동일시할 때만, 그리고 이러한 확장된 '경험'이 다름 아닌 생각된 것을 생각된 대로 정확히 자체 파악함임을 깨달을 때만, 우리는 인식함을 이해하는 것에 대해 진지하게 생각할 수 있음이 분명하다. 그리고 단적인 비개념적 경험의 세계뿐만 아니라 논리적 객관성, 그래서 자신의 모든 실재적이고 이념적인 형태들을 지니는 모든 종류와 단계의 객관성이 어떻게 우리에게 의미와 증명 가능한 존재를 지닐 수 있는지 이해하는 것에 대해 진지하게 생각할 수 있음이 분명하다. 의식은 자기 자신 안에서, 자신의 본질 형태들 속에서 의미를 만들어내고, 그것도 충족되지 않은 사유 지향에 대한 가능한 충족 ─ 자체부여의 형태 내지는 그러한 형태에 '맞추어짐' 속에서의 충족 ─ 의 형태로서 명증의 형태들 속에서는 가능한 의미와 참된 의미를 만들어낸다.

고대 회의주의로부터, 그리고 그 계속적 영향 속에서 근대 경험주의로부터 몹시 끈질기게 강요되는 문제들을 인식의 가능성과 의미에 따라 해결하려고 하고, 물론 그 이전에 벌써 그 문제들을 혼동, 모호함, 모순에 가득 찬 불명료함들로부터 해방시키며, 그것들을 모든 객관주의적 문제들에 대립시켜야 할 진정하고 순수한 문제들로 변화시키는 데 유용할 수 있는 유일하게 가능한 방법은 우리의 비판적 분석에 근거해볼 때 분명하다. 그것은 다름 아니라, **데카르트적** 토대로, 순수한 인식 주관성과 그 순수한 의식으로 되돌아가고, 의식 자체를 그것의 명증적으로 고유한 의미에 따라서, 그리고 그것의 가능적 의미 충족이나 명증—여기서 모든 종류의 객관성이 자체 파악함 속에서 파악된 자체로서 근원적으로 의식에 적합하게 구성된다—의 본질 형태들에 따라 묻는 그러한 방법이다.

그러나 이뿐만이 아니다. 아직 더 큰 발걸음이 필수적인 것으로서 입증될 것이다. 가능한 인식에 대한 물음, 즉 근원적인 의식 구성의 방식에 대한 해명은 역사적으로, 개개의 대상들과 그것들에 대한 의식에 적용되는 물음들로서 등장하지 않았다. 자체 존재하는 사물들 **일반**에 대한 경험과 지식 **일반**의 가능성은 회의주의적 부정들을 통해 수수께끼가 되었다. 후에는, 보편성 의식 일반, 그리고 관념 일반, 진리 일반에 관계하는 명증 일반의 존재 방식도 마찬가지 사정이었다. 여기서 아주 분명한 사실은, 만약 우리가 수학적 관념이나 순수 명제 논리학의 관념들 같은 순수한 관념들을 갖는다면, 대상적 측면에서의 순수한 보편성도 마찬가지로 의식의 측면에 대한 순수한 보편성을 수반해야만 한다는 사실이다. 바꿔 말하자면, 우리는 초월론적 의식이 그 근본 형태들과 초월론적 작업수행들 속에서 **본질 직관**의 방법으로, 또 우리가 말할 수 있듯이, 순수하게 파악된 **플라톤적 방법**으로 고찰될 수 있고, 또 그래야만 한다는 사실을 깨닫게 될 것이다. 대상성 일반의 유 또는 수학적 형식에 관한 모든 순수한 관념은 그와 같은 성질이나 형태의 대상성과 관계하는 의식 방식에 대한 형상적 문제들을 되돌아 지시한다. 그리고 이때 이러한 의식 방식 자체가 형상적 보편성에서 생각되고, 실제적 연구에서 형상적 방법으로 '관념들'로서 입증되어야만 한다.

그래서 여기서 경험주의 비판으로부터 뚜렷이 그려지는 것은, 순수한 '내적 경험'에 근거한, 주관성에 관한 완전히 다른 학문에 관한 사유이다. 이 학문은 자아 일반, 가능한 순수 의식 일반, 가능한 의식 대상성 일반에 관한 형상적 학문이다. 이때 모든 사실성은 배제되고, 오직 자유로운 가능성의 범위 내에 가능성들 중 하나로서 포함될 뿐이다. 더구나 더 깊이 들어가면 개별적 대상과 개별적으로 규정된 의식, 가령 이 사람과 이 세계에 대해 제기될 수 있는 모든 초월론적 물음은 하나의 특정한 자연 사물, 그리고 특정한 자연 일반과 관계하는 기하학적 물음처럼만 다루어질 수 있고 또 다루어져야 한다는 점이 밝혀진다. 이는 다음을 의미한다. 즉 필요한 방법은, 개별적인 경우가 선험적 보편성의 개별적 경우로서 고찰되고, 그래서 그 문제가 사실의 영역으로부터 순수 가능성과 그것의 선험성의 영역으로 옮겨지는 그러한 방법이다. 초월론적 철학은 **우선** 그리고 필연적으로는 선험적 학문이고, **그다음에** 사실에 적용된다.

그것이 무엇을 의미하는지는 아직 여기서 상론할 수 없다. 어쨌든 물론 아직 아주 멀리 있긴 하지만, 우리에게 밝혀진 것을 진술해보자. 그것은 순수 주관성과 그것의 순수한 의식 삶에 관한 보편적 학문의 이념, 그러한 삶의 이념적 가능성과 그러한 삶 속에 이념적 가능성에 따라 구성되는 대상성의 총체를 형상적으로('선험적으로') 체계적으로 연구하는 학문의 이념이다. 요컨대 에고 코기토에 관한 **형상적 학문**의 이념이다.

3부

버클리와 흄, 그리고 독단적 합리론을 통해 현상학의 회의적 예비 형태가 형성됨

1장

로크로부터 버클리의 순수 내재적 철학의 급진적 귀결로

20강 로크와 그 후계자들을 통한 회의주의 부활의 긍정적인 역사적 의미

로크의 철학에 대한 우리의 비판은 우리가 로크 철학에서 강요 없이, 그리고 그 어떤 이후의 전개를 선취함 없이 그것 자체에서 입증될 수 있는 것을 입증했던 한, 자연스러운 결말에 이르렀다. 우리는 줄곧 어떤 거리를 두고 비판을 수행해왔다. 그래서 우리의 비판은 로크를 통해 근거 지어진 새로운 유형의 모든 철학에 대한 비판이 되었다. 충분한 근거에서 우리를 그토록 오랫동안 사로잡았던 것, 소위 내재적 철학 혹은 내재적 '실증주의'로의 그것의 계속되는, 그저 일관적인 발전 속에서, 여전히 우리를 계속 사로잡는 것은 바로 근대 철학의 이미지 전체를 본질적으로 규정하는 이러한 새로운 유형, 즉 인식론적 '백지' 심리학주의이다. 이러한 발전은 로크의 천재적인 두 후계자, **버클리**와 **흄**에게 연결된다. 로크는 이 두 사상가와의 분리할 수 없는 역사적 통일성 속에서, 말하자면 이들에게서 완성되면서, 생동하는 철학적 현대의 정신의 주요한 원천 중 하나가 된다.

그러나 바로 이러한 원천이 우리의 관심을 끄는 것은, 무엇보다도, 우리의 이념사적-비판적 고찰의 전체 과정과 의미에 따라서다. 왜냐하면 이러한 고찰에서 우리에게 중요한 문제는 다름 아닌, 그것이 참된 철학이 되고자 하는 한에서 모든 철학에 발전의 충동으로서 살았고, 그것이 참된 방법이 되고자 하는 한에서, 모든 철학적 방법에 발전의 충동으로서 살았던, 수 세기를 관통하는 동기부여의 통일성을 드러내 밝히는 것이기 때문이다. 몇몇 철학들에서는 잠시 상대적으로 만족하면서, 그러나 결코 최종적으로 만족되지는 못한 채로, 철학은 언제나 새로운 방법적 숙고로 추동된다. 철학은 언제나 새로운 방법적 형태를 띠지만, 그럼에도 결코 목표에 이르지는 못한다. 철학은 결코 그 목표에 이르지 못하는데, 그 목표란 참된 방법의 힘에서 나오는 참된 생성의 참된 시작을 의미하는 것이다. 그러나 여기서 참된 방법이란 철학의 의미를 유일하게 충족하고, 철학이 유일하게 요구했던 것으로서 절대적으로 의심할 수 없는 명증 속에서 이해되고 고찰될 수 있는 그러한 방법만을 뜻할 수 있다.

철학은 절대적으로 정당화되는 학문으로서의 그 방법적 주도 이념에 따라서 볼 때, 객관적-이성적 학문이라는 일찍 자라난 방법적 이상 속에서 결코 충분함을 발견할 수 없었으며, 철학은 오히려 방법적 절차의 완전히 새로운 종류의 방식을 요구했다는 사실, 그리고 그와 같은 방법적 수단 없이는 철학, 그리고 진정한 학문 일반은 결코 생겨날 수 없었으며, 생겨나기를 시작할 수조차 없었다는 사실을 이해하는 것이 중요하다. 모든 철학이 뿌리박고 있는 인식 상황의 본성에 근거하는 어떤 장애물이 순수 의식을 향하는 시선 방향으로부터 정신의 눈을 딴 데로 돌려놓고, 모든 근거

놓는 작업이 행해져야만 하는 지정된 작업의 장소로부터 딴 데로 돌려놓는다는 사실을 드러내는 것이 중요하다. 더 나아가 명증적인 지향적 존립 요소의 파악을 방해하고, 그래서 작업이 수행될 수 있는 유일한 곳인 진정한 지향적 방법의 형성을 방해하는 장애물을 드러내야만 한다. 물론 생성 중인 철학이 이러한 순수 의식의 영역을 점차 알아차렸던, 다음으로는 그 영역을 필연적 작업의 장소로 인식했던, 그러면서도 우선은 그 독특한 본질과 고유한 작업의 방식을 보지 못한 채로 있었던 발전의 단계들을 명확히 할 필요가 있다. 그러니까 그것을 보지 못한 채로 있었던 것은, 지난 수십 년간 참된 방법과 진짜 철학의 최초의 시작으로 궁극적으로 돌파할 때까지였고, 그것도, 내가 확신하다시피, 새로운 현상학의 형태 속에서 돌파할 때까지였다.

그래서 우리는 **로크**가 우리의 맥락에서 완전히 특수한 역사적 의미를 지닌다는 사실을 이해하게 된다. 로크는 여전히 아주 지루하고 장황할지 모른다. 그는 과도하게 그렇다. 로크에게는 형이상학적인 깊은 의미와 세계관의 직관이 아직 부족하고, 마음을 드높이는 모든 것, 또는 고투하는 인류의 삶에서 세계 운명의 비극을 마음에 상기시킬 수 있는 모든 것이 부족할지 모른다. 또 그와 그 학파의 경험주의는 모든 시대에 느껴졌던 것처럼 반감이 드는 것일지 모른다. 그러나 그럼에도 불구하고, 로크의 철학은 그 본래의 유형에서나 더 나아가 내재적 철학으로 계속 발전된 유형에서나 참된 방법으로 가는 가시밭길 위의 필수적 도정이었다.

우리가 증명할 수 있듯이, 로크의 철학은 ― 물론 자기 자신에게는 숨겨져 있을지라도 ― 하나의 회의주의다. 이 회의주의는 비록 모든 방향에서는 아닐지라도, 계속되는 발전에서 실제로 드러났고, 이제 **흄**의 회의주의로서 커다란 요구를 새로운 철학에 제기한다. 그것은 모든 극단적 회의주의에 필수적인 형식으로, 즉 보다 높은 의미에서 회의주의를 참이 되게 하는 형식으로 회의주의를 극복해야 한다는 커다란 요구다. 이러한 점을 통해서 벌써 로크의 철학은 우리의 관심을 불러일으켜야 한다.

로크의 심리학주의는, 우리가 드러내 보였듯이, 고대 철학의 발전에 아주 중요했던 고대 회의주의에 비하여 새로운, 회의주의의 새로운 형식으로서 벌써 우리의 관심을 끈다. 회의주의의 근원 형식에 대한 반동에서, 소피스트 철학에 대항하여, 절대적 정당화로부터의 학문이라는 철학의 이념과 문제가 처음으로 생겨난다.

우리가 알고 있는 것을 상기해보자. 어떤 관점에서는 상대적으로 매우 성공적이었던 열정적 노력에도 불구하고 고대는 이러한 이념을 실제로 충족시킬 수 없었다고 우리는 확신했다. 고대는 객관적으로 합리적인 학문을 창조했는데, 이것은 겉보기에는 아주 만족스러웠지만, 모든 작업수행에도 불구하고 내적으로는 회의주의적 부담을 지고 있는 학문, 즉 그것의 인식과 관련하여 그것의 대상들에 제기될 수 있는 수수께끼 같은 물음들, 즉 초월론적 물음들에 대답할 수 없는 학문이었다. 그래서 고대에 회의주의는 폭넓은 흐름으로 존립했고, 실제로 극복할 수 없는 채로 남아 있었다.

근대에 관해 말해보자면, 우리가 보았듯, 근대는 **플라톤의** 의도들의 부활로서 시작한다. **데카르트**는 철저하게 정당화된 보편적 학문의 이념을 근원적인 힘으로써 새롭게 하였고, 그것을 새로운 방법으로 작동시키고자 하였다. 그는 최초의 절대적으로 필수적인 발걸음을 내딛고, 에고 코기토 안에서 실제로 아르키메데스의 점 내지는 오히려 아르키메데스의 토대를, 즉 최초의 기초 놓기의 절대적으로 확실하고 필수적인 작업 토대를 발견했다. 그럼에도 데카르트의 감행은 실패했다. **데카르트**는 에고 코기토가 작업의 토대라는 사실, 그리고 작업의 방식과 방법이 무엇이어야 하는지를 발견하지 못한다. 그래서 그는 어떤 강력한 자극만을 주며, 그것은 역사적으로 비로소 영향력을 가지게 되어야 한다. 여기서 그는 고대의 학문 유형으로 창조된 대로의 객관적 학문 그 자체를 방법적으로 변경시키지 않고, 기껏해야 합리적 자연과학의 새로운 형태 속에서, 단지 지지하는 토대를 통해서만 절대적으로 정당화되게 하려는 근본적 오류를 범한다. 바로 이를 통해 ― 지지하는 토대가 열어주었던 근본 고찰과 신학적-형이상학적인 보편적 관점들은 그러나 실증 학문적 작업에는 불필요한 것으로 보였다 ― 데카르트는 독단주의에 길을 내주었고, 실증 과학에게 자신 위에 자신을 수립할 자유, 그리고 그것을 보완하는 형이상학에 ― 즉, 이러한 개별 학문 자체만큼이나 객관주의적이고 독단적인 학문에 ― 나머지를 떠맡길 자유를 주었다.

그러나 **데카르트** 이후에 새로운 커다란 발걸음은 **로크**에 의해 처음으로 수행된다. 로크는 데카르트적 코기토로부터 코기토에 관한 학문으로의 길을 추구한 최초의 인물이며, 인식과 학문을 보편적으로 직관주의적으로 정초할 ― 즉 모든 인식을 의식에서의 그 직관적 원천으로, 내적 경험으로 되돌리고, 이러한 원천에 근거해 해명할 ― 방법적 요구를 제기한 최초의 인물이다. 로크는 미숙하고 불명료했음에도 불구하고 다음과 같은 사실을 보았다. 즉 주체에게 실제성과 진리로서 제시되는 모든 것이 주체의 고유한 의식 삶에서 제시된다면, 그리고 오직 거기에서만 제시될 수 있다면, 그리고 정당성과 부당성, 참과 거짓, 개연성과 비개연성에 관한 모든 증명이 오직 의식의 내재 속에서만 실행되는 작업수행 ― 즉 주체에 의해 실행되고 주체 속에서 실행되는 작업수행 ― 이라면, 오직 그럴 때만 데카르트적 직접적 명증의 영역인 의식 영역에 대한 체계적 연구가 인식의 문제들을 규정적인 정식화와 실제적 해결로 가져올 수 있다는 사실을 알고 있었다. 자연과 세계에 대해 객관적으로 고찰하는 통각적 습관을 직접적 명증의 데카르트적 영역에 소박하게 옮겨놓는, 이러한 발전 상황에서는 불가피했던 소박한 절차가 그를 백지—해석의 자연주의적 심리학주의로 이끌었다. 우리의 비판이 보여주었듯이, 이러한 심리학주의는 그 유형에 의해 벌써 필연적으로 회의주의였고, 그래서 모순 속에서 지양될 것이었다.

이러한 새로운 종류의 회의주의와 관련하여, 그리고 로크가 그럼에도 신기원을 이루고, 현재에 이르기까지 근대를 지속적으로 규정할 수 있었다는 사실을 고려할 때, 현재에 이르기까지의 근대에 대해서 고대에 대한 그림과 유사한 그림이 이제 생겨난다. 플라톤주의와 거기서 시작한 합리주의 철학의 흐름에 평행하게 끊임없이 회의주의 학파의 흐름이 있었듯이, 근대에는 데카르트주의와 거기서 시작한 합리주의 철학의 흐름에 평행하게 경험주의적 철학의 반대 흐름이 있었다. 우리는 이제 다음과 같이 말할 수 있다. 양쪽에서 회의주의를 근절할 수 없었다는 사실은 합리주의가 아직 **올바른** 합리주의가 아니었음을, 즉 합리주의가 참된 이성적인 학문, 완전히 절대적인 의미에서 정당화된 학문의 이념을, 그리고 그러한 학문의 보편적으로 통일된 체계의 이념을 실현할 수 없었음을 입증한다.

그러나 이러한 평행관계에 많은 진실이 놓여 있지만, 그것은 완전한 진실은 아니다. 고대 회의주의는 지속적으로, 그리고 의식적으로, 객관적 철학 일반을 포함하여 어떠한 철학도 타당한 것으로 놓아두지 않으며, 어떠한 철학도 원리적으로 가능하지 않다고 선언하는 부정주의이자 반철학(Antiphilosophie)이었다. 그것은 실증적 인식과 작업의 어떠한 영역도 갖지 않으며, 회의적 역설을 구축하는 기교 이외에 어떠한 참된 방법도 알지 못한다. 오직 나중의 의학적 경험주의자의 경험론만 예외가 되지만, 이러한 경험주의는 고대 철학의 전체 그림을 거의 규정하지 못했다.

근대 경험주의는 이와는 사정이 다르다. 우리가 **흄**이라는 외딴 커다란 현상을 도외시한다면, 경험주의는 부정주의가 되려고 하지 않았고, 심지어 회의주의이고자 하지도 않았다. 심지어 '마치'의 철학자인 흄을 후에 모방하거나 흉내 낸 자들조차 객관적 학문에서 그 명예를 **빼앗으려** 하지 않았고, 그것을 그저 올바른 방식으로 해석하고자 했다. 실제로 흄 자신도, 객관적 학문이 완전히 합리성이 없는 것이라고 생각하면서도, 결코 객관적 학문을 포기하고자 하지 않는다. **로크**의 백지-유형의 경험주의 철학에 아무리 많은 모순이 있더라도, 그리고 전체적으로 보아서 회의적 귀결이 있더라도, 그것은 하나의 방법을 갖고 있고, 그 방법 속에서 실제로 무언가를 행하는 인식론이자 심리학이다. 그것은 단순히 공허한 구축물이 아니고, 개념적 스콜라 철학도 아니다. 경험론자는 철저히 구체적으로 접근 가능한 문제들로 향하고, 스스로 포착하는 작업을 통해 그러한 문제들을 실제로 해결하는 데로 향한다. 그는 자신의 손에 실제로 무언가를 갖고 있고, 그의 작업은 결실이 전혀 없지 않다. 무언가가 그의 손에서 형성된다. 그때문에 우리는 로크와 그 추종자들로부터 무언가를 배울 수 있다. 우리가 언제나 보는 것은, 그들이 보는 것이며, 또한 그들이 무언가를 본다는 **사실**이며, 이때 수행하는 작업 속에서 무언가가 형성된다는 사실이다.

그러나 사람들은 그것이 우리의 비판과 얼마나 조화되는지 물을지 모른다. 나는 이렇게 대답한다. 위대한 것, 단순히 사실적으로만 신기원을 이룬 것이 아니라 지속적으로 중요한 것은, 직관주의의 방법의 최초의 돌출이다. 즉, 직관, 명증의 근원 원천으로 돌아가고, 모든 인식을 이러한 근원 원천으로부터 해명하면서 체계적인 절차 속에서 그렇게 하는 원리, 앞에서 논의한 이 원리의 최초의 돌출이다. 여기서 결정적인 것은 다음과 같은 통찰이다. 에고 코기토라는 명칭 아래 그 자체로 완결된 모든 근원 원천의 영역 — 유일하게 절대적으로 그 자체로 주어지고 직접적으로 명증적인 것의 영역 — 이 있으며, 이것이 모든 연구의 근원 영역이 되어야 한다는 것이다. 경험주의의 지속적 정당성의 본질은 이러한 형식들에 있다. 경험주의가 의식을 의식으로서 순수하게 이해할 수 없고, 우리가 표현했던 대로, 그 본질과 지향적 작업수행에 따라 의식 자체에게 물어볼 수 없다면, 경험주의가 또한 자연화하면서 오해하고, 자연주의적 구축물들을 실제로 본 것들의 배후에 밀어 넣는다면, 그렇다고 해도 경험주의는 사실상 대체로 자신이 선택한 토대 위에서 움직이며, 모든 오해와 심지어 유해한 구축물들에도 불구하고, 보인 연관들은 기초가 된다. 보인 연관들은 또한 주의 깊게 읽는 누구에게나 보이는 것이다. 다만, 물론 그것은 결코 학문적으로 파악되지 않고, 그 순수한 의미와 의미 연관 속에서 기술되지 않으며, 지향성의 본질을 통해 요구되는 방법으로 다루어지지 않는다. 근대 경험주의의 막대한 힘, 그리고 근대 경험주의를 개선하고, 그러한 경험주의를 통해 진정한 학문적 심리학과 인식론을 실현하고자 하는 부단한 시도는 오직 이처럼 이해된다.

또한 로크와 그 학파에 대해 우리가 갖는 주요한 관심은 이처럼 이해된다. 이것이 이해되는 것은, 우리가 언제나 새로운 측면에서, 그리고 역사적–비판적 자료에 근거해서 다음과 같은 사실을 드러내 보여주는 도정에 있기 때문이다. 즉 철학 자체의 의미, 그리고 이러한 의미로부터 요구된 방법의 의미는 직관주의로 몰아간다는 사실, 그러나 참된 방법, 즉 진정한 직관주의는 **로크**의 직관주의가 아니며, 로크에게서 생긴 내재적 직관주의가 아니고, 이러한 직관주의는 결국 필연적으로 회의주의와 모순으로 끝나게 된다는 사실, 참된 방법, 즉 진정한 직관주의는 초월론적 현상학의 직관주의라는 사실 말이다. 초월론적 현상학은 자아(*ego*)와 사유(*cogito*),

그리고 사유된 것(cogitatum)을 그것의 직관 속에서 실제로 주어진 대로 취하고, 생생하게 흐르는 의식 삶과, 그 속에서 의식된 것을 그것의 구체적인 삶의 충만 속에서 취하며, 이제 숨겨진 지향성을 드러내주는 지향적 분석의 순수한 방법들을 형성하는, 에고 코기토의 학문, 혹은 우리가 사용한 용어로는 자아론이다. 이때 저 분석은 절대적이고 대담한 무편견성 속에서 전진하고, 모든 단계에서 순수하게 본 것, 절대적으로 의심할 여지 없이 주어진 것과 일치한다.

따라서 내적 경험의 경험주의에 대한 철저한 비판은 그 밖의 철학적 비판 이상의 것을 의미한다. 그것은 경험주의자가 절대적 소여 속에서 실제로 눈앞에 가진 것과 다른 한편에서는 그가 구축한 것을 드러내 보임으로써 우리를 객관주의적 선입견들로부터 해방시키는 비판이다. 이러한 선입견들은 우리로 하여금 특수한 초월론적인 것을 보지 못하게 만들고, 순수한 주관성, 그리고 그 속에서 모든 가능한 객관성이 가능한 자아에 대해 의미와 존재를 지니게 되는 순수 의식이라는 명칭으로 수행되는 삶과 작업 수행을 보지 못하게 만든다. 바로 이를 통해 그 비판은 경험주의적 회의주의를 포함한 모든 회의주의를 극복하는 길을 열어주는데, 이것은 우리가 앞서 "극단적 회의주의를 극복한다는 것은 그것을 좋은 의미에서 참이 되게 함을 의미한다"는 말로써 암시했던 것이다. 가장 완전한 의미에서, 참이 되게 함 자체는 물론, 실제로 수행하는 작업 자체를 의미한다. 우리의 비판은 이 작업의 방법과 지평을 일반적으로만 보이게 할 수 있었다. 그러나 이미 그 비판은, 경험적 직관주의가 직관주의로서 자신의 참된 권리를 갖도록 해주고, 그래서 경험주의를 말하자면 경험주의 자신으로부터 지켜주며, 경험주의의 참된 자아와 주도 이념이 말할 수 있게 해주거나, 가짜 경험주의로부터 참되고 진정한 경험주의를 끄집어내는 한, 경험주의를 참이 되게 한다(그리고 가령 소피스트 철학에서 **소크라테스**나 **데카르트**로의 비판적 이행이 소피스트 철학을 참이 되게 만든 것처럼 보다 높은 의미에서 경험주의를 참이 되게 한다).

21강 버클리의 발견, 그리고 실재적 세계의 구성 문제를 자연주의적으로 오해함

우리의 이념사적 고찰들을 종결짓기 위해, 나는 우선 **로크**의 심리학주의가 순수 내재적 철학으로 발전해간 것에 대해 이야기해야겠다.

로크는 자신의 직관주의를 내적 경험의 순수한 소여들에 대한 방법적 분석으로 의도하는 동안에, 다른 한편으로는 초재적 세계의 현존, 새로운 자연과학, 그리고 자연과학자들 가운데 전승된 감각적인 직관적 사물들의 주관적 성질과 객관적 성질에 대한 해석을 미리 주어진 것으로서 전제했다. 이러한 모순에 가득 찬 방식은 저항을 불러일으킬 수밖에 없었다. 그럼에도 그 자체로, 그리고 그 시대에 로크의 저작의 새로움과 중요성은 이러한 직관주의에 놓여 있었다. 직접적으로 주어지는 것은 단지 우리 자신의 '관념들'이고, 우리의 직접적으로 명증적인 내적 경험의 영역뿐이다. 그래서 이러한 영역은 학문적-심리학적 연구의 근원적 영역이어야 하고, 또 모든 인식 문제들에 대한 학문적 해명의 근원적 영역이어야 한다. 그것은 명백했다. 아무도 의식의 자연화에 반감을 가질 수 없었고, 의식의 자연화는 자연적 사유 방식에 상응했다. 또한 내적 경험의 소여들에서 그것의 요소들을 바라보며 고찰하고, 그것들을 발생적인 근원 분석에 내맡기는 그 후의 로크의 방법적 절차 또한 명백했다. 즉 전개된 의식 속에 등장하는 복합적인 존립 요소들은 발생적으로 그것들의 요소들에 근거해 건설되어야 하고, 이때 한 번에 기술적으로 그리고 그 전개에 적합하게 이해되어야 한다.

의식 초재적 객관성, 외적 실재성은 이러한 직관주의적-발생적 방법에서 백지의 내적 현상으로서만, 그러니까 실재성 자체가 아니라 경험 내용, 감각적 현상으로서만 문제시되었음은 실제로 자명했다. 그리고 또, 이러한 현상만이 근원적으로 주어지고 명증적이라면, 모든 인식, 그래서 경험에 놓여 있는 인식조차도 우선 그 가능성에 따라서 그러한 내적 분석을 통해 해명되어야 한다면, 어떠한 객관성도 전제되어서는 안 되었다. 그래서 그것은 직관주의적 방법의 토대 위에 서서 원리적으로 명료하게 사유하는 모든 독자들의 지평에 놓여 있었다.

그래서 로크의 저작 자체에는 순수 내재적 철학으로의 경향이 내재해 있었다. 이러한 경향은 수많은 폭넓은 개별적 상론들에서 이미 로크에게서도 분명히 나타난다. 그래서 그것은, 진리를 깨닫는 것으로서의 인식은 그저 우리 자신의 고유한 관념들의 일치나 불일치의 지각으로 정의된다는 로크의 확고히 표명된 이론 속에서도 분명히 나타난다. 이러한 이론에는 원리적으로 초재적인 것에 대한 인식은 생각할 수 없다는 사실이 놓여 있었는데, 이것은 **초재**(Transzendenz)에 관한 로크의 이론과 물론 거의 맞아떨어지지 않았다. 그래서 로크의 직관주의를 방법적으로 정화하고, 초월적 전제들의 엄격한 배제하에 초재에 대한 인식의 문제를 오로지 내재적 소여들의 가정하에서만 숙고하려고 생각하기는 쉬운 일이었다. 물론 자연주의적 태도에서 그러했는데, 왜냐하면 의식을 의식으로 보고, 지향적 방법을 사용할 수 있는 시대가 아직 아니었기 때문이다.

여기서 이제 근대의 가장 급진적이고, 실제로 가장 천재적인 철학자 중 하나였던 **버클리**가 끼어든다. 근대 경험주의 인식론과 근대 심리학은 그를 가장 위대한 개척자로 숭배한다. 그러나 내가 보기에, 그의 정신에서 가장 훌륭했던 것, 즉 로크의 자연주의적 내면 분석을 그가 물론 경탄할 만하게 계속 발전시켜나간 것 너머에 놓여 있는 것을 근대는 파악할 수 없었다.

버클리가 물질적 실체와 그 일차적 성질들에 관한 로크의 이론에 가했던 비판은 그의 시대에 경탄할 만한 비판이었고, 원리적인 것을 원리적으로 모두 길어내지는 않더라도 그것을 건드리기는 하는 비판이었다. 우리는 여기에 대해 이전에 이미 이야기했다. 그 비판은 버클리가 물질적 세계에 대한 (자연주의적인 것이었음에도 불구하고) 최초의 내재적인 이론을 정초하는 데 기여한다. 이것과 함께, 그리고 일반적으로 말해서, 그것은 실재적 세계(물리적 세계와 동물적-인간적 세계)의 구성을 인식하는 주관성 속에서 이론적으로 파악할 수 있게 만들려는 최초의 체계적 시도이다. 실제로 그 문제 자체가, 비록 한갓 원초적 시작 형태 속에서이긴 하지만, 버클리에 의해 본래적으로 처음으로 보이게 된다. 그런데 그 문제의 맹아의 형태는 이미 데카르트의 성찰들 속에 놓여 있다. 그것의 최초의 과제가, 자아가 어떻게 자신의 사유 작용들(*cogitationes*)의 직접적인 명증적 영역으로부터 초재적 객관성, 외부 세계와 신에 대한 믿음에 이르는지를 드러내는 것인 한에서 말이다. 그러나 전체 새로운 인식론의 시작과 구성적 문제의 싹이 아무리 여기에 놓여 있다고 할지라도, 여기서 우선 필요한 것은 직접적인 의식의 장 자체를 체계적인 작업으로 가져오는 것, 의식의 장 자체에 물어보는 것, (의식의 장은 자신의 현상들 속에서만 외부 세계가 의식되게 하는 한) 의식의 장 자체로부터 이러한 외부 세계의 의미를 규명하는 것이라는 통찰이 여기서는 결여되어 있다.

로크의 직관주의는, 순수하게 파악될 때, 그리고 오직 그럴 때에만 이러한 길로 이끈다. 버클리가 순수한 내적 태도를 세우자마자, 그는 그 문제를 직시하고 해결하고자 시도한다. 그는 천재적인 대담함으로 자연적 경험의 권리를 회복시킨다. 자아의 체험으로서 순수하게 내재적으로 파악된다면, 외적 경험은 외부 세계 자체에 대한 경험으로서 자신을 제시한다. 보인 것, 들린 것, 감각적으로 파악된 것은 자연 자체, 그것 자체로서, 그 어떤 모사물이 아니라 원본적으로 자신을 제시한다. 지각은 구축하지 않으며, 어떠한 추론도 하지 않는다.

다른 한편, 버클리는 백지설의 자연주의에 사로잡혀 있었다. 그는 지각함의 연속성 속에서 명증적으로 주어지는 **동일한** 사물은 바로 명증적으로 동일한 것으로서, 감각 자료의 지속적 변경일 수 없음을 깨닫지 못한 채, 지각됨의 명증 속에서 그때그때 지각되는 사물을 시각적, 촉각적, 청각적 자료들과 같은 감각 자료들의 그때그때의 복합체와 감각주의적으로 혼동한다. 모든 감각주의자들, 그리고 자연주의 학파의 모든 심리학주의자들처럼 그는 현출 방식의 변화, 모든 개별적인 사물 특징과 관계하는 부단히 변화하는 관점의 변화와 현출하는 사물 자체, 그리고 현출하는 것으로서 순수한 그것의 현출하는 특징들 사이의 명증적이며 내재 안에서 파악될 수 있는 구별을 알아차리지 못한다. 우리가 이러한 음영 지는 현출들을 감각 자료들로 여기도록 한다면, 인식하는 자의 경험된 세계가 다름 아닌 그때그때의 감각 복합체라는 버클리의 테제는, 그가 경험된 사물의 통일체 배후에 그것의 음영 지는 현출들의 다양체를 밀어 넣었음을 뜻하고, 이는 그가 통일체 의식으로서의 사물 의식을, 연속적인 경험함 속에서 지배하는 의식 종합을, 그리고 다양한 사념의 연속성 속에서 종합적 통일체로서의 경험된 사물 자체를 보지 못했다는 사실과 관련된다.[45]

∴
45 다른 한편에서는 여전히 오늘날 심리학과 인식론이 이러한 혼동을 근절될 수 없게 사용하

그래서 감각주의자들에게는, 색, 음 등과 같은 다양한 감각 유들의 분리된 자료들에 경험 통일체를 부여하는 것은 한갓 연상이다. 사물들은 습성에 따라 서로를 지시하고, 공존과 계기 속에서 경험적으로 규칙화되어 감각적 경험 속에 나타나는 연상적 복합체**일 뿐이다**. 이미 **버클리**에게서 자연의 인과성은 한갓 습성적 예상으로 환원된다. 연상은 모든 경험 추론들의 원리이다. 그래서 나는 내재적 자료들로부터 내재적 자료들로 추론할 수 있지만, 결코 초재적인 것으로, 지각할 수 없는 것으로 추론할 수는 없다. 초재적 공간 속의 초재적으로 물질적인 존재들의 영역인 초재적 자연이 하나의 허구이고, 그저 내재적인, 연상적으로 통일된 감각 복합체인 경험된 자연으로 환원되듯이, 자연 법칙성은 이러한 복합체의 귀납적 법칙성으로 환원되고, 결국 의식 속에서의 감각적 자료들의 오고 감 속의 연상적 규칙화로 환원된다. 여기에 본래적인 작용함과 작용됨, 본래적인 인과성은 없고, 그저 규칙적으로, 귀납적으로 예상될 수 있는 결과들에 대한 규칙적 앞섬(Antezedieren)이 있을 뿐이다. 실제적인 인과성은 단지 자아-인과성이다.

∴

고 있듯이, 이 혼동은 오래된 것이다. 아마도 바로 그 때문에, 조금 더 설명하는 것이 유용할 것이다. 홉스는 (그리고 그 이후에 로크 또한) 지각 사물 ─ 지각된 속성들의 기체(基體) 통일체 ─ 과 감각의 반성 속에서 언제나 볼 수 있는 감각 자료들의 복합체를 동일시한다. 이것은 자신의 개별적 자료들을 집합적 요소들로 '갖지만', 그러나 속성으로서 갖지는 않는다. 이미 모든 개별적 속성이, 그것들의 지각의 연속성 속에서 명증적인 종합적 통일체로서 주어진다는 사실을 날카롭게 주시해야 한다. 예를 들어 내가 변함없이 바라보는 지각된 사물의 색은 내가 정상적인 방식으로 눈을 움직이고 더 가까이 접근하는 동안 바로 이 동일한 색으로 보인다. 반면에 이 동일한 색을 매 순간 제시하는 감각 자료들(색 관점의 음영들)은 부단히 변화한다. 태도 변경 속에서, 참된 사물로부터 지각된 사물과 지각된 속성들로, 그것들의 관점적 제시로 이행함 속에서 이러한 관계는 ─ 필연적 관계로서 ─ 명증적이다. ─ 원주.

3부 버클리와 흄, 그리고 독단적 합리론을 통해 현상학의 회의적 예비 형태가 형성됨

22강 버클리의 모나드론적 단초. 라이프니츠와의 비교. 흄으로 넘어감

감각 자료들, 감각 복합체들은 단지 지각된 것으로서, 주체 속에서 의식된 것으로서만 생각될 수 있다. 그것들에 고유한 물질적 실체들을 가정하는 것은 아무런 의미도 없다. 그러한 실체들을 생각할 수 없음은 이미 **로크**의 '알지 못하는 무언가(*Je ne sais quoi*)'가 벌써 암시했다. 그것들은 존재하기 위해 그것들을 의식하는 정신만을 요구한다. 다른 한편으로, 정신 자체가 실체이고, 정신은 자립적으로 스스로 존재하는 유일하게 생각 가능한 존재이다. 그것의 존재는 의식을 가짐이고, 지각함이며, 다른 한편으로는 능동적으로 존재함, 진정한 인과성을 수행함이다. 참된 실제성은 정신으로 환원된다.

그러나 나에게는 오직 나의 고유한 관념의 영역만이 직접적으로 주어지는데, 나는 다른 자아 주체의 존재에 대해서 어떻게 아는가? 초재적 자연을 위해 관념의 장을 벗어나는 가능성을 부정하려고 하면서 다른 한편으로는 초재적인 것을, 말하자면 다른 자아라는 형식 속에서 허용하는 것은 잘못된 것이 아닌가? 그러나 나 밖의 정신으로의 추론은 물질적 초재로의 추론과는 완전히 다른 토대를 지니며 어떠한 진지한 의구심에도 내맡겨지지 않는다. **버클리**는 정신적 외부 세계라는 이러한 문제를, 거의 유일하게 주목받은 『인간 지식의 원리론』[46]에서는 유감스럽게도 다루지 않았지만, 『하일라스와 필로누스가 나눈 세 편의 대화』[47]에서는 잘 다루었다. 관심을

[46] 『인간 지식의 원리론(*A Treatise Concerning the Principles of Human Knowledge*)』은 18세기 영국의 철학자 조지 버클리가 1710년에 출간한 책이다. 여기서 버클리는 자신의 관념론 철학을 개진하는데, 이는 흄의 철학에 깊은 영향을 끼쳤다.

[47] 『하일라스와 필로누스가 나눈 세 편의 대화(*Three Dialogues between Hylas and*

가질 가치가 있는 그의 사유 과정은 여기서 자유로운 (조금 더 날카로워진) 방식으로 제시될 것이다.

사물들이 연상적−귀납적으로 서로를 지시할 수 있듯이, 사물들은 또한 특수한 자아적인 것, 자아 작용들, 자아 생각들, 판단들 등을 지시할 수 있다. 이러한 관점에서도 습관적 결합과 예상들이 형성될 수 있다. 이제, 나의 의식 영역의 어떤 감각 사물은 내가 나의 신체라고 부르는 사물과의 유사성에 의해 나의 것이 아닌 정신적인 것, 자아 작용들, 주체적 체험 연관들을 지시할 수 있다. 나의 신체는 언제나 나의 의식의 영역에 머물러 있으며, 나의 정신적인 삶과 밀접히 연결된다. 당연하게도, 유형이나 거동에 있어서 나의 신체를 충분히 닮은 사물은 유사한 영혼 삶을 지시할 것이다. 이 추론은 완전히 이해할 수 있으며, 인식할 수 없는 것으로 나아가는 것이 아니라, 유사한 것에서 유사한 것으로 나아간다. 그러나 다른 주관들이 그들의 신체와 관련하여 나에게 주어졌고, 경험적 지시의 방식으로 함께 주어졌다는 사실을 통해 또한 지시되는 것은, 다른 주관들은 그들의 감각적 지각을 가지며, 내가 경험한 바로 그러한 감각 사물의 복합체를 경험하고, '하나의 동일한' 세계 내지는 자연을 나와 '공동으로' 갖는다는 것이다. 그러나 이것은 단지 관용구(façon de parler)일 뿐이다. 실체적 실제성에서는 오직 나와 다른 사람들만 존재하고, 우리들 각자는 자신의 지각, 자신의 감각 복합체를 가지며, 각자에게서 자신의 복합체는 귀납적으로 정돈되고 자연 질서로서 인식될 수 있다. 다만 놀랍게도, 주체들의 상호 이해

••
Philonous)_는 조지 버클리가 1713년에 출간한 책이다. 여기서 버클리는 외부 세계의 존재에 대한 의문을 제기하며, 외부 세계의 존재는 실제로는 인식과 지각에 의해 만들어지는 것이라고 주장하였다.

가 가르쳐주듯이, 모두에게서 하나의 완전히 동일한 자연이 동일한 감각 복합체와 질서들과 함께 구성된다. 이러한 놀라운 상호주관적 질서 내지 모두에게 공통적인 자연의 창조자는, 이러한 사실에서 곧바로 추론되어야 하는 신이다. 그리고 이를 통해 우리는 목적론적 증명의 내재적 유형을 갖는다.

이러한 전체 이론이 아무리 기초적이고, 또 아무리 상세히 논의되지 못하고 학문적으로 주의 깊게 수행되지 못했더라도, 그것은 내재의 토대 위에서 수행된 초재에 대한 최초의 이론이며, 내재적으로 흘러가는 경험 자체가 산출하는 필연적인 이론적 요구로부터, 그리고 **순수하게** 그러한 요구들 자체로부터, 경험된 세계의 의미를 학문적으로 규정하려는 최초의 시도이다. 여기서 우리는 **버클리**의 이론과 동시대의 **라이프니츠**의 모나드론 사이의 본질적 차이도 알게 된다. 이것들은 결과에서는 매우 유사할지라도, 구조와 정초 방식에서는 서로 다르다.

라이프니츠의 모나드론은 수학적 자연과학의 정밀한 이론 속에서 진리 — 자연과학적 진리 — 로 규정되는 물질적 자연과 수학적 자연과학을 형이상학적으로 해석한다는 양식을 지닌다. 그에게는 이러한 자연과학적 진리를 종교적이고 신학적인 진리와 화해시키는 것이 문제였다. 다시 말해 자연과학에 의해 규정된 자연의 의미, 원자들의 이러한 기계론을 모든 세계적인 — 따라서 또한 모든 자연적인 — 존재와 사건에 대해 종교가 요구하는 신학적 의미와 조화시키는 것이 문제였다. **라이프니츠**는 자신의 모나드론에서 천재적인 통찰을 제시한다. 그는 자연에 대한 정신적 해석을 통해 이러한 화해의 가능성을 발견하는데, 이러한 해석은 자연과학적 의미 기저에 내적인 모나드론적 의미를 해석하면서 놓고 이를 위한 논증들을 모으는 것이었다.

다른 한편, 클로인(Cloyne)의 주교였던 **버클리**는 당연히 신학에 관심이 있었고, 심지어 오직 신학에만 관심이 있었지, 라이프니츠처럼 신학과 자연과학 양쪽 모두에 관심을 갖지는 않았다. 왜냐하면 그는 결코 자연과학자가 아니었기 때문이다. 그러나 그에게 새로운 점은 그가 형이상학적으로나 신학적으로 해석하지 않고, 전제 없는 체계적-학문적 연구의 단편을 제공했다는 점이다. 이 연구를 근원적으로 규정하는 신학적 관심은 이 연구와 완전히 무관했다. 로크의 비판은 그에게 순수 내재적 토대를 제공해 주었고, 그 토대 위에서 그는 외적 지각의 순수 내재적 특성들, 그리고 경험되고 경험될 수 있는 자연 자체의 언제나 명증적으로 제시할 수 있는 의미를 포함하는 특성들을 기술적, 발생적으로 제시하고자 시도한다. 그래서 그는 해석하거나 구축하지 않고, '외적 경험의 이러한 내재적 의미가 모든 자연과학과 관련되어 있다는 점', '외적 경험이 인식하는 사물은 다름 아닌 실제적이고 직접적으로 지각된 것이라는 점', '이를 통해 자연과학자의 모든 학문적 절차는 충족될 수 있다는 점'을 제시하고, 드러내 보이고자 했다.

우리가 앞에서 미리 암시했듯이, 여기서 우선, 비록 아주 원시적이고 자연주의적 모순에 붙들려 있는 형식일지라도, 순수하게 그 자체로 완결된 의식 내면성의 현상으로서의 외재성에 관한 구성적 이론의 문제가 뚜렷이 드러난다. **라이프니츠**는 이 문제에 충분히 접근했고, 이 문제를 말하자면 자신의 시야에 두었다. 그러나 그는 분명 이 문제의 중심적인 철학적 의미를 보지 못했다. 순수 의식의 영역과 이 영역의 순수 내재 속에서 수행되는 의미부여에 대한 체계적이고 엄밀한 학문적 탐구의 이념이 그에게는 철학함의 추동력이 되지 못했다. **로크**의 내재적 직관주의로의 혼란스러운 단초들을 **버클리**가 순수화한 것, 여기에 (비록 모든 심리학이 의식 체험과 관련되어 있을지라도) 객관적 세계 학문으로서의 전통적 심리학 전체와는 필연적으로 구별되는 순수 의식에 관한 학문으로서의 새로운 종류의 의식 학문의 최초의 싹이 놓여 있다. 『인간 지식의 원리론』, 『하일라스와 필로누스가 나눈 세 편의 대화』, 그리고 『새로운 시각 이론에 관한 시론』[48]이라는 그의 천재적인 첫 저술이 (마지막 것은 약간의 필요한 변경과 더불어) 이러한 학문의 이념을 준비하고 이러한 학문의 이념에 기초적 추정치로서 편입되더라도, 버클리 자신은 이러한 순수 의식 학문을 체계적으로 다루지 않았고, 모든 인식과 학문 일반에 대한 근본학으로서의 그 학문의 완전한 이념을 아직 경계 짓지도 못했다.

내재적 자연주의 속에서 버클리를 훨씬 넘어서면서, 버클리의 작업을 완성한 사람은 **데이비드 흄**이다. 철학사에서 그의 두드러진 의미는 우선, **버클리**의 이론과 비판들 속에서 그가 새로운 종류의 심리학의 발현을 알아차렸고, 그 속에서 모든 학문 일반을 위한 근본학을 인식했다는 데 있다. 더 나아가 그 의미는, 버클리가, 그리고 순수하지 않은 형식에서, 부분적으로는 로크가 수행한 작업을 이용해 그가 이러한 학문을 체계적으로 실현하고자 했으며, 그것도 가장 엄격한 일관성을 지닌 내재적 자연주의의 양식 속에서 그렇게 하려고 했다는 데 있다. 바로 이렇게 함으로써 **흄**은 본질적으로 새로운 유형의 근본적 심리학주의를 정초했는데, 이 심리학주의는 모든 학문을 심리학에, 그러나 순수 내재적이면서 동시에 순수 감각주의적인 심리학에 근거 짓는 것이었다.

• •

48 『새로운 시각 이론에 관한 시론(*An Essay towards a New Theory of Vision*)』은 1709년에 출간된 조지 버클리의 철학적 에세이다. 여기서 버클리는 시각 이론에 대한 데카르트의 철학적 주장을 반박하고 자신의 관념론 철학을 제시하였다.

바로 이러한 결정적 지점에서 흄은 언제나 오해되었다. 흄의 심리학을 객관적 세계 속의 인간의 영혼 삶에 관한 객관적 학문이라는 일상적 의미의 심리학으로 이해한다면, 우리는 그의 이론에 대해, 말하자면 아무것도 이해하지 못한다. 물론 흄 자신의 말이 오해를 불러일으키고, 그는 필수적인 대조를 결코 수행하지 않았다. 그러나 우리는 그의 심리학의 의미를 거의 완전히 일관적인 방법적 절차로부터 읽어내야 하고, 더욱이 그를 역사적 맥락으로부터 해석해야 한다. 흄의 『인간 본성론』[49]의 서문에서 "인간에 관한 이론이 다른 학문들을 위한 유일하게 확고한 토대이다"라는 문장을 읽거나 혹은 "인간에 관한 이론 속에 그 해결이 포함되어 있지 않은 의미 있는 물음이란 없다. 우리가 이러한 학문에 친숙해지지 않는 한 어떠한 것도 어떤 확실성을 갖고서 결정될 수 없다"라는 문장을 읽는다면, 그리고 만약 더 나아가 『인간 본성론』에서 "인간적 자연의 원리의 해명 속에 학문의 완전한 체계가 포함되어 있다"고 말하고 있다면, 거기에 더해 그것을 확증하는 다른 문장들, "생각할 수 있는 어떠한 학문도 여기서 배제된 채 남아 있어서는 안 된다. 수학과 자연과학의 궁극적 정초조차 인간에 관한 이론을 통해 이루어져야 한다"라는 문장을 읽는다면, 그래서 내가 말하건대, 이 모든 것을 읽는다면, 우리는 다른 해석의 여지를 허용하지 않는 것처럼 보이는 극단적인 인간학주의 앞에 서게 된다.

그러나, 생각해볼 만한 가치가 있는 이 저작 자체를 더 자세히 연구하고, 부분적으로는, 지각의 영역 속의 사건 외의 어떠한 것도 전제하거나 이

49 『인간 본성론(*A Treatise of Human Nature*)』은 데이비드 흄이 1739~40년에 출판한 대표적인 철학서다. 오성, 정념, 도덕의 3권으로 구성된 이 책은 인간이 어떻게 지식을 형성하고 인식하는지를 탐구하는 인식론적 논의들과 더불어 인간 본성에 대한 철학적 논의들을 담고 있다.

론적으로 확립하지 않는 이 방법에 주목하고, 다른 한편으로는, 초재적인 물리적 자연뿐만 아니라 모든 객관적 세계가 거기에 속하는 모든 범주적 형식들과 더불어 지각적 영역 속의 허구의 형성물로서 입증되어야 한다는 결과를 주목한다면, 이 모든 것은 그저 통상적 심리학이 아니며, 존재하는 것으로서 주어지고 존재하는 것으로서 여겨지는 시공간적인 실재적 세계의 토대 위의 경험 과학이 결코 아니라는 사실이 분명해진다. 인간, 인간적 영혼, 사람들, 사람들의 연합들 등이 허구 이외에 아무것도 아님을 입증하는 학문이 일상적 의미의 인간과 인간 영혼 등에 관한 학문일 수 없으며, 인간의 경험 실제성을 전제하는 학문일 수 없다. **흄**과 같은 사람에게 그러한 부조리를 씌울 수는 없으며, 그러한 불합리는 흄의 저작 자체에서 발견되지도 않는다.

실제로 이러한 **흄의 심리학은 순수한 의식소여들에 관한 학문의 최초의 체계적 시도**라고 말할 수 있을 것이다. 자아가 단순한 허구라고 흄이 주장하지 않았더라도 그것은 순수한 자아론의 시도이다. 그것은, 철저하게 조심하면서, 백지(*tabula rasa*)에서 내재적으로 발견되는 것 이외에 어떤 것도 이용하지 않고, 오직 직접적으로 명증적인 의식의 존립 요소들만을 이용하며, 이제 이러한 영역에서(그러니까 감각주의적으로 해석된 에고 코기토의 영역에서) 그것에 따라 심리학적 해명들이 획득되어야 하는 심리학적 법칙들을 추구하는 백지−심리학이다. 우리는 또한 이렇게 말할 수 있을 텐데, 그것은 구체적인 구성적 문제에 관한 최초의 체계적이고 보편적인 구상이며, 최초의 구체적이고 순수 내재적인 인식론이다. 비록 순수하게 감각주의적이고 경험주의적인 현상학의 형태이긴 하지만, 어쩌면 우리는 흄의『인간 본성론』이 순수 현상학에 대한 최초의 구상이라고 말할 수도 있을 것이다.

2장

흄의 실증주의: 회의주의의 완성, 그와 동시에 초월론적 근본학의 결정적 준비 단계를 완성함

23강 모든 관념을 인상으로 환원한 흄의 유명론적 환원과 이러한 원리의 불합리

흄에 이르러 비로소 감각주의가 완전히 의식적으로, 그리고 보편적으로 전개된다. **버클리**는 외적 자연에 대한 직관을 해석함에 있어서 단지 감각주의자였을 뿐이었다. 사물은 의식 자체의 내재 속에 주어진 감각적 자료들의 복합체이다. 초재적인 물질적 사물은 허구이며, 어떠한 물질적 실체도 존재하지 않는다. 그러나 버클리에 따르면, 감각 지각은 지각하는 주체, 즉 자아를 전제한다. 버클리에게 자아란 가령 한갓 연상적으로 연결된 심리적 체험들의 집합체에 대한 단순한 명칭이 아니다. 오히려 모든 감각적 지각들, 그러나 또한 그 밖의 모든 주관적 사건들, 모든 자아 작용들과 자아 상태들도 정신적 실체로서의 자아 속에 통일의 원리를 지닌다. 그러나 바로 이것을 **흄**은 부정한다. 내가 나 자신에 대해 숙고할 때마다, 내가 반성하면서 의식적으로 제시될 수 있는 것으로서 발견하는 것은 무엇인가? 열기와 냉기, 빛과 그림자, 사랑과 미움 등과 같은 것들에 대한 지각들이다. 그러나 자아와 같은 어떤 것, 이러한 단어에 상응하는 특수한 '인상'을 나는 발견할 수 없다. 자아, 그것은 파악할 수 없는 빠른 속도로 서로를 따르는 다양한 지각들의 다발일 뿐이다. 이에 따라, 흄 자신에게 후에 중요해질 문제가 여기에 놓여 있다. 어떻게 하여 나는 나를 동일한 자아로 간주하는 것이며, 또 어떻게 하여 각자는 지각의 부단한 변화에도 불구하고 자신을 한갓 체험들의 더미로 파악하는 것이 아니라 하나의 동일한 인간으로 파악하는 것인가? 그래서 어쨌든, 감각 자료들의 기저에 놓인 통일체로서의 물질적 실체들처럼, 영혼의 체험들 전체의 기저에 놓인 통일체로서의 정신적 통일체도 삭제된다. 영혼은 이제 백지에 비유되거나 갖가지 일시적인 심리적 형태들이 등장하는 무대에 비유될 수 없다. 왜냐하면 이러한 서판, 이러한 무대에는 실재적인 어떤 것도 상응하지 않으며, 그것들은 그 속에 체험들이 존재하는 사물이 아니고, 결합시키는 유일한 것은 심리적 체험들을 순수하게 사실적으로, 공존과 계기에 따라 규제하는 법칙성이기 때문이다.

이렇게 세계 해석의 감각주의는 완전한 범위와 완결성에 다다랐다. 모든 존재, 물체 존재도 정신의 존재도 심리적 자료들로 환원되고 자아 없는 지각들의 더미로 환원된다. 시작하는 정밀한 자연과학의 원자론적-기계론적인 자연 파악과의 유비가 눈에 띈다. 물리적 자연은 그 자체로 존재하는 원자들이 시-공간적으로 함께 있는 것으로 생각되고, 모든 물리적 사건, 모든 원자 운동을 명백하게 규제하는 자연 법칙성의 통일체에 의해서만 포괄된다. 그래서 의식의 자연주의는 주관성을 유사한 방식으로 의식의 원자들로, 공존과 계기의 한갓 사실적(sachlich)[50] 법칙들 아래에 있는 궁극적인 사실적 요소들로 해체한다. 의식의 이러한 원자는 지각이며(흄의 경우, 이것은 로크의 '관념'과 동일한 것을 의미한다), 여기서 외적 자연법칙에 상응하는 것은 연상과 습관의 내적 법칙, 그리고 그것들과 밀접히 연관된 유사한 유형의 몇몇 법칙들이다. 그러나 이것들은 본래적으로 서로 대립하면서 평행하는 법칙들이 아니고, 심리적 법칙들은 모든 존재의 참된 근본 법칙이다. 모든 것, 그리고 모든 존재는 거기 속하는 소위 독립적이라고 말해지는 모든 법칙성들과 더불어, 지각들로, 그리고 내적 심리적 법칙에 따른 지각에 의한 형성물들로 환원된다.

그럼에도 불구하고 흄은 이 모든 것을 전제하지 않고, 체계적으로 전진하는 전제 없는 심리학 — 직접적인 심리적 소여들에서부터 출발하고, 그것들에 대해 존재하는 근본 법칙들, 즉 연상, 회상 등과 같은 법칙을 모든 내적 심리적 발생의 근본 법칙들로서 경험적으로 규명하는 심리학 — 을 통해 그것을 입증한다. 그때그때의 주체에게 신체와 정신의 경험 세계라는 명칭으로 존재하는 모든 것, 공간, 시간, 인과성, 사물, 힘, 능력, 인격, 공동체, 국가, 법률, 도덕 등과 같은 아주 친숙한 모든 객관적 형식은 심리학을 통해 해명되어야 한다. 이러한 전체 세계나 개별적 세계 영역을 인식한다고 주장하는 모든 학문의 방법이나 작업수행도 마찬가지다. 물론 모든 존재와 모든 학문의 이러한 가장 깊은 심리학적 해명의 결과는 다음과 같다. 즉 모든 객체성들을 지닌 전체 세계는 내재적으로 심리학적인 법칙에

⋮

50 여기에서 '사실적(sachlich)'은 주관적인 해석이나 개념틀을 넘어서 사물의 객관적이고 사실적인 측면을 가리키는 용어로 사용되고 있다. 이 책에서 'sachlich'는 문맥에 따라 '실질적', '물적'으로 번역하기도 하였다.

따라 주관성 속에 필연적으로 생기는 가상의 형성물, 허구들의 체계일 뿐이다. 그리고 학문은 주관성의 자기기만이거나, 허구를 삶의 목적을 위해 유용하게 조직하는 기예다.

그러나 지금은 흄의 심리학과 인식론에 나타난 추정된 무전제성과 철저한 사실성(Sachlichkeit), 그리고 방법적 형식 전체를 약간 더 자세하게 신중히 바라볼 필요가 있다. 우선 우리가 눈치채는 것은, **데카르트**가 철학을 체계적으로 정초하는 데 필요하다고 간주한 모든 근본 고찰이 전혀 없다는 사실이다. 데카르트에게는 이러한 근본 고찰이 아주 커다란 문제였기 때문에, 한편으로는 그의 『방법서설』, 『제일철학에 관한 성찰』, 그리고 『철학의 원리』[51]가, 다른 한편으로는 그의 유작들이 입증하듯이, 그는 이러한 근본 고찰을 언제나 새로운 형태로 시도했다. 철학은 절대적으로 정당화되는 보편학이 되어야 하기 때문에, 근본 고찰은 보편적이고 절대적인 인식 정당화의 절차를 모든 학문적이고 진정한 인식을 체계적으로 포괄하는 정당화의 절차로서 숙고하고, 이 필연적인 절차 자체를 구상하고 정당화하는 근본적 성찰이고자 한다. 이야기했듯이, 궁극적인 정초의 방법에 관한 그러한 철저한 숙고가 흄에게는 없다. 그의 철저주의는 궁극적 자기 숙고와 자기 해명에 입각한 궁극적 자기 책임을 뜻하는 저 진정한 철저주의가 아니다. 직접적 소여의 명증, 즉 그때그때 발견할 수 있는 자신의 체험의 명증은 당연하게 물려받은 유산이지, 주의 깊은 비판 자체에서 획득된 유산이 아니다. 모든 인식이 경험을 통해 정초되어야 한다는 경험주의적 원리도 마찬가지이

..

51 『철학의 원리(*Prinicipia Philosophiae*)』는 르네 데카르트가 1644년에 발표한 철학적 에세이다. 이 책은 데카르트의 대표작 중 하나로서 그의 철학적인 원리와 방법에 대한 핵심 개념들을 다루고 있다.

다. 이러한 원리의 의미는 해명에 관한 **로크**의 직관주의로부터 규정된다.

흄에게서 이 원리는 인상 깊은 가짜 명료함 속에서 모든 관념들을 인상으로 환원하는 방법적 형식으로 제시된다. 인상은 근원적으로 생생하고 강력한 지각이다. 인상이 지나간 다음 흄이 관념이라 부른, 인상의 희미한 잔상, 모상이 재생산적으로 되돌아온다. 인상들은 서로 섞이고 소위 사유 속에서 새로운 관념들로 결합됨으로써 이제 모상으로 간주되는 관념, 생각이 생겨난다. 반면 이러한 형성물로서의 관념들은 그 자체가 근원적 인상들에서 생겨나지도 않고 경우에 따라 후에 입증될 수 있는 실제적 인상들과 관련되지도 않는다. 여기에 모든 오류의 원천, 사태와 동떨어진 생각의 모든 잘못의 원천이 놓여 있다. 그에 따라, 인식 비판을 수행한다는 것은 우리의 모든 생각, 우리의 '관념들'을, 그것들에 근원적 인상들이 상응하는지, 어디까지 상응하는지, 또 그러한 인상들이 그것들에 대해 입증될 수 있는지, 어디까지 입증될 수 있는지에 따라서 탐구한다는 것을 의미한다. 가장 조야한 감각주의적 거칢 속에서, 여기서 명백히 결정적인 것은 **로크**의 직관주의 및 모든 경험주의를 이끈 대립이다. 즉, 불명료하고 사태와 동떨어진 생각, (가령 스콜라 철학의 말의 미묘함에 얽혀든 사변들의 경우처럼) 비록 정교한 사유 형성물일지라도 공허한 생각들, 그리고 이에 대립하여 명료한 직관들, 명료한 직관의 충만으로 가득 찬 판단들, 직관적으로 그 자체로 부여한 것을 언명하면서 정확히 표현으로 가지고 오는 판단들 사이의 대립이다. 사념들에 대한 모든 실제적인 입증은, 사념을 명증적으로 만드는 자체부여하는 직관에 따라 사념들을 평가하는 데 있어야 한다.

여기서, 인식을 이론적으로 해명하기를 진지하게 원하는 내재적인 인식 심리학이 필요로 하는 것은, 이러한 원리적 근본 파악(그러나 사실 이것은 다름 아닌 인식적 작업수행 자체의 분석일 뿐이다)이 본질적 부분들과 관련하여 전제하고 타당하게 하는 모든 것을 주의 깊게 기술하는 것이 될 것이다. 가령 해명과 입증의 종합에 대한 기술, 권리 부여와, 그 부정적 대립물인 권리 박탈에 대한 기술 같은 것들 말이다. 불명료한 생각이, 충족하는 명료함과 그것을 확증하는 정당성 혹은 올바름을 획득하는 그러한 종합적인 의식의 이행에 대한 정확한 기술이 요구될 것이다. 그러니까, 불명료한 생각이 이전에 '단순히 사념했던' 바로 그것을 '그것 자체로서' 갖고, 정확하게 그것이 사념했던 대로 가지며, 그것도 이러한 사념함의 모든 구조와 형식과 관련해서 가지는 방식에 대한 정확한 기술이 요구될 것이다. 또는, 반대의 경우, 권리 박탈이 어떤 모습으로 보이는지, 여기서 어떻게 사념이, 그것에 의해 지시되는 것임에도 그것에 맞아떨어지기는커녕, 오히려 그것을 폐기하게 하는 직관에 접근하는지, 그리고 이 모든 것이 무엇을 의미하는지가 제시되어야 한다. 그러나 이 모든 것에 물론, 우선은 그저 모호한 일반성 속에서 가리키는 명칭인 '한갓된 사념', 공허한 생각, 공허한 언어 개념 등과 같은 명칭, 그리고 이와 대립되는 것으로서 '직관'에 대한 주의 깊고 학문적으로 엄밀한 기술이 선행되어야 할 것이다. 또 이러한 의식 유형의 근본적으로 본질적이며, 어디서나 함께 작동하는 특수화들이 정확하게 제시되고 기술되어야 할 것이다.

그러나 흄이나 이후 심리학에서, 그리고 감각주의적 양식의 인식론에서 이러한 것들은 전혀 발견되지 않는다. 모든 것이 인상과 관념이라는 말 속에서, 그리고 '모든 관념들에 상응하는 인상들을 입증해야 한다는 요구' 속에서 조야하게 평준화된다. 감각주의는 내재적 기억상이나 판타스마(Phantasma)[52]로서의 관념, 그리고 특유한 의미에서의 판단하는 사유와 그

..
52 감각주의에서 '판타스마'는 감각적인 경험에서 발생하는 이미지나 상상 속의 객체를 지칭

모든 구성요소들을 특징짓는 의미에서의 생각 사이의 근본 본질적인 구분으로는 전혀 뚫고 나아가지 못했다. 소위 인상이라는 말과 관련해서도 마찬가지인데, 여기서는 사유적 형식화 이전에 주어지는 개별적으로 직관적인 것이 이러한 형식화를 지니는 직관적인 것과 구별되지 않는다. 자연주의적 선입견은 근본 본질적인 모든 것과 심리학적으로, 그리고 인식론적으로 결정적인 것을 보지 못하게 만든다. 그리고 의식, 그리고 의식 속에서 의식된 것으로서의 존재를 자연적으로 객관적인 세계 고찰 속에서 실재적 사실로서 제시된 것과 전적으로(*toto coelo*) 다른 종류의 것으로 만드는 것이 무엇인지를 보지 못하게 한다.

인상과 관념의 구분 전체, 그리고 관념을 인상으로 환원하라는 요구는, 이러한 의식 유형들 기저에 한갓 실질적(sachlich) 특성들만 갖는 심리적 사태들(Sachen)이 밀어 넣어진다면 완전히 무의미하다. 흄과 흄을 따르는 실증주의는 인상과 관념이라는 특성을 실질적(sachlich) 특징으로 만든다. 흄의 생각은, 나에게 현존하거나 존재하는 것으로서 타당해야 하는 모든 것은 나의 의식 속에서 증명되어야 한다는 것이다. 직접적으로 발견할 수 있는 것들의 영역인 나의 의식은 '이론으로부터 자유롭고', '형이상학으로부터 자유로운' 실질성(Sachlichkeit) 속에서 고찰되어야 하고, 그에 따라 한갓 사태(Sache)의 장으로 간주되어야 하는 직접적으로 경험된 존재의 영역이다. 그래서 인상과 관념의 차이는 한갓 사태의 차이(Sachenunterschied)로 간주된다. 체험, 음 자료, 촉각 자료와 같은 것은 처음에 근원적인 힘을 지

:

한다. 판타스마는 일종의 내부적인 인식이므로, 실제로 존재하는 외부 객체와는 구별된다. 예를 들어 색깔, 형태, 소리 등을 감지하고 그에 대한 이미지를 내부적으로 형성하는 것이 판타스마다. 그래서 판타스마는 외부 세계의 존재를 반영하지만, 그 자체로는 외부 객체와는 다른 종류의 인식이다.

닌 신선함과 생생함 속에서 가령 강도와 같은 실질적 특징들과 함께 등장한다. 그리고 실질적 법칙성, 즉 재생산과 연상의 법칙성에 따라 이것들로부터 파생된 모상들로서 더 약한 반향들이 나중에 등장한다. 이것이 관념이다.

『인간 본성론』에서 근본적으로 결정적인 것으로서 수행된 최초의 단계들이 벌써 방법적으로 부조리하다. 그 단계들은 방법적으로 학문적인 진술의 외양만을 꾸며낸다. 가령 희미하게 약한 하나의 빨강 지각이 마찬가지로 희미하게 약한 하나의 빨강 지각보다 훨씬 더 많은 것을 의미하는 것은 어째서인가? 그 빨강 지각이 '이전 지각의 잔상'이라고 주장하는 것, 마치 그것이 완전히 새로운 어떤 것이 아니라는 양, 누군가가 지금의 희미한 빨강을 '이전의' 빨강과, 게다가 희미하지 않고 생생한 빨강과, 이전의 '인상'과 완전히 다른 것으로 체험한다는 양 주장하는 것은 어째서인가? 다시 현재의 희미한 것이 미래의 것의 앞서는 상으로 불리는 것은 어째서인가? 더구나 현재의 희미한 것이 때로는 강한 것에 대한 기억으로, 때로는 약한 것에 대한 기억으로 그렇게 상이한 특수화 속에서 간주되는 것이 어떻게 이해되는가? 그러나 여기서 물론 우리는 '무엇으로 간주됨'에 대해, '이러저러한 의미를 가지고 사념함'에 대해 이야기하고 있다.

우리는 기억이나 예상과, 과거에 대한 것이든 현재나 미래에 대한 것이든 한갓 상상 사이의 차이도 충족시켜야 한다는 것에 주목할 것이다. 그리고 동일한 것에 대한 관념인 '관념들'의 반복 속에서 아주 다양한 '실재자들(Entitäten)'이 하나의 동일한 것을 표상하는 데 사용된다는 사실, 또 이때 이러한 동일한 표상함은 동일한 것을, 경우에 따라서는 더 명료하게 강조되고, 규정되고, 증명된 것 등을 의식적으로 사념함이라는 사실에 우리는 또한 주목할 것이다. 바로 최초의 것으로서, **데카르트적** 의미에서 의심할 여지 없는 것으로서 주어진 모든 것, 즉 모든 객관적 사실과 가정들에 앞서, 모든 구축적, 설명적 이론들에 앞서 주어진 모든 것, '이러저러한 것으로 표상함', '이러저러한 것으로 여김', 요컨대 의식은 말하자면 무시당한다. 그래서 바로 주관성을 주관성으로, 주관적 삶을 주관적 삶으로 만드는 것이 무시당한다.

그래서 인상은 하나의 사태(Sache)이고, 그러므로 실질적 특징들을 통해 특징지어진다. 그리고 다름 아닌 그것이 경험된 것, 자체 주어진 것에 대한 경험이라는 사실은 사라지고 만다. 그것은 사라지지만, 이러한 자료들이 직접적인 명증 속에서 주어진 것이라고 사람들이 끊임없이 주장한다는 사실을 통해 이미 그것은 전제된다. 그러나 한갓 사태들은 그 실질적 속성들 속에서 그것인 바대로 존재한다. 그것은 사태로서 **존재하지만**, 아무것도 **의미하지** 않고, 아무것도 **사념하지** 않으며, 자신 안에 **의미**를 전혀 지니지 않는다. 또 사념함과 사념된 것 사이의 구별도 전혀 지니지 않고, 공허한 표상이나 자체 파악도, 반복적으로 사념되고 주어지거나 동시에 사념되고 주어진 동일자도 전혀 지니지 않는다. 이와 같은 모든 것을 사태 속에서 혹은 실질적 속성들로서 발견하고자 하는 것은 부조리하다.

확실히 내재적 체험들은, 내재적 시간의 보편적 형식 속에서 흘러가며, 내재적 시간 구간을 통해 뻗어가는 사건으로만 고찰되는 한, 일종의 실질적 기술을 가능하게 하는 내실적 부분이나 속성들로 이루어진 구조 유형을 지닌다. 시간적 경과, 그 분절 구조와 시간 형태 성격을 따르는 그러한 기술에는 확실히, '관념들'이 인상들보다 종종 더 일시적이라는 사실이 속해 있다. 여기서 생생함의 강도 차이도 진지하게 고려해도 되는지, 그리고 여기서 벌써 지향적 직관성의 양상이 내재적 시간성 속에서 개별적 유사 존재의 양상과 혼동되지 않는지를 진지하게 숙고해야 할 것이다. 그러나 이것이 옳다고 할지라도, 인상을 인상으로, 관념을 관념으로 만드는 것이 다름 아닌 그러한 실질적 계기들일 뿐이라고 우리에게 가르치는 기술은 근본적으로 얼마나 전도된 것인가! 상대적으로 아주 희미하고 일시적인 하나의 빨강 지각이 어떻게 희미하고 일시적인 하나의 빨강 지각 이상의 것이거나 다른 것이어야 하는 것이며, 또 하나의 강렬하고 지속적인 것이 어떻게 하나의 강렬하고 지속적인 것 이상의 것이어야 하는가? 도대체왜, 의미하는 바가 그렇게 많고, 실질적인 것보다 훨씬 많은 것을 표현하는 지각이라는 말을 벌써 쓰는가! 그리고 어째서 특히 어떤 지각은 **무언가에 대한** 인상으로 불리고, 더 자세히 보자면, 우리에게 생생하게 현전하는 빨강에 대한 의식이 되는 것이며, 어째서 다른 지각은 관념이나 더 자세하게는 기억 혹은 예상으로 불리고, 경우에 따라 우리에게 과거의 빨강에 대한 의식이 되거나 미래의, 가령 지금 막 다가오는 빨강에 대한 앞선 직관이 되는 것인가? 또 어째서 순수한 상상으로서, 허구의 빨강에 대한 직관, 결코 현전적이지 않은 현전화된 빨강에 대한 직관이 되는 것인가? 지각하면서 몸소 현전하는 것으로서 현전화하는 인상은 한갓 강한 어떤 것, 생생한 어떤 것, 혹은 어쨌거나 유사한 사태를 기술하는 양식에서 그런 것이라고 말하면서, 기억, 허구, 그리고 일반적으로 말해서 다양한 종류의 현전화와 같은 근본적 차이를 지니는, 관념이라는 집합은 희미한 것 등에 불과하다고 말하는 것은 얼마나 어불성설인가!

그것이 고유한, 어쩌면 유일한 생생함이라고, 혹은 일시성이라고, 혹은 이러한 양식으로 여타 어떤 것이라고 말하는 것은 물론 전혀 도움이 되지 않는다. 여기에서 흄의 심리학적 분석뿐 아니라 근대의 심리학적 분석 전체가 어떻게 실패하였는지는 순전히 기괴하다. 이러한 분석은 각각의 단계가 시간 분배의 형식적인 것을 넘어서 즉시 지향적 분석으로 이끄는 곳에서 끊임없이 실질적 기술만을 시도한다. 지향적 분석 속에서는 어떤 정신적 의미에서 너무나 많은 것을 보고 확정할 수 있어서, "심리학은 오직 심리학적인 나무들 앞에서 숲을 보지 못했다"고 정말로 말해야만 할 정도인데도 말이다. **윌리엄 제임스**[53]가 그랬듯이, **브렌타노**의 최초의 제시를 통해 지향성의 특성들에 주목하여, 이러한 지향성을 실질적인(sachlich) '색채들'을 통해, 주변(fringes), '배음(Obertöne)'[54]을 통해, 그리고 비록 전례 없는 유일한 것일지라도 실질적 특성들을 지시하는 유사한 비유적 말을 통해 충족시키고자 하는 것은 여기서 거의 도움이 되지 않는다. 우리는 어떠한 상들(Bilder)도 필요 없고, 모든 종류의 의식 자체를 의식으로서의 모든 종류의 의식 자체에 물어보고, 의식의 발언을 듣는 것 이외의 어떠한 것도 필요 없다. 그러나 그렇게 하자마자, 단번에, 그리고 완전히 저절로 새로운 종류의, 유일하게 가능한 심리학이 생겨난다. 즉 무한히 다양하게 갈라지는 커다란 주제인 의식, 지향성이라는 주제에 의해 그 방법이 완전히 자명하게 규정되는 심리학이 생겨난다. 그러나 이것은 시간 분배와 그와 연관된 실질적 특성들, 그리고 특히 귀납적 고찰 방식이 그 어떤, 그러나 다만 이차적인 역할을 수행해야 한다는 것을 배제하지 않는다.

보충하면서 나는 다음을 덧붙이고자 한다. 흄에게 인상은 명증 확증이

..

53 윌리엄 제임스(William James, 1842~1910)는 미국의 심리학자이자 철학자로서 심리학 분야에서 기능주의를 주창하였고, 철학 분야에서는 실용주의를 주창한 바 있다.
54 '주변(fringes)'과 '배음(Obertöne)'은 제임스의 심리학과 철학에서 사용되는 개념이다. 'fringes'는 '가장자리', '경계'로도 번역될 수 있다. 이 용어는 제임스가 인식과 지각에 관한 이론에서 사용한 용어로서 주의의 초점이 집중되는 부분과 주의의 경계 지역을 구별하여 가리키기 위해 사용하였다. 제임스는 주의의 이러한 주변 영역이 정보 처리에 중요한 영향을 미친다고 주장했다. '배음'은 제임스가 신체적인 감각 경험과 관련하여 사용한 용어로서 청각적인 경험에서 원음의 주파수에 따라 발생하는 고조음이나 부수음을 가리킨다. 배음도 소리와 관련된 감각 경험에서 중요한 역할을 하는 것으로 이야기된다.

라는 의식적 작업수행의 소임을 지닌 직관들을 가리키는 인식론적 명칭이다. 이것은 이러한 직관들이, 맞추어져야 할 한갓 사념들을 말하자면 충족시키는 그때그때의 대상들, 개념적 본질, 개별적이거나 일반적인 판단 내용들을 자신 안에 자체 주어진 것으로서 의식해 가짐을 명백히 전제한다. 그래서 인상은 실제로는 명증 의식 일반의 명칭이거나 혹은 넓은 의미로 말하면, 모든 종류의 명증적이 되게 함, 모든 종류의 확증을 위한 가능한 토대로서의 자체 직관 일반에 대한 명칭이다. 자체로 단순히 존재하는 실재적인 사태는 아무것도 확증하지 않고, 자신 안에 확증하는 아무것도 지니지 않는다. 확증을 행할 수 있는 것은 사태가 아니라 사태에 대한 자체 직관, 실재적인 것에 대한 지각이나 기억이다. 이것들이 그렇게 할 수 있는 것은, 사태에 대한 자체 파악이기 때문이고, 더 높은 종합적 체험 — 이러한 체험 속에서 동일한 것이 추정된 것으로서, 그리고 참된 것, 확증된 것으로서 동시에 의식된다 — 속에서 동일한 사태에 대해 상응하는 모든 단순한 사념들과 결합될 수 있기 때문이다.

인상은 그것이 이해되어야 하는 대로 이해된다면, 의식에 자체부여된 것에 대한 자체부여하는 의식이라는 이중성을 지닌다. 이러한 이중성은 관용구(*façon de parler*)가 아니라 내용이 아주 풍부한 기술적 계기들의 이중적 방향이다. 모든 확증 가능하고 확증을 필요로 하는 사념들에 대한 명칭인 반대 명칭 '관념'에 대해서도 물론 유사한 것이 타당하다. 여기서 모든 것은 이중적인 방식으로, 거기서 의식된 것에 대한 의식이고, 거기서 사념된 것이지만 자체부여된 것은 아닌 것에 대한 의식이다. 그래서 모든 기술, 특히 종합의 기술은 자명하게도 이러한 이중성을 지닌다.

또 다음 사실에 주목해보자. 개별적인 다양한 체험들에 놓인 지향적 관계, 그 대상성들에 주목하지 않고, 이러한 체험을 내재적 시간 속의 한갓 시간적 자료로서, 소위 한갓 감각 자료로서 고찰하더라도, 만일 주어진 자료들을 직접적으로 받아서 가짐을 통상적 방식으로 아무것도 아닌 것으로 만들어버린다면 부조리가 생겨난다. 이러한 직접적 가짐은 재차 의식해 가짐이다. 체험은 어디도 아닌 곳에 존재하는 것이 아니다. 체험의 존재는 본질적으로 의식이고, 나의 것인 모든 체험은 모든 것을 포괄하는 나의 의식의 통일체 속에서 그러하다. 그리고 그것들은 특수 반성 속에서 자아에게 접근 가능하다.

그래서 우리는 다음 사실에 놓인 부조리를 한 단계 한 단계 증명할 수 있을 것이다. 즉 실제로 의식 사건을 기술의 주제로 삼는다는 사실, 이때 지향적 작업수행이 끊임없이 이야기되고 사용된다는 사실, 반면에 모든 추정적으로 순수한 객관적 기술이 이러한 모든 지향적 사건에 대해 아무것도 확정하지 못하고, 실제로 원리적으로 그것을 진지하게 여겨야 하는 무언가, 실제적인 무언가로 여기지 않는 데로 나아간다는 사실 속에 놓인 부조리를 말이다. 그래서 이 방법에는 이미 원리적 회의주의가 포함되어 있다. 그래서 모든 것이 지향적 삶의 인식적 작업수행과 객관적 세계와 학문을 한갓 허구로 설명하는 데에 이른다는 사실은 결코 놀라운 일이 아니다.

24강 의식 학문의 필수적 형상학과 흄의 귀납적-경험적 객관주의

우리는 흄의 방법론의 또 다른 측면에 대해 논의해야 한다. 흄의 방법론은 귀납적 경험과 관계하는데, 흄의 심리학과 인식론의 근본 개념과 설명적 근본 법칙은 이로부터 길어내진 것이다. 〔『인간 본성론』의〕 머리말에서 경험적 원리는 거기에 대해 어떤 논쟁도 있을 수 없는 자명한 사실처럼 다음 말들로 이야기된다. "인간에 관한 이론이 다른 학문들에 대한 유일하게 확고한 토대이듯이, 우리가 이러한 학문에 줄 수 있는 유일하게 확실한 토대는 경험과 관찰에 있다." **베이컨**, **로크**, 그리고 근대의 다른 사람들을 소환하는 것으로 충분하다. 그러나 여기서 무엇보다 흄이 계획한 근본학의 의미가 요구하는 방법에 대한 숙고, 그리고 우선 벌써 이러한 근본학 자체의 의미에 대한 철저한 숙고가 부족한 것은 나쁜 결과를 가져온다.

다음을 숙고해보자. 그러한 근본학을 동기 짓는 것은 무엇이었는가? 순수 주관성에 대한 인식에 우위를 부여했던 것, 이 우위로 인해 순수 주관성에 대한 인식이 다른 모든 인식과 학문에 선행하는 것이며 이것들을 궁극적으로 정초하는 것이 되어야 하게 만들었던 그것은 본래 무엇이었는가? 더 나아가 이러한 인식의 정초 자체는 어떤 종류의 것이어야 했는가? 그러니까, 순수 주관성의 영역 속에서 이러한 새로운 종류의 심리학의 정초는, 이러한 심리학에 모든 다른 학문들과 그 정초에 앞선 우선권을 부여하고, 모든 다른 학문들을 여기에 의미 있게 근거 지을 수 있기 위해서는, 어떤 종류의 것이어야 했는가?

우리에게 대답은 분명하다. 순수 주관성으로, 에고 코기토로 되돌아간다는 것은 자신의 편에서 모든 '의문시함'과 '의심함'에 전제되는 것으로서 궁극적으로 의문시할 여지 없는 것, 궁극적으로 의심 불가능한 것을 숙고함을 의미한다. 그러나 이러한 순수 주관성을 파악하자마자 또한 깨닫게 되는 것은, 그러한 순수 주관성이 그것의 순수한 의식 체험들 속에서 모든 의미부여의 근원적 원천이자 근원적 장소라는 점이다. 인식하는 자아에게 무언가를 의미하고 존재하는 것으로서 타당하게 되는 모든 대상적인 것들이 여기에서 자신의 의미와 타당성을 얻게 된다. 이것은 다음을 의미한다. 즉 대상은 나에게, 나의 다양하게 변화하는 현상들의 현상하는 것이자 나의 다양하게 변화하는 의식 체험들 ― 즉 직관함, 기호적 표상함, 사유함 등―의 의식된 것에 다름 아니며, 다른 것일 수 없다. 단지 그러한 주관적 체험함에서만 모든 종류의 대상성이 그때그때의 의식의 의미 내용으로서 발원한다. 그리고 이러한 대상적인 것 자체는 각각의 경우에 나에게 존재하거나 존재하지 않는 것으로, 가능한 것으로, 개연적 것 등으로 간주된다. 또 이것은 경우에 따라 다시 이러저러한 의식의 형태 속에서 **실제적**이고 **참되게** 존재하는 것으로, 존재하지 않는 것으로, 가능적으로 존재하는 것 등으로 증명된다. 의식 삶 자체에는 주관적 '타당함'(판단하면서 생각함)이 놓여 있고, 특수한 주관적인 것, 그러니까 나에게 정당하게 타당한 것, 객관적으로 타당한 것으로서, 참된 실제성으로서 입증됨, 혹은 기만이나 가상으로 입증됨이 놓여 있다. 만약 다음으로 학문이 문제시된다면, 학문은 철저히 인식하는 주관성 속에서의 작업수행이고, 다시 학문으로서, 이러한 주관성으로부터, 이러한 주관성의 그때그때의 학문적 인식 작용으로부터 의미와 진리 증명을 얻어낸다.

그러나 이러한 상황을 최초의 아직 모호한 예견 속에서, 한갓 앞서 봄의 방식으로 깨달았다면, 벌써부터 여기서 필연적인 주도 사상이 솟아 나온다. 내가 인식 일반의, 특히 학문적 인식의 작업수행을 이해하고자 한다면, 나는 그것 자체를 그 순수한 특성 속에서, 순수한 주관성의 근원 장소에서 연구해야 한다. 그러나 이것을 한다는 것은 일반적인 '객관적', '실증적' 학문을 한다는 것과는 완전히 다른 것이다. 이러한 학문들에 대해서는 그때그때의 대상 영역이 단적으로 주어져 있고, 이러한 학문이 하고자 하는 것은 이러한 영역의 '있음'과 '그렇게 있음'을 이론적으로 드러내 밝히는 것이다. 이 '단적으로 주어짐'이라는 말에는 무엇이 놓여 있는가? 그것은 객관적 학문의 문제가 아니다. 객관적 학문의 이론적 가공에 앞서 주어진 모든 것, 즉 그때그때 특수 주제가 되는 모든 대상들을 지닌 대상적 영역이 순수 주관성의 의식 형태 속에서 내재적으로 구성된 의미라는 사실, 여기에 대해 객관적 학문은 아무것도 모른다. 다른 한편, 순수한 초월론적 주관성에 관한 학문은 바로 순수 의식 일반 내지는 이러한 구성하는 순수한 형태 지음을 주제로 삼는다. 바로 이와 더불어 그러한 학문은 모든 추정된, 모든 입증되고 입증될 수 있는 대상성들을, 소박한 절대화 속에서가 아니라 그것에 주제적인 실제적 의식과 가능적 의식의 구체화 속에 포함된 것으로서 주제로 삼는다. 그리고 이러한 작업수행의 방식, 이러저러한 의식 방식 속에서 그것의 순수하게 주관적인 생겨남의 방식이 이러한 학문의 문제가 된다.

모든 인식과 학문을 저 고유한 '심리학', 즉 '순수' 주관성에 관한 초월론적 학문에 궁극적으로 정초하라는 요구의 의미가 여기서부터 우리에게 완전히 이해되며, 동시에 철저한 직관주의의 의미가, 그리고 인식의 궁극적 해명, 모든 학문의 근본 개념과 일반적인 모든 '토대'의 해명이라는 그 직관주의의 요구의 의미가 이해된다. 왜냐하면 모든 학문 — 이것은 물론 모든 선–초월론적 학문들, 즉 역사적으로 생겨난 '객관적' 혹은 '실증적' 학문을 뜻한다 — 은 소박성 속에서 미리 주어진 것들(이러저러한 실재성 영역들과 그것들을 포괄하는 전체 세계)을 받아들이고, 개념들, 원칙들, 이념적 학문들, 이념적 대상 영역들을 형성하는데, 바로 이러한 소박성 속에서 근본적 결함을 지니기 때문이다. 이 학문들은 그 시작과 토대에서부터 근원적 토대, 근원적 시작, 참된 '원리들(ἀρχαί)'로 내려감을 통해서만 절대적으로 근거 지어진 학문이 될 수 있다. 그러나 이것들은 전부 순수 의식에 놓여 있다. 순수 의식 속에서 모든 가능한 존재자가 본질적으로 함께 속하는 의식 형태들 속에서 내용이나 의미에 따라, 그리고 실제성이나 진리의 존재 가치에 따라 주관적으로 구성된다. 순수 의식 자체 속에서 수행되거나 수행될 수 있는 의미부여, 그리고 모든 가능한 인식 주관에게 존재 자체와 진리 자체를 근원적으로 생겨나게 하는 확증하는 작업수행이 이해되지 않는 한, 의식을 살기는 하고 명증을 객관적으로 작동시키기는 하지만, 그것이 그 자체로 반성적 명증 속에서 직관되지 않고 학문적으로 연구되지 않는 한, 모든 학문과 그러한 학문 속에서 이론화된 모든 객관성은 이해할 수 없음의 거대한 차원을 지니고, 그래서 가능한 의문스러움과 의심의 거대한 차원을 지니게 된다. 초월론적 영역으로 말하자면 약탈하며 침입함으로써만 자신의 무기를 획득하는, 공공연한, 혹은 숨겨진 모든 회의주의가 이러한 사실을 충분히 집요하게 가르쳐준다. 그러나 초월론적 영역이 반성적 명증 속에서 자신의 고유한 본질성을 드러내지 않고, 명증적인 개념과 통찰들 속에서 이론적으로 드러내지 않는 한, 그러한 침입은 언제나 가능하다.

이러한 방식으로 우리가 오래전에 인식한 것을 개괄하여 결합하면서 초월론적 근본학의 의미를 우리의 눈앞에 가져왔기 때문에, 그러한 학문이 어떤 방법으로 정초될 수 있는지, 어떤 방법이 그것의 의미를 통해 유일하게 가능한 것으로서 밑그림 그려질 수 있는지 하는 추가적 물음은 쉽게 대답될 수 있다. 처음부터 눈에 띄는 것은, 인식과 인식 대상성을 일반적으로 해명하는 것, 이러저러한 유형과 형식의 대상성들과 관계하는 이러저러한 일반적 인식 유형들에 관한 인식을 일반적으로 해명하는 것이 목표라는 점이다. 그러므로 우리는 어떤 방법으로 초월론적 영역의 일반적이고 법칙적인 특성들이 진술될 수 있는지 물어야 한다.

여기서 분명한 것은 보편적인 본질 특성들, 본질 법칙성들을 계속 수행될 수 있는 모든 해명의 원리로서 의심할 여지 없는 방식으로 정초할 가능성이 없다면, 절대적 인식 정초라는 이러한 전체 이념은 공허한 망상이 될 것이라는 점이다. 순수 의식을 모든 인식 해명의 소위 근본 토대로서 의심할 여지 없이 증명하는 일은, 그러한 순수 의식 위에 의심할 여지 없는 학문, 우선은 절대적으로 의심할 여지 없는 직접적 의식 진리들의 체계가 확립될 수 있을 때만 그러한 해명에 유용한 것이 될 수 있다.

그래서 흄에 따르면 다른 모든 학문 — 존재 학문이든 규범 학문이든, 실재적 학문이든 이념적 학문이든 — 에 대해 근본학으로 기능해야 하는 것인 저 내재적 심리학은 이러한 모습이어야 할 것이다.

그래서 이제 다시 흄의 『인간 본성론』에 주목해보고, 흄이 근본 개념과 근본 법칙을 획득한 방식에 주목해보자. 흄의 자연주의의 핵심은 의식이 마치 자연과 같은 어떤 것인 양 의식을 실질화하는 데에 있을 뿐 아니라, 내재적 의식의 토대 위에서 나쁜 경험주의가 지배하게 한다는 데에 있다. 나쁜 경험주의는 여기서 오로지 수행될 수 있는 것이 경험적 법칙을 귀납적으로 수립할 수 있기 위해 내적 경험 사실들을 경험적 개념으로 가져오는 것뿐이라고 생각한다. 물론 흄은 귀납적 법칙이 절대적으로 근거 지어질 수 없으며, 모든 귀납은 단지 유보적 타당성만을 가질 수 있다는 것을 잘 알고 있었다. 더욱이 그는 모든 귀납 추론이 연상에 근거함을 알고 있었으며(이것을 증명하는 것이 저작 자체의 유명한 주요 부분이었으므로), 더욱이 연상의 원리 자체가 필연적인 것이거나 아니면 우리가 말할 수 있듯이, 연상의 원리가 절대적으로 근거 지어질 수 있을 때에만 그러한 추론이 필연적 타당성을 지닐 수 있으리라는 점을 알고 있었다. 그러나 바로 모든 경험 추론의 이러한 근본 원리들 — 이것들은 흄에게 그의 심리학 일반의 궁극적 근본 법칙들이다 — 은 흄에 의해 한갓 귀납적으로 진술된 것으로서만 사용된다. 그래서 유감스럽게도 단지 한갓 내재적 경험의 절대적 명증일 뿐인 직접적 명증에 토대하여, 법칙들은 마찬가지의 절대적 명증 속에서가 아니라 절대적 비합리성 속에서 세워진다. 귀납에 대한 소박한 신뢰는 절대적 통찰에 대한 나쁜 대용물이다. 왜냐하면 이제 심리학적 근본 학문은 완전히 공중에 떠 있게 되기 때문이다. 만약 그러한 학문이 절대적 명증 속에서 정초되지 않고 객관적 학문과 동일한 소박성 속에서 정초된다면, 궁극적 인식 정초라는 시도 전체는 바로 이러한 근원 토대에서부터 모든 의미를 상실하게 된다.

여기서 다시, 흄의 회의주의의 궁극적 근거가 나타난다. 사람들이 순수 의식을 한갓 비합리성의 장소로 만든다는 사실, 순수 의식에 법칙적 규제를 기대하기는 하지만, 결코 합리적으로 통찰되지 않는 것으로서 한갓 경험적 법칙 ― 이 순수한 토대 위에서 이러한 경험적 법칙에 대해서 절대적으로 통찰적인 어떠한 타당성 근거도 존재하지 않는다 ― 을 기대한다는 사실을 통해, 모든 인식의 완전한 비합리성은 벌써 함축적으로 전제된다.

흄의 심리학이 통속적인 객관적 심리학처럼 **귀납적** 심리학인 한, 이제 이러한 심리학과 본질적 특징을 공유한다. 그러나 커다란 차이가 있다. 왜냐하면, 어떤 객관적 심리학이 전적으로 정당할 수 있든(즉 인식론적 원천론과 규범론이 필증적 원리들로부터 객관적 귀납들의 권리를 정당화할 수 있다면), 자연 연관 속의 심리적인 것은 모든 자연적인 것처럼 귀납적 연관들에 따라 고찰되어야 한다는 근거에서 어떤 객관적 심리학이 정당하든 간에, 그것은 주관적 심리학, 순수 내재적 심리학에게는 원리적으로 정당하지 않고, 모순적이기 때문이다. 이 주관적 심리학이 근본학, 모든 가능한 인식과 학문을 위한 권리 근거들에 대한 학문인 한에서 말이다.

'첫 번째 거짓(πρῶτον ψεῦδος)'[55]은 경험주의의 선입견에 놓여 있다. 경험

⁙

55 이 용어는 아리스토텔레스 논리학에서 가장 일찍 나타나는 잘못된 주장 또는 허위 전제를

주의는 나쁜 직관주의로서 개별적이거나 시간적인 개체성들에 대한 경험만을 자체부여로서 인식한다. 그리고, 보편적인 것, 개념적인 보편성들과 실질적 보편성들도 직접적으로 통찰적으로 직관될 수 있고, 또한 말하자면 지속적으로 직관됨을 알지 못한다. 우리는 실제로 그저, 의식은 자명하게도 순수 보편성과 필연성의 직접적인 본질 통찰들의 장소임을 지시하기만 하면 된다. 우리는 심지어 그저 올바른 순수 내재적 정식화만을 필요로 할 연상의 법칙에 대해서 감히 이것을 증명하게 될 것이다. 오늘날 이것은 여전히 역설적으로 들린다. **흄**과 **밀** 이래, 우리는 (가령 단순히 경험주의적 측면에서가 아니라) 연상을 인간의 영혼 삶의 경험적 특성으로 고찰하고, 영혼의 내면성에 관한 연상의 법칙을 외부 자연의 무력한 질량의 법칙인 중력의 법칙과 평행시키는 데 그렇게도 익숙하다. 모든 귀납들 자체의 정당성의 궁극적 원리를 다시 귀납을 통해 근거 짓는 것이 가능한지, 오히려 불합리한 것이 아닌지 하는 물음을 넘어서 갈 수 있으리라고 사람들은 너무나 쉽게 믿는다. 그러나 최소한, (언젠가 누가 수행했든 간에) 연상적 법칙이 학문적으로 정초될 수 있게 해준 학문적 귀납이 도대체 어디에 존재하느냐는 물음은, 그러한 견해를 가진 그 누구도 거부해서는 안 된다고 우리는 생각한다. 중력의 법칙에 대해 우리에게는 물리학의 역사가 있고, 우리는 이러한 귀납을 수행하는 데에 어떤 자연과학적 수고와 활동이 소요되었는지 알고 있다. 이에 평행하는 것이 심리학의 경우에는 어디에 있는가? 그런 것은 없다. **밀**이 마찬가지로 귀납적인 것으로서 권리주장하고자 했던 논리적이고 산술적인 공리들에 그런 것이 없는 것과 단순히 동일한 이

··

지칭하는 말이다. 아리스토텔레스 논리학에서 '첫 번째 거짓($\pi\rho\tilde{\omega}\tau o\nu\ \psi\epsilon\tilde{\upsilon}\delta o\varsigma$)'은 전체 논증 구조에 있어서 결정적인 영향을 미치는 요소로 간주된다.

유에서 말이다. 그런 것은 없다. 귀납되는 것이 아니라 순수한 보편적 직관에서 얻어지는 보편적 본질 통찰이 관건이기 때문이다. 흄의 경험주의에 잔존하는 극단적 **유명론**은 보편적인 직관함을 전혀 보지 못한다. 우리가 **로크**의 비판에서 이미 논의했듯이, 이러한 눈멂 속에서 유명론은 단일한 개별성들의 자연적 연관들을 기저에 밀어 넣음으로써 모든 보편적 사유를 없애버리려 한다. 유명론도 저 자연적 연관들에 대해서는 보편적 언명을 하는데, 이 보편적 언명의 권리를 묻는 것을 사람들은 그저 잊어야 할 뿐이다. 그리고 바로 이것이 『인간 본성론』이 실제로 우리에게 부당하게 요구하는 것이다. 말하자면 우리는 근본적 법칙에 대한 귀납의 이성적 권리에 대해 물을 생각조차 해서는 안 된다는 것을 말이다.

25강 흄에게서 구성의 문제, 그러나 그것은 완전한 회의주의로 끝남

흄의 방법적 원리를 분석했다면, 원칙적으로 더 이상 그의 이론들을 논할 필요는 없을 것이다. 왜냐하면 그의 이론들에 나타난 불합리는 근본적인 원리들에 포함된 불합리가 전개된 것일 뿐이기 때문이다. 그럼에도 그 이론들에 한 번 더 시선을 던지게 하는 것은 그 이론이 지니는 어마어마한 역사적 영향력이 아니라, 이 이론에 대한 문제제기에서 최고의 철학적 위엄을 지닌 문제들이 처음으로 나타난다는 그러한 상황이다. 이러한 문제들은 그 자연주의적-회의적 평가절하에도 불구하고, 새로운 현상학의 구성적 주요 문제들의 초기 형태로 간주되어야 한다. 어떤 방식에서 우리는 물론 이미 **로크**의 문제틀에 대해서 유사한 것을 말할 수 있다. 그러나 초월론적 심리학으로 **버클리**가 전향함으로써 비로소 이러한 문제들은 초월론적 면모를 획득한다. 그리고 **흄**에 의해 그러한 심리학이 체계적으로 수행됨으로써 이러한 문제들은 새롭게 부각되고, 종합적 통일성의 문제로 의미심장하게 심화된다. **흄**은 예리한 시선으로 자연과 자연과학에 대한 버클리의 천재적 설명에 이론적 완성이 결여되어 있음을 직관한다. 버클리가 끝냈다고 믿은 곳에서, 흄에게는 새로운 종류의 거대한 문제들이 열린다.

의식의 감각 자료들은 복합체로 연합된다. 이것이 사물이라고 **버클리**는 말했다. 사물의 통일성은 습관에 근거해 함께 속해 있음이다. 복합체는 경험적 규칙성 속에서 사실적으로 등장하기 때문에, 복합체 자체는 재차 서로 연합된다. 이 때문에 우리는 유사한 사물적(dinglich) 상황 아래에서 유사한 결과를 기대하게 된다. 우리가 자연 인과성이라고 부르는 모든 것은 이리로 환원된다. 그것은 다름 아닌, 습관에 의해 주관적으로 규칙화된 뒤따름(Folge)의 관계일 뿐이다. 자연과학이 말하는 자연의 법칙성은 그러한 규칙화로 되돌아간다. 그러나 이 모든 것은, 흄처럼, 감각주의적 안경을 쓴 사람에게조차 충분하지 않다. 우선 사물들은 한갓 연상적 복합체라고 한다. 그러나 지각 속의 현상적 사물들이 다양한 감각의 자료들을 아무리 되돌아 가리키더라도, 또 감각주의자로서의 흄이 인정했듯이, 그것들이 우선은 실제로 연상과 습관에 의해 통합된 그러한 자료들의 복합체에 다름 아니더라도, 버클리가 진지하게 숙고하고 해명하지 못한 것이 한 가지 있다. 즉, 우리는 어떻게 그 요소들의 변화에도 불구하고, 그러한 복합체를 때로는 변화된, 때로는 변화되지 않은 **동일한** 사물로 보게 되는가? 그리고 더 나아가서, 우리는 어떻게 현실적인 지각이나 비지각에 독립적인 현존을 그러한 복합체에 부여하게 되는가? 내가 방을 그사이에 떠난다 해도, 나는 왜 여기의 이 책상을 하나의 동일한 것으로 동일시하는가? 어쨌든 기억된 감각 복합체와 지금 새롭게 등장하는 감각 복합체는 동일한 것이 아니고 다른 것이며 둘은 서로 분리되어 있는데 말이다. 그래서 바로 이러한 (우리는 이것을 **종합적**이라고 말하게 될 것이다) 통일체, 실제적이거나 가능적인 경험의(혹은 우리가 여기서 〔다음을〕 기저에 밀어 넣고자 한다면, 실제적이거나 가능적인 복합체의) 통일체로서의 경험된 사물 자체는 버클리에게서 무시된다. 동일한 사물의 바로 이러한 통일체 — 이것이 **흄**의 주요한 문제들 중 하나를 나타낸다. 여기에 **자아**, 인격의 통일체라는 문제가 평행한 문제로서 덧붙여진다. 그러나 흄은 자아에 대해 고유한 인상을 부정하고, 모든 주관적인 통일체를 지각들의 더미 내지 다발로 분쇄했다. 그렇지만 모든 사람은 그가 통일적인 사물을 경험한다고 믿는 것과 유사하게 자기 자신을 인격으로 경험한다고 생각한다. 그런데 양쪽에서 이러한 경험 통일체는 그것들이 경험되지 않을 때도 존재해야 한다. 그러한 의미, 자체 존재라는 의미를 실제로 우리는 그것들에 부단히 귀속시킨다.

더 나아가, 자연과학을 학문으로, 그것도 한갓 습관으로부터의 인식으로 해명함으로써 버클리는 문제를 너무 쉽게 만들어버렸다. 확실히, 연상은 공존과 계속의 복합체를 만든다. 그러나 이것이 **전부**인가, 그리고 이것이 전부라면 자연과학은 어떻게 가능할 것인가? 그렇다면 실제로 단지 습관적 상황들로부터 습관적 결과들로의 추론만 있을 것이고, 우리가 일상적으로 수행하지만 학문적인 것으로 간주하지는 않는 추론들만 있을 것이기 때문이다. 자연과학은 진정한 학문, 합리성에 의해 빛나는 학문이고, 자연과학의 추론은 필연성을 지녀야 하며, 그것이 인식하는 법칙은 수학적으로 정밀해야 하며, 엄밀한 보편성 속에서 타당한 법칙이어야 한다는 사실에 대해 우리는 의심할 수 있을까? 어떻게 그것들이 습관에 따른 예상들의 한갓 일반적 표현으로 여겨지는가? 합리주의는 새로운 자연과학의 합리적 성격을 가장 격렬하게 옹호하고, 새로운 자연과학을 수학과 동등한 수준에 세웠다. 어쨌든 합리론이 주장한 것이 고려되어야 했다.

물론 버클리는 모든 경험 추론의 명칭인 인과성이 정신적 영향 끼침과 산출함 속에서 정신에만 고유한 것으로서의 진정한 인과성임을 부정했다. 그러나 영향 끼침과 힘이라는 근원적으로 정신적인 개념이 물활론적으로 물질적 사물들에 요구되어서는 안 된다는 점에서 버클리가 옳았을지라도, 그는 원인, 결과, 힘, 힘의 법칙과 같은 자연과학적 개념에 속하는 합리적 필연성과 법칙성의 독특한 의미 — 자연과학자들은 여기에만 의존한다 — 를 간과해서는 안 되었다. 버클리는 자연과 자연과학에 대해 이해 가능한 어떠한 정보도 주지 않았다. 왜냐하면 그는 양자가 일반적으로 생각되는 근본 의미를 고려하지 않았기 때문이다. 공간과 시간의 필연성 연관으로서의 자연은 자체 존재하는 동일한 사물의 변화와 불변에 관계한다. 그리고 자연과학은 바로 학문으로서 필증적 원리들에 입각한 합리적 필연성들의 인식이다.

그러나 이러한 의미부여가 의식으로부터 어떻게 이해될 수 있는가? 이러한 의미부여는 근원적 의식의 발생에서 어떻게 생겨나는가? 그 시대의 역사적 한계 너머를 바라보고, 의식으로서의 의식에 관한 초월론적 학문을 염두에 두고 있는 우리에게는 자연과학적 해명의 방식을 따르는 귀납적이고 내재적인 심리학적 해명의 문제는 완벽한 불합리임이 분명하다. 그러나 그럼에도 불구하고, 전도된 문제의 이면에 진정한 커다란 문제가 숨겨져 있고 미리 감지되며, 어떤 방식에서는 미리 형성된다. 그것은 세계의 구축에 대해(이념적으로 말해서, 하나의 세계 일반의 구축에 대해) 구성적인 대상들의 모든 근본 종류에 대한 기술적 문제로서 벌써 제기되어야 하고, 엄청나게 풍부한 본질 진술들을 요구하는 문제다. 다시 말해, 대상성들의 이러한 모든 근본 유형들에 대해서, 맨 밑에서는 물질적 대상성들과 물리적 자연 일반에 대해서, 그러한 종류의 대상성 일반이 우선 근원적인 경험에서 종합적 통일체로서 구성되는 의식의 본질 형태들을 특정하게 드러내고, 지향적 작업수행의 분석에 내맡기는 것이 필요하다. 그리고 나면, 그 자체로 타당한 진리들의 기체로서의 그러한 대상성들이 자신의 **이론적으로** 참된 존재에서 규정되는 학문적 의식의 더 높은 형태들을 연구할 필요가 있다. 후자는 가령 자연과학적 방법과 같은 학문적 방법의 **초월론적** 문제를 가리킨다. 이러한 문제틀이 일단 시야에 들어온다면, 이 문제틀은 모든 최상의 대상 영역들에 대해, 그리고 그러한 대상 영역들에서 특수화될 수 있는 대상 총체들 ― 이것들은 원리적으로 독립적인 학문 영역이거나 혹은 그러한 영역이 되게끔 요구된다 ― 에 대해 본질적으로 동일하다. 그래서 이것은 '문화'나 '인간 공동체'와 같은 거대한 명칭 아래에 있는 그러한 영역들과 관계한다. 다른 한편, 귀납적―심리학적 발생의 문제에는 **의식 발생**의 문제 내지는 말하자면 (형상적이거나 경험적인) **역사**의 문제, 순수하게 초월론적으로 파악된 **상호주관성**의 문제가 숨겨져 있다. 그리고 상호주관성의 작업수행의 역사라는 문제, 그러므로 순수한 주체 속에서 개별적으로, 그리고 공동체적으로 구성되는 실재적이고 이념적인 '세계들'의 역사라는 문제가 숨겨져 있다.

철학의 역사에서, 더욱이 철저하게 불합리한 경험주의가 전개되는 이곳에서, 혼란스럽고 불합리한 문제들의 배후에 아주 깊고 중요하며 의미심장한 문제들이 어떻게 드러나려고 하는지, 저 진정하지 못한 문제들이 그것들에 맞추어진 이론들과 더불어 지속적으로 수행하는 암시적인 인상, 그러한 문제들에 발전의 힘과 지속적인 영향력을 부여하는 암시적인 인상이 이러한 진정한 문제들을 온전히 느끼는 데에 어떻게 본래적으로 근거하는지를 주시하는 것은 아주 신기한 극(極)이다. 초월론적 의식, 순수하게 의식**으로서의** 의식은 끊임없이 자신을 주장하고 있으며, 은밀한 정신적 지도자다. 다만 경험주의 철학들은 그것을 정당하게 다룰 능력이 없으며, 철학이 그 고유한 본질에 따라서 수행하고자 하는 것, 즉 가장 완전하고 엄밀한 의미에서의 학문이 되는 것과 반대의 것을 수행한다. 그러한 학문은, 본질적으로 생각할 수 있는 모든 물음의 차원에 따라 이론적으로 묻고 답할 준비와 무장이 되어 있는 학문, 혹은 다르게 표현하면, 절대적이며 그와 동시에 절대적으로 정당화되는 학문을 의미한다고 우리는 생각했다.

여기서 나는 **허구주의**(Fiktionismus)를 상세하게 서술하는 데까지 갈 수는 없다. 흄은 허구주의에 빠져드는데, 〔그로부터〕 그에게 생겨난 결과들에 대해 처음에는 경악하기도 한다. 왜냐하면 이 결과들에 따르면 정밀한 자연과학조차도, 그리고 자세히 보자면 순수한 기하학까지도 학문의 가상, 허구에 불과하기 때문이다. 마치 자연 자체와 자연의 순수한 공간이 철학자만이 비로소 드러낼 수 있는, 그저 상상의 심리학적 가상에 불과하듯이 말이다. 경악은 곧 사라지고, 나중에 흄은 월등한 회의주의자의 역할에 지나치게 만족한 것으로 보인다.

우리에게 흥미로운 것은 이러한 흄의 회의주의의 가장 일반적인 특성들 뿐이다. 모든 실재성과 모든 실재성의 학문을 허구로 증명하고자 하는 이론으로서 그러한 회의주의의 전체 구성은 오직 일종의 지적 부정직을 통해서만 가능하다. 이에 대해서 흄이 어느 정도까지 그것을 시인했는지, 그리고 그것을 명백한 의식으로 가져왔는지는 말하기 어렵다. 자연 인과성에 대한 인식의 타당성 원천(인과 추리의 타당성)과 자연 인과성 자체의 정당한 의미 사이의 초월론적 상관관계에 대한 그의 유명한 이론의 토대는 한편에서는 순수 수학적인 혹은 순수 논리학적인 진리와 같은 순수 이성적 진리에 대한 인식(바로 여기에 지적 부정직이 놓여 있다)이고, 다른 한편에서는 한갓 사실적 진리와 그것들의 대조다. 후자의 합리성이 흄의 문제였다. 그리고 흄의 이론의 궁극적 테제는, 인과적 추론에서 사실적 진리들이 인상과 기억으로서의 직접적 경험을 넘어설 때마다 그것들은 절대적으로 비합리적이라는 것이었다.

흄의 문제틀과 논증의 구조에 대해 더 깊이 이해할 수 있도록 시도해보자. 역사적으로 고찰해보면 흄의 이론, 무엇보다 흄의 『인간 본성론』은 합리주의 내지는 오히려 데카르트 이래 우세한 수학화하는 합리주의 ― 이것의 본질은 순수 논리적-수학적 인과성과 수학적-자연과학적 인과성을 구별 불가능하게 뒤섞는 데 있다 ― 에 대한 경험주의의 압도적 승리로 특징지어진다. 수학적 물리학에 관한 인식적 작업수행은 순수 산술학이나 기하학의 인식적 작업수행과 동일한 것으로 여겨졌다. 사람들은 그것을 그저 순수 수학의 확장으로 간주했고, 그래서 물질적 자연의 기하학처럼 간주했다. 수학적 합리주의를 극단적, 형식적으로 일관되게 수행한 것은 **스피노자**의 형이상학 체계에서 볼 수 있는데, 그 불쾌한 내용은 순수 합리적 방법에 반하는 의혹을 불러일으킬 수밖에 없었다.

라이프니츠와 그의 동시대인 **로크**에서야 비로소 순수 이념적 진리(라이프니츠는 이를 '순수한 이성의 진리'로 부른다)와 사실의 진리 사이의 폐기할 수 없는 차이를 인식했다. 전자를 부정하는 것은 불합리, 모순이고, 후자를 부정하는 것은 거짓을 산출하지만, 표상할 수 없는 것, 모순을 산출하지는 않는다. **흄**은 이러한 구분을 관념들의 관계에 대한 인식과 사실들에 관한 인식의 구분이라는 유명한 구분으로 넘겨받는다. 이로써 경험적 학문으로서의 수학적 자연과학은 직접적이든 간접적이든 전적으로 순수 이성의 진리와 관계하는 수학적-논리적 학문과 구별됨이 입증된다. 자연에 수학을 적용하는 것은 더 높은 합리성을 산출하지만, 그럼에도 이것이 경험적 학문으로서의 그 본질 성격을 변경시킬 수는 없다. 그러나 수학적 자연과학의 높이 평가된 두드러진 합리성이 이로써 해명되지는 않았다. 순수 수학적 합리성과의 혼동의 근거는 실재적–인과적 필연성에 있었다. 이 필연성은 모든 자연적 인과 추론에서 그 역할을 담당했으며, 수학적, 논리적 추론을 지배하는 합리적 필연성의 유형과 분리되지 않았다.

비록 본질적으로 새로운 것은 아니지만, 인과적 필연성과 순수 합리적 필연성의 구분이라는 흄의 인상 깊은 구분은 이 후자의 필연성의 합리성 일반 내지는 자연과학적 추론 방식의 합리성이라는 문제의 출발점이다. 이때 관념들의 관계와 관념들의 관계에 속하는 이성 추론의 합리성은 문제가 되지 않고 완전히 이해할 수 있는 듯 여겨진다. 왜냐하면 여기서 이를 부정하는 것은 모순에 이르기 때문이다. 다른 한편, 이제 인과 추론의 주장된 합리성은 관념들의 연상에 근거한 완전히 비합리적인 근원으로의 환원을 통해 허구로 용해된다. 즉 연상적–습관적인 맹목적 믿음 강요와 저 유일하게 진정한 합리성을 심리학적으로 명백히 혼동하는 것으로 용해된다.

흄의 회의주의의 기교는 인간의 인식을 연극무대처럼 다룬 데 있다. 여기에서 이성과 상상력이 배우처럼 등장하여 서로 화해할 수 없는 적으로 파멸시킨다. 이성은 확고하게 경계 지어진 자신의 지배 영역을 지니고, 그것의 국경 지방에는 '모순'이라는 글귀가 새겨진다. 이러한 권리 영역의 내부에는 단지 관념들과 관념들의 관계만 존재하고, 실재적 세계는 전혀 존재하지 않는다. 실재적 세계는 다른 능력, 즉 '상상력'의 범위에 속한다. 상상력은 내재적–심리학적 법칙에 따라, 특히 (비록 이것만은 아닐지라도) 관념들의 연상과 습관의 법칙에 따라, 부당하고, 불합리한 경계 넘기를 자신에게 은밀하게 허용함으로써 경험된 자연을 자신의 허구적 창조물로 산출한다. 그 과정은 언제나 다음과 같다. 상상은 자신의 맹목적 합법칙성을 따라 우선 모순을 산출하고, 그런 다음 이러한 첫 번째 모순을 구미에 맞추기 위해 새로운 모순을 덧붙여 꾸며낸다. 상상의 일반적 원리는 인간 영혼에 속하는 독특한 태만함에 놓여 있다. 이러한 태만함에 의해 상상은 이제까지의 경험을 통해 습관에 따른 탄력을 얻으면, 멈출 수 없고 경험을 넘어서야 하게 된다. 실제적 경험에서 공존과 계기의 법칙성이 약간이라도 영혼에 제시된 곳 어디서나 영혼은 즉시 이러한 법칙성을 이제까지의 경험을 넘어서 확장시키고, 미래로 투영하며, 단적으로 객관적으로 존립하는 것으로서 절대화하는 데로 넘어간다. 그래서 영혼은 대략적인 자료들의 공존에 근거하여 의식에 독립된 것으로서의 사물을 생각해내고, 추정된 필연성을 지닌 인과적 연관 등을 생각해낸다. 이성은 여기서 현출하는 세계(실제적인 감각 자료들에 구축된 상상적 사물 세계)가 그 어떤 의미에서도 존재하는 것으로 여겨지도록 허용하지도 않고, 이러한 세계를 훨씬 배후에 놓인 초재적인 것이 드러난 것으로 간주하도록 허용하지도 않는다. 우리의 의식에서 발견할 수 없는 그 자체로 존재하는 것은 흄에 따르며 기껏해야 공허한 사유 가능성이다. 주어진 것으로부터 주어지지 않은 것으로 추론하는 유일한 방법은 연상과 습관의 방법이지만, 그러한 방법 자체는 어떤 권리도 주지 않는다.

물론 여기서 흄이 생각한 것은 다음과 같은 것이다. 어쨌든 상상이 이끄는 사유, 그래서 귀납의 양식의 사유는 '자연스럽고', 반면 형이상학적인 것 내지는 메타-심리적인 것으로의 모든 추론은 비이성적일 뿐 아니라 자연스럽지 않다. 그러나 이것은 진지하게 간주될 수 없다. 왜냐하면 자연스러운 것과 자연스럽지 않은 것은 동일한 방식으로 완전히 비이성적이어야하며, 비이성적인 형이상학적 추론은 경우에 따라서 그 어떤 심리학적 법칙에 따라 비이성적 인과 추론만큼이나 마찬가지로 자연스럽게 일어나기 때문이다. 그러나 흄은 마치 그가 불가지론자인 것처럼, 그러면서도 우리의 의식 과정의 존재 원리로 가정되어야 하는 알려지지 않고 인식될 수 없는 초재적 세계가 실제로 존재하는 것처럼 반복해서 이야기한다. 그러나 이러한 생각은 그의 이론에 너무 심하게 모순되기에, 당시 지배적인, 교회가 보호하는 견해에 그저 적응한 것으로만 간주해야 할 것이다.

  그러므로 흄의 철학은 '저' 세계에 대해 자연과학이나 형이상학을 통해 학문적 정보를 주고자 하는 모든 철학의 공공연한 파산을 의미한다. 궁극적 학문으로서의 철학은 모든 사실 과학이 비이성적이며, 따라서 학문이 아니라는 사실을 입증한다. 결론은 물론 완전한 모순이다. 왜냐하면 실제로 보편적 심리학으로서의 철학 자체가 사실 과학이어야 하기 때문이다. 회의가 단지 초월적(자연적) 실재성에 관한 학문에만 적중한다고 이야기해서는 안 된다. 왜냐하면 경험 추론의 비합리성에 대한 입증 전체가 내재적 토대에서 수행되며, 그래서 우선은 직접적으로 인상과 관념에만, 그래서 내재적 지각들에만 관계한다는 사실에 유의해야 하기 때문이다. 그래서 한 편에서는 내재적 심리학의 합리성이 지속적으로 전제된다. 왜냐하면 내재적 심리학을 통해 **흄**의 이론 자체가 이성적인 것으로 입증되어야 하기 때문이다. 다른 한편, 이러한 이론의 결과는 어떠한 경험 학문도(그러므로 이러한 심리학도) 이성적일 수 없다는 것이다.

  나는 맨 처음에 다음과 같이 이야기했다. 이러한 회의주의적 이론 전체가 말하자면 이성 자체의 합리성을 전제한다고, 바꿔 말하면, 관념들의 관계에 대한 인식에 부착된 필연성은 이해할 수 있는 참으로 진정한 것이라고, 그리고 그러한 필연성의 부정은 모순을 산출한다는 자명한 기준에 의해 그런 것으로서 식별됨을 전제한다고 말이다. 그러나 바로 여기서 나는 앞서 언급한 저 지적 부정직성을 보게 된다(안 그래도 그것은 우리를 흄에게서 떼어내야 한다). 회의주의자로서의 흄은 미학적 효과를 얻기 위해, 의도적으로 왜곡을 가하는 조형 예술가와 너무도 유사할 뿐이다. 이것을 증명하기 위해서 긴 설명은 필요 없다. 왜냐하면 우리는 흄이 버클리의 추상 이론을 받아들여서 과장했다는 사실을 벌써 알고 있기 때문이다. 그러나 순수한 이성적 판단에서 우리는 순수한 개념들 속에서 본질 보편성들에 대해 판단하지, 일시적 개별 관념들이나 일시적으로 어른거리는 환영들에 대해 판단하는 것이 아니다. 우리는 보편적으로 판단하고, 보편성은 심지어 순수한, 무조건적 보편성으로 주장된다. 그리고 부정의 모순은 무조건적이고 보편적인 모순이다. 그것은 또한 보편적 사유에 대한 유명론적 해석에 따라 연상들과 그에 속하는 심리학적 비합리성들로 환원된다. 보편적 관념들, 보편적 통찰들은 근본적으로, 한갓 주관적 허구들을 가리키는 흄의 주요한 명칭들이다. 회의주의자로서의 흄이 일관적이라면, 흄은 단순히 아무것도 이야기해서는 안 된다. 심지어 그때그때의 지각들을 넘어서 무언가가 어떻게 진술될 수 있는지 이해할 수 없다는 보편적 문장조차 이야기해서는 안 된다. 그래서 순수 수학의 우위에 대해서도 어떠한 언급도 있을 수 없다. 결말은 **모든** 인식의 절대적 파산이다.

그럼에도 경험주의적 감각주의가 무가치한 것은 아니다. 그럼에도 흄의 저작들은 자세히 연구할 가치가 있다. 흄의 거의 모든 논의에는 현상학적 연관들이 함께 보이면서 놓여 있고, 또 독자의 시야에 함께 들어오면서 놓여 있다. 자연주의적으로 잘못 해석된 모든 문제들의 배후에는 참된 문제들이 숨어 있고, 모든 불합리한 부정들의 배후에는 귀중한 입장의 계기가 숨어 있다. 그저 흄 자신이 그것들을 유효하게 하지 않았고, 이론적으로 파악하지 않았으며, 이론적 근본 입장들로 형성하지 않았을 뿐이다.

바로 이것이 우리에게 흄의 회의주의, 즉 이 일관적인 감각주의적 주관주의가 갖는 의미이다. 그 속에 학문적으로 옹호될 수 있는 어떠한 명제도 포함되어 있지 않을지라도, 그럼에도 그것은 하나의 직관주의 철학이며, 순수 내재적 철학이다. 그리고 이와 더불어, 유일한 진정한 직관주의 철학인 현상학의 초기 형태이다.

3장

근대의 합리주의와 형이상학

26강 근대 합리주의와 그 독단론의
실정적으로 건설적인 노선의 특징

a) 초월론적 근본학의 결여로 인해 미래의 진정한 형이상학의 준비가 어떻게
방해받았는지를 개관함

우리의 특수한 의도를 고려할 때, **데카르트**에서 **스피노자**, **라이프니츠**
를 넘어 **칸트**로 이끄는, 그리고 칸트를 넘어 **헤겔**로 이끄는 합리주의의 위
대한 ─ 그리고 위대한 사상가들이 풍부한 ─ 발전 노선은 경험주의에 비해
훨씬 덜 상세한 고찰을 요구한다. 근대의 경험주의가 철학 일반의 정초를
비로소 가능케 하는, 모든 인식의 현상학적 근원으로의 귀환이라는 방법
을 성사시키고, 철저한 직관주의 철학의 요구를 강조하는 위대한 기능을

가졌다면, 합리주의의 기능은 완전히 다른 면에 놓여 있다. 경험주의와 끊임없이 싸우면서, 합리주의는 경험주의에 가장 깊게 정당성을 부여할 줄을 몰랐고, 또 경험주의의 회의적 오류의 배후에 놓인 중요한 본질 핵심을 파악하지 못했다. 그래서 합리주의는 회의적인 모순적 철학 대신 더 나은 내재적 철학의 형성을 위한 도움닫기를 하지 못했다. 그 자체로, 합리주의는 그렇게 할 소임이 있었을 것이다. 왜냐하면 경험주의가 근본적으로 고대의 회의적−부정주의적 철학의 연장선상에 있었다면, 합리주의는 참되고 궁극적인 완전한 학문, 진정한 학문을 향하는 실정적으로 건설적인 발전 대열의 연장선상에 있었기 때문이다. 합리주의는 플라톤주의와 중세 실재론의 연장선상에 있었다. 그래서 합리주의는 보편적 관념과 모든 참된 합리적 인식을 유명론적으로 해석해버리는 모든 시도의 적이었고, '영원한' 진리, 그리고 경험적인 것에 순수 합리성의 지분을 마련해주는 모든 경험 학문적 방법의 옹호자였다. 그리고 이것은 무엇보다 수학적 자연과학의 모범적 형태에서 그랬다.

합리주의자인 **데카르트**는 모든 인식 정초의 절대적 토대로서 내재적 영역으로 가는 입구를 열어젖힘으로써 근대를 열었다. 이러한 새로운 영역을 작업하고, 그것도 순수 합리적 개념 형성과 통찰들의 작업을 하고, 그래서 초월론적 주관성의 형상학을 형성하는 작업을 하는 데에 합리주의보다 누가 더 적임자였겠는가! 그러나 우리는 데카르트가 자신의 발견의 본래적인 철학적 의미를 이해하지 못했으며, 그의 발견은 실증적('독단적') 학문을 지지하기 위한 정박지로서만 기능해야 했음을 이미 알고 있다. 이런 식으로 그는 이후의 전체 발전을 독단적 형이상학과 독단적 개별 학문으로의 길로 이끌었다. 지식에 대한 제어하기 어려운 갈망, 그리고 동시에 자연과 세계의 실천적 지배를 향한 속박되지 않은 갈망의 이면은 언제나 새로운 이론에서 충족되었고, 언제나 새로운 학문에서 무한한 생산성을 갖고서 전문화되었다. 그리고 방법적으로 독립적인 이러한 개별 학문들 위로 하나의 형이상학이 부각된다. 형이상학은 모든 것과 관계하면서, 철학의 보편적 이념을 지지하고, 완전한 우주로 이해된 쪼개지지 않은 실제성에 소위최고의 궁극적 물음을 제기하는 것을 자신의 기능으로 생각한다. 그것은아리스토텔레스의 보편적 존재론의 물음들처럼, 개별 영역에 묶인 특수 물음이 아니고, 신학적 문제에서 정점에 이르는 물음들이었다. 그러나 고대와 중세의 형이상학처럼 근대의 형이상학도, 자연과학과 그 밖의 언제나새롭게 설립되는 특수 학문들이 그러했던 것처럼 독단적인 학문이었다. 그근본 개념과 근본 명제들, 그 방법과 이론들은 초월론적 주관성의 궁극적근원에서 길어지지 않았고, 그래서 이러한 근원으로부터 자신의 궁극적 의미와 궁극적 진리를 받아들이지 않았다. 상호 이해의 가능성을 통해 묶인초월론적 개별 주체들의 초월론적인 공동체 전체라는 이러한 초월론적 주관성은 모든 학문적 주제 중 가장 근본적이고 중요한 주제로 인식되기는커녕, 인식되지 않은 채, 소박한 익명성의 상태로 남아 있었다. 사람들은그러한 초월론적 주관성이 객관성의 총체의 본질적 상관자라는 사실을 아직 보지 못했다. 저 총체는, 오로지 '실증적인 것'으로 보았을 때에는 모든자연적 경험의 주제였고 다음으로는 오로지 실증적 학문의 주제였다. 그러나 '본질적 상관자'라는 말은 초월론적 주관성 없는 객관성은 전적으로생각할 수 없음을 나타낸다. 전체 자연적 경험과 일반적으로 실증성(세계총체와 수학적 이념 세계)으로의 일면적 시선 향함이 일종의 추상을 수행하고, 철학적 사유를 한갓 추상들을 절대화하는 데로 잘못 유혹한다는 사실을 사람들은 아직 인지하지 못했다. 그래서 실증적으로 사로잡힘을 방법적으로 차단함으로써, 자연적인 것에 그 자체로 숨겨져 있는 초월론적 주관성을 볼 수 있게 만듦으로써, 이러한 주관성을 모든 종류의 실증적인 것을 구성하는 것으로 체계적으로 연구함으로써 그러한 추상을 폐기하지 않고서는 실제로 **구체적인** 인식은 불가능하다.

인식론적 추동력은 데카르트의 성찰에서부터, 진정한 학문적 정초의 방법에 관한 훨씬 오래된 물음의 계속되는 영향으로서 끊임없이 작동했다. 그리고 형이상학적 작업은 거의 어디서나 인식론적 고찰들과 얽혔다. 경우에 따라 거꾸로 인식론적 연구가 주저 없이 형이상학적 전제들이나 개별 학문의 전제들을 만들기도 했다. 인식론이, 그리고 지성이나 이성에 관한 이론이 무엇을 수행해야 하는지 사람들은 아직 몰랐으며, 여기서 요구되는 것은 다름 아닌 모든 객관적 인식과 학문에 선행하고, 모든 것을 같은 방식에서 의문시하며, 그것들 모두로부터 독립적인 근본학이라는 사실을 아직 몰랐다. 사람들은 그 유일한 작업 영역이 순수하게 파악된 주관성이어야 하는 그러한 학문 없이는 어떠한 철학도, 자연과 정신에 관한 어떠한 학문도, 최고의 존재 근거들에 관한 보편적 학문으로서의 어떠한 형이상학도 — 즉, 존재자 일반과 그 특수 학문적 특수화에 대해서 전면적이고 궁극적으로 근거 지어진 것으로서 **궁극적** 정보를 줄 수 있는 어떠한 학문도 — 가능하지 않다는 사실을 알지 못했다. 혹은 오히려, (위에서의 우리의 증명에 따라) 데카르트 이후 세대에서 순수 주관성에 관한 근본학의 필요성에 대한 어떤 각성 중인 의식이 경험주의의 측면에서는 벌써 관철되기는 했다. 그러나 그것은 내재적인 감각주의적 심리학주의의 형태 속에서였는데, 이는 합리주의자들이 옛날부터 싸워온 유명론과 회의주의의 새로운 변종으로서 합리주의자들에 의해 날카로운 비판 속에서 거부되어야만 했던 것이다.

그러나 합리주의자의 비판은 그 역사적 기능을 충족시키지 못했다. 왜

나하면 벌써 고대에 회의적 주관주의와 대립해서 그러했던 것처럼, 근대에는 새로운, 내재적 심리학주의에 대립하여 회의적 이론들의 오류와 불합리를 단순히 증명하는 데에 머물러 있는 것이 아니라 작동하는 내적 동기를 적극적으로 비판함으로써 그것들의 진정한 내용을 충족시키는 과제에 직면했기 때문이다. 이로써 주관주의를 보다 높은 의미에서 실현하고, 나쁜 주관주의를 필연적으로 요구되는 주관주의로 변형시키는 과제에 직면하게 되었다. 그러나 어디서나 모든 철학에서 긍정적 가치를 보았던 **라이프니츠**조차 **로크**에 대한 개별적으로 매우 배울 것이 많은 상세한 비판에서, 그 감각주의적–경험주의적 직관주의로부터 초월론적 직관주의의 진정한 이념을 내다볼 수 없었고, 학문적 철학에 결정적인 것으로서, 내재적인 경험적, 감각주의적 심리학 대신 초월론적 주관성에 관한 본질학의 정초를 마음속에 그릴 수 없었다.

그럼에도 불구하고, 고대와 마찬가지로 근대의 합리주의 철학에서 수행되었던, 미래의 학문적 심리학을 위해 아주 생산적인 거대한 정신적 작업을 과소평가하는 것은 잘못일 것이다. 우리가 철학을 필수적인 가장 넓은 말의 의미로 이해하여, 그러니까 합리적 정초라는 이념하에 점점 더 완전하게 형성되는 학문을 함께 고려하든지, 우리가 철학을 더 좁은 의미로 이해하여 거기에 오직 모든 것을 포괄하는 존재 물음과 원리적인 규범적 물음들을 다루는 분과학문만을 할당하든지 이것은 똑같이 타당하다. 이미 현상학적 양식의 초월론적 철학을 궁극적으로 충분한 인식과 궁극적으로 학문적인 학문을 가능하게 하기 위한 '필수적인 하나(*unum necessarium*)'로 이해하는 우리들에게, 정밀한 수학과 자연과학으로 불리든지 방법적으로 인정할 만한 정신과학으로 불리든지, 어떠한 우리의 학문도 그러한 궁극적 의미의 학문은 아님이 확실하다. 근본적으로, 수학의 바깥이나 옆에

'수학의 철학'을, 물리학 자체 옆에 '물리학의 철학' 내지는 '자연의 철학'을, 그래서 어디서나 실증적 학문들에 유사한 방식으로 부착될 수 있는 철학들을 가령 쓸모없는 말싸움의 영역이 아니라 필수적인 것으로 여기는 모든 사람들은 이러한 사실을 인정한다. 그러나, 명증의 그 어떤 소박성에서일지라도 신용할 수 있는 객관적 학문의 이론적 방법의 주요 줄기나 핵심 줄기에 저 더 높은 초월론적 인식 정초가 아마도 중요한 어떤 것도 변경시키지 않으리라는 사실을 우리는 미리 받아들여도 될 것이다. 소득은 근원이 명확한 기초 놓기에, 그리고 절대적 주관성으로 본질적으로 되돌아 관련지음에 있을 것이다. 이를 통해 이러한 학문들은 대립하는 초월론적 차원에서의 막대한 인식 증가를 통해 풍부해지고, 그것들의 대상 영역에 대한 궁극적 의미 규정을 경험하게 될 것이다.

물론 엄밀한 의미에서의 전승된 철학적 분과, 그리고 특히 보편적 존재론으로서의 형이상학에 관해 말하자면 상황이 좋지 않다. 왜냐하면 여기서 사람들은 방법적으로 확고하고, 일반적으로 인정된 학문에 결코 도달하지 못했으며, 도달할 수도 없었기 때문이다. 바로 이를 위해서는 우리의 의미의 초월론적 근본학이 필요했기에 그렇다. 그럼에도, 비록 학문적으로 실제로 근거 지어지지는 않았지만 풍부한 체계적 내용을 지닌 형이상학적 통찰과 형이상학적 이론의 귀중한 초기 형태가 형이상학에서 발전하게 되었고, 미래의 진정한 형이상학을 예비하는 지속적 소임을 갖고서 실제로 상승하는 발전 속에서 기능을 수행했다.

나는 체계들의 무한하고 목적 없는 개별 비판들 속에 빠져들지 않고서, 내가 그것을 어떻게 생각하는지를 일반적으로 설명하고 싶다. 합리주의적 이론들에 대한 그러한 비판은 경험주의적 이론들에 대한 비판에서와 유사한 의도로 생각될 수는 없다. 경험주의 이론의 경우에 **로크**와 더불어 새로운 방법적 유형이 나타났다. 그리고 이러한 방법에 대한 비판은 내재적으로 심리학적인 방법의 배후에서, 전적으로 필연적이고 참된 철학적 방법, 즉 현상학적 방법으로의 철학적 경향을 볼 수 있게 하는 중요한 목표를 우리에게 지녔다. 그러나 독단주의로서 합리주의는 내재적 방법을 전혀 목표로 하지 않았다. 그리고 비록 불완전하더라도 참된 방법으로의 경향이 합리주의의 방법 속에서 작용하지도 않았다. 이러한 관점에서 회의적 부정주의는 실정적인 합리적 작업 속에서 전진하는 합리주의보다 더 실정적이다. 그러나 여기서 흥미로운 것은 이러한 독단주의가 초월론적 주관성의 데카르트적 일깨움을 통해, 그리고 동시에 새로운 경험주의를 통해 어떻게 동기부여되었는지 보여주는 것이다. 또 이러한 독단주의가 독단적 태도 속에서 초월론적인 것을 고려하도록 어떻게 강요되었는지, 그리고 결국에는 그것과 관련된 이론 — 비록 내재적 현상학에 의해 요구된 의미에 부응하지는 못해도, 거기에 적합한 많은 것을 가져올 수 있었던 이론 — 을 발전시키도록 어떻게 강요되었는지 보여주는 것이다. 게다가 합리주의가 새로운 분과학문들에, 더욱이 존재론에, 선험적 절차에 따라 형성했던 것이, 현상학의 과제가 순수 내재적인 초월론적 철학으로서 올바르게 이해되고 설정되는 순간에 중요한 기능을 획득해야 했다는 사실이 언급되어야 한다.[56]

∴

56 나의 『순수 현상학의 이념들』의 언어로 말하자면, 존재론의 근본 개념과 근본 명제들은 이성의 현상학의 보다 높은 단계의 보편적 현상학을 위한, 혹은 구성적 문제의 체계적 구상을 위한 필수적인 '실마리'이다. 이러한 실마리는 한편으로는 형식-존재론적 유사 영역인 '대상 일반'과 관계하고, 다른 한편으로는 대상성의 최상위 영역과 관계한다. 그래서 모든 형식적이고 영역적인 존재론의 체계적 정초와 이것들 자체를 체계적 관계로 이끄는 보편적 '범주론'이 필요하다. 즉 형식적 영역에 의해 틀 지어져, 선험적으로 밑그림 그려진 영역의 체계에 대한 형상적 정초가 필요하다. 현상학적 연구의 보편적 토대를 방법적으로 드러내 밝힌 후(현상학적 환원), 현상학적 태도 자체 내부에서 이러한 전체 연구가 수행된다고 해도, 분명한 것은 소박-실증적 명증에서 구상된 모든 존재론 혹은 동일한 것이지만

b) 기회 원인론 이래 합리주의적 구축에서의 역진적[57] 절차에 대한 비판적 논평. 전진적 탐구의 과제

이미 데카르트 학파에서 우리는 인과론적 세계 고찰과 신학적 세계 고찰을 화해시키려는 동기에 근거해 형이상학을 형성하는 동시에 수학의 모범에 따라 자칭 정밀한 방법으로 선험적인 존재론을 형성하고자 하는 경향을 확인한다. 후자에 관해서는 물론 **스피노자**와 그의 『기하학적 질서에 따라 증명된 윤리학』[58]을 염두에 둔 것이다. 그는 이론 외적 동기를 따르는

∵

순수 이성적 분과학문은 (그것들의 근원의 해명을 통해 아마도 개선되어야 할지라도) 현상학으로 인수되어야 하며, 앞서 했던 작업을 현상학에 물려준다는 것이다. 『이념들』에서처럼 현상학의 개념을 직접적 직관의 영역에 묶여 있는 형상적, '기술적' 근본학으로 제한한다면 — 간접적 인식의 전체 영역으로의 확장은 명백히 가능하고, 모든 이성적 학문을 포괄하는 것으로서의 보편적인 현상학적 학문으로 이끈다 — 이러한 기술적 현상학 자체에 모든 존재론의 근본 개념들과 근본 명제들이 속하게 될 것이며, 동시에 그것의 구성적 연구를 위한 '실마리'로 기능하게 될 것이다. 이 모든 것은 실증적 사실 학문으로 전달되고, 이러한 학문들에 대한 현상학적 해석에서 궁극 학문적 사실학이 생겨난다. 이러한 학문은 그 자체로 철학적 학문이며, 거기에 수반되어야 할 어떠한 특수철학도 자신의 옆에 허용하지 않는다. 형상적 현상학의 적용을 통해 사실 학문들에 자라나는 궁극적 해석으로서, 사실 학문들에서 사실로서 탐구되는 객관적 존재에 대한 궁극적 해석을 통해, 그리고 이러한 현상학에서 함께 요구되는 고찰로서 초월론적 주관의 보편적 공동체와 관련된 객관성의 모든 영역에 대한 보편적 고찰을 통해, 세계 전체라는 실증 학문의 보편적 주제는 '형이상학적' 해석을 획득한다. 이것은 다름 아니라 그러한 해석 배후에 다른 것을 추구하는 것이 어떠한 학문적 의미도 갖지 않는 그러한 해석을 의미한다. 그러나 그러한 해석 배후에, 현상학적 토대 위에서 더 이상 해석될 수 없는 문제틀이 열리는데, 그것은 사실적 세계와 사실적인 정신적 삶의 구성에서 표명되는 초월론적 사실의 비합리성의 문제틀, 즉 새로운 의미에서의 형이상학이다. – 원주.

57 여기서 인식에 있어서의 1) 역진적(regressiv) 방법과 2) 전진적(progressiv) 방법이 대비되고 있다. 전자는 이미 전제되고 있는 것으로부터 '그것의 원리'로 거꾸로(역진적으로) 거슬러 가는 인식의 방법을 지칭하고, 후자는 어떠한 전제도 없는 무전제성 속에서 원리에서 시작하여 앞으로 전진해 나가는 현상학적 방법을 일컫는다.

58 『기하학적 질서에 따라 증명된 윤리학(*Ethica ordine geometrico demonstrata*)』은 스피노

고려로서 실증적 종교와 신학의 필요성에 대한 고려를 전혀 하지 않았다. 오히려 그는 인정사정없이 순수하게 공리적인 근본 규정에 근거해서, 그리고 엄밀하게 연역적으로, 무신론적 존재론과 신론, 그리고 윤리학을 발전시키고자 했다.

기회 원인론자들은 달랐다. 자연과학과 동일한 방식과 방법에 따라 정신과학을 요구했고, **두** 학문에 절대적 중요성을 할당한 이원적 실체론을 통해, 데카르트 철학은 형이상학적 관점에서 인과론적 세계관으로 밀려가는 것처럼 보였다. 그런데 그러한 세계관은 종교의 요구와 그에 얽힌 윤리적 필요를 충족시킬 수 없었다. 이미 기회 원인론에서, 그리고 아직 스피노자주의가 영향력을 발휘하기 전에, 종교적-윤리적 요청의 인도하에 형이상학을 형성하려는 시도가 자라났다. 새로운 수학적 자연과학이 이끈 형이상학의 순수한 귀결로서 나타났고, 커다란 반감을 불러일으킬 수밖에 없었던 스피노자의 『윤리학』이 등장한 이래, 저러한 시도로의 추동력은 더욱 강해졌다. 신은 모든 본래적인 정신적 술어들이 제거된 수학적 존재자가 되었다. 이러한 절대적 실체에서 일상적 세계관의 물리적이고 정신적인 실재성들이 생겨나는 것은, 정의적(definitorisch) 근본 규정들로부터 수학적인 귀결 규정들이 수학적으로 생겨나는 것이 되었다. 경직된 수학적 일관성의 이러한 체계에서 자유, 목적성, 그리고 신적 목적론을 위한 공간은 없었다. 이후의 발전은 본질적으로 인과론적 세계관과 목적론적(final) 세계관, 자연적 세계관과 정신적 세계관, 수학적-기계적 필연성과 인간적이

∙∙

자의 대표적인 저작 중 하나로서 스피노자 사후, 1677년에 출간되었다. 이 책은 윤리학적 이론을 기하학적 방식으로 정리하고 구성하려는 시도를 담고 있다. 이 책에서 스피노자는 인간의 행동과 도덕적 선택을 기하학적 모델로 설명하고, 도덕적인 가치의 본질과 윤리적인 원리를 기하학적인 추론과 증명을 통해 밝히고자 하였다.

고 신적인 자유를 화해시키려는 철학적 필요에 의해 지배되었다. 바로 이러한 화해의 추동력이 필수적인 방법적 성격을 형이상학적 시도들에 부여했다. 이러한 방법적 성격은 데카르트 이래 영향을 미치는 주제로서 직접적으로 단지 자기 자신만을 의식하는 정신인 폐쇄적 사유 실체라는 주제를 고려할 필요성에 의해 동시에 함께 규정된다.

19세기에 **칸트**의 이성 비판에 대한 해석에서 출발하여, '초월론적 방법'이라고 말한다면, 이는 우리가 여기서 묘사했던 것과 반대로, 독특한 역진적이고 구축하는 방법을 의미한다. 이 방법은 다음과 같은 물음의 의미에서 객관적으로 타당한 인식의 '가능성의 조건들'을 추적한다. 즉 인식하는 주관성에게 무엇이 전제되어야 하는가? 인식하는 주관성의 인식 능력은, 그리고 인식하는 주관성에서 단계 지어진 직관과 사유의 인식 기능들은 어떻게 받아들여져야 하는가? 그 자체로 타당한 진리와 학문의 형태로 참된 객관성의 인식이 가능하고 이해될 수 있으려면 그러한 인식 기능들은 인식을 형성하면서 어떻게 작동해야 하는가? 유사한 의미에서 화해의 형이상학은 애초에 재구축적이다. 그리고 재구축이 인식론을 위해 얻은 막강한 역할은 그 근원적인 역사적 원천을 이러한 재구축하는 형이상학에서 갖는 것처럼 보인다.

우선 후자에 관한 한, 아직 확고하게 독단주의에 빠져 있는 철학이 한편으로는 새로운 객관적 학문의 의미에서의 세계 앞에 서 있었는데, 그 객관적 학문은 수학, 수학적 자연과학, 그리고 자연적으로 구상된 심리학과 정신과학이었다. 그리고 이러한 학문들과 이 학문들의 세계는 절대적인 것으로 간주되고자 했다. 다른 한편으로는 종교와 신학으로부터 신이 세계의 창조주로서, 그리고 그것으로부터 전체 세계가 의미와 존재에 따라 생겨나고, 거기에 포함되어 자유로운 이성적 존재들도 생겨나는 궁극적 원리로서 주어졌다. 이러한 이성적 존재에서, 자신의 논리적이고 윤리적인 양심으로부터 나온 자기 책임이 신 앞에서의 책임과 얽히게 되고, 자신의 자유로운 결정과 행위, 그리고 궁극적으로 모든 것을 행하는 신의 모든 결정과 얽히게 된다. 여기서 종교적 요구 속에 놓여 있었던 것 — 어쨌든 그것은 이렇게 이해되었다 — 은 모든 사실적 존재와 심지어 이러한 존재의 모든 합법칙성의 내용, 그리고 궁극적으로 권리를 부여하는 모든 이성적 규범의 의미와 절대적 타당성도 자신의 목적론적 근거를 신적 정신에서 가져야만 한다는 것이었다. 실증적 진리와 신학적 진리는 화해하는 통일체로 오고자 했고, 와야만 했다. 그리고 이와 더불어 신적 존재와 유한한 피조물의 존재가, 그리고 신의 이성 및 의지와 인간의 이성 및 의지도 마찬가지였다. 이로써 절대적 의미에서의 존재자에 관한 학문인 형이상학은 구축적 길로 강요되었다. 객관적 학문의 세계인 자연적 세계가 신에 의해 작동되는 목적론적으로 이해된 세계가 될 수 있기 위해 무엇보다 우리는 그러한 자연적 세계를 어떻게 이해해야 하는가? 그 방법적 절차는, 신학이 자신의 신학적 이론을 이른바 자연 신학의 방식으로 이성적으로 이해할 수 있게 만들려고 할 때 언제나 따라야만 했던 것과 유사한 것이다. 그러나 신학에서 허용될 수 있는 것이 철학에서는 아직 권리를 갖지 못한다. 철학은 앞서가는 어떠한 교리도, 그리고 어떤 종류의 것이건 어떠한 앞선 확신도 가져서는 안 된다. 철학의 본질은 절대적으로 근거 지어진 학문이 되고자 하는 것, 혹은 보다 간단하게는 **순수한** 학문이 되고자 하는 것이며 학문 이외의 어떠한 것도 되고자 하지 않는 것이다. 원리적으로, 철학은 오직 절대적으로 통찰적인 근원적 근거들로부터만 출발할 수 있고, 절대적으로 선입견이 없으며, 모든 단계에서 명증적 원리로부터 정당화되는 정초의 길에서만 날아오를 수 있다. 철학의 절차는 전진적인 것일 수 있으며 오직 그래야만 한다.

어떤 의미에서 모든 학문적 탐구자는 구축적이고 역진적으로 진행해나
간다. 그는 그의 창작하는 사유 과정에서 그렇게 한다. 모든 창작물은 예
기(Antizipation)를 전제한다. 우리는 추구되어야 할 것, 산출되어야 할 것
에 대한 주도적 표상을 미리 갖지 않으면 아무것도 추구할 수 없고, 산출
하려고 애쓸 수 없기 때문이다. 그리고 창작자는 단계들로서의 이미 확정
된 진리들을 넘어 예기된 결과로 이끌지 모르는 가능한 길들을 상상에 따
라 미리 형성하고자 할 것이다. 그러나 이 모든 것을 통해서는 단지 추측
과 잠정적 개연성만 획득될 뿐이다. 그리고 나면 실제로 해결하면서 수행
하는 작업은 그다음에 따라온다. 작업은 확고하게 정초된 것으로부터 그
위에 근거 지어진 것으로 전진적으로 이행한다. 그러나 작업이 실제로 상
승하는 정초 작업에서 전진해감으로써, 구체적으로 완전한 통찰적 인식이
방법과 목표에 따라 본래적으로 비로소 획득된다. 즉 두 가지 관점에서 대
체로 더 풍부할 뿐 아니라, 여러 가지로 근원적인 추측과는 다르게 보이는
인식이 획득된다.

27강 형이상학과 인식론에 관하여.
라이프니츠의 모나드론과 칸트의 이성 비판의 의미

그에 따라 우리는 독단적 합리주의는 결코 궁극적인 철학으로 이끌 수
없음을 알게 된다. 경험주의와는 완전히 다른 이유 때문이긴 하지만 말이
다. 합리주의는 고대 플라톤주의의 연장이거나 변형일 뿐이다. 여기에는
참된 존재란 통찰적인 개념적 사유 작용, 논리적 판단 작용의 상관자라는
중요한 근본 사상이 부단히 계속해서 영향을 미치고 있다. 그러나 근대 합

리주의는, 인식하는 주관성 ― 경험하고 논리적으로 사유할 뿐 아니라 또한 모든 다른 의미에서 생각하고 자신을 결정하는 주관성으로서의 인식하는 주관성 ― 이 **데카르트**를 통해 자신의 순수 내재 속에서 가시적이 되었다는 사실에 의해 규정된다. 이제 이러한 주관성은 인식하는 자아에게 현출하는 참된 세계가 그 위에서 혹은 그 속에서 구성되는 절대적 토대로서 고려될 것을 요구했다. 이제 모든 것은 이러한 요구가 어떻게 이해되었는가에 달려 있었다.

에고 코기토를 모든 객관적 학문 구축의 절대적 토대로 만들고, 그와 함께 특수 학문들과 특수 학문들을 포괄하는 형이상학에 통일성과 궁극적 근거를 부여하려는 데카르트의 시도는 실패했다. 왜냐하면 데카르트는 초월론적 경험(내지는 형상적 직관)의 장으로서의 에고 코기토의 영역을 기술적 학문의 주제로 삼고, 여기 순수 의식 속에 고유한 본질 필연성에 따라 객관적 형태의 모든 가능성이 인식의 형태로서 어떻게 포함되는지를 순수 내재적 연구 속에서 보일 필연성을 아직 볼 수 없었기 때문이다.

이후 **칸트**까지의 시대는 내재적 주관성을, 그리고 그 주관적 체험 과정의 명증을 시야에서 잃어버릴 수는 없었지만, 자신 앞에 직관적 세계와 직관적 세계에 대해 진리를 규정하는 완성된 객관적 학문을 갖고 있었고, 자신의 종교적 확신과 도덕적 확신을 갖고 있었다. 그리고 이제 그러한 확신들에 대해 반성한다. 즉 학문, 종교, 도덕의 요구를 ― 게다가 특히, 인식의 내재가 주장하는 **그러한** 요구들도 ― 충족시킬 수 있기 위해 실재성들이 어떻게 달리 생각되어야 하고, 또 어떻게 해석되어야 하는가? 그 절대적 실재성 속에서의 존재자에 관한 보편적 이론으로서의 형이상학은 마지막 관점에서, 내재적으로 수행되는 인식의 해석에 의존하게 된다.

물론 자연이나 정신에 관한 객관적 학문처럼 보편적인 존재론도 **곧바**

로(geradehin), 그러니까 실증 학문의 방식으로 구상될 수 있었다. 순수 수학과 응용 수학의 구분이 분명해진 후에, 자연에 대한 **순수 이성적** 자연과학, 선험적인 자연과학이 (비록 수학적으로 형성되었을지라도) 경험적인 학문과의 구분 속에서 구상될 수 있었다. 바꾸어 말하면 이것은 자연에 관한 선험적 **존재론**인데, 이는 사실적 자연에 관한 학문이 아니라 이념적으로 가능한 자연 일반에 관한 학문이다. 기하학이 사실적 공간과 그 형태들에 관한 학문이 아니라 이념적으로 가능한 공간 형태와 이념적으로 가능한 공간에 관한 학문이라는 것과 정확히 같은 의미에서 말이다. 마찬가지로 영혼에 관한 존재론이 추구되고 구상될 수 있었고, 마침내는 가능한 실재성 일반에 관한 **보편적 존재론**이 추구되고 구상될 수 있었다. 그러나 전적으로, 수학자는 어떤 인식론에도 무관심한 채로 자신의 선험적 진리를 산출하는 저 소박성 속에서 그러했다. 그렇게 의도된 존재론적 분과학문의 다른 표현은 형이상학적 자연론과 영혼론 혹은 이성적 자연론과 영혼론이며, 더 포괄적으로 말하자면 이성적 우주론과 신학이다. 이미 **스피노자**의 『윤리학』이 모든 특수 존재론을 자신 안에 포함해야 하는 순수 이성적 형이상학이다.

그러나 그러한 학문들이 궁극적인 학문 행세를 한다면, 그러한 시도들에서, 결과의 절대적 타당성과 형이상학적 가치가 주장되었던 소박성이 감지되어야 했다. 궁극적으로 타당한 존재 인식은 언제나 형이상학이라는 명칭하에서 권리주장되었다. 그러나 **데카르트**의 『성찰』과 더불어 인식하는 주관성의 내재 속에서의 객관적 인식의 가능성의 문제가 등장한 이후, 모든 객관적 학문의 가치와, 따라서 또한 모든 소박한 형이상학의 가치는 문제적인 것으로 보여야만 했다. 인식하는 자아(ego)의 내재 속에서 '명석 판명한' 인식, 학문의 이성적 이론화가 수행된다. 그렇게 인식된 것은 참으로 존재해야 한다. 참으로 존재하는 것은 이성적으로 인식할 수 있고, 이성적으로 인식되는 것은 참으로 존재하며, 인식 판단이 개념적으로 규정하는 것으로서 '그 자체로' 존재한다. 그러나 모든 학문이 근거하는 이러한 합리주의적 근본 확신은 어떻게 관철될 수 있으며, 만약 인식하는 자가 자신의 모든 인식 형성물들과 더불어 오직 자기 자신 안에서, 자신의 순수한 주관성 속에서 그가 형성한 것만을 형성한다면, 이는 어떻게 설명될 수 있을까? 모든 학문적 주장은, 그것이 이제 경험적인 것이든 선험적인 것이든, 그리고 후자의 경우 그것이 자신의 원리적 일반성과 필증적 명증에 의해 형이상학적인 것으로 특징지어지든, '의미'와 '유효 범위'에 따른 하나의 해석, 즉 인식론적 해석을 필요로 했다. 이와 관련하여 인식함의 내재에서 수행되는 인식적 작업수행의 '인식적 가치'와 관계하는 문제들이 제기되고 해결되어야 했다.

그러므로 그제야 비로소 궁극적인 철학적 진리가 존재할 수 있다. 혹은 형이상학이 이러한 철학적 진리에 대한 명칭이자 궁극 원리들에 대한 명칭으로 머무를 때에야 비로소 실제적 형이상학이 존재할 수 있다. 보다 넓은 의미에서 형이상학은 인식론적 해석을 통해 자신의 소박성에서 벗어난 모든 객관적 학문을 포괄한다. 데카르트적 추동력의 결과로서 합리주의 철학에서 일찍이 관철되었고, 이미 **라이프니츠**의 철학함 전체를 규정했으며, 그 후, **칸트**의 이성 비판에서 새롭고 막강한 힘으로 작동했고, 대체로 피상적인 형태가 되긴 했지만 19세기 **신칸트 학파**에서 다시 소생한 방법적 확신은 바로 저것이다.

그러나 이제 물음은 인식론적 해석과 이것에 의해 수행된 전체 인식론적 작업이 어떤 방법으로 수행되느냐는 것이다. 자연적 인간이 삶에서 경험 세계를 자명하게 현존하는 실제성으로 승인하듯이, 우선은 학문을 승인하는 것에서 시작하는 것은 이해할 만하다. 자연적 인간은 경험의 일치하는 진행에서 자신의 확증된 명증을 체험했다. ― 혹은 오히려, 소박하게 **작동시켰다.** 그리고 그 명증의 힘은 경험된 사물이 자명하게 직접적으로 나에게 현존함에 놓여 있다. 마찬가지로, 학문의 일부를 자발적으로 통찰력 있게 철저히 연구한 사람은 이론적으로 입증된 것과 그것의 진리를 확신한다. 그러나 이런 태도가 쉽게 결과로 가져오듯이, **승인한** 객관적인 학문적 언명을 인식론적 문제제기와 뒤섞어, 가령 심리-물리적 지식을 연결고리로서 인식론적 숙고에 삽입한다면 위험하고 방법적으로 불합리한 혼동이 있게 된다. 경험주의자인 **로크**는 조야하고 서투른 형태로 이러한 잘못을 저질렀고, 흔한 현상으로서, 철학적 자연과학자와 자연과학적 철학자들은 오늘날에 이르기까지 여전히 이러한 잘못을 저지른다.

  그러나 18세기의 위대한 철학자들, 그러니까 **라이프니츠**나 **칸트**에게 이러한 비난을 가할 수는 없더라도, 그들에게는 모든 학문을 학문적으로 진정하게 인식론적으로 기초 짓는 작업이 의존하고 있는 궁극적이고 순수한 방법에 대한 의식이 상당히 부족하다. 여기서 모든 것에 앞서 필요한 것은 일반적이고, 말하자면 아주 꼼꼼한 방법적 확정이다. 단순한 경험 인식에서 시작해서 모든 학문에 이르기까지, 모든 인식은 인식론적으로 의심스러운 것으로 다루어져야 한다. 이러한 의심스러움의 의미에 따라서, 동시에 모든 각각의 인식은 (인식의 추정적 대상 및 그러한 대상을 추정적으로 규정하는 진리도) 그것을 타당한 인식으로 가지고 사용하는 대신, 한갓 현상으로 취해져야 한다. 그러나 모든 인식은 초월론적 주관성 속의 나에 대해서 현상이다. 그리고 진정한 순수한 방법은 다름 아닌 모든 소여들 중 실제로 그 자체로 최초의 이러한 소여, 즉 '절대적'으로 명증적인 초월론적 주관성을 최초의 것으로서 정립할 것을 요구한다. 다른 한편, 모든 객체적인 것,

감가 세계, 그리고 감각 세계를 규정하는 학문은 아무리 자명하게 미리 주어져 있더라도, 단지 경험함에서 경험된 것으로서, 그러그러하게 학문적으로 형성된 판단 체험들의 판단 내용으로서만 정립되어야 한다. 주관성의 보편적 영역을 그것의 현상들과 함께 의식적으로 이렇게 밝혔다면, 다음 단계는 충분히 가깝게 놓여 있다. 경험주의는 이 단계에 대해 주의를 환기시킨다. 말하자면 이 단계는, 즉 "여기에 체계적으로 연구될 수 있고 연구되어야 하는 가능한 고유한 제한된 연구 영역이 있다"고 이제 스스로에게 말하는 단계다.

그러나 역사적으로 인식론은 그렇게 진행되지 않는다. 그 인식론은 감각적 경험과 경험적 판단이든, 순수 합리적 개념과 판단이든, 수학, 정밀한 자연과학과 같은 전체 학문이든, 자신의 문제적인 인식들을 사실상(de facto) 현상으로서 권리주장할 수 있다. 그리고 그것의 타당성은 오직 주관적으로 통찰적인 근거 놓기의 내재적인 독특성만을 표현하는 것일 수 있다. 그렇다 할지라도, 그 절차는 근원 토대로서 초월론적 주관성을 확인하고 이에 대한 인식 형태를 체계적 연구 주제로 삼는, 방법적으로 의식적인 절차가 아니다. 인식 형성물을 현상으로 갖고, 거기서 그것의 객관적 타당성의 의미에 관해 물음을 제기하는 것으로는 충분하지 않다. 이러한 현상이 현상으로서 최초로 연구되어야 하고, 지향성의 현상으로서 지향적 해명을 필요로 한다는 사실을 자신에게 분명하게 해야 한다.

물론 우선 더듬으며 앞으로 나아가는 보편적 숙고는 해석을 위한 어떤 주도적 동기를 제공해준다. 가령 **라이프니츠**가 감성과 사유에 대해 다음의 방식으로 반성할 때도 그렇다. "한갓 감각적 경험에서 나는 감각적으로 촉발되고, 감각적인 것은 나에게 낯선 것으로서 나를 촉발한다. 사유 작용 속에서 나는 순수하게 나 자신으로부터 활동하며, 순수한 개념들은 우연적 경험의 구속을 받지 않고, 나의 순수한 본질로부터 길어내어진다." 모든 선험적 통찰에서는, 주관성의 순수한 본질에 속하며, 모든 주관들에게 본질 법칙성으로서 공통적이어야 하는 법칙성이 진술된다. 그렇다면 감각적 경험, 그리고 감각적 경험을 통해 조건 지어지는 경험 법칙들은 사정이 어떠한가? 나의 순수한 지성적 본질의 근원 형식들을 형성하는 것인 순수한 개념들은 경험 학문에서 어떻게 작동하는가? 이렇게 전진하면서 감성은 어떻게 해석되어야 하는가? 추가적 귀결에서 감각적으로 경험되고 자연과학적으로 인식된 자연은, 경험 인식이 객관적인 것으로 이해되어야 할 경우, 어떻게 해석되어야 하는가?

나는 더 나아가지는 않을 것이다. 그러나 분명한 것은, 순수한 이성적 유형의 사유하는 인식함도 구체적 자연 대상에 대한 경험함도 직접적으로 연구되지 않고, 체계적인 지향적 본질 분석에 내맡겨지지 않는다는 사실과, 그러한 고찰 방식은 오직 더듬으며 앞으로 나아가는 예기로서 타당할 수 있을 뿐 이론으로서는 타당할 수 없다는 사실이다. 해당되는 현상들이 사태와 멀리 떨어져 있는 동안, 실제적인 분석 없이 재구축적인 사유 형성이 수행되고, 이러저러한 인식적 작업수행의 성립을 위한 가능 조건이나 이성적으로 이해할 수 있는 인식 세계의 가능성을 위한 가능 조건이 탐색된다. 그러나 여기에서 (가령 혼란스러운 사유 작용으로서의) 감성의 구조와 사유의 구조가 실제로 탐구되지 않고 가정된다. 라이프니츠와 같은 직관적 사상가는 그의 천재적 상상이 적합한 직관을 예견할 수 없는 곳에서는 당연히 어떠한 것도 만들어내지 않는다. 그래서 라이프니츠의 모나드론 전체는 역사상 가장 위대한 종류의 예견 중 하나다. 모나드론을 완전히 이해하는 사람은 모나드론에 위대한 진리 내용을 부여하지 않을 수 없다. **라이프니츠**는 '지각', '지각에서 지각으로 나아가는 이행', 그리고 특히 '내실적으로는 현전적이지 않지만, 지각적으로 의식되는 것에 대한 재현'이라는 명칭하에서 모나드의 근본 특성을 논하면서, 지향성의 근본 특성을 파악했고, 그것을 형이상학적으로 가공했다. 그러나 그럼에도 그는 대체로 그때그때의 기지에, 예견과 구축에 갇혀 있었다.

칸트 또한, 그가 아무리 체계적 연구를 향하면서, 실제로 깊이 숙고된 체계 속에서 전진했더라도, 진정한 초월론적 학문에 요구되는 방법을 보지 않는다. 그의 방법은 라이프니츠의 방법과 밀접하게 관련된다. 칸트 자신은 스스로가 라이프니츠와 멀리 떨어져 있다고 믿었지만, 이는 라이프니츠 철학의 본래적 의미가 초안, 편지, 소논문들에 흩어져 있는 그의 사상을 더 완전하게 아는 것에 근거해서 오늘날에야 비로소 밝혀질 수 있었기 때문이다. 확실하게도, 우리는 칸트의 전체 연구가 사실상 초월론적 주관성의 절대적 토대 위에서 전개된다고 말할 수 있다. 게다가 그는 전례 없는 직관적 힘으로 이러한 주관성의 본질 구조들을 파악했는데, 이는 비할 수 없는 중요성을 지니는 것이며, 이전에 그 누구도 알아차리지 못했던 것이었다. 칸트의 이성 비판에는 위대한 발견의 연쇄가 우리 앞에 펼쳐져 놓여 있다. 그러나 그것은 접근하기 어려울 뿐 아니라, 우리가 다음과 같이 말해야 하는 형태로 방법적으로 근거 지어진다. 즉 "칸트의 이성 비판은 라이프니츠의 이성 비판만큼이나 궁극적으로 정초하고 궁극적으로 정초된 학문인 초월론적 철학과 멀리 떨어져 있다." 칸트에게는 역진적인 방법적 절차가 가장 큰 역할을 한다. 순수한 수학은 어떻게 가능한가, 순수한 자연과학 등은 어떻게 가능한가? 순수 기하학적 판단이 가능하려면 우리는 감성을 어떻게 생각해야 하는가? 엄밀한 자연과학, 즉 경험 대상들에 대한 규정이 그 자체로 타당한 진리들 속에서 가능하려면, 감성적 직관의 잡다가 어떻게 종합적 통일에 이르러야 하는가? 칸트 자신은 '연역'을 요구하

3부 버클리와 흄, 그리고 독단적 합리론을 통해 현상학의 회의적 예비 형태가 형성됨

고 수행한다. 그가 형이상학적이고 초월론적이라고 부른 그것은 직관 형식들의 연역, 범주들의 연역이었다. 마찬가지로 도식론, 순수 이성의 원리들의 필연적 타당성 등이 연역된다. 그것은 물론 단순하게 연역되지도 않고, 통상적 의미에서 연역되지도 않는다. 그러나 그것은, 그것 후에 오는 직관에 선행하는 **구축적** 사유 절차. 아래에서부터 상승하면서 증명에서 증명으로 직관적으로 전진하면서 의식의 구성적 작업수행을 이해할 수 있게 만드는 절차가 아니고, 반성에 열려 있는 모든 시선 방향을 따르는 것은 더욱 아니다. 칸트는 구성하는 의식의 말하자면 가장 내밀한 측면을 거의 다루지 않았다. 칸트가 다룬 감각적 현상들은 아주 풍부한 지향적 구조를 지닌 이미 구성된 통일체들인데, 이 구조는 체계적 분석에 결코 내맡겨지지 않는다. 마찬가지로 판단은 근본적으로 규정하는 역할을 하지만, 판단 체험의 현상학, 그리고 판단들의 변경 속에서 존재의 정립과 양상들이 통일로 오는 방식의 현상학에 관해서는 어떤 것도 시도되지 않는다. 그 때문에 순수 주관성 속의 형태들에서 아주 많이 보이고, 그것의 중요한 층들이 발견되지만, 모든 것은 수수께끼 같은 환경 속에서 불안정하게 떠 있고, 신화적으로 머물러 있는 초월론적 능력의 작업수행이다.

만약 칸트가『인간 지성론』의 **흄**이 아니라『인간 본성론』의 흄에 의해 독단의 잠에서 깨어났다면, 아마도 사정은 아주 달랐을 것이다. 그리고 칸트가 영국 회의주의자의 이 위대한 근본 저작을 세심하게 연구했더라면, 회의적 모순 뒤에서 내재적 직관주의의 필연적 의미가 그에게 떠올랐을 것이고, 초월론적 의식의 ABC에 관한 사상과 그 기초적 작업수행, 그리고 이미 **로크**가 가졌던 저 사상들이 떠올랐을 것이다.

초월론적 의식과 이성에 관한 학문적으로 충분한 이론을 가능하게 하는 데 함께 결정적인 주요한 지점에서 칸트는 라이프니츠에 뒤처진다. 라이프니츠는 **플라톤적** 관념론의 가장 깊고 가치 있는 의미를 이해하고, 그에 따라 독특한 **관념 직관**(Ideenschau) 속에서 자체부여되는 통일체로서의 관념들을 깨달았던 근대의 최초의 사람이었다는 점에서 우위를 갖는다. 라이프니츠에게 자체부여하는 의식으로서의 직관은 이미 진리와 진리의 의미의 궁극적 원천이었다고 우리는 이야기할 수 있다. 그리고 순수한 명증 속에서 직관된 모든 보편적 진리는 그에게 절대적 의미를 지닌다. 그 때문에 그러한 명증 속에서 직관된 자아의 본질 특성들에 대해 단적으로 절대적 중요성을 주장하는 것이 그에게는 어렵지 않았다. 그러나 **칸트**의 경우 아프리오리(Apriori)의 개념은 우리를 끊임없이 당황시킨다. 칸트에게서 아프리오리의 개념을 특징짓는 보편성과 필연성의 성격은 절대적 명증을 가리킨다. 그리고 우리가 예상해야 하듯이, 그것은 절대적 자체 부여의 표현일 것이고, 그 부정은 부조리일 것이다. 그러나 그것은 그렇게 생각되지 않았다는 것, 그리고 초월론적 주관성이 자신 안에 (바로 객관성을 가능하게 하는 자신의 이성적 형식을 따라서) 객관성을 형성하게 하는 선험적 법칙성은 단지 일반적인 인류학적 사실의 의미만을 지닐 뿐이라는 사실을 우리는 즉시 알게 된다. 이렇게 칸트의 이성 비판은 칸트적 의미에서는 선험적일 수 없고, 오직 참된 플라톤적 의미에서만 선험적일 수 있는 절대적인 근본학의 이념을 놓쳤다.

그러므로 의식 삶의 주체로서의 자아 일반의, 그리고 자기 자신 안에서 객관성을 구성하는 자아의 순수하고 절대적으로 필연적인 본질에 관한 체계적 학문, 절대적 진리, 절대적으로 일반적인 진리를 직관하면서, 그리고 체계적으로 이끌어내면서 산출하는 학문을 구상하는 사상을 **라이프니츠**가 추구한 것은 아니었지만, 그것을 쉽게 떠올릴 수 있었다. 그러한 학문은 모순 없이 부정될 수 있는 어떠한 것도 설정하지 않는 한, 충분하고, 유일하게 가치 있는 의미에서 선험적인, 선험적 학문이다. 그리고 그것은 모든 인식과 학문 일반의 궁극적 원천인 학문일 것이다. 그러니까 그 속에서 모든 다른 아프리오리가 보다 높은 단계에서 비로소 구성되는 가장 깊은 아프리오리에 관한 학문일 것이다.

논문

철학적 문화의 이념

그리스 철학에서 그 이념이 최초로 싹틈

탈레스에서 출발한 그리스 학문의 근본 성격은 '철학'이요, 모든 그 밖의 목적으로부터 자유로운 이론적 관심, 즉 순수하게 진리를 위한 진리에 대한 관심의 체계적 실현이다. 이러한 의미에서의 순수 학문은 그러나 나머지 문화 형성물과 단순히 같은 줄에 서는 한갓 새로운 유형의 문화 형성물을 가리키는 것이 아니다. 전체 문화 발전에 대해 그것은 전체 문화로서의 문화를 보다 높은 규정으로 끌고 가는 하나의 전환을 제공한다. 순수 이론적 관심에 (말하자면) 내재된 체계적 보편성으로의 경향 때문에 철학은 우주론적 문제들에 대한 최초의 잘 이해할 수 있는 선호에 머물러 있을 수 없었다. 자연스러운 외적 고찰에서 세계가 아무리 인간을 하위의 개별성들의 집단으로 포함하는 모든 실재성들의 총체로서 주어지더라도, 그럼에도 세계는 현실적인 삶 속에서 행위자에게, 그리고 특히 또한 연구하는 인간에게 '나와 나의 환경세계', '우리와 우리의 (공동의) 환경세계'

라는 필연적인 방향 설정 형식 속에서 주어진다. 이와 같은 '원리적 조화(Prinzipalkoordination)'[1]는 또한 이론적으로 연구하는 관심에게도 유효해야 했다. 인식하는 주관성으로서의 주관성, 그리고 맨 위에 이론적으로 인식하는 주관성으로서의 주관성, 더 나아가 환경세계로부터 촉발된 행복과 고통 속의 주관성으로서의 주관성, 그리고 마지막으로 내면으로부터 환경세계로 자유롭게 영향을 끼치고, 환경세계를 목적 활동적으로 변형하는 주관성, 이 모든 것은 더 높은 정도로 이론적 탐구의 초점 속에 들어서야 했으며, 소박하게 외부를 향하는 세계 탐구와 반성적으로 내부를 향하는 정신 탐구는 서로를 조건 지어야 했다. 이제 연구가 사유활동하고 그 밖의 방식으로 행위하는 주관성으로 방향을 취하자마자, 연구는 최종적으로 가능한 만족의 물음, 그리고 그와 함께, 선택해야 할 목표와 방법의 진정성과 정당성의 물음과 마주쳐야만 했다. 연구는 이미 학문 자체의 영역에서 이러한 물음들과 마주쳐야 했다. 왜냐하면 구상된 이론은 즉시 체계의 논쟁에 끌어들여져, 자신의 **정당성**을 주장해야만 했기 때문이다. 따라서 시작하는 학문은 참으로 합리적인, 통찰적이고 궁극적으로 정당화되는 학문이 되기 위해서 소박한 이론적 탐구의 근원적인 생성 형식을 극복해야만 했다. 시작하는 학문은 **학문 이론적** 자기 숙고 속에서 궁극적으로 정당화되는 학문의 **규범**을 탐구해야 했고, 그에 따라 결국 본질적으로 혁신된 형태 — 즉 학문 이론적 인도와 정당화로부터 나온 학문의 형태 — 를 그것도

1 아베나리우스(Abenarius)와 마흐(Mach)로 대표되는 19세기 독일의 경험 비판론에서 사용된 표현으로, 자아와 환경세계, 심리적인 것과 물리적인 것 사이의 구별 불가능성을 가리킨다. 아베나리우스와 마흐는 인식과 경험이 주관적인 내면적 경험과 외부 세계 간의 단순한 대응으로 이루어지는 것이 아니라, 이것들 간의 상호작용과 조화로운 결합을 통해 이루어진다고 주장했다. '원리적 조화'는 자아와 환경이 상호작용하면서 우리의 경험과 인식이 형성되는 과정에서의 일관성과 조화를 강조한다.

의식적인 목표 설정 속에서 추구해야 했다.

그러나 유사한 규범 문제들은 인식하면서 행위하는 이론가뿐 아니라 행위하는 인간 일반에도 적중했다. 그래서 확고부동한 무조건적 타당성 속에서 모든 영역의 인간적 행위를 규정해야만 하는 절대적인 규범적 이념들의 전체성을 겨냥하면서 최고의 궁극적 물음들의 전체 복합체가 이론적 작업의 장 속에 들어서야 했다. 이러한 이념들은 말하자면 숨겨진 엔텔레케이아[2]로서, 그것의 순수한 직관과 이론적 형성 이전에 벌써 발전을 규정하는 힘으로 기능했을지 모른다. 그러나 그 이념들은 오직 의식적으로 만들어지고 필증적으로 통찰된 가능한 정당성의 형식으로서만 '진정한 인간성'을 성취할 수 있었고, 성취할 수 있다. 왜냐하면 그것은 언제나 깨어 있는 자기 책임성 속에서 살고자 노력하는, 다시 말해 언제나 '이성'을 따르고자 하고, 오직 스스로 생각하고 스스로 통찰한 규범에 따라서만 자기 자신을 다스리고자 하며, 자신의 행위의 절대적 규범 정당성을 궁극적 타당성의 궁극 원천으로부터 주장할 능력이 있고, 주장할 준비가 되어 있는 진정으로 성숙한 인간성 이외의 무엇을 의미하겠는가. 그래서 이러한 방식으로 보편적 학문인 철학에, 맹목적으로 추구하며 살아가는 인류에게 가장 깊은 자기의식, 자신의 참되고 진정한 삶의 의미를 마련해주는 과제가 자라나야 했다. 철학의 가장 위대한 책무는 무엇보다 이러한 의미에 궁극적으로 합리적인 형태, 즉 모든 측면에서 해명되고 파악된, 모든 관점에서 궁극적으로 정당화된 이론의 형태를 부여하는 것이 되어야만 했다. 이러한 책무는 원리적 학문에서 체계적으로 전개되어, 참되고 진정한 인류, 즉 순

••
2 '엔텔레케이아(ἐντελέχεια)'는 아리스토텔레스에 의해 도입된 용어로서 사물이나 현상이 자체적으로 가지는 내재적 목적 혹은 최종적 목적을 의미하는 개념이다.

수한 실천적 이성에 입각한 인류가 되기 위해 인류가 만족시켜야 하는 전체 규범 체계를 근거 지으며 명백히 제시해야만 했다. 보편적인 원리적 학문이라는 가장 엄밀한 의미에서의 철학으로서, 철학 자체는 자신의 궁극적인 합리적 숙고와 결합하여, 진정한 인간적인 인류의 발전은 한갓 유기체적이고, 맹목적-수동적인 성장의 방식으로는 더 이상 가능하지 않다는 사실을 드러내 보여야 했다. 오히려 자율적인 자유로부터, 그리고 특히 참으로 자율적인 **학문**을 통해서, 그러나 맨 위에서는, 자신의 원리적 분과학문들 속에서 자신의 절대적인 법칙 체계, 모든 가능한 진정한 법칙을 위한 보편적 법칙을 자기 자신에게 부여한 보편적 철학을 통해서 가능하다는 사실을 드러내 보여야 했다. 자연적으로 자라난 역사적 문화는 진정한 인간적 문화의 발전 형태를 오직 학문적으로 정초되고 방법화된 문화의 형식으로만, **이상적으로** 말하자면, 그 자체로 궁극적으로 이해되고, 궁극적 합리성에 근거하여, 그러므로 통찰적인 절대적 원리들에 따라서 정당화되고 실천적으로 자신을 형성하는 철학적 문화의 형식으로만 가질 수 있음을, 철학 자체는 궁극적으로 정복하는 합리성 속에서 드러내 보여야 한다.

  우리는 인류 역사에 의미심장한 이러한 확신이 최초로 싹트고 세부까지 형성되는 것을 그리스 철학의 발전 과정에서 제시해 보일 수 있다. 일반적으로 우리는 (철학이 근원적으로 보편적 학문으로 생겨났듯이, 그 본질적 의미에 따라 보편적 학문으로 남아 있어야 하는) 철학의 역사를 그 가장 위대한 인류적 기능의 관점에서, 즉 인류를 참된 인류의 길로 인도해야 할 인류의 보편적이고 궁극적으로 합리적인 자기의식을 창출한다는 철학의 필연적 소명의 관점에서 고찰할 수 있다. 그러한 고찰 방식의 단편은 다음에서 거칠게 개관될 것이다. 그것은 완료된 작업수행이라고 권리주장을 하기보다는, 실제적으로 근본적인 실행으로 권유하는 것이다.

......

요약해보자. 윤리적 실천가였던 **소크라테스**는 우선 모든 깨어 있는 인격적 삶의 근본 대립, 불명료한 사념과 명증 사이의 근본 대립을 윤리적-실천적 관심의 초점에 두었다. 그는 우선 이성의 보편적 방법의 필연성을 인식했고, 직관적이고 선험적인 이성 비판으로서의, 더 정확하게 말하자면, 모든 궁극적 타당성의 근원 원천인 필증적 명증 속에서 완성되는 해명하는 자기 숙고의 방법으로서의 이러한 방법의 근본 의미를 인식했다. 소크라테스는 우선 일반적이고 순수한 직관의 절대적 자체소여들인 순수하고 일반적인 본질성들의 자체-존립을 직관했다. 이러한 발견과 관련하여, 소크라테스에 의해 윤리적인 삶에 보편적으로 요구된 철저한 책임적 해명은 그 자체로, 순수한 본질 직관을 통해 산출될 수 있는 이성의 일반적 이념들에 근거한 활동적 삶의 원리적 규범화 내지는 정당화라는 의미심장한 형태를 획득한다.

소크라테스의 경우 이론적 의도가 없기 때문에, 이 모든 것에 본래적인 학문적 표현과 체계적 실행이 결여되어 있을지 모르지만, 그럼에도 불구하고, 소크라테스에게 실제로 이성 비판적 근본 사유의 맹아 형태가 놓여 있음은 확실한 사실로 여겨도 된다. 그러한 맹아 형태를 이론적, 기술적으로 형태 잡고 지극히 생산력 있게 발전시킨 것이 **플라톤**의 불후의 공적이다.

플라톤은 철저한 책임적 해명이라는 소크라테스의 원리를 학문에 전이시켰다.

......

그래서 이러한 의미에서 유럽 문화의 근본 성격은 합리주의로 특징지어질 수 있으며, 유럽 문화의 역사는 그 고유한 의미를 관철하고 형태화하기 위한 싸움, 즉 합리성을 위한 투쟁이라는 관점에서 고찰될 수 있다. 왜냐하면 이성의 자율성을 위한, 그리고 전통의 속박으로부터 인간을 해방시키기 위한, 또 '자연적' 종교, '자연적' 권리 등을 위한 모든 싸움은 언제나 새롭게 정초되어야 하고, 결국 이론적 총체를 포괄하는 학문들의 보편적인 규범적 기능을 위한 싸움이거나, 그러한 싸움으로 궁극적으로 되돌아가기 때문이다. 모든 실천적인 물음은 자신의 편에서 보편적으로 파악되고 학문적 물음으로 전환되는 인식의 문제들을 내포한다. 최상위의 문화 원리로서의 이성의 자율성에 대한 물음 자체는 학문적 물음으로 설정되고, 학문적인 궁극적 타당성 속에서 결정되어야 한다.

칸트의 코페르니쿠스적 전환과
그러한 전환 일반의 의미[3]

순수한 이성에 근거하여 대상에 대한 인식, 그러니까 사물 자체에서 타당할 수 있어야 하는 선험적 명제들, 원리들의 인식이 어떻게 가능한가? 그러나 이러한 물음은 즉시 다음과 같은 물음을 내포한다. "수학적 자연과학적 인식의 방식을 따라 대상(객체)에 대한 경험적 인식이 어떻게 가능한가?"

단적인 지각 판단의 이해 가능성과 한갓 귀납적 일반화(경험적 일반화)를 통해 획득되는 경험적 일반성의 이해 가능성을 인정한다면, 이는 다음을 의미한다. 즉, 직관적 경험 속에서의 일치를 전제한다면 그러한 판단들은 타당하다는 사실, 내가 그러한 판단들을 언제나 입증할 수 있고, 다른 사람들—물론 정상적인 사람들—도 마찬가지로 그렇게 할 수 있다는 사실이

3 1924년 2월.

아주 잘 이해될 수 있고, 여기서 놀랄 만한 것은 아무것도 없다는 것이다.

그러나 정밀한 자연과학의 정밀한 인식의 단순한 전 단계인, 지각 판단에 매여 있는 기술적 자연과학이 아니라, 우리로 하여금 사물에 대한 정밀한 자연과학적 판단을 획득하게 하는 방법의 원리들, 그러니까 정밀한 경험 과학은 사정이 어떠한가?

지각 판단은 단순히 주관적인 것이다. 지각 판단의 보편타당성은 나와 감성적으로 일치하는 인간 집단과 관계한다. 그리고 타인을 도외시한다고 해도, 모든 감각적 속성은 나의 상응하는 감각 기관에, 그리고 그것의 기능함의 정상성 또는 비정상성에 의존한다.

근대의 정밀한 자연과학의 방법은 우리를 이러한 상대성으로부터 독립시키고, 지각된 자연 사물에 대해 감각의 우연성에 의존하지 않고 모두가 언제나 확인할 수 있는 규정들을 만들어낸다. 이때 종별적 감각 성질들은 그러한 규정들로부터 완전히 떨어져 나와서, 단지 그러한 방법이 산출하는 '참된' 성질들에 대한 지표(*indices*), 기호가 될 뿐이다. 거꾸로, 참된 성질들을 인식하는 사람은 그로부터 규정된 사물들이 그에게 어떻게 **보이게 되는지**를 안다. 그는 자신의 직관적 환경세계의 테두리 내에서 그것들에 대한 '표상'을 형성할 수 있고, 그리고 그에 따라 자신의 실천적 행위의 방향을 설정할 수 있다.

이제 그 방법이 규정하는 개념들을 고찰해본다면, 한편으로 그것은 시공간적인 개념이고, 다른 한편으로는 기체, 속성, 결합, 전체, 단일성과 다수성 등과 같은 개념, 논리적 개념, 보편적 판단 개념이다. 그러나 이것들은 자연과학적 방법 덕분에 실재적 의미를 지닌다. 우리는 또한 거꾸로 다음과 같이 말할 수 있다. 즉, 바로 사물이 객관적 진리 속에서 인식될 수 있어야 한다면, 개념들의 존립 요소는 모두에게 그리고 언제나 선험적으로 접근될 수 있어야 하고, 사물을 규정하는 능력을 지녀야 한다.

역진적으로 이야기해보자. 인식 가능한 실재적 진리가 존재해야 한다면, 그러니까 실제로 진리인 진리, 모두가 자신의 판단 규범을 가질 수 있게 해주는 그 자체로 타당한 유일한 진리가 존재해야 한다면, 대상들과, 그리고 그 대상들에 타당한 진리들과 필연적 관계를 맺는 개념들이 존재해야만 한다. 그것들은 인식 기능이 인식 주체에게서 기능하는 우연성에 의존할 수는 없다. 상호주관성의 필연성 영역으로서, 아프리오리가 현존해야만 한다. 실제로 모든 대상이 근원적으로 우리에게 다만 감각적 지각을 통해 현존한다면, 우리의 인식에 객관적인 자연 진리를 가능케 하는 방법을 원리로서 가능하게 만드는 개념 체계, 근원적 진리의 체계가 존재해야만 한다. 그러니까, 이성적으로 인식할 능력이 있는 함께 경험하고 함께 판단하는 가능한 모든 자들을 상호주관성이 포괄하는 한, 상호주관적으로 타당한 술어들의 가능 조건들이 존재해야만 한다.

이것은 명백히 형식적인 숙고다. 더 순수하게, 더 형식적으로 파악하면 그것은 다음을 의미해야 할 것이다. 그들 모두에게 지각 가능한 무한한 환경세계와 관계하는 주체들을 생각해보자. 그리하여, 그들은 상호 이해 속에 서 있으면서, 그들의 지각 내지는 지각 판단들을 교환할 수 있고, 이때 그들은 자신들이 실제로 동일한 환경적 사물들과 관계함을 알고 있다고 생각해보자. '교환'이 가능하다는 것은, 이러한 주체들이 이성적이라 할지라도, 이들이 하나의 참된 세계를 그 자체로 타당한 진리에서 인식할 수 있음을 아직 의미하지 않는다. 그들이 지성을 가졌고, 판단할 수 있으며, 판단 진리를 가질 수 있다는 것, 그들이 논리적 두뇌를 지녔다는 것(혹은 심지어 그들이 논리학을 학문적으로 형성했다는 것, 그들이 논리학을 형성할 수 있다는 것. 이것은 그들이 지성을 가졌고 이성적 주체라는 말 속에 함축되어 있다)만으로는 충분치 않다. 그러나 이것은 원리적으로 인식 가능한 세계, 그들의 지각을 통해 인식 가능한 세계를 위해 충분하지 않다. 그들에게 이미 하나의 세계가 나타날 때조차도, 이는 아직 그들에게, 그리고 일반적으로 하나의 세계가 존재하며, 그것이 그들에게 원리적으로 인식 가능함을 이야기하는 것이 아니다. 이를 위해서는 어떤 조건들이 충족되어야만 한다. 나는 "그들에게 이미 하나의 세계가 **나타날** 때조차도"라고 말했다. 그렇게 나타나지 않는 경우도 그 자체로 생각 가능하다. 그렇다면 물론 의문스러운 것은, 그들이 실제적으로 개인적 자기의식에, 그리고 실제적인 이성 활동에 이를 수 있을 것이냐, 혹은 그들에게 이성이 하나의 공허한 가능성으로 남아 있을 것이냐는 것이다. 감각적으로 직관적인 세계가 나타난다는 것 자체가, 주체들이 참된 세계 인식을 가질 수 있어야 하기 위한 가능 조건이다. 그리고 이러한 **나타남**을 위해서는 선험적인 조건들이 그 자체로 통찰되어야 한다(초월론적 감성학).

그것 자체가 체험으로서 존재하지 않으며, 체험의 맞은편에 **그 자체로** 존재하고, 그래서 참으로 존재를 갖는 그러한 대상들을 현출들이 실제로 나타나게 한다면, 그 대상들은 진행되는 지각 속에서, 그러므로 지각 현출들에서 지각 현출들로의 이행 속에서, 진행되면서 확증된다는 사실이 생각될 수 있어야 한다. 또 동시에 보다 높은 단계에서, 지각되지 않았지만 '그 자체'의 의미에서 요구되는 것들의 구간과 관계하는 등의 확증의 방식이 생각될 수 있어야 한다. 가능한 '경험'의 대상으로서, 다시 말해 일치하는 지각 내지는 가능한 지각, 그리고 그러한 지각의 파생물인 기억과 예상 속에서의 가능한 확증의 대상으로서 그러한 초재적 대상의 본질 형식에 대해서, 이로부터 무엇을 추론할 수 있는지 우리는 묻게 된다.

그러나 우리는 또한 우리가 무엇을 더 전제했는지, 혹은 우리가 무엇을 전제할 수 있고, 전제해야만 하는지 묻게 된다. 가령 현상의 내재적 시간과 대상들의 객관적 시간(이것은 내재적 시간과 구별되어야 한다) 사이의 관계에 그 귀결을 갖는, 가능한 경험 대상의 열린 무한성과 경험적 확증에 대해 묻게 된다. 더 나아가, 모든 현상은 여러 번 반복될 수 있고, 시간만으로는 그것의 공존 속에서의 개별화를 위해 충분하지 않다. 그렇기 때문에, 객관적 시간이 현상의 내재적 연속 속에서 현상적으로 제시되어야 하듯이, 현상들 자체의 공존 속에서 현상적으로 제시되어야 하는 객관적 공존(객관적 동시성)의 질서 형식이 필요하다, 등등. 모든 직관할 수 있는 대상들에 대해 직관되었고 직관될 수 있는 열린 형식들이 존재해야 한다. 다시 말해 우리로 하여금 방향을 알 수 있게 하는 질서 형식들이 존재해야 한다. 그리고 그것들은 이미 (가능한 초월적 대상들의 한갓된 상상 표상 속에서) 상상 속의 한갓된 가능성에 속해야 한다. 왜냐하면 그것들은 초월적 대상들의, 즉 '객체들'의 현상들로서의 현상들에 바로 선험적으로 필연적으로 속하기 때문이다.

시공간에 대한 **칸트**의 논증은 해명되지 않은 전제로부터 자신의 힘을 끌어낸다. 그것은, 감성적 현상이라는 말은 한갓 감각 자료들과 그러한 것의 복합체를 의미할 수 있을 뿐 아니라, '우리 안의' 현상들 속에서, 즉 우리의 체험으로서 현상하고 현상할 수 있어야 하는 **사물들**의 현상들을 의미할 수도 있다는 전제다. 바꾸어 말하면, 우리는 외적 지각을 갖는데, 그것은 한편에서는 '내적으로 지각 가능하고', 내적으로 현상하는 것으로서의 우리 자신의 체험들이고, 다른 한편으로는 우리 밖의 시공간적 현존에 관한 지각들이다. 그리고 이것은 다음을 의미한다. 즉 사물들은 우리에게 의식적으로, 그리고 완전히 자명하게 제시된다. 즉 공간 형태, 시간 형태, 공간 위치, 시간 위치와 같은 시공간적 규정성들을 지니고, 그러그러하게 감각적으로 성질이 부여된, 그때그때의 사물들, 즉 그 자체로 존재하거나 혹은 존재한다고 주장되는 사물들, 그것인 바대로, 혹은 그것에 대해 현출하는 바대로의 모든 것에 따라 제시되지만, 그 자체가 체험이거나 주관적-심리적인 것은 아닌 그러한 사물들이 제시된다.

이것에 대해 생각하고 물어야 한다. 현상하는 것의 어떤 구성요소들이, 지각된 사물에 속하는 것으로 생각된 것으로서, 일반적으로 구별될 수 있는가? 그리고 만약 우리가 특정한 성질들, 즉 감성적 감각 자료들에서 심리적으로 제시되는 그러한 사물 성질들과 시공간적 규정들을 구별하게 된다면, 더 나아가 일회적 규정들과 반복 가능한 규정들을 구분해야 한다. 그러나 우리는 여기서 시공간적 구성요소들에 제한된 구별을 발견하게 된다. a) 일반화할 수 있는 지속, 형태 등 일반, b) 개별적인 공간 위치와 시간 위치, 개체화의 원리(*principium individuationis*). 보편적인 시공간적 규정은 개체화되고, **이를 통해** 감각적 성질도 개체화된다.

따라서 여기서 다음을 숙고해야 한다. 시공간적 규정과 특수하게 질적인 규정 사이의 근본적 구별을 형성하는 것은 무엇인가? 여기서 '공간'이라는 명칭과 '시간'이라는 명칭은 어떤 성질로서가 아니라, 시공간적 성질들이 모종의 방식으로 개체화를 통해 그 속에 삽입되는 보편적 형식으로서 등장한다. 여기에 칸트의 논증에서 눈에 띄는 기이한 것이 있다. 만약 우리가 그 어떤 방식으로 상상 속에서 지각을 사라지게 한다면, 즉 우리가 지각 대상을 없는 것으로 생각한다면, '일반적' 공간이 남는다. 저 지각 대상의 형태는 이 공간의 특정한 위치를 덮는 것이다. 그러면 우리는 사물 대신에 빈 개별적 공간의 조각을 갖게 될 것이다. 그리고 우리가 이것을 모든 사물에 대해서 행한다면, 비어 있는 공간 일반이 남는다. 이것은 개별적인 시-공간 형태의 일반적 형식, 그리고 그와 더불어 가능한 지각 사물과 가능한 사물 일반의 순수하고 일반적인 형식이다. 모든 사물은 일반적인 공간을 지니고 있다. 모든 지각 사물에 대해서, 가능한 지각의 진행 속에서 경계 없음(Grenzenlosigkeit)이 실현될 수 있다. 모든 것은 '기하학적으로' 움직이고, 모든 것으로부터 무한한 공간이 구축될 수 있으며, 이것은 모든 사물로부터 산출될 수 있는 동일한 공간이다, 등등.

　공간의 직관 필연성의 의미는 무엇인가? 그것은 단지 시공간적으로 직관될 수 있는 가능한 지각 사물로서의 가능한 사물들의 필연적인 개별적 형식이다. (순수한 상상 속에서) 내가 그 어떤 지각적으로 현상하는 것이나 혹은 가능성으로서 현상하는 것을 자유롭게 변경한다면, 나는 시각적이거나 촉각적이거나 하는 등의 성질들과 관련하여 어떠한 필연성에도 이르지 못한다. 여기서 눈에 들어오는 것은 기껏해야, 어떤 것이든 간에 **그 어떤** 감성적 성질 부여가 있어야 한다는 필연성뿐이다. 이와 반대로 공간 형태와 공간 위치에 관해 나는 다음과 같은 필연성에 일반적으로 이른다. 즉 단지 공간적인(그리고 시간적인) '성질'만이 위치에 따라 개별화된다는 필연성, 그리고 모든 형태들이 일반적인 공간과 시간의 형식 속에 '기입'됨으로써만 이러한 개별화가 일반적 공간과 시간 속에서 실현된다는 필연성에 이른다. 더 나아가, 형태를 가능한 방식으로 동일하게 유지하는 한에서, 위치 변화의 필연적 가능성(직관적 운동의 가능성)에 이른다. 즉 모든 가능한 위치, 변화와 형태들의 형식들을, 직관적으로 구축적으로 산출할 가능성에 이른다. 그래서 여기서 나는 앞서 주어질 수 있는 모든 지각 현출들(지각된 대상들 자체)의 가능한 변경들에, 그리고 그와 함께, 모든 가능한 '현출'들에 규칙을 정해주는 '직관적인' 본질 법칙성과 마주치게 된다. (초월론적 감성론: 지각할 수 있음의 가능 조건.)

　이와 대조해볼 때, 초월론적 논리학은 사정이 어떠한가? 그때그때 현출하는 대상들, 사실적으로 주어지는 대상들은, 만약 그것들이 초월론적-감성적 조건(특히 필연적인 시공간적 규정들)을 만족시킨다면, 정밀하게 자연과학적으로 인식 가능하며, 또 자신의 개별적 현존 속에서 자신의 개별적 규정들에 따라 규정될 수 있는가? 수학적 법칙은 가능한 개체화의 형식의 법칙으로서 충분한가?

초월론적-감성적인 것의 한계를 한 번 더 숙고해보자. 혹은, 초월론적-감성적인 것의 독특한 의미를 규정해주는 무엇에 대해 숙고해보자. 내가 지각함 속으로 들어갔다고 상상하면서, 지각된 것을 그 가능성 속에서 주시한다면, 나는 형태와 위치와 개별화의 일반적 필연성, 형태 변화와 위치 변화의 일반적 필연성, 그리고 질적인 변화의 가능성 등을 발견하게 된다. 이것은 다음을 의미한다. 즉 나는 지각하면서 각각의 해당 사물에 머물러 있다는 것을 의미한다. 그리고 내가 이러한 개별적인 사물과 그 속성들을 지각한다는 사실과 내가 그 사물에 머물러 있는 동안 언제나 새로운 것을 지각할 수 있다는 사실이 외적으로 지각된 것의 본질에 속한다는 것을 의미한다. 물론, 내가 이전에 거기서 지각된 것으로 되돌아오면서 동일한 특징을 변경 없이 발견한다고 가정해보자. 그런다면 나는 여기서 이미, 그것이 그사이에 변하지 않았다고, 그것이 변화 속에서 자신의 옛 성질을 **다시** 받아들였을 뿐인 것이 아니라고 실제로 이야기할 수 있는가? 나는 나의 현행적 지각 속에서 일어나는 변화만을 확인할 수 있다. 다른 변화들은 내가 상정하는 것이다. 그것들을 지각하지 않고서, 그리고 지각을 통해 거기에 대해 확신하거나 추후에 거기에 대해 확신할 수 있지 않고서 말이다. 그러나 어쨌든 지각이 다다르고 다다를 수 있어야 하는 한, 가능한 지각이 전제되는 한, 필연성들이 충족되어야 한다. 나에게 나타날 수 있어야 하는 것은 '초월론적-감성적' 조건들을 충족해야 한다.

내가 **지각되지 않은** 변화나 불변을 상정한다면, 여기에 놓여 있는 것은, 내가 그것을 지각하지 않기는 했다는 것, 그러나 그것에 대한 적절한 위치에서는 그것을 지각할 수 있으리라는 것, 그렇다면 그것은 감성적 조건들을 충족해야 했다는 것이다. 그래서 나는 필연적인 공간 형식 내부에서 자유로운 변경을 꾸며낼 수 있고, 거기 속하는 본질 법칙들을, 가능한 지각으로서의 가능한 경험의 대상들의 가능 조건들로서 드러낼 수 있다.

그러나 이제 물음은 다음과 같은 것이다. 지각될 수 있어야 하는 사물들에 필연적이듯이, 감성적 조건들이 충족되어야 한다면, **사물 대상**이 정말로 존재할 경우, 그것이 지각되지 않았음에도 인식될 수 있어야 하기 위해 **어떤 것들이** 충족되어야 하는가? 그래서 사물의 지각되지 않은 것이 벌써 문제가 된다. 사물은 시공간적 존재자이고, 그 자체로 존재하며, 그것의 지속하는 현존의 모든 시간 지점에서, 그리고 모든 시간 지점에 대한 그것의 형태의 모든 공간 지점에서 그것인 바대로 존재한다고 우리는 생각한다. 인식하는 자는 오직 자신의 지각과 기억으로부터만 사물이 정말로 존재함을 알 수 있기 때문에, 다음과 같은 물음이 생겨난다. 인식하는 자에게 감성적인 것을 넘어서 감성적 사물과 세계에 대한 인식이 가능하고 가능할 수 있기 위해, 그래서 인식하는 자에게 실존하는 세계의 진리가 정초되고 정초될 수 있기 위해, 감성적으로 주어지고 주어진 대상들에 관해 어떤 인식 가능한 법칙성이 충족되어야 하는가?

지각되거나 기억되어 시공간적으로 그렇게 존재함 속에서 대상이 제시하고 제시했던 것으로부터, 우리는 지각 속에 주어지지 않은 것을 어떻게 '추론'[4]할 수 있는가? (이것이 **흄**의 사실 추론의 문제다.) 경험되지 않은 것들

4 '추론'은 우선 예측하는 확신함이고, 미래에 관해서 예상함이다. 그러나 그것은 경험적으로

의 개별적인 실재적 존재에 관한 규정으로서 이러한 추론이 가능할 때만, 참으로 존재하는 세계에 관해 정당하게 이야기할 수 있고, 보다 일반적으로는, 가능한 방식으로 참으로 존재하는 (가능한) 세계에 관해 정당하게 이야기할 수 있다.

혹은 오히려 다음과 같다. 즉 가능한 직관의 대상들이, 동시에 가능한 경험적 인식(경험에, 즉 일치하는 지각에 토대하여 수행될 수 있는 정당한 예기와 판단)의 대상이 되어야 하기 위해, 달리 말하면, 개별적으로 규정하면서 모든 이성적인 것들로부터 입증 가능한 진리들이, 그것도 사물 자체에 귀속되는 **모든** 규정들에 관해 인식될 수 있어야 하기 위해, 어떤 조건들이 충족되어야 하는가? 그리고 사물, 즉 가능한 '직관'의 대상들은 일반적인, 그리고 말하자면 형식적인 일반성 속에서, 인식 가능한, 그리고 원리적 필연성으로서 인식 가능한 어떤 속성들을 소유해야 하는가?

여기에는 다음과 같은 문제가 결합되어 있거나 혹은 그 속에 포함되어 있다. 즉 사물의 지각 가능한 속성들은 감성적으로 우연적인 것들이고, 시공간적으로 '형식화'되어야 한다는 필연성의 법칙만의 지배를 받기 때문에, 감각적 대상들은 자신의 감각적 속성들 속에서 선험적으로 규정되어야 한다는 사실, 그것들은 모종의 개별적 규정들을 가능하게 하는 형식의 규칙 아래 서 있어야만 한다는 사실이 벌써 예견될 수 있다.

a) 우리는 이제 지각 다양체를 통해 우리에게 주어진 세계의 소여된 지각 다양체의 사실(Faktum)에서 다음과 같은 기이한 점을 발견하게 된다. 그것은 모든 인식하는 자에게 어떤 법칙성과 규칙화된 의존성이 존립한다

∴

근거 지어진 술어적 개념과 판단을 위한 전제이고, 따라서 실재적 실제성들에 대한 경험적 진리들의 전제이다. - 원주.

는 것인데, 이 법칙성과 규칙화된 의존성에 따라서 그는 **신체**를 갖게 되고, 모든 다른 사물 현상들이 그의 신체적 현상들(현상적 특징들)에 의존하며, 신체의 현상은 '그것 자체'에 의존하게 된다.

잘 이해해보면 다음과 같다. 눈꺼풀이 닫혀 '기능이 정지된', 촉각적으로 변화된 눈에는 모든 시각적 현상들이 없어진다. 또, 시각적으로 변화된, '화상을 입은' 손가락에는 외적인 특징 현상들이 탈락되고, 비정상적인 것이 들어선다, 등등. 신체는 서로와 관계하여 기능하는 기관들의 체계이다. 그리고 우리가 기관들 자체에서 그 현상들의 다양체들로 이행할 때, 거기서 이러한 다양체들이 상호 간에 서로에게 어떻게 의존하는지에 대해서는 더 상세한 기술이 필요하다.

그러나 이러한 기능적 의존성에는, 경험하는 자와 인식하는 자의 고유한 신체에서 두드러지고, 오직 이러한 신체에만 접근 가능한 내적 현상들이 함께 얽혀 있다. 이 내적 현상들은 자신의 편에서는 다시 그에게만 직접적으로 지각 속에서 접근 가능한 그의 영혼 삶의 그 밖의 전체 움직임과 다시 연관된다. 그래서 우리는 모든 경험하는 자에 대해 사실상 특수한 상대주의를 갖는다. 그리고 경험하는 자는 언제나 사물이 그의 신체와 어떻게 관계하는지, 그리고 신체가 '자기 자신'과 어떻게 관계하는지만 이야기할 수 있다. 하나의 사물과 하나의 세계가 다수에 대해서 동시에 지각적으로 현존할 수 있기 위해서는 초월론적-감성적으로 충분한 조건들이 충족되어야 한다. 그러나 이러한 조건들이 충족된다고 해서, 다수에 의해 동일화된 사물이 현상의 모든 특징에 관해서 모든 사람에게 동일한 것은 아니다. 상호주관적 이해, 그러니까 '공통의 외적 지각'이 이루어질 수 있지만, 상이한 주체들의 모든 지각 언명들이 일치하지는 않는 경우를 생각해보는 일이 가능할 것이다. 개별자에게, 혹은 모든 개별자들 각각에게 일치하는 지각 세계가 각기 나타날 수 있고, (그들이 타인경험을 할 수 있기 위해서는 상당한 범위로 그래야 하듯) 그러한 지각 세계는 모두에 의해 같은 것으로 동일화되지만, 모든 특징들에 관해 공통인 그러한 세계는 결코 확인될 수 없는 경우가 가능할 것이다. 다른 한편, 다수에 대해 그러한 완전한 공통성이 있을 수 있지만, 모두에 대해서는 아닌 경우, 즉 비정상적 예외들을 지닌 공통성이 가능할 것이다. 각자는 **자신의** 신체적 규칙을 지닐 수 있고, 평균적으로는 모두가 동일한 신체적 규칙을 지니지만, 그럼에도 다시 개별적인 예외적 사람들은 그렇지 않은 경우가 가능할 것이다. 등등.

더 자세하게 숙고해보면 여기서 우리는 보다 일찍 다음의 것들을 구별해야 했다고 이야기할 수 있다. α) 사물이나 사물 연관에 대해 연속적으로 일치하는 개별 주체들의 지각의 가능 조건, β) 의사소통적 지각(그리고 기억)으로서의 연속적으로 일치하는 바로 그러한 지각의 가능 조건.

여기서 우리는 **인식할 수 있는** 대상적 규정들에 대해 묻고 있다. 단독적인 지각 대상들, 그러니까 단독으로 생각된 개별 주체의 그러한 지각 대상은 어떤 구조를 지녀야 하며, 더욱이 지각 속에서 경험할 수 있는 어떤 구조를 지녀야 하는가? 더 나아가 지각 객체의 규정들이 의사소통적인 것일 수 있어야 한다면, 그 객체는 어떤 속성들을 가져야 하며, 더욱이 어떤 인식 가능한 속성들을 가져야 하는가? 여기서 우리는 대상의 직관적 내용과 관련하여 직관적 대상 자체에 접근하는 구조와 마주치는 것이 아니라 그때그때의 경험하는 자의 신체성의 의존성에 관한 규칙과 마주친다. 그러면 물음은 다음과 같다. 경험하는 개인들만큼 많은 상대주의의 조화인 이러한 상대주의에도 불구하고, 가령 내가 파란 안경을 통해 보는 대상의 색깔이 안경이 없는 다른 모든 사람들이 보는 대상의 색깔과 동일한 것이라고 말하듯이, 모든 직관적 속성들이 동일화될 수 있으려면, 저러한 의존성은 어디까지 미쳐야 하며, 저러한 개별적인 의존성들의 조화를 위해 어떤 규칙이 필연적(선험적)이고, 원리적으로 인식 가능해야 할까?

여기에는 외부 사물의 현상(존재적 의미에서의 외적 지각)이 신체와 그 기관의 현상에 의존한다는 의존성의 사실적 유형, 그러한 사실(Faktum)이 전제되어 있다. 그것은 한갓 사실인가, 혹은 외적 현상들이 가능하기 위한, 그리고 현상들의 통일체가 연속적인 외적 직관적 경험 속에서 가능하기 위한, 본질 필연성들이 여기에 존립하는가?

b) 그렇다면 이제 새로운 물음은 다음과 같다. 공간적 공존과 시간적 잇따름 속에 있는 현상들에 관해 그 이상의 어떠한 규칙들이 존립해야 하는가? 그러니까 직관적 특징 내용에 있어서 시공간적 위치에서 개별적으로 현실화되고 현실화될 수 있는 것이 다른 시공간적 위치에서 현실화되고 현실화될 수 있는 것에 어떻게 의존하는지를 규정해주는 그러한 규칙들 말이다. 더 자세하게 이야기하자면, 그때그때의 경험하는 자가 한편으로 자신의 직관 영역의 직관된 것으로부터 직관되지 않은 것으로 추론할 수 있기 위해서는, 그리고 그것이 그저 심리 물리적인(그리고 신체적인) 의존성과 관련된 것이 아니기 위해서는, 어떤 규칙들이, 혹은 더 정확히는 특수한 규칙들의 어떠한 형식들, 형태들이 선험적으로 존립해야 하는가? 가령 과거의 경험되지 않은 사물 측면에 대한 규정이나 시간과 공간의, 일반적으로 경험되지 않은 사물적인 것들(사건 등)에 대한 규정, 직관될 수 있었을 것이나 직관되지 않은 사물 내용의 구축은 사물들 사이의 인과성으로서의 **인과성** 없이 생각될 수 있을까? 그래서 경험하는 주체 자체에 대해, 그리고 가능한 의사소통적 연관의 통일체에 속하는 모든 주체에 대해 경험할 수 있는 공통의 환경세계가 생각될 수 있어야 한다.

그러나 아직 중요한 것이 빠졌다. 모든 사람은 각자 자신의 심리 물리적인 규칙과 자신의 직관적 환경세계를 지니고, 자신의 감각 자료와 감각 직관적 특징들을 지닌다. 우리는 그 감각적 내용에 따라 내가, 그리고 심지어 모두가 언젠가 어떤 감각 자료, 어떤 현상들을 갖게 될지 (미리) 선험적으로 구축할 수 있게 해주는 인식 가능한 법칙성을 생각할 수 있는가?[5] 심리 물리적 법칙은 인식적으로 오직 귀납적-경험적 규칙으로서만 생각 가능한데, 이러한 규칙은 내가 감각적 자료들에 관한 문제 되는 유들(Gattungen)과 특수한 종들, 유형들을 이미 갖고 있다고 전제하며, 이러한 유형들에 의거하여 나는 — 말하자면 오직 유추적 상승을 통해서만 — 추론한다. 그래서 모든 인식하는 자들이 무한히 많은 다양체(현실적이고 가능적인 열린 무한한 주체들의 다양체)를 구성할 수 있게 해줄 법칙성이 인식될 수 있다고는 생각할 수 없다. 신조차도 그것을 생각할 수는 없을 것이다. 그래서 서로 의사소통하는 인식 주체의 열린 무한성에 대해 하나의 세계, 공통의 환경세계의 인식 가능성은 어떻게 보장될 수 있는가?

확실히 여기에는 어떤 주체가 이러한 세계 총체에 대해, 그래서 모든 개별 사물들에 대해 언젠가 가질 수 있을 모든 현상들이, 그리고 모든 주체가 가질 수 있을 모든 현상들이 미리 규정되어 있고, 심지어 접근 가능하다는 사실이 속해 있다. 사물의 현상 속에서 사물은, 그것이 존재한다는 사실과 그것이 무엇인지를 경험하는 자에게 열어 보인다. 비록 인식하는 자의 신체성과 주체성, 그리고 다른 사물과의 관계 속에서 그러하지만 말이다. 만약 현상이 미규정적이라면, 사물도 미규정적일 것이다.

5 여기에는 아프리오리로서 다음과 같은 사실이 놓여 있다. 즉 감각 자료들은 규칙화되어 흘러간다는 것, 그래서 현상들이 형성되고, 계속해서 일치 연관들 속에서 유지될 수 있다는 것. 어떤 규칙들인가? 오직 현상들 자체만이 자신의 감각적이고 구성인 구조를 펼쳐냄으로써 그러한 규칙들을 드러낼 수 있다. - 원주.

그러나 현상들의 총체의 구축 가능성(Konstruierbarkeit)은 가능한 상호 의사소통 속에 서 있는 모든 가능한 주체들의 모든 가능한 현상들 속에서 의사소통적 경험 속에서 입증될 수 있는 하나의 동일한 참된 세계가 제시된다는 것과 같은 말이다. 그런데 그것은 다른 것을 의미할 수도 있다. 모든 가능한 현상들, 그러니까 나 자신의 현상과 타자의 현상들을 내가 단적으로 구축할 수 있어야 한다는 것이 아니다. 신체성의 자기 유지를 가능하게 하는 한에서 **나의** 신체성의 모든 변화가 산출할 수 있을 모든 현상들을 내가 구축할(그래서 모든 종류의 감각 자료를 알) 능력이 있다는 그러한 생각 불가능한 이상적 경우를 가정해보자. 다음으로 나의 신체성과의 관계 속에서 일치하는 세계가 나에게 산출할 수 있을 **모든** 현상들을 내가 구축할 수 있으리라고 가정해보자. 다른 인식 주체들과 내가 동일한 세계를 공통으로 지닐 경우, 이는 결코 모든 다른 가능한 인식 주체들이 이 세계와의 관계 속에서 (그리고 나에게 접근 가능한 것으로) 가져야만 할 현상들을 내가 구축할 수 있음을 의미하지 않는다. 다른 가능한 인식 주체들은 원리적으로 나에게 접근될 수 없는, 자신에게 속한 심리 물리적 규칙들과 감각 자료들을 지닌 신체 유형을 가질 수 있을 것이다.

그러나, 나의 현상들로부터 감각 외적인 사물적 규정들을 획득하는 인식 방법, 그리하여 다른 모든 사람들이 동일한 방법을 감각에 수행할 수 있을 것이고, 더 나아가 이러한 동일한 감각 외적인 사물적 규정들을 발견해야만 할 인식 방법을 내가 발견한다고 가정해보자. 그런다면, 거꾸로 거슬러 올라가며, 그 방법에 근거하여, 이러한 규정들에 속하는 현상들을 구축할 수단을 우리 모두는 **이러한** 규정들에서 지니게 될 것이다. 그래서 모두는 각자 자신의 것, 그리고 다른 사람은 아마도 불완전하게 접근할 수 있거나 전혀 접근할 수 없는 것을 갖게 될 수 있을 것이다. 하나의 방법,

그리고 방법적인 판단 결과의 하나의 체계를 구축하는 일이 가능해야 한다. 이러한 판단 결과는 감각적 경험 판단들과는 달리, 이성적으로 인식하는 모든 사람들에게 실제적인 공유 재산일 수 있는 것이며, 모든 사람에게 무조건적으로 타당한 진리로서 인식 가능하고, 모든 세계적 존재자를 개별적으로 완전하게 규정할 수 있을 그러한 것이다. 그러나 여기에서 완전하다는 것은 다음과 같은 의미에서이다. 즉 모두는 각자 자신의 직관으로부터 출발하여, 각자에 속하는 직관적 다양체들과 가능한 지각을 구축하는 형식으로 이러한 비직관적 규정들의 직관 의미를 산출할 수 있다는 그러한 의미에서이다.

그러나 결국 저 이상적인 경우를 전제할 필요는 없다. 모든 이성적인 존재들이 자신의 직관 범위에서 출발하여 전진하는 완전성 속에서 여기 속하는 모든 경험 규칙들과 방법 수행의 규칙들을 배울 수 있는 것으로, 그리고 또 일치하는 현상 영역에 대한 지배를 점점 더 확장하면서, 가능한 진리의 기체로서 이성적인 것으로 전제될 수 있는 세계 자체에 보다 접근하고 전진해 갈 수 있는 가능성을 이러한 확장 자체를 통해 보증받는 것으로 충분하다. 여기에는 아직 선험적 숙고의 여지가 있다. 모든 주체가 이성적일 필요는 없고, 또 모두가 충분한 이성적 능력을 지니면서 객관적 인식을 위해 필수적인 전제들을 공급해주는 신체성을 소유해야 할 필요도 없다. 똑바로 자란 인간이 존재하는 한, 신체적인, 그리고 심리 물리적인 '장애인'도 존재할 수 있을 것이다.

그러나 세계의 존재는 이성적이고 정상적인 주체성을 전제한다.

이것은 물론 이와 같은 완전한 고찰로부터 직관할 수 있는 것이다. 그리고 [세계의 존재는] 임의적인 사실적인 이성적 주체성을 전제하는 것이 아니라, 그 감성이 보편적 규칙을 따르는 그러한 주체성을 전제한다. 이러한 규칙의 형태와 표현은 오직 인식 현상으로서 구성되는 세계를 통해서만 정식화되는 것으로 생각될 수 있다.

이와 같은 세계 사실의 근거에 관해 자연적 태도의 인간이 던지는 물음은 초월론적인 내적 태도 속에서는 이러한 사실적 주체성의 존재의 근거와 이러한 주체성 속에서 수행되는 사실적인 세계 구성의 근거에 관한 물음이 된다. 그리고 여기에는 그러한 구성의 가능성을 위한 사실적으로 충족된 모든 조건들이 포함되어 있다. 여기서 작동하는 '근거'라는 개념이 어떤 의미를 가질 수 있느냐, 그리고 그것이 무엇일 수 있느냐는 물음으로 인해 우리는 이러한 사실(Faktum)의 곁에서 만족하여 쉴 수가 없다. 그것은 초월론적 연구의 더 높은 단계를 지시하는 새로운 물음이다.

이제, 그러한 방법은 무조건적으로 객관적으로 타당한 판단과 진리의 정초 방식으로서 어떤 형식을 가져야 하는가 하는 물음이 생겨날 것이다. 처음부터 분명한 것은 객관적 이론의 모든 개념들은 순수하게 논리적인 것이어야 한다는 점이다. 그러나 이러한 방법에서 획득되어 실재적 의미를 획득한 논리적인 것이어야 한다.

하나의 동일한 사물과, 그러므로 모든 사물과 관계하고, 또 관계할 수 있어야 하는 모든 주체들의 현상은 가능한 상호주관적 교환 속에서 그 자체로 규정되어야 한다. 모든 각각의 주체는 직관의 하나의 혹은 여럿의 길을 통해 아직 경험되지 않은 각각의 모든 것에 접근할 수 있어야 한다. 그러나, 마치 자유로운 상상이 이러한 길(신체적 기능의 시공간적 길)을 감성적으로 조화를 이루는 직관들과 더불어 임의로 점령할 수 있기라도 하듯, 단순히 공허한 일반성에서 접근할 수 있어야 한다는 것은 아니다. 오히려 완전히 규정된 것으로서 현상을 예기하는 가능성이 존재해야만 한다.

여기서 이제 파악하고, 판단하는 모든 사유에 앞서, 지각과 기억이라는 경험과 필연적으로 엮여 있는 **예상**이라는 기능이 자신의 다양한 변양들 속에서 문제시된다. 예상은 연상과 관련되고, 통찰 가능한 규칙들을 따른다.

그러나 주관성 속에서 형성된 이러한 통일체들, 그리고 주관성 속에서 펼쳐진 이러한 예상의 예기는 충분하지 않다. 가령 빈번한 잇따름에 근거한 예상이 그렇듯이 말이다. 한편으로, 우리는 아직 개별적인 주관의 영역에 서 있고, 다른 한편으로 이때조차도 우연적 연상(Assoziation)으로는 충분하지 않다. '참으로 존재하는' 대상에 적합해야 하는 사물 현상들(지각들)의 잇따름은 객관적으로 규정되어야 한다. 우연적 연상은 개별 주체 속에서 단지 우연적이고 경우에 따라 다시 파괴되는 예상만을 산출한다.

내가 (예상 형성으로서의) 나의 경험의 진행 속에서 지각의 그와 같은 체계를 나의 것으로 만들고, 현상하는 대상을 향하면서 그와 같은 특징들과 특징 복합체를 지각적으로 나타나는 것으로 기대하는 것이 가능해야 한다. 또, 일치적으로 경험되고, 예상적으로 확증되는 것으로서 현상하는 대상을 정립하는 데에 계속해서 머무르는 것이 가능해야 한다. 유아론적으로든, 나중에 타인과의 의사소통 속에서, 그들의 경험의 앎에 토대하여서든 말이다.[6] 그것은 현상하는 사물들이 그 존재적 특징에 관해 고정된 시간 법칙, 혹은 더 정확히 말하면 시공간적-질적인 법칙들 아래에 종속되어 있음을 전제한다. 연상과 예상은 여기서 미래의 지각에서 확실히 예상

6   보충 설명: 여기서 예기(예상) 개념을 통해 경험 개념의 확장이 고려된다. 그리고 그와 동시에, 구성적 의미에 있어서의 통일 형태가 고려된다. 따라서 그 속에서 경험 대상이 경험적으로 참되게 단절되지 않고 정립 가능한 것으로 머물러 있는 그러한 경험의 일치의 의미의 확장이 고려된다. 그러나 동시에 처음부터, 무엇이 의식 속에서 의식되는 모든 것에 선험적 통일체를 부여하는지 고려해야 한다. 또 필연적으로 이미 의식된 것과 더불어 동시에 의식된 통일체에, 주어진 통일체 형태를, 통일의 방식을 부여하는 것이 무엇인지를 고려해야 한다. 이것이 그 자체로 통일체 형성의 방식인 연상의 전제, 토대이다. – 원주.

할 수 있는 지각적 특징들과 관계한다.

정상적으로 기능하는 동일한 종류의 신체성을 의사소통적 주관성들이 소유하는 한 예상은 상호주관적인 것으로 연장될 수 있다. 그러나 감각적 성질들을 포괄하는 규칙은 무조건적으로 상호주관적인 것일 수는 없다.[7]

그러나 계속 확장되어야 할 의사소통의 현실적인 그리고 또 아직 가능적인 모든 주체에 대해('모두'에 대해) 하나의 참된 세계가 인식될 수 있으려면, 그래서 모두가 단지 "나는 나의 경험 속에서 **나에 대한 세계**로서 하나의 세계를 인식한다"고 말할 권리를 가질 뿐 아니라, 그리고 또 계속해서 "다른 사람 역시 **자신에 대한 세계**를 인식하지만, 그것은 어떤 규정들에 있어서의 일치(Identifikation)에도 불구하고 **진리 자체**는 아니다"라고 말할 권리를 가질 뿐 아니라, 개별적으로, 그리고 상호주관적으로 규정할 수 있는 하나의 **유일한** 세계가 있어야 한다면, 이러한 사물 세계는 감각 외적 특징들을 통해서, 그러니까 경험하는 사람의 '우연적인 신체 구조'에 의존하지 않는 그러한 특징들을 통해 완전히 충분하게 개별적으로 규정될 수 있어야 한다. 이러한 규정들은 특수한 종류의 감각적 성질일 수 없지만, 공공의 것(κοινά)일 수도 없으며, **그것들이 감각적으로 현상하는 대로의** 공간 형태이거나 시간 형태일 수도 없다. 다른 한편, 경험하는 사람은 직접적으로는 현상만을 지닐 뿐이다. 부분적으로는 현행적 순간의 지각의 지각 현상들,[8] 부분적으로는 회상으로서의 그러한 지각 현상의 재생산, 부분적으로

⁝

7 감성, 주관적 현상들과 그 구성요소들이 주관적 신체성과 맺는 관계가 여기서 전제된다. 그래서 신체적이고 심리-물리적인 것의 기초가 되는 아프리오리에 관한 초월론적 이론이 구상되어야 할 것이다. - 원주.

8 그러나 나는 감각적으로 현상하는 자료들을 단독적으로 갖는 것은 아니다. 통일체 형식들이 이러한 자료를 둘러싼다. - 원주.

는 미래의 현상에 대한 감각적 예기로서의 예상, 그리고 (감각-직관적 상황 아래의 가정적 예상처럼) 그러한 예상의 변경들을 지닌다. 나의 예상들은 그것들의 전적으로 감각적인 내용들과 더불어 다음과 같은 방식으로 흘러감에 틀림없다. 또 모두에게 각자의 예상은 스스로에 대해 다음과 같은 방식으로 흘러감에 틀림없다. 즉 예상이 경우에 따라 실망에 이름에도 불구하고, 현상들의 종합 속에서 하나의 일치가 언제나 다시 복구된다. 또 경험이 완전할수록, 더 내용이 풍부할수록 그것은 계속해서 다음과 같은 형식을 갖게 된다. 즉, 나는 진짜 사물과 하나의 완전한 세계를 언제나 더 잘 알게 되고, 여기서 환영, 가상은 정당한 지각이나 경험과 대비하여 한갓 주관적인 것으로서 제거한다. 내가 나의 경험의 흐름에 개입하여, 자의적으로 지각의 과정을 함께 규정할 수 있는 한, 나는 또한 사물과 세계를 더 정확히 알게 되는 방향으로 그 과정을 정돈할 수 있으며, 열린 공간, 그리고 알려지지 않거나 망각된 것 등으로 채워진 시간 속으로 알아가면서 걸어나가는 방향으로 그 과정을 정돈할 수 있다.

다른 한편으로, **나의** 것인, 세계를 전진해가며 '더 잘 알게 됨'은 아직 **모두에 대한** 상호주관적 세계를 알게 됨은 아니다.

여기서는 오직 한 가지만 가능할 수 있다. 모든 감각적 규정들은 가능한 지각과 경험의 주체인 모든 이성적 주체에게 필연적으로 공통적인 비-감각적 규정들과 함께 법칙적 연관들 속에 서 있다.

공간과 시간이라는 위치 체계는 필연적으로 공통적이다. 동일한 사물적인 것이 동일한 것으로 도대체 인식될 수 있기 위해, 공간과 시간은 개별화의 원리로서 상호주관적 인식 가능성을 위한 명칭이어야 한다. 그와 더불어 지속, 공간 형태, 상대적인 위치 관계와 같은 모든 일차적 성질들도 상호주관적으로 인식할 수 있어야 한다. 그것들의 소여 방식이 감각적으로, 그래서 신체적-심리-물리적으로 조건 지어져 있음에도 불구하고 말이다. 사유 속에서 그러한 일차적 성질들에는, 한갓 감각적 개념과 대립하는, 필수적으로 공통적인 실재적-수학적 개념들이 상응해야 한다.

물론 우리는 형식-논리적이고, 형식-존재론적인 개념들의 전체 내용을 갖고 있다. 물론 그 개념들이 지각적으로 주어진 것, 실재적인 것과 맺는 관계 속에서 그러하다. 그러나 여기서 아주 일반적으로 고찰되어야 할 것은 같음, 차이, 동일성, 전체와의 결합, 부분과 전체 속의 부분, 기체와 속성, 관계 등과 같이, (단지 외적인 직관뿐 아니라) 생각해낼 수 있는 모든 직관과 (어떤 종류의 것이건 어떤 대상적인 것에 대한 의식으로서) 생각해낼 수 있는 모든 근원적으로 부여하는 의식에 속하는, 다양체들의 통일체 형식과 전개 형식들이다. 이러한 형식들에는 또한 조건과 조건 지어진 것, 연접, 이접이 있다. 요약하자면, 능동성과 수동성에 따라 모든 가능한 감각적으로 직관적인 것에 속하고, 속할 수 있는 것, 그러나 그 자체가 '지각'은 아닌 모든 것이 있다. 이것들을 통해 물론 지각, 직관의 특수한 개념이 넓은 개념에 대립하여 부각된다.[9]

여기서 고려되는 모든 것은 로고스의 형식 속의 개념성과 판단이라는 이성적 기능 앞에 놓여 있다. 이것은 보다 높은 단계에서 덧붙여지는데, 가령 '감각적으로' 자발적인 관계 파악에 있어서, '감각적 같음', 이 '유사-질적인 것', 그리고 이 같은 것에서 저 같은 것으로의 '감각적으로' 자발적인

---

[9]   a) 나는 사물이 끊임없이 지각되는 지각 체험의 흐름 속에서 언제나 새로운 특징을 알게 됨으로써, 혹은 더 정확히는 그 사물의 규정들로서의 그러한 특징들 속의 **그것**을 알게 됨으로써 하나의 사물을 지각하고, 그것을 향한다.

b) "현상 속에 하나의 사물"이 나에게 등장하고, 나를 촉발한다, 나는 지각으로 향하는 경향이 있는데, a), 내가 이러한 경향을 실현할 때, 현행적인 것으로 이행하는 잠재적 지각을 갖고 있다는 의미에서 그러하다. – 원주.

이행 대신에, 개념적인 같음의 판단, 즉 로고스 a = b가 덧붙여진다. 어디에서나 그러하다. 순수한 감성은 존재하지 않는다. 어디에나 지향성, 자발성이 존재한다. 개념 파악하는 '지성'은 원래 생산적이지 않다. 나중에 직관에서 분리되는 판단 기능을 제공하는 한에서만, 분석적 사유 속에서만, 그러나 무엇보다도, '이성'으로서 **관념**을 창조하는 한에서만 — 여기에 놓여 있는 것은 — 정확한 개념(본래적인 논리적 판단을 가능하게 하는 순수 논리적인 개념)을 창조하는 한에서만 생산적이다.[10] 그러나 이와 같은 능력 개념은 여기서 별로 도움이 되지 않는다.

그래서 우리는 칸트의 분석론에서 무엇을 통찰하는가?

경험 대상들이 그 진리 속에서 인식되어야 한다면, 그러한 경험 대상들에 대해 참된 판단을 내리고, 이러한 판단을 증명하는 일이 가능해야 한다든가, 이러한 판단은 보편적인 논리적 판단 형식들을 따라야 하고, 그러한 판단 형식들은 경험된 실재성에 적용되어 실현되면서 구별되어야 한다든가, 대상, 속성, 다수성 등과 같은, 논리적 판단 형식에 포함된 존재론적 개념들은 실재적 의미를 지녀야 하고, 인식의 형식이 되기 위해, 그 어떤 방식으로든 '도식화'되어야 한다는 등의 사소한 것이 아니다. 오히려 칸트의 사유 형성의 본질과 가치, 그리고 역사상 들어본 적이 없는 새로움을 이루는 것은, 인식하는 (의사소통적) 주관성이 실재적 세계의 현존에 관한 정당한 확신에 이르고 그 세계를 인식할 수 있기 위한 가능성의 선험적 조

──────────

10 그러나 이것은 과도한 이야기다. 논리학의 인식으로서가 아니라 학문적으로 정당화하는 인식으로서의 논리적 인식은 우리를 하부–논리적 자발성의 영역을 넘어 논리적 학문의 영역으로 들어 올린다. – 원주.

건들을 탐구하는 문제를 그가 처음으로 제기했다는 것이다.

여기서 코페르니쿠스적 전환의 본질은 눈에 띄지 않는 것, 그럼에도 진정한 철학을 위해 결정적인 것에 있다. 지금까지 인류는 주어진 경험 세계를 주어진 것으로서 받아들였고, 그가 실제로 언제나 이러한 주어진 세계의 부분으로 자신을 발견하는 대로의 인간으로서 인식하는 자를, 이 세계 속으로 들여놓았다. 그래서 그에 따라 오직 물음은, 인간 속에서 인식이 실재적 사실로서 어떻게 이루어지는지, 또 그러한 인식은 정당하기 위해 기술적으로 어떻게 형성되어야 하는지 등이다. 인식은 구두 수선공에게 장화가 그러하듯 세계 속의 실천적 목적이다.

기술적 논리학과 인식론은 그저 "진리, 참된 존재에 대한 인식은 목적에 맞게 어떻게 형태 잡혀야 하는가?"를 물을 뿐이었다. 이룰 수 있음은, 그리고 두드러지는 경우, 이루었음은 그 밖의 기술적인 것에서처럼, 자명한 것이다. 가령 무모순성, 공리와 같은 근본 규칙들은 자명한 성취나 실패의 유형이고, 그 일반성에 있어서 다시 자명한 것이다. 그래서 사람들은 세계를 **소유**하고, 갖가지 종류의 미리 주어진 대상성들을 미리 부여했다. 그리고 그것들이 어떻게 존재하는지, 혹은 기껏해야 그것들이 이미 주어진 것에서부터 어떻게 달성되는지 묻는다. 사람들은 그것들을 미리 **소유**하고 있고, 그러한 믿음 속에서 살아간다.

칸트에게는 완전히 반대되는 새로운 방향에 문제가 놓여 있다. 나에게 세계가 자명하게 존재한다면, 그리고 내가 경험 속에서 그 세계의 언제나 새로운 것을 발견하고, 그 세계 속에서 사물들 가운데 하나의 사물인 신체-영혼적 존재로서 나 자신을 발견한다면, 이와 같은 '나에 대해 존재함', 그리고 직접적인 발견함, 그리고 세속적인 인식함조차도 마찬가지다. 그리고 단적인 지각의 활동에서 시작하여, 기억, 예상, 경험을 통해 채워질 수 있는 열린 지평의 예기, 분리, 결합, 관계시키기, 그리고 학문적 인식의 작업수행에 이르기까지의 모든 인식 과정들이 주관적 과정이다. 그것은 주관적인 사념함의 과정, 인식하는 주관적 행위의 과정(이것은 그럼에도 종종 속이는 것으로, 즉 가상, 환영과 같은 것으로 특징지어진다), 주관적인 소위 통찰함, 입증함, 판단함, 학문으로 정초함 등의 과정이다. 이때 대상이라고, 그리고 가상, 실제성, 진리의 관계라고 이야기한다면, 그것은 주관적인 것 자체에서 정립된 대상들이고, 정립되었고 주관적으로 '통찰된' '진리들'이다. 그래서 그것들 자체로 주관성에 속한다. 세계의 나의-밖에-존재함은 내 안의 주관적 사건이고, 경험된 세계의 공간과 시간 또한 내 안에서 표상된 것, 직관된 것, 생각된 것이다. 그래서 그런 것으로서 주관적이다. 이것은 평가절하가 아니다. 오히려 이것은 피할 수 없는 필연적인 사태의 단순한 표현일 뿐이다. 그리고 이러한 사태가 이제 내포하는 **문제**는, 인식하는 주관성이 자기 안에서 인식된 세계의 진리 증명으로서 수행할 수 있고 수행하는 것이 말하자면 어떻게 보이는지를, 그리고 그러한 진리 증명이 선험적으로 가능하기 위한, 그래서 주관성이 자기를 이해하면서 자신의 자율에 근거하여 하나의 세계의 존재를, 그리고 바로 이 세계의 존재를 정당하게 인식하기 위한 가능성의 주관적 조건이 무엇인지를 이해하는 것 ─ 소박한 인식함과 소박하게 인식된 것 자체를 향하는 자신의 고유한 내재적 인식함 속에서 이해하는 것이다.

우리가 칸트 사상의 발전으로부터 알고 있듯이, 칸트는 초월론적 전환으로의 일보를 완전히 독창적으로 내딛었다. 그것은 **데카르트** 이래 철학의 일반적인 발전 경향을 실현하는 것이었다. 원래 근대의 문제는 데카르트의 "에고 코기토"의 발견에 의해 부과되었고, 이것은 본래 이미 초월론적 주관성의 발견이었다. 다만 데카르트나 대부분의 그 계승자들이 근대의 문제로서의 그러한 발견을 이해하지 못했을 뿐이다. 이미 **라이프니츠**의 모나드론이, 그 창시자가 그 이론에 부여한 의미에 있어서, 초월론적 이론으로의 최초의 시도였음을 칸트 또한 알지 못했다. 심지어 이성 비판에서 칸트의 위대한 적수인 **흄**이 그의 위대한 청년기 작품에서, 비록 불합리한 감각주의적 회의주의의 형태이긴 하지만, 거의 순수한 초월론적 철학을 구상한 것에 다름없었다는 사실도 알지 못했다. 흄의 『인간 본성론』은 18세기에 거의 영향력 없이 남아 있었고, 결코 칸트의 시야에 들어오지 않았다.

초월론적 태도에 있는 이러한 선구자들을 제외하면, 칸트의 문제제기는 완전히 독창적일 뿐 아니라 **새로운** 것이다. **라이프니츠**는 초월론적 통찰을 제공했지만, 초월론적 주관성과 그 속에서 구성된 세계를 해명해주는 본래적인 체계적 이론은 제공하지 않았다. 그러나 이야기했듯이, **흄**은 회의주의자였다. 인식에서 순수하게 자기 자신을 의지하는 주관성의 초월론적 토대 위에서 흄은 객관적으로 타당한 인식은 착각에 의한 허구이고, 참된 자연과 세계 일반이란 완전히 비합리적인 근거에 기반해 주관성에 생겨난 환영임을 보이고자 했다. 그것은 '마치'의 철학이었고, 그래서 반(反)철학이었다.

그러나 **칸트**는 초월론적 주관성 속에서 참된 객관성이 구성되는 원리적 가능성에 관한 초월론적 학문적 이론을 구상했다. 혹은 오히려, 비록 일면적이고 그 문제틀에 있어서 제한된 시도이긴 했지만, 순수한 주관성 속에서 전개되는 세계 인식의 본질 조건들을 해명함으로써 우리에게 세계 자체를 그 본래적이고 참된 의미에서 이해할 수 있게 하는 지극히 필수적인 학문을 여기서 창시하려는 최초의 시도를 구상했다.

칸트의 문제틀은 완전한 것이 아니고, 그 때문에 실제로 말끔하게 해결될 수 있는 것이 아니다. 우리는 초월론적 주관성에, 칸트가 그것의 특수한 형식인 이성에 대해 이야기한 것을 적용할 수 있다. 아무튼 칸트는 여기서 완전성이 전부임을 아주 잘 알고 있었다. **볼프**의 존재론으로부터 와서, 칸트 또한 초월론적 철학에서 언제나 본질적으로 존재론적으로 향하고 있었다. 그는 객관적 실재성이 인식될 수 있으려면, 그리고 또 그것이 그 자체로 타당하고 인식될 수 있는 진리들 속에서, 엄밀한 학문 속에서 정당화될 수 있으려면, 그것이 가져야만 하는 필연적인 존재론적 형태에 관심이 있었다. 우리의 자연은 시공간적인 것이고, 순수 수학적인 법칙들을 따른다는 사실, 또 그러한 자연이 인과적인 것이며, 그러한 자연에는 경험적이지만 수학적 방법에 의해 인도되는 학문이 타당하다는 사실 — 이것은 우연적 사실(Faktum)이 아니다. 오히려 이러한 유형의 법칙성이 존립할 때만, 사물 세계 같은 무언가가 경험될 수 있고, 경험으로부터 규정될 수 있다. 그래서 오직 그 때문에 인식하는 자는 자신의 인식에서 참된 자연을 상정할 권리를 획득할 수 있다. 왜냐하면 경험된 대상은 그 경험의 방식에서 수학적이고 자연과학적인 구조를 지니기 때문이다. 그러한 존재론적 형식이 없다면, 자연 일반은 결코 객관적으로 규정될 수 없을 것이다.

그러나 물론, 인식된 것이 인식된 것 자체로 인식 속에서 건립된다면 — 이것이 칸트의 이론 어디에서나 자명하게 기초에 놓여 있다 — 그러한 이론이 실제적인 해명과 엄밀한 학문적 해결만을 제공할 수 있는 것은, 오직 그러한 이론이, 인식 속에서 작업수행하는 전체 주관성을 기능하는 모든 본질 구성요소들에 따라 고려해야 할 때만이다. 그러나 칸트는 아직 그것을 할 수 없었고, 첫 번째 초월론적 연역에서 작은 단초를 만들었을 뿐이다. 이후, 칸트는 직관하고 사유하는 인식이 완전히 신체적-심리-물리적으로 뿌리내리고 있음 — 그는 이것을 어디서나 전제하고 있다 — 을 초월론적 주제로 만들지 않았고, 그 때문에 불투명한 인간학주의에 빠져들게 되었다. 그것은 나쁜 형이상학적 귀결을 가졌고, 처음부터 선험적 인식의 개념, 초월론적 능력의 개념, 초월론적 통각의 개념을 비학문적 어두움에 빠뜨린다. 어떤 연관에서 우리는, 칸트가 상관적이고 분리 불가능하게 함께 속하는 문제들의 전체 체계를 아직 인식하지 못함으로써 문제를 너무 단순하게 제기했다고 말해야만 한다. 바로 이 때문에 심원하게 불명료한 환경이 생겨났는데, 이러한 환경은 전체 체계에 걸쳐 퍼져 있었고, 이제까지 누구도 이러한 환경을 순수한 명료성으로 가져올 수 없었다.

다른 한편, 비록 자신의 시대의 아이로서, 칸트가 오로지 자연과학과 자연과학의 인과론에만 관심의 방향을 맞추긴 했지만, 그럼에도 초월론적 문제틀의 진행을 가능한 객관성의 모든 형식에 전이시키는 데로 즉시 나아갔다 — 이는 칸트에게 도덕적 세계와 미학적 세계에로의 전이를 의미한다 — 는 점은 칸트의 불후의 공적이다. 더 나아가 그는 목적론의 정신적 세계 고찰을 자신의 초월론적 고찰의 범위로 끌어온다. 그러나 실제로 그것은 완전히 충분하지 못했고, 그는 인간의 문화적 삶의 구체적이고 전면적인 초월론적 문제로 침투하지 못했으며, 그래서 그 세계가 한갓 자연이 아니라 정신세계인 한에서, 주어진 세계로 침투하지 못했다. 그럼에도 불구하고, 이러한 관점에서도 그는 자연과학적 편견에 방해받지 않고, 자연의 존재에 대한 과대평가를 적게 하는 경향을 지닌 그의 계승자들에게 길을 열어주었다. 칸트는 또한 실천 이성 비판과 판단력 비판에서도 존재론적인 태도를 가진다. 그의 초월론적 윤리학은 윤리학이 이전에 하지 못했던 위대한 진보를 내포하고 있다. 그 윤리학은 형식 논리학이 실질적 학문에 갖는 것과 유사한 입장을 구체적 윤리학에 대해 갖고 있는 형식 윤리학의 최초의 돌파로 간주될 수 있다. 그러나 물론 그는, 이 공허하지만 이론적으로 아주 가치 있는 **형식** 윤리학을 윤리학 **자체**로 간주했다는 점에서 잘못을 범했다.

칸트와 초월론적 철학의 이념

1924년 5월 1일 프라이부르크 대학교 칸트 축제를 위한
강연의 사유를 확장하여 재현함

서언

이마누엘 **칸트**의 탄생 200주년 기념제를 우리의 『현상학 연보』에서도 축하하지 않고 지나쳐서는 안 된다. 왜냐하면 현상학이 내 일생의 작업에서 원리적으로 계속 형성되는 중에, 즉 근원 분석을 위해 새롭게 — 그러니까 『논리 연구』의 최초의 돌파에서 — 형성된 방법에서 엄밀한 의미에서의 독립적인 새로운 학문 — 나의 『이념들』[11]의 순수 현상학 혹은 초월론적 현상학 — 으로 발전해가는 과정에서, 현상학과 칸트의 초월 철학 사이의 명백한 본질적 친화성이 밝혀졌기 때문이다. 실제로, 칸트의 근본 전제, 중

⁞

11 이 글에서 후설이 말하는 『이념들』은 1913년에 출간된 『순수 현상학과 현상학적 철학의 이념들』 1권을 지칭한다.

심 문제, 방법과는 거리가 멀지만, 그럼에도 '초월론적'이라는 칸트의 용어를 내가 물려받은 것은, 칸트와 그 계승자들이 '초월론적'이라는 명칭으로 이론적으로 다루었던 모든 의미심장한 문제들을 (적어도 궁극적으로 해명하여 정식화한 상태에서는) 이 새로운 근본학으로 도로 가져와야 한다는, 아주 이유 있는 확신에 처음부터 근거한다. 새로운 현상학이 현상학적 철학을 위한 시작 부분이자 보편적 방법학으로서 도입되었다면, 이는 이미 "철학 일반은 그 전체 체계에 따라서, 오직 보편적인 초월론적 철학으로서만, 그러나 또한 다만 현상학에 토대해서만, 종별적으로 현상학적인 방법 속에서 궁극적으로 엄밀한 학문의 형태를 취할 수 있다"고 말한 것이다.

여기서 약간의 설명이 유용할 것이다.

어쨌든 일련의 현상학자들이 멈춰 서 있는 그 최초의 발전 단계에서, 현상학은 순수한 직관적 기술의 단순한 방법이었다. 이 방법은 무엇보다 그 철저주의로 인해 탁월한 것이다. 철저주의를 통해 현상학은, 주의하는 의식의 시선에 들어오고자 하는 모든 것 각각을 그것이 주어진 대로 정확히 받아들인다는 요구, 그리고 모든 주어진 것 자체를, 그것이 주어진 대로 기술할 수 있는 체계적 개념들을 — 이러한 소여들 자체에 대한 '순수한 직관'에서 길어진 것인 엄밀한 '기술적' 개념들 속에서 — 확정해야 한다는 요구를 만족시키고자 했다. 여기서 순수한 소여의 영역을 넘어서는 모든 사념과 문제제기는 원리적으로 배제되었다.

그러한 모든 소여는, 그것에 시선을 향하면서, 부여하는 의식 속에서 그것을 갖는 주관성에 대한 소여이다. 갖가지 다양한 형태의 이러한 의식은 그리로 향해진 반성 속에서 그 자체로 다시 하나의 '현상'이다. 대상들이 주어진다. 그리고 그것들은 공허하게 미리 사념된 것으로, 혹은 몸소 현존하는 것으로, 기호적으로 지시된 것으로, 모사 속에서 모사된 것 등으로 주어진다. 하나의 대상, 가령 하나의 동일한 나무는 의식의 시선의 통일성 속에서 흘러가고, 직관할 수 있는 여러 가지 소여 방식 속에서 주어진다. 즉 동일한 것으로서, 그것은 어떤 때는 직접 지시되고, 다른 때는 모사되며, 또 다른 때는 직접적으로 직관적으로, 어떤 때는 술어적 진술의 주어로서, 다른 때는 관계적 대상 등으로 주어진다. 자아의 주의하는 관심 돌림도 주어지고, 확실성 속에서의 사념함, 또 그에 대한 추측함, 의심함, 긍정함과 부정함이 주어지고, '정립'의 그러한 양상의 변화 속에서 추정된 모든 의미 등이 주어진다.

현상학은 모든 그러한 주관적 '현상'들을 끈기 있게 제시하는 것으로 시작했다. 그러한 현상들에는 물론 모든 타당성 현상들, 명증과 확증의 현상, 또 그것의 상관자인 진리, 참된 존재, 모든 종류와 형태의 올바름 등도 포함된다. 직관적 자연으로서의 자연은 그것이 그때그때 지각된 대로, 그것이 주어지는 모든 주관적 특성들과 더불어 정확히 그렇게 주어진다(그리고 자연과학자가 방법적으로 '단순히 주관적인 것'으로 배제한 특성에서만 주어지는 것이 아니다). 이것은 즉시 현상학적 기술의 커다란 주제가 되었다. 실제적 생활세계, 즉 체험 소여의 방식 속에서의 세계가 고찰되자마자, 세계는 무한한 폭을 얻게 되었다. 세계는 다양한 주관적 현상들, 의식 방식들, 가능한 입장 취함의 폭 전체를 갖게 되었다. 왜냐하면 세계는 주체에게 다름 아닌 이러한 주관적 환경 속에서만 주어졌기 때문이다. 그리고 주관적으로 주어진 것에 대한 순수하게 직관적인 기술에서, 나 혹은 우리에 대해 주관적 양상 속에서 주어지지 않은 자체 존재는 없기 때문이다. 그리고 자체 존재 자체는 이러한 연관 속에서 하나의 특성으로 등장하며, 거기서 자신의 의미의 해명을 경험해야 했기 때문이다.

직접적 직관 속에서 자아에게 주어진 그리고 주어져야 할 모든 것들에,

그것의 권리, 그리고 개념적 파악의 근원적 권리를 승인하는, 처음부터 주도하는 원리는, 그러나 또한, 이미 『논리 연구』에서, 참되게 존재하는 모든 종류의 이념적 대상성들의 소여에, 특히 형상적 대상들, 개념적 본질성과 본질 법칙성들의 소여에, 근원적 권리를 인정하는 데로 이끌었다. 그리고 자명한 결과로, 이것은 모든 대상적 범주들의 대상성들에 대한 본질학의 보편적 가능성에 대한 인식, 그리고 형식 존재론과 영역 존재론의 체계적 형성에 대한 요구와 연관되었다. 직접적 소여들의 무한성에 관한 그 주관적 방식 속에서의 기술에 대해, 그러나 재차 직접적 귀결로, 어디서나 수행되어야 할 본질 기술의 가능성과 필연성에 대한 인식이 생겨났다. 즉 경험적으로 개별적인 소여들에 매여 있는 것이 아니라, 그러한 소여들의 형상적 유형과 그에 속하는 (본질 필연성, 본질 가능성, 본질 법칙성으로서의) 본질 연관들을 규명하는 **형상적** 기술의 가능성과 필연성에 대한 인식 말이다. 곧바로 주어진 것에서 반성적으로 주어진 것으로의 다양한 시선 전환의 자유와 이것에 의해 나타나는 본질 상관관계에 대한 인식은 지향적 본질 분석으로, 그리고 이성 — 우선은 논리적으로 판단하는 이성, 술어화하는 이성, 그리고 그 전단계 — 에 대한 지향적 본질 해명의 첫 번째 주요 부분으로 이끌었다.

널리 퍼진 현상학적 운동의 초기에, 다양한 영역에서 본질 분석과 본질 기술이 수행되었다면(심리학적 관심을 지닌 현상학자들은 그러한 분석과 기술의 근본 특성을 '본질', 직관적으로 파악될 수 있는 것, 진정한 아프리오리의 기술로서 대개 부각시키지 않았지만), 대부분의 사람들에게 현상학은 내재적—순수한 분석, 기껏 형상적—심리학적 분석으로 보였거나, 혹은 (주로 학문 이론적 관심을 지닌 현상학자들에게는) 이미 존재하는 다양한 학문들에 그 토대에 대한 근원적 해명을 수행하거나 궁극적 원천으로부터 그 이론과 방법의 근본 개념들에 대한 근본적인 새로운 창조를 수행하기 위한 철학적 방법으로 보였다. 특히 『논리 연구』의 가장 깊고 가장 어려운 논의들에 대해서는 거의 계승자가 없었다. 그 논의들에서(무엇보다 II권의 제5연구와 제6연구에서) 논리적 이성의 현상학에 (그리고 그와 더불어 또한 모범으로서, 모든 이성 일반의 현상학에) 길이 열렸고, 순수 의식 속에서 범주적 대상들을 지향적으로 구성하기 위한 단초가 발굴되었으며, 진정한 지향적 분석의 방법이 생성되었다.

나의 스승 브렌타노는 심리학의 기술적 근본 사실로서의 의식의 지향성을 천재적 통찰로 발견했지만, 전통적 감각주의의 방법적 태도에 사로잡혀 있었고, 심리적 자료를 완전히 감각 자료처럼 분류하면서 기술하여 자연주의적, 귀납적 인과 연구를 근거 지으려 했다. 이러한 방식에 대립된 『이념들』의 결정적 진보는 거의 이해되지 못했다. 그래서 『이념들』은 오랜 연구로부터 자립적 학문으로, 더 자세하게는 하나의 보편적인 형상적 초월론적 철학으로서 현상학을 정초함으로써, 우선은 다양한 반감을 불러일으켰다. 심지어 이제까지의 의미에서 탁월한 현상학적 공동 연구자로 등장했던 사람들에게서도 그러했다.

나의 최초의 현상학적 시도가 출간된 이래, 오직 강의에서만 발표된 나의 수십 년간의 연구 성과의 아주 커다란 부분은 아직 문서로 확정되기를 고대하고 있고, 해결해야 할 어마어마한 작업의 경우에는 아직 계속 형성 중에 있지만, 그럼에도 『이념들』에는 직접적 직관의 영역, 그리고 가장 근원적인 기술의 영역의 보편적 통일체가 (모든 방법들 중 가장 원리적인 방법인) 현상학적 환원의 방법 속에서 밝혀져 있다. 내가 감히 말하건대, 이로써 근대 철학의 데카르트적 전환의 가장 깊은 의미가 드러났고, 순수 의식에 대한 자체 완결된 절대적인 형상적 학문 일반의 필요성이 이론의 여지없이 입증되었다. 그러나 그것은 의식의 본질에 근거하는 모든 상관관계에 관계하고, 의식의 내실적으로 내재적인 가능한 계기들에 관계하며, 또 의식의 지향적-이념적으로 의식에 포함된 노에마들(Noemata)과 대상성들에 관계한다. 이것 역시 활동적인 작업 속에서 체계적으로 다루어졌고, 방법적으로나 실질적으로, 부단히 계속 형성되어야 할 엄밀한 이론의 형태로 가져와졌다. 그 자체로 **제일**철학으로서의, 그리고 그와 더불어 보편적 철학, 즉 절대적으로 궁극적인 원천에 근거한 보편학의 시작 부분이자 주요 부분으로서의 이러한 형상적인 기술적 현상학에 대한 규정은 (명칭에서뿐 아니라 〔실질적으로〕) 미리 암시된다. 단순한 기술을 넘어서지만, 형상적 태도에 머물러 있는 기술적 현상학의 완성은 모든 선험적 학문들의 체계로 이끈다. 또 초월론적인 선험적 인식으로부터 초월론적 사실(Faktum)로의 이행은 초월론적으로 정초된 모든 경험적 학문들의 체계로 이끈다.

그래서 본질적으로, 현상학적인 초월 철학은 방법적으로, 그리고 그 근본 진술과 근본 이론의 전체 연관에 따라서 모든 역사적 철학들과 구분된다. 그것은 피할 수 없는 내적 필연성에 근거한 **초월론적 철학**이다. 현상학 연구자 집단이 근원적으로, 자신이 **칸트**와 칸트 이후 학파의 작업 방식의 날카로운 대립 속에 있음을 느끼기는 했을 것이다. 또 부활의 방식으로 칸트를 역사적으로 계승하고 (방법의 공통성이 전제하는 것을) 단순히 개선하려는 시도를 그들이 적절한 근거에서 거부하기는 했을 것이다. 그리고 모든 진정한 학문적 철학에 무조건적인 '처음(prius)'은 체계적인 의식 기술을 통해, 그리고 인식하는 주관성 및 가치평가하는 주관성과 실천적 주관성의 본질적 상황을 모든 가능한 형태와 상관관계에 따라 보편적으로 해명함을 통해, 모든 방면에서 정초하는 일이라는 방법적 원리를 모든 칸트주의와 대립하여 적절한 근거에서 옹호하기는 했을 것이다. 이제, 그럼에도 불구하고 우리는 모든 인식의 절대적인 궁극적 원천으로부터 체계적으로 상승하는 우리의 작업의 본질적 성과에서, 큰 노선에 따라서 칸트와 일치함을 보기 때문에, 학문적 초월 철학의 위대한 앞선 창시자로서 칸트에게 경의를 표함이 옳다. 시대의 아이로서, 그 누구도 — 설령 극단적인 반(反)칸트주의자라고 하더라도 — 이 강력한 정신의 영향에서 벗어날 수 없으며, 모두가 그 어떤 형태로든, 칸트를 움직이고 칸트에 의해 일깨워진 동기들의 힘을 경험한다는 사실은 거의 사소한 진리나 마찬가지이다. 그러나 칸트를(그리고 칸트에 근거한 모든 위대한 학파들을) 현상학적인 눈으로 보는 것은 또한, 그를 새롭게 이해하면서, 거의 그의 모든 이론에서 이제 그것의 현상학적 원천이 입증될 수 있는, 그의 예견하는 직관의 위대함에 감탄하는 것을 의미한다. 그것은 또한 이제, 결코 칸트를 모방하고 칸트주의나 독일 관념론의 단순한 부활을 옹호함을 의미하지는 않지만 말이다. 물론 우리는 처음부터 현상학적 초월론에 상반되고, 칸트적 초월론의 가장 깊은 의미와 권리에 상반되는, (물 자체 이론, 원형적 지성intellectus archetypus[12] 이론, 초월론적 통각이나 '의식 일반'의 신화 등과 같은) 나쁜 의미에서의 '형이상학적인' 모든 요소 부분들을 무시해야 하고, 아프리오리(Apriori)라는 여전히 반쯤은 신화적인 개념에, 현상학적으로 해명된 보편적 본질 개념과 본질 법칙의 개념을 대체해 넣어야 한다(그것은 원래 이미 흄이 '관념들의 관계'라는 명칭으로 주시했으나, 감각주의적이고 유명론적으로 바꾸어 해석하여 무가치하게 만들어버린 개념이다).

  모든 의미부여와 진리의 작업수행, 그리고 이와 더불어 모든 참된 대상성들과 참된 세계(및 꾸며낼 수 있는 모든 세계)의 근원 장소이자 근원 원천

---

12 '원형적 지성'은 칸트 철학에서 신적인 지성을 가리키는 말로, 경험에 의존하지 않고서도 인식의 구조와 범주를 이해할 수 있는 능력을 말한다.

으로서의 주관성의 폐기할 수 없는 본질이 밑그림 그려지는 그러한 본질 순수성과 본질 필연성에서 초월론적 주관주의가 수행될 경우, 그것은 실제적이거나 가능적인 의식적 작업수행 속에서 지향적으로 구성되는 존재 **배후에 있는** 어떤 존재를 '형이상학적으로' 구축할 어떠한 여지도 허용하지 않는다. 자연 자체든, 영혼 자체, 역사 자체든, 형상적 대상성이나, 어떤 종류의 것이든 이념적 대상성들 자체든 말이다. 진정하고 순수한 초월론을 수행하는 것은 물론 **한** 사람이나 '체계'의 과제가 아니라, 전체 인류의 모든 학문적 과제들 중 가장 열렬한 과제다. 그것은 모든 가능한 학문의 궁극적인 체계의 이념, 그렇기에 궁극적인 학문적 근거인 초월론적-주관적 학문적 근거에서 수행된 체계의 이념이다. 그래서 이 이념은 모든 학문적 방법의 근원 학문으로서의 기술적 현상학에 의해 수행된다. 그러나 어쨌든 가능한 모든 의미와 모든 진리의 영향권은 이 이념으로부터, 그리고 현상학적 환원의 방법을 통해 미리 개념적으로 밑그림 그려진다. 그것은 자신과 분리 불가능한 가능한 모든 상관자들을 지닌, 직관적으로 제시된 '의식 일반'의 의미로서 밑그림 그려진다. 원리적으로 초주관적인 초재들과 관계하는, 통상적 의미에서의 형이상학은 무한한 영역이지만, 명료화해야 할 불합리의 영역이다. 칸트 철학의 이러한 요소 부분들은 물론 칸트 철학에는 중요치 않은 것이 아니지만, 그래도 이러한 부분들을 우리가 도외시할 때에만, 우리 초월론적 현상학자는 칸트의 진정한 직관들을 입증하게 될 수 있다. 심층적인 연구가 실제로 나에게 가르쳐준 것은, 그러한 칸트의 '형이상학'을 도외시하면 — 그것이 실제로 완전한 맥락을 만들어준다 — 칸트의 사유와 연구는 사실상(*de facto*) 현상학적 태도의 틀 내에서 움직인다는 사실, 그리고 이러한 진정한 초월론적 이론의 힘은 실제로, 그 본질적인 노선에 있어서 근원적 원천에서 길어진 순수한 직관에 근거한다는 사실이다. 물론 다음 두 방식은 서로 다른 것이다. 하나는 즉 현상학적 태도 속에서 **소박하게** 이론화하는 것이다. 하나는 철저한 자기 숙고 속에서, 이러한 태도의 본질에 대해, 그리고 이러한 태도 속에서 직접적으로 눈앞에 서 있는 가능한 의식 일반의 무한성의 본질에 관해 원리적인 명료성을 마련해주는 것, 그래서 자연적 태도의 모든 인식 방식 너머로 데리고 가는, 따라서 완전히 새로운 종류의 태도와 인식 방식, 즉 '초월론적' 태도와 인식 방식의 의미와 필연성에 관해 해명하는 기술, 근원적으로 길어진 본질 개념들 속에서 진행되는 기술을 만드는 것이다. 이들은 학문성의 단계에 관해 본질적인 차이를 만든다. 칸트의 사유와 연구는 실제로 새로운 종류의 태도에서 움직인다. 이러한 태도를 이처럼 기술한다는 것은 그 자체로(eo ipso), 칸트를 넘어서는 것을 의미한다. 또 그것은 궁극적인 철학적 자기의식 속에서 현상학적 환원의 방법을 형성하는 것을 의미한다. 이 방법은 초월론적 철학의 구체적인 주제적 지평(진정한 의미에서의 초월론적 주관성)을 경계 지어주고, 동시에 그 지평에 유일하게 적합한 작업 방식과 직관적 근원에서 날아오르는 문제의 순서를 발견해준다. 하나의 철학, 무엇보다 모든 철학들 중 '**제일**'철학, 그러니까 모든 이성적 작업수행을 비판할 수 있는 철학은 방법적 자기 숙고에서 궁극적인 데까지 가야 한다. 이러한 철학은 자기의 행위의 방법적 요소를 파악하고 그것의 본질 필연성에 따라 해명하려 하며, 그러지 못한 곳에서는 행위해서는 안 된다. 칸트는 근대 철학 전체의 원천 지점, 즉 데카르트의 에고 코기토에, 그것의 궁극적 의미, 즉 절대적이고, 구체적으로 직관적인 주관성의 의미를 강제하기를 게을리했다. 오직 그 때문에 그는, 순수 의식의 영역을 넘어설 수 있었다. 이렇게 궁극적 숙고가 결여되어 있었기에, 칸트는 또한 (지향적 분석과 본질 상관관계를 풀어내는 것으로서의) 의식 분석의 방식과 방법을 실제적으로 형성하는 데에 성공하지 못했다. 비록 칸트 자신도 그의 심오한 종합의 이론에서 지향적 연관의 고유성을 이미 근본적으로 발견했으며, 약간의 소박성 속에서일지라도 참된 지향적 분석을 이미 수행했음에도 말이다. 그러한 궁극적 반성과 본질 기술의 필요성을 칸트가 깨달았다면, 그래서 엄밀한 학문적 철학을 가능케 하기 위한 그것의 무조건적 필요성을 깨달았다면, 칸트의 전체 이성 비판과 철학은 다른 것이 되었을 것이다. 그 후 그것은 필연적으로, 우리 현상학자가 의식 자체와 그 현상의 본질 유형에 관한 수고스러운 개별 작업에 근거하여 걸어가는 그 길을 걸어야 했을 것이다.

자연적 사유 방식에 대한 칸트적 혁명의 현상학적 의미를 상론한 다음의 논의는 내가 금년 5월 1일 프라이부르크 대학 칸트 축제에서 (당연히 청중을 고려하여 그에 맞게 단순화해서) 행한 칸트 연설의 본질적인 사상 내용을 형성했다. 이번의 독자들을 위해서 나는 서술을 본질적으로 심화시켰을 뿐 아니라, 덧붙여 현상학적 초월론을 둘러싼 오해를 해명할 수 있는 약간의 부연 설명을 덧붙였다. 어쨌든 이러한 오해는 상당 부분, 『이념들』 1권이 발간되고 얼마 지나지 않아 발발한 전쟁 때문에 1권과 동시에 구상된 2부의 출판이 연기되고, 이제까지 출판되지 않은 데에서 비롯된다. 사람들은 출판된 것에서 아직 빠져 있는 것에 근거해 너무 소박하게도 간과를 범했다. (『이념들』 1권의 사유가) 어떻게 이어지는 것이 가능한지를 알 수 없었던 곳에서, 사람들은 내가 불합리한 귀결을 가진다고 덮어씌웠다. 그런 귀결들은 기껏해야, 아직 너무나도 원초적인 사유에 적합한 것이고, 사람들이 추정된 현상학적 제시를 통해 나에게 반박하려 한 곳에서는, 비판가들의 현상학적 유치함에 적합한 것이었다.

현상학은 '문학'이 아니다. 우리는 문학을 읽으면서는, 말하자면 휴양을 한다. 우리는 이미 모든 진지한 학문에서처럼 작업해야 한다. 그리하여 그

성과물로서 방법적으로 잘 훈련된 눈과 자신의 판단 능력을 비로소 획득하게 된다.

칸트와 초월 철학의 이념

한 위대한 학문적 천재를 기념하는 시간은 역사적 전통의 통일체를 통해 그와 결합된 살아 있는 세대의 학자들에게 책임 있는 자기 성찰을 요구한다. 따라서 학문적 기념제에 가장 합당한 주제가 가장 보편적인 의미에 따라 이 점을 통해 밑그림 그려진다. 왜냐하면 칸트 기념축제는 우리에게 다음과 같은 질문을 불러일으키기 때문이다. '우리의 전체 철학을 그 모든 방향에서 함께 규정한 칸트가 영향력을 미친 지 150년이 지난 후, 그의 기념비적 이성 비판의 영원한 의의로 우리가 오늘날 간주해야 하는 것, 따라서 그 순수한 형태가 우리와 모든 미래에 맡겨지는 것으로 우리가 오늘날 간주해야 하는 것은 무엇인가?' 그럼에도 불구하고 칸트 평생의 작업 전체를 '영원의 형상하에서(*sub specie aeterni*)'[13] 평가하고, 그와 더불어 우리 자신의 현재의 작업의 의미를 평가하고 책임지는 일은, 우리가 여기서 제한된 범위 내에서 충족시킬 수 있기에는 너무나도 거대한 과제일 것이다. 그러므로 논의를 제한해보자. 우리가 지칠 줄 모르는 관심을 가지고 이미 자주 돌아다녔던 거대한 산을 먼 지점으로부터 조망하면, 그것은 이제 우리에게 단순히 대략적인 형태, 전체 유형만이 나타난다. 그런 때처럼, 칸트와

13 이 라틴어 표현은 인간의 한계와 유한성을 넘어서는 영원성과 무한성의 관점에서 어떤 것을 이해하거나 바라보는 것을 의미한다.

약간의 거리를 유지해보자. 멀리서 본 모습에서 칸트 철학의 가장 지배적인 전체 형식은 초월 철학의 이념이다. 이 이념은 근본적으로 새로운 종류의 철학함의 형식을 나타내며, 이러한 형식을 통해 상관적으로 조건 지어지는 새로운 종류의 철학적 이론의 유형을 나타낸다. 우리의 물음은 다음과 같다. '의미와 영원한 권리에 따라서 그 자체로 이해할 수 있는, 그리고 칸트의 초월 철학이 칸트의 시대적 제약을 벗어나 지니고 있는 본질로서 간주되어야 하는 보편적 문제틀과 학문의 이념을 그려낼 수 있을까?' 이것은 칸트 자신을 가장 깊은 근거들에서 추동한 방법적 이념으로 간주되어야 한다. 그러니까 비록 칸트의 역사적 동기로 인해 제약되고 불투명한 것이더라도, 그의 체계적 이론 속에서 최초로 구체적으로 실현된 이념으로서 말이다.

1) 자연적 사유 방식의 혁명

이로써 벌써 암시되었듯이, 칸트의 초월 철학은 단순히 그의 시대에만 혹은 하나의 발전 계열에만 중요한 업적, 그러니까, 우리가 그에 대해 감탄하기는 하지만, 오래전에 완전히 평가되었고, 그사이에 낡아버린 것으로서 회고할 수 있을 업적인 것이 아니다. 새로운 학문에 대한 위력적이면서도 아마도 폭력적인 칸트의 기획을 생겨나게 한, 칸트가 요구했던 철학적 사유 방식 전체의 혁명은 오히려 여전히 현재의 요구이다. 이러한 새로운 학문은 우리의 과제이자 모든 미래를 위해 결코 포기할 수 없는 과제이다.

이로써, 전체 철학사 속에서 실제로 칸트가 지니는 완전히 유일무이한 의의를 우리가 어디서 알 수 있는지가 특징지어졌다. 즉 어디서 칸트 자신이 그러한 의의를 보았으며, 또 거듭 결정적 표현으로 가져왔는지도 특징지어졌다. 칸트의 영원한 의의는 많이 말해졌으나 거의 이해되지 못한 '코페르니쿠스적' 전환[14] 속에 놓여 있다. 이것은 세계에 대한, 원리적으로 새롭고 엄밀한 학문적 의미 해석으로의 전환이었다. 이와 동시에 칸트의 의의는 이에 속한 "완전히 새로운" 학문을 최초로 정초한 데에 놓여 있다. 그 학문은 칸트 자신이 강조하듯이 "그 방식에서 유일한" 학문이고, 또 "그에 대해 이전에 그 누구도 그 사상을 이해하지 못했으며, 그에 대한 단순한 이념조차 알지 못했던" 것이라고까지 칸트가 생각하는 학문이다.

물론, 만약 칸트가 초월론적 이념의 발전에 대한 역사적 연구 속에서 탐구했다면, 그는 그의 이런 표현들의 마지막 부분은 본질적으로 제약했을 것이다. 한편으로는 이러한 발전의 주요 자료들이 그에게 알려지지 않았다. 한편으로는 그는 저 문제 되는 저작들을, 궁극적으로 타당한 철학을 탄생시킨 후에 더는 새롭게 철저히 연구하고 새롭게 해석할 수 없었다. 철학적 근대에 대해서만 이야기해보아도, 여기에서 이미 **데카르트**가 초월 철학의 선구자로 인정되어야 한다. 데카르트는 『성찰』을 통해 이와 같은 근대를 정초했으며, 근대를 특징짓는 초월 철학으로의 발전 경향을 근대에 각인시켰다. 에고 코기토는 그 깊은 의미에 따라 이해되었을 때, 확실히 초월론적 주관성의 발견의 최초 형태로 간주될 수 있다. 우리는 이제 또한 **라이프니츠**가 결코 칸트가 이해한 것과 같은 독단적 형이상학자가 아니었음을 알게 되었다. 더 나아가, 칸트를 "독단의 잠에서 깨어나게 한" **흄**의

14 '코페르니쿠스적 전환'은 칸트의 인식론적 사유에서 전통 철학의 관점을 뒤집는 새로운 사고의 전환을 의미한다. 기존의 인식론적 사유에서는 인간의 의식이 외부 세계에 대응됨으로써 인식이 이루어진다고 생각했지만, 칸트는 외부 세계가 의식에 의해 질서 지어지고 구성됨으로써 인식이 이루어진다고 주장하면서 인식에 있어서 인식 주체가 가진 능동적인 역할을 강조했다.

『인간 지성론』은 그 철학적 중요성에 있어서, 체계적인『인간 본성론』— 칸트는 명백히『인간 본성론』을 알지 못했거나, 자신의 꼼꼼한 연구에 근거해서 알지 못했다 — 에 훨씬 못 미친다는 사실이 드러났다고 할 수 있다. 그리고 비록 전적인 불합리 속에서 폐기되는 감각주의적 회의주의라는 부정적 형식 속에서이긴 하지만, 벌써 흄의 이 천재적인 청년기 작품 속에서 초월론적 문제틀의 전체 체계가 구상되었고, 또 초월론적 정신 속에서 숙고되었다는 사실도 드러났다고 할 수 있다.

그럼에도 불구하고, 언제나처럼, 이 때문에 칸트의 독창성이 깎아내려지는 것은 아니다. 칸트는 데카르트 이후 언제나 다시 생겨나고 언제나 다시 가라앉아버리는 초월론적 이념을 그저 독특한 표현으로 새롭게 발견하기만 했던 것이 아니다. 유례없는 사유의 에너지 속에서 그 이념으로부터 이론적 실행으로 전진했고, 또 결코 고갈될 수 없는 세 가지 근본 저작들의 결합을 통해 초월 철학 자체를 **부활시킨** 공로는 마땅히 칸트에게 돌아가야 한다. 그러나 그것은 진지한 의미에서 생각된 새로운 학문 일반이 부활할 때 그러하듯, 체계적으로 주도하는 문제틀 속에서, 그리고 실정적으로 해결하는 이성적 이론들의 체계적 통일성의 형태 속에서 부활한다. 그러므로 칸트는 라이프니츠처럼 일반적 통찰에만 머물러 있지도 않았고, 하물며 흄처럼 (칸트의 비유를 사용하자면) 훌륭한 목적을 향해 위험한 여행을 하는 대신, "자신의 배를 회의주의의 해변에 좌초시키고 썩게 하지도" 않았다.

사람들은 칸트의 이성 비판의 불명료함에 대해, 그리고 또 그의 근본 개념들과 연역의 수수께끼 같은 심오함에 대해 마땅히 불평할 수 있다. 또 칸트가 구축한 초월론적 학문의 거대한 건축물에 그 창조자 자신은 엄밀성을 귀속시켜도 좋다고 생각했지만, 〔실제로는〕 이론의 여지가 없는 엄밀성의 완성을 오랫동안 지니지 못하고 있다는 확신에 이를지 모른다. 심지어, 칸트는 초월 철학의 참된 기초, 근원적 문제틀과 궁극적으로 타당한 방법으로 아직 파고 들어가지도 못했다는 확신에 이를 수도 있다. 그러나 이 비밀스러운 깊이로 파고 들어가는 헌신적 수고를 진지하게 떠맡은, 스스로 생각하는 편견 없는 모든 이들에게, 결국 다음의 사실 한 가지는 자명해야 한다. 즉 여기서 혼란스러운 사변 속에서 생각된 것이 아니라, 그 생소함에도 불구하고, 필연적인 문제틀과 학문이 나타난다는 사실은 자명하게 되어야 한다. 그것은 이러한 본래의 형태에서는 아닐지라도, 순수화되고 풍부해진 형태에서는 영원히 거절할 수 없게 될 것이다. 칸트가 일깨운 지적 요구를 만족시키고, 순수 주관성의 초월론적 작업수행의 전체 영역을 이론적으로 이해할 수 있게 만드는 하나의 학문을, 우리는 근대의 인류에게 설정될 수 있었던 모든 이론적 과제들 중 가장 위대한 과제라고 서슴없이 칭해야만 하게 될 것이다. 칸트 자신이 그렇게 가르치고 있듯이, 그리고 아주 마땅히, 실제로 "모든 진정한 학문의 의미와 인식적 가치"는 초월 철학의 성공에 달려 있다. 이 말이 이야기하는 바는 다름이 아니라, 엄밀한 학문으로서의 초월 철학이 정초되고 진행될 때에야 비로소 모든 다른 학문들이, 자기 자신에게 필연적으로 요구해야 하는 이론적 합리성의 최고의 궁극적 단계를 획득할 수 있다는 것이다.

우리 시대에 여전히 우세한 신념 속에서 교육받은 누구에게나 이러한 권리주장들은 낯설게 들릴 것이다. 이러한 신념의 의미에서는 실증 학문들이 철학에 대립하여 독립적인 것일 것이다. 또 실증 학문의 방법과 이론을 형성하고, 실증 학문이 획득한 진리의 모든 궁극적 의미를 해석하는 일은, 그저 전문적인 분과학문적 작업의 일일 것이다. 실증 학문들에서 수행된 사유 방식 전체를 전복해야 한다는 요구는, 비록 그 의도가 실증 학문의 방법을 포기하고자 하는 것이 아니라, 전문 분야를 넘어서는 아직 열리지 않은 원천으로부터 실증 학문에 새로운 종류의 인식적 완전성을 마련해주고자 하는 것일지라도, 근대에 철학의 위용을 그렇게 심하게 훼손시켰던 저 철학적 '망상증'처럼 보이지 않는가?

다음 고찰들을 통해, 그러한 판단이 얼마나 부적절한지를 우리가 확신할 수 있기를 나는 희망한다.

2) 세계의 자명함과 의식 삶

이미 암시했듯이, 나는 **칸트의** 출발점, 개념 형성, 문제 규정이 지닌 역사적으로 제약된 특수성들을 도외시하고, 우선은 자연적 사유 방식의 저 완전한 전환의 근본적 의미를 해명하고자 한다. 이 전환은 이전에 완전히 은폐되어 있던 '순수' 주관성의 영역과 무한한 '초월론적' 문제 설정을 최초로 열어젖혔다. 그것은 모든 세계, 모든 학문, 모든 종류의 인간적 삶, 활동, 영향 끼침, 활동, 창조에 함께 관련됨에도 불구하고, 자연적 태도의 학문들이 세계와 세계 삶에 대해 향해야 하는 물음은 전혀 포함하지 않는다.

인간적 삶, 그리고 그것의 자연적인 의식적 흐름으로 시작해보자. 그것은 무한한 세계 속에 들어가 살아가는, 즉 때로는 개별화되어, 때로는 서로 함께, 그 세계를 직관하고, 상이하게 표상하며, 판단 속에서 숙고하고, 의지와 행위 속에서 목적에 맞게 형성해가는 인간적인 개인들의 공동체화된 삶이다. 이 세계는 그들에게, 그러니까 우리 인간에게, 언제나 완전히 자명하게, 우리 모두에게 공통된 환경세계로서 현존한다. 그러니까 자명하게 **현존한다.** 이 세계는 실제로 완전히 직접적으로 자유롭게 확장될 수 있는 경험 속에서 직접 파악할 수 있고 볼 수 있는 세계이다. 이 세계는 단순히 사물과 (동물과 인간을 포함한) 생물만을 포괄하는 것이 아니라 또한 공동체, 공동체의 제도, 예술작품, 각종 문화 형성물들도 포괄한다. 우리의 개별적 활동과 공동체적 활동 속에서 의미와 형태를 획득한 것은 무엇이든 즉시 이 세계에 함께 속한다. 그것은 적어도 원리적 가능성에 따라서 볼 때, 모두에게 접근 가능한 현존적 존립 요소이고, 그래서 우리는 그것을 새로운 가능한 활동 속에 포함시킬 수 있다. 우리 인간 자신은 세계를 경험하고, 인식하고, 평가하고, 다루는 주체들이다. 그와 동시에 우리는 세계 객체들이고, 그러한 것으로서 바로 우리의 경험, 가치평가, 행위의 객체들이다. 특히 학문적 주체로서, 우리는 이론적 관심에 헌신하면서, 그리고 그러한 관심 속에서 모든 실제적이고 가능적인 세계를 포괄하면서, 개별적 작업이나 공동체화된 작업 속에서 학문을 창조한다. 이론으로서 학문은 세계 전체를 포괄하고, 인간적 형성물로서는 그것 자체가 세계에 귀속된다.

이 모든 것은 자연적 태도 속에서 수행되고 이해된다. 자연적 태도는 자연적-실천적으로 흘러가는 전체 인간 삶의 수행 형식이다. 그것을 전환할 고유한 동기가 바로 학문과 철학으로부터 자라나기까지 그것은 수천 년에 걸쳐 유일한 형식이었다. 이러한 자연스러움에 특징적인 것은 어떤 전제 속에서 드러난다. 이 전제는 모든 문제 설정의 바깥에 머물러 있고, 또 모든 자연적으로 활동하는 삶에, 본질적으로 그 삶의 고유한 의미에 속하는 것으로서 어디에서나 함께 기초가 된다. 이것은 바로 이러한 자연스러움에 의해 자명한 것, 그리고 그 때문에 또한 자연적 태도를 취하는 사람들에게 숨겨져 있는 것이다. 이것은 다음과 같이 정식화된다.

과거에도 그랬고, 앞으로도 그럴 것이듯, 우리의 깨어 있는 삶은 언제나 실재성의 총체인 '이' 세계를 '경험함'이고 또 '경험할 수 있음'이다. 물론 우리의 경험은 언제나 불완전하고 또 불완전한 채 머물러 있다. 경험에서 우리는 이 세계에 대해 단지 단편만 파악하고, 이조차 단지 측면에 따라서만 파악한다. 그리고 또한 측면들도 결코 궁극적으로 타당한 알맞음 속에서 파악되지 못한다. 물론 우리는 수동성 속에서 경험함이 진행되게 하는 대신, 경험하는 능동성 속에서, 세계의 알려지지 않은 먼 곳으로 파고들어 가거나 이미 경험된 것을 더 완전하게 경험하는 데로 나아갈 수 있을 것이다. 그러나 실제로 완전한 경험은 불가능하다. 왜냐하면 전진해가는 데에는 원리적으로 어떤 종류의 한계도 설정되지 않기 때문이다. 그 어떤 사물도, 그 어떤 사물 측면도, 그 어떤 실재적 속성도, 그러니까 세계에 속한 그 어떤 것도, 경험된 대로 그렇게, 최종적으로 주어진 것이 아니다. 기껏해야 그것은 그때그때의 삶의 목적을 만족시킬 뿐이다. 그러나 이러한 잘 알려진 자명한 불완전성이, 우리가 경험을 통해 세계 자체를 알게 되고, 경험은 우리에게 실재적 현존재를 근원적으로 입증해주는 것이라는 우리의 확신을 방해하는 것은 아니다.

그럼에도, 우리가 확신하듯이, 극복할 수 없는 또 다른 불완전성도 이제 고려하기 위해서는 더 자세하게 다음과 같이 이야기해야 한다. 즉, 임의적인 경험이 아니라 **일치하는** 경험이 입증한다고 이야기해야 한다. 경험은 불일치할 수도 있고, 의심과 착각에 빠지게 할 수도 있다. 하지만 모든 경우에서, 일치를 회복하는 일이 가능하며 결국 경험 전체의 머물러 있는 일치를 회복하는 일이 가능하다. 자명하듯, 오직 이러한 일치 속에서만, 현존하는 세계 자체에 대한 예외 없고 지속적으로 의심할 여지 없는 앎이 수행된다.

우리의 연속적 경험을 통해 끊임없이 제시되는 이러한 세계는 계속해서 판단될 수 있고, 이론적이고 통찰할 수 있는 판단 방식의 상응하는 방법으로, 그것의 객관적인 이론적 진리 속에서 인식될 수 있다. 다른 한편으로는 또한 실천적 이성 속에서 목적에 맞게 형성될 수 있다. 우리는 통찰할 수 있는 이론화의 조건에 대해 학문적으로 깊이 생각하면서 방법들을 형성한다. 우리는 방법의 선험적 원리들, 이성적 방법 일반의 본질 조건들을 논리학이라는 명칭하에 탐구하고 획득한다. 그러나 다른 한편, 탐구하는 주관성은 각각의 특수한 실재성의 학문에서 그것의 특수한 경험 논리적 방법들을 형성한다. 이러한 방식으로 순수하게 주관적으로, 우리와 우리의 '통찰적' 사유에서, 실제적이거나 가능적인 경험에 토대하여 산출한 것은 우리의 세계 인식의 규범으로 봉사한다. 즉 그 자체로 존재하는 대로의, 세계 자체의 진리에 대한 규범으로 봉사한다. 왜냐하면 자명하게도 세계 자체는 우리가 살든 죽든, 우리가 인식하든 인식하지 않든, 그것인 바 대로, 그 자체로 존재하기 때문이다.

그러므로, 세계 자체, 내지는 세계 자체에 타당한 진리와 우리의 인식 작용 및 인식 형성물 사이의 조화가 존재하며, 그것도 의심할 여지 없이 존재한다. 혹은 달리 표현하면 이렇다. 즉 우리의 인식은 의심할 바 없이 세계 자체를 '향한다'. 우리의 이론적 인식이 그런다는 것은 우리의 경험이 자신의 방식으로 그런다는 것을 가정한다. 즉 일치하면서 형성된 것으로서 우리의 경험이, 자신의 객관적 권리를 지닌다는 것은 의심할 여지 없이 자명한 것이다.

방금 기술된 것은, 결코 명료하게 정식화되지 않은 '가정'으로서 모든 '실증적' 학문의 기초가 되고, 또 상응하는 방식으로 제한되어, 모든 그 밖의 자연적 삶과 활동의 기초가 된다. 실증 학문들은 이러한 가정의 토대 위에서 자신의 특성을 펼쳐 보이고, 또 '실증적인' 것으로서 가능하게 된다. 이와 같은 원리적 '가정'으로서, 이러한 가정은 실증 학문들 속에서 결코 그 어떤 실증적 물음의 주제로서 등장할 수 없다. 이미, 이러한 가정을 명확하게 표현하는 것은 '자연적'으로 혹은 '실증적'으로 태도를 취한 사람에게는 틀리게 보이지는 않을지라도, 낯설게 보일 것이다. 모든 실증적 물음들은 생동하는 경험 속에서, 그리고 그러한 경험 위에 건설되는 계속되는 자명성 속에서, 세계의 자명하게 미리 주어진 것들의 테두리 내에서 움직인다. 그래서 실증적 물음들은 언제나, 경험된, 그리고 계속해서 경험될 수 있는 이러한 세계가 개별 실재성들과 그것의 속성들, 관계들, 법칙들에 따라 실제로 어떻게 규정될 수 있는지에만 관계한다. 더구나 우리의 인식을 '한갓 주관적' 현출 방식들의 상대성으로부터 독립적이 되게 하는 '객관적' 진리 속에서 어떻게 그러할 수 있는지에만 관계한다. 마찬가지로, 외적인 활동적 삶의 모든 실천적 물음들은, 주어진 세계가 실천적 이성 속에서 목적에 따라 어떻게 형성되어야 하는지와 관계한다.[15]

여기서, 자연적 삶, 그리고 특별히 자연적-학문적 인식함의 본질 형식에 포함된 이러한 '가정'이 의문시될 수 있고, 의문시되어야 한다는 생각이 들기 쉽다 해도, 이 때문에 이러한 삶의 독특한 **권리**(Recht)에 결코 그 어떤 손실이 생겨서는 안 된다. 자연적-이성적인 삶의 활동에 거슬러, 일치하

15 가정은 전제를 의미하지 않는다. '가정'(우리는 이 단어를 공연히 인용부호 속에 넣은 것이 아니다)은 물론 비본래적인 표현이다. 왜냐하면 우리가 그렇게 칭하는 것은, 구체적 특수성 속에서 자연적 삶 자체의 모든 작용 속에 놓여 있는 것에 대한 일반적 표현 방식이기 때문이다. 경험의 모든 작용에는 "이러저러한 실재적인 것이 현존한다"가 함축되어 있고, 동일한 것에 새로운 경험을 연결하는 모든 작용에는 "동일한 것이 현존한다." 그러니까 이전에 경험되었던 것이, 지금 그 경험된 것의 존재의 이후의 국면에서 파악되었을 뿐인 것이 현존한다는 것이 놓여 있다. 그리고 내가 그사이에 완전히 다른 것을 경험한 동안, 그것은 경험되지 않았다. 경험에 정초된 작용들의 경우에도 마찬가지다. 그래서 우리는 '가정'이라는 명칭으로 자연적 삶의 보편적 의미를 기술한다. 자연적 삶은 자체로 이 의미를 언제나 지니고 있으며 — 그 의미는 여태 밝혀지지 않은 채로 — 자연적 삶의 모든 확신의 형식으로서 지니고 있다. – 원주.

는 진행 속의 자연적 경험과 그것의 자기 확증에 거슬러, 이성의 자연적 방법 속의 자연적 사유(및 가치평가함, 활동적 노력)에 거슬러, 따라서 또한 자연적 학문에 거슬러, 회의적 역설의 놀이를 벌이고, 그래서 어떤 방식으로든 그러한 것들이 가치가 박탈되어야 함을 이야기하는 것이 아니다. 단호하게 미리 강조해야 할 것은 진정한 초월 철학은 **흄**의 철학과 같지 않다는 것이다. 그것은 공공연하게든 은밀하게든, 세계 인식과 세계 자체를 회의주의적 방식으로 허구로 붕괴시키는 것이 아니며, 현대적으로 이야기하자면 '마치(Als ob)'의 철학이 아니다. 초월 철학은 그 어떤 유의미한 의미에서 가상과 관계있을, '한갓 주관적 현상들'로 세계를 '용해'하는 것이 결코 아니다. 초월 철학은 경험의 세계에 조금이라도 이의를 제기할 생각을 하지 않으며, 경험의 세계가 경험의 현행성에서 실제로 갖고 있으며 또 그 세계의 일치하는 진행 속에서 의심할 여지 없는 정당성을 가지고 입증되는 그 의미의 최소한의 것도 경험의 세계에서 빼앗을 생각을 하지 않는다. 또 실증 학문이 그것의 자연적-명증적 방법론의 현실성에서 만들어내고, 정당하게 타당한 것으로서 지니고 있는 그 의미를 실증 학문의 객관적 진리로부터 조금이라도 빼앗을 생각을 하지 않는다.

그러나 물론 초월 철학은, 이러한 정당성의 의미가 그러한 현행성에서 생겨나지만, 이를 통해서는 결코 **이해되지** 않는다고 생각한다. 초월 철학은 자연적 인식에서 의심할 여지 없는 것, 자연적 인식의 소박한 명증에서 타당한 것의 '자명성'은 가장 근본적인 문제제기와 해명을 통해 생겨난 통찰의 이해 가능성이라 할 수 없다고 이야기한다. 그리고 저 원리적 방식으로 물어지지 않았고 그래서 해결되지 않은 어떠한 물음도 남기지 않고, 또 모든 인식 주체 일반에 본질적이기 때문에 분리 불가능하게 속하는 저 최고의 궁극적으로 필연적인 확실성이라 할 수 없다고 이야기한다.

초월 철학의 전체 의도는 궁극적으로, 이전에 언급했던 저 원리적 자명성들(그리고 그 밖에 이 자명성들과 본질적으로 가까운 모든 것들)로 되돌아가는 것이다. 이 자명성들 속에서 초월 철학은 세계와 세계 인식(내지는 그 필연적 확장으로, '그 자체로' 존재하는 것, '진리 자체'의 기체로서 인식과의 관계 속에서 고려된, 비내실적 대상을 포함한 모든 대상성 일반)의 가장 깊고 가장 어려운 문제들을 본다. 초월 철학은 이렇게 이야기한다.

확실히, 세계의 즉자적 존재는 의심할 여지 없는 사실이다. 그러나 '의심할 여지 없는 사실'이란 다름 아닌, 자연스럽게 잘 근거 지어진 우리의 언명일 뿐이다. 더 정확히 이야기해보면, 우리의 실제적이고 가능적인 경험함 속에서 경험된 것, 우리의 경험 논리적 사유함 속에서 생각되고 통찰된 것에 근거 지어진, 우리의 언명의 내용일 뿐이다. 우리가 그 어떤 무언가를 정당하게 존재하는 것으로, '진리 자체'의 주제로서 근거 짓는다고 주장하는 곳 어디에서나처럼, 여기서도 그렇다. 언명된 것, 근거 지어진 것, 통찰된 것, 요컨대 인식된 것은, 그리고 또 본질적으로 인식 가능한 것은 자신의 의미를 인식으로부터, 인식의 고유한 본질로부터 길어내지 않는가? 그런데 인식은 그 모든 단계에서 의식이자, 주관적 체험함이 아닌가? 인식이 '내용'으로서 무엇과 '관계'하든 간에, 그리고 이때 이러한 '내용'이라는 말이 어떤 의미를 지니든 간에, 이러한 관계는 의식 자체 속에서 수행되는 것이 아닌가? 그러므로 내용은 의식 자체 속에 포함되어 있는 것이 아닌가? 그러나 이제, 세계가 우리에게 다름 아닌 우리의 고유한 인식 수행에서 주관적으로나 상호주관적으로 형성된 (물론, 의미에서만 생각 가능한 '참된 존재'라는 성격이 포함된) 의미일 뿐이고 의미일 수 있을 뿐이라면, '세계의 자체 존재'는 어떻게 이해되어야 하는가? 그래서 결국, 이러한 물음의 기반이 이해된다면, 마치 '그 자체로 존재하는 세계'라는 말이 정당한 의미— 인식 속의 의미 형성물, 통찰력 있게 인식하는 의식 작용의 다양체 속에서 종합적으로 형성된 구체적 의미와는 완전히 상이한 것일 의미—를 지닐 수 있기라도 한 듯이, 마치 그 의미가 '형이상학적' 인과성의 '초월적' 규제를 통해서, 주관성 속에 들어가 작동하게 된 '인식의 상'으로서의 '한갓 주관적인' 인식 형성물에 결합될 수 있는 '형이상학적 초재'를 의미할 수 있기라도 한 듯이 행하는 종류의 세계 고찰이 도대체 여전히 가능할 수 있겠는가? 그러한 의미란, 의식의 의미부여 속에 있는, 모든 의미 근원 장소로부터 찢겨 떨어져 나간 어불성설에 불과하지 않겠는가?

그럼에도 물음은 아직 답변을 미리 말해서는 안 된다. 다만 한 가지는 미리 분명하다. 그것은 모든 그러한 물음에 실제적으로 대답하고, 또 인식된 존재와 인식하는 의식 사이의 관계에 대한 실제적인 이해를 획득하는 **하나의** 방법만이 존재할 수 있다는 것이다. 우리는 인식하는 삶 자체를 그것의 고유한 본질 수행에서 (그리고 물론 구체적으로 완전한 의식 삶 일반의 더 넓은 테두리 내에서) 연구해야 한다. 그리고 어떻게 바로 의식이 자기 자신 안에서 그 본질 방식에 적합하게 대상적 의미를 구성하고, 자기 안에 지니는지, 또 어떻게 의식이 자기 안에서 '참된 의미'를 구성하여, 다음으로 자기 안에서 그렇게 구성된 것으로서 그 의미를 '그 자체로' 존재하는 것으로서, 참된 존재이자 진리 '자체'로서 발견하는지를 주시해야 한다.

3) 초월론적 경험의 영역을 개시함

순수 주관적 의식과 상호주관적 의식

이로써 우리는 결정적인 지점 앞에 서게 되었다. 즉 자연적 사유 방식 전체를 전환할 필요성 앞에 서 있다. 몇 단계에 걸쳐 보다 깊은 이해를 준비해보자.

　다양한 형태의 의식 삶의 주체로서, 사적이거나 상호주관적으로 공동체화된 의식 삶의 주체로서, 나는 나인 바대로 존재하고, 우리는 우리인 바대로 존재한다. "나는 생각하는 존재다(*Sum cogitans*)" — 나는 보고 듣고, 그 밖의 방식으로 '외적으로', 혹은 나 자신과 되돌아 관계하면서 지각하고, 기억하고, 예상하면서, 또 상(Bild)이나 유사물 혹은 기호를 통해 무언가를 현전화하면서, 꾸며내는 상상 속에서 무언가를 어른거리게 하면서 존재한다. 그리고 또 합치고 나누고, 비교하고 일반화하고, 진술하면서 판단하고 이론화하면서 존재한다. 혹은 나는 기분의 방식으로 마음에 들어하거나 마음에 들어하지 않고, 기뻐하거나 슬퍼하고, 소망이나 두려움에 의해 추동되고, 실천적으로 결단하며, 실현적으로 행위하면서 존재한다. 이 모든 것은 연속적인 통일체 대열 속에서 흘러가는 '**의식**'의 특수 형태들에 대한 예시 유형들이다. 이러한 의식 속에서 우리는 상호주관적 의식 작용을 통해 공동체화되어 "살고 움직이고 존재한다."[16] 폐기될 수 없게, 의식의 고유한 본질에 명백히 속하는 것은, 의식은 **무언가에 대한** 의식이라는 가장 일반적인 사실, 우리가 곧 더 자세하게 이해하게 될 것이듯, 변화하는 양상 속의 의식의 특수 유형들에 따라 의식된 것인 어떤 '대상적인 것'에 대한 의식이라는 가장 일반적인 사실이다. 그래서 의식과 의식된 것은 (그것에 속하는 **방식** 속에서) 분리 불가능하다. 마찬가지로 의식의 고유한 본질에는, 이러저러한 의식 속에서 살아가는 내가 필연적으로 나 자신을

16　이 표현은 「사도행전」 17장 28절에서 인용된 것으로 보인다. 이는 마르틴 하이데거가 자신의 철학적 사유에서 주목한 구절이기도 하다. 이 구절은 인간 존재의 본질적인 특성과 의미에 대한 생각을 불러일으킨다.

함께 의식하고 있으며, 이 의식 자체를 의식한다는 사실이 속한다. 그러나 처음부터 언급해야 할 것은, 의식됨(의식해 가짐)이 벌써 곧장 "의식된 것을 **파악함**, 그리로 주목하는 시선을 향했음"을 의미하지는 않는다는 사실이다. 나의 '시야'에 이미 있지 않고, 더 넓은 의미에서 이미 의식되지 않은 것은 나를 촉발할 수 없고, 나의 주의를 향하게 하지 못한다. 그때그때 곧바로 파악된 것으로부터 함께 의식된 것으로 시선을 향하는 것은 나의 자유에 속한다. 또 나의 의식 체험으로 시선을 향하고, 나의 의식 체험의 '내실적'이거나 '이념적'인 존립 요소들로 시선을 향하는 것도 나의 자유에 속한다. 또한 그중에서도, 그때그때의 의식 시선 속에 있는 '대상적인 것'이 나에게 의식될 때 함께 주어지는 다양한 소여 방식들로 시선을 향하는 것도 나의 자유에 속한다.

여기서 '대상적인 것'이라 불리는 것은 그때그때의 의식의 대상적인 것으로서 그리고 순수하게 그것으로서 받아들여져야 한다. 그것은 명백히 비자립적인 계기(Moment)이다. 의식 속에서 의식된 모든 것은, 이러한 의식이 그것을 그때그때 '사념하는' 그 어떤 규정 내용들을 필연적으로 지니고 있다. 그렇게 파악된 이 '대상적인 것' — 명료함을 위해, 우리는 이것을 '대상적 의미'라고 부른다 — 은, 벌써 그것이 필연적으로 이러저러한 타당성 성격 속에서 등장하는 한, 비자립적이다. 그것은 단적으로 존재하는 것으로서 의식된다. 혹은 의심스러운 것으로서, 추정되는 것으로서, 한갓 가능한 것으로서, 존재하지 않는 것으로서, 불가능한 것으로서 등으로 의식된다. 또한 아름다운 것으로서, 좋은 것으로서 등으로 의식된다. 이것은 모두 성격들인데, 이것 자체도 실제성(정립성)과 허구(유사 정립성)라는 대립에 따라 나뉜다. 대상적인 것이 그때그때 끼워져 있는 논리적 형식들의 변화도 언급되어야 할 것이다. 이 형식들은 어쨌든 본래적으로 파악하고−판단하며 술어화하는 의식의 단계 이전에 이미 원초적 형태로 등장하는 형식들이다. 위에서 제시된 양상 및 그 밖에 아직 제시될 수 있는 완전히 다른 종류의 양상들 — 이러한 양상들은 그때그때의 구체적인 의식 삶 속에서 의식된 것에 속한다 — 의 '어떠함' 속에 있는 모든 의식된 것(모든 '대상적 의미')은 한꺼번에 다시 하나의 대상으로 파악되어야 한다. 우리는 그러면 변화하는 양상들의 핵으로서 대상적 의미를 지닌다. 그러나 물론 이전의 의식에 종합적으로 연결된 의식 작용에 근거해서다. 예를 들면, 어떤 무언가가 '존재하지 않음'의 양상 속에서 의식된다면, 이제 그것은 존재하는 비존재가 되거나, 혹은 확신의 변화 속에서, 추정적이거나 개연적인 비존재 혹은 존재하지 않는 비존재 등이 된다.

의식의 의식된 것 자체를 주제로 삼지 않는 보통의 판단하는 말의 의미에서, '단적인 대상'은 현실적으로 존재하는 대상, 즉 판단하는 자에게 존재하는 현실성으로 간주되는 '대상'과 동일한 것을 의미한다. 명백히, 이 문장에서, 바로 그 마지막 부분은 의식된 것 자체를 뜻하기 때문에, 대상이라는 말은 애매해졌다. '대상적 의미'와 '단적인 대상'의 구분은 이러한 애매함을 제거해준다. 글의 경우에, 보다 단순한 표현 방식인 (인용부호 속의) '대상'과 (인용부호 없는) 대상의 경우도 마찬가지이다. 지배적인 판단 방향에 따르면, 어쨌든 대상은 실재적인 것, 세계의 대상과 같은 것을 의미한다. 만약 우리가 필요 불가결한 가장 보편적 개념으로서의 대상을 순수하게 유지하는 데에 주의하지 않는다면, 그러니까 우리가 실재적인 것을 뜻할 때에, 실재적인 것이라고 명시적으로 이야기하는 데에 주의하지 않는다면, 이것은 우리의 구분을 애매하게 만들 것이다. 의식된 것 자체를, 자신의 '어떠함' 속에 있는 대상적 의미를 이러한 '어떠함'의 중요한 새로운 차원에 따라 보는 것을 배우기 위해, 이제 우리의 시선을 의식 체험들, 그러니까 의식 삶의 (본래는 완전한 의미에서야 구체적인) 흐름 속에 있는 구체적 개별성들의 몇몇 근본 유형들로 향해보자. 이러한 근본 유형들은 그것들 속에서 혹은 그것들 옆에서, 그것들과 분리 불가능한 그것들의 고유한 본질 속에서 혹은 그러한 본질에 적합하게 우리가 발견하는 것에 따라 순수하게 고찰되어야 한다.

지각을 고찰해보자. (물론 통용되는 것은 아니지만) 가장 일반적인 의미에서 이 단어를 취해보자면, 그것은 우리에게 존재하는 것을 존재하는 것으로서 완전히 근원적으로, 그것 자체로서 의식하게 해주는 의식의 방식이다. '대상'은 '자기 자신의 있음과 그렇게 있음(Sosein)'의 양상 속에 서 있다. 의식의 시선 속의 '원본적인 그것 자체'가 그렇게 있다. 지각함이 주목하는 (알아보는, 파악하는) 지각의 양상을 지닐 때, 대상은 말하자면 '몸소[17]−거기에 존재함'이라는 이러한 성격 속에서 파악되고, 이러한 성격을 명백히 지각함 자체로부터 갖는다. 지각을 보다 제한적이고 보다 쉽게 떠오르는 의미로, 실재성 지각이라는 통상적인 의미에서 취해보자면, 지각은 우리에게 존재하는 실재성과 '이' 세계를 현실적으로 존재하는 것으로서 근원적으로 의식하게 하는 것이다. 현실적이거나 가능적인 그러한 모든 지각을 삭제한다는 것은, 우리의 전체 의식 삶에 대해서, 대상적 의미로서의 세계를, 그리고 우리에게 타당한 실제성으로서의 세계를 지워 없애버리는 것을 의미하고, 세계 사유에서 (이러한 말의 모든 의미들에서) 근원적인 의미 토대와 정당성 토대를 뽑아버리는 것을 의미한다. 하나의 개별적인 지각은, 그 자체

----

17 '몸소'는 'leibhaftig'를 번역한 말이다. 이 용어는 우리가 대상을 지각할 때, 대상 그 자체가 직접 자기 자신을 우리에게 현전적으로 보여주는 나타남의 방식을 가리킨다. 이 용어는 문맥에 따라 '생생하게'로 번역하기도 하였다.

로 고찰해봤을 때, 그 어떤 사물적인 것에 대한 의식이다. 또한 완전히 구체적으로 파악했을 때, 지각에 속한 지각 지평 덕분에 세계에 대한 지각이다. 그때그때의 지각은 자기 자신 안에 세계를 그러그러하게 직관적인 특징들 속에서, 그것도 생생한 현재 속에서 현존하는 것으로서 의식하게 한다는 사실에 엄밀하게 주의해보자. 의식하게 한다는 것은 말하자면 지각에 지각**으로서** 본질적으로 고유한 의식적 작업수행이다. 우리가 실재성 지각과 그 지각된 것을 더 자세하게 주시한다면, 지각에 고유하게 본질적으로 속하는 것이 더 많이 발견될 수 있을 것이다(면모[18] 등).

의식 삶의 다른 한 유형적 형태는 **기억**이다. 우리는 다시 다음을 알게 된다. 기억 자체에는, 의식해 가짐과 의식하게 함의 새로운 유형으로서, 지나갔음의 시간 양상 속의 유형적 형태가 놓여 있고, 거기에 포함되어, 나에게 지각되었음의 유형적 형태가 놓여 있다.

그래서 우리가 이제 예로서 기호적이거나 상적인 표상함, 보편성 의식, 술어적 판단함, 추론함, 가설적으로 설정함, 가능적이거나 개연적인 것으로 간주함, 의심함, 긍정함이나 부정함을 취하든 그 밖의 무엇을 취하든 다음의 사실은 명백히 아주 일반적이다. 즉 모든 새로운 유형의 의식 방식은 자기 자신 안에 그것과 분리할 수 없는 대상적 의미로서 자신의 '의식 대상'을 지닌다. 그리고 이 의식 대상은 의식 유형과 의식 특수성에 따라 자신의 변화하는 의미 양상을 지닌다. 가령 무언가에 대한 기호로서, 모상으로서, 개별적인 것들에 대한 보편자로서, 이유나 결과로서, 가정 등으로서, 그러나 이 경우 또한 단적으로 존재하는 것으로서, 혹은 가능적, 추정

---

18 '면모'는 'Aspekt'를 번역한 말이다. 후설에서 이 말은 보는 시점이 아니라, 각 시점에서 보인 모습, 면을 뜻한다.

적으로, 의심스러운 것, 아닌 것 등으로서도 그 의미 양상을 지닌다.

의식 결합의 영역에도 시선을 던져보자. 의식에서 의식으로 이행하면서, 그러니까 가령 지각에서 계속되는 지각으로, 기억, 기대, 사유 작용으로, 가치평가는 의식과 그 밖의 의식으로 이행하면서, 개별적인 의식 작용은 개별화된 채, 그저 잇따라 있는 것으로 남아 있는 것이 아니다. 그것들은 결합 속에서 등장하고, 그러한 모든 결합은 그 자체로 다시, 자신의 새로운 '종합적' 의미 수행을 실행하는 **하나의** 의식이다. 무엇보다, 그것들이 아무리 다양한 종류의 작용들을 결합하더라도, 우리가 의식 이행 속에서 언제나 '하나의 동일한 것'을 의식해 갖는다면 말이다. 이 동일한 것, 그것은 그것이 점차 규정되는 대로 그렇게, 진행되면서 결합되는 의식의 연쇄의 통일체 속에서 구축되는 의미 형태의 통일체에 다름 아니다. 서로 잇따르는, 경우에 따라서는 연속적으로 서로에게로 이행하는 개별 작용들 각각은 자신의 대상을, 자신의 무엇임과 어떠함 속에서, 자신의 관점과 거기서 제시되는 특징들 속에서, 자신의 빈 지평 혹은 그 밖의 주관적 양상 속에서 의식한다. 이러한 개별 작용들을 동일화하는 결합 덕분에, 개별적인 방식으로 그 작용들 속에 포함된 의미들은, 진행되면서 양상적으로 언제나 변경되는 하나의 유일한 의미를 구성한다. 즉, 점차 풍부하게 규정되는 동일한 것**으로서**, 이러한 모든 작용들의 의미 수행을 '통합하는' 하나의 '대상'을 구성한다. 그리고 이것으로부터 자명하게도, 어떤 대상의 통일성에 관한, 그리고 그 대상의 동일성에 관한 모든 말들은, 그 대상의 현출 방식과 현출하는 특징들의 변화 속에서, 자신의 의미를 얻는다. 더 나아가, 이때 경험하는 의식이 전적으로 일치하는 연속성 속에서 진행된다면, "맞다", "실제로 그렇다"는 다시, 이러한 방식 속에서 일치하는 의식을 자신에게 의식하게 하는 하나의 의미 형태다. 마찬가지로, 만약 일치가 깨진다면, 내적 충돌의 새로운 종합적 의식 유형 속에서 "맞지 않다", "의심스럽다" 혹은 "아니다"라는 의미 형태가 등장한다.

파악하는 **사유 작용**과 더욱 높이 형성된 '이론적' 행위의 종합에서도 사정은 다르지 않다. 이들 자체에서 개념들과 개념 형식들, 판단들과 판단 형식들이 형성된다. 진정한 근거 지음으로서의 완전한 통찰 속에서 이론적 사유 과정이 전진해가고, 명증적 진리에서 완료된다면, 이러한 종합적 의식 능동성 자체의 통일체 속에, 그것의 '내재'에서 자라난 정신적 형성물로서, 근거 짓는 이론이 놓여 있다. 그러한 이론의 테제(These)는 다시금 순수하게 내재적으로 생겨난 의식 성격, 그러니까 '근거 지어진 진리'라는 의식 성격을 지닌다. 그러나 이러한 진리가 '관계하는' 참된 존재, 가령 물리적 존재도 물론 그 자체로 다시 의식 연관 속에 놓여 있다. 의식 연관은 그 존재를 자기 자신 안에서 처음에 벌써 선-이론적 표상 속에서, 확실히 존재하는 것으로서 표상에 적합하게 구성했고, 그다음에는 이론적 사유 속에서 인식의 목표 지점으로 설정하고, 방법적으로 전진해가면서 통찰적으로 술어화하는 인식의 통일체 연쇄 속에서, 그것을 이론적 진리 속에서 규정한다.

자신이나 타인의 '반복된' 근거 제시의 종합적 결합 속에서, 진리와 참된 존재가 동일한 것으로서 의식에 적합하게 구성된다. 근거 제시를 반복하고, 이러한 동일한 진리를 통찰 속에서 원본적으로 복원'할 수 있는' 실천적 자유의 의식을 계속 결합하면서, 진리의 존재 성격은 실천적으로 언제나 접근 가능한 것으로서, 그리고 인식 영역 속에 그 자체로 존재하는 것으로서 구성된다. 마찬가지로, 모든 시간 위치에서, 그리고 공동체 속의 우리와 함께 직관적으로 생각해낼 수 있는 **모두**(Jedermann)에 의해 수행된 것으로 근거 지음을 생각할 수 있는 통찰적인 가능성의 의식에서, 초시

간적이고, 모든 우연적인 인식 주체를 넘어서는 고귀한 것으로서의 진리의
성격, 그러니까 일반적으로 진리 '그 자체'로서의 진리의 성격이 자라난다.

의식의 실제적이거나 가능적인 모든 형태들, 개별 형태들과 종합적 형
태들에 따라 우리가 전적으로 오로지 주관적 의식과 상호주관적 의식에
만 전념하고, 전적으로 오로지 시선을 의식 그 자체에 고유한 것으로만 향
하는 철저한 일관성 속에서, 이러한 고찰 방식 속에 시종일관 머물러보자.
그런다면, 우리는 벌써 **초월론적 태도** 속에 있다. 그러면 자연적 사유 방식
의 전환이 수행된다. 이러한 전환에 근본적으로 본질적인 것은 **순수한 의
식 고찰**— 이러한 특성을 완전히 의식하고, 그 속에서 불굴의 일관성 속
에서 의도되고 현실화된 순수한 의식 고찰 — **의 철저주의와 보편성**에 놓
여 있다. 왜냐하면 이를 통해서만 순수 의식은 **순수 주관적 존재의 그 자체
로 절대적으로 완결된 영역**으로 인식에 나타나고, 그것의 순수 내재적 연
관들, 능력들, 의미 형성물들과 더불어, 모든 '실증적' 학문들에 대립하고,
실증 학문의 명제들로부터 원리적으로 독립적인 고유한 학문, 즉 **초월론적
철학**의 영역이 되기 때문이다.

그래서 초월론적 태도의 '철저주의'는 전적으로 오로지 의식만을, 그 순
수한 고유 본질성 속에 있는 의식만을 직관적 자체 파악으로, 이론적 인식
으로 가져오는 확고한 결단을 요구한다. 이것은, 의식이 순수하게 자체적
으로 존재하고, 순수하게 그 자체로 완결된 주관성이 되는 완전한 구체성
속의 의식을, 내실적이고 지향적인 계기, 종합, 중심화에서 그 주관성 속에
포함되어 있으며, 또한 그 주관성 속에 그리고 그 주관성에 즉해서 그 주
관성의 고유 본질과 분리 불가능한 것으로서 직관적으로, 이론적으로 제
시될 수 있는 모든 것 각각에 따라서 자체 파악으로 가져오는 것이다. 그
러면 자명하게도, 의식이 아닌 것에 대한 모든 종류의 함께 사념함, 그리

고 자연적이거나 학문적인, 심리학적이거나 철학적인, 정당하거나 잘못된 확신에 따라 의식에 귀속되고, 의식과 엮이게 된 것들에 대한 모든 종류의 함께 사념함은 철저하게 배제되도록 신경 쓸 것이 요구되게 된다.

물론 그것을 말하고 원하는 것은, 실제로 행하는 것보다, 그 완전한 유효 범위, 그 참된 의미를 이해하면서 행하는 것보다 더 쉽다.

처음부터, 순수하게 그 자체로 완결되고, 자신의 고유하고 순수한 의식 삶 속에서, 에고 코기토의 자기반성을 통해 자기 자신을 직관적으로 장악하는 주관성의 이념은 특별히 놀랄 만한 것이 아니다. 오히려 데카르트 시대 이래, 예로부터 잘 알려진 것이다. 그에 따라 이론에 맞춰진 경험 분석과 경험 기술의 이념도 우선은 직접적인 심리학적 자기 경험에서, 그리고 그다음으로는 (감정이입의 방법으로) 타자 경험에서 잘 알려진 것이다. 아마도, 초월 철학적 심리학주의와의 싸움, 그리고 심리학을 초월론적 의식에 관한 학문으로 여기는 것과의 싸움이 정당성의 원리적 뿌리를 가지는 곳은, 심리학적 통각의 의미에서의 의식은 여기서 문제시되는 의미에서 **순수한** 의식이 아니라는 사실일 것이다. 그래서, 초월론적 태도가 그 자체로 그 고유 본질성 속에 있는 의식을 향한 성공한 태도일 때조차, 그리고 우리의 단적인 의미에서 초월론적인 — 순수 의식 이론적인 — 이론적 성과로 이끌 때조차도, 우리는 그러한 초월론적 태도가 아직 참된 초월론적–**학문적인** 것으로, 그리고 초월론적–**철학적인** 것으로 간주될 수 없음을 예견하게 된다. 즉 특수한 방법적 숙고가 문제시되는 순수성의 요구의 의미와 정당성을 해명하지 못하고, 학문적으로 자신을 정당화하는 방법이 '순수' 의식 일반의 명증적 자기 파악이라는 초월론적 경험의 성취를 보증하지 못하며, 그 때문에 엄밀한 학문으로서의 초월론적 철학의 근원적 정초에 길을 열어주지 못하는 한, 그러한 사실을 예견하게 된다.

이것에 의해 제기된 요구를 새로운 현상학은 '**현상학적 환원**'이라는 명칭 아래 벌써 만족시켰다. 이러한 방법을 발전시키는 것이, 단지 약간의 상세한 설명을 통해서만 이해할 수 있는 쉽지 않은 몇몇 숙고들을 불가피하게 만들기 때문에, 우리는 이러한 숙고들을 하나의 독자적 지면을 할애해서 다룰 것이다.

초월론적 본질 탐구와 초월론적 사실 학문

다음의 해명, 그리고 이를 통한 심리학적인 순수 의식과 초월론적인 순수 의식의 구분의 완전한 성공을 전제한다면, 그 보편적 범위에서 초월론적인 것에 관한 학문의 특정한 의미는 말하자면 '형식적으로(in forma)' 처음부터 확정되었다. 우리는 그것을 곧바로 초월론적 철학이라고 부른다. 그것이 전체 전통의 모든 '철학적' 과제를 포괄한다는 것이 비로소 나중에야 밝혀질 수 있는 한에서, 우리는 미리 말하는 것이다. 어쨌든 초월론적 철학은 초월론적 태도, 방법적으로 보장된 태도에서, 그래서 위에서 암시된 저 철저한 배타성과 보편성에서, 순수 주관성을 일반적으로, 그리고 그 속에서 가능한 모든 형태들에 따라 이론적으로 탐구하고, 언제나 고유한 본질 방식과 고유한 본질 법칙에 따라 순수 주관성에 귀속되는 것, 그리고 순수 주관성이 가능한 의미의 작업수행과 이성의 작업수행 — 참된 것, 진정한 것, 올바른 것이라는 다양한 명칭 아래의 작업수행 — 에서 성취하는 것을 묻는 학문에 다름 아니다. 이로써, 이러한 학문의 탐구 영역에는 순수 의식의 모든 일반적으로 가능한 형태들뿐 아니라 모든 가능한 경험들과 학문들도 속해야 한다는 것이 명백히 이야기되었을 것이다. 그것들은 초월론적 철학의 탐구 **주제**이지, 그것들이 가진 진술들이 〔초월론적 철학에〕 전제로서 기여할 수 있을, 〔초월론적 철학을〕 논리적으로 정초하는 인식이 결코 아니다. 상관적으로 초월론적 철학은 이 세계 및 모든 가능한 세계와 관계하는데, 실제성이나 가능성에서 미리 주어진 단적으로 존재하는 세계로서가 아니라 이성적 주관성의 삶과 활동 속에서 내재적으로 밝혀지는 일치와 진리의 형태로서 관계한다.

이때 수행되어야 할 초월론적 탐구와 관련하여, **순수 가능성**의 총체와 **사실**(Faktum)이 자연스럽게 구분된다. 사실적 의식 삶, 자신의 초월론적 상호주관적 내재 속의 보편적인 의식 삶은 그 속에서 표상에 따라 구성된 세계의 상관적 사실을 **자신 안에** '현상'으로서 지닌다. 구체적으로 보자면, 그래서 그것은 모든 초월론적 사실성의 우주이다. 그러한 것으로서 그것은 가능한 '**초월론적 경험**'의 우주이고, 그에 상응하여 보편적 경험 이론의 과제를 설정한다. 이러한 사실적 상관관계는, (한갓 표상 가능성들로서, '선험적' 가능성이나 본질 가능성들로서) 다른 가능성들의 무한성을 열어두는 **하나의** 가능성으로 간주될 수 있다. **초월론적 본질 탐구**('형상적' 탐구)는 초월론적 의식 일반의 본질 가능성들에 대한 탐구이다. 여기에는 그 속에서 선이론적으로나 이론적으로 구성될 수 있는 선험적(*a priori*)인 가능 세계들이 포함된다. 실제로 우리는 그 범위를 더욱 넓게 파악해야 한다. 우리에게 우선 존재자의 총체를 대표하는, 자연적으로 미리 주어진 세계에 대한 우리의 지배적 관심 때문에 우리는 우리의 초월론적 관심을 그러한 세계에 대한 관심으로 슬쩍 제한한다. 그러나 초월론적 세계 고찰을 만족시키기 위해, 우리는 모든 제한에서 벗어나, 선험적으로 가능한 의식 일반의 총체와 같이, 그 속에서 구성될 수 있는 대상적인 것 일반의 총체도 초월론적으로 탐구될 필요가 있음을 즉시 알게 된다. 이때, 우리의 가장 넓은 대상 개념이 투입되어야 하는데, 여기에는 순수한 수, 이념적인 것과 같은 많은 이념적 대상성들이 포함된다.

이제 그 자체로 어디에서나 형상적 학문은 사실 학문에 선행하고, '합리적' 이론 속에서 사실 학문의 이론적 최고 형태를 가능하게 한다. 이미 자연적 학문에서 그렇다. 그래서 실제로 순수하게 그 자체로 정초될 수 있는 형상적인 초월론적 학문, 즉 자신 안에 선험적으로 가능한 초월론적 현상들을 지닌, 초월론적 주관성 일반에 관한 학문이 선행한다.

결국 주의를 잘 기울여야 할 것은, 가능한 초월론적 주관성 일반이 그저 가능한 단수적인 주관성으로만 이해되어서는 안 된다는 것이다. 오히려 그것은 가능한 의사소통적 주관성으로도 이해되어야 하며, 맨 위에서는, 다수의 개별적인 초월론적 주관성을 순수하게 의식적으로, 그래서 가능한 상호주관적 의식 작용을 통해 가능한 **총체**(Allheit)로 한데 묶는 주관성으로 이해되어야 한다. 모든 공동체 바깥의, '유아론적' 주관성이 어디까지 생각될 수 있는지는 그 자체가 초월론적 문제 중 하나이다.

여러 가지 사건들로 가득 찬 삶의 현행성 속의 현행적인 이성 주체로 서 있는 우리는, 바로 이러한 삶의 기능과 방법으로서 학문 활동을 한다. 그에 따라 우리의 관심은 사실적인 것에 놓여 있다. 그래서 결과적으로 형상적인 초월론적 학문(우리는 이를 초월론적 현상학이라고도 한다)은 **초월론적 사실 학문**을 위한 도구 또는 방법이다.

만약 우리가 여기서 초월론적 고찰의 철저주의를 낯설어하는 채로 있는 자연적 삶과 인식함으로 시선을 되돌려보면, 그것은 자연적 경험에 근거하여 세계를 지니고, 또 그 세계와 관계하는, '실증적인' 사실 학문들을 지닌다. 그리고 순수 가능성들에 대한 자연적 태도에 근거하여, 그것은 (수학적 학문과 같은) 형상적 학문들을 지니는데, 그것들은 사실 학문의 실증적 방법의 도구로서 기능한다. 그것이 자연적 지평의 무한성에 얼마나 멀리까지 침투하든 간에, 그것은 초월론적 소여들 및 이론들과 결코 마주치지 않으며, 그러한 태도에서는 원리적으로 마주칠 수 없다. 즉 실제적이고 가능적인 초월론적 의식과 마주칠 수 없고, '이 세계', 그리고 그것의 지향적 형성물로서의 '가능한 세계'와 마주칠 수 없으며, 위에서 특징지은 초월론적 학문들과 마주칠 수 없다.

어떻게 저것이 이것과 관계할 수 있는가? 어떤 의미에서 이것에 대해 이야기할 수 있는가? 초월론적인 것에 관한 보편적 학문 — 모든 것에 앞서, 초월론적 주관들의 순수한 의식적 작업수행의 가능성들에 관한 직접적인 본질 기술들을 지니는 초월론적 형상적 현상학 — 이 자연적으로 주어지고 인식된 세계의 궁극적으로 참된 의미를 해석하는 소임을 어떤 의미에서 지녔는가? 마찬가지로, 모든 실증적인 학문과, 같은 의미에서 실증적인 (독단적인) 모든 철학을 비판할 소임을 어떤 의미에서 지녔는가? 그리고 심지어, 그런 학문들에 대립하여, 자신의 고유한 범위에서, 모든 학문을 궁극적인 학문적 형태로 창조하고, 그 자체로 철학의 모든 가능한 의미에 궁극적 형태를 실현하는 소임을 어떤 의미에서 지녔는가? 이와 같은 것들이 이제 강제되는, 또는 열리는 물음들이다.

그럼에도 이러한 방향으로 한 걸음 더 나아가기 전에, 두 가지 사유 방식에 대해 앞서 말한 구분을 더 충분히 점검해보고, 그러므로 무엇보다 '순수' 주관적인 것만을 승인하고 추구하는, 구체적으로 완결된 '순수 주관성'의 전체 속의, 저 기이한 철저주의를 보다 깊게 조명해볼 필요가 있다. (실증성의 총체에 포함된) 자연적인 객관적 존재를 함께 정립하는 것을 결코 전제하지 않고, 원리적으로 허용하지 않는 것이 이러한 순수 주관성의 본질적 의미에 속해야 한다고 우리는 이미 이야기했다.

자연적 반성과 초월론적 반성, 그리고 지향성의 토대

이미 생각한 것으로부터 이어가 보자. 자연적 삶을 수행하면서, 우리 인간—주체는 언제나 미리 주어진 존재자, 다양한 의미의 존재자를 갖는다. 이것들은 파악하는 의식에 다양하게 왔다가 다시 사라지지만, 그럼에도 언제나 우리에게 존재하는 것이다. 미리 주어진 그러한 모든 것들은 어떤 방식에서 통합된 것이고, 그것들은 우리에게 미리 주어진 것들의 우주를 형성한다. 언제나 우리에게 하나의 자연 — 우리에게 존재하는 모든 물질적 대상성들을 자기 안에 통합하는 '이' 전체 자연 — 이 현존한다. 그러나 이러한 자연은 인간, 국가, 교회, 예술작품, 학문 등을 지닌 구체적으로 완전한 세계의 한갓 비자립적 구조일 뿐이다. 이념적인 것, 갖가지 종류의 이념들, 수학적 대상성들(수, 다양체들)과 같은, 그 밖에 존재하는 것으로서 제시되는 모든 것은 실재적인 세계 총체, '실재적 존재자'의 총체와 되돌아 관계한다. 그것은 자연적 삶이 그것에 부여한 의미에 따라, 어떤 방식에서는 실재적 세계의 한갓 부속물일 뿐이다. 우리에게 미리 주어진 것들의 그때그때의 총체들에는 우리의 자연적 실천 전체, 실재적인 활동이라는 일상적인 좁은 의미에서의 우리의 실천이 관계하고, 그러나 또한 우리의 인식적 실천도 관계한다. 이 두 가지 실천을 통해 우리는 우리에게 그때그때 '존재하는 것들'의 우주를 우리에게 타당하게 존재하는 것으로 변형한다. 그리고 이를 통해 새로운 미리 주어진 것들을 만들어내고, 옛 우주를 확장한다. 이와 동시에, 여러 가지 것들을 우리에게 지금부터 더 이상 타당하지 않은 것으로 삭제함으로써 옛 우주를 축소하기도 한다.[19]

..

19 그럼에도 불구하고 간과해서는 안 될 것은, 존재 타당성을 거부의 형식으로 변경하는 것, 그리고 가능한 방식으로 일어나는 이러한 타당성의 모든 '양상화'는, (언제나 가능한) 태도

언제나 타당성의 수행 속에서 개별적으로나 공동체적으로 가동되는 이러한 전체 삶을 노력들이 관통한다. 노력들은 (가장 넓은 의미에서의) '진리'의 획득을 향한다. 변화하는 주관적 타당성들로부터, 우리는 정당하게 확증된, 그리고 주관적으로나 상호주관적으로 언제나 확증될 수 있는, 그래서 결국에는 (학문이라는 명칭 아래) '궁극적인' 진리들, '참된', 궁극적 의미의 존재자를 끄집어내어 형성하려고 애쓴다.

그러한 자연적 삶에서 존재자로서 (경우에 따라 '궁극적으로' 근거 지어진 형태로) 우리에게 타당한 모든 것은 이제, 다양한 형태의 의식의 종합적 통일체로서, 다양한 주관적 소여 방식들의 하나의 동일한 것으로서, 우리에게 타당한 것이고, 경우에 따라서는 최종적인 것이다. 이것은 저 소여 방식들의 주관적 종합에서 바로 통일체로서, 타당한 것, 경우에 따라서는 확증된 것, 참된 것의 통일체 성격으로 구성된다. 그래서 이미 그 어떤 사물에 대한 '지각'이라는 단순한 명칭이, 그리고 심지어, 이 동일한 사물과 관계하고 관계할 수 있는 나와 우리의 전체 경험으로서의 이 사물에 관한 경험 일반이라는 명칭이, 극도로 다양한 형태의 체험과 체험적 소여 방식들에 대한 명칭인데, 이것 없이는 우리는 이 사물을, 그리고 사물 일반을 이러한 하나의 동일하게 현존하는 것으로서 의식할 수가 없다. 그러나 지각이 우리에게 사물을 몸소 현존하는 것으로 부여하는 동안, 우리는 경험함을 이 사물에 관한 경험함으로 형성하는, 극도로 다양한 의식의 방식들, 의미 내용들, 정립 양상들 등에 관해 아무것도 알지 못한다. 파악하는 시선은

⁘

변경 속에서일지라도, 언제나 다시 실정적 타당성의 종류를, 그러니까 다시 우리에 대한 존재자를 복구한다는 사실이다. 그러면 우리는 객관적 존재자 아래 각각의 경우에 따라, 존재하는 객관적 가능성들, 개연성들, 없음들, 불가능성들, 의문스러움들 등을 갖는다. – 원주.

오로지 구성된 종합적 통일체와 그 통일체 계기들, 사물적 속성들에만 머무른다. 자연적 태도에서, 더욱이 곧바로 (무반성적으로) 그럭저럭 살아가는 삶의 근본 태도에서, 우리는 이 사물을 볼 뿐, 봄을 보지는 않는다. 통일체를 볼 뿐, 그 속에서 그것이 통일체로 구성되는 주관적인 것의 다양체를 보지는 않는다. 미리 주어진 것들이 보다 높이 정초된 의식 작용들, 가령 이론화하는 작용과 경우에 따라 통찰적으로 이론화하는 작용의 주제가 된다고 해도, 사정은 다르지 않다. 이러한 이론화함의 진행에서 우리는 오로지 주제적 시선 속에 존재하는 것으로 주어진 것으로서 정리들(이론화된 것들)(Theoremata)의 연속만을 갖는다. 자신의 의미 내용들, 정립 양상들, 종합들 등 — 이론의 모든 요소 부분들이, 그리고 연속적 구축 속에서는 이론의 전체가 이것들의 통일체 형성물로서 우리의 시선에 들어온다 — 을 지니는 복잡하게 매우 변하면서 세워진 의식 방식들에 대해서는, 작업을 수행하는 중에 우리는 아무것도 알지 못하고, 이것들은 비주제적으로 남아 있게 된다. 일반적으로 말해서, 현행적으로 주어진 대상들이 주제이고, 주제는 비주제적으로 남아 있는 작용 다양체들의 통일체들이다.

그것은 현행적 현재의 양상에서 주어진 대상성들 및 그것들에 속하는 주관적인 것들로부터, 그 어떤 방식으로 '현전화된' 대상성들 및 상응하는 함께 현전화된 주관적인 것들(회상, 모사적 표상함 등과 같은 것)로 옮겨진다. 마찬가지로, 현실적으로 타당하게 의식된 대상성들 및 그 대상성들을 실제로 타당성 속에 정립하는 작용들로부터 '한갓 상상'의 방식으로 표상되는 대상들과 이에 상관적인 타당성 작용들로 옮겨진다. 이러한 타당성 작용 속에서는 '실제로', '진지하게' 작용들이 수행되는 대신, 그저 상상적으로 생각하고, 꾸며대는 작용이 수행될 뿐이다. 가령, 현실적으로 경험된 현존하는 집이 다양한 주관적 양상 속에서 의식되듯, 그러니까 변화하는 방향 설정과 관점 속에서, 변화하는 밝음과 어두움의 차이, 주의 양상 등의 차이 속에서 의식되듯이, 꾸며내진 현존하는 집도 자신의 양상을 갖고, 정확히 평행하게 주관적 양상의 '동일한' 유형들을 갖는다. 그럼에도 그러한 양상들은 모두 실제적인 주관적인 것이 아니라 "마치 내가 그것을 체험하는 듯이"라는 철저히 변화된 성격 속에 있다. 이제 나에게 거인족 싸움이 어른거리는 상상함은 실제로 현재적 체험이지만, 이러한 싸움은 이러한 싸움을 상관적으로 어른거리며 지각함 속에서만 나에게 어른거린다. 그러니까 이러한 지각함은 '마치' 속의 지각함이지 실제의 지각함은 아니다. 모든 직관적 현전화의 경우도 이와 유사하다.

우리는 우리에게 존재하는 것으로 타당한 모든 각각의 것, 그리고 우리에 의해 가능한 방식으로 타당한 것으로서 표상되거나 표상될 수 있는 모든 각각의 것을, 비주제적으로 남아 있거나 남겨진 숨겨진 의식의 다양체들에 따라 물을 수 있고, 그것을 드러내 밝히는 데로 우리의 의도를 향할 수 있다. 비주제적이고, 어느 정도 익명적이지만 함께 의식된 의식 삶은 언제나 **반성**의 형식으로 접근될 수 있다.

자연적 반성과 여기서 문제시되고 있는 초월론적 반성의 근본적인 차이를 단계적으로 가장 완전한 명료함으로 가져오는 일이 결정적으로 중요하다.

여기서 말하는 의미에서, 그러니까 우선은 초월론적인 것이든 아니든 가장 일반적인 의미에서, 모든 반성에 일반적인 사실은 그것이 의식의 '자신을 되돌아 구부림(Sich-zurückbiegen)'이라는 사실이다. 즉 그것은 그 어떤 대상성들을 그 어떤 방식으로 의식해 가짐으로부터, 바로 이 의식해 가짐과 그 의식해 가짐의 자아를 의식하게 하는 것으로 이행하는 것이다. **로크** 이래 반성은 일반적으로 **스스로를 경험하는** 의식의 방향 전환으로 이해되었다. 그러니까 자기 자신과 자신의 의식 삶, (현재의 의식 체험과 관련된) 자기 지각, 경우에 따라서는 (자신의 의식의 과거와 관련된) 자기 기억을 향하는 의식의 방향 전환으로 이해되었다. 그러나 우리는 곧 다른 종류의 반성을 알게 될 것이다. 그중에는 반성하는 자가 자기 자신을 향해 반성함이 아닌 반성도 있다.

우리가 우선 자기반성이라는 좁은 의미의 반성을 고수해보면, 그러한 반성들에서 하나의 기이한 본질 특성이 쉽게 제시될 수 있다. 그것은 상응하는 변양 속에서 (다음으로는 이해하기 더 어려운 방식으로) 모든 다른 반성들로 이행한다. 나는 지금 '자아-분열'이라는 현상에 대해 말하는 것이다.

자기반성을 수행하면서 나는 나를 나 자신 위로 끌어올린다. 그리고 나를 반성 작용의 자아인 상위의 자아와 나의 반성이 향하는 자아인 하위의 자아('나를'의 나)로 구분한다. 상위의 자아와 상위의 자아의 반성하는 체험은 자신의 편에서는 자기 자신을 '의식하지 않고', 익명적으로 존재한다. 반면에 이전의 익명적 자아, 즉 반성 이전에 그럭저럭 살아가는 자아는 이제 반성된 자아로서, '드러난' 자아로서, 인식되고, 경우에 따라서는 표현된다. 그러나 그 자아는 계속되는 보다 높은 단계의 반성 속에서 주제적으로 드러나는 중복 속에서, 동일성이라는 아주 친숙한 의식에서 스스로에게 다음과 같은 표현을 만들어낸다. "스스로를 경험함 속에서 나는 나 자신을 경험하고, 이전에 경험되지 않았던 나의 봄, 들음, 생각 등을 경험한다."

우리는 여기서 보다 높은 단계의 반성과 마주친다. 명백히, 모든 반성의 본질에는, 그 반성이 다시 보다 높은 반성을 허용한다는 사실, 그리고 자아-분열도 언제나 새로이 수행되게 된다는 사실이 속한다. 모든 반성은 반성된 것을 시선 속에 갖는다. 그리고 반성하는 자아와 그 자아의 반성하는 행위는 이때 '익명적'으로 존재하고, 자기 자신으로 시선을 되돌아 구부릴 때, 새로운 자아—분열을 통해 나타나게 된다. 이때 또다시 새로운 반성하는 행위와 그 행위의 자아는 숨겨져 있지만, 그러나 또한 다시 드러날 수 있다.

그러나 이미 모든 자연적 삶에서 다양한 형태로 등장하는 다른 종류의 반성들을 고려해보자. 그것들은 아주 상이한 구조를 지니는데, 언제나 지향적으로 얽혀 있는 구조를 지니며, 얽힘의 상이한 단계를 지닌다. 이러한 반성들을, 고유하게 본질적으로 포함된 지향적 함축들을 순수하게 펼치면서 추적해보면, 우리는 각각의 모든 반성을, 유일한 근원 형태가 때로는 보다 직접적으로, 때로는 간접적으로 변양된 것으로 인식할 수 있다. 그런데 이 유일한 근원 형태란 단적인 자기 지각의 반성 형태이다. 모든 다른 반성의 이러한 (말하자면) 구조적 유래를 동시에 이용해서, 이 반성들 자체를 그 구조에서 이해하는 법을 배우기 위해, 다음과 같은 숙고를 시도해보자.

모든 자기반성 이전에, 반성 없이 대상들에 관계하는 곧바른 의식이 놓여 있다. 이때 곧바른 의식이 관계하는 대상들은 그 의식에 그 어떤 양상에서 타당한 것이다. 여기서 자아는 말하자면 완전한 익명성 속에서 살아가며, 사물(Sache)만을 갖지, 주관적인 것은 아무것도 갖지 못한다. 반성을 통해서야 비로소, 단적인 자기 지각을 통해 가장 근원적인 형식에서, 자아는 '자기의식', 자기 자신에 대한 앎, 그리고 경우에 따라서는 자기 자신에 대한 인식을 획득한다. 이제 자아는 자기 자신을 평가하고 다룰 수 있다. 그러나 지각은 기억을 통해서야 생산성 있게 되고, 자기 지각도 자기 기억을 통해서야 그러하다. 자기 기억은 (자신의 지향성 자체의 고유한 의미 내용으로 인해) 자기 지각의 변양으로 특징지어진다. 이러한 자기 지각이 곧바른 지각의 토대로부터 되돌아 구부러진 것이라면, 자기 기억은 곧바른 기억의 토대로부터 되돌아 구부러진 것이다. 이것은 현재의 것을, **마치** 그것이 몸소 현출하는 것처럼, 그것을 존재하는 것으로서, '과거'의 시간 양상에서의 존재자로서 정립하는 방식으로 '현전화한다'. 여기서 기억과 한갓 상상이 구별된다. 상상의 대상도 "마치 그것이 거기에 있는 듯" 의식되지만, 상상하는 자아에 의해 실제로 정립되지는 않는다. 상상 속에서의 '마치'도 존재와 관계하지만, 그 존재는 그 상상 내용에서 실제적인 것으로 여겨지는 것이 아니라 단지 "마치 존재하는 듯" 여겨질 뿐이다. 가령 집을 기억하는 것과 같은 곧바른 기억으로부터 구부러진 자기 기억은 현재적 자아, 즉 현행적 지각(여기에는 현재의 체험으로서의 현재적인 회상 자체도 속한다)의 자아를 드러내는 것이 아니라 과거의 자아를 드러내는데, 과거의 자아는 집이 바로 그것에 대해서 거기에 존재했고, 그러그러한 주관적 의식 양상 속에서 거기에 존재했던 바, 그러한 것으로서 기억된 집의 고유한 지향적 본질에 속한다. 기억은 그 본질상, 지나간 것을 타당성 속에 갖는 것일 뿐 아니라, 나에 의해 지각되고, 그 밖의 방식으로 의식되었던 것으로서의 지나간 것을 타당성 속에 갖는 것이다. 곧바른 기억에서 익명적으로 지나간 이러한 자아와 의식은 반성 속(지금의 기억에 **대한** 반성이 아니라 지금의 기억 **'속에서의'** 반성)에서 드러난다. 같은 방식으로, 모든 상상 '속에서도' 반성이 가능함을 우리는 즉시 알게 된다. 내가 하나의 사물(혹은 그 밖의 대상)을 상상한다면, 거기에는 그 사물이 나에게 상상으로서 현출하고, 내가 "마치 내가 그것을 지각하고 있는 듯하다"는 의식을 갖게 되고, 이러한 '마치'의 지각함을 그 지각함의 주체로서 함께 꾸며내어진 주체로서의 내가 갖게 된다는 사실이 놓여 있다. 이때의 '나'는 그 상상에 **대한** 반성이 아니라 그 상상 **'속에서의'** 반성을 통해 드러나며, 그것도 함께 꾸며내어진 주체로서 드러나게 된다.

유사한 방식으로 이제, 가장 근원적인 자기반성, 즉 이러한 의미에서 모든 반성의 근원 형태인 자기 지각의 갖가지 지향적 변화들이 생겨난다. 자기 지각과 상이한 모든 반성들은 (그 고유한 지향성에 따라서), 비록 경우에 따라 매우 간접적일지라도, 자기 지각이 '변화된 것'이다. 이때 주의해야 할 것은 우선 자기 지각이 말하자면 반복 가능한(iterierbar) 조작이듯이, 이것이 우선은 자기 지각의 최초의 (정립적) 변경인 자기 기억에도 타당하다는 사실이다. 자기 기억은 자기 지각의 변경으로서 임의의 더 높은 단계의 모든 자기 지각에 뒤따를 수 있을 뿐 아니라, 또한 모든 기억처럼, 모든 자기 기억도 기억될 수 있고, 이 자기 기억도 그렇다. 그렇게 계속된다. 이 점이 상상에도 타당하며, 특히 그것의 반복 가능한 더 높은 단계의 자기 상상에도 타당하다. 그리고 일반적으로 그러하다.

특별히 중요한 것은, 내가 '타자'에 대해, 즉 다른 주관성, 그들의 체험, 현출 방식, 지향적 대상들 그 자체를 획득하게 되는 반성이다. 그것이 궁극적으로 자기 지각으로부터 지향적으로 유래한다는 사실은, 명백히 반복되듯, 이러한 반성에도 성립한다. 우리는 이것을 반성이라고 부른다. 그리고 이것으로써 이야기되는 바는, 타자에 대한 모든 근원적 경험('타인경험')의 본질에는, 그리고 변경의 계속적 귀결로서, 내가 다른 주관성을 (현재적인 것으로서 지각적으로뿐만 아니라, 또한 기억으로, 상상으로, 예상으로, 혹은 모사를 통해서나 생각을 통해서 등으로) 의식해 갖는 모든 의식의 본질에는, 비록 경우에 따라 매우 얽혀 있는 함축들의 형태에서일지라도 어떤 반성적인 것이 존재한다는 것이다. 이 경우 또한 주의해야 할 것은, 어디에서나처럼 또한 여기에서도, 지향적 함축들은 비직관적으로, 기호적으로, 공허하게 수행될 수 있고, 그러고 나서 모든 그 밖의 가능한 변화된 반성들 및 마찬가지로 모든 종류의 미리 관계함이 존재자와 관련될 수 있다는 것이다. 이러한 관련됨은 발전되지 않은 방식의 작용에서 일어나는데, 그것은 저

작용들의 반성적 의미를 비로소 '해명' 속에서, 즉 직관적으로 만드는 작용 속에서 드러낸다. 가장 근원적이고, 상대적으로 가장 단순한 형태 속에서, 나는 타자에 대한 '직접적' 경험을, 나의 신체성과 나의 신체성에서 원본적으로 기능하는 나의 주관성의 지각적 '현존'에 그 출발 토대를 갖는 함축된 반성의 방식으로 획득한다. 여기에서부터 다른 신체성 자체를 이해하고, 타자의 기능하는 기관으로서 이해하는 동기부여가 뻗어 나간다. 나의 원본적 자기 경험을 통해 정초된 이와 같은 이해는 나의 자기 지각의 독특한 변경 형태로서 생겨난다. 이것은 기억과 유사한 일종의 현전화이지만, 기억과는 명백히 구분된다. 이러한 경험 속에서 나는 하나의 자아와 하나의 의식을 획득할 수 있지만, 나의 기억(그리고 예상)에서, 그러니까 나의 원본적 자기 경험에서 드러나고, 현전화된 현재로서 재생산적으로 주어진 것으로서가 아니라, 나의 흐르는 삶과 함께 흘러감 속에 있는 것으로서, 더욱이 나의 삶의 원본적 소여들에서 근원적인 방식으로 함께 현존하는 것으로서 지시되는 것으로서 그것들을 획득한다.

그래서 다양한 종류의 변경된 반성들도 그러한데, 여기에는 타자의 주관적인 것, 다른 자아와 자아—삶, 타자의 주관에 속하는 파악 방식들과 갖가지 종류의 주관적 현상들을 우리에게 타당한 현존의 방식 속에서 우리로 하여금 의식하게끔 하는 반성들도 포함된다.

우리는 방금 수행한 숙고들을 통해, 갖가지 종류의 주관적인 것, 우리 자신과 우리 삶의 다양한 주관적 내용들, 그러나 또한 타인들과 타인들의 삶 역시 우리에게 주어지게 하는 그러한 반성들에 대해 약간의 통찰을 획득했다. 그리고 동시에 우리는 모든 반성들이 궁극적으로 전제하는 지향성의 토대를 주목하게 되었다. 반성 없는 의식 작용들, 즉 실제적인 작용이나 상상적인 유사 작용들처럼 가장 일반적인 의식 유형들 ― 여기에는 특히 지각, 기억, 예상, 기호적 지시, 그림으로 나타내는 작용, 빈 의식, 보편성 의식 등이 있다 ― 은 모든 의식 삶처럼 반성 없는 삶이 흘러가는 형식들을 나타낸다. 그러나 반성 없는 삶은 어떤 하부층을 나타낸다. 이 하부층 속에서는 우리에게 '한갓 사물'이 현존한다. 이 사물들은 그 의미에 따라서 볼 때, 주관이 어떤 종류의 반성도 수행하지 않는 한, 그러니까 주관이 자신의 주관성 자체(주관에게 주제화될 수 있는 근원적으로 최초의 주관성)를 의식하지 않는 한, 그래서 그러한 주관성이, 한갓 사물 의식을 통해 구성되는 의미와 같은 어떠한 대상적 의미에도 포함될 수 없는 한, 모든 주관적인 것에서 벗어난 '내가 아닌' 대상성들의 영역이다. '한갓 자연'이라는 명칭이 나타내는 사물들의 경우에도 사정은 마찬가지이다. 이것들은 근원적으로, 순수한 경험 속에서, 즉 사물이 이렇게 보이고 이런 성질을 지니는 대로, 오로지 사물만을 주시하는 자기 망각적 경험 속에서 주어진다. 순수한 수, 수학적 다양체들과 같은 이념적 영역의 것들도 사정은 마찬가지이다. 주관이 비반성적으로 남아 있는 한, 그래서 곧바로 실질적으로 (sachhaft) 주어진 것을 분석하는 한, 주관은 주관적인 어떠한 것도 발견할 수 없고, 의미를 주제적으로 형태 잡는 데에 이용할 수 없다.

나에게 미리 주어진 것들의 총체는 반성 없이 주어진 사물 세계 이외에 나 자신과 다른 주관들의 열린 다양체도 포괄한다. 이 모든 것은 타당한 관계들을 통해 얽혀 있고, 관계 성격들로 둘러싸여 있다. 이러한 관계 성격들 속에서 그것은, 직관적으로 알려지고, 범주적으로 규정되는 분절화된 환경세계를 형성하고, 동시에, 가능한 상호 이해를 통해 우리 모두에게 결합된 공통의 환경세계를 형성한다. 이러한 환경세계는 우리 자신을 함께 포함하는 것으로서, 단적인 '이' 세계이다.

모든 **자연적** 반성에는 본질적으로, 그 반성이 의식을 발견하고 언제나 발견할 수 있지만, 단지 '실재적인', '세계적인', 자연과 얽힌 의식만을 발견하고 또 발견할 수 있다는 사실이 속해 있다. 이와 대립하여—어떤 순수화하는 방법으로, 자연적 반성에 주어진 것들에 행해지는—**순수한** 반성은, 순수 의식 혹은 초월론적 의식을 찾고 또 발견한다. 자연적 자기 경험, 자연적 타자 경험과 공동체 경험의 맞은편에는 초월론적인 자기 경험이 맞서 있다. 그러나 또한 경험의 모든 변화들과 그 위에 구축된 보다 높은 모든 것들, 그리고 특히 이론적으로 인식하는 의식, 그러니까 사실 학문적 의식과 형상적 의식의 경우에도 사정은 마찬가지이다.

자연적 반성, 그리고 심리학적 환원의 불충분한 점

우선 자연적 반성의 고유한 본질을 더 명료하게 이해해보자.

자연적 삶 속에 살아가는 자아는, 우리가 이야기했듯이, 미리 주어진 것들의 총체를 언제나 갖고 있다. 자아가 이전에 새로운 경험에서, 새로운 판단 활동들, 가치평가함 등으로부터 획득한(우리는 이를 '근원설립하는' 작용이라고 이야기한다) 것은 남아 있게 되고, 자아를 위해 계속 타당하게 남아 있게 된다. 이러한 타당성이 특별한 이유로, 가령 양상화의 작용을 통해 자신의 힘을 잃어버린다든가, 포기된다든가 하지 않는다면 말이다. 그래서 자연적 삶은, 자아가 말하자면 처음부터 그 위에서 발견되고 움직이는 보편적 토대, 다시 말해, 실재적 존재와 객관적—이념적 존재의 (비록 변화할 수 있긴 하지만) 미리 주어진 지평을 갖는다. 무엇보다 자연적 삶은, 실재적 타당성의 일반적으로 결합된 총체로서의, 실재적인 세계 전체를 '지닌'. 이 세계 전체는 그때그때 규정 내용 속에 존재하는데, 이러한 규정 내용을 통해 이 세계 전체가 (정당하든 그렇지 않든 간에) 자연적 삶에 등장하면서 타당하게 되고, 또, 모든 새로운 실재적 대상을 자신 안에 받아들이면서 계속해서 타당하게 된다. 이제 자아가 하나의 대상을 자신의 현행적 주제로 삼았다면, 나머지 세계(그에게 존재하는 그 밖의 모든 것)는 그에게 현행적으로 현전하지 않는다. 그럼에도 어떤 방식에서는 여전히 함께 주제가 되는데, 단지 현행적이지 않을 뿐이다. 이 나머지 세계는 함께 타당한 것으로서 모든 현행적 파악을 규정하고, 현행적 파악의 지향적 지평에 속한다. 그래서 만약 자아가 그때그때 주제적으로 존재했던 대상에 대한 자신의 **의식**, 그 의식의 주관적 양상과 같은 것을 반성할 때도 동일한 점이 성립한다. 이때 의식은 자아의 특수한 주제이지만, 함께 타당한 우주 내부에서 그러하다. 이때 특히, 어떤 대상에 대한 의식 방식을 자연적 반성이 향한다고 할 때, 이 해당 대상은 그것이 이전에 이 의식에서 타당한 것이었던 것과 같이, 당연히 반성하는 자아에게도 여전히 타당한 것이다. 그러나 이제 우리가 의식을 순수하게 그 자체로 정립하고자 한다면, 우리가 의식 일반을 타당한 존재의, 순수하게 그 자체로 닫힌 고유한 우주로 확립할 수 있을지, 그리고 어떻게 확립할 수 있을지 계속해서 시험해보고자 한다면, 우리는 명백히, 의식이 아닌 모든 타당한 존재에 대한, 순수화하는 '배제'를 수행해야 한다. 그러한 배제는 꼭 필요하다. 왜냐하면 현실적이거나 가능적인 의식은 우리에게 우선은 자연적 반성 속에서 주어지는데, 자연적 반성은, 이미 명백해졌듯이, 그리고 곧 더 완전하게 보게 될 것이듯이, 결코 한갓 의식만을 정립하는 것이 아니라, 의식과 함께 다른 것들도 정립하기 때문이다.

　우리가 추구한 순수 의식의 우주가, 학문적 인식이 근거해야 할 확실한 토대가 되어야 한다면, 그것은 보편적이고 일치하는 **경험**에서 근원적으로 소여되어야 한다. 방법적으로 자명하듯, 우선 닫힌 순수한 삶 속에서 살아가는 **나의** 순수한 주관성의 우주를 재건하는 일이 문제라면, 나 자신과 관계하는 순수한 경험, 그러니까 순수한 **자기** 지각, 자기 기억, 그리고 실제적이거나 가능적인 순수한 자기 경험의 보편적 연속이 문제시된다.

맨 처음에는, 그러한 것을 획득하기 위해, 다음과 같은 것이 올바른 길인 것처럼 보인다.

우리는 우리의 전체 삶을 반성적으로 조망하고, 개별적 반성에서 개별적 반성으로 이행하면서, 그 삶을 순수한 삶으로 환원한다. 그러니까 우리가 개별적 방식으로 모든 자연적 반성, 즉 모든 자기 경험을 비−주관적인 모든 것들로부터 순수화하고, 그럼으로써 그 자기 경험의 내용을 순수 주관적인 것에서 획득하는 그러한 방식으로 말이다.

우선, ('마치' 믿는 것처럼, 마치 평가하는 것처럼, 작용 수행 속으로 들어가 상상하는 모든 작용들은 일단은 제외하고) '정립적' 작용들에서 분명해질 수 있는 모든 상황에서, 그러한 순수화(Reinigung)가 요구된다. 이런 식으로 나아가면서, 내가 경험하면서 다루는 해당되는 코기토(cogito)는 사유된 것(cogitatum), 그 어떤 양상에서 존재하는 것에 관한 의식이다. 그러나 이 '사유된 것'은 그것이 나에게 여전히 아주 충분한 근거에서 타당하더라도, 자연적 삶에서 종종 그렇듯, 그것이 심지어 이미 주관적인 것('심리적인 것')이더라도, 사유된 것에 대한 의식이 아닐 뿐 아니라, 어떤 경우에도 의식에 내실적 부분으로 속하는 것이 아니다. 나에게 그때그때의 의식에서 단적으로 대상으로서 타당한 것은 이념적으로 무수한 새로운 의식 작용들 속에서 동일한 존재자로 의식되고 주어진다. 나와 타자에 의해 동일한 것으로서 반복되면서 지각될 수 있는 실재성들로서의, 모든 자연적으로 주어진 대상들의 경우에 그러하다. 마찬가지로, 나와 타자에 의해 반복적으로 근원적 통찰의 개별적 작용들 속에서 동일한 것으로서 파악될 수 있는, 미리 주어진 이념적 대상성들의 경우도 그러하다. 그래서 우리는 순수 주관적인 것, 그때그때의 개별적 의식 삶을 그것의 순수성 속에서 획득하기 위해,

거기서 정립된 전체 대상성을 작동하지 않게 해야 한다. 즉 우리가 의식을 순수하게 그 자체로서 존재하는 것으로서 정립하는 동안, 의식에서 의식되고 정립된 것을 함께 정립하는 것을 거부해야 한다.

그럼에도 불구하고, 보편적으로 펼쳐진 방법적 의도에서, 우리가 반성적으로 우리의 삶에서 내다볼 수 있을 우리의 모든 의식 체험에 수행된 것으로서, 개별 의식에서 끊임없이 수행되는 이러한 방법은 결코 초월론적 의미에서의 순수한 의식 삶, 그러니까 철저하게 순수한 의식 삶을 제공하지는 못할 것이다. 실제로, 심리학이, 지향적 삶으로서의 주관적 삶의 근본 본질을 고려하는 한, 심리학은 심리학의 의미에서 순수 심리적인 것을 획득하기 위해 이러한 종류의 순수화를 필요로 한다. 심리학의 주제, 즉 인간적인 '영혼 삶'과 동물적인 '영혼 삶'은 의식에 분리 불가능하게 속하는 내실적이고 이념적인 내용들을 지닌 의식을 포괄하기는 하지만 연속적으로 일치하는 우리의 경험 덕분에 끊임없이 주어지는 세계의 연관 속에 있는 실재적 사건으로서 의식을 포괄한다. 심리적인 자기 지각, 자기 경험은, 그 의미 수행에 관한 한, 한갓 물질적 존재에 관련된 공간-사물적 경험과 마찬가지로 '객관적' 경험이다. 이러한 자기 경험은 본질적으로 공간-사물적 경험에 기초해 있다. 그것의 고유한 의미 부여와 현존 정립이, 물리적 존재, 그리고 결국에는 완전한 시공간적 세계의 공동 정립을 분리 불가능하게 수행하는 방식으로 기초해 있다. 여기에서 분리 불가능하다는 것은, 자연적으로 실재적 의미에서의 의식, 실재적인, 시공간적 연관 속에서의 영혼 삶이라는 종류의 의미부여와 의미가 유지되는 한에서 분리 불가능하다는 것이다.

4) 세계를 '의문시함'의 의미

확고하게 뿌리내린 자연적 사유 방식을 극복하면서, 초월론적 주관성의 영역을 그 특성과 완전한 완결성 속에서 알게 되었다면, 그리고 막 암시된 것과 같은 고찰들을 통해 초월론적 철학의 특성과 유효 범위에 대한 최초의 예감에 이르렀다면, 우리는 놀라움에 빠지게 되고, 또한 곧 커지는 내적 동요에 빠지게 된다.

초월론적 사유 방식의 가능성에 대해 아무것도 알지 못했던 한, **자연적** 사유 방식의 세계와 학문은 일반적으로 경험 가능한 모든 존재, 일반적으로 생각 가능한 모든 학문을 자신 안에 포괄하는 것처럼 보였다. 그러나 이제 자연적 존재 영역에서 분리될 수 있고, 분리되어 유지될 수 있는, 그 자체로, 이미 지독한 어려움들을 야기하는 새로운 존재 영역이 열린다. 그리고 실증적인 전체 학문을 주제적으로 포괄하지만, 그럼에도, 그 자신은 실증적이지는 않으며, 실증 학문의 명제 중 어떤 것도 자신의 고유한 이론의 전제나 요소 부분으로 포함해서는 안 되는 새로운 학문이 열린다. 그럼에도 포기할 수 없는 자연적 사유 방식의 인식적 가치와, 그 고유한 권리가 의심할 여지 없는 것이 된 새로운 사유 방식의 인식적 요구 사이의 곤혹스러운 충돌이 불명료함으로부터 생겨난다. 이러한 새로운 사유 방식을 따른다면, 이전에, 자연적으로 근거 지어진 자명한 정당함 속에서 소유했던 모든 것이 **의문시**된다. 그러나 이것은 이 애매한 표현의 이중적 의미에서 그렇다. 왜냐하면, 순수한 의식 일반, 그리고 거기서 특히 정당성을 부여하는 의식이 보편적 문제가 되었고, 그래서 (지향적 상관자에 대한 명칭으로서의) 정당함 자체가 물음의 주제가 되어야 했기 때문에, 우리가 우선 서있는 불명료함의 상황에서 모든 정당함이 다른 의미에서도 의문스러워 보이게 되고, 다시 말해 의심스럽게 보이게 되기 때문이다. 모든 정당함의 본질, 의미에 관한 초월론적 물음 — 바꾸어 말하면, 말하자면 정당함이 어떻게 근원적인 정당성 설립으로서의 의식의 근원적 의미부여로부터 이해될 수 있는가 하는 물음 — 은 그것이 **타당하고, 타당할 수 있는지,** 그리고 어디까지 **타당하고, 타당할 수 있는지**에 관한 물음으로 변경된다. 이것은 아주 특히, 납득할 만하듯이, 실증적인 **세계**-인식의 권리에 관계하고, 그와 더불어 본래적으로 **모든** 실증적 학문에 관계한다(순수 기하학과 역학과 같은, 처음부터 가능적 실재성들에 관한 학문인 그러한 학문뿐 아니라, 어디서나 자연 인식의 도구로서 기능하는 보편 수학의 분과학문과 같은 것도 포함하는, 모든 선험적 학문도 여기 포함된다). 그러나 여기서 말해지는 것은 애매성 때문에 정당성 물음을 미루는 것이 아니다. 이러한 미룸의 기반에는 사태와 동떨어진 혼동과 부주의밖에 있을 수 없다. 오히려 두 사유 방식의 관계가 너무도 독특해서, 초월론적 인식 영역으로 진지하게 깊이 파고드는 것은, 자연적으로 사유하는 자 — 내지는 초월론적 태도에서 자연적 사유의 태도로 되돌아가는 사람 — 에게 처음에는 적어도 완전히 받아들일 수 없는 것처럼 보일 것이 틀림없는 세계 의미를 요구하는 것처럼 보이는 것이다.

이러한 사실을 보여주기 위해, 우리는 초월론적 문제틀의 전환 속에서 세계의 의미에 대해 어떤 종류의 보편적 밑그림이 필연적으로 발생하는 것처럼 보이는지가 분명해질 때까지, 초월론적인 실재성 인식의 방식과 작업 수행을 자연적 실재성 인식과 대조하여 좀 더 자세하게 설명해야 한다.

다음을 숙고해보자. 자연적으로 사유하는 자로서 우리는 세계를 **가졌고,** 세계는 의심할 여지 없는 실제성으로 주어졌다. 우리는 자연적 명증에서 그 세계를 경험했고, 숙고했고, 이론화했다. 그리고 방법과 결과에 따라 경탄할 만한 학문들을 획득했다. 그러나 이제, 자연적 사유 방식을 전환함으로써, 우리는 단적인 세계 대신에, **그저 '세계'에 대한 의식만을** 갖게 된다. 보다 분명하게 말하자면 다음과 같다. 그러면 우리는 그저 절대적으로 독립적인 명증 속에서 인식할 수 있는 우리의 초월론적인-순수한 주관성을 지니는데, 이 주관성은 흘러가는 자신의 의식 속에 자신의 모든 인식 의미들을 지니고, 또한 우리에게 '의미 속에 놓여 있는' '세계', 그리고 우리에게 '의미 속에 놓여 있는' 대로의 '세계'도 지닌다. 그것은 추정된 것으로서의 그리고 추정된 대로의 그때그때 추정된 것이다. 인식되고, 인식될 수 있는 대로의 것으로서 그때그때 인식된 것이자 인식될 수 있는 것이다. 여기서 세계는 이런 식으로만 탐구 주제가 된다.

개별적으로 고찰되든 공동체 삶으로서 고찰되든, 순수 주관적 삶이 '무엇에 관한 의식', 즉 지향(intentio)이라는 보편적 본질 형식 속에서 흘러가면서, 그 삶에 고유한 의식 방식과 의식 종합 덕분에, 그리고 순수하게, 그 삶의 의미에 적합한 작업수행의 결과로서, '현존하는 세계'를 어떻게 의식하게 하는지를 모든 측면에서 해명하는 일은 실제로 엄청난 주제다. 의식 구조들, 그러니까 서로에게 정초되거나 서로 얽힌 의식 종합의 어떤 단계 구조가 여기서, 반성과 본질 기술 속에서 증명될 수 있는가? 그리고 상관적으로, 거기서 구성되는 의미 형태의 어떤 단계 구조가 증명될 수 있는가? 그리고 맨 위의, 그 단계 구조를 종결짓는 시공간적 '실재성들'의 의미 형태, 그러니까 '언제나', 그리고 '모두에게' 입증 가능한 것으로서, **'객관적으로 참된 존재'**로서 구성되는 저 의미 형태가 증명될 수 있는가? 그러한 구조의 필연성이, 세계에 대한 연속적 직관의 보편적 작업수행에 대해, 그리고 더 나아가 이러한 세계에 관한 학문의 보편적 작업수행에 대해 어떻게 본질 법칙들로부터 설명되게 되는가? 이러한 커다란 과제는 먼저, 초월론적 탐구의 주체로서 기능하는 개별적-자아의 의미부여로의 방법적으로 최초의 제한 속에서 어떻게 성취될 수 있는가? 다음으로는 보다 높은 단계에서, 가능한 의사소통 속에서 개별 자아와 함께 그리고 서로 함께 서 있는 주체들의 전체 공동체의 가장 넓은 테두리 속에서, 그러니까 '모든 사람 일반', 초월론적 상호주관성과 관련하여 어떻게 성취될 수 있는가?

그러한 초월론적 탐구에서는 '세계'라는 명칭 아래 오직, 세계를 인식하는 의식의, 다양하게 변화하고 종합적으로 결합된 지향성 속에서, 통일적으로 인식된 것으로서 구성된 것 내지는 실천적 자유 속에서, 자유롭게 열릴 수 있는 의식 지평 속에서 (다양한 의식 방식의 변화와 언제나 새롭게 그 속에서 '나타나는' 개별 객체의 변화 속에서 하나의 동일한 것으로서) 구성**될 수 있는** 것만 주어진다. 그러나 이때 그것은 오로지, 우리가 초월론적인 것이라고 부르는 일관적이고 순수 반성적인 고찰 방식에서 실제적 의식 속에서 또는 (형상적 태도에서는) 본질 가능적인 의식 속에서 발견되는 **그대로**로서만 파악되어야 한다.

이러한 관점에서 이제 다음을 고려해보자. 능동적 의미에서 인식함은 애씀(Streben)이고, 행위로서, 그저 무언가를 목표하는 사념함으로부터, 성취하는 자체 직관과 이제 사념된 것의 자체 가짐으로의 계속적 애씀이다. 목표하는 의식의 양상에서 의식된 것은 '단순한 사념'의 양상에서의 의미('지향하는 의미')이고, 성취하는 의식의 양상에서 의식된 것은 '생생한 현실성', 현실성 '자체'의 양상에서의 의미('충족하는 의미')이다. 그러나 실재성의 전체 영역에서 충족은 결코 완전한 것이 아니다. 각각의 모든 충족은 자신의 충족하는 의미에 동시에 충족되지 않은 사념의 지평들을 지니고 있다. (외적 지각에서 지각된 것과 같이) '몸소' 파악된 대상 '자체'의 방식에서 이미 의식된 것은, 그럼에도 언제나 함께 사념되지만, 그 자체가 파악된 것은 아닌 '측면들'을 지닌다. 충족하는 경험이 그 측면들을 아무리 멀리까지 뒤

쫓아가도, 그것은 그렇게 남아 있다. 경험할 새로운 것이 언제나 남아 있다. 왜냐하면 선취하는 지향의 언제나 새로운 지평들이 열리기 때문이다. 그러나 이 새로움은 단순히, 통일적으로 연결되어 애쓰는 경험함을 고정된 경험 목표점으로서 관통하는 '대상들'과만 관계하는 것이 아니다. 오히려 새로운 대상들도 그것의 열린 경험 지평들 속에 들어서고, 관심을 촉발하며, 경우에 따라서는 새로운 경험 계열에서 거기 속하는 충족하는 의미를 자신의 것으로 삼으면서, 새로운 경험 목표점이 된다. 게다가 이 경우 예전의 통일체와 새로운 통일체는 결합체로, 그러니까 더 높은 단계의 대상성으로 조직된다. 당연히 유사한 것이, 개념적으로 판단하는, 그리고 가장 높은 단계에서는 학문적으로 통찰하는 인식함에도 타당하다. 어떠한 앎도 최종적인 것이 아니다. 목표를 달성하는 모든 통찰은 끝인 동시에 시작이다. 각각의 모든 통찰들과 더불어, 자신의 편에서는 다시 충족하는 통찰을 갈망하는 새로운 문제 지평이 열린다. 앎의 영역은 무한하다. 상관적으로, 앎에서 그것의 참된 존재에 따라 규정되는 앎의 분야도 무한하다. 그러나 객관적─실재적인 사실적 앎의 완전한 분야는 세계, 즉 가능한 일치하는 경험의 총체이며, 모든 실재적인 분야의 구역이다. 그에 관한 학문은 모든 객관적인 사실 학문을 종합적으로 포괄한다.[20]

그에 따라 우리는 이렇게 말할 수 있다. 순수 초월론적 고찰 속에서 **이 세계**는, 그것이 그 자체로, 그리고 논리적 진리 속에서 존재하는 **그대로**,

∴

20 물론 이에 상관적으로, 실재적인 것 일반에 관한, 내지는 가능한 실재성들과 세계들 일반의 우주에 관한 형상적 앎의 완전한 분야가 있다. 실재적인 것 일반에 관한 보편적 본질 학문은 가능한 실재성의 특수 영역이나 형식적 구조를 위해 형성되었거나 형성될 수 있을 모든 선험적 학문(가령 '순수' 자연과학, 순수 기하학, 순수 수론, 순수 역학)을 포괄한다. ─ 원주.

결국, 자신의 목표 의미를 의식 삶의 **현행성**으로부터 길어내는, **무한 속에 놓인 하나의 이념일 뿐**이다.

이러한 중요한 명제를 완전한 통찰로 가져와보자.

순수 주관성 내지는 그 의식 삶의 고유한 의미부여 속에서 각각의 모든 의미가 생겨난다. 그리고 그 의미는, 비록 습성적인, 그러나 언제나 다시 일깨워질 수 있는 앎으로 변하더라도, 언제나 그러한 주관성 속에 남아 있다. 저 보편적인 객관적 진리 의미인 '세계'도 그러하다. 그것은 자신의 근원을, 초월론적인 인식 삶의 일치의 보편적 연관으로 개별 주관적으로나 상호주관적으로 조직되는, 객관적 경험과 이론적 통찰의 인식 삶의 현행성에서 갖는다. 이러한 통일체 의미는 언제나 변화 속에서 파악되지만, 의미적으로는 하나의 동일한 것이 다양한 규정 형태 속에서 제시되는 방식으로만 파악된다. 동일한 대상적 우주가 언제나 나타나지만, 언제나 새로운 소여 방식 속에서, 이때 언제나 새롭게 '본래적' 경험과 인식으로 오는 대상들, 속성들, 관계들과 더불어 나타난다. 이러한 통일체 의미는 언제나 지향된 의미의 형태와 충족하는 의미의 형태를 동시에 갖는다. 인식의 연속적인 진행은, 개별적인 대상들에 대해서든 우주에 대해서든, 다양한 개별 과정들 속에서 흘러가는 충족의 전체 과정이다. 그리고 이러한 충족은 모든 실재적 경험에 본질적으로 수반되는 경험되지 않음의 지평, 그러니까 경험되지 않음, 규정되지 않으나 규정될 수 있는 함께 사념함의 지평을 전진하는 완전성 속에서 자체 제시로, 그리고 경우에 따라서는 자체 파악하는 앎으로 가져온다. 그러한 충족은 포괄하는 일치성 속에서, 그리고 경험 확증의 전진하는 총체적 힘에서, 모든 때때로의 실망을 보다 높은 조화로 해소시키는 충족이다. 드러난 가상은 동시에 그리고 언제나, 가상 대신, 일반적인 일치성에 편입되는 참된 존재의 복구를 의미한다.

그러나 경험과 경험 과정은 본질적으로, 실천적인 "나는 할 수 있다"(그리고 더 나아가, "모든 사람이 할 수 있다")의 테두리 내의 과정으로서, 즉 자아에 의해 지휘되거나 지휘될 수 있는 과정으로서 특징지어진다. 실재적 소여의 일반적 방식에 속하는 빈 지평들은 실천적 지평들이고, 함께 구성된, 그래서 부단히 친숙한, 실천적 개입의 가능성의 체계 속에서 체계적으로 충족될 수 있다. 경험하는 앎 획득으로서의 그때그때의 지각을, 이미 지각된 실재적인 것으로부터 아직 알려지지 않은 것(그러나 본질적으로 절대적으로 알려지지 않은 것은 아니고, 그것의 형식적 유형에서, 가령 공간-사물적인 것으로서 밑그림 그려져 있는 것이다)을 충족하면서 더 상세히 규정함의 형태로 바꾸는 실천적 가능성의 의미에서, 충족 가능성은 부단히 다음과 같은 경험적-실천적 명증을 지닌다. 즉, 내가 나의 가능한 수행 방식의 체계 속에서 아무리 실천적으로 개입하더라도(가령 지각적인 "나는 더 가까이 다가간다. 나는 보고, 더듬는다" 속에서), 나는 나의 지각함을, 그 지각함의 일치하면서 전진하는, 그리고 동시에 그 지각함을 확증하는 앎 획득 속에서, 동일한 것에 대한 지각함으로서 계속 수행할 수 있다. 이 사물은 언제나 다시 존재자로서, 그리고 그것 자체인 바 그대로로서, 밝혀질 것이다. 그리고 모든 것을 포괄하는 지평 의식 속에서 부단히 함께 정립되고 알려지는 세계의 영역 내부에서, 말하자면 미규정적으로 규정된 열린 지평에 놓인, 다른 사물들로의 가능한 자유활동적 이행 속에서도 마찬가지이다. 쉽게 알 수 있듯이, 내가 자유롭게 나를 되돌아 옮겨놓을 수 있는 나의 삶의 모든 과거 국면에 속한 다음과 같은 명증은 이것과 분리 불가능하다. 즉, 나는 나의 지나간 경험을 당시의 실천적 가능성의 자유로운 현실화로 자유활동적으로 변경할 수 있었을 것이고, 과거의 세계를, 그것이 존재했던 바대로, 전면적으로 알게 될 수 있었을 것이다. 그 세계는 현재적 경험으로까지 흘러가는 동일한 것의 일치의 과정의 경험적 명증 속에서, 지금도 존재하는 세계와 동일한 세계였다. 단지 그것의 실재적 상태의 객관적-시간적 변화 속에서 변경되었을 뿐이다.

끊임없이 더 지향하는 세계 의미를 충족하는 현실화의 연속적으로 **성공하는** 전체 과정 속에서, 그리고 개별 주관적인 과정일 뿐 아니라 상호주관적으로 공동체화된 과정 속에서, 그것의 미래의, 그리고 무한히 실행될 수 있는 현실화 가능성이 동시에 증언되며, 그것도 증가하는 완전성의 인식 과정의 형식 속에서 증언된다. 이와 더불어 그러나 세계 자체의 현실적 존재가 증언되는데, 말하자면, ("나는 할 수 있을 것이다", "모든 사람은 할 수 있을 것이다" 내지는 "할 수 있었을 것이다"의 의식 속에서) 언제나 자유활동적으로 수행될 수 있는 이러한 점점 더 완전한 현실화의 과정의, 무한 속에 놓인 텔로스(*Telos*)로서 증언된다. 그래서 순수한 초월론적인 고찰 속에서 '**이 세계 자체**'는 단지 현행적 주관성 내지는 상호주관성 속에서 밝혀지는, 보다 높은 단계의 독특한 진리 의미로서, 즉 근거 지어진 타당성의 내재적 형태 속에서 구성되는 **이념**으로서만 제시된다. 이러한 이념과 등가적인 것은, 현실적이거나 가능적인 경험의 모든 대상과 관련하여, 무한히 인식할 수 있는 진리의 생각된 총체라는 이념이다. 이 이념은 이와 같은 경험에 대한 모든 인식 주체에게, 그들에게 언젠가 가능한 경험과 경험 이론화의 전체성과 관련하여, 하나의 보편적 법칙을 밑그림 그린다.

수행되어야 할 정당화의 대략적 윤곽으로, 제시되었던 명제에 명료성을 부여하고, 동시에 강력하게 동기부여된 예견의 명증을 부여하는 데에는 이것으로 충분할 것이다. 어쨌든 우리가 이야기한 것은, 이미 초월론적 세계 해석에 대한 최초의, 가장 조야하고 불명료한 시도에서 일깨워진 동기를 강력하게 부각시키는 데 기여할 수 있다. 위대한 철학자들의 천재성은 그들의 선취하는 명증이 설명하는 개별 직관 속에서 명백해질 수 있었던 것보다, 그리고 근원적으로 길어진 개념 속에서, 또한 다만 최초의 이론적 시도 속에서, 정확하게 표현될 수 있었던 것보다 훨씬 멀리까지 도달했다는 점에서 드러난다. 자연적 사유 방식의 손쉬운 반론이 그들에게 맞섰던 곳에서 그들은 그 반론을 실제로 해결할 수 없었던 채로 그것을 넘어섰는데, 여기에서 그들은 스스로가 초월론적-주관적 세계 고찰로 몰아넣어졌음을 보았다. 우리가 이야기한 것은, 그들이 왜 그랬는지를 이해하는 데 기여할 수 있다.

그럼에도 여기서는 더 자세한 상론이 필요하다.

5) 초월론적 '관념론'의 정당화: 이 관념론의 체계적이고 학문적인 수행

'세계'가 타당한 의미로서 초월론적 연관 속에서, 그러므로 가능한 외적 경험과 경험 학문의 의미부여 속에서 순수하게 구성된다는 사실과 세계가 어떻게 그렇게 구성되는지를 일반적으로 어림잡아 분명히 했지만, 이 새로운 종류의 세계 인식은 결코 우리를 만족시키고자 하지 않는다. 왜냐하면 그러한 세계 인식은 자연적, 실증적 세계 인식의 확고부동한 진리와 날카롭게 모순되는 귀결로 밀어붙이는 것처럼 보이기 때문이다.

우리가 이야기하고 언제나 이야기할 수 있는 세계, 우리가 알고 언제나 알 수 있는 세계는 그럼에도 불구하고 바로, 개별적이거나 공동체화된 우리의 고유한 의식 삶의 내재 속에서, 통일된 인식 형태의 암시된 다양체들 속에서 우리가 구성하는 세계에 다름 아니다. 그러니까 인식하는 자로서의 우리가 언제나 '가지고 있으며' 언제나 인식 목표로서 추구하는 세계, 그리고 결국에는 순전한 '이념' 말이다. 가능한 인식의 전체 영역 속에는 그 속에서 고유한 작업수행으로부터 구성되는 인식 형태 이외의 다른 어떤 것도 존재할 수 없다는 사실을 순수하게 주관적인 고찰 방식의 귀결을 통해 뚜렷하고 아주 분명하게 만드는 일이 바로 초월론적 태도의 필수적인 기능이 아닌가? 그러므로 이 세계, 그리고 모든 가능한 세계는 인식하는 주체들 '속', 그러니까 그 주체들에 대해 그 자체로 명증적인, 그 주체들의 의식 삶의 사실 '속', 그리고 그러한 주체들의 본질 법칙적인 '능력' 속 이외의 어디에서도 '존재함'을 가질 수 없다.

자연적으로 사유하는 사람은 바로 여기에 결정적인 이의를 제기할 것이다. 그는 그 자체로 존재하는 세계 자체와, 주체를 세계와 그저 **관계 맺게 하는** 그때그때의 주관적인 인식 형태들이 구별되어야 한다는 것은 아주 분명하다고 할 것이다. 우리 자신이 그럼에도 불구하고 세계의 한갓 요소 부분이므로 — 이것은 이성을 가진 자라면 결코 의심할 수 없는 것이다 — 세계가 한갓 의미 형성물, 그러니까 관념으로서 우리 안에 존재한다는 사실을 받아들이는 것은 순전히 불합리한 일이라고 그는 말할 것이다.

초월론적 철학자는 여기서 물론 대답에 막힘이 없을 것이다.[21] 우선 그는 모든 의미 있는 구별이 그렇듯이, 자체 존재하는 대상들과 그때그때 인식된 대상들 사이의 저 친숙한 구별도 그것의 근원적이고 정당한 의미를 인식하는 의식으로부터 길어낸다는 사실을 언급할 것이다. 그러나 이에 따르면, 인식적으로 실현된 실재적 객체는 명백하게도, 아직 인식되지 않은, 아직 전혀 생각되지 않은 객체와 다른 것이 아니다. 물론 그럼에도 그것은 처음부터 우리의 가능한 인식의 열린 지평에 속하는 것으로서 생각된다. 그저 빈 지향과 충족하는 직관의 여러 양상을 지닌 불완전한 인식과 이상

---

21 이 이후로 이 문단 끝까지 모두 초월론적 철학자의 말이고, 후설 자신의 말이 아니다.

적으로 완전한 인식 사이의 긴장만 남는다. 그런데 무한 속에 있는 이념은 그 이념성 때문에 인식 형태가 아니란 말인가? 그러니까 자신의 인식 목표로서의 그 이념에 접근하고, 자신의 모든 진정한 인식 속에서 저 이념의 무한한 의미의 한 단편이나 설익은 전단계를 실현하는 모든 주관 각각의 의식 지평 속에 있는 것이 아니란 말인가? 더욱이 세계에 대한 주체이자 세계 속의 객체로서의 인식하는 자의 이중적 위치로부터 끌어낸 저 모순에 관해 말하자면, 그러한 모순은 아주 잘 해결될 수 있다. 모든 객체는 순수한 주체들의 의식 삶 속에서 상호주관적 경험과 경험 논리적 인식의 인식 목표점이 된다고 할 때, 이러한 순수한 주체는 세계 속의 객체가 아니고, 그런 것으로서 자신이 다시 '현상'인 것이 아니다. 세계 속의 객체이고 '현상'인 것은 심리 물리적 주체들, 인간과 인간의 인간적인 '영혼 삶'이다. **데카르트**에게서, 객관적 세계가 존재하지 않을 가능성을 시도하는 단계에서, 의심할 여지 없이 흘러가는 사유 작용들의 의심할 여지 없는 주체로서 남아 있는 자아(ego)도 벌써, 이와 같은 인간의 심리 물리적인 실재적 자아가 아니었다.

이러한 대답은 확실히 가치를 지니기는 한다. 그러나, 자연적 태도와 명증 및 초월론적 태도와 명증의 교체가 얽혀 들어가 있는 커다란 어려움들을 실제로 해결하기에 그 대답은 충분하지 않다. 인식하는 주관성에게, 오직 고유한 의식적 작업수행으로부터만 현존하며 또한 그렇게 존재하는 세계, 이러한 세계의 의미에 대한 이해력 깊은 해명은, 사태와 동떨어진 일반성 속에서 움직이는 한갓 논증적인 숙고로부터는 자라날 수 없다. 그것은 순수성 속에서 파악되고 우선 구체적으로 직관된 초월론적 주관성을, 그리고 또 지극히 다양한 의식의 방식과 의식적 작업수행을 구체적이고 체계적으로 연구함으로써 여기서 요구되는 실제적인 통찰을 산출하는 데에서만 자라날 수 있다. 실은, 다음과 같은 방식들에 대한 실제적 통찰이 추구되어야 한다. 그러니까, **어떻게** 모든 종류의 객관적 의미가, 그리고 **어떻게** 객관적 진리가 순수한 의식 속에서 발원하는지, 그리고 그것의 본질 유형과 본질 구조들이 그때그때의 의미를 구성하는 의식에 따라서, 말하자면 어떻게 보이는지, 그리고 상관적으로, 그 속에서 실제로 발원하는 의미 자체가 그러한 근원적인 진정성 속에서 어떻게 보이는지에 대한 통찰 말이다. 기저에 있어서는 이미 근원에 대한 **로크**의 학설을 움직인, 그러나 불운한 곡해 때문에 의미가 전도된 형태로 그 학설에서 작용한 이러한 과제의 해결은 이제 그 자신의 편에서는 가장 어려운 연구들에 얽혀들지 모른다. 그럼에도 불구하고, 어려움들은 극복되기 위해 거기에 존재한다. 그러나 실제적인 훈련으로 초월론적 고찰 방식의 특징들을 익히려는 노력을 꺼린다면, 그래서 절대적으로 자립적이고, 모든 객관적 전제들의 맞은편에 절대적으로 독립적인 영역인 초월론적 영역의 발견으로 철학에 자라난 엄청난 과제를 그저 이해하는 데에도 이르지 못한다면, 이러한 어려움들은 극복되지 못할 것이다.

데카르트를 따라서, 그러나 더 철저한 일관성 속에서, 초월론적 고찰 방식을 수행했고, (비록 아직 불완전하고 너무 일반적이긴 했지만) 내재적인 인식 형태들에 대해 반성했던 최초의 철학자들, 그러니까 **라이프니츠, 버클리, 흄**이 이로써 전대미문의 영향 범위를 지닌 새로운 종류의 통찰이 열렸음을 인식했으며, 실로 과거의 철학자들이 세운 세계관 전체에 대한 개혁이 요구되는 것으로 보였음을 인식했다. 그래서 '관념론'은 역사적으로 아주 다양한 형태로, 그리고 아주 다양하게 평가되어야 할 형태로 나타나고, 학문적 수행에 대한 부단한 요구를 제기한다. 그럼에도 불구하고, 새로운 종류의 형이상학적 세계 해석의 형태로서의 초월론적 세계관에 대한 일반적 예견으로부터, 구체적으로 형태를 갖춘 작업 문제들과 실제로 수행되고 체계적으로 결합된 이론을 지닌 **학문**에 이르는 길은 아직 한참 남아 있었다. 사람들은 우선 첫째로, 새로운 태도 속에서 **보는** 법을 배워야 했고, 지향성과 그 작업수행의 고유한 본질을 파악하는 법, 그리고 순수한 의식과 그 의미 형성물의 다양한 특수 형태들을 구별하는 법을 배워야 했다. 그때에야 비로소 모호한 문제들은 근원적으로 길어진 초월론적 개념들을 통해 정확해질 수 있었고, 초월론적 방법 및 이론들이 가능해질 수 있었다.

6) 학문적인 초월론적 철학의 최초의 체계에 대한 칸트의 구상

이마누엘 칸트가 엄밀한 학문을 향한 의지에 완전히 사로잡혀, 한번 직관한 주도적 문제 — 인식할 수 있는 객관성의 초월론적 의미의 문제와 주관적 통찰 속에서 인식 타당성을 권리주장하는 학문의 문제 — 를 자신의 필생의 과제로 삼았다는 사실, 그리고 수십 년 동안의 아주 헌신적인 연구에서, 학문적인 초월론적 철학의 최초의 체계를 구상했다는 사실, 여기에 이제 칸트의 명성의 가장 확고한 근거가 놓여 있다. 진정한 학자로서의 그를 처음부터 이끌었던 것은, 수학과 수학적 자연과학에 대한 철학적 고찰과 그 시대의 존재론의 불충분함에 대한 비판적 인식으로부터 자라난 특정한 개별적 문제들이었다. 그러니까 그 초월론적 의미로 더 깊게 파고들 때 드러나는 문제들, 칸트를 '독단적' 형이상학에 맞서 초월론적인, 내지는 '비판적인' 새로운 종류의 '형이상학'의 자립적 발견으로 이끌었던 문제들이었다. 초월론적 철학은 그 발전 과정에서 우선 학문들에 주목하고, 그 학문들의 주요 유형에 따라 분절되는, 초월론적 '가능성'의 문제들에 주목한다는 사실을 통해 특수한 이론적 형태를 띤다. 칸트는 최초로, 학문을 객관적 실제성과 가능성의 이론으로서 그저 객관적으로 고찰할 뿐 아니라 일관적인 초월론적 관점 아래에서 의식 일반 속의 주관적인 인식 수행으로서 고찰하기 시작한다. 칸트가 자연(형식적으로 바라본 자연*natura formaliter spectata*)의 **형식** 존재론의 이념을 구상하고, 그 근본 개념과 근본 원칙들을 초월론적으로, 그리고 체계적이며 통일적으로 연역하려고 시도한 방식은 완전히 새로운 것이다. 이것은 다음과 같은 독창적인 역진적 문제 설정의 의미에서 생겨난다. "가능한 경험의 종합 속에서 모든 인식하는 자에게 하나의 동일한 것으로서 경험될 수 있어야 하고, 다음으로는 뒤따르는 이론적 인식 속에서 인식될 수 있어야 하는 ─ 그러니까 모두에게 필연적 타당성 속에서 획득되어야 하는, 그러므로 주관적인 인식 과정 안에서 흘러가면서도 필연적인 보편 타당성을 획득하고 보증해야만 하는 방법에 따라서 획득되어야 하는 ─ 객관적 세계(자연) 일반은 어떠한 개념 형식과 법칙 형식들하에 있는가?"

칸트의 이론이 지닌 심오한 불명료함, 그러니까 궁극적으로 학문적이지는 않은 정초의 징표로 여겨질 수 있는 그러한 불명료함은 칸트가 **볼프**의 존재론으로부터 와서 초월론적 태도에서도 계속 존재론적으로 관심을 가졌다는 데에서 그 특정한 근거를 지닌다는 데에 아마도 미래는 의견 합치를 이룰 것이다. 즉 그의 독특한 문제틀처럼, 그의 연구는 거의 오로지 의미 형태 내지는 진리 형태들에만, 그리고 객관적 타당성 속에서 그것들에 필연적으로 오는 의미 계기들에만 타당하다. 그러나 다른 한편, 그는 작업 수행하는 주관성과 주관성의 의식 기능들, 갖가지 객관적 의미와 객관적 권리가 형성되는 주관성의 수동적이고 능동적인 의식 종합에 대한 구체적으로 직관적인 상관적 연구를 체계적으로 수행하는 것이 그의 문제 해결에 필요가 없다고 생각했다. 의미부여하는 의식 삶, 그리고 의미부여와 의미 자체의 연관의 아프리오리를 — (특히 『순수 이성 비판』 초판에서) '주관적 연역'의 명칭으로 — 칸트가 아무리 깊이 꿰뚫어 보았더라도, 그는 초월론적 철학이 그가 실행할 수 있다고 믿었던 것처럼 그렇게 좁혀지지 않는다는 사실, 그리고 그러한 철학의 철저하게 명석한, 그래서 철저하게 학문적인 수행은 오직 구체적으로 **완전한** 의식 삶과 의식 작업수행이 그것의 **모든** 상관적인 측면에 따라서, 그리고 완전히 구별되어 연구될 때에만, 그래서 통일적이고, 구체적으로 직관적인 초월론적 주관성의 테두리 내에서 연구될 때에만 가능하다는 사실을 인식하지 못했다. 초월론적 논리학은 오직 초월론적 노에시스학(Noetik) 안에서만 가능하다. 객관적 의미 형태에 대한 초월론적 이론들은, 완전히 충분하고, 그렇기에 절대적인 인식이 획득되어야 한다면, 객관적 의미를 형성하는 삶의 초월론적 본질 탐구와 분리될 수 없다. 초월론적 이론은 결국 의식 일반에 대한 가장 보편적인 본질 연구로, 그러니까 '초월론적 현상학'으로 되돌아간다. 바로 이것이, 처음부터 우리의 서술에 기초가 된 '초월론적'이라는 **칸트**의 독특한 개념을 확장하도록 강제한다.

그러나 초월론적 철학에 대한 칸트 자신의 경계 설정을 어떻게 생각하든, 우리가 이미 말했듯이, 칸트는 초월론적 철학을 실제로 실행하는 이론의 형태로 가져온 최초의 인물이다. 특히 그는 엄청난 구상 속에서, 우선 자연, 그러니까 직관의 자연과 수학적 자연과학의 자연을 초월론적 주관성의 내면성 속에서 구성되는 형성물로서 이론적으로 이해할 수 있게 만드는 시도 — 이것은 완전히 성공할 때까지 언제나 다시 행해져야 하는 시도이다 — 를 감행한 최초의 인물이다. 그러나 동일한 것이 자연적으로 소박하게 경험된 세계의 모든 영역에 대하여, 그래서 또한 **모든** 학문에 대해서 수행되어야 한다. 여기서 우리 시대에 생생하게 느껴지는 절실한 숙원인바, "가능한 경험의 대상"으로서 다양한 인간적 사회성들과 그 공동체적 삶에서 생겨난 문화 형성물, 그리고 또 이러한 문화 형성물과 관계된 정신과학이 초월론적 고찰에 포함되어야 하고, 칸트의 '자연과학적 선입견'이 극복되어야 한다.

7) 초월론적 철학의 역사적 발전과 그 실천적 의미

만약 내가 초월론적 철학의 이념의 일반성을 넘어서, 칸트 이론의 특수한 내용들을 논해도 된다면, 물론 그의 명성에 대해 훨씬 할 말이 많을 것이다. 칸트가 이론화하면서 거의 어디서나 마주친, 중대한 다양한 개별적 발견들을 지적해야 할 것이다. 물론 이 발견들 각각에는 "나를 소유하려면, 나를 취득하라!"[22]는 글귀가 새겨져 있다. 초월론적 철학은 가령 미적분과 유사하게 발전한 측면이 있다. 즉 근원적으로 이론을 통해 만들어졌지만, 그 이론 자체가 참된 형태와 난공불락의 존재를 처음으로 획득할 수 있도록 하는 **참된** 이론을 만들기 위해 수백 년의 작업이 필요했다. 우리의 경우에는 자연적 사유 방식 전체에 대한 철저한 전환이 필요했고, 결코 보이지 않았던 것이 보일 수 있고, 결코 생각되지 않았던 것이 생각될 수 있었던, 절대적으로 완결된 완전히 새로운 종류의 인식 영역이 열렸는데, 이

---

22 괴테의 『파우스트』에 나오는 "Was du ererbtest von den Vätern, erwirb es, um es zu besitzen!(선조들로부터 상속받은 것을 보유하기 위해서는 그것을 취득하라!)"이라는 구절의 원용이다. 유산으로 넘겨받은 것은, 획득하고 취득해야 자기 소유가 된다는 의미인데, 여기에서는 능동적인 방식으로 취득한다는 의미가 강조되고 있다. 즉 선조들이 전해준 지식과 가치를 그저 받아들이기만 하는 것이 아니라, 스스로 취득하고 경험하여 진정으로 소유할 것을 이야기하고 있다.

러한 우리의 경우에, 최초의 학문적 장악의 불완전성은 훨씬 더 커야만 했다. 그 때문에 최초로 제시된 문제, 방법, 이론들에는 완전히 만족스러운 명증을 낳지 않는 해명되지 않은 전제들이 굉장히 많이 부착되어 있었다. 그 자체로 명증적인 전제 없는 시작점들로 침투해 들어가고, 사태에 적합한 방법을 형성하며, 실제로 근본적인 문제틀을 구상해내어 결국에는 궁극적으로 책임질 수 있는 이론을 체계적으로 건립한다는, 미래에 세워진 과제는 그에 따라 훨씬 더 어려워야만 했다.

초월론적 철학의 경우, 근대 수학이 처음부터 보여줬던 것과 같은 종류의 연속적 발전이 이제껏 없었음을 우리가 확인하게 된다는 사실이 그래서 잘 납득이 간다. 실증 학문들에 맞서 초월론적 철학의 독특한 권리와 특권을 관철하기 위해, 여기서 아주 길고도 아직도 완결되지 않은 싸움이 필요했다는 사실, 그러나 또한 이러한 싸움에서 초월론적 철학과 초월론적 방법의 궁극적으로 책임져야 할 순수한 의미를 처음으로 작업해내는 것이 필요했다는 사실도 잘 납득이 간다. 가장 깊게 뿌리박힌 자연적 인식 방식의 습관들을 깨야 했던 것뿐만이 아니었다. 다른 한편, 여기에는 기술적 성공의 결코 실패하지 않는 선전 효과도 없다. 아주 쓸모없는 기술인 초월론적 철학, 이 아주 쓸모없는 기술은, 이 세계의 지배자와 주인, 정치인, 기술자, 실업가들을 돕지 못한다. 그러나 초월론적 철학이 이 세계의 절대화로부터 우리를 이론적으로 구해내고, 보다 높은 의미에서 오직 참된 세계, 절대적 정신의 세계로의 유일하게 가능한 학문적 입구를 열어주는 것이 오점은 아닐 것이다. 아마도 초월론적 철학도 실천, 그러니까 인류의 최고의 궁극적 관심이 필연적으로 주재해야 할 바로 그러한 실천의 이론적 기능일 것이다.

8) 칸트를 계승하는 것의 의미

그래서 우리는 이러한 방식으로 칸트의 학문적인 필생의 작업의 불멸의 의미를 이해한다. 그리고 이로써 우리와 모든 미래 세대가 소명받은 아주 위대한 과제가 우리에게 열리게 된다. 무엇보다 우선, 그리고 처음에는 그의 독특한 철학적 세계관의 성격을 아주 인상 깊게 규정하는 칸트의 특수한 테제와 이론들에 대해 묻지 않고, 우리는 그의 철학에서 최초의, 그러나 다만 잠정적인 이론적 존재로 온 초월론적 철학의 이념을 영원한 의미로 인식해야 한다. 그것은 철학의 역사적 발전에 말하자면 생래적인 것이며, 철학의 계속적 발전과 언제나 분리할 수 없게 남아 있는 의미다. 어쨌든 **데카르트**의『제일철학에 관한 성찰』과 더불어 초월론적 철학의 이념은 **맹아 형태의 이념**으로서 자신의 최초의 실제적인 현존을 갖게 된다. 그리고 그 이념은 즉시 특유한 의미에서 근대적인 철학의 추동하는 발전 의미가 되었고, 생생하게 계속 추진하고, 영향을 미치는 근대 철학의 지향이 되었다. 에고 코기토가 순수한, 그 자체로 완결된 인식 주관성으로 일단 보였고, 더욱이 인식되어야 할 모든 것을 위한 보편적 인식 토대인 것으로 보였다고 하자. 다음으로는 인식 주관성이 방법의 근원 원천으로 인식되고, 문헌적으로 타당성으로 가져와졌다고 하자. 그렇다면 다음 세대의 철학적으로 사유하는 자가 무조건 통과해야만 했던 지향적 지평이 열린 것이다. 충족시키는 명료함과 현실화로 무조건 가져와져야 했던 철학의 이념이 일깨워진 것이다.

처음에는 아직, 이 모든 것은 단지 방법에서만 새롭고, 더 깊이 확보된 이론적 내용은 마련되어야 할 — 자명하게도 이제까지 유일하게 생각할 수 있는 형이상학적인 전체 양식을 따르게 될 — 철학에 이른다고 보였을지도 모른다. 그럼에도 불구하고 그 방법의 초월론적 동기를 작동시키면서 그러한 철학의 진정한, **혁명적 의미**가 드러나야 했다. 결국 실제 초월론적 철학은 활동적인 학문적 수행에 이르러야 했다. 이는 이러한 발전에서 요구되는 철학의 근본 본질적인 새로움을 명증으로 가져왔다. 그러한 철학과 함께 실제적이 되었던 그것은, 모든 방법의 절대적으로 궁극적인 원천으로부터 길어졌기에, 이제껏 들어보지 못한 정당성의 힘으로, 적어도 그 완전히 새로운 종류의 본질 유형에 따라서 유일하게 가능한 철학을 제시한다는 권리주장, 혹은 더 정확히 말하면, 이것으로써 완전히 새로운 종류의 철학을 근원설립으로 가져온다는 권리주장을 제기해도 된다는 사실이 명백해져야만 했다.

이러한 방식으로 칸트의 이성 비판은 역사적으로 생성되는 근대 철학 내에서 제시된, 마침내 사실이 된 철학적 혁명을 의미한다. 그 등장과 더불어, 학문적으로 참된 철학으로서의 철학에 본질 필연적인 방법적 형태가 철학 자체에 계시되고, 그러므로 이후의 모든 발전이 의식적인 목적 활동적 현실화 속에서 추구해야 할 진정한 목적 이념이 계시된다.

여기서 하나의 과제가 최초의 가장 중요한 과제로서 두드러졌다. 그것은 철학의 이러한 새로운 초월론적 의미를 모든 방법의 근원적 장으로서의 초월론적 주관성에 대한 철저한 탐구를 통해 완전한 명료성과 순수성으로 가져오는 과제였다. 다음으로는 순수하게 형태 잡힌 이러한 의미에 의식적으로 주도하는 정당한 목적 이념의 의미가 주어져야 했다. 그것은 드러난 엔텔레케이아로서, 철학적 발전의 가장 이성적이고 비할 데 없이 성과가 큰 형태를 가능하게 하는 것이었다. 즉, 궁극적이고 가장 엄밀한 의미에서 책임지는 가장 진정한 학문의 형태 속에서의 목적 이념 말이다.

왜냐하면, 이상적으로 말해서, 철학의 주도적인 형식적 목적 이념으로서 충족시키는 보편적인 방법적 체계 형태, 그리고 철학이 현행적 이론을 통해 충족시켜야 하는 보편적인 방법적 체계 형태에 관한 가장 의식적인 최고의 명료함 속에서야 비로소 철학은 참되고 진정한 존재를 얻게 된다는 사실이 철학에 본질적이기 때문이다. 바꾸어 말하면, 철학은 자발적인 숙고와 통찰 속에서 자신의 이러한 이성적 목적 이념을 형성하고, 지속적이고 의식적인 자기규정 속에서, 이러한 이념에 따라서, 자신의 진정한 목적 이념을 활동적으로 향하고 있는 발전으로서의 이성적 발전의 형식을 자신의 생성에 명령하는 한에서만, 참된 의미에서 비로소 **존재한다.**

이 모든 것에 따라서, 칸트의 철학 혁명은 그저 단순한 역사적 사실로서 여겨지는 것이 아니다. 그것은 철학 자체의 본질 의미에 밑그림 그려진 발전의 방향 전환 — 자연적 인식 방법으로부터 초월론적 인식 방법으로, 실증적이거나 독단적인 세계 인식과 세계 학문으로부터 초월론적인 세계 인식과 세계 학문으로의 방향 전환 — 을 (비록 불완전하게나마) 최초로 역사적으로 실현한 것으로 여겨진다. 이 방향 전환은, 우리가 또한 말할 수 있듯이, 세계 인식의 소박한 실증성의 단계로부터, 인식의 궁극적 자기의식에서 비롯된 세계 인식으로의 방향 전환이다. 그것도 공허한 일반성 속에서의 자기의식이 아니라 이성, 진리, 학문이라는 명칭으로 인식이 수행하는 행함에 대한 인식의 궁극적인 자기의식에서 비롯된 세계 인식으로의 방향 전환이다.

동시에 지금껏 획득한 통찰로부터 어떤 의미가 생겨나는데, 이러한 올바른 의미 속에서 우리는 칸트 계승을 이해하고 요구해야 한다. 무엇보다 필요한 것은, 칸트의 체계를, 있는 그대로 넘겨받거나, 개별적으로 개선하는 것이 아니라, 그의 혁명의 궁극적 의미를 이해하고, 비록 개척자이지만 완성자는 아닌 칸트 자신이 할 수 있었던 것보다 그 궁극적 의미를 더 잘 이해하는 것이다. 그러나 이러한 이해는 근본 학문적으로 형태 잡혀야 한다. 가장 엄밀한 의미의 학문적 철학은 그 본질에 따라 전제 없이 시작하는 것으로서, 우선 말하자면, 근원적인 의식으로부터 길어진 자신의 ABC를 필요로 한다. 그리고 이를 통해 철학적 체계의 놀이를 넘어서 철학이 시작하는 자신의 궁극적인 이론적 생성 형태를 획득해야 한다. 그 때문에 칸트의 유산은 포기되어서는 안 되고, 그 절대적 내용에 대한 해명과 평가를 통해 영속되어야 한다. 이때 그의 체계적인 세계관이 그저 그 세계관의 양식에 따라서도 유지된 채 남는지는 그에 반해 완전히 부차적인 문제다.

특히 지난 수십 년 동안, 그러한 정신의 진지한 노력이 없지 않았다. 어쨌든 그러한 노력은, 초월론적 이념이 완전히 가라앉을 위험 — 칸트의, 그리고 이미 그의 초월론적 철학적 선구자들의 가장 내적인 동기의 의미를 전도시킨 오해 때문에 생긴 위험 — 이 극복된 것으로 여겨질 수 있도록 힘을 다했다. 비록 우리 시대의 철학적인 세계 문헌이 전체적으로 보자면 또 다른 그림을 산출해내더라도 말이다.

지난 수십 년간 특히 우리의 프라이부르크는, 비록 상당히 다른 형식에서긴 하지만, 칸트의 지향들이 그 철학적 성과를 찾은 장소다. 비록 현재 여기서 대변되는 현상학적 방향이 그 문제틀과 정식화의 확장 속에서, 심지어 방법의 원리들 속에서 아무리 자신의 고유한 길을 가더라도, 그리고 그 방향이 아무리 칸트와 그 학파들에 의해 직접적으로 규정되지 않았더라도, 이러한 현상학적 방향도, 더 오래되고, 가장 오래된 사유 동기를 복원시키고, 완전히 새로운 사유 동기를 형성하는 경우에 있어서조차 인정해야만 하는 것은, 이것이 칸트의 철학함의 가장 깊은 의미를 참되게 만드는 시도라는 사실이다. 적어도 우리가 이 시간에 함께 숙고한 해석이 그 정당성을 지닌다면 그렇다.

어쨌든 우리는 시대적 요구에 순응하는 세계관의 정신에서가 아니라, 궁극적 이념을 추구하는 엄밀한 학문의 정신 속에서 초월론적 철학을 실현하도록 애써야 한다는 점에서 칸트와 완전히 일치함을 알게 된다.

그래서 우리는 칸트의 천재적 정신이 우리의 겸손한 감사 봉헌을 기꺼이 받아들일 것을 희망해도 좋을 것이다.

엄밀한 학문 이념의 역사적 발생이 아닌
이념적 발생의 문제

깨어난 이론적 관심(앎에 대한 관심)으로부터 보편적인 세계 관심, 그러니까 세계의 이성적인 구조적 보편성에 대한 관심이 되는 자연적 동기부여에 관한 숙고. 더 나아가 모호한 보편성들을 지닌 모호한 자연적 인식이 어떻게 최초의 것인가? 그러나 다음으로 무조건적 보편성의 이념이 어떻게 일깨워지는가, 그리고 모든 우연적 정상성 위로 들어올려진, 모든 우연성(상대성)으로부터 자유로워진 진리로서 진리의 새로운 이념을 주도하면서.ㅡ'자연적 세계 개념으로의 귀환'ㅡ그것은 무엇인가? 역사적인 것인가? 등등

철학의 형식적인 근원 개념으로 맨 먼저 제시할 수 있는 것은 무엇인가?
1) 순수한 이론적 관심에서 비롯된 인식ㅡ인식 일반인가? 그러나, 이 나무가 떡갈나무라는 인식과 같은 모든 임의적인 단일한 인식이 곧장 그런 것은 아니다. 아직 알려지지 않은 인식, 자명하지 않은 인식. 한갓 경험

적인 앎 획득은 아니다. 임의의 알려지지 않은 인식 — 모든 임의의 추론도 아니다. 단수적으로 경험되지 않은 것에 대해, 그리고 이용 가능한 경험 영역의 범위에 놓여 있는 것에 대해 모든 임의의 물음에 대한 대답도 아니다.

2) 모든 실재성들을 지닌 전체 세계와 관계하는 일반적 인식, 그러니까, "모든 것이 어떻게 생성되고, 무엇으로부터 생성되는지, 그것은 그것으로부터 근원적으로 무엇을 지니고, 그 자체로 무엇인지, 모든 생성은 어떻게 이루어지고, 모든 생성에서 무엇이 나타나고 나타나야 하는지, 모든 지속적 존재자는 대립되는 것의 조화로부터 어떻게 생겨나는지, 일반적으로 필연적 규칙들이 어떻게 지배하고, 이성, 그러니까 그것 없이는 세계가 혼돈이고 통일적인 세계이지 못할 그러한 이성은 일반적으로 어떻게 주재하는지와 관계하는 인식."

모든 세계적인 존재와 생성을 관통하는 보편적 특징들, 혹은 경험적으로 어디서나 나타나는 것처럼 보이는 보편적 특징들이 관심사가 된다. 사람들은 이러한 보편성을 귀납적으로 파악하고, 엄밀한 보편성처럼 간주함으로써, 자연적 진행 속에서 저 완전한 보편성으로 가져오고자 시도한다. 그 보편성이 경험적 사유의 자연적 과정 속에 놓여 있는 대로 말이다. 그래서 사람들은 그 보편성에 하나의 '설명', 하나의 해석을 부여한다. 처음에는 반쯤은 신화적으로, 그러니까 공기로서, 아페이론(ἄπειρον)[23]으로서, 사랑과 미움으로서, 그다음에는 인격적 원리들, 그러니까 지성(νοῦς)을 통해 시도된 해석 속에서 말이다. 여기서 사람들은 그 보편성을 보편적으로 이해하고자 시도한다. 혹은 확고한 요소들로 이루어진 구조나, 현상의 배후

23 그리스어로 '한정되지 않음'을 뜻한다. 고대 철학자 아낙시만드로스는 우주의 근원으로서 불멸하는 무규정자 혹은 무한정자를 의미하기 위해 이 개념을 사용했다.

에 놓여 있으며, 그것을 통해 현상의 흘러감이 결과로서 설명되는 생성의 확고한 규칙을 밝히고자 시도한다. 더 단순한 근본 규칙들은 다양하고 많은 현출 사건들을 형식에 따라서 연역적으로 설명한다.

학문은 모든 세계 사건과 사물을 관통하는 일반적인 것을 향해 간다. 학문은 보다 높은 일반성들로부터 보다 낮은 일반성들을 설명하고, 보편적인 규칙들로부터 개별적인 경우로서의 단일한 사건들을 설명한다. 결국은 모든 사건의 전체 진행 과정과 이 세계의 보편적인 그렇게 있음(Sosein)을 하나의 존재 원리 혹은 여러 존재 원리들로부터 설명한다. 세계의 그렇게 있음이 이해될 수 있게 하는 식으로 존재하고 또 세계에 대해 존립하는 하나의 존재자로부터 설명한다. 그것은 결국 하나의 이성, 하나의 신, 인격적이거나 인격과 유사한 하나의 원리이다. 사람들은, 무언가가 목표 정립과 목표 현실화에서 유래한다면, 그것이 왜 그렇게 존재하는지를 이해한다. 결국 모든 존재 설명은 여기로 도달한다.

무한성 속에 있는 세계 전체, 그 속에서 어떤 최종적인 것도 표상될 수 없고, 그것을 넘어서는 다른 어떤 것도 생각될 수 없으며, 가능하지 않을, 결코 완결될 수 없는 미지의 지평 ─ 우리는 어떻게 세계 인식을 획득하는가?

처음에는 감각적으로 경험되는 세계를 관통하는 보편성들, 즉 '세계 영역들', '영원한' 별들의 천체 세계, 별이 빛나는 하늘과 지구. 동물의 영역과 식물의 영역, 인간의 영역. 무생물, 즉 가장 낮은 단계의 실재적 존재의 영역. 보편성들에 대한 관심, 열린 무한성들에 대한 관심, 그러한 모든 무한한 영역들에 대해 일반적으로 인식될 수 있는 것, 즉 분류, 전개, 가장 일반적인 구조 형식 등등. 인간의 경우에는, 영혼의 유형들, 유능함이나 덕의 유형들, 그 사회적 결합의 유형들, 윤리, 교양, 퇴락의 유형들 등등. 문화의 영역들. 공간 형태의 영역, 수의 영역, 리듬, 멜로디의 영역.

세계 전체는 다양한 전체성들을 자신 안에 포함하는, 보편적인 특성들 ─ 보편적인 문제 설정들 ─ 을 지닌 무한한 영역들을 자기 안에 포함하는 총체적 세계 전체이다.

지속적인 존재를 향한 지향, 교체, 그러니까 주관적 '현출들'의 교체 속에서 동일하게 머물러 있는 것을 향한 지향. 존재자란 무엇인가? 실재적인 것의 동일성은 존재자가 무엇인지를 영원히 타당하게 진술하는 동일한 술어들, 진리들을 요구한다. 이러한 '무엇'은 '지속적인 존재(Wesen)'의 술어들의 동일하고 완결된 존립 요소여야 한다.

참된 존재를 향한 지향은 최종적인 진리, 모든 참된 존재에 대해 그 자체로 닫힌 진리를 향한 지향이다.

현출들의 흐름, 감각적인, 경험적─상대적 진리들의 흐름. 부단한 변화 속에서만 동일한 것으로 경험되는 것, 지금은 타당하지만, 다음에는 타당하지 않고, 나에게는 타당하나 다른 사람에게는 타당하지 않은 술어들을 통해 동일한 것으로 판단되는 것이 어떻게 정말로 '존재'할 수 있는가? 그것은 어떻게 즉자적 진리들의 주제일 수 있는가? 그것이 그러하다면, 나는 그것을 어떻게 알 수 있으며, 나는 그러한 진리들을 어떻게 인식하고, 근거 지을 수 있을까?

사유 작용, 즉 지성 작용(νοεῖν)의 존재자는 유일하게 실제적이고 참되게 존재하는 것이지, 현출의 존재자가 아니다. 그러나 그것은 어떻게 규정될 수 있는가? 시간이 거기 속하는가? 공간, 움직임, 크기나 수, 변화가 거기에 속하는가? **현출하는 것**으로서, 시─공간적으로, 질적으로, 변화하면서 등으로 주어진 것으로서, **존재자**는 그럼에도 불구하고 어떻게 '**구제**'될 수 있는가, 권리를 지닐 수 있는가? 감각적인 것 자체가, 주관적인 생각 자체의 교체 속에서 교체되면서 한갓 주관적인 것이라면, 이러한 권리는 어떻게 규정되어야 하는가?

모든 실재적인 것은 시-공간적이고, 변화하며, 인과적으로 규정된 것으로서 주어진다. 그리고 동시에 인식하는 자의 주관성에, 그러니까 인식하는 주관성의 신체성과 영혼의 상태에 의존적인 것으로서 주어진다.

이러한 보편성 중 많은 것들이 어떤 조건 아래에서 비로소 인간의 인식 지평 속으로 들어온다. 그러니까 인간의 문화의 보편성, 인간의 역사의 보편성, 민족의 역사가 그러하며, 더욱이 학문 자체의 보편성이 그러하다.

물론 지구도 여기서 그 자체로 하나의 보편성이다. 지구는 개별적이지만, 무한의 영역들 — 바로 앞서 말한(우선은 적어도 지구와 관계하는) 무한의 영역들 — 로서 다양한 영역들을 지닌, 하나의 대상이다.

그러한 우주들은 인식 — 개별 경험의 합계이거나 경험 대상들에 대한 개별적인 설명이 아닌 일반적인 의미의 인식 — 을 위해 보편적인 명제들을 요구한다. 무한성은 보편성을 통해서만 인식할 수 있다. 그러나 여기서 무한성은 수학적인 것을 의미하는 것이 아니라, 어떤 끝, 최종적인 것이 미리 경험을 통해 주어질 수 없는, '가능한' 경험의 진행에서 끝이 없음을 의미한다.

그래서 세계를 탐구한다는 것은, 세계의 모든 우주들을 탐구한다는 것, 그리고 그 통일성, 그 서로 얽혀 있음을 탐구한다는 것이다. 혹은 세계를 '세계 영역'들로(아직 철학적이지 않은 의미에서, 세계 권역Weltregion들로) 자연적으로 분류하는 것 — '자연적 세계 개념'을 분류하는 것 — 은 '학문'의 자연적인 과정을 규정한다.

이제 나는 어떻게 더 나아가는가? 나는 나인 바대로의, 우리인 바대로의 인간을 생각한다. 그러나, 세계관 속에서 학문으로서 우리를 오늘날 이미 규정하고, 학문으로부터 유래하는 학문적 의미를 부과하는 모든 것 이

전의 인간을 생각한다. 나는 그들을 우리인 바대로, 인간으로서 생각한다. 일치하는 경험 진행으로부터 감각적—직관적인 세계를 갖고, 언제나처럼 우리의 경험 형성과 다를 수 있는 그들의 경험 형성에 따라 통각된, 그 밖에 교체되는 많은 의미를 짊어진 인간으로서 생각한다. 그러나 그 차이가 어떠하든 (그리고 그 차이가 사실 속에서 문화학과 역사로부터 특수 형태로 증명될 수 있을지라도) 그들은 우리와 같은 인간들이고, 하나의 환경세계, 즉 우리와 동일한 — 우리가 바보나 티베트 사람과 의사소통을 하고, 하나의 동일한 환경세계를 경험한다는 의미에서 동일한 — 환경세계와 관계할 것이다. 이 동일한 환경세계가 우리와 그들에게서 세부적으로는 아무리 다르게 통각되더라도, 그럼에도 자연적 세계 개념은 우리 모두에게, 영역들의 자연적 분류를 가진 동일한 것이다. 기껏해야 우리는 그들에게 신들과 악령들의 특수 영역이, 우리가 인정하지 않고 우리가 그에 대해 어떤 경험도 갖지 않는 그들의 경험 속에서 함께 경험된 채로 있지 않은지나 의심해볼 수 있을지 모른다.

실천적 환경세계의 자연적 삶 속에서 살아가는 실천적 인간, 실천적 인식 작용, 이론적 태도로의 이행

그러므로 이제 일반적으로, 경험 세계, 그러니까 영역에 따라 나누어진 경험 세계 속의 인간이, 지식에 대한 관심이 깨어나고 확장되어가는 단계에 있다고 생각해보자. 그러면 이러한 앎의 종류의 인식 형성은 우선 본질적으로 실천적 삶의 인식 형성과 같은 종류의 것일 것이다. 후자는 경험적—귀납적인 예상에서 개별적 경험을 넘어서고, 이론적 관심 없이도 (순수하게 실천적으로 동기부여되어) — 바람이나 날씨에 대해, 사물의 인과적 작동에 대해, 인간의 인격적 행동 등에 대해 ─ 일반적 확신을 획득한다. 그렇듯이, 이론적 관심 속에서 판단하는 자도 그러하다. 그러한 판단 방식은 '명증'이 없지 않다. 이러한 인식 수준에서도 좋은 인식과 나쁜 인식이 있다. 실천적 삶 속에서 우리는 진리와 거짓에 대해, 현실과 가상에 대해, 이성과 어리석음에 대해 논쟁한다. 사람들은 명증에 토대하여, 즉 재현전화된 경험으로 되돌아감 속에서, 판단을 동기 짓는 공존과 계속의 규칙성으로 되돌아감 속에서, '사태에 대한 명료한 숙고'와 유비의 정도 등을 통해 의견이 일치하게 된다. 그리고 사람들이 이렇게 한다면, 해당되는 인식, 그리고 일반적인 인식도 '잘 근거 지어진 것'이라는 사실은 '분명하다'. 그리고, 이러한 방식으로 '예견하고', 추론하는 것은 '이성적'이라는 사실, 혹은 경험에 놓여 있는 것이 수용할 만하지 않거나, 본질적으로 유사하다고 여겨졌던 것이 그것이 아니고, 단지 우연한 근거에서만 서로 합치한다면 그것은 이성적이지 않다는 사실이 또한 '분명하다'.

그러나 실천적 삶의 그러한 일반화는 엄밀하게 보편적인 진리에 대한 진지한 인식이 아니고, 삶에서 보통 그렇게 생각되지도 않는다. 실천을 위해서는, 경험과 습관으로부터 잘 근거 지어진 추측으로서, 새로운 경우에 유사한 사건이 기대되게 하는 예상의 규칙이 여기에 존재한다는 것으로 충분하다. 경험의 계속적인 진행이 그것과 한번 일치하지 **않는다**고 해서, 그것으로 규칙이 포기되지는 않는다. 그에 반하는 경험이 자주 발생한다면, 그 힘은 없어지겠지만 말이다.

따라서 자연적인 실천적 삶은 무조건적으로 타당한 인식을 갖지 않는다. 그러한 삶은 무조건적인 것을 오직 종교적이거나 그와 얽힌 윤리적 요구의 형식으로만 알고 있다. 이때 이러한 요구 자체는 무조건적인 요구의 타당성 속에서 모든 인간 일반에게 필연적인 것으로 생각되지는 않으며,

가족, 종족, 민족에 따라 제한될 수 있다. 그러나 **학문적인** 관심은 가장 넓은 지평, 즉 전체 세계와 전체 세계에 포함된 전체성을 향해 간다. 귀납을 이것 너머로 확장하는 것은 모호한 경험(*experientia vaga*)[24]의 귀납으로서, 좋은 결과를 산출할 수 없다. 현실적인 삶의 경험의 좁은 지평에 맞추어져 있기에, 삶의 일반적인 예상의 규칙은 전체성에 대해서는 단지 실천적인 삶의 가치일 뿐인 자신의 가치를 상실한다. 그러나 어떻게 학문은 다만 무조건적 보편성의 이념이라는 **개념**(Konzeption)에 이르는 것이며, 보편적 귀납을 수행하는 경우조차도, 지속 가능한 귀납에 이르게 되는가?

보편적 타당성의 언명에 이르고자 한 최초의 시도가 모호한 귀납(모호한 경험)의 방식으로 이루어졌다는 사실, 그리고 그러한 시도는 기껏 소수의 사람들을 만족시키기는 하지만, 다른 경험적 규칙을 보편적 일반성으로 상승시키고, 이제 다른 결과에 이르려는 경향이 있는 사람들에 의해서는 반박되고야 마는 인식으로 이끌게 된다는 사실은 명백하다.

그러나 모든 종류의 인식 활동성은 '진리'를 향한다. 인간이 어떤 역사적 연관에 서 있더라도 이것은 모든 인식에 타당하다. 그러나 (우리가 자연적-실천적 삶이라고 이야기한) 학문 이전의 삶이나 학문 외적인 삶의 의미에서의 진리는, 우리가 보게 될 것이듯, 동일한 명명을 정당화하는 공통적인 것에도 불구하고, 그것이 학문적 진리가 될 경우, 새로운 의미를 획득한다. 이것은 다른 한편에서는 자신의 근원을 선-학문적인 것에서 갖는 그러한 의미이다. 그러므로 우선 이 의미를 고찰해보자.

1) 이론적 관심이 아니라 실천적 관심에 도움이 되는 자연적인 삶의 실

---

24 이 표현은 프랜시스 베이컨이 학문적이고 체계적인 경험 이전의 정돈되지 않은 경험을 의미하기 위해 사용하기도 했다.

천의 테두리 안에서도, 인식 노력은 "무엇이 존재하는가"를 밝히려는 노력, 또는 무엇이 존재하는지, 경우에 따라서는 **무언가가 존재하는지 그렇지 않은지** 하는 물음에 대답하려는 노력을 가리킨다. 여기서 모든 결정은 가능한 경험과 통찰을 지시하는 동기부여 속에 놓여 있다. 모든 결정은 '명증'에 의지하여, 그러니까 경험 속의 사태에 대한 실제적 해명이나 귀납추론하는 근거들에 대한 실제적 해명과 그것을 통해 실제로 생긴 '예상'에 의지하여, 동의나 부인을 수행하는 비판 아래 놓여 있다. 의견들의 권리, 그리고 내린 결정들의 권리에 대한 모든 결정의 원천은 경험을 **보는 것**에, 근거 지음의 상황(통찰된 결과를 위한 통찰된 근거)을 **통찰**하는 것에, 현재의 상황에서 올 것으로서 근거 지어진 것으로서 '기대되는 것'을 **예견**하는 것에 놓여 있다. 그리고 그 권리는 올바름, 즉 명증 속에서 '그 자체로 밝혀지는 것'에 알맞음을 의미한다. 이에 대해 반성하지 않고서도, 이처럼 그 정당성을 증명한 모든 결정은 최종적인 것이라는 사실, 누구나 동일한 결과를 지니는 동일한 명증을 획득할 수 있다는 사실이 자명한 것으로 전제된다. '사태 자체', 그러니까 근거들 자체로의 모든 새롭게 되돌아감, 그리고 여기에서 따라 나오는 것은 다른 것은 산출할 수 없고, 오직 언제나 재차 동일한 것만을 산출할 수 있다.

자연적–실천적 삶에서, 인식하는 자는 자신과 같은 사람들과 함께 어떤 상황 지평 속에, 공동의 전체 경험 지평 속의 상황 지평에 서 있다. 그 속에서 모든 사람 각각은, 누군가가 '인식하는' 모든 것 각각에 대해, 실천을 위해 평균적으로 충분한 방식으로 '확신할' 수 있다. 서로 교류하는 사람들은 일반적으로 감각적으로나 정신적으로 '정상적인' 인간들이고, 이러한 정상적인 사람들에게 곧바로 공통인 환경세계를 갖는다. 그들은 같은 경험을 했고, 일치하는 전통 속에 있으며, 일치하는 견해를 스스로 형성했고

(상황), 같은 예상에 이르렀거나, 이를 수 있으며, 공통의 경험에 호소하여 그것을 서로 전달할 수 있다. 이 모든 것은 대략 같은 것의 환경을 만든다. 그것 모두는 같거나 조화로운 통각이나 예견을 지니는 같은 '경험' — 유형적으로나 궁극적으로 기대에 부합하는 경험적 지식에 근거하는 같음 — 에 근거한다. 비정상적인 것은 잘못된 것으로서, 경험의 규칙에서 벗어난 것으로서, 함께 고려될 수 없는 것으로서 배제된다. 왜냐하면 그것은 규칙을 입증하지는 못해도 규칙에 그렇게 심각하게 해를 끼치지는 않는 예외이기 때문이다. 이 경우 근원적인 경험은 지각이고, 지각은 대상을 자체 파악함이라는 의식이다. 이때 지각은 실제로 경험된 것에 토대하여 입증되는 전통적 해석의 갖가지 구성요소를 가질지 모른다.

진리라는 명칭 아래 추구되고 요구되는 올바름과 타당성은 정상적인 경험 범위 속에 있는 정상적인 것 중에서 — 그러나 또한 암묵적으로 전제된, 알려진, 재인식된 상황에서 — 정상적으로 수립될 수 있는 경험적 명증의 올바름과 타당성이다.

2) **학문**은 공통의 환경세계의 상대성, 환경세계가 지닌 본래 경험되지 않는 것의 계기, 환경세계의 전통에의 의존성 등을 인식한다. 학문은 완전하게 정당화되고, 우연적인 개인, 민족, 공동체적 선입견으로부터 독립적인, 최종적인 진리를 찾는다. 학문은 진리로서 자체적으로 근거 지어지는 진리를 찾는다. 학문은 우선, 상대성들이 간과된 채로 있는 경험적 진리 개념을 절대적 진리 개념으로 상승시키고는 어려움에 빠져든다. 그럼에도 절대적 진리 개념을 관철해내고자 애쓴다. 학문의 선입견은 즉자적으로 최종적으로 존립해 있는 진리, 그러니까 인식될 수 있고, 자신의 궁극성 속에서 근거 지어질 수 있으며, 이러한 근거 지음 속에서 정교하게 언어적으로 만들어질 수 있는 진리의 상관자로서, 즉자—존재로서의 참된 존재이다.

이 선입견은, 세계가 존재하며, 궁극적으로 인식될 수 있고, 궁극적으로 전달될 수 있다는 것이다. 그리고 학문은 세계 내지는 세계에 속하는 세계 영역들에 그것의 궁극적인 진리를 궁극적인 로고스로서 체계적으로 실현하기 위해 현존한다는 것이다.

학문은 영원히 지속되는 정신적 문화재로서의 진리들을 작업하여 획득하는 것이다. 이러한 정신적 문화새는 직절하게 정교한 (기술적) 주조 속에서 모든 미래에 동일한 의미로 다시 인식될 수 있고, 똑같이 주조된 그것의 근거 지음에 의해 언제나 다시 근거 지어질 수 있으며, 언제나 다시 통찰될 수 있고, 그 궁극성 속에서 현실화될 수 있는 것이다.

물론 이러한 확신은 어떤 변화를 겪는다. 궁극적 진리의 도달 가능성에 대한 확신으로부터 시작하지만, 궁극적 진리는 **완전한 것**으로서는 도달될 수 없는 채로 남아 있고, 그러므로 궁극적인 진리와 이론의 구축의 진보에서 모든 것을 포괄하는 이론의 이념에 접근하는 것이기에, 다음과 같은 확신이 된다. 즉, 학문적 이론은 단지 궁극적 세계 인식에 대한 점근이고자 할 뿐이라는 확신이 된다. 그리고, 전진은 단순히 완전하게 함 속에서의 전진일 뿐 아니라 접근 속에서의 전진인 반면에, 실제로 도달할 수 있는 최종적 진리 속에서 도달 가능한 것은 오직 이러한 진보의 방법적 형식 내지는 그것의 밑그림뿐이라는 확신이 된다.

역사적으로, **플라톤**과 **아리스토텔레스**가 근거 지음의 궁극성을 향하는 학문, 그리고 이것과 함께 가는 것으로서, 궁극적인 정당화를 향하는 학문이라는 이러한 이념을 개척했다. 이러한 확신을 일깨운 동기부여의 역사적 문제에는 **이념적 발생의 문제**가 동반된다. 그것은 역사적인 것 속에서 숨겨진 채로 결정력을 발휘했던 **필연성**, 그리고 왜 전 단계의 학문이 자신의 귀결에 따라 그러한 새로운 목적, 절대적 궁극성을 향하는 목적으로 떠밀려갔는지 이해할 수 있게 해주는 **필연성**을 이해하는 문제다.

　우리는 우리의 역사적 현재로부터, 그래서 논리학 등을 통한 우리의 학문적 세계 고찰로부터, 발전하는 인간성의 단계들을 역사적으로 뒤따라 이해해보는 일을 수행했다.

　한편으로 우리는 신화적 통각의 단계와 특수한 민족의 특수한 통각을 (보고를 해석하면서) 들여다보고, 우리는 (그들에게 있다고 추정되고, 이러한 보고의 해석을 통해 그들에게 있다고 해석되는) 통각들을 함께 수행한다. 그러나 '관찰자'로서 말이다. 우리는 함께 믿지는 않는다. 우리는 이러한 믿음의 동기부여를 이해하고, 유사하게(quasi) 함께 믿어보지만, 실제로 믿는 것은 아니다. 그러나 우리는 부단히 우리의 실제 믿음과의 대조를 갖게 되지 않는가? 우리의 직관의 방식과 여기 결합된 사유의 방식은 이렇게 가정된 것과의 부단한 '합치' 속에 있지 않은가? 그리고 이것은 또한 부단한 비판을 의미하지 않는가?

　다른 한편, 우리는 진리를 규정하고자 하지 않는다. 우리는 그러한 표상 방식이 진리와 거짓에 따르는 결정을 허용하는 믿음의 단계와 통각적 단계의 아직 한참 이전에 있다고 이야기할지 모른다. 우리는 그저 생성을, 그 통각이 우리의 통각으로까지 변형되는 과정을 추적하고자 할 뿐이다. 그러나 문제는, 우리가 '이성적' 단계와 관계할 때, 우리에게 이 단계도 다른 단계들과 나란한 하나의 단계로 여겨지는 것이 아닌가? 또는, 이 단계는 여기에서는 우리가 현행적으로 믿는다는 사실을 통해서만 구별되는 것으로 여겨지지 않는가?

　더 나아가, 역사적으로 해명하는 우리의 고찰에서 우리는 **방법**을 추구한다. 우리는 기술하고, 그 기술은 '학문적' 기술이다. '자연적 인간'의 삶과 문화적 인간의 다양한 단계, 존재했던 단계의 삶은 **그들의** 언어와 사유 방식으로 고찰되는 것이 아니라 **우리의** 언어와 사유 방식으로 고찰되고, 우리 시대의 임의적 인간의 언어와 사유 방식 속에서가 아니라 우리의 '**학문**' 속에서 고찰된다.

이제 만약 우리가 학문의 합리적 생성을 이해하기 위해, 학문의 목적 이념이 합리적 필연성에 근거하여 어떻게 작동되어야 하고, 그것의 본질 계기들에 따라 구축되어야 하는지를 '자연적 세계 개념'의 정초로부터 보여 주기 위해 하나의 길을 찾는다면, 그것은 **역사적** 과제와 어떤 관계가 있는가? 우리는 '자연적 인간'의 그 어떤 '세계 개념'을 **역사적으로** 규정해야 하는가? 아니면 학문의 출현까지 이르는 조망할 수 있는 역사의 필연적 공통성으로서 규정해야 하는가? 그것은 우리가 모든 학문적 사유 이전의 세계 경험과 세계에 대한 경험 의미를 — 출발점으로서 — 구축하거나 내지는 기술함으로써 형성하는 어떤 종류의 추상화(Abstraktion)인가?

부록

루트비히 란트그레베가 작성한 개요[1]

역사적 부분

1강. 이름의 기원. — 시작의 철학으로서의 제일철학. — 그 과제. — 역사적 개설의 필요성.

역사적 개설

철학의 위대한 창시자. — 완전한 해명의 방법인 소크라테스적 방법. — 본질 직관으로서의 완전한 해명.

∴

1   1924년.

2강. **소크라테스**: 윤리적—실천적 개혁가 — **플라톤**: 소크라테스적 방법을 통한 진정한 철학의 설립자. — 모든 참된 존재자의 총체성에 관한 절대적으로 정당화된 학문으로서의 철학의 새로운 이념. — 철학 일반의 가능성의 조건에 관한 원리적 선-연구로서의 제일철학. — 플라톤의 변증술에서 제일철학이 준비됨. — 이성적 방법으로 설명하는 사실학의 총체로서의 제이철학. — 철학이 철학적 이성에서 비롯된 진정한 문화의 가능 조건이라는, **플라톤**에 따른 철학의 규정. — 공동체 이념으로서의 이성의 이념. — 사회 윤리학의 설립자로서의 **플라톤**.

3강. 플라톤적 추동력의 계속적 영향. — **아리스토텔레스**의 분석론과 스토아 학파의 렉톤 이론에 뒤이은 형식 논리학의 형성으로 인해 그 철저주의가 약화됨. — 정합성 혹은 무모순성의 단순한 논리학으로서의 형식 논리학. — 그것의 주제: 정합성, 비정합성, 양립 가능성에 관한 본질 규정 — 확증으로서의 통찰 가능하게 함과 분석적 명료화의 구별. — 진리의 논리학의 하부 단계에 지나지 않는 전통 논리학.

4강. 분석적 모순과 실질적 모순. — 역사적 논리학은 정합성과 진리를 구분하지 않는다. — 그것은 판단과 판단 기체 사이의 상관관계를 고려하지 않는다. — '명제 논리학'의 상관자로서의 형식 존재론의 이념. — 형식 존재론이라는 명칭하에 포괄될 수 있는, 역사적으로 형성된 분과학문들. — 결함: 진리를 성취하기 위한 방법론으로서의 논리학은 판단함과 대상 정립함이라는 주관적 요소로도 주제적으로 향해야만 한다.

5강. 요약: 소피스트적인 회의는 인식함의 주관성에 대해 반성하게 했다. — 그것은 이념 인식의 발견으로 이끌었다. — 이념 인식의 발견이 비로소 이성적 학문의 형성을 가능하게 한다. — 이성적 학문의 이념. — **유클리드**와 **아리스토텔레스**(아리스토텔레스의 분석론)에서 이성적 학문이 시작됨. — 새로운 학문은 독단적 학문일 뿐, 철학적 학문이 아니다. — 철학적 분과학문이라는 개념의 엄밀한 규정. — 절대적 정당화에 근거한 학문으로서의 철학적 학문. — 이러한 학문은 분석적 의미, 직관적 내용, 주관적 양상과 관계한다. — '이성적' 학문의 합리성은 왜 충분하지 않은가. — 이러한 학문에서 합리성의 정당화는 어떻게 보이는가.

6강. 인식하는 주관성 그 자체 일반에 관한 학문의 필요성. — 학문적 진술의 검토는 경험함의 주관적 양상을 향한 반성적 시선 전향을 통해 일어난다 — 주관적으로 반성하면서, 그러나 개별적인 경우들에 매인 채 머물러 있으면서. — 진정한 이성적 학문의 정초는 모든 양상에 따라 인식하는 저 행위 일반이 체계적으로 고찰되고 이론적 주제가 될 것을 요구한다. — 인식 주관성이 탐구 과제로 제시하는 것에 대한 더욱 자세한 중요한 상술들. — (인식함의 유형과 인식된 것의 통일체 형태 사이의 상관관계). — 역사적인 형식 논리학은 인식 주관적인 것에 관한 이러한 학문이 아니다. 그것은 모든 역사적인 이성적 학문처럼 존재적으로 향해 있지 인식론적으로 향해 있지 않다. — 모든 다른 학문과 대비하여 그것의 두드러진 지위는 그 형식적 일반성에 근거한다.

7강. 인식함의 논리학으로서 인식 주관적인 것에 관한 학문. — 그것의 재귀성. — 그것은 주관적 관점에서의 정당화의 원리와 관계한다. — 이 학문은 수행하는 주관성으로서의 주관성 일반에 관한 완전한 학문으로 확장된다. —그것은 대상에 관한 학문이 아니라 대상들을 의식해 가짐에 관한 학문이다.

8강. **아리스토텔레스**는 주관성의 학문을 심리학으로 구상했다. —다른 객관적 학문들과 대등한 객관적 학문으로서의 이러한 심리학. —분석과 기술에서 지향성의 올바른 방법을 충족시키지 못함으로 인해 그것은 주관성의 엄밀한 학문이 될 능력을 결여했다. --심리학은 자신이 논리학과 윤리학에 규범을 부과한다는 권리주장을 하는데, 이를 통해 심리학은 순환에 빠진다. —주관성에 관한 학문은 세계를 미리 주어진 사실로서 받아들여서는 안 된다. —주관성에 관한 학문은 고대에 심리학과 동일시되었기 때문에 회의주의를 원리적으로 극복할 수 없다.

9강. 1) 그 자체로 존재하는 것에 관한 인식의 가능성에 반박하는, 2) 자체 존재 일반의 가능성에 반박하는 소피스트적 논변들. —이 논변들에서 처음으로 초월론적 고찰 방식이 생겨난다. —그것은 고대와 중세에는 성취되지 못한다. —**데카르트의**『성찰』을 통해 참된 초월 철학으로의 발전이 시작됨. —『성찰』에서 회의주의적 논변들의 존재 토대가 획득되고, 이를 통해 저 논변들의 철저한 극복이 유도됨. —데카르트의 성찰은 철학적 시작함의 일반적으로 필연적인 양식을 그려 보인다.

10강. **데카르트**는 자신의 발견의 의미를 장악할 수 없었다. —『성찰』의 사유 과정 요약. —첫 두 성찰에서 초월론적으로 순수하고 절대적이며 그 자체로 완결된 주관성이 밝혀진다. —영혼 외적 존재의 가능성에 대한 회의적 의심은 오직 수행하는 의식으로 회귀함으로써만 해결될 수 있다. ─ 이에 관한 학문은 모든 객관적 학문과 대립된다. ─ 데카르트적 발견을 통해 비로소 그 방법의 순수한 유지가 가능해짐. ─ 객관적 학문은 초월론적 인식 수행을 소홀히 했기 때문에 절대적으로 정당화된 학문이 아니다. 그 때문에 거기에는 모든 모순적 이론들이 부착되어 있다. ─ 모든 형이상학은 오직 초월론적 주관성에 관한 학문에 토대해서만 가능하다.

11강. 초월론적 학문은 객관적 학문에 의한 잘못된 해석을 멀리해야 할 뿐 아니라 객관적 학문의 모든 결과에 올바른 해석을 제공할 수 있다. ─ 초월론적 학문은 또한 형이상학적 귀결을 갖는다. 그것은 모나드론을 앞서 지시한다. ─ **데카르트**는 초월론적 순수 주관성을 장악할 수 없고, 객관주의에 꽂힌 채로 있다. ─ 그에게 자아는 영혼으로서 세계의 부분이다. ─ 여기에 꽂힌 자연주의와 심리학주의로의 경향. ─ 이러한 토대 위에 **로크**의 『인간 지성론』이 놓여 있다. ─ 로크는 데카르트의 코기토(*Cogito*)를 어떤 하나의 학문의 주제로 삼고자 한다. ─ 로크에게 이 학문은 인간 의식의 기술로서 인식함과 윤리적 행함을 위한 규범의 획득을 목표로 삼는다.

12강. **로크**는 그의 객관주의적 입장으로 인해 고대의 회의가 부과한 인식 문제의 초월론적 성격을 간과한다. ─ 그의 주제는 객관적 인식의 가능성에 대한 해명이다. ─ 데카르트적 시작을 포기하고 세계와 학문을 소박하게 전제함으로써 그는 순환을 범한다. ─ 의식을 오로지 수행하는 의식으로서만 고찰할 필요성. ─ 인식함의 심리학으로서 객관주의적으로 오해된 인식론과 객관적 학문으로서의 인식론. ─ 로크의 자연주의적 심리학주의는 **데카르트**의 신학적 심리학주의에 대항하는 진전이다. ─ 로크는 모든 신학적인 것을 배제하고, 내적 경험에 순수하게 토대한, 귀납적 학문으로서의 심리학을 원한다. ― 데카르트적 자아론의 심리학주의적 방향 전환인 로크의 시도. 만약 실제적인 내재적 의식 분석으로 침투해 들어갔다면, 그 것은 참된 심리학과 초월론적 철학에 도움이 되었을 것이다.

13강. 거기서 결여된 것: 1) 경험적-귀납적 고찰 방식의 결여. 이성 이론 에는 의미에 따라 선험적 절차가 밑그림 그려져 있다. ― 2) 로크의 기술과 후대의 기술은 참된 의식 기술이 아니다. 그리고 이것은 참된 의식 기술 의 대상을 놓치기 때문에 선험적 재해석에서도 쓸모가 없다. ― 실패의 이 유는 현상학적 환원이라는 올바른 방법의 결여 때문이다. ― 현상학적 환 원을 통해서만 내적 삶이 속속들이 의식임을 알게 되고, 의식은 공간적인 것, 백지(*tabula rasa*)가 아님이 분명해진다. ― 지향성의 다양한 변화는 단 지 다양한 반성에서만 포착될 수 있다.

14강. 3) 근대 자연과학을 모범으로 삼는 것이 진정한 의식 학문의 형성 을 방해하는 동기가 된다. ― 이러한 동기는 **홉스**를 통해 유물론과 유물론 적 심리학으로 이끈다. ― **로크**는 마찬가지로 자연을 절대화한다 ― 일차 성질과 이차 성질에 관한 이론을 통해 ― 그리고 의식을 자연화한다. 그는 이로써 인식 이론적 순환을 범한다. ― 4) 그래서 자연과학을 모범으로 삼 음의 또 다른 결과: 의식의 자연화. ― 근원적 관념들과 관념들의 결합의 해명에 대한 요구를 통해 **로크**에게서 진정한 인식론의 필연적 양식으로서 직관주의가 예감된다. ― 더 자세한 설명: 근원적 관념의 ABC에 대한 **로크** 의 사상. ― 로크에게 그러한 사상의 실현의 길은 의식의 자연화 때문에 저 지되었다. ― 의식의 자연화는 내적인 경험과 외적인 경험의 유비화, 그리고 백지설의 의미에서 의식을 사물화하는 것에 놓여 있다. ― 더 자세한 상론.

15강. 의식의 자연화의 마지막 귀결은 **흄**의 회의주의로 이끌어야 했다. — 백지설 내지는 내적 경험과 외적 경험의 평행화에 대한 상세한 비판. — 자아와 백지(*tabula rasa*)는 자극을 받고 활동을 수행한다. 서판 뒤의 사람처럼. — 순수 자아를 보지 못함. — 자연화는 무언가에 대한 의식으로서의 의식의 고유 본질적인 것, 즉 지향성을 보지 못하게 한다. — 내실적 내재와 지향적 내재의 구별. — 대상 의식은 종합을 가리킨다. — 한편에서는 자아와 관계하고, 다른 한편에서는 대상과 관계하는 종합의 이중적 방식.

16강. 비실재적 의식극으로서의 자아와 대상. — 이러한 의식에 포함되어 있음이 함께 기술되어야 한다. — 의식은 공허한 가짐이 아니다 — 지각의 예에서 드러나듯이. — 의식의 삼중적 다의성. — **로크**와 그 후예들에 의해 지향적으로 포함되어 있음이 내실적으로 포함되어 있음으로 오해됨. — 이로부터 가짜 문제들이 생겨남: 일차 성질과 이차 성질에 관한 이론, 상 이론(Bildertheorie), 인과 추론. — **버클리**가 이러한 이론을 물리침. — **로크**의 해석에는 세계의 다중화가 놓여 있다. — **버클리**는 초월론적 추론들 중에서 오직 타인경험만을 수용한다.

17강. **로크**의 이론에 대한 비판: 지각에서는 상(Bild)이나 기호가 아니라 사물 자체가 주어진다. — 상과 유사물은 고유한 상 의식 내지는 유비 의식을 전제한다. — 지각 또한 감성적 자료들의 복합체가 아니다. — 초재적인 것은 오직 지각 자체에서만 증명될 수 있다. — **로크**의 오류의 원인: 의식의 자연화. — **로크**의 공로: 순수하게 내적 경험의 토대 위에서 이루어지는 지성에 관한 연구를 요구함. — 이러한 연구에서 순수 내재의 태도를 떠나서는 안 된다. — 그것은 대상들의 모든 근본 유형들에 사용되어야 한다.

18강. **로크**에 대한 이의: 객관주의적 심리학은 지향성을 보지 못하고 (= 감각주의) 심리학과 이성 이론에서 지향성이 가지는 의미를 보지 못함. — 심리학주의와 감각주의. — 감각주의는 진정한 심리학을 불가능하게 하고, 심리학주의는 진정한 인식론을 불가능하게 한다. — 감각주의의 결함(특유하게 정신적인 것을 보지 못함)은 치유할 수 없지만 심리학주의의 결함은 치유할 수 있다.

새로운 장: 추상 이론. — **로크**와 감각주의는 보편적인 것의 직관적 주어짐을 부정한다. — 직관과 개별적 직관의 잘못된 동일화. — 그의 '보편적 관념들'은 다만 재현하는 기능만을 지닌다. — 보편적인 본질성 또한 직관의 다양한 체험들의 종합적 통일체다. — 개별적 대상에 대한 직관과의 비교.

19강. 보편적 직관은 개별 직관을 통해 정초된다. — 보편성 의식의 몇 가지 종류에 대한 개관. — 경험주의적 추상 이론의 '재현'은 보편적인 직관 자체다. — 경험주의적 추상 이론은 모든 사유의 수행을 이해할 수 없게 만들고 그 자체로 모순된다. — 예: 공리(公理)적 사유의 심리학주의적 설명의 모순. — 경험주의는 가짜 경험주의일 뿐이다. 이에 따르면 개별적인 것에 대한 단수적 진술은 가능하지 않다. — 경험함은 개별적 자료에 대한 경험함이 아니라 자체부여의 의식이다. — 직관의 관념을 확장할 필요성. — 이해를 위한 필수적인 방법: 인식 주관성으로 되돌아감. 형상적인 방법으로서의 데카르트적 방법. — 순수 의식에 관한 형상적 학문의 이념.

20강. 이러한 역사적 고찰의 목적: **로크**와 그 후예들에게는 참된 철학적 방법을 향한 의욕이 살아 있다. 이러한 경험주의는 초월론적 현상학이라는 참된 철학적 방법으로의 길을 향한 필수적인 단계다. — 가장된 회의주의인 **로크**의 심리학주의는 진정한 극복을 요구한다. —

요약: 고대에 있었던 객관적 학문과 회의주의의 대립. — **데카르트**는 회의주의를 극복하려고 시도하면서 새로운 독단적 학문을 개척한다. — **로크**에게서 진전은 직관주의적인 인식 정초의 요구에 있다. 객관주의적 오해의 결과로 이러한 진전은 새로운 회의주의에 이르게 된다. —

이러한 회의주의는 부정적으로가 아니라 실정적으로(positiv) 작동한다. 그것은 보이는 것을 자연주의적으로 오해한다. — 이러한 비판의 의미: 초월론적 현상학의 참된 직관주의로 이끌림.

21강. 순수 내재적 철학을 향한 경향이 **로크**의 저작에서는 착수되었고, **버클리**에 의해서는 자연주의적 형식으로 실행되었다. — 여기에서 구성적 문제가 예감된다. — 자연적 경험의 권리의 복원, 그러나 이는 자연주의적으로 오해됨: 사물은 연상적 복합체.

22강. 정신이라는 유일한 실체. 초재적인 것으로의 유일하게 가능한 추론은 다른 정신들로의 추론이다. — 정신의 상호 이해라는 사실은 목적론적 증명에 기여한다. — **라이프니츠**의 모나드론과의 비교. — **버클리**의 이론은 새로운 종류의 의식학의 최초의 단초다. — **흄**은 **버클리**의 단초들을 내재적이고 순수 감각주의적 철학으로 수행한다. — 객관적 학문의 의미에서의 심리학이 아니라 최초의 구체적이고 순수 내재적인 인식 이론.

23강. 의식이 통각의 다발로 원자화됨. — 자아와 세계는 허구다. — **흄**

에게는 참된 인식 정초의 방법에 대한 숙고가 결여되어 있다. 그 때문에 인상들(*impressions*)로의 환원에서 해명의 직관주의적 요구가 오해된다. — 인상과 관념. — 이 구분은 체험의 사물화(Versachlichung)를 통해 무의미해진다. — 체험에 대한 모든 사물적(sachlich) 기술은 지향성을 올바르게 다룰 수 없다. — 올바르게 이해되었을 때 명증 의식의 명칭인 인상은 양면적이다. — **흄**에서의 모순: 그의 사물적 기술은 단지 지향적 작업수행을 사용함으로써만 가능하다.

24강. **흄**의 방법은 귀납적-경험적이고자 한다. —

요약: 순수 주관성에 관한 근본학의 의미. 그것은 모든 객관적 학문에 대립된다. 그것은 철저한 직관주의로서, 모든 객관성의 근원적 근거인 수행하는 의식을 주제로 갖는다. 절대적인 인식 정초는 오직 이러한 근본학을 통해서만 가능하다. 이러한 학문은 형상적으로 진행되어야 한다.

흄의 심리학은 이러한 이념에 상응하지 않는다. 흄의 심리학의 근본 법칙은 귀납적으로 획득된 것으로서 절대적으로 비합리적이다. — 이러한 근본 법칙의 보편적 본질을 보지 못하는 것은 유명론적 선입견에 근거한다.

25강. **흄**에서 구성적인 현상학적 문제를 예감함: 사물과 자아의 종합적 통일체. — **버클리**는 세계를 연상적 복합체로 환원시킴으로써 세계에 대한 어떠한 이해 가능한 정보도 주지 못했다. 세계에 대한 이해 가능한 정보는 오직 지향적 작업수행의 분석을 통해서만 획득될 수 있다. — **흄**은 세계를 허구로서 증명하고자 한다. — **흄**의 『논고』는 합리주의에 대한 경험주의의 승리다. — 합리주의는 수학적 인과성과 수학적-자연과학적 인과성을 뒤섞었다. — **흄**은 이성적 필연성과 인과적 필연성을 구분하고 이성적 필연성을 상상력의 허구로 증명한다. ─ 그 때문에 모든 사실학은 무의미하다.
철학도 사실학이기 때문에 이것은 완전한 회의주의다.

결론: 현상학의 앞선 형태인 **흄**의 실증주의.

철학의 이념을 설립함에 대하여

절대적 인식. 인식의 이상. 전체 인식, 그러나 모든 가능한 개별적 인식의 총합이나 더미처럼 존재하는 하나의 인식으로서는 아니다. 그것은 인식의 본성과 모순될 것이다—그리고 상관적으로 인식 대상성 자체의 본질과 모순될 것이다.

a) 모든 대상은 대상적 연관에 편입된다. 가령 자연의 모든 대상은 자연의 통일체에 편입되고, 모든 사건은 전체 자연 사건의 통일체에 편입된다.

b) 모든 대상은 규정성을 갖고, 그 규정성에 따라 보편성 아래 정돈된다. 단일한 사태 위에 보편적인 사태가 있다. 그리고 갖가지 법칙이 보편성의 영역을 지배한다.

모든 대상성들은 법칙 아래에 놓여 있고, 모든 단일한 대상적 연관들은 포괄적인 연관 법칙 아래에 놓여 있으며, 모든 진리는 이론 아래에 놓여 있다.

1) 모든 것을 포괄하는 이론으로서의 전체 인식, 모든 법칙 인식과 모든

이론 — 체계적인 질서 속에서 형식과 질료에 따라 순수 보편성 속에서의 모든 존재와 관계하는 이론 — 의 통일체로서의 전체 인식. 그러므로 보편적인 아프리오리.

  a) 형식적—일반적 존재론. 존재의 현존재, 가치 존재, 좋은 존재라는 영역들과 이것들에 속하는 모든 존재론들. b) 다음으로는 존재의 내용에 근거하는, 순수 인식의 모든 내용적 아프리오리. c) 특수 이론들, '이론적' 자연과학의 내용 등.

  2) 구체적인 '사실'-영역들, 그리고 법칙들에 근거한 이 영역들의 해명. —

  철학은 모든 이상의 총체와 통일체에 관한 학문이다. 그러나 철학은 절대적 존재에 관한 학문이 아닌가? 그러니까 실재성의 절대적 존재, 절대적 가치 존재, 절대적 의미에서의 아름다움과 좋음에 관한 학문이 아닌가?

  1) '절대적인 것'으로서 절대적 존재에 관한 학문과 '한갓 자연'의 실재성. 자연과학은 아직 실재성의 궁극적 학문이 아니다.

  2) 가치, 가치를 지닌 실재성에 관한 학문. 가령 인간에 의해 평가되고 인간의 사념에 따라 가치를 지니는 재화들에 관한 학문, 가치로 여겨지거나 정말로 가치인 의욕, 인간적 성향, 기질 같은 인간적 체험에 관한 학문. 인식은 가치로 여겨진다. 문학 작품은 가치로 여겨진다. 교회, 국가도 가치로 여겨진다. 존재 가치들 — 본질 가치들. 참된 아름다움, 참된 기쁨이나 소망, 참된 의지 목표와 참된 창조.

  항목 1)과 마찬가지로 참된 실재성, 정말로 존재하는 실재적 대상성. —

  존재, 궁극적 의미에서의 참된 존재에 관한 학문, 그리고 더 정확히 말해 실재성의 의미에서의 참된 존재, 가치의 의미에서의 참된 존재, 선의 의미에서의 참되거나 올바른 실천에 관한 학문. 이 모든 것은 분리될 수 없고, 현상학적 세계 고찰, 그리고 형이상학으로 다시 이끈다.

우리는 다음과 같은 방식으로도 철학의 이념에 이를 수 있다.

철학은 하나의 학문이거나 학문의 복합체다. 우리는 모든 학문을 철학적이라고 부르지는 않는다. 그럼에도 불구하고 모든 학문은 철학과 관계를 맺는다. 학문은 인식 통일체다. 인식은 모든 것을 포괄한다. 인식은 존재를 향하고, 물리적 현존재와 심리적 현존재를 향하고, 자연의 통일체를 향한다. 자연의 통일체는 심리 물리적 자연이고, 물리적 사물처럼 정신, 인간적 공동체, 모든 형태의 인간적 문화를 포괄하며, 이 문화에는 또한 문화 연관 속의 인간이 발전시킨 실제적 학문과 추정적 문학도 포함된다. 학문은 현존재를 향할 뿐 아니라 가치, 아름다움, 좋음, 창조적 형성물들을 향한다. 그리고 또한 진리와 추정된 것들을 향하는데, 이것들은 자신의 편에서 현존하는 것, 가치 있는 것, 좋은 것 등과 관계한다. 진리와 추정된 것은 단수적인 것일 수도 있고, 보편적인 것, 법칙일 수도 있다. 그러니까 현존재에 관한 법칙, 가치 법칙, 좋음에 대한 법칙, 목적이나 수단의 관계에 대한 법칙, 질료적 법칙이나 형식적 법칙일 수 있다.

자연 존재에 관한 학문, 물리적 자연과 심리 물리적 자연의 존재에 관한 학문. 더 정확히 말하자면 참되게 존재하는 자연에 관한 학문. 가치 형성물의 존재에 관한 학문, 좋음에 관한 학문, 창조물에 관한 학문. 더 정확히 말하자면 참으로 존재하는 실재적 가치로서의 가치 형성물의 존재에 관한 학문, 참되게 존립하는 좋음에 관한 학문, 자신의 진리를 지닌, 즉 참된 의지 목표로서 그리고 참된 의지 목표의 현실화로서 자신의 합법성, 자신의 올바름을 지닌 창조물에 관한 학문. 이러한 올바름, 진리성, 존재 형성물의 상이한 영역에 상응하여, 학문들에는 학문론들이 상응한다.

a) 한편에서는 그러한 존재의 가능 조건을 탐구하는 이론. 그러니까 그

러한 존재 자체에 속하고, 이러한 존재의 모든 질료에 독립적으로, 존재 영역 자체에 근거하는 존재의 가능성에 속하는 것을 탐구하는 이론.

b) 다른 한편, 인식에서 이러한 존재의 주어짐의 가능성 혹은 그러한 영역적 존재의 인식의 가능 조건을 탐구하는 이론.

여기에서 단계들이 산출된다.

1) 철학 이전의 학문의 단계, 실로 이 연구는 사태 자체를, 경험에서 제시되는 현존(실재성)을, 인간의 삶에서 제시되는 추정적 가치들, 문화재 등을 향한다. 이러한 연구에서 경우에 따라서는 방법에 대해, 그리고 그와 더불어 타당한 진술이나 의미의 가능성의 조건에 대해, 존재 자체에 놓여 있는 존재 일반의 가능성에 대한 형식적 조건에 대해 다소간 깊은 반성이 수행된다. 그러나 이것은 체계적이고 완결된 방식으로 수행되지 않는다.

2) 심지어 이러한 방향에 있는 분과학문들, 가령 수학적 학문들과 같은 분과학문들이 확립될 수 있다. 보다 높은 단계로서 말해져야 할 것은, 존재 일반의 이념과 (자연과 정신의 영역과 더불어 실재적 현존(자연)과 같은, 그리고 더 나아가 가치 존재, 재화와 같은) 규정된 영역적 이념에 상응하는 모든 존재론적 법칙에 대한 체계적 연구, 그리고 다른 한편으로는 상응하는 '의미 유형들'(가령 판단, 소망, 결단 등)의 본질에 속하는 규범적 법칙에 대한 체계적 연구다.

3) 이러한 존재 형식 모두의 본질에 근거하는 연관들에 대한 연구, 그리고 특히 그 종합 속에서 산출되는 최고의 이상들의 구성적 형성. 이것의 형식은

4) 이성의 이론의 형식이다. 비판적 문제들.

모든 존재가 의식과 맺는 관계

존재와 의식 사이의 본질 관계에 대한 인식. 자연, 심리 물리적 실제성으로서의 실제성, 그리고 사실적 존재가 구성되는 사실적으로 존재하는 의식 다양체와 더불어 그러한 방식의 사실적 존재 사이의 연관에 대한 인식. 존재하는 의식과, 의식이 아니고 의식적으로 구성되는 현실적 존재 사이의 연관에 대한 인식.

단순히 존재하는 것으로서가 아니라 가치로서의 의식. 의식 연관들의 가치, 개별적 의식의 가치, 자신의 본질에 따라서(등급, 가치 높이에 따라서), 의식적으로 구성된 세계의 성질과 독립적으로 의식 속에서 살아가고 활동하는 주관성의 가치.

선한 행위의 장으로서의, 실천적 재화의 장으로서의 순수 자아와 의식. 통일적 의식의, 삶의 — 아니다. 그 삶 속에서 작용하고 전개되는 인격성이라고 하는 것이 맞겠다 — 그리고 '정신적(인격적) 존재'의 최고의 이상은 모든 다른 이상을 포함하고, 그리고 절대적 인식의 이상과 세계 완전성의 이상도 포함한다.

모든 가능한 세계 중 가장 완전한 세계의 이념: 가장 완전한 의식의 이념(모나드 체계). 이념들의 산출, 다른 한편으로는 주어진 세계의 산출과 이념들에 맞춤, 이를 통한 규범화. 세계가 어느 정도까지 완전한 세계인지, 세계가 어느 정도까지 완전하게 발전되는지, 창조력, 정신은 어느 정도까지 세계 속에 거주하며, 절대적으로 고찰했을 때, 어느 정도까지 세계를 구성하는지, 언제나 더욱 완전한 세계의 가능성, 또는 심지어 발전 필연성이, 절대적 이상에로의 살아 있는 현실성의 실재적 접근이 저러한 구성의 사실적 성질들 속에서 어느 정도까지 착수되고, 증언되며, 확보되는지.

주어진 현실성의 평가, 그리고 상관적으로 이론적 평가로서의 모든 자연적 학문의 평가.

거기에는 우선 다음이 놓여 있다. 자연적 학문의 가능한 최대한의 완성, 가능한 최대한의 완전화, 가장 완전한 자연 인식의 이상으로 이끌고 감. 이와 더불어 그 내용의 해명, 그 의미의 규정, 절대적 인식과 그것의 관계의 규정.

그것은 실천적 목표고, 이러한 방향에서 인식 실천의 최고의 목표다. 가치 실천의 평행한 목표는 다음과 같을 것이다. 최고의 가치론적 이상에 상응하여, 그리고 최고의 실천적 이상 자체와 관련하여 세계의 창조적 변형.

형이상학 — 가장 넓은 의미에서의 궁극적인 내용적 존재 인식. 형이상학은 가장 완전한 삶의 이상의 범위에 속한다. 이것은 가장 완전한 인식, 가장 완전한 평가, 가장 완전한 창조(창조는 필연적으로 가장 완전한 인식과 가장 완전한 평가의 현실화를 향해 간다)의 이상을 포함한다. 형이상학은 철학 일반과 마찬가지로 하나의 **학문**이다. 작업물로서 그것은 (최고의 유의다른 모든 완전한 작업물을 위한 필연적 전제일 수 있는) 완전한 인식의 이상이다. 철학은 절대적인 이상적 규범에 관한 학문이고, 이상적인 본질 통찰들에 관한 학문이며, 다른 한편으로는 절대적인 주제적 존재, 절대적 존재에 관한 학문이다. —

절대적인 것에 관한 학문으로서의 철학, 모든 개별적으로 인식된 존재를 그 궁극적 근거들로 되돌리는 학문으로서의, 그 속에서 모든 "왜?"가 자신의 대답을 발견하는 학문으로서의 철학, 모든 논리적, 존재론적, 가치론적, 목적론적, 신학적 '존재' — 그것은 현실성으로 이해될 수 있고, 그리고 나서 다양한 존재 영역에 상응하여, 현존재, 가치 존재, 존재 당위로 이해될 수 있다. 근거들에 관한 물음은 철학적인 원리론으로, 논리학, 실재적 존재론, 형식적 가치론과 실재적 가치론, 실천학, 그리고 그에 기반한 신학으로 도로 이끈다. 근거들에 관한 물음은 필연성에 관한 물음이다. 그리고 필연성은 법칙성, 더 정확히 말하면 이념적 법칙성에 상관적이다. 그래서 근거들에 관한 물음이 순수 법칙으로 소급된다면, 혹은 모든 존재가 순수 이념, 순수 형식 속에서 필연성의 근거를 갖는다면, 우리는 현존으로부터 이념에 이르게 되고, 현존 학문으로부터 이념 학문에 이르게 된다.

철학의 이념 — 모든 것을 포괄하고 모든 것을 지배하는 완전한 인식의 이념. 부연:

완전한 인식, 완전한 가치평가, 완전한 실천적 지배의 이념. 완전한 경험, 완전한 직관, 완전한 지성 인식의 이념. 존재하는 모든 것을 경험할 수 있음, 그리고 존재했던 모든 것을 경험할 수 있음, 언젠가 존재했으며 존재하며 존재할 모든 것을 직관할 수 있음, 모든 시간적 존재, 존재하고, 존재했고, 존재하게 될 모든 것을 사유적으로 규정할 수 있음.

존재하는 모든 것을 평가할 수 있음. 현존하는 모든 아름다움을 온전히 바라보고, 느끼면서 향유하고, 포착할 수 있음.

그리고 모든 것을 지배함: 세계에서 현실화될 수 있는 모든 목적, 자연의 내부에서 자연법칙에 따라 실재적으로 가능한 모든 목적을, 새로운 실재성들을 창조하면서 실현할 수 있음.

그래서 인간을 존재하는 대로 받아들인다면, 그리고 인간의 신체성의 자명한 정상적인 '할 수 있음'을, 사지를 움직일 수 있음 등을 기초로 삼는다면, 그러니까 정상적인 직접적 신체 능력의 영역, 영혼적 영역에서의 직접적 자유를 기초로 삼는다면, 자연 인식과 심리 물리적 인식의 토대 위에서 모든 가능한 종류의 기계를 구성할 수 있을 필요가 있고, 사회적 삶의 모든 가능한 실천적 방법을 생각해낼 수 있을 필요가 있다.

인간(혹은 사회적으로 결합된 의지의 통일체로서의 인간들)은 자연의 내부에서 활동한다. 그는 밀고, 밀치고, 당길 수 있다. 그는 사물들을 결합할 수 있고, 사물을 변형하고, 세공하고, 단조(鍛造)할 수 있다. 또 그는 자신의 개입 없이 진행되는 사건들의 진행을 조절하고, 촉진하고, 그 진행의 방향을 바꿀 수 있다. 직접적으로 신체적–정신적 행위들인 개별적 활동들의 질서 잡힌 다수 속에서 목적에 상응하거나 그 자체가 수단인 창작물이 생겨나고, 목적에 적합한 다수의 부품들로부터 짜맞춰진 기계가 생겨난다. 이러한 기계는 본래적으로 인간의 새로운 기관이고, 자신의 신체의 확장이다. 이러한 신체의 확장을 통해 그의 자유는 확장된다. 그것을 자유롭게 조종함으로써 결과물이 산출되는데, 이 결과물 자체도 자유로이 만들어진 것이다. 지팡이가 촉각기관의 확장이듯, 현미경이나 망원경과 같은 것도 시각기관의 확장이다. 주먹에 쥔 망치는 비교할 수 없을 정도로 더 효과적인 주먹의 확장이다. 이륜차는 걷는 기관이다, 등등.

아마도 그러한 모든 관계들을 아주 직관적으로 숙고해보는 것이 좋을 것이다. 인간이 '통상적으로' 어떠한지가 완전한 기술을 위한 이상을 규정한다. 그것은 정상적이며 주어진 자연에 편입되어 있는 대로의 인간이 할 수 있을 최대한의 '할 수 있음'이다. 그러나 이제 인간이 고립된 존재가 아니라 공동체의 구성원이라면, 그리고 공동체적 작업수행을 위해 다른 사람들과 연합한다면('큰 인간'이 생겨난다면), 공동체의 '할 수 있음'은 거대하게 자라난다. 인간은 공동으로 학문을 추구하고, 공동으로 기계를 고안하며, 기계 작업은 공동으로 수행된다. 여러 사람이 기계에 손을 대고, 궁극적 목적을 위해 활동해야 하는 한에서 말이다. 전진해나가는, 결국엔 인류의 최대의 작업수행의 이념, 그리고 이를 통한 각각의 인간들의 최대의 작업수행의 이념. 인간의 가능한 최대한의 힘의 이상, 가능한 한 완전한 기술의 이상.

철학의 정의

셸링(Schelling): 철학은 절대적 학문이다. 철학은 절대적인 것에 관한 학문이다.

헤겔(Hegel): 절대적인 것은 의식에 대해 구성되어야 한다. 절대적인 것은 철학의 과제이다. 『엔치클로페디(*Enzyklopädie der Philosophie*)』에서 헤겔은 철학을 절대적인 것에 관한 학문으로 정의한다.

헤르바르트(Herbart): 가치 규정을 통해 명료화, 교정, 보충으로 이루어져야 할, 개념들에 대한 작업.

로체(Lotze), 『논리학 개요(*Grundzüge der Logik*)』: 철학자는 삶에서나 특수 학문에서 사물과 행위에 대한 판단의 원리로서 유효한 개념들을 대상으로 삼는다.

위버베크(Ueberweg), 『논리학의 체계(*System der Logik*)』: 원리들에 관한 학문.

로젠크란츠(Rosenkranz), 「앎에 관한 학문(Wissenschaft des Wissens)」이라는 논문에서: 철학은 보편적 학문으로서 모든 그 밖의 학문을 통일성으로 가져오는 과제를 지니고, 최고의 학문으로서, 모든 그 밖의 학문을 이끌고 그 완성으로 이끌어올 과제를 지닌다.

분트(Wundt): 개별 학문들을 통해 매개된 일반적 인식들을 모순 없는 체계로 통합해야 하는 보편적 학문(『철학의 체계System der Philosophie』, 『철학 입문Einleitung in die Philosophie』도 참조). 분트는 개별 학문과의 대조 속에서 반복적으로 철학을 보편적 학문이라고 명명한다.

퀼페(Külpe), 『철학 입문(Einleitung in die Philosophie)』: 특수 학문들에 대한 보충.

슈툼프(Stumpf), 『철학의 재탄생(Wiedergeburt der Philosophie)』: 철학의 과제는 철학이 우리의 앎에 종결을 가져다주어야 한다는 것이다.

오스트발트(Ostwald), 『논문 및 강연집(Abhandlungen und Vorträge)』: 철학은 그 시대의 학문들에 대한 요약적인 표현이다.

마흐(Mach), 『대중을 위한 과학 강연 모음집(Populärwissenschaftliche Abhandlungen)』: 철학의 본질은 다만 특수 학문들을 통일적 전체로 상호 비판적으로 보충하고, 침투시키며 통합하는 데 있다.

파울젠(Paulsen), 『입문(Einleitung)』: 모든 학문적 인식의 총체. 실제적인 것에 관한 통일적이고 보편적인 인식을 추구하는 철학자.

릴(Riehl): 철학과 인식론을 동일시함.

리히터(Richter)의 『철학의 회의주의(Skeptizismus in der Philosophie)』에서 형이상학의 정의: 원리적으로 경험될 수 없는 실제성들에 관한 학문. (리히터가 때때로 언급했듯이) '초경험적'이라는 표현은 이미 **밀**(Mill)에서 등장한다. 그 후 이 표현은 종종 사용되는데, **루이스**(Lewes)는 『생명과 마음의 문제(*Problems of Life and Mind*)』에서, **뮌스터베르크**(Münsterberg)는 『심리학 개요(*Gründzugen der Psychologie*)』에서 이 표현을 사용한다.

형이상학은 초감성적인 것, 초월적인 것, 모든 가능한 경험 너머에 놓여 있는 것에 관한 학문.

페히너(Fechner), 『원자론(*Atomenlebre*)』: "그 밖에, 실재적인 것의 한계 표상으로서만 현출하면서도 그럼에도 현실적인 연구의 가능성 저편에 놓여 있는 모든 것에 물리적으로 실제적인 것이라는 이름 대신 형이상학적으로 실제적인 것이라는 이름을 부여하는 것을 방해하는 것은 아무것도 없을 것이다."

이론적 관심의 보편적 경향과 철학의 시작

모든 사물, 인간, 동물, 천체 ─ 물, 아페이론(ἄπειρον), 공기로부터.

모든 사물은 그 자체로 불변하는 일자의 한갓 가상이다. 모든 사물은 한갓 가상이며, 실제로는, 원초적 불 속에서 근원 생성 과정으로 되돌아가고, 저 근원 생성 과정으로 다시 소급되는 영원한 법칙적 생성의 형식들이다.

모든 사물은 만물을 지배하는 정신(νοῦς)을 통해 원소들로부터 발원한다.

모든 사물은 불변의 원자들로 구성된다. 보통의 사물은 감각의 가상이며, 기계적 인과성 속에서 원자의 법칙적 생성 과정으로부터 자라난다.

모든 사물, 감성의 전체 세계는 이념적 세계, 순수한 진리와 아름다움의 세계의 불완전한 반영이다. 이것은 최고의 이념, 본래적으로 초이념(Überidee), 선의 이념이나 신성의 이념으로부터 목적론적 방식으로 생겨난다.

전체 세계는 어디서나 선을 목표하는 발전의 세계다. 이 발전의 길과 목표는 신성이 가리켜준다.

모든 사물은 자신의 규정을 갖는다. 모든 생성은 목표를 지향하는 생성이다.

그래서 **이론적 관심의 보편적 경향**이 있다. 이 경향은 우주, 세계 전체를 향한다.

이러한 관심 내부에서 이론적 관심의 부분 영역들이 자라난다. 세계 해석, 세계 해명의 선행하는 보편적 관점은 부분 영역들로 옮겨진다. 동물의 세계와 인간의 세계의, 그리고 인간 세계 내부에서 인간적 사회 형태, 국가, 인간적 규정 등의 본질, 존재, 생성에 관한 이론들. 더 나아가 자연, 정신과의 관계 속에서의 자연. 사전 작업: 기술적 자연사, 국가사 등.

회의의 반응, 세계관 논쟁은 이론적 동기다 — 인식 이론적 문제. 위로부터 생겨나고, 그야말로 논쟁적이고 논란의 여지가 있는 전제들을 가지고 작동하는 이러한 세계 해석, 즉 이와 같은 '형이상학'에 회의가 대항한다. 그러나 이러한 반형이상학적 부정주의는 인식 이론적 부정주의들의 도움을 받아 학문적 부정주의가 된다.

실제성의 보편적인 것으로 향해진 개념들: 세계, 공간, 시간, 수, 사물, 또한 활동, 삶, 물질, 질료, 정신 등. 이러한 개념들은 대부분 실제적인 경험, 원본적으로 부여하는 직관에서 생겨난다. 모든 근원적인 직관에서 직관된 것은 어떤 본질 유형, 본질 형식을 보여준다. 이러한 본질 유형은 말하자면 정신에 각인되어, 실천적 관심에 의해 정신의 시선을 자신으로 끌어당기고, 언어에서 표현된다.

그러나 소박한 자연적 사유는 성급하게 유추에 인도되어, 개념의 정당한 경계를 넘어서는 허용되지 않는 일반화를 범하는 경향이 있다. 예를 들면 다음과 같다. 사물적 연관 속의 모든 사물은 변화에 관한 한, 의존 관계 속에 있다. 여기에서의 변화는 저기에서의 변화를 제약한다. 따라서 모든 변화에 대해 원인을 묻게 된다. 그러나 이제 시선을 세계 전체라는 이념으로 돌리게 된다면(세계 전체는 실제적인 경험의 대상이 아니고, 그럴 수도 없다. 그럼에도 자연적 사고에서 이미 자라나는 이념이다), 세계 전체는 개별적인 사물처럼 다루어지고, 이제 세계의 원인을 묻게 된다. 실천적 삶에서 인간은 사건에 개입하고 사물을 창조한다. 그는 어디서나 자신이 만들어진 사물에 둘러싸여 있음을 보게 된다. 심지어 논밭이나 숲조차도 자신의 문화 작업의 형성물들이다. 전체 세계로 옮겨본다면 세계는 만들어졌다. 세계의 원인은 무엇인가? 이 세계는 시계 장치이고, 신이 시계 제작자이다.

신화적 사유에서 이미 그러하다. 이러한 파악 방식은 일상 사건의 익숙한 진행에서 유래하여, 일상 속에서 제한된 방식으로 자신의 권리를 가지는데, 그것이 전체 세계에 적용된 것이다.

언어 형성의 형식이 결정적이 된다. 이 집은 '붉다', 이 꿈속 사물은 실존하지 않는다. 그러나 이 집은 실존한다. 실존은 하나의 특성이다.

상대적으로 타당한 개념들, 자신의 관계를 가지고, 따라서 자신의 적용에 제한을 갖는 개념들이 그에 상관적으로, 무제한적으로 타당한 것으로 간주되게 된다. 이미 감각적 개념들이 그렇다.[2]

인간은 자연적 삶의 얽힘의 맥락 속에서, 자연 및 그와 같은 것과의 투쟁 속에서, 자기 보존의 활동에 사로잡혀 있다. 그리고 그는 사회적 연관의 일원으로서, 동료로서, 그의 언어를 갖고, 그의 윤리, 그의 국가 형태,

..

2   헤겔의 『정신 현상학(Phänomenologie des Geistes)』: 헤겔은 인간 정신이 소박한 세계 파악과 삶의 파악의 관점으로부터 그 안에 포함된 모순을 통해 어떻게 철학의 관점으로 추동되는지 보여주고자 한다. – 원주.

그의 사회적 구조, 그의 종교, 그의 신화를 가지며, 신화적 힘, 신들, 자연 정신이 속하는 세계 전체 속에서 하나의 위치를 갖는 한 민족의 일원으로서 존재한다.

언어는 좁고 넓은 세계에 대한 통각의 그때그때의 내용을 표현하면서 모든 것에 맞추어져 있다. 실재성의 근본 형식들은 자명하게도 이미 보편적인 언어 속에서 표현된다. 공간, 시간, 수, 크기, 사실, 힘, 사물, 속성, 원인 등.

실천적 존재로서의 인간. 지배적인 관심이 되는 이론적 관심의 주체로서의 인간.

전체 세계와 전체 세계를 움직이는 힘들의 통일체는 인간의 희망과 절망의 대상이다.

전체로서의 세계, 이론적 관심의 대상으로서의 궁극적 근거들, 질료들, 창조적 시작 등. 철학.

전제들, 앞서 형성된 개념적 통각들, 선입견들은 인간적-동물적 발달에서 유래하여, 검토되지 않은 채 자명한 것으로 받아들여진다. 일반적으로 타당한 것은 일반적 군중의 삶으로부터 침전된 것으로서 자라났기 때문에 자명성으로 받아들여진다.

그중 몇몇은 사려 깊은 고찰을 견디지 못한다. 일반적인 파악에 대항하는 반대, 군중에 대항하는 철학자.

철학들의 형성, 근거 놓기를 목표하는 이론적 세계관들의 형성: **세계관**: 발전의 과정은 세계 및 세계의 일반적 형식, 근거들로부터 개별적인 학문들로 이끈다. 이론적 세계 고찰에서 즉시 분명해지는 것은 개별 학문들은 불명료하며, 실제성의 근본 전제, 근본 개념, 근본 형식들의 표현 양식에는 어려움들이 부착되어 있고, 그 의미와 내용에 대한 반성은 모순적 판단으로 이끈다는 것이다. **다양한** 철학들이 생겨난다. 미리 주어진 것들, 고수된 자명함들, 불명료함들이 계속해서 있다.

이러한 방향에서 철저한 것은 무엇이겠는가? 완전한 전제 없음. 그러나 그것은 가능한 목표인가? 모든 개념을 새롭게 만들고, 어떠한 판단도 미리 내리지 않는다고? 그것이 가능한가? 그것은 엄밀한 학문의 학교를 이미 마친 교육받은 정신을 전제로 하지 않는가?

불충분한 근본 개념들. 그것이 생겨난 실천적 필요에 충분하게, 잘 발달한 충분한 개념들. 그래서 자연적 학문의 개념들은 그 학문이 실제적이고 가치 있는 학문이라면, 충분하게, 주어진 것에 대해 실제로 맞춰지면서 자라난다. 일반적인 개념들, 공간, 시간, 수, 활동 등도 그러하다.

그러한 개념들은 충분하다. 그러나 제한되었던 시선이 확장되어 무한으로 가자마자, 그것이 철학적이 되자마자 충분하지 않다. 거기서 자라난 모순들. 올바른 길을 찾아내야 할 필요성: 모순들이 연구를 하도록 강요한다. 그러나 전제들, 선입견들은 고수된다. 여기서 철저한 것은 무엇인가? 개념들, 근본 파악들을 그것이 부조리하게 보이지 않는 한은 타당한 것으로 유지하는 것은 〔철저한 것이〕 아니다. 오히려 부조리를 향해 나아가고, 가능한 한 철저하게 회의하며, 완전히 의식적으로, 그리고 주어진 것의 근원 원천으로부터 모든 개념을 규정할 것. 그러나 순환: 모든 규정은 언어적으로 수행되고, 이미 미리 주어진 개념들을 요구한다. 개념 규정과 판단 결정은 어떻게 전제 없이 수행되는가?

회의가 경험론으로 전향된다. 실제성 자체에 관한 불가지론(Agnostizismus), 그러나 현출하는 실제성과 관련한 가지론(Gnostizismus). 혹은 경험 세계의 내부에서 사람들은 이미 적어도 개연성의 방식으로 무언가를 진술할 수 있고, 진술을 근거 지을 수 있으며, 그에 따라 자신의 실천적 행동에 규칙을 세울 수 있다. 실천에 봉사하는 이론적 관심. 이성 실천: 내가 사태의 주어짐을 통해 순수하게 규정되게끔 하고, 사태의 질서를 검토할수록, 나는 더 이성적으로 실천적이 되고, 사물에 더 잘 향할 수 있다(그리고 나는 현출하는 것에 따라 향해야만 한다).

의학적 경험론자들. 기술적 학문 — 경험적 자연론과 예술론.

수학적 자연과학의 근원: 유클리드적 기하학의 근원, 이론적 천문학의 근원. 천체의 움직임의 기하학적 구축. 현상들에 순수한 이념들이 놓이고, 이념적 단초가 만들어지며, 그것으로부터 연역적으로 추론되고, 주어진 것은 수학적으로 설명된다. 힘의 기하학이 따라 나온다.

근대의 다수의 개별 과학, 일부는 기술적 학문, 그리고 심리학과 감성적 경험에 의존하는 의학적 기술(技術), 정치적 기술(技術) 등, 일부는 '추상적' 학문, 정밀과학. 그 후에는 정신과학. 개별 학문들은 "철학이라는 모체로부터 분리된다." 정말로 이렇게 말할 수 있는가? '물리학'은 철학적 물리학으로부터 분리되었는가? 아니면 물리학은 본래 철학적 물리학으로부터 생겨난 것인가?

철학적 물리학 — 보편적 관점하에서의 자연의 고찰. 정밀과학으로서의 물리학 — 물리적 과정을 순수하게 자연으로 고찰.

기껏해야 순수 수학에서. 거기서 기하학의 발전은 형식적 수학으로 이행할 수 있었을 것이다. 형식 논리학에 대해서 사람들은 이렇게 말할 수 있다. 그것은 그 밖의 수학과 마찬가지로, 철학의 토대에 속한다. 왜 그러한가? 그것 자체에는 보편적인 것이 부착되어 있다. 수, 공간, 시간, 움직임, 논리적 개념, 이 모든 것은 모든 존재를 위한 보편적인 의미를 갖고 있다.

자연과학은 분리가 아니다. 자연과학은 철학에 대항하여 자라났다. 그러나 그것은 다시 철학으로 되돌아가고자 했다. 왜냐하면 개별 학문은 보편주의적 목적을 버리고, 특수한 영역의 요구를 순수하게 따른 후에야 번창했기 때문이다.

자기 자신 속에서 자신의 규범을 발견하는 이념적 영역. 자연에 수학을 적용함으로써 자연과학으로 들어왔던, 심지어 그것을 비로소 정밀과학으로 가능하게 했던 보편주의적인 것. 자연에 대한 지식, 거기에는 수학적인 것도 속한다. 경험적 소여의 의미를 따라가는 방식으로 경험에서 길어낸 지식. 자연에 관한 지식도 보편주의적이지만 완전하지는 않다. 자연 — 영역. 그리고 '전제 없이', 세계 일반을 고찰하지 않고, 심지어 그 전제들을 만들지 않으면서 사람들은 자연에 접근하고, 자연 자체의 본질을 자연에게 묻는다. 그러나 이제 자연과학의 맞은편에 자연 철학이 있다.

모순에 찬 전제들, 불명료한 근본 개념들: 실재성 일반, 실재성 아래의 근거(질료, 정신, 삶)에 관해. 공간, 수, 실체, 인과성, 수, 크기, 연속체와 같은 일반적인 존재 형식들에 관해. 개념, 판단, 개연성, 확실성, 삼단 논법, 귀납, 연역과 같은 방법적 근거 형식들에 관해. 한계, 경험과 사유의 유효 범위에 관해, 감성과 지성의 인식 가치에 관해.

근본 개념들: 자연적 경험 삶과 사유 삶의 과정으로부터 자라난, 불명료한 근본 파악들. 그러한 개념들과 원칙들의 불충분성: 그것들은 삶의 실천적 요구에 맞추어져 있다. 그것들은 무한하게 확장된 세계 고찰과 그 문제들에 사용되자마자 불충분해진다.

실천적 삶의 통각들과 신화적 전승으로 작동하는 세계관. 신화적 전승은 불완전한, 그러나 그러한 불완전함 속에서일지라도 삶의 실천과 그것의 제한된 관심을 방해하지 않는 파악으로부터 믿음을 이끌어내고, 불명료하고, 모순된 보다 넓은 세계관의 기초로 삼는다. 신화를 만드는 상상 — 어린아이 같고, 대담한, 근거 없는 유비화.

이론적 관심 — 그것은 어떻게 완전하게 만족될 수 있는가? 진정한 학문, 그리고 특히 전체로서의 우주에 관한 진정한 학문은 어떻게 획득될 수 있는가?

모든 근거 없는 전제들을 배제하기, 그러니까 시작은 완전히 의식적인, 방법적인, 가능한 한 철저한 회의.

파르메니데스에서 플라톤으로의
발전 추이에 관한 소견

회의주의와 부정주의로의 싹

감성과 지성: 감성은 기만적이다. 특히 **헤라클레이토스**와 **파르메니데스**.

지성. 변증술의 정초. 지성이 수행하는 '논리적' 논변들은 감성적 경험의 부조리와 감성적 세계의 기만을 증명한다.

발전의 계속: 변증술은 "예"와 "아니오"가 똑같은 힘을 지니는 것으로서 근거 지어지는 방식으로 사용된다.[3] 우리는 '아무것도 없다'는 것을 변증술적으로 증명할 수 있다(**고르기아스**). (파르메니데스의 근본 파악이 그랬던 것처럼) 지성이 진리의 원천인 것이 아니다. 지성은 철저히 기만적이다. 혹은 지성은 한 가지 사실을 확실하게 인식하기 위해서만 충분하다 ― 감성의

⋮

3 고르기아스에서처럼, 긍정 명제도 부정 명제도 똑같이 증명할 수 있다는 식의 사고를 가리킨다.

요구에 토대하여 우리가 아무것도 알 수 없다는 것을 — 혹은 아무것도 존재하지 않는다는 것을 — 혹은 우리는 아무것도 정당하게 말할 수 없다는 것을 — 혹은 우리는 기껏해야 모호한 추측을 가질 수 있다는 것을.

헤라클레이토스의 생성론에 회의의 또 다른 원천이 있다. 감각적 지각에 관한 이론.

흐름: 크라틸루스(*Kratylus*).

데모크리토스: 원자는 감성적으로 지각될 수 있는 것이 아니라 지성적으로 알 수 있는 것들이다(νοητά). 이성 인식은 진리를 소유한다. 참된 의견(γνησίη γνώμη)과 모호한 의견(σκοτίη γνώμη)의 대립. 후자(감성적인 짓)는 주관적이고, 우리의 감각 기관의 성질에 따라 다양하다. 여기에는 어떠한 객관적 진리도 상응하지 않는다. 꿀은 달지도 않고 쓰지도 않다. 하나는 다른 것 못지않다(οὐδὲν μᾶλλον).[4]

그리스에서 데모크리토스 시대에 발생한 '엄청난 문제의 변화'.

파르메니데스에서 플라톤으로의 발전 추이

존재하는 것은 생각된 것(νόημα)이다. 그리고 **플라톤**은 그의 차별화된 연구에서 절대적으로 궁극적이고, 모든 사람이 자신의 생각함(νοεῖν)을 통해 이러한 궁극성 속에서 인식할 수 있는 진리의 기체로서 그것을 해석한다. 진리는 술어적 진리이다. 그리고 존재자는 순수한 개념을 통해 절대적으로 그리고 적합하게(adäquat) 규정된다. 그에 따라 존재하는 모든 것은 그것을 규정하는 자신의 적합한 개념을 갖는다. 그러면 오직 **이데아**, 즉

---

4 "Οὐδὲν μᾶλλον τὸ ὂν τοῦ μὴ ὄντως εἶναι(존재자가 비존재자보다 더 존재하는 것은 아니다)"라는 구절의 첫머리다. 데모크리토스의 말이다.

근원적으로 길어지는 개념을 통해 표현되는 본질만 존재할 것이다. 개별적인 것은 질료(ΰλη)를 갖는다. 개별적인 것 자체는 그것이 순수한 이데아 속에서 규정될 수 있는 한 존재한다. 그리고 순수한 이데아는 개별적인 것, '여기 그리고 지금(*hic et nunc*)'을 산출하지 않기 때문에 개별적인 것은 존재함과 비존재함의 '혼합'이다.

여기에서 극단적인 합리주의가 발원한다. **존재하는 모든 것은 그 적합한 표현을 갖는다** — 이때 비존재자로부터는 **무**(nichts)가 나온다.

그리스적 근원 사고방식을 통해
철학에 부과된 문제들

길과 과제에 대한 숙고를 위한 근본 사유

(그리스적 근원 사고방식을 통해) 철학에 어떠한 문제들이 부과되었는가, 역사적 과정에서 이러한 사고방식의 발전에서 우연적이 아니라 내적 필연성에서 무엇이 나왔는가?

그리스 학문은 그리스 정신의 독특한 창조물이며 그때부터 유럽 문화의 근본 형식이 되었다.

1) 그리스 학문은 **인간의 직업 삶의 새로운 형식**으로 특징지어진다. 인간의 모든 직업은 그 직업 목표를 갖고 있다. 이러한 직업 목표는 직업적 인간의 삶을 관통하는 직업 활동의 전체적인 연관 속에서 모든 직업 활동이 속하는 영원히 선별된 최종 목표의 성격을 갖는다. 그것은 인간의 삶 일반의 목표가 최종 목표로서 가치 있어야 한다고 이야기하는 것이 아니다. 철학적이라거나 학문적이라고 불리는 직업적 삶에서, 직업적 의미에서

최종 목표는 **인식**이다. 철학적인 직업적 삶에서 그 최종 목표는 **보편적** 인식이다. 즉 참으로 존재하는 것의 총체와 관계하는 인식이다.

2) 학문적 인식, 그리고 철학적 또는 보편 학문적 인식은 **이론**이고자 한다. 그리스 사람들은 이론적(논리적, 설명적) 학문의 이념을 창조한다. 이론적 학문은 이성적 본질 근거들로부터, 그리고 본질 개념들과 필연적 진리의 원리로서의 본질 법칙들과 관련하여, 세계에 관한 체계적 인식, 혹은 하나의 특수한 전체성에 연결된 어떤 존재 영역에 관한 체계적 인식이다. 그러나 이론적 학문은 또한 사실학이고자 하고, 사실을 설명하고자 한다. 그러한 학문은 처음에 **아리스토텔레스**가 모범적으로 구상한 이상에 따르면 '필증적' 학문, '이성'(원리들의 능력)에 근거한 학문, 이성적 학문이다. 사실 인식은 일반적 정신 영역에서의 역사적 인식처럼, 이성적 해명을 위한 토대와 귀납적 준비를 조달하는 기능을 갖는다. 이러한 이성적 해명은 그 궁극적 목적에 따라서 볼 때, 사실적으로 존재하는 것의 총체, 다른 한편으로는 최상위의 이성적 원리들의 총체와 관련된 인식이다. **그래서 철학은 그 근원적 의미에 따라서 볼 때 '이성주의**(Rationalismus)**'이다.** 이성주의와 경험주의의 모든 싸움의 원천은 이러한 합리성의 의미와 정당성의 한계 및 경험적이고, 그렇기에 선-합리적인(그렇지만 합리화되어야 할) 인식의 의미와 정당성의 한계가 불명료함과 문제들을 내포한다는 데에 있다. 회의주의는 합리적 의미에서의 철학적 인식의 가능성을 부정한다.

아프리오리에 있어서의 구별

일련의 구별들을 철저히 밝혀야 했다. 이들을 눈치챈 후에조차, 이들은 좀체 문제없는 명료함까지 이르려 하지 않았다. 이들은 궁극적 원천으로부터 이해되고, 양립 가능하게 되어야 했다.

1) 순수 학문, 어떠한 실재적 사실성도 예단하지 않는 순수 가능성의 학문으로서의 '이념'적 학문과 사실적 현존의 학문, 사실학의 구별. 순수 이성의 대상인 이념의 존재와 사실적 존재는 구분되어야 한다. 예를 들어 순수 수학은 순수한 본질 학문이다. 이것은 이 세계의 사실을 향하는 학문과 대비된다.

2) 모든 해명의 원리가 아프리오리에 놓여 있다면, (진술의 의미로서의 로고스에 속하는 원리들, 순수하게 진술의 기체로서의 사유 대상에 속하는 원리들, 또한 정합성과 무모순성의 원리들로서의) 형식적 또는 분석적 아프리오리와 (대상들이 실질적으로sachlich 가능하고, 실질적 모순으로부터 자유로워야 하는 한, 대상들에 속하는) 직관적(종합적) 아프리오리가 구분되어야 한다.

3) 자신의 초월론적 존재를 지닌 초월론적 주관성과 초월론적 주관성에 의해 인식 가능한 실재적 및 이념적 대상성의 구별. 그에 따라 초월론적 주체의 아프리오리와 '존재론적' 아프리오리가 구분됨 — 그러니까 또한 분석적-존재론적 아프리오리(형식적 보편 수학)와도, 가능한 실재들의 존재론적 아프리오리와도, 그리고 더 나아가 선험적 특수 영역들(자연, 영혼, 인격성, 인격성들의 공동체, 문화와 그 근본 형태)의 아프리오리와도 구분됨.

그러나 여기서 일반적으로 더 많은 여러 가지 구별이 필요하며, 그것도 사전에 필요하다.

4) 아직 초월론적 주관성으로 파고 들어가지 못했고, 초월론적 주관성을 학문적 주제로 삼지 않은 독단적이고 소박한 존재론적, 객관주의적 세계 고찰과 순수한 존재론적 학문이 구별되어야 한다. 그리고 그 후에 순수한 존재론적 세계 해명이 초월론적 세계 해명으로부터 구별되어야 한다. 초월론적 영역 자체에 편입되는 존재론적 형성물과 초월론적 학문 자체에 편입되는 존재론적 학문은 초월론적 이론의 통일체 속에서 파악되고 이해

되어야 한다. 초재적인 것은 초월론적인 주관성의 내재 속에서, 그 속에서 인식적으로 구성된 것으로서 해명되어야 한다.

세계를 사실로서 해명하기 — 세계(와 자기 자신)에 대해 책임지기.

5) 고대에는 자연을 초월하는 초자연적(metanatural)−목적론적 세계 해명 — 초자연적(목적론적으로 해명하는) 세계 해명과 순수하게 자연적인, 순수한 사실 학문적 세계 해명이 명료하게 구별될 수 없었다.

공간−시간적 사실, 가능한 경험의 사실의 총체로서의 객관적 세계는 내재적 인과 법칙에 따라 고찰되고 설명된다. 근대의 경험적 학문, 인과 과학. 수학적 자연과학: 물리적 자연. 심리 물리적 '자연'의 사실 학문적 고찰. 근대 심리학.

근대의 시작에서, 이성적인 수학적 설명(순수한 수학적 설명과 응용적 설명)을, 이성적인 설명으로서 자연을 수학화하고, 수학적인 한계−이념 아래 고찰했던 인과적 설명과 구별할 수 없었던 무능력.

근대의 수학적 자연과학의 의미: 자연 — 공간과 시간 속에 (그 자체로 규정될 수 있는 시간 위치와 공간 위치를 지닌) 그 자체로 존재하는 실재성들의 개방적으로 무한한 다양체. 이것은 모두가 지각과 경험을 통해 이론적으로 접근할 수 있고, 주어진 사실에, 그리고 인과 법칙으로서 가정적으로 상정된 사실 법칙들에 토대하여 모두에게 구성될 수 있다. 물론 또한 보편 수학과 자연의 수학의 중대한 구분을 이해하지 못한 무능력. **라이프니츠**에서의 돌파구.

6) 물리학과 생물학을 구분해야 할 필요성. (목적론적 고찰과 목표론적 skopologisch 고찰. 물리적 '삶'과 심리적 '삶', 지향적 삶).

자연과학적 방법을 통해서 자연은 기능하는 신체성으로 본질적으로 되돌아 관계한다는 사실을 인식하는 것이 과제가 될 것이다. 그러나 이러한 기능 속의 신체성은 오직 유기체적 신체성으로만 생각될 수 있다. 물리적인 자연과학은 본질적으로 생물학을 소급 지시하고, 또한 심리학(심리 물리학과 본래적 심리학)을 소급 지시한다. 유기체적 생물학과 유기체적 생체학, 그리고 심리학 사이의 학문적 관계의 어려움.

7) 심리학의 어려움, 체험 및 그 지향적 통일체 자체에 대한 순수한 고찰의 어려움. 내적 삶, '내적' 경험의 영역에 대한 **로크**의 감각주의적–자연주의적 해석. 다양한 고찰 방식과 해명 방식의 통합의 어려움. 그러니까 심리 물리적 고찰(만약 이러한 고찰이 감각주의적–귀납적–사실 학문적이라면, 영혼으로부터 영혼 없는 인과적 통일체를 형성한다)과 자아적 고찰. 자아적 고찰에서는 자연이 자아의 환경세계이고, 신체는 심리적 신체(*Soma*), 즉 주관적 환경세계의 주관적–중심적 대상이며, 인식하는 것으로서의 자아는 자신의 동기부여와 동기부여된 것의 내재적인 시간적 앞서감을 이해할 수 있고 필연적인 것으로서 인식할 수 있다. 동기부여의 시간성과 자연의 시간성.

8) 고대의 정신과학과 근대의 정신과학: 이 학문들은 인격적 인류로서의 인류의 목적성이 지속적인 주제인 한에서, 그 자체로 목적론을 지닌다. 이 학문들은 때때로 인격적(개별 인격적, 집단 인격적) 문화 주관(Selbstkultur)[5]과 문화 대상(Kulturobjektivität)의 인격적 연관을 바라보고, 여기서 초인격적 경향성(Tendenz)과 힘의 지배, 신적 지배를 암시하는 듯한 초인격적 목적론의 지배를 본다. 그러나 이 학문들은 어디까지 '학문'이고, 철학의 이념

5 'Selbstkultur'의 통상적인 의미는 '자기 수양 문화' 정도인데, 여기에서는 객관으로서의 문화 대상(Kulturobjektivität)과 상관관계에 있는 것으로서 주관적인 의미에서의 문화 형성 작용을 뜻하는 것으로 보인다.

내지는 원리로부터 해명하는 철학적 인식 체계의 이념에 상응하는가? 고대에 사람들은 그 학문들이 단지 역사적일 뿐이라고, 그에 대해 승인하지 않으려 한다. 그 학문들은 정교한 방법들을 지닌다. 그러나 인식의 방법이 이미 이론적 '학문'을 형성하는가?

근대의 정신과학은 설명하고자 한다. 자연과학에 대한 정신과학의 지위에 관한 불명료함. 설명의 의미와 원리적 가능성에 관한 불명료함. 인격적 생산물들을 지닌 인격적 인류의 정신 삶. 이 삶은 기술적-분류학적 학문과 형태학적 학문 및 이들의 필증적이지는 않은 설명의 장이다.

공동의 환경세계와 관련하여 인류의 인격적 통일성. 그러나 공동체적 환경세계는 인격들을 포괄한다.

'철학적(필증적)' 설명의 영역으로서의 정신적 '세계'.

정신적 세계의 아프리오리. 정신과학적 이념의 형성.

9) 이성의 아프리오리와 정신적 세계의 아프리오리의 관계: 그러므로 여기서 관건은 보편적인 규범적 아프리오리가 아닌가? 또는, 정신과학과의 관계 속에서의 선험적 당위과학이 아닌가? 정신적 세계 내에서의 이념 형성의 가능성의 큰 문제: 여기서 규범적 이념들이 전제되지 않는가? 공동체의 가능성이 전제된다. 환경세계적으로 공통적인 자연이 전제된다. 그 본질 일반성 속에서 상호주관성으로서의 초월론적 주관성으로 되돌아 이끎. 환경세계적 자연 — 그리고 진리 자체에 대한 주제로서, 자연 자체라는 이념. 인식 규범, 인식하는 이성과의 관계. 만약 우리가 인식하면서 우리의 존재와 공동의 환경세계의 가능성을 숙고한다면, 이성과의 관계는 이미 전제된다.

자연의 세계와 그것에 편입된 주관성, 인격들. 이들은 실천적 주제이고 그 이전에 가치평가의 주제다. 가능한 목적 정립과 완전한 형태들 및 '스스로' 생성된 아름다운 형태들의 영역으로서의 세계. 미학의 규범과 실천. 완전한 인류, 완전한 인간, 완전한 개별적 행위 및 작업, 완전한 사회성, 완전한 문화 등의 이념. 자유에 근거한 완전성. 개별 인간적 자유와 사회적 자유의 원리들.

플라톤적 추동력에 따른 요구 사항[6]

1) 이성, 통찰은 가치 있는 철학적 인식을 일상적 인식과 구분한다. 그러나 명증, 철학적 능력에 호소하는 것으로는 충분하지 않다. 왜냐하면 서로 양립하지 않는 것으로 보이는 각각의 철학들도 여기에 근거하기 때문이다.

그러나 아무도 반박할 수 없고, 인식을 다루는 자로서 인식하는 자는 누구나 인정해야 하고, 인정하는 통찰이 있다. 즉 앞서 정립된 모든 목표는 불명료하거나 명료할 수 있다. 그런데 모든 이론이 그러한 것으로서 스스로에게 설정하는 목표에 대한 일반적 통찰은 모든 특수한 이론과 그 우연적 통찰에 선행한다. 그리고 그러한 일반적 통찰은 성공한다면, 모든 특수한 통찰보다 확신할 만하다.

학문의 보편적 목표는 무엇인가? 그리고 인식 목표는 언제 순수하게 만족되는가? 학문 자체에는 어떠한 형식이 속하며, 어떠한 형식적 규범이 속하는가? 또 어떠한 방법의 형식(행위 형식)이 속하는가?

가장 보편적인 목표: 참으로 그러한 대로의 세계의 의미. 일반적이고, 술어적인 진리로의 이행. 진리와 진리들의 통합된 다양체. 진리 자체에는

6　'요구사항'은 'Desiderat'를 번역한 것이다. 이 단어는 '바라지는 것', '원해지는 것'이라는 뜻의 라틴어 'desideratum'에서 온 것이다.

무엇이 속하는가? 인식 목표함의 방식으로 그리고 반대 방식으로, 의미의 절대적 동일성에서 통찰력 있게 성취될 수 있는 산출물. 명증은 절대적 동일자를 반복해서 직관하고, 자신이 동일자를 직관하고 있음을 직관하는 의식이며, 그러한 봄이다. 진정한 진리는 진정한 동일성으로부터 구축된다. 모든 진리는 무엇에 관한 진리이다. 그것은 기체를 갖는데, 기체는 동일한 것이어야 하며, 동일한 술어, 동일한 내적 술어와 외적 술어에서 동일한 것으로서 동일하게 규정되어야 한다.

2) 보편성으로서의 이념들. 그것들은 보편적 술어로서 나타나고, 많은 개별적인 것들에 귀속될 수 있다. 그러나 그것들 자체도 보편적 술어의 주어일 수 있다. 모든 규정들의 궁극적 기체인 개별적인 것은 진정한 진리 속에서 어떻게 규정될 수 있는가? 그러나 변하고 **생성하는** 동일한 것으로서 말이다. 생성은 무언가로부터의 생성이며, 생성 속에서 동일하게 존재함이다. **상대적** 규정들의 기체로서 말이다. 왜냐하면 그럼에도 모든 개별적 규정은 개별적 상황들에 의존적이기 때문이다. 감각적 사물은 서로에 대해 의존적이고, 서로와 관련하여 그러한 것으로서 존재한다. 그러나 또한 인식하는 자와 그의 신체성 및 그의 우연적인 주관적 정신의 상태와 관련해서 그렇게 존재한다.

감각적이고 개별적인 어떤 것도 현실적인 것으로서 정립하지 않는 이념적 판단은 무조건적으로 통찰될 수 있음이 확실하다. 그러나 이념은 규범과 다른 것인가? 결국, 진리 속에 존재할 수 있어야 하는 가능한 개별적인 것들에 대해서 말이다. 이념적 진리는 존재의 가능성의 규범이다. 물론, 진술될 수 있는 것인 한에서의, 이념들의 존재 가능성의 규범이기도 하다. 그러나 궁극적으로는 개별적인 것의 존재의 가능성의 규범이기도 하다.

3) 그러나 내가 이 개별적인 것과 이 세계의 사실에 대해 판단하지 않고,

개별적인 존재 일반의 가능성의 조건을 숙고한다고 해도, 그럼에도 나는 개별적인 것 자체를 개별적인 것의 이념 아래에 세우는 이념-고찰 속에 있다. 그리고 보다 일반적으로, 내가 존재 일반의, (개별적인 것이든 자신의 편에서 이념으로서이든) 존재할 수 있어야 하는 '무엇' 일반의 가능성의 조건을 숙고한다고 해도, 나는 이념으로서 혹은 이념적 보편성 속에서 '무엇' 일반을 숙고하는 것이다. 형식적으로 이념적인 보편성 속에서의 '무엇' 일반(및 이러한 '무엇'의 양상들)과 개별적인 '무엇'은 구분된다. 그리고 다시, 이념적 보편성 속에서 개별성의 양상들도 구분된다. 그러나 더욱이, 개별성의 규범을 숙고할 때 나는 자체가 다시 이념적인 것인 특수성들의 특정한 유형들을 아직 가지고 있지 않음을 알게 된다. 인간이라는 이념, 인간적 신체라는 이념, 동물 및 동물적 신체라는 이념. 그리고 감성과 감성의 특수한 유형이라는 이념, 색의 이념, 음의 이념도 여기에 속하지 않는가? 결국 모든 유와 종의 심리적인 것에 관한 이념도 여기에 속하지 않는가?

여기에서 하나의 요구사항이 있다. 플라톤주의자는 영혼, 주관성이 이념의 실재라는 점, 그리고 이념을 직관하고 그것을 통해서 인식을 수행해야 하는 자라는 점에 의해 인도된다.

4) 이념들의 원리적 집단들을 구분할 때 관건은 '최상위' 이념이다. 이들은 다양한 방향, 다양한 일반화 방식을 통해 '최상위'로서 획득된 것이다. 일반화의 이러한 방식과 이와 같은 '최상위'의 특징은 무엇인가? **플라톤**은 아직 감성에 매여 있는 수학적 이념들과 순수한 이념들을 구분한다. 이것은 (비록 플라톤이 그 당시에는 산술의 판단에 매여 있었을지라도) 질료적 이념들과 순수 논리적 (그리고 순수 가치론적이고 실천적인) 영역의 형식적 이념들 ― 이때, 하나는 실재적 직관으로부터 도출되고, 다른 하나는 그렇지 않다 ― 의 구분을 앞서 지시하지 않는가? 그리고 질료적 이념들이 가정

(ὑπόθεσις)의 방법[7]을 통해 직관에서 해방된다는 생각은 형식적 수학화로서 공간 형식의 수학화를 지시하지 않는가? 그러나 그 질료가 수반되어야 하는 질료적 이념 없는 세계 인식이 있을 수 있는가? 그래서 개체화를 만드는 휠레(ὕλη)의 문제만이 아니라, 질료와 형식의 문제가 이념들의 영역에서 조차도 등장한다.

5) 다른 한편 점진적 참여(μέθεξις)로서 접근의 문제.

감성적 소여나 경험에는 '혼란된', 불완전한 생각이 있고, 이것의 완전성이 이념인가? 규범화란 이념을 부여하는 것이다.

사물, 객관적 존재, 그리고 그 아래 인간과 동물은 경험을 통해 주어진다 ― 존재의 완전성의 등급에서 존재와 비존재 사이에 떠 있으면서, 그러나 결코 '참으로 존재하지는' 않으면서. 감성적 진리는 순수한 진리가 아니다.

이념들 ― 이념들의 진리

우리가 감각적 진리를 안다면, 우리는 감각적 진리가 참여하는 (이념들의) 다양한 '참된 존재'를 끌어와서 어떤 방식으로 감각 사물에 대해 뭔가 인식할 수 있다. 말하자면, 감각적 진리가 인식된 이념에 접근한다. 그러나 사물은 그 상대성 속에서 언제나 새로운 감성적 진리를 감성적 개념과 함께 산출한다. 모든 그러한 진리를 방금 말한 방식으로 변형하는 것은 아무 쓸모가 없다. 왜냐하면 우리는 그것을 통해, 진리 자체로서 언제 어디

..

7   휘포테시스(ὑπόθεσις)는 '가정'이나 '전제'를 의미하는 그리스어다. 가정의 방법은 플라톤의 대화편 『메논』에서 소크라테스가 사용하는 방법으로, 추론이나 탐구를 시작할 때 그 출발점으로서 가정을 설정하는 것이다.

서나 모든 인식하는 자들에 의해 통찰될 수 있는 진리에 도달하는 것이 아니기 때문이다.

그러나 경험을 이념들과 관련짓는 방법이 있지 않은가? 경험이 부여하는 개별적인 것을, 모두(통찰하며 살아가고, 통찰력 있는 방법을 산출하면서 자신의 감성으로부터 출발하는 모두)가 동일한 이념적 형성물을 산출할 수 있게 해주어야 하는 규정하는 순수 이념들에 관련짓는 방법이 있지 않은가?

주관성과 그 신체성에 의존함, 사물이 사물적인 상황에 의존함.

세계는 상호주관적으로 주어진다 — 정상적인 주관성의 경우 통상적으로 일치하지만, 물론 **대략** 일치한다. 정상성이 규정되지 않은 채 남아 있고, **대략** 일정하다면, 그럼에도 불구하고 정상성이, 알려지지 않은 규범에 이념적으로 상응하는 것으로서 미규정적으로 생각될 수 있고, 일정하게 실천적으로 다루어질 수 있다면, 접근의 방법의 방식으로 모든 개별적인 것을 그 참된 존재에 따라 규정하는 방법이 있다. 그렇다면 경험적인 것을 순수하게 취하여, 이념적 가능성과 이념들을 연구하는 순수한 가능성 고찰 속에, 가능한 구체적인 규정들을 위한 '전형들'을 구성하는 과제가 생기리라. 다양체론.

플라톤적 의미에서 그 어떤 모든 현출하는 것은 참되게 존재해야 하는가? 그리고 모든 것에 대해 진리 자체가 있어야 하는가?

현출하는 것의 **흐름**의 맞은편에 있는 **일자**이지만 경우에 따라서는 현출하는 것에 속하는 이념 규정적 진리의 맞은편에서, 이러한 현출하는 것 자체도 '그 자체 무엇'이 아닌가? 그리고 모든 구별 가능한 국면, 모든 흔들림과 흐름도 '그 자체 무엇'이 아닌가? 어떤 방식으로 존재하지만, 그럼에도 불구하고 '절대적' 진리 속에서 개별적으로는 규정될 수 없는 것이 아닌가? — **파르메니데스**의 **비존재자**는 **존재한다**! 존재의 두 개념.

흐르는 모든 사물 현출을 다루는 전체 주관성 자체는 고유한 삶 속에서만 규정되지 않는가? 그러나 개별적으로 진술 불가능한 것의, 진리 속에서 자체로 표현될 수 없는 것의, 확정될 수 없는 것의 무한한 주체가 아닌가? 그럼에도 불구하고, 흐름 속에서의 삶이 무한한 계기의 본질에서뿐 아니라, 학문적으로 그것의 유형 속에서, 보편적 본질 속에서 인식될 수 있는 무한한 주체가 아닌가?

유형적 개념과 정밀한 개념. 순수 동일성 속의, 가능한 동일성의 이념적 가능성 속의 사유. 동일성의 가정

상대적 충족. ─ 플라톤은 경험은 언제나 한갓 억견(δόξα)일 뿐이라고 본다. 실제로 그렇다 ─ 계속해서 충족되지 않은 지향으로서 그렇다. 그리고 플라톤은 있음(Sein)과 그렇게 있음(Sosein)에 대한 진술에서 참된 것이 절대적으로 동일한 일자로서 존재자의 이념에 '참여함(Anteilhabe)'을 본다. 그리고 다시 동일하게 하나인 이념으로서, 동일한 유형의 존재 등으로서 진술된 성질에 참여함을 본다.

모든 경험적 진술은 진리를 참칭하지만, 결코 진리 자체는 아니다. 진리는 도달할 수 없이 멀리 놓여 있다. 진리는 어느 정도 경험적 진술과 닮아 있고, 경험적 진술은 다소간 완전하게 진리를 그려내지만, 그럼에도 진리는 도달할 수 없는 이상으로서, 필연적으로 무한에 머물러 있다. 그래서 경험적 진리 자체는 결코 진리가 아니고, 다만 접근할 수 없는 것, 초월적인 것에 대한 유사성 기호일 뿐이다.

다른 한편, 순수 이념으로서의 이념은 이념적으로 동일한 것으로서 그 자체로 '직관될' 수 있다. (우리 지상의 존재들에게만 필요하다고들 말해지는) 감성의 목발에 의지하여 우리는 이념들로 날아오를 수 있다. 그리고 우리는 이념을 대상으로 바라볼 수 있으며, 대상과 관련하여 이념적 진리를 진술할 수 있다. 이념의 진리는 순수한 것과 관련된 것으로서 (불명료한 사유와 말에서가 아닌 한) 지시(Anweisung)가 아니라 순수한 이념 직관 속에서 실제로 도달 가능한 진리다.

플라톤은 사태를 이렇게 이해한다. 감성적 진리(**칸트**가 지각 판단이라고 불렀을 경험적 판단)는 이념적 진리를 지시한다. 그런데 이념적 진리는 감성적 진리에서 닮았다고 참칭되는 것으로서는 전혀 존재하지 않는다. 왜냐하면 감성적 대상에서, 감성적 대상의 흐름과 상대적인 것 속에서는 여기서 주어지는 어떠한 그러한 참된 존재도 밝혀질 수 없기 때문이다. 주어지는 것은 그저 상대적인 것, 흐르는 것, 상대적으로 동일한 것일 뿐이다. 그래서 전혀 동일한 것이 아니다. 개별적인 것에서의 닮음은 어떠한 절대적 진리도 부여될 수 없고, 내다볼 수 없는 그러한 닮음이다. 왜냐하면 그렇다면 감성이 표상하는 개별적인 것은 결국에는 더 이상 상대적인 것이 아닐 것이기 때문이다.

진리의 최종성

럼에도 불구하고, 플라톤과 더불어, 극단적인 이성주의가 개입한다(가장 넓은 의미에서는 경험주의도 이성주의적이다). 이에 따르면 순수한 이념적 직관만이 존재하는 것 자체, 참된 존재 자체를 직관하게 하고, 순수한 이념적 진술들만이 그 자체로 진리로서 인식될 수 있다. 바꾸어 말하자면, 오직 필증적으로 명증적인 소여만이 그러하다. 그러니까, 직관에 토대하여 절대적으로 포기될 수 없는 방식으로 직관되는 소여, 바로 그러한 직관에서 인식될 수 있듯이, 어떠한 직관된 것도 다른 직관된 것과 다툴 수 없고, 어떠한 직관도 다른 직관을 폐기할 수 없는 방식으로 직관되는 소여만이 그러하다. 한마디로 말하자면, 절대적으로 근거 지어진 진리들만이 진리이다. 그래서 학문은 자신의 명제의 절대적 정당화를 추구해야만 하고, 오직 그러한 명제들을 주는 한에서만 학문이다. 그래서 본래적인 학문은 다만 '이념'적 학문이다. 그러나 이러한 감성과 흐르는 그림자 세계는 사정이 어떠한가?

절대적 존재의 직관, 절대적 진리의 포착

직관하는 자는 반복적 직관 속에서 동일한 규정성들을 지닌 동일한 것을 직관하고, 동일한 것을 언제나 다시 절대적으로 동일한 것으로서 인식한다. 그것은 직관하는 경험 속에서 한 번은 이렇게 다른 한 번은 저렇게 산출될 수 없다. 그것이 어떠한지를 기술하는 언명을 포기할 어떠한 가능성도 없다. **이념적이다.** 이념적 존재는 다양체이고, 다양한 관계들 속에 서 있다. 그러나 관계의 변화 속에서 그것은 절대적으로 동일한 고유한 본질을 보유한다. 그리고 그러한 본질을 통해 그것은 관계들 자체를 근거 짓는다. 그것은 모든 생각 가능한 관계들 속에서 동일하다. 관계 술어들은 변하지만, 관련이 없는 것들과는 분리된다. 이념적인 것에 관한 모든 관계 진술은 그 자체도 이념적인 것이다. 그러나 경험적 존재는 동일하게 머물러 있는 고유한 본질을 오직 겉보기로만 갖는다. 겉보기에 고유 본질적인 모든 것은 시공간적 관계들과 더불어 변화한다.

사실적인 역사적 발전 속에서 그러한 통찰은 처음부터 주도적일 수 없었다. 처음에는 관심이 참된 진술의 형성물로 향했다. 그러니까 존재한다고, 그리고 무엇이라고 참으로, 참된 진술 속에서 진술될 수 있는 그러한 것으로서의 참된 존재자를 향했다. 자신의 학파에서 **아리스토텔레스**의 주의를 사로잡은 것은 복잡한 모든 진술이 환원될 수 있는 (판단하는) 진술의 다양한 유형 형태들이었다. 그리고 추론의 형식들, (즉) 어떤 진술들이 다른 진술들 안에 일관적으로 포함되어 있음과 포함되어 있지 않음의 형식들이었다.

고찰의 도입은 방법론적인 것이었다. 판단과 진술은 판단하는 행함의 형성물이다. 모든 정신적 산출물과 마찬가지로 여기서도 산출하는 주체, 산출물이 점진적으로 실현되는 과정으로서의 행위, 그리고 그 안에서 지속적인 존재로 완성된 산출물 자체가 문제시될 것이다. 그러한 산출물은 여기서는 진술, 판단하는 자가 자신의 획득된 지속적 확신으로서 다시 되돌아올 수 있는 판단이다.

(여기서 동시에 연역 이론 일반의 연역 이론을 위한 주요 부분이었던) 연역 이론의 근본 부분으로서의 삼단논법의 핵심 이론에서 시선은 본질적으로 (통찰적) 추론에 선행하는 형성물인 전제에 머무른다. 그리고, 전제들에 후행하는 결론적 판단에 머무른다. 그러나 또한, 추론적 행함 내에서 저 둘로부터 구축되는 통일적 형성물로서의 전체 추론에도 머무른다 ― 이것은 셈하고 계산하는 사유에서 수가 산출됨과 아주 마찬가지다. 그러나 산술적으로 산출할 때, 시선은 확장되고 생겨나는 산출물에 머무르고, 이때 동시에 산출함의 통일체로서의 행위의 전체 연관에 머무른다. 여기에서 잇달아 있는 개별적인 수뿐만 아니라 수 연관(가령 합산, 같음이나 다름의 관계)도 통일체적 형성물이다. 마찬가지로 논리적 이론화함에서 시선은 추론함의 연관 형성물로서의 추론에 머무른다.

시선은 본래적으로 **행위함**의 주관적인 것으로 향하지 않고, 주관적 삶과 노력의 모든 변화에 머무르지 않으며, 반대 방향인 대상적인 방향에서 나타나는 것으로 향한다. 그것은 바로 통일적 **행위**이다. 이러한 통일적 행위 속에서 이러저러한 전제 형성물로부터 이러저러한 결론 명제가 통일적으로 나타나고, 형태(가령 추론된 확실성 명제)를 갖고, 필연적 귀결의 성격 속에서 나타나고, 산출된다.

물론 산출하는 자아는 항상 거기에 있으며, 일반적—학문적이거나 철학적인 반성 태도 속에서 '그 어떤' 판단하고 추론하는 자아 '일반'이 거기에 있다. 그러나 그의 의식 내면성, 그의 심리적 작용과 능력은 거기에서 이러한 일반성 속에서 문제시되지 않고, 시선과 주제적 고려 속에 있지 않다. 전제되는 것은 다만 우리가 해당 작용을 통찰적으로 수행하는, 추론하는 행함 속으로 우리를 '옮겨놓는다'는 것뿐이다. 그리고 이것은, 누군가가 도출하는 추론의 사례를 우리가 산출적 생성 속에서 떠올림으로써 일어난다. 가령 목수가 실천적 과제의 가능성을 숙고할 때 그는 산출적 행위함 속으로 곧장 자신을 옮겨놓는데, 그때 그는 객관적 행위만을 표상한다. 그의 심리적 주관성이 이러한 옮겨놓음의 주제가 되어야 하는 양 그의 심리적 주관성을 표상하지는 않는다. 이러한 목수와 마찬가지로 우리는 우리 자신을 옮겨놓는 것이다. 행위에 대한 모든 숙고는 그러한 객관적 행위를 객관적으로 표상하게 하고, 이로써 행위함 속에 자신을 옮겨놓을 가능성을 전제한다.

또 다른 예가 나중의 숙고를 위해 우리에게 유용할지 모른다. 지각함도 행위함이다. 비록 일반적으로 우리가 본능적 활동이라 부르는 저 다른 단계 속에 있는 행위함이긴 하지만 말이다. 나무가 우리에게 관심을 불러일으키고, 우리는 그쪽을 본다. 그리고 목격자 진술에서처럼, 우리가 그쪽을 보았다는 **사실**도 나중에 관심의 대상이 될 수 있다. 이러한 바라봄은 눈을 활동적으로 움직임 속에서 시선을 이동시킴으로서, 유리한 위치를 선택함 속에서 신체를 돌리고 비켜섬으로서 수행된다. 다른 감각과 감각 기관, 그리고 함께 속하는 주관적 활동들도 그 역할을 수행할 수 있다. 그러나 관심이 머무르는 것은 오로지 객관적인 것, 이 나무 자체, 이 사물 자체, 그리고 그것들에 의해 지각적으로 파악되는 것이다. 그러나 자아–반성에서는 오로지 "나는 파악한다", "나는 만진다", "나는 본다", 경우에 따라서는 "나는 더 가까이 간다", "나는 머리를 숙인다" 등에 시선이 머무른다. 이때 나는 자신의 대상성을 갖고 자연적 지각 판단("나는 이러저러한 것을 보고, 그것으로부터 지금은 이러한, 다음에는 저러한 특수한 규정성들 내지 측면들을 본다"와 같은 지각 판단)에서는 자신의 진술 방식을 갖는 이러한 사물 연관과 행위의 (말하자면) 공허한–극으로 남아 있다.

여기서 더 나아간 반성이 가능하다는 사실, 이때 다양한 현출 방식 속에서 자아 행위의 대상적 통일체로서, 그리고 다양한 현출 방식의 통일체로서 제시되는 것, 변화하는 관점, 동일한 것으로서의 동일한 것의 여러 가까운 관점과 먼 관점, 고유한 신체의 경우에 따라서는 변화하는 특수한 관점, 더 나아가 이것으로부터, 새로운 주관적인 계기 그러니까 객관적 외면성에서 내면성으로 이끌어오는 주관적 삶의 계기들의 반성 방향이 등장한다는 사실에 대해 자연적으로 외부로 향해진, 그리고 자연적으로 주관적으로 향해진 인간은 아무것도 알지 못한다. 그러한 인간이 보는 그 주관적인 것, 그가 객관적 실천을 위해 그리로만 자신의 시선을 향하기 때문에, 실천적 삶에서 이야기의 대상이 되는 유일한 것인 그 주관적인 것은 언제나 '객관적인 것', 즉 생생하게 흘러가지만, 포착되지 않고, 경험되지 않으며, 그럼에도 의식의 장에 놓여 있는 다양체들의 '통일체'인 그 '무엇'이다. 이 자연적으로 객관적인 것이 자연적인 방식으로는 경험의 첫 번째 것이며, 그것과 지속적으로 하나인 자연적으로 주관적인 것이 자신의 편에서는 이미 두 번째의 것이나, 반성에서는 첫 번째의 것이라는 사실, 그리고 이 양자가 실천의 시선이 때로는 곧바로, 때로는 반성하면서 돌아다니는 자연적인 경험의 장을 형성한다는 사실은 이미 분명하다. 그리고 다시, 더 나아간 반성은 이러한 반성의 발판으로서 소여의 이러한 첫 번째 반성 영역을 이미 전제한다는 사실도 분명하다. 왜냐하면 아직 보지 못하고 파악하지 못한 채로 있는 것은 경험된 것과 나란히 옆에 놓여 있는 것이 아니라 경험된 것을 '통일체'로서 자신 안에 지니고 있기 때문이다.

그래서 주관적인 것, 즉 진술하면서 판단하고, 추론하고, 인식과 진리를 추구하는 자의 행위하는 삶에 속하는 심리적인 것의 저 깊은 차원과 관련해서도 그러하다. 이것으로, 기술(τέχνη)로서, 기술론으로서, 진정한 인식으로 향해진 철학함의 방법론이고자 했던 최초의 논리적 연구가 필연적으로 최초의 것이어야 했던 방식이 이해된다.

부록 7(5강에 대하여)

플라톤과 이념 수학의 정초

무엇보다 **수학**은 플라톤의 변증론에서 수행된 주관적–방법론적 예비 작업 덕분에 비로소 자신의 특수한 학문적 특징을 획득하게 된다. 수학은 경험적으로 직관적인 공간 형성물과 수 형성물을 그것들 속에서 논리적 통찰(이념 직관)을 통해 끄집어내어 직관될 수 있는 순수 이념들(즉 저 감성적 형성물이 다소간 완전한 참여 속에서 접근하는 이념적 극한)을 위한 발판으로 사용하면서, 저 직관적 형성물들을 떠남으로써 비로소 **순수** 기하학과 산술학이 된다. '순수' 수학만 그러한 초경험적인 점근의 이념들(순수한 통일체, 순수한 집합과 수, 순수한 점, 순수한 직선 등)과 관계한다. 그것들이 직관되고 철학적 관심의 중심에 놓일 때에야 비로소 진정한 이론과 학문(그러니까 진정한 의미에서 정초하고 필증적 원리들을 필증적으로 설명하는 학문)을 낳는 진정한 원리들이 직관될 수 있다. 플라톤이 그에게 역사적으로 미리 주어진 학문을 그러한 진정한 이성적 학문의 한갓 전단계로 평가했다(그렇다고 그 때문에 그러한 것으로서 사소하게 평가하지는 않았다)는 사실을 플라톤은 『국가』의 결론부인 VI장(20, 21)에서 완전히 명료하게 표명했다. 수학자는 그들의 명제가 마치 눈에 보이는 (칠판에 그려지거나 혹은 감성적 상상 속에서 구상된) 형태들에 타당한 것처럼 말한다고 플라톤은 설명한다. 그러나 그들의 본래적인 지향은 — 그들이 이 점을 순수하게 의식한 것은 아니지만 — 볼 수 있는 것으로는 전혀 향하지 않는다. 그들의 지향은 감성적으로 볼 수 없지만 생각하면서 통찰할 수 있는 것을 향한다. 따라서 이러한 수학은 아직 한 발로는 감성에 서 있다. 그것은 경험적으로 함께 사용되는 모든 경험적 공동 사용으로부터 자유로운, 순수 이성에 근거한 진정한 이념적 수학이 아니다. 플라톤이 생각하기에, 일상적인 말과 상론이라는 의미에서의 모든 학문도 사정은 마찬가지이다. 이러한 학문은 구체적인 학문, 학문**으로서의** 자신의 의미를 순수한 방식으로, 완전히 의식적으로 충족시키는 본래적인 철학적 학문의 한갓 전단계일 뿐이다.

이제 이러한 사유는 플라톤과 마찬가지로 플라톤의 제자들의 학문적 작업을 이끌었고, 그러한 작업의 변형 속에서이기는 하지만, 또한 아리스토텔레스의 학문적 작업을 이끌었다. **유클리드**의 『원론』에서 최초의 구체적이고, 모범적으로 수행된 학문의 구상이 플라톤 자신, 테아이테토스, 에우독소스를 통해 수행된 앞선 작업을 토대로 하여 자라난다. 이 학문은 순수 합리성의 새로운 이상을 향한다.

플로티노스의 이론에 대한 주해

플로티노스의 『에네아데』V,4,1에 따르면, 만물의 시작에는 완전한 일자, 절대자, 단순자, 혼합되지 않은 것, 다른 모든 것과 다른 것이 있어야한다. 이후 결합되고 복합된 것이 저것으로부터 발생하고, 저것을 **통하여**존립한다. 이러한 완전한 일자는 사유(지성voῦς)일 수 없다. 왜냐하면 이 개념은 이중적인 무언가(지성voῦς과 지성에 의해 알 수 있는 것들voητόν)를 의미하기 때문이다. 일자는 선이고, 신이다. 일자는 모든 사유 너머에 놓여 있다(ἐπέκεινα). 이것은 우리의 이해에 있어서 하나의 경이이다.

봄(감성적 세계) — 이해함(지성적 본질들) — 직관함(일자). 영혼은 모든 외면적인 것과 빗나가게 하는 것으로부터 해방되어야 하고, 일종의 도약(ἀνακινεῖσϑαι)을 자신에게 주어야 한다. 그러면 영혼은 완전한 순수성과 고요 속에서 자기 자신에게 집중하여 이를 통해 신성을 직관할 수 있게 된다(V,8,19; VI,9,5–11). 그러면 예기치 않게 신성이 온다. 신성으로 올라간다.

직관함과 직관된 것의 모든 차이는 사라진다. 탈아(Ekstase)는 오래 견딜 수 없다. 후에 영혼은 직관된 것에 대한 어떠한 정보도 줄 수 없다.

모든 사물은 그것이 일자에 참여하는 한에서만 실존을 갖는다. 모든 사물은 자신의 전형을 (정신νοῦς에 포함된) 이념들에서 갖는다. 그러나 일자는 이념들보다 높이 있다. 그것은 이성을 넘어선 것, 아름다움을 넘어선 것이다.

모든 파생된 사물의 추구의 근거로서, 윤리의 절대적 목적과 내용으로서, 일자는 '선'이다. 모든 다른 사물들은 이것과의 연관을 통해서 좋음의 형상을 지닌다(ἀγαθοειδής).

일자는 자신이 끼치는 영향에서 인식된다. 작용하는 힘으로서 일자에는 활동성(ἐνέργεια)이, 그러니까 기체 없는 절대적 활동성이 귀속된다. 플로티노스는 '필연성의 창조'에 대해서도 이야기한다.

VI권 8절 전체는 자유 의지를 다룬다. 우연은 결정하지 않는다. 감성적이고 초감성적인 전체 세계는 우연이 아니라 정신(νοῦς)으로 소급한다. 원인은 언제나 결과보다 완전해야 한다. 그래서 우연이 결정했을 수는 없다.

따라서 일자는 생성되도록 스스로를 결정했어야 한다. 그러한 한에서 일자는 의지를 소유한다. 선이 그러한 것은, 선이 그러함이 최선이기 때문이지, 선이 그렇게 강요되었기 때문이 아니다.

참된 자유는 방해받지 않고 선을 추구할 수 있다는 데 있다. 반대로 할 수 있다는 것은 무능의 표시일 것이다.

'선'은 '선을 넘어선 것(Übergute)'으로 부르는 것이 낫다. 모든 파생된 것의 절대적 원인, 절대적 목적으로서 말이다. 왜냐하면 자신의 완전성과 무한성에 의해 일자는 사유를 벗어나며, 모든 개념 너머에 숭고하게 있기('너머에 놓여 있기') 때문이다. 그것은 이미 개념에 앞서 있었고, 개념에 의해 포괄되지 않는다. 여기에는 아직 보다 심오한 진술이 있다.

"어디로부터?"라는 물음은 일자에 부적합하다. 일자는 궁극적 원인이다. 근거에 대한 그 이상의 탐색은 불가능하다. 모든 규정은 이미 보다 상위의 근거를 전제하고, 절대적인 것에 모순된다. 그 때문에 일자는 한계 없이, 형태와 형식이 없이(ἀνειδής), **미규정적**(ἄπειρον)이다. 질이 아니고 양이 아니며, 지성이 아닌 영혼이다. 공간적으로 제한되지 않고, 시간적이지 않으며, 시간 이전의 것이고, 영원하다. 어떠한 운동도 없다.

어떠한 욕망도 없다(아무것도 필요하지 않다). 본래적인 의미에서 (다른 것으로 향해진) 어떠한 활동도 없다. 어떠한 사유도 없고, 어떠한 의식도 없다. 사유에는 필연적으로 사유하는 것과 사유되는 것이 속한다. 정신(νοῦς)은 자기 자신을 생각한다. 그러나 여기에는 여전히 개념적 분리가 남아 있고, 이중성이 단일성으로 결합되어 있다. 일자는 자기 자신을 생각할 수 없고, 다른 것은 더욱더 생각할 수 없다. 그렇지 않다면, 또 다른 것이 필요할 것이고, 그것은 완전한 단일성이 아닐 것이다.

일자가 **존재한다**는 것조차 말할 수 없다. 모든 존재는 다중적이고, 여러 규정들을 갖는다. 일자는 존재의 원인이다. 일자는 말할 수 없고, 명명할 수 없다(ἄρρητον). 본래적으로 관계는 선이기도 하고 '원인'이기도 하다. 우리는 이를 통해 본래적으로 그것에 대해 진술되는 것이 아니라 우리의 관점으로부터 진술되는 무언가를 이야기한다. 왜냐하면 **그것**이 자기 자신 안에 머물러 있는 동안 우리는 그것에 대해 무언가를 가지기 때문이다.

쿠자누스[8]의 본질 직관론

망케(Mahnke)가 자신의 라이프니츠 저작(프라이부르크 대학 박사학위 논문) 1부 주석에 쓴 **니콜라우스 쿠자누스**(Nicolaus von Cusa) 저작의 인용문으로부터 쿠자누스는 '이성적' 인식을 이상적 자연 설명으로 이해했다는 사실이 분명해지는 것 같다.

인간 정신이 창조한 수와 도형의 세계는 현실적인 것과 정확히 일치하지는 않고, 한갓 '추측에 의한 세계(*conjecturalis mundus*)'이다. 이 세계는 그러나 다각형이 (변의 수가 무한해지면서) 원에 접근하듯이 무한한 인식의 전진 속에서 참된 세계에 접근한다.

:.

8 니콜라우스 쿠자누스(Nicolaus Cusanus, 1401~1464)는 독일의 철학자다. 스콜라 학파로부터 휴머니즘으로 넘어가는 과도기의 인물이다. 신플라톤 학파의 사상적 영향 아래에서 독창적인 신비주의 사상을 갖고 있었지만, 자연의 인식에 수학적 방법을 사용하는 것의 중요성을 인정하고, 미적분학을 예견했다.

"인간 정신은 가능성에 따라 창조하는 자연의 생산력에 참여한다.[9] 전능한 형상의 상(像)으로서의 자기 자신으로부터"— 사유하는 인간은 창조하는 신의 자기 초상으로서도 표현된다 —"인간 정신은 실재적 존재와의 유사성 속에서 이성의 존재를 끄집어낸다."

이러한 이성적 인식보다 '지성적' 인식, 이견 없는 이성(*ratio sine dissensu*), 정신적 봄(*visio mentalis*), 직관(*intuitio*)은 더 높이 존재한다. 그것은 다름 아닌 본질 직관인 것 같다. 『포세스트에 관한 대화(*Dialogus de possest*)』[10]에 따르면 실존하는 모든 것은 현실성 속에서 존재**할 수 있**기 때문에, 우리는 여기서부터 절대적인 현실성을 바라본다(우리는 본다 *conspicimus*). 현실성 속에 존재하는 모든 것은 절대적 현실성(*actulitatem absolutam* = *possest* = Wesen)을 통해 그것으로서 존재한다. 예를 들어 마치 우리가 가시적인 눈에 있는 하얀 무언가를 보면서 하양(*albidinem*)을 지성적으로 끄집어내어 직관하듯이(*intellectualiter intuamur*) 말이다. 이러한 하양 없이 하얀 것은 하얄 수 없다.

∵

9 '참여한다'로 번역한 독일어 'Anteil haben'은 플라톤의 참여(μέθεξις) 개념의 번역어다.

10 '포세스트(*possest*)'는 쿠자누스가 '가능성(할 수 있음*posse*)'이라는 말과 '현실성(있음*est*)'이라는 말을 결합하여 만든 개념이다. 가능성과 현실성이 통일된 존재를 뜻한다.

데카르트와 회의

I. 세계 인식으로서 인식의 불가해성 ─ 인식함의 주관성 속에 포함된 것으로서의 세계 존재 자체. 회의는 이러한 '단순한' 주관성 속에 근거를 가진다.

II. '필증적으로 주어진 유일한 것'인 자아로 되돌아가면서, (실증적) 학문을 철저히 정초하는 문제. 간접적('추론적') 인식으로서의 학문은 연역 추론의 통일성 속에서 필증적 자아로 되돌려져야 한다.

III. 추가. **데카르트** ─ 그의 독창성과 그의 착오 ─ 자아는 '순수한 영혼'이며, 그 속에서 '세계'는 인식의 상관자로 이해된다. 순수한 영혼 속의 세계 표상. 절대적 인식 정초 = 순수 영혼으로부터 '외부 세계', 영혼 밖의 세계로의 실재론적 추론 방식.

I

존재하는 세계는 인식을 통해서 나에 대해, 우리에 대해 존재하는데, 그 세계 안에 우리가, 인식자가 존재한다는 인식의 수수께끼로부터의 출발. 인식, 그리고 인식함의 주관성 속에 포함된 것으로서의 인식된 세계의 불가해성

a) 객관적으로 향해진 의견과 인식, 좋거나 나쁜 의견과 인식, 명증적으로 증명하거나 증명하지 않는 의견과 인식이 인식하는 자인 나에게서 벌어진다. 그리고 나의 생각함이 객관적인 것, 존재하는 세계를 향해 간다는 것, 그것 자체가 나의 의견, 나의 경험, 나에게서 벌어지는 나의 확실함이다. 자명한 확신, (내가 인식하고, 학문적으로 인식하고자 하는) 이 세계라는 말에 놓인 존재(일반적으로 알려진 '세계'라는 의미를 지닌 존재)의 자명함은 바로 나의 자명함이고, 학문적 인식의 모든 물음에 기초가 되고, 단지 나에게 명시적으로 끄집어내어지지 않은 나의 생각이다.

모든 학문적 명제, 명제 형성물, 이론은, 그리고 잘못된 의견의 방식으로, 또한 통찰의 방식으로, 그리고 심지어 필증적 통찰의 방식 속에서 나에게 ― 나에게, 인식하는 자에게 ― 타당한 모든 것은 나 자신의 주관적 인식 형성물이 아닌가? 나의 생각 속에서 생각된 것, 나의 통찰 속에서 이러저러한 의미로 통찰된 것이고, 그 자체로 나의 생각함에서 분리할 수 없으며, 나의 생각함 자체에 속한 것이 아닌가? 그러니까 주관적인 것이 아닌가? 그리고 이것은 선학문적인 세계 사념에도, 심지어 (무비판적 경험으로부터 학문적 작업수행을 위한 학문적 경험으로 변화함에 있어 지속적인 토대가 되는) 세계 경험에도 타당하지 않은가?

추정된 모든 객관적인 것, 그러나 또한 나에게 참되게 존재하는, 그리

고 그런 것으로서 입증된 모든 것이 주관적인 것이고, 그 '존재 자체'에 있어서 주관적 형성물이라면, 입증함 자체가 나에게서의 작업수행함이 아닌가? 그리고 객관성은 확실한 진리 의미로서 완전히 원리적으로 주관적인 것이 아닌가? 그러나 이것은 어떻게 이해될 수 있는가? 작업수행의 형성물로서 객관성은 어떻게 이해되어야 하는가? 그때마다 인식하면서, 인식함을 겪으면서, 나는 수행하는 것으로서의 인식함 자체가 무엇이며, 어떻게 수행되는지에 관해 아무것도 '알지' 못할 텐데, 나의 의식 삶 속에서 소박하게 학문적으로 입증된 객관성은 어떻게 형성되는가? 인식하는 작업수행함 자체는 어떻게 주제화되고 그 자체가 인식되는가? 그러나 나의 모든 존재는 모든 의식 삶 및 의식적 작업수행과 더불어 이 세계 속에 객관적으로 존재하는 것인가?

b) "그것이 어떻게 이해될 수 있는가" — 여기에는 또한 이전부터 따라붙는 또 다른 주해가 있다 — 그것은 **회의주의**에서 온다.

객관성이 '단지' 주관적 생각이라면, 세계의 자체 존재는 하나의 기만이 아닌가? 그리고 이것은 모든 인식하는 자들에게 타당하지 않은가? 우리는 자신이 생각하고 증명한 것이 다른 사람의 그것과 일치하는 하나의 동일한 것임을 어떻게 알 수 있는가? 그럼에도 세계는 객관적 세계이어야 하고, 모두에 대한 즉자적 세계이어야 한다. 하나의 세계, **동일한** 세계, '이' 세계가 모두에 대해 존재한다는 **사실**을 나는, 그리고 인간은 도대체 어떻게 알 수 있는가? 각자는 단지 이 세계를 자신의 생각으로서 인식할 수 있을 뿐이다. 나는 동료 인간을 내 안에서 추정된 나의 동료 인간과 어떻게 다르게 인식할 수 있는가? 나는 "모든 인간에게 참인 것은 그에게 나타나는 것이다"라고 이야기해서는 안 되고, 단지 "나에게 참인 것은 나에게 나타나는 것이다"라고만 이야기할 수 있다. '모든 사람', 이것은 그 자체가 나를 넘어서지 못하는 나의 생각이다. 그래서 나는 **고르기아스**가 이야기한 것과 같은 유아론으로 끝난다. 객관적인 것은 없고, 객관적 학문도 없다. 단지 나의 존재와 나의 생각의 존재만이 있으며, 더군다나 필증적으로 주어진다. 다른 것은 전혀 생각할 수 없다.

그러므로 인식의 불가해성:

1) 인식하는 자의 내재적 작업수행으로서, 인식하는 자에게서 객관성이 인식 형성물로서, 주관적으로 인식된 것 자체로서 성취되는 작업수행으로서, 인식함은 어떻게 연구될 수 있는가? 이러한 작업수행의 전체 구조는 어떻게 해명될 수 있는가? 이때 결과물인 것은 나에게서부터 존재하고 내 안에 존재하지만, 그럼에도 객관적인 것이어야 한다. 이것은 다음으로 이끈다.

2) 인식하는 자인 내가 나의 인식적 작업수행 속에서 인식 형성물로서 **나를** 객관적인 것으로서 인식하고, 마찬가지로 타인들을 인식하며, 그들을 인식하는 자로서, 나 자신과 같은 인식 주체 일반으로서, 그리고 성공적이거나 실패한 인식 속에서 나와 공동체화된 그러한 것으로서, 요컨대, 객관화에 있어서 나와 대등한 공동 주체로서, 심지어 비판자 역할을 해줄 것으로 내가 기대하는 공동 주체로서 인식한다는 사실은 어떻게 이해될 수 있는가? 모든 인식함과 인식된 것은 내 '안에' 존재하고, 인식된 존재자로서 '나에-대한-존재자'이며, 그럼에도 나는 유일한 자아가 아니고, 나와 공존하면서 인식 공동체화를 통해 나와 더불어 객관적 존재자에 함께 책임을 지는 존재로서의 다른 자아가 나에 의해 인식되고 승인되어야 한다는 사실은 어떻게 이해될 수 있는가?

또한 나에 대해, 그리고 나에게 인식 가능한 (그리고 거기에 속하고, 나에게 생각 가능한) 타자들이 우리 모두에게 존재하는 것으로서의 동일한 세계의 공동 주체이며, 그러므로 인식 공동체화 속에서 우리 모두에 의해 의식적으로 구성된 것으로서의 동일한 세계의 공동 주체이고, 인간으로서 동일한 세계 속에 존재하고 인간으로서 동일한 세계를 인식한다는 사실은 어떻게 이해될 수 있는가?

역사적인 동기부여 속에서 회의적인 물음 설정이 선행하고 그것은 최초의 다음과 같은 물음에 대한 동기부여를 포함한다. 내가 그것을 통해 세계와 그 속의 다른 인간들을 의미와 존재 타당성에 따라 나에게 구축하는 내 안의 작업수행으로서의 인식을 나는 어떻게 이해하는가?

II

인식의 문제 대신 철학과 그 속에 포함된 모든 개별 학문을 철저하게 자율적으로 정초하는 방법의 문제

나 자신, 인식하는 자는 객관적 진리와 학문을 책임져야 하고, 학문의 궁극적 진리는 '필증적으로', 필증적 근거들로부터 내가 통찰 가능한 것이어야 한다. 참되게 정초된 학문은 어떠한 근거 지어지지 않은 선입견도 전제하지 않는 그러한 학문이다. 참된 앎이 가능하게 되어야 한다면, 근거 지음은 필증적 토대로부터 필증적으로 전진하면서 내가 추구하는 객관적 지식과 세계 학문의 구조에 내가 이르게끔 그렇게 수행되어야 한다.

존재하는 것으로서 나에게 타당한 모든 것을 나 자신은 그 의미와 함께 타당성 속에 정립했다. 혹은 그것을 인식하고, 경우에 따라서는 통찰력 있게 인식하는 것은 나의 가능성의 지평에 속한다. '객관적 세계'라는 명칭 아래에 서 있는 모든 것은 우선은 감성적으로 주어진다. 여기서 나는 착각에 빠질 수 있고, 심지어 추정된 존재를 삭제해야만 할 수도 있다. 나는 개별적인 것 일반에서 그렇듯이, 세계에 대해서도 직접적인 필증적 확실성을 지니는가? 경험됨에도 불구하고 세계가 존재하지 않는다는 것을 생각할 수 있지 않은가? 모든 의문, 의심, 부정은 존재하는 것으로서의 나 자신을 전제한다. 나에게 타당한 모든 것에서, 그리고 현실적인 것으로서든 가능한 것으로서든, 가상으로서든, 의미로서든 모순으로서든, 나에게 타당한 모든 것에서, 나의 존재는 존재하는 것으로서 거기에 있다. (그리고 존재하는 것으로서 이미 암묵적으로 전제되어 있다.) 나의 존재는 필증적으로 확실하다.

　여기에서 다음과 같은 자명성이 생겨나지 않는가? 즉 존재자의 근거 지음의 순서에서 이러한 나 자신의 존재가 선행하며, 나 자신의 존재만이 필증적 확실성을 통해 직접적으로 근거 지어지거나 언제든 근거 지어질 수 있다. 이러한 절대적 근거에 토대하여 나는 이제 모든 다른 존재의 근거 지음을 수행해야 하고, 객관적 학문, 철학의 근거 지음을 수행해야 한다. 여기에서, 객관적 학문은 '간접적'으로만, 추론을 통해서만, 그리고는 '나는-존재한다'의 직접적 근거에서 추론되고-근거 지어져서만 근거 지어질 수 있다는 사실이 '자명한 듯이' 놓여 있지 않은가? 그래서 나는 간접적인 — 추론적인 — 근거 지음의 길을 찾아야만 한다. 전통적으로 논리학은 간접적 인식함은 추론함이라고 이야기한다. 그래서 공리로서의 에고 코기토로부터 간접적 진리에 이르기까지 수학에서 진행되는 것과 같은 그 무엇이라고 이야기한다.

III

여전히 다음과 같이 말하는 것이 좋다.

데카르트의 새로운 인식의 문제는 자신 안에 자신의 인격적 의식, 자신의 경험함, 사유함 등을 갖는 우리 인간, 인간 주관성 속에서 어떻게 객관적 인식이 성립하는지 하는 문제가 원래 아니다. 데카르트의 독창성은 그가 보편적이고, 특별히 객관적인 학문을 궁극적으로 정초하는 방법을 찾으면서, "나 자신은 나에게 타당해야 하는 모든 진리와 현실성에 대해 책임이 있다, 나는 그 밖에 물어볼 사람이 없으며, 다른 사람에게서는 사정이 어떠한지를 물을 필요가 없다"고 이야기한 데 있다. 타인들은 그 자체로 나에 대해 존재하는 것이고, 나로부터, 나의 경험함, 사유함 등으로부터 존재한다. 그리고 모든 인간을 포함한 세계 전체도 그러하다. 나는 나 자신으로, 나의 고독한 에고 코기토로 돌아와야 한다. 그리고 나 자신 안에서 나 자신의 근거 지음들을 통해 인식을 객관적 인식으로 나 자신 안에서 정초해야 한다.

'감성'을 통해 나는 언제나 존재 확실성 속에서 미리 주어진 세계를 이미 갖고 있다. 그러나 나는 곧장 이것을 기초로 하여, 이것의 참된 성질들에 대해 물어도 되는가? 그것은 그저 나의 경험의 감각적 형성물이 아닌가? 나는 그것의 객관성을 어떻게 이해하며, 어떻게 근거 짓는가? 나는 그러므로 그것을 객관적인 것으로서 의문시해야 한다. 그러나 대답이 무엇이든 간에 질문하는 자인 나는 필연적으로 존재한다.

그러나 인간으로서나 나의 육체의 영혼으로서가 아니다. 나는 미리 나를 인간으로 갖는 것이 아니다. 나의 신체는 나에게서 객관적 타당성을 획득했거나 혹은 자신의 존재 진리를 획득해야만 한다. 그러나 의식—자아로서의 나의 존재(이러한 '순수한' 영혼, 자신의 사유된 것*cogitata*을 지닌 자신의 내재적 사유 작용들*cogitationes*의 이러한 자아)는 우선은 아직 객관적 영혼, 세계 속의 영혼, 의문시되는 객관적인 육체적 존재가 아니다. 그리고 그 영혼의 존재, 이 자아의 존재는 모든 물음과 의심 속에서, 모든 가능한 인식 운동 속에서 전제된다. 내가 묻거나 의심하거나 긍정하는 것이 무엇이든 간에 나는 이미 나 자신을 갖고 있으며 필증적으로 명증적으로 발견하는데, 자아의 코기토로서, 자아의 의식 삶으로서 자아의 존재에 속하는 것으로 갖고 있으며 발견하는 한에서 말이다. 내가 처음에 홀로 있는 인간이었고, 사유하는 자로서 홀로 있었다면, 이제 나는 새로운 홀로임 속에서 더 이상 인간이 아니라 자아(*ego*)다. 이러한 자아, 다른 인간들 중의, 그러므로 세계 속에 있는 나의 자아가 아니라 숙고하는 자의 '나의 자아'와 더불어, 초월론적 주관성이 발견된다. 타당성을 가장 철저하게 다시 물으면서 숙고하는 자인 나만이 이 초월론적 주관성을 발견할 수 있다. 가령, 타자는 그럴 수 없다. 타자는 '나에-대한-타자'이다.

여기서 세계 단념의 초월론적 태도를 취하는 이러한 자아(*ego*)와 인간-자아의 관계는 커다란 어려움이다. 여기서 순수한 일자(*monas*)를 사후에 세계 속의 영혼과 동일시하려는 최초의 거대한 유혹이 생겨나고, 그래서 나의 인간적인 주관적인 것의 맞은편에 있는 외부 세계의 초재를 자아로서의 나의 의식 영역 속에서 증명되는 세계로서의 객관성과 동일시하려는 유혹이 생겨나게 된다. 데카르트는 이러한 유혹에 빠져서 의식 세계 내지는 경험된 실재성, 사유된 것으로서 내적으로 증명될 수 있는 것을 한갓 관념들(*ideae*), 참된 객관적 세계의 표상, 그러니까 자아 밖의 외부 세계의 표상으로 간주하고, 실재론적 물음을 제기하는 근본적 오류에 빠져든다.

불합리한 실재론적 문제 대신, 전혀 알려지지 않은 익명의 의식 삶이 자신의 다양한 사유 대상들(*cogitata*), 다양한 현출 방식 등과 더불어 어떻게 보이는지, 그리고 여기서 자신의 의식 삶 속에서, 자체 존재, 모든 사람, 타자는 어떤 의미를 획득하는지, 원초성으로부터 타자로, 그리로부터 즉 자적 세계로 가는 길을 통해 객관성과 자체 존재의 모든 혼동은 어떻게 해결되는지를 해명하는 것이 참된 문제이다.

데카르트 비판의 어려운 점

I

데카르트는 순수 주관성의 제시를 내실적 실체의 제시로 이해하고, 모든 자연으로부터의 순수 주관성의 인식적 독립성을 그것의 실존에 관해 의심할 여지 없이 근거 지어지지 않은 다른 실체 유형(그리고 우선은 물리적 신체)으로부터의 인식적 독립성으로 이해한다. 다른 실체 유형은 불충분하게 근거 지어진다. 왜냐하면 명증을 통해 자아 속에 그것을 근거 짓는 것은 명증의 초재적 타당성의 문제를 내포하는데, 이 문제야말로 최초로 해결되어야 할 것이기 때문이다. 이러한 명증이 증명할 수 있는 정당성을 획득하자마자, 자연은 인식하는 자에게 정당하게 실존하고, 더욱이 자아와는 완전히 다른 유형의 실체 복합체로서 실존한다. 그러면 객관적 신체와의 경험적 연결에 의해 다른 자아들도 당연히 실존하게 된다(비록 타인경험에 근거하는 인식의 명석성과 판명성에 대한 연구가 빠져 있지만 말이다. 그러니까 이성적 물리학과 유사한 합리성을 지닌 이성적 심리학이 빠져 있지만 말이다).

이러한 사고틀의 불합리한 점은 어디에 있는가? 데카르트는 보편적으로 명증의 타당성을 증명하고자 한다. 그러나 명증 속에서 일어나는 것으로서, 오직 각 단계의 고유한 명증을 통해서 입증되는 것으로서의 모든 증명은 명증의 타당성을 전제하지 않는가? 내재적 명증의 타당성은 증명에 대한 의심에 처해질 수 없다. 진술되어야 하는 모든 의심, 명증의 의심스러움에 관한 모든 주장은 동일한 명증의 유형을 전제한다. 명증과 관련하여 세워진 모든 물음, 명증과 관련하여 수행된 모든 숙고는 명증을 전제한다. 초재적 명증의 타당성은 그것 자체가 내재적 명증을 통해 사실로서 보장되는 경우에만 의문시될 수 있다. 우리는 또한 (동일한 것을) 할 수 있다.

명증에 대해 어떤 종류의 이성적 질문을 제기할 수 있는가? 그리고 어떤 의미에서? 명증과 명증의 유형 일반이 '타당하고', 적실한지, 이제 그것이 정말로 인식하는 자가 그 존재에 대해 명증을 갖는 대상적인 것이라는 믿음에 정당함을 주는지에 대해, 가령 데카르트적 의미에서? 그러나 이러한 물음에 대한 이성적 대답은 어떤 모습일 수 있는가? 저 명증 속에서 추정된 것이 실제로 존재한다는 것을 내가 통찰한다는 것 외에 어떤 모습일 수 있는가? 나는 이러한 현실성에 관한 명증을, 그러므로 두 번째 명증을, 같은 의미에서 같은 대상성으로 향했어야 하며, 첫 번째 명증의 '정당함', 적절함을 재는 잣대가 되어줄 수 있는 그러한 명증을 최소한 가능하다고 여겨야 한다. 그러나 이제 내가 한 명증을 의문시한다면, 왜 다른 명증은 더 나은 근거를 가져야 하고, 의문, 의심으로부터 보호되어야 하는가?

여기서 완전한 명증과 불완전한 명증의 차이, 그리고 다양한 명증들의 차이가 제시된다. 이것들은 동일한 대상적인 것과 관계하지만, 대상적인 것의 측면들, 계기들에 따라서만 관계한다. 그래서 그것은 유보 사항을 가진 명증으로서, 내용적으로 다른 성질을 지닌 추가적 명증을 증명으로서 산출할 수 있으리라는 예상을 포함하는 확실성 속에서만 존재자를 가진다. 외적 경험에서처럼 말이다. 동일한 대상은 단순한 반복이 아닌 여러 명증들 속에서 주어질 수 있다.

여기에서 우리는 서로를 지시하는 다양한 내적 구조를 가진 명증들을 갖는다. 그리고 말하자면 그 자체로 우리에게 말하는 명증들, 우리가 그것이 어느 정도까지, 어떤 '유효 범위'와 어떤 조건을 갖고 정당성을 부여하는 것임을 주장할 수 있는지 물을 수 있는 명증들을 갖는다. 저 다른 경우들, 완전한 통찰과 반쯤 명료한 통찰과 불명료한 통찰의 차이에 대해 말하자면, 그것은 그 자체로 명증이다. 이 명증은, 그것 자체가 어떻게 취해져야 하고, 그것 자체가 명증으로서 무엇을 주었는지, 그리고 어떻게 이 주어진 것을 포함하는지에 대해 우리가 물을 수 있다. 그러면 우리는 불명료한 명증이 해명되고, 명료한 (근원적으로 불명료하게 입증하거나 정당화하거나 반대로 그것을 이러저러한 것에서 교정하는) 명증으로 변환될 가능성을 자기 안에서 앞서 보여주며, 우리가 만약 가장 완전한 의미에서의 인식을 원한다면, 이를 통해 우리에게 과제들을 부과한다는 사실을 알 수 있다. 우리는 여기서 명증이라 불리는 체험을 주시하고, 그러한 체험 자체에 무엇이 놓여 있는지 물어야 하지 않는가? 그러면 우리는 그것이 자체 파악의 체험이 아닌 그 밖의 의식의 규범이 되는, 추정된 대상성의 자체 가짐과 자체 파악의 의식임을 발견하게 되지 않는가? 명증의 적실성(Triftigkeit)의 가능성을 의심하는 것은 무의미하지 않은가?

II

한 걸음 더 나아가기 위해 자아의 실존과 자아의 코기토-영역이 세계 실존에 대해 갖는 독특한 독립성을 숙고해보자. 이것은 데카르트에게서 이원론의 추정적 발견에 주요 기반으로 이용되었다. 필증적으로 명증적인 것은 다음과 같다. 나의 경험 세계가 실제로 존재하든 존재하지 않든 나는 초월론적 자아로서 존재한다. 경험적 세계의 존재도 비존재도 절대적으로 명증적이지 않다. 절대적으로 명증적인 것은 오히려 둘 모두의 가능성이다 (이것은 물론 보다 깊은 분석을 요구하는 것이다). 데카르트가 추론했듯이, 나의 초월론적 실존이 세계로부터 독립적이라는 것은, 하나의 분리, 그것도 물론 상이한 실체들 간의 분리를 의미하는가? 그리고 나의 초월론적 자아 (내가 초월론적 반성에서 고안해낸 것이 아니라 절대적으로 직접적으로 파악하고, 직관하는 자아)가 세계와 맺는 관계는 그것의 유일하게 유의미한 가능성에 따라서 볼 때 인과성의 관계를 의미하는가? 우리는 분리와 마찬가지로 전체로의 부분의 결합도, 그리고 분리된 것의 변화의 의존성도, 분리될 수 있는 것과 결합될 수 있는 것의 공존의 형식으로서의 공간 형식과 관계하는 순전히 객관적인 개념임을, 그래서 금기시되는 개념임을 즉시 인식한다.

그러나 우리가 순수한 자아에 머무른다면, 우리가 세계를 경험하는 자로서 계속해서 사유하는 한, 세계에 대한 자아의 관계는 결코 단절되지 않고 계속해서 주어짐이 분명하다. 경험된 세계는 존재할 필요가 없다. 그러나 누가 필증적 직관 속에서 이러한 가능성을 직관하는가? 나 자신, 초월론적 자아다. 초월론적 자아는 저 가능성을 어떻게 직관하는가? 감각 경험들 자체 속에서 직관되는 가능한 것으로, 그런데 그 후에는, 나의 모든 경험 확실성이 새로운 경험들의 경험 확실성을 통해서 확증되기보다는 오히려 반박되는 방식으로 흘러갈 수도 있는 그러한 것으로 직관한다. 나는 경험된 세계의 일치하며 불변적으로 머물러 있는 통일성을 견디지 못하고, 결국 모든 경험 믿음을 파괴하는 경험의 진행을 생각해낼 수 있다. 그러나 똑같은 정도로 나는 나의 자아의 테두리 내에서 세계의 참된 존재의 가능성을 포착한다. 나는 나의 현실적 경험의 방식이, 경험된 사물이 개별적으로는 가상적인 사물로서, 혹은 가상으로서 존재하는 것으로서 나타나더라도, 전체적으로 볼 때에는, 존재 내용(Sosein)에 관해 다르게 규정된다 하더라도 확고한 동일성을 유지하는 하나의 통일성이 불변하게 유지되는 방식으로 무한히(in infinitum) 계속된다고 생각하기만 하면 된다.

이미 데카르트가 우리가 외적 지각이라고 부르는 사유 작용의 근본적 고유성을 건드리고, 마찬가지로 외적 기억, 상상 등의 근본적 고유성도 건드린다. 그 고유성은, 그것들이 그 자체로 사물들, 공간적인 것, 세계적인 것에 관한 의식이라는 것이다. 그는 모든 경이 중의 경이인 의식에 대해 아주 살짝 건드린다. 그러나 경이는 이해로 바뀌도록 결정되어 있는 불가해성이다. 모든 연구는 경이와 더불어 시작한다. 그리고 연구는 경이의 가면을 벗기고, 경이를 환한 인식으로 바꿈으로써 끝이 난다. 데카르트는 그것을 단지 건드리기만 할 뿐, 이러한 방향으로 계속해서 전진해나가지 못했기 때문에, 그는 자아의 실존과 자아 속에서 경험되고 그 밖의 방식으로 인식되고, 평가되고 다루어지는 세계의 실존이 본래적으로 무엇을 의미하는지 예감하지 못했다. 데카르트는 나의 경험된 세계의 실존이 이러한 실존을 믿는 나에 대해, 나에게 필증적으로 명증적이 될 수 있는 의미 ─ 이러한 의미 없는 나의 말도 무의미해질 것이다 ─ 를 가짐을 인지하지 못했으며, 이러한 의미는 자유롭게 변화할 수 있는 나의 경험의 흐름의 체계인 무한히(in infinitum) 일치하는 경험적 체계의 이념의 구축 속에서 나에게 명증적이 된다는 사실, 그리고 더 나아가 나의 사유 작용들로서의 나의 경험의 확고한 법칙적 양식이 여기에서 특징지어진다는 사실을 인지하지 못했다.[11] 또한 그는 비존재라는 것을 그 의미에 따라 보자면, 그것이 표현하는 바는 나의 가능한 사유 작용들의 우주 속에서의 불일치의 상관적 양식을 표현한다는 사실을 알지 못했다. 근대 초월 철학 전체에 스며들었고, 근대 초월 철학이 원리적으로 결코 극복할 수 없었던 심리학주의의 시조가 데카르트다. 불합리한 형이상학적 이원론과 함께, **로크**적 인식론을 비로소 가능케 했던 것인, 자아에서 정신(*mens*)으로의 저 유해한 전환을 통해서, 데카르트는 이미 심리학주의의 시조다.

다른 한편, 그럼에도 불구하고 그는 모든 진정한 초월 철학의 아버지다. 모든 객관성 및 그러한 객관성을 이론의 논리적 형식 속에서 규정하는 모든 학문을 인식하는 주관성으로 되돌아 관련지으라는 요구가 그때부터야 필연성으로서 느껴졌고 느껴져야 했던 한에서 그렇다. 비록 그러한 요구를 학문적으로 이론의 여지가 없는 명료성과 무모순성 속에서 충족하려는 시도가 실패했을지라도 그렇다. 데카르트의 성취는 매우 중요하며, 분명 잃어버릴 수 없는 것이다.

∴

11 이 점이 실존의 관념을 모두 포괄하든 그러지 않든, 자연의 존재와 경과는 자아와 경이로운 본질 연관 속에 있으며, 더 자세하게 말하자면, 나에게 가능한 경험 체험의 경과와 경이로운 본질 연관 속에 있다. 자연의 모든 변화는 나의 의식에 필연적인 변화를 요구해야만 한다는 그러한 방식으로 말이다. 다른 한편 이때, 세계의 비존재는 나의 절대적 실존을 방해하지 않고, 자아-존재는 실존과 비실존에 독립적인 명증을 갖는다는 사실은 유지된다. 경험 속에서 추정된 세계의 비존재는 그것의 존재 못지않게 나의 자아에 법칙을 규정하기 때문에, 여기에서 인과성이라는 말은 있을 수 없음이 또한 분명하다. 존재하지 않는 것이 어떻게 인과성을 수행하겠는가? – 원주.

III

　그러나, 데카르트의 설명의 엄밀성이 아무리 열악하다 해도, 그의 설명이 목표에 이르기 위해 준수해야 할 원리적 수준에 관한 방법적 명료성이 아무리 열악하다 해도, 천재적인 본능이 그의 사유의 핵심을 지배한다. 너무나 천재적이기에, 이 사유는 사실 위대한 발견으로 끝나며, 이 발견은 동시에 시작의 발견이기도 하다. 사유의 다음 단계가 벌써 이 발견을 가져다준다. 또는 오히려, 우리가 데카르트의 사유를 원리적 필연성으로 일관되게 변형할 때, 사유의 다음 단계가 이 발견을 **우리에게** 가져다준다. 우선은 눈에 띄지 않는 에고 코기토(*ego cogito*)로의 이러한 발걸음은 내가 부단히 경험하는 객관적 세계(완전한 의미에서의 세계 전체)의 비존재의 명백한 가능성이 그 세계를 경험하는 자인 나 자신이 존재한다는 사실을 위태롭게 하지 않는다는 단순한 증명에 놓여 있다. 절대적 의심 불가능성, 필증적인 확실성 속에서 계속해서 나는 다음과 같이 이야기할 수 있다. 이러한 성찰을 방금 수행한 자로서, 그러저러하게 느끼는 자, 평가하는 자, 노력하는 자 등으로서의 나는 존재한다. 나는 이 모든 것을 절대적으로 확신하고 그것을 바라볼 수 있다. 그리고 내가 그렇게 할 때마다, 실제로 경험 확실성을 갖고, 심지어 필증적 성격을 지닌 경험 확실성을 갖는다. 내가 경험하는 동안, 내가 경험한 것은 존재하지 않을 수 없다. 여기서 나는 내가 그것을 경험하는 동안, 경험된 것의 비존재의 가능성을 필증적으로 배제하는 경험의 영역을 갖는다. 그에 따라 여기서 나는 필증적으로 확실한 경험 진술의 영역을 갖는다. 그리고 나는 필연적 시작을 위해 그러한 영역이 필요했고 그것을 탐색했다. "나는 사유한다. 나는 존재한다(*Ego cogito, ego sum*)."

　존재하는 나는 두 종류의 경험에 상관적으로, 언제나 지각될 준비가 되어 있는 두 존재 영역을 갖는다. 하나는 '세계'라는 명칭을 갖는데, 그것은 나에게 부단히 현존함에도, 나에게 인식 우연성을 갖는다. 여기서 그 무엇도 나에게 충전적 지각으로 올 수 없고, 객관적으로 지각되는 어떠한 것도 존재할 필요가 없다. 다른 하나는 "나는 존재한다"라는 명칭을 갖는데, 여기서 나는 자기 경험 속에서 모든 존재 부정을 배제하는 절대적인 것을 갖는다.

그러나 이러한 존재 영역의 대립은 가령 자아와 외부 세계의 대립이 아니다. 그리고 경험의 대립은 가령 내적 경험과 외적 경험의 대립이 아니다. 그렇지 않았더라면 나는 전체 사유 과정 및 섬세한 필증적 정밀 작업을 하지 않아도 되었을 것이다. **자아** 내지 영혼은 심리학적 자기 경험과 심리학의 주제이며, 객관적 세계에 속한다. 여기에는 신체와 영혼, 자신의 인격, 자신의 영혼적 체험을 지닌 전체 인간이 속한다. 그러나 수행된 경험 비판의 근본적인 방법적 기능은 바로, 객관적 경험('감성적' 경험)을 통해 주어진 것으로서 전체 세계의 비존재의 가능성과 이러한 비존재의 단서의 가능성을 필증적으로 입증하는 것, 그리고 이러한 단서에 토대하여 (그러니까 세계의 비존재의 보편적 가정 아래에서) 전적으로 부정 불가능한 것을, 즉 이러한 비존재에 영향을 받지 않는 에고 코기토를 제시하는 것이다. 세계와 그 실재성을 전혀 포함하지 않는 것으로서 말이다. 여기서 근본적인 사유는, 우선 '감성적' 경험, 즉 공간 사물적 경험은 원리적으로 '비충전적'이라는 것, 그것의 확실성은 경험된 것의 존재를 **결코** 필증적으로 보증하지 않으면서, 선험적으로 유보적인 것이며, 계속되는 모든 확증 속에서도 유보적으로 남아 있다는 것이다. 그래서 보편적인 물리적 자연은 그것이 일치하며 경험됨에도 불구하고, 존재하지 않을 가능성이 있다. 그러나 또한 자연의 비존재에 대한 가정의 가능성과 더불어, 자연적인 경험에 토대하는 경험에서 경험되는 감성적('자연적') 경험으로부터 자신의 신용을 길어 오는 모든 대상들의 총체의 비존재를 가정하는 것도 가능하다. 그러나 그것은 (소위 타자 경험을 통해, 신체성의 '표현'을 통해) 인간과 동물 및 모든 영혼 삶에 대한 어떻게든 감성적으로 매개된 모든 경험과 관계한다. 그리고 이러한 방식으로 내가 자연의 비존재라는 **가능한** 단서와 더불어 전체 세계를 말하자면 나에게서 삭제하고, 나에게 이제 하나의 존재 영역만 남아 있게 된다면, 그것은 세계의 마지막 끄트머리 혹은 작은 단편이 아니다. 왜냐하면 실제로 세계의 어떠한 단편도 세계로부터 분리되지 않고, 나머지 세계의 삭제하에서 의미 있게 독립되지 못하기 때문이다. 그것은 또한 세계 외부의 구체적인 실재적인 어떤 것이 아니다. 왜냐하면 쉽게 알 수 있듯이, 실제로 구체적인 실재성의 모든 내부와 외부는 단지 세계 통일체 속에서만 의미를 갖기 때문이다.

이제 사람들은 이의를 제기할 것이다. 그러나 내가 "나는 생각한다(ego cogito)"고 말하든 "나는 존재한다"고 말하든, 내가 그것을 단적으로 말하든 세계의 비존재를 허구적으로 가정하며 말하든, 나는 여전히 그것, 여전히 공간 속에서 경험하면서 움직이고 손으로 만지고 눈으로 보는 등의 이러한 인간이 아닌가? 물론 나는 그것이다. 그러나 나를 인간으로, 세계의 구성원으로 만드는 것은, 내가 인간이라는 말과 연관시키는 의미에 따라서 볼 때, '자아'를 규정하고, 절대적으로 자신 안에 완결된 필증적 명증의 테두리에 결코 속하지 않는다. 내가 이러한 나의 자아를 획득하기 위해, 가령 집을 볼 때와 같이 모든 개별적인 경우에서 대상 측면에서 경험 세계의 실존 배제의 방법적 요구를 충족시켜야 하고, 그것이 존재하지 않을지 모른다는 가정적 단서에서 이 집의 실존을 작동 밖에 두어야 한다면, 나는 주체의 측면에서도 똑같은 방법을 작동시켜야 한다. 나는 이러한 주관적인 것에 대한 경험이 직접적으로든 간접적으로든 자연적 경험으로부터 비롯된 그것의 내용과 관계하는 한, 세계의 비존재의 가능성을 통해 실존적으로 함께 영향받게 되리라는 것에 대해 확신해야 한다. 방법이 요구하는 것은 세계가 나에 대해 존재한다는 저 자연적 삶의 태도와 이론적 태도를 철저히 폐지하는 것이다. 이러한 철저주의만이 우리가 '초월론적-현상학적 태도'라고 부르는 새로운 태도를 낳는다. 이러한 태도 속에서는 세계의 그 무엇도 현존하지 않지만 자아는 현존한다. 이와 같은 자아는 나에게 필증적으로 필연적인 것으로서, 전적으로 부정할 수 없는 것으로서 남아 있는 기이한 잔여물이다. "나는 이 집을 경험한다", "나는 해와 달에 대해서 판단한다", "나는 물리학적 이론을 곰곰이 생각한다", "나는 고통을 겪는 자에게 동감을 표현한다" 등과 같은 자연적-소박한 태도의 모든 "나는 생각한다"에서, 그러니까 이야기했듯이, 내가 그러한 모든 "나는 생각한다"에서 자아(*ego*), 코기토(*cogito*), 코기타툼(*cogitatum*)의 측면 어디에서나 저 방법적 환원을 수행한다면 말이다. 그러면 나는 그때그때의 자아로서 새로운 태도의 코기토와 코기타툼을 획득한다. 이것만이 세계의 비존재의 가능성에 영향을 받지 않는다. 그리고 나의 절대적인 '현상학적' 소여는 말하자면, 우리가 이제부터 현상학적 환원이라고 부르고자 하는 방법의 인위적으로 순수한 잔여물이다. 여기에서 새로운 용어를 사용하자면, 현상학적 환원을 통해서만 우리는 현상학의 의미에서 초월론적 자아와 초월론적 주관성 일반을 획득하고, 그것들을 현상학적 경험의 자체소여로서 획득한다.

이미 데카르트는 초월론적 자아로 가는 길 위에 있었고, 다음 물음을 통해 그것을 건드렸다. "내가 절대적으로 확신하는 이러한 자아는 도대체 무엇인가, 무엇이 거기에 속하고 무엇이 속하지 않는가?" 감성적으로 경험된 것으로서의 나의 신체는 확실히 아니다. 그래서 지금의 "나는 존재한다"는 "나, 이 인간은 존재한다"를 의미하지 않는다. 그 말에 관해 우리는 전적으로 데카르트와 일치한다. 그리고 더 자세히 논증하면서, 우리는 더 나아가 다음과 같이 설명할 것이다. 내가 그 어떤 인간을 인간으로 경험하는 객관적 경험에서, 물체적 신체, 자연 사물은 맨 밑에서 경험된다. 그리고 그에 속하는, 이 물체성 속에서 신체성으로서 표현되는 주관성에 대한 완전히 다른 경험, 자아와 영혼 삶에 대한 경험이 저러한 자연적 경험에서 기초 지어진다. 이러한 기초 지음에서 심리학적 경험은 신체적 경험에서 감각적 뿌리를 얻는다. 영혼은 신체의 영혼, 신체와 경험적으로 결합된 것, 신체 속에서 규칙에 따라 자신을 공시하는 것, 자신을 표현하는 것이다.

데카르트는 성급하게 숙고하느라 초월론적 주관성의 획득과 더불어 그에게 새롭게 앞서 그려졌던 방법을 명확히 하지 못한다. 그는 외적 경험을 인과적으로 해석함으로써, 자신의 과제가 초재적인 것으로의 본능적 인과 추론을 정밀한 인과 추론으로, 맹목적인 본능적 인과 추론을 학문적 인과 추론으로 변형하는 데에 있다고 보게 된다. 그리고 더 나아가 수학적 자연과학의 형식에서만 초재적 자연의 참된 존재가 드러나고, 경험 세계 전체의 모든 참된 의미가 그의 두 실체론의 의미 속에서 규정됨을 보이는 데에 있다고 보게 된다. 잘 알려져 있다시피, 데카르트의 길은 명증에 관한 신학적 이론으로 이끈다. 자아로부터 인식 가능한 완전한 절대적 현실성은 신, 그리고 신에 의해 창조된 물체와 정신의 세계로서 산출된다. 이를 통해 이제 세계는 정밀과학이 수행하는 고유 본질적 성질에 대한 정밀한 연구를 넘어 목적론적 해명도 찾을 수 있었다.

방법적으로 유사한 유형의 모든 철학처럼, 이 철학은 절대적 정당화에 근거한 철학, 보편학이고자 하지만, 그 사유가 절대적 정당화에서 길어지지 않고, 심지어 절대적 정당화에서는 모순으로 인식되고 마는 그러한 길을 택했다는 모순에 시달렸다.

초월론적으로 순수화된 에고 코기토는 모든 철학하는 자들에게 필연적인 시작이다. 그러나 그것은 시작에, 작업에 들어가는 철학의 시작에 불과하다. 이러한 명칭을 통해 발굴되는 것이, 그 자체로 절대적으로 정당화될 뿐 아니라, 그 인식 가능성에 따라 근본적인 철학적 의미에서 다른 모든 연구로 되돌아 관계하는 구체적인 연구를 위한 무한한 작업 영역임을 본다면 그렇다. 그것은 이제 우리의 성찰을 계속하면서 실제로 입증되어야 하고, 파악되어야 하고, 다른 모든 것에 선행하는, 초월론적 주관성의 학문의 정초를 위해 결정적인 것이 되어야 한다. 철학하는 자이면서, 기술된 환원의 방법 속에서 자신을 초월론적 자아로 규정하는 자아로부터 순수하게 구상된, 그리고 이러한 하나의 유일한 초월론적 자아와 순수하게 관계하는 이 학문은 물론 극히 기묘한 특성을 지닐 것이다. 이 학문은 **그러한 초월론적 자아의** 자아론일 것이며, **그 자아의** 초월론적 주관성에 관한, 그리고 그러한 초월론적 주관성에 의해 초월론적으로, 그리고 필증적으로 명증적인 정초 속에서 포괄되는 것의 총체에 관한 학문일 것이다.

데카르트에게 순수 주관성은 필증적으로 명증하게 정초되어야 할 철학을 위해 토대를 형성해야 할 자아론적 탐구의 장이 되지 않고, 방법적 회의에서 상실된 세계가 그 위에서 확실한 추론을 통해 절대적으로 확실한 것으로서 다시 획득될 수 있는 한낱 '아르키메데스의 점'이 된다. 그의 문제는 주관성 속에서 지각되고 학문적으로 인식된다고 주장되는 객관적 세계의 실존과 인식 가능성에 대한 고대 회의론의 문제다. **고르기아스와 프로타고라스**의 회의론의 근본 사상은 다음과 같았다. 세계는 나에게 경험된 것으로서만, 나의 사유 속에서 생각된 것으로서만 나에게, 이 인식하는 인간에게 주어진다. 그런데 주관적으로 경험함, 주관적으로 표상함은 표상된 것이 아니다. 일반적으로 사람들은 무언가가 존재하지 않고서 표상되고 인식될 수 있다는 것을 긍정하고 시인한다. 나는 언제나 단지 나의 주관적인 현출들, 나의 표상들을 갖고 있다. 그러나 그렇다면 나는 어떻게 나의 표상함과 생각함보다 더 많은 것이 존재한다고, 표상된 것과 생각된 것이 그 자체로 존재한다고 주장할 수 있겠는가?

그러므로 데카르트에게는 자연적 경험과 경험적 학문의 이 세계가 실제로 존재한다는 것에 대한 증명이 문제시된다. 회의주의적 논변에는 이미 순수 주관성 및 그것의 '자기-안에 있음(In-sich-sein)'과 '자신에 대해 있음(Für-sich-sein)', 그리고 다른 한편으로는 추정된 객관적 세계 사이의 대조가 함축되어 있었다. 그러나 비로소 데카르트의 방법이, 그리고 특별히 세계 실존의 필증적으로 가능한 배제의 방법이 자아의 순수한 내용을 고정할 가능성을 제공했다. 그리고 그는 이제 추론을 위한 확고한 토대를 제공하는 것처럼 보였다. 그러나 더 자세히 보면, 데카르트의 목표 설정 전체, '증명'은 불합리하다. 이미 고대 회의주의 논변에 자명한 것처럼 놓여 있는 것은, 데카르트로부터 로크와 경험주의로, 더 나아가 근대 철학 일반으로까지 흘러 들어간 유해한 오류다. 그것은, 에고 코기토가 나의 직접적 소여의 우주를 제시하며 **완결시킨다**는 오류다. 확실히, 그것은 사실로서 유일하게 필증적으로 명증적으로 주어진 것, 그리고 내가 필증적 명증에 근거해서 정립할 수 있는 현실적이고 가능적인 개별적 사실의 우주를 특징 짓는다. 그러나 직접적 소여는 필증적 소여와 동일한 것이 아니다. 그리고 내가 지각하는 사물이 내가 지각함에도 불구하고 존재할 필요가 없다는 사실, 그리고 따라서 그것은 지각 자체의 내실적 요소 부분이 아니며 순수한 자아에 속하지 않는다는 사실은 다만 외적 지각이 비충전적이고 추정적이라는 사실을 의미할 뿐이다. 그러나 그것은 그러한 사물이 실제로 직접적으로 주어지지 않음을 의미하지 않으며, 외적 지각이 한갓 가상임을 의미하지 않는다. 그리고 지각이 실제로는 하나의 추론임을, 그러니까 '외적' 유사물 혹은 야기하는 무언가 일반으로의, 개념적으로만 파악되지는 않는 맹목적이고 습관적인 인과 추론임을 의미하지 않는다.[12]

인식하는 자에게 유일한 직접적 소여는 그 자신의 '관념들'이라는 것, 그리고 모든 외적 지각은 본래적으로 지각이 아니고, 지각된 것의 실제적 자기 파악이 아니며 오직 '내적' 지각만이 본래적 의미에서 지각이라는 것은 데카르트 이래로 철학의 지속적인 가르침이었다. 인식하는 자아는 경험하는 자아로서 외부 세계로부터 차단된다. 그리고 자신의 '관념들'만을, 그러니까 저 경험 불가능한 것의 먼 결과만을 파악할 수 있는 경험 속에서 경험 불가능한 것이 인과적으로 증언된다는 모순이 유아론에 대항하는 데에 도움이 된다고 한다. 저것은 모순인데, 자체로 완결된 자아에게 이 증언이 증언을 의미할 수 있는 것은, 상응하는 증시가 이미 알려져 있거나 유비적으로 해석 가능한 경우, 그러니까 원리적으로 경험 불가능한 것이 원리적으로 경험 가능한 경우, 유비적인 경우에는 이미 경험되었던 경우에 국한될 것이기 때문이다.

사람들은 경험을 순수 주관성 속에서 그 고유한 본질에 따라 연구하는 대신 사변적으로 논의하기 때문에, 사물지각의 본질에 내재적으로 속하는 예기가 동일한 것에 대한 언제나 새로운 지각으로의 지각의 가능한 진

..
12 감성적 '관념들'과 관련하여 이미 버클리가 그의 천재적 독창성으로, 상응하는 물질적 실체, 초월적 대상으로의 추론의 의미 있는 가능성을 부정했다. 그러나 성공적이지 못했는데, 왜냐하면 그는 초월적인 것(초월적 원인으로서의 신)으로의 인과 추론의 원리를 고수했기 때문이다. – 원주.

행을 향함을 보지 못하고, 지각적 믿음이 여기에 근거하여 지니는 유보성
이 사물의 현존에 대한 믿음인 이 지각적 믿음에게 간접적 믿음이라는 성
격을 줄 수 없으며, 지각에서 직접적 자체 파악이라는 성격을 결코 빼앗을
수 없음을 간과한다. 유보사항들이 입증되는 한에서, 지각은 자체 파악이
며 자체 파악으로 남는다. 같은 지속적 유보사항을 지닌 자체 파악이다.

사람들은 무한까지 일치하는 가능한 경험함의 이념의 상관자가 참된 존
재임을 보지 못하고, 그에 따라, 거기서 경험되는 사물이 실제적이라면, 그
의 모든 외적 지각은 실제적인 자체 파악으로, 최종적인 것으로 남는다는
사실을 보지 못하며, 그것에 대한 다른 종류의 실제적 자체 파악을 가능한
것으로 여기는 것만 해도 모순임을 보지 못한다.

데카르트에서 흄에 이르는 근대적 자아론의 길과 잘못 든 길

데카르트: 철학 내지는 보편적이고 절대적으로 타당한 학문이라는 고대적 의미에서의 학문의 정초에 대한 시도. 에고 코기토와 세계 전체: 신체, 그리고 타인의 신체와 더불어 외부 사물들. 이 모든 것은 하나로:

이 세계는 존재할 필요가 없다. 그것은 의심할 수 있다. **나는 존재한다.** 데카르트는 계속한다. 순수 자아로서의 나는 사유 실체(*substantia cogitans, mens*)이다. 나는 나 자신에게서 필연적인 것, 나의 폐기할 수 없는 본질에 속하는 것을 발견한다. 여기에는 순수한 지성, 순수한 이성의 능력이 속한다. 그리고 우연적인 것, 상상의 능력을 발견한다.

직관 없이 생각하는 지성인 칸트의 원형적 지성(*intellectus archetypus*)을 우리에게 상기시키는 구분. 그럼에도 범주는 **칸트**에게, 감성에서 종합을 만들고, 그와 더불어 현상적으로 수학화될 수 있는 세계를 만들기 위해 필요한 형식이다. 그러나 **데카르트**에게 범주적으로 형성된 세계는 비감성적이고, 비수학적인 세계이고, 감성은 우리 인간의 사유 작용(cogitatio) 속의 한갓 '유사성 지표(Ähnlichkeitsindex)'다. 왜냐하면 우리의 정신(mens)은 수학적 세계를 지시하는 연관 속에서 물리적 자연과 함께 서 있기 때문이다. 그것의 원초적인 감성적 성질들에 의해, 감성적인 것은 참된 범주적 ― 수학적 ― 세계를 순수 사유를 통해 따라 구성하기 위한 통로(Leitung)다. 또한 칸트에게서 ― 마르쿠스 헤르츠(Markus Herz)에게서 ― 내재적으로 감성적인 것은 비감성적인 것을 인과적으로 지시한다.

세계는 존재할 필요가 없고, 나는 경험하는 동안, 경험하면서, 세계가 존재하지 않으리라고 생각할 수 있다. 나는 나에 대해서 그 자체로 하나의 실체이다. 어떤 실체인가? 나는 순수한 사유 속에서 그러한 것, 다양체들, 다른 자아들을 지어낼 수 있다. 그러나 다른 실체들은 나에게 어떻게 주어질 수 있는가? 내 안에 있는 표시(Indizierung)를 통해서, 설명을 요구하는 우연적인 것을 통해서. 그것은 우연적이다. 왜냐하면 그것은 나에게서 나온 것이 아니고 나에게 필연적으로 놓여 있는 것이 아니며 나에 의해 형성된 것이 아니기 때문이다. 인과적 설명.[13]

데카르트는 내적 태도를 취한다. 그러나 세계가 그에게 현상이 됨으로써, 그가 순수 주관성을 내세움으로써, 그는 그것을, 보편적 현상을, 자아의 현상이기도 한 그것을, 고찰하고 분석하기를 그만둔다. 세계에 관한 의식인 보편적 코기토(cogito)도 마찬가지이다. 나는 이렇게 말한다. 나는 사물과 나의 신체를 경험함으로써, 그것은 나 자신에게 원본적으로 주어진

---

13 데카르트는 아직 모든 개념을 내재로부터 근원적으로 새롭게 창조할 필요성을 보지 못한다. 그는 자연적으로 미리 구상된 개념들과 추정적 통찰들을 가지고 내재적 영역에 접근하여, 그것들을 본질 개념으로 가져온다. ― 원주.

다. 그 이상은 전혀 생각할 수 없다. 다른 주체가 나에게 마주 서 있다면, 그것 자체는 현존한다. 마치 주체가 나에게 생각 가능한 방식으로 일반적으로 '몸소(leibhaft)' 현존할 수 있듯이 말이다. 그 자신은 나에게 말하고, 나 자신은 그에게 말한다. 그리고 우리는 '공동체' 속에 존재한다. 그래서 나는 그의 곁에 있다. 사물의 곁에서 사물에 몰두한다. 나는 나의 밖에 있고, 아주 직접적으로 그렇다. 초재는 무엇을 의미하는가? 초재적인 것은 실제로 존재할 필요가 없다. 그럼에도 나는 나의 명료한 의식에 따라 그것의 곁에 있다. 그러면 내재는 무엇을 의미하는가?[14]

실체론, 이원론의 과실(過失). 그것과 연관하여 내재에서 초재로의 실재론적 추론의 과실. 이를 통한 감각주의의 과실, 그것은 의식을 그 자체로 완결된 실재성(혹은 실재성의 복합체)으로 만드는 의식의 자연주의다. 오래전부터 지배적인 평행론과 모순적 자연주의의 과실, 그것은, 세계에서 심리적인 것을 삭제한다면 우리가 현상학적 세계에서 경험하고 자연과학에서 사유하면서 규정하는 바로 그 순수한 자연이 남는다는 양, 심리적인 것을 물리적인 것의 한갓 평행한 수반적 현상으로 만든다.

데카르트는 순수한 자아로부터 실체를 만들어내고, 추상적으로 실체 개념을 규정했으며, 거기에 사물 표상을 밀어 넣었다.

데카르트는 내적 경험과 심리 물리적 심리학에 토대한 심리학의 아버지다. 정신(mens)이 그것인 바대로 순수하게 그 자체로 존재하고, 그 참된 존재 속에서 에고 코기토의 내재적 태도를 통해 절대적으로 파악될 수 있다면, 순수하게 내재적으로 기술하는 심리학이 있어야 한다. 영혼, '정신'은

14 보편적인 명제들에서 물론 반성적으로 표현되지 않는 자연적 파악과의 역설적 대조: 세상을 등진 자아, 나의 경험함 곁에 머무르는 자아는 단순한 가상이다. – 원주.

근원 본질적으로 고유한 법칙성을 갖고, 게다가 심리 물리적 법칙성 아래에 서 있다. 정신의 근원 고유성에는 순수 이성의 능력이 속하고, 아마도 외부로부터 우연적으로 자극되는 능력도 속한다. 이 과정의 보다 상세한 내용은 심리 물리학에 속한다.

로크는 자유로운 방식으로 여기에 이어간다. 그는 인식 심리학과 심리학적 이성 이론의 이념을 내적 경험의 테두리 내에서 수행한다. 그러나 물론 데카르트의 수학적 지성주의를 넘겨받지는 않는다.

생물학적 자연과학에 몰두함에 따라서 로크는 새로운 것으로서, 발달의 관점, 발생의 관점을 심리학에 도입한다. 그는 인식하는 영혼의 역사를 다루고자 한다. 그러나 영혼은 순수하게 자연주의적으로 생각된다. 마치 물리적 사물이 알려지지 않은 실체의 속성들의 복합체이듯, 인식될 수 없는 X로서의 '실체'와 관계하는 개별성들의 복합체처럼 말이다.

로크의 경향: 모든 '표상', 표상들, 모든 구성적 형성물들, 그리고 개념 해명을 의식의 서판에 근원적으로 처음 생기는 명료한 '관념들'로 환원하는 것.

다른 한편, 실체의 개념처럼, 그 근원을 이러한 방법으로는 얻을 수 없는 초재적 표상들, 개념들을 가지고 작업하는 것. 지향성을 완전히 간과하는 것, 그리고 의식에 대상들이, 그리고 언제나 보다 높은 단계에 새로운 대상들이 어떻게 구성되는가 하는 문제를 완전히 간과하는 것.

그가 의식의 서판의 체험인 고유한 '관념들'만을 직접적으로 주어진 것으로서 특징짓고, 객관성에 대한 의식이 초월적인 선소여성들에 대한 요구 없이 어떻게 내재적으로 심리학적으로 발달하는지, 객관적 종류의 이성 인식이 어떻게 가능해지는지는 보여주지 않는 그러한 비일관성. 그러나 그것은 자연적 태도의 귀결이 아닌가?

버클리: 어떠한 물질적 실체도 없다. 내가 보고, 경험하는 것 이외의 어떠한 사물도 없다. 즉 나는 그것 자체를 경험하지, 모사물을 경험하는 것이 아니다. 그의 노선에는 이미 다음과 같은 사상이 놓여 있다. 우리가 사물을 보는 변화하는 내재적 감각 맞은편의 공간 형태의 통일성에 대한 표상 및 그와 함께 **사물**의 통일성과 동일성(Selbigkeit)에 대한 표상은 연상과 습관의 심리적 형성물이다. 그는 감각 자체가 사물인 것처럼 이야기한다. 그러나 다시 그는 동일한 사물의 경우에 감각은 변화한다는 것, 동일한 사물에 속하는 감각은 연상적으로, 그리고 가능한 경험적 예상의 규칙에 따라 연관된다는 것을 본다. 자연법칙은 연상적 복합체를 지배하는 규칙이 된다. 그는 다른 주체를 인식하는 문제에 관해서는 전혀 생각하지 않는다. 소통(Kommerzium)은 물론 자신의 의식의 내용, 자신의 현상적 자연을 매개로, 다수에게 '동일한' 자연을 공동으로 창조한 신적 법칙에 따라서 이루어진다.

버클리는 자아의 본질을 능동성에서 본다는 사실이 중요하다. 그것은 정신에 주재하는 원리, 정신의 의식 내용과 관련하여 수행되거나 수행될 수 있는 능동성의 원리로서 파악된다.

흄: 정신적 실체 — 인격성, 능동적 자아. 여기서 이해되는 대로의 일관적인 내재적 태도. (다른 주체들은 물론 지속적으로 이용된다.) 내재적인 것이, 유일하게 주어진 것, 자신의 관념들. 사물들, 변화하는 다양체들의 통일체는 주관성의 형성물, 상상력의 형성물이다. '자연 사물'로서의 객관성도, 인격(인격적 연대)으로서의 객관성도, 객관성의 모든 범주는 그 속에서 의식의 경과(다발)의 사실적이고 비이성적인 법칙성이 통일체를 산출하는 형식들이다. 보편성 의식 내지는 보편적 개념과 명제로서 그 속에서 구성되는 보편적인 것은 발달의 산물이기 때문에, 모든 이성적 인식(관념들 사이의 관

계를 인식하는 모든 인식)은 본래적으로 다만 비이성적 사실일 뿐이다. 개연성의 인식도 비이성적이다. 가령 미래의 경험 경과의 부단한 유보 아래에서 상대적으로 정당화되고, 개연성의 원리에 따라 이성적으로 전진하는 인식의 형식을 지닌 합리성은 없다.

흄의 참된 문제: 만약 모든 인식이 관념의 다발 속의 사실들의 내재적 결과로서 수행된다면, 진정한 인식은 어떻게 '가능한가'? 순간적인 자료, 지각이나 기억의 순간적인 사실을 넘어서는 주장은 어떻게 정당화될 수 있는가?[15]

일관성을 견지하자면, 다음 물음들을 제기해야 할 것이다. 기억이 어떻게 가치를 지닐 수 있는가? 우리는 어떻게 순간적인 다발보다 더 많은 것을 알 수 있는가? 의식 흐름으로서의 연결되고 변화하는 다발, 물론 마찬가지로 순간적인 다발보다 더 많은 것을? 왜냐하면, 체험함보다, 개별적 요소의 존재보다, 그러나 더 이상 개념적으로 확정하는, 일상적 의미에서의 판단하는 인식이 아닌 것보다 더 많은 것이 이해될 수는 없기 때문이다. 이에 대해서는 이야기되지 않는다. 흄은 이미 충분히 했다고 생각했다.[16]

우리가 흄을 일관성 있게 만든다면, 실제로 결과는 **고르기아스**의 절대적 회의주의와 어떤 점에서도 구별되지 않는다. 모순은 강화된다. 진리, 진정한 실제적 타당성을 요구하는 사유에서는 어떠한 사유도 객관적 타당성을 입증할 수 없음이 드러난다. 주체가 다름 아닌, 계속 달려가고 변화

:

15 그렇다면 흄의 문제는 다름 아닌 인식론의 일반적인 문제일 것이다. – 원주.

16 그러나 흄은 천재적으로 비일관적이다. 그는 관념들 간의 관계를 내적으로 분명하게 하기만 한다면, 관념들 사이의 관계를 필연적이고, 이해할 수 있게 타당한 것으로 간주하는 것을 피할 수 없다. 그렇다면 다른 모든 인식(사실 인식), 그리고 특히 객관적 인식과 그 범주는 이해할 수 없는 것이며, 객관적 세계는 허구이다. 그래서 관념들의 관계(*relations of ideas*)의 합리성은 전제이자 자백이다. 기억의 권리와 그 '명증'도 마찬가지이다. – 원주.

하는 '관념들'의 복합체라는 '사실'이 기초로 놓여 있고, 순수 내재적 경험으로부터 이러한 흐름의 규제를 위한, 그리고 순수 내재적인 것으로서 심리적 형성물의 산출을 위한 그러저러한 법칙이 생겨나고, 그러므로 이성적으로 규명된다는 사실이 전제된다. 그리고 어떠한 경험 사유도, 그리고 결국 어떠한 사유 일반도 그 자체로 타당한 무언가를 수행할 수 없으며, 참되게 의무를 지우는 이성적 진술은 전혀 있을 수 없음이 이러한 선소여성들에 토대하여 규명된다. 흄은 물론 비일관적이다. 그는 그가 받아들인 법칙성, 즉 (그가 자신의 추상 이론을 통해 포기했던 보편성 의식의 명증에 토대하여) '동일한' 관념들에는 언제나 다시 동일한 관념들의 관계가 속해야 한다는 법칙성이 이성적으로 타당한 것이며, 절대적으로 타당한 것으로서 받아들여져도 되는 유일한 것처럼 행동한다. 그에 따라 다음과 같은 도식이 생겨난다. 즉 이러한 유일한 합리성은 '사실'−법칙들에 도움이 되지 않는다. 사람들은 자신의 인식을 일반적인 명증 속에서 정당화하는 원리들로 되돌릴 수 없다. 그리고 보다 특별한 흄의 문제가 생겨난다. 본질 인식의 이해할 수 있는 것으로 시인된 (동일한 관념들에는 동일한 관념 관계가 불변적으로 속한다는 흄의 일반적 사실 법칙에 한마디 말도 없이 밀어 넣어진) 합리성과 대비하여, 사실의 오고 감에 대해 그가 명명한 법칙, 그의 사실의 문제(*matters of fact*)는 어떻게 이성적으로 이해될 수 있는가? 그리고 더욱더 특별한 문제: 인과적 진리의 인식으로서의 인과적 인식은 어떻게 객관적으로 가능한가?

그러나 흄의 위대함은 그의 본래적 철학의 틀에서 떼어낼 수 있는 흄의 특수한 문제(사람들은 이 문제만을 인식하는 것으로 보인다)에 놓여 있는 것이 아니라, 인식론의 문제인 근본적이고 보편적인 문제를 다루는 방식에 놓여 있다. 만약 우리가 '에고 코기토(*ego cogito*)' 위에 선다면, 회의적 모순의 귀결을 어떻게 피할 수 있는가? 우리는 도대체 어떻게 모든 종류의 대상성에 관한 의식과 의식의 대상성으로서의 대상성을 이해할 수 있으며, 우리는 도대체 어떻게 진리와 대상적 존재를, 학문과 학문이 진리 및 대상적 존재와 맺는 관계를 이해할 수 있는가? 이 물음이 **데카르트**를 통해 제기된 것이기는 하다. 그러나 활기를 띠게 된 것은 **버클리**를 통해서다. 버클리는 최초로 (추상 이론과 무엇보다 자연 인식의 이론에서) 내재적 영역에서, 비록 방법적으로 잘못된 시도일지라도, 순수 내재적 직관에서, 즉 직관 속에서 주어진 대상성의 의미에서 이해하는 최초의 원초적 분석을 수행하는 실제적 탐구를 시도했다.

신적 인과성을 끌어들이는 것이 보여주듯, 그는 일관적이지 않다. **흄**은 구체적인 내재적 분석을 통해, 내재적이고 일관적으로 포착되는 내재적 영역에 대한 실제적 연구를 통해, 순수한 주관성 속에서, 순수 의식의 테두리 내에서 초재적 객관성이 어떻게 구성되는지, 그것과 관계하는 인식이 어떻게 가능한지, 현출하는 객관성과 관련하여 이해할 수 있는 의미를 진리가 어떻게 가져야 하는지, 이해할 수 있는 타당성을 모든 인식이 어떻게 가져야 하는지의 방식에 대한 합리적 이해를 추구한 최초의 사람이다. 그리고 더 나아가서, 그에게는 상당한 정도로, 순수 내재적 객관성에조차 존재하는 문제로서의 인식 일반이, 비록 명료하게 분리된 문제가 되지는 않았다 하더라도, 그가 말하자면 입구에 서 있는 그런 문제가 되었다. 문제로서의 인식은 이제 새로운 의미에서 문제적이 되었다. 그래서 우리는 흄이 정식화한 **보편적** 인식 문제에 관해 특수한 의미에서 말할 수 있다. 우선 모든 객관적 통각의 발달을 연상과 되돌아 관련짓는 것은 흄에게서 결점이 아니다. 그것은 위대한 발견이다. 그러나 이제 문제는 다음과 같다. 의식이 지각들의 경과라면, 그리고 지각은 내재적 영역 내에, 내재적 시간 경과의 영역 내에, 실질적인 것의—소위 지각들의 유형, 예를 들어 감각적 인상, 감성적 관념, 그리고 여타 사건들(감정*feelings*, 그중에 믿음*belief* 등)의 유형—단순한 경과 내에 사실적으로 존재하는 것을 가리키는 명칭이라면, **인식**은 어떻게 이해되어야 하는가? 즉, 특수한, 이러한 경과 속에서 자신을 드러내는, 이미 시인되었듯이, 소위 연상적 법칙과 비슷한 내적 법칙을 통해 전개되는 내적 사실의 일종인 인식, 그런데 **존재할** 뿐 아니라, 자신을 넘어서 무언가를 **사념하는** 인식, 더욱이 또한 타당한 방식으로 사념해야 하는 인식, 심지어 의식 경과에 초재적이며 전혀 의식 자료가 아닌 것, 도대체 의식과 같은 것이나 유사한 것이 아닌 것조차 사념해야 하는 인식이 어떻게 이해되어야 하는가?

이 문제는 지향성의 문제이고, 지향성에 속하는 작업수행의 의미의 문제이다. 참된 객관성.

현상학의 발전에서 데카르트, 로크, 라이프니츠, 브렌타노의 의의에 대하여

에드문트 **후설**의 현상학의 발전 가능성의 전제 조건을 이룬 것은 근대 철학의 결코 성숙한 명료성에 이르지 못한 가장 내적인 의도를 일관적으로 이어서 이용하는 것, 그러니까 **데카르트**의 『성찰』이나 **로크**의 『인간 지성론』을 일관적으로 이어서 이용하는 것이었다. 로크의 심리학주의의 명백한 진리의 핵심은 고수되어야 했다. 다른 한편, 절대적으로 근거 지어진 보편적 학문과 거기에 기여하는 (초월론적인) 순수한 자아로의 환원의 방법이라는 데카르트의 목표 설정의 정당한 의미는 우선 전개되어야 했다. 데카르트 자신이 명백한 명료성에 이르렀던 것을 훨씬 넘어서 말이다. 이러한 동기가 함께 작용하여, 경험적 자아를 초월론적 자아로 환원시킴을 해명한 것은, 로크의 순수 영혼적 경험을 초월론적 경험으로 환원시킨다는 결과도 낳았다. 그래서 초월론적 주관성은 형이상학적 하부 구축물 (Substruktion)이 아니고, 자신의 경험과 능력을 지닌, 직접적 경험의 영역,

그래서 경험적 연구의 영역임이 분명해졌다. 심리학적 기술과 발생적 연구에는 초월론적 연구가 상응한다.

그러나 그것은 단지 사유 운동의 **하나의** 노선이었을 뿐이다. 다른 노선은 **라이프니츠**와 그의 **플라톤적** 동기에서 나왔으며, 여기에는 플라톤의 이데아론에 대한 **로체**[17]의 해석의 영향이 결부되었다. 이것으로부터 새롭게 변한 플라톤주의가 자라났으며, 보편 수학을 '형식 존재론'으로 재발견하게 되고, 모든 대상 영역에 대해 직관적으로 얻어질 수 있는 선험적 학문에 대한 요구가 자라났다 — 라이프니츠의 옛 동기가 재발견된 것이다. 〔이 발견을〕 심리학적 영역과 초월론적 영역으로 일관되게 이행시키자, 형상적으로 수행되어야 하는 순수 심리학과 초월 철학의 필요성에 대한 통찰이 생겨났다. 현실적 수행을 위한 결정적인 계기를 가져다준 것은 **브렌타노**에게 있던 위대한 발견이었다. 그러나 여기에 가장 커다란 어려움이 놓여 있었다. 왜냐하면 브렌타노 자신도 의식 영역을 이해함에 있어 여전히 일반적인 자연주의에 사로잡혀 있었으며, 아직 지향적 분석과 기술의 진정한 방법으로 파고 들어가지 못했기 때문이다.

에드문트 후설은 이러한 모든 동기들을 때때로 일면적으로 좇았으나, 이들은 결국 서로 결합되어, 결국에는 방법적 자기의식의 가장 높은 단계에서 정당화되는 초월론적 주관성에 관한 엄밀한 학문, 즉 현상학에 이르렀다.

⠶

17 로체(Rudolph Hermann Lotze, 1817~1881)는 독일의 철학자다. 페히너, 하르트만, 분트 등과 함께 19세기 후반의 신형이상학파에 속한다. 라이프니츠의 모나드론에 영향을 받아, 존재계는 다수의 영혼 모나드로 이루어지고, 이들의 상호 제어 작용은 신의 통일에 의존한다고 생각했다.

흄의 원칙

흄은 『인간 본성론』의 「실존에 대하여」에서 다음과 같이 명시적으로 이야기한다. "정신에는 자신의 이전의 인상들로부터 자라난 지각과 관념 이외에 어떠한 것도 현전하지 않기 때문에, 관념이나 인상과 특별히 다른 무언가에 대한 관념을 형성하는 것은 불가능하다는 사실이 뒤따라 나온다." 그것은 상상력의 우주가 산출한다. 사람들은 상상력으로 하늘이나 우주 전체의 가장 바깥 경계에까지 다다른다. 그러나 사람들은 자신을 넘어서는 한 발짝도 다다를 수 없고, (의식의) 이 좁은 영역에 나타나는 지각들의 현존을 넘어서는 일종의 실존을 자신의 표상을 가지고서는 결코 포착할 수 없다. 우리가 형성할 수 있는 것은 기껏해야 "지각과 특별히 다른 무언가"라는 비본래적인 생각뿐이다 ― 완전히 공허한 생각.

흄과 칸트. 칸트의 선험적 종합 판단의 문제와
그 해결 도식에 대한 이의 제기

흄

1) (후험적으로 종합적인) 직접적인 경험적 인식은 문제가 아니다. 그것은 여기에 그렇게 존재한다(나는 그것을 본다), 그것은 그렇게 존재했다(나는 명료한 기억을 갖고 있다), 그것은 보통 그렇게 존재한다.

2) 한갓 관념들에 (분석적으로) 놓여 있는 것, 여기에는 특히 주어진 개념적 내용의 일반적 본질에 속하는 것을 표현하는 일반적인 명제와 법칙들이 있는데, 이러한 것에 대한 판단은 문제가 아니다.

3) 그에 반해 직접적으로 주어지지 않은 사실 혹은 완전히 초월적인 사실, 그래서 어떠한 경험에서도 주어질 수 없는 사실에 대한 (선험적으로 종합적인) 모든 판단은 문제적이다.

예를 들어 신, 소위 초월적 실제성은 어떠한 직접적 경험을 통해서도 주어질 수 없다. 그러나 그러한 것과 관계하는 형이상학적 판단들도 문제적이지만, 경험 학문을 구성하는 모든 판단들, **주어진** 경험을 초월하는 모든 특수한 경험적 판단들, 가령 주어진 것으로부터 주어지지 않은 것으로 추론하는 모든 인과 추론도 문제적이다.

흄은 이러한 판단 중 그 어떤 것이든 실제적 인식이 된다는 것을 부정하고, 그것이 이성적으로 근거 지어질 수 있다는 것을 부정한다는 점에서 회의주의자이다. 흄은 그 자체로 이성적으로 정당화될 수 있고, 초월하는 경험 판단이나 사실 판단에 이성적 정당화를 부여해줄 수 있는 원리들이 있음을 부정한다. 관념들 간의 관계의 성격을 지니는 일반 명제들과 이와 같은 선험적 인식으로부터 순수하게 논리적으로 추론될 수 있는 특수 명제들만이 이성적으로 통찰적으로 근거 지어진다. 합리주의에서와 마찬가지로 흄에게서도 모든 학문적 정당화의 원천은 선험적인 인식에 놓여 있다. 학문의 특성은 합리성 내지는 (합리성과 같은 것인) 선험성이다. 그러나 흄에게 선험적 인식이란 무엇을 의미하는가? 본유성, 인간 정신의 근원적 설비에 사실적으로 속하는 것은 아니다. 마찬가지로 후험적인 것도 그에게는 의미가 없다. 그것은 인간 지성으로부터 순수하게 유래하지 않고, 외부로부터, 외적 실재성을 통한 지성의 자극으로부터 유래한다. 흄에 따르면 본유 관념은 형이상학의 허구이다. 흄에 따르면 '외부'에 대해서 우리는 아무것도 모른다. 주어지는 것은 오직 지각, 그러니까 인상과 관념뿐이다. 그리고 인상들은 우리가 단순히, 그것들을 체험하는 대로의 지각 체험이고 기억 체험이다. 소위 '외부 사물'은 다름 아닌 인상들의 복합체이고, 경우에 따라서는 거기에 묶인 관념들의 복합체이다. 흄은 버클리주의자이다. 영혼 자체는 다시 다름 아닌 인상들의 다발, 관념들의 다발이다. 어쨌든 그것만 우리에게 주어진다. 그리고 만약 선험적 인식이 있다면, 내재적인 선험적 인식만 있다. 그것은 우리가 우리의 관념들(즉, 여기서 직관적으로 주어지는 우리의 개념적 내용)에 대한 고찰, 분석, 비교를 통해, 그 보편적 본질로부터 분리할 수 없는 어떤 관계들, 그 본질에 근거한 어떠한 사태들, 그러니까 의미, 개념의 내용을 위반하지 않고서는 그 존립 요소를 부정할 수 없는 사태들을 발견한다는 데 놓여 있다.

물론 여기서 흄의 설명은 명료성을 결여하고 있다. 그는 임의적인 상상표상으로서의 관념과 보편적 개념 및 주어진 개념적 본질로서의 관념을 구분하지 않는다. 그러나 우리의 해석은 의심할 여지 없이 그의 이론의 의미에 적중한다. 우리가 순수한 개념에 근거하는 일반적 사태에서 보편적 통찰을 획득할 수 있다면, 우리는 그것을 통해 선험적 인식을 갖는다. 왜냐하면 이러한 개념 아래에 서 있는, 그래서 해당하는 개념적 특징을 갖는 대상들은 자명하게도 실제성 속에서, 다시 말해 인상 속에서 제시될 것이기 때문이다. 일반적으로 개념에 본질적으로 혹은 분리 불가능하게 속하는 것도 거기에서 발견되어야 한다. "a + b = b + a"는 수의 합산의 본질에 속한다. 그래서 실제로 수의 합이 경험적으로 한번 주어지면, 미래의 모든 경험에서 그것이 입증되어야 한다는 사실은 자명하다. 그러므로 그것은 이해가능하다. 우리가 무언가를 선험적이라고 진술해야 하는 다른 방식은 전혀 생각할 수 없다. 선험적으로 진술하는 것, 즉 현실적인 인상에 토대하지 않고, 관념에 토대하지 않고 진술하는 것은 우리가 말하는 것이 관념들 속에 실제로 놓여 있는 경우에만 정당화될 수 있다.

칸트는 흄의 관념들의 관계를 분석적 판단, 그러니까 동일 판단으로 해석한다. 그러나 그것은 전혀 흄이 의미하는 바가 아니다. 흄에 따르면, 모든 동일 판단은 관념들의 관계다. 그러나 거꾸로 관념들의 관계가 모두 동일 판단인 것은 아니다. 관념들의 관계에 대한 위대한 학문인 수학이 한갓 명시적인 동어반복 혹은 은폐된 동어반복으로 구성되어 있다고 주장할 생각을 그는 하지 않는다. 우리는 이전 강의에서 '관념들의 관계'라는 명칭 아래 두 부류의 판단이 있음을 분명히 하였다. 선험적인 형식적 판단, 순수한 논리적 판단과 질료적 판단이 그것이다. 후자에는 색, 음 등과 같은 감성적 개념의 본질에 놓여 있는 선험적 명제들이 속한다. 첫 번째 판단에서는 모순이 직접적으로나 간접적으로 입증될 수 있으나, 후자에는 어떠한 논리적 모순도 존재하지 않는다. 다만 해당하는 개념의 내용이나 의미와의 충돌이 있을 뿐이다. 하나의 존재자 유에 속하는 세 개의 존재자가 있다면 그중 하나는 가운데에 있다는 것을 부정하면서 존재자라는 말의 의미를 고수할 수는 없다.

수학적 판단이 분석적이지 않다는 것을 흄이 통찰했더라면, 흄이 회의주의를 형성할 수 없었을 것이라고 칸트는 생각했다. 이것은 분명 옳지 않다. 흄의 입장은 개념의 엄밀함, '분석적 판단'을 통해, 그리고 수학의 종합적 성격의 증명을 통해 전혀 영향을 받지 않는다. 만약 칸트가 흄의 위대한 저작, 『인간 본성론』을 알았더라면, 분명 이것을 인지했을 것이다. 물론 흄의 여러 표현 방식들, 모순율에 대한 강조, "결과는 원인에 놓여 있지 않다"는 반복적 암시, 그리고 이와 같은 표현들이 칸트를 잘못된 길로 인도한 책임이 있다. 흄이 경우에 따라 '분석적'이라는 말과 '선험적'이라는 말을 불명료하게 혼동했을 수 있지만, 그것은 그의 이론의 본질에 영향을 끼치지 않는다. 흄의 고유한 의미에서, 수학적 판단은 분석적이지 않고 종합적이다.

흄이 회의주의자가 된 것은 그가 수학을 분석적인 것으로 여기고, 모든 선험적인 인식의 본질을 분석적인 것에서 보았기 때문이 아니라, 그가 한편으로는 선험적 인식이라는 유일하게 참되며 인식론적으로 중요한 개념(이에 따르면 '선험적'이라는 것은 주어진 개념의 본질에 근거하고 그것과 분리될 수 없는 것으로 직관될 수 있는 것이다)을 가지고 있고, 다른 한편으로는 간접적 사실 판단의 원리들을 이러한 의미에서 선험적인 것으로 파악할 어떠한 가능성도 보지 못했기 때문이다.

흄의 설명 속에서 불명료함이 아무리 크더라도, 그리고 그것이 그의 인식 이론적 근본 파악에서 아무리 많은 본질적 오류를 일으켰더라도, 그는 대체로 올바른 경향에 지배되었고, 비록 반쯤 눈을 가렸지만 올바른 길을 걸었다.

인상과 관념에 관한 흄의 출발점은 완전히 옳다. 비록 그가 이렇게 시작하는 것의 정당성을 분명하게 논하지는 않았지만 말이다. 모든 인식 이론은 **주어진 것**과 더불어 시작해야 한다. 그것은 바로 오로지 직접적인 체험들이다. 흄은 칸트나 로크처럼, 대상을 통한 주체의 촉발로 시작하지 않는다. 흄에게는 자아와 사물 사이의 어떠한 이원성도 없다. 그래서 반복해서 칸트를 비판받게 한 모든 어려움과 모순들, 그러니까 사물 자체에 대한 가정 없이는 그 체계에 들어가지 못하고, 이 가정을 가지고서는 그 체계에 머무를 수 없다는 것이 흄에게는 적용되지 않는다. 사물에 대한 흄의 이론은 회의주의적이고 불명료하며, 유지될 수 없는 것일 수 있다. 인식론의 시작을 위해 회의는 전적으로 필요불가결하다. 회의는 현상학적으로 주어진 것으로 우리를 제한해야 한다.

흄이 직접적으로 주어진 것 자체에 대한 진술을 다룰 때, 이는 완전히 옳다. 이러한 진술은 인식론적 어려움에 전혀 처해 있지 않다. 여기에서 흄은 기억에 어떤 비판도 가하지 않고, 지각에서 실제로 주어진 것과 가상으로 주어진 것을 구별하지 않기 때문에 물론 그다지 회의주의적이지 않다. 그리고 직접적인 경험을 초월하는 판단의 정당성에 관한 물음에서, 모든 초월하는 판단은 선험적인 관념적 판단이거나 그러한 선험적 판단의 도움으로 경험으로 주어진 것으로부터 순수하게 논리적으로 도출될 수 있는 것이어야 한다는 파악도 재차 옳다. 물론 이러한 사유의 실제적 수행과 결정적인 현상학적 분석이 많이 부족하다. 그래서 인상과 관념 사이의 조야하고 혼란스럽고, 모든 가능한 색깔로 어른거리는 대조에 명료함과 일의성을 마련해줄 수 있는 모든 것이 결여되어 있다. 그러나 흄은 어디에서나, 천재적 본능을 가지고 지속적으로 중요한 것으로 방향을 돌린다. 그래서 그의 오류조차도 풍부한 생산력을 갖고 있다.

아프리오리와 '한갓 관념들에 놓여 있는 것'을 흄이 동일시한 것은 한갓 관념들에 놓여 있거나 근거함이 일반적 명증으로서 올바르게 이해될 경우에만 의심할 여지 없이 올바르다. 모든 지식이 통찰에 근거하고, 통찰은 다름 아닌 체험, 진리의 주관적 주어짐을 의미할 수 있음이 분명해진다면, 만약 우리가 일반적으로 법칙을 주어진 진리로 파악해야 할 경우, 그것은 오직 관념들의 관계의 형식으로만 주어질 수 있다는 사실이 분명하다. 즉 우리는 명증 속에서 보편적인 단어뿐만 아니라 상응하는 개념적 내용을 체험하고, 이제 그 보편적인 개념적 본질에는 분리 불가능하게 이러저러한 관계가 속해 있음을 통찰한다. 우리는 개념들의 필연적 공속을 직관하고, 이러한 개념들 아래에 놓여 있는 그 어떤 무언가 일반의 보편적 타당성을 직관한다. 그래서 흄이 모든 간접적 경험 주장과 경험 법칙을 직접적 경험 소여로부터 근거 지을 수 있는 경험 추론의 원리에 대해, 그것이 흄의 의미에서 선험적이어야 한다면 그것은 관계들이어야 한다는 요구를 제시할 때 완전히 옳다.

그러나 칸트는 흄의 선험적 인식이라는 개념을 분석적 인식, 그러므로 본질적으로 동일 인식이라는 자신의 개념과 동일시함으로써 잘못된 길로 빠져든다. 이러한 흄의 선험적 인식의 가능성에 관한 물음은 모순적 명제의 자명함으로 환원함으로써 해결될 수 있는 것처럼 보였다. 칸트는 또한 흄에서 행간을 읽는다면 '선험적'이라는 것이 개념들의 일반적 본질에 근거하고 명증 속에서 직관될 수 있는 일반적 관계를 의미한다는 중요한 점을 간과했다. 그리고 모순율은 단지 그것을 구성하는 순수 논리적 관념들의 본질에 근거하기 때문에 절대적으로 정당화되고 정당화하는 원리로 여겨질 수 있음을 간과했다. 그러나 우리는 여기에 대해서 명증적으로 확신할 수 없다. 칸트는 분석적 판단을 정당화하는 원리로서 모순율을 외적으로만 고수하기 때문에, 마찬가지로 외적으로 묻는다. "종합적 판단의 원리는 무엇인가?"

후험적 종합 판단의 원리는 통일적 경험이다. 선험적 종합 판단〔의 원리〕는 탐색되어야 한다. 그리고 칸트는 종합적이고 선험적인 판단의 원리를 **형식**에서 찾는다. 그러나 이를 통해 그의 사유는 상대주의와 인간학주의로 전환된다.

칸트는 인식론을 영혼 활동의 한갓 경험적 학문인 심리학에 근거 짓는 것을 몹시 꺼린다. 그것은 매우 정당하다. 그러나 그럼에도 그의 형식론에는 일종의 심리학이 놓여 있는 것처럼 보인다. 인간 지성(물론 개별적 인간, 민족, 종족이 아니라 인류 일반)의 본성에는 어떤 기능 형식이 속하고, 그것의 법칙성은 모든 인간 자체에 속하는 보편적 타당성을 갖는 그러한 것이다. 정확히 흄 또한 인간 본성의 본질에는 습관의 법칙이 속하고, 이는 사실 학문의 원천이라고 말할 것이다. 인간은 인간이기 때문에 필연적으로, 일반적으로 습관을 형성한다. 그리고 경험 세계와 경험 학문의 통일성은 그렇게 자라난다. 만약 칸트가 습관의 원리 대신, 마찬가지로 주관적이고 일반적인 경험 형성의 다른 인간적 원리를 도입한다고 해서 근본적으로 달라지는가? 흄의 이론에도 말하자면 모든 경험 통일체가 사유로 향해진다는 코페르니쿠스적 전환이 놓여 있지 않은가? 습관은 그저 우연적 결합을 공급할 뿐 필연적 결합을 공급할 수 없다고 칸트가 말한다면, 그것은 참일지 모른다. 그러나 흄은 거기에 어떠한 커다란 중요성도 두지 않았다. 왜냐하면 흄은 경험 법칙의 타당성을 통찰한다고 주장하지 않고, 그러한 통찰의 가능성을 부정하기 때문이다.

흄의 이론은 모순으로 이끌린다. 사실 판단과 사실 법칙을 표명할 수 있는 어떠한 이성적 정당성도 없다면, 습관의 법칙도 있을 수 없으므로, 자연과학에서와 마찬가지로 초월 철학에서도 모든 이론화는 의미를 가질 수 없게 된다. 흄의 이론의 내용은 모든 경험 학문적 이론 일반의 이성성을 부정한다. 흄의 이론 자체가 경험 학문적 이론인데도 말이다.

칸트의 이론도 동일한 모순으로 이끌리며, 일관적으로 생각했을 때, 마찬가지로 회의주의적이다. 심지어 실제로는 한층 더 회의주의적이다. 칸트는 직관의 형식뿐 아니라 지성의 형식도 주관화한다. 지성의 형식도(적어도 그렇게 보이고, 대개 그렇게 파악된다) 인간의 의식 일반의 단순한 형식이다. 이제 인간의 모든 각각의 사유는 바로 인간의 사유이기 때문에, 그리고 인간의 모든 직관, 사유, 경험의 형식은 단지 특수하게 인간적인 것으로서 생각되기 때문에, 어떠한 객관적 인식도 존재하지 않으며, 우리는 객관적인, 궁극적 타당성을 주장하는 단 하나의 주장도 표명해서는 안 된다. 인식 일반은 단지 인간의 관점에서만 타당하다. 그러나 그것은 가장 극단적인 회의주의와 거의 유사하고, 근본적으로는(au fond) 동일한 파악이다. 왜냐하면 가령 "2 × 2 = 4"라는 문장과 같은 순수한 산술과, 당연한 귀결로서 순수 논리학 전체와 결국에는 충전적인 내적 지각의 모든 진술도 단지 우리에게만 타당하고, 다르게 구성된 존재들에게 이 모든 진리는 거짓일 수 있기 때문이다. 흄은 여기서 다르게 판단한다. 모든 분석적 명제들과 보다 넓은 의미에서 관념들 사이의 모든 관계는 단순한 인상 명제들과 마찬가지로 절대적으로 타당하다. 그것들은 나에게 혹은 그 어떤 부류의 존재에게만 타당한 것이 아니라 신에게조차도 타당하다. 신도 그것을 변경할 수 없다.

칸트의 이론은 흄의 이론과 동일한 모순을 포함하는 것처럼 보인다. 왜 냐하면 모든 인간의 인식은 인간적 형식 아래에 놓여 있기 때문에 단지 현상적일 뿐이라는 이론은 단순히 현상적인 의미가 아닌 절대적 의미를 주장하기 때문이다. 그러나 모든 이론처럼 이 이론도 단지 현상적인 의미만을 지녀야 할 것이다. 형식들은 그 자체로 실재성이거나 혹은 실재성의 개념이다. 그리고 우리가 형식론을 근거 짓는 판단들은 분석적 판단도 아니고 단순한 경험 판단도 아니다. 그것들은 다시 선험적 종합 판단에 토대해야 한다. 우리는 여기서 순환 내지는 모순에 빠져든다. 우리는 칸트로 인해 가장 곤란한 회의주의에서 구출되는 것이 아니라 흄의 회의주의보다 더 굳건한 회의주의 속으로 끌려 들어가게 된다.

실제로 우리가 구출되는 것은, 합리주의적 인식론 및 경험주의적 인식론의 주요 동기를 고수하고 심화시키면서, 특히 관념들 간의 관계에 대한 심화된 개념을 고수하면서, 실재성의 학문의 원리들이 인간학적으로 날조된 의미가 아니라 진정한 의미에서 실제로 선험적이며, 그것들은 특별하게 인간 정신의 본질에 속하는 것이 아니라, 어떤 존재가 판단하고 인식하는가와 상관없이 사유와 인식 일반의 본질에 속한다는 사실을 증명하는 데 성공할 때일 것이다. 칸트는 참된 사태를 추적하고 있었다. 그는 윤리학에서 정언 명령은 단순히 인간학적인 의미를 지니는 것이 아니라 절대적인 의미를 지닌다고 날카롭고 분명하게 표명했다. 그러나 그에게 부족한 것은 여기서 그러한 절대적 의미가 본래적으로 어떻게 가능한가 하는 의미에 대한 이해였다. 그것은 물론 흄의 관념들의 관계의 형식으로만 가능하다. 종합적인, 그래서 동어반복적이지 않으면서 선험적인 인식의 가능성에 대한 물음은 인간학적이고 형이상학적인 이론을 필요로 하지 않는다. 그러한 물음에 대한 답은 그와 같은 이론들을 통해서는 결코 주어질 수 없고, 명증적이고 일반적인 인식의 본질에 대한, 그리고 가장 엄밀한 의미에서 공리적인 통찰의 본질에 대한 현상학적 해명을 필요로 한다.

그러나 칸트가 그의 정신적 위대함에도 불구하고, 그 명민함과 심오함에도 불구하고, 왜 결정적인 주요한 지점에서 그르쳤는지 그 이유를 묻는다면 대답은 다음과 같다. 흄과 영국 경험론으로부터 칸트는 개별적으로 자극을 받았지만, 그의 사유는 독일 합리주의의 전형적 궤도에 묶여 있었다. 그가 그것의 이론을 배격하고 그것의 방법과 싸웠던 곳에서조차 그랬다. 인식의 기원에 관한 영국의 위대한 연구는 칸트에게는 두드러진 영향을 미치지 못했다. 로크가 심리학적으로 연구했다는 것을 인지함으로써, 그리고 경험적 심리학을 통해서는 어떠한 초월 철학도 수행될 수 없음을 통찰함으로써, 칸트는 다시 로크의 기원에 대한 연구의 정당하고 심오한 의미를 오인했다. 칸트는 초월 철학이 인식과 그 타당성의 의미를 해명하는 것 이외에 다른 어떤 것도 원하지 않고 원해서는 안 된다는 사실과, 여기서 해명이란 다름 아닌 근원으로, 명증으로, 그러니까 모든 인식 개념이 직관적으로 실현되는 의식으로 돌아감을 의미한다는 사실을 간과했다. 그는 모든 인식 비판이 현상학적으로 진행되어야 한다는 사실과 영국의 심리주의적 경험주의라는 나쁜 결과를 낳은 것은 오직 발생적[18]−심리주의적

••

18 나중의 후설은 '발생적(genetisch)' 현상학을 초월론적 현상학의 핵심적인 부분을 가리키기 위해 사용했지만, 1900년대 초의 후설은 '발생적'이라는 말을 경험적 심리학 연구를 가리키

영역으로 월권적으로 개입한 탓이라는 사실을 인식하지 못했다.

그런데 이러한 비판은 단지 인식 문제에 대한 칸트의 해결책의 주요 도식에만 해당한다. 그러나 이것으로써 칸트의 인식 비판이 가령 끝장난 작업이 되는 것은 아니다. 인식의 문제를 해결하기 위한 거대한 시합장에서 칸트는 이전의 누구보다도 깊이 들여다보았다. 그의 철학적 인물됨의 위대함은 그가 쓴 모든 문장에서 드러나며, 웅대하고, 불명료하지만 심오하며 의미심장한 그의 연구에 몰두하는 것은 수 세기 후에도 매력을 발휘할 것이며, 아주 유의미한 자극을 전달할 것이다. 심지어 그의 그릇된 이론 뒤에도 중요하고, 대부분 아직 활용되지 못하고 열매를 맺지 못한 사유가 놓여 있다. 이 사유는 물론 분명하지 않고, 일의적이고 명료한 표현을 찾지 못하거나 그 시대의 철학에서 나온 잘못된 사유와 혼합되어 어둡고 왜곡되어 보인다. 그래서 사람들은 실제로 보는 것보다 그 말들 뒤에서 더 많이 그 사상을 느끼고 예감한다.

칸트의 사유 세계의 체계적 이음새는 먼저 완전히 깨지고 날카로운 비판의 왕수(王水)를 통해 완전히 분해되어야 한다. 그래야 칸트가 올바른 방식으로 사용되어 학문의 진보를 위해 결실을 맺을 수 있을 것이다.

∴

는 말로 사용했다.

칸트의 인간학적 이론에 맞서서

공간 직관의 선험성, 칸트의 초월론적 감성론에 대하여

1) 인간의 주관성은 확고하지만 모든 주관 일반에 무조건적으로 속하지는 않는(그것은 인간성의 테두리 안에서만 무조건적으로 일반적이다) **고유성**을 갖추고 있는데, 그것은 모든 감성적 질료를 공간적으로 파악해야('정돈해야') 한다는 것이다.

이것이 감성적 직관의 공간 질서의 명증적 필연성을 해명할 것이고, 내가 어떻게 '순수한 직관'을 가질 수 있는지 그 가능성을 해명할 것이라고 한다.

2) 여기서 명증은 무엇인가?

내가 그 어떤 직관적으로 주어진 사물, 가령 하나의 사자(獅子)를 취한다면, 나는 거기서 모든 것을 변화시킬 수 있고, 감성적 성질들, 공간 형태도 변화시킬 수 있다. 그러나 나는 다만 이러한 변경의 우연성의 맞은편에 하나의 필연성이 지배함을 통찰할 뿐이다. 즉 내가 이러한 변경 일반에서 속성들과 더불어 함께 변화되는 동일한 것을 여전히 간직하는 한, 나는 감성적 성질들이 부착된 공간 형태를 간직한다. 그래서 거기서 이미 나는 필연적 형식, 형식적 본질, 최상의 유를 가진다. 모든 변경된 것은 그것 아래에서 있다. 최상위 유는 필연적으로 사물 일반에 속한다. 아무리 내가 변경시켜도 나는 언제나 하나의 **사물**을 지닌다. 그리고 사물 자체의 본질에 속하는 것이.[19]

3) 연장 실체(*res extensa*)라는 것, 특히 그리고 우선, 감성적─질을 갖춘 공간 형태라는 것이다. 여기에서 내가 또 통찰하는 것은, 모든 그러한 공간 형태는 그것이 경우에 따라 아무리 우연적이라 할지라도,

4) **하나의 공간**에, 보편 공간에 정돈된다는 것, 그리고 이 공간이 내가 다룰 수 있는 모든 사물에 대해 동일한 공간이라는 것이다.

a) 그것은 다음과 같은 소위 유일하게 가능한 가정을 통해 해명된다고 한다. 즉 모든 감성적 질료를 공간 형식 속에 정돈해야 한다는 것은 인간 주관성의 근원적 고유성이다.

그러나 이러한 가정이 무언가를 해명할 수 있는가? 만약 그것이 인간 주관성의 보편적 사실로서 옳다면, 내가 감성적 질료를 비공간적으로 지니는 것은 **사실적으로** 가능하지 않을 것이다. 그러나 내가 아무리 많은 개별적 경우들을 취하고, 상상 속에서 얼마나 자주 감성적 질료를 재현하더라도, 그것이 공간적으로 질서 지어진다는 것은 언제나 그저 하나의 **사실**(Faktum)일 것이다. 기껏해야 나는 귀납 추론을 할 수 있을 것이다.[20] 그러

..

19 항목 3)으로 이어진다. "그리고 사물 자체의 본질에 속하는 것이 연장 실체라는 것, …"
20 근본적 오류: 선험적 인식의 '특징'으로서의 필연성. – 원주.

나 나는 필연성을 통찰한다. 명증은 (때때로 이 말을 사용하는 칸트에서와 같이) 내가 순수한 공간에 대한, 즉 이러한 근원적 주관성에서 생겨난 공간에 대한 직관을 가짐을 의미하는 것이 아니라, 반대되는 것을 생각할 수 없음으로서의 필연성에 대한 통찰을 의미한다. 생각할 수 없음이란 다른 직관을 형성할 수 없다는 무능력, 우연적 무능력을 의미하는 것이 아니라 본질적인 불가능성을 의미한다. 이것은 빨강이 음(晉)이고, 색은 다름 아닌 사랑이라는 것이 본질적 불가능성, 통찰되는 불가능성인 것과 유사하다.

　b) 이것에 대한 이의 제기: 칸트는 여기서 필연성인 것, 해명되어야 할 상황 자체를 구체적으로 기술하지 않았다. 그렇지 않았다면, 그는 감성적 질료가 반드시 공간적으로 형성되는 것이 아니라, 동일한 사물이 남아 있어야 한다면, 감성적으로 주어진 사물의 감성적 속성이 모든 변화에도 불구하고 필연적으로 공간적으로 주어져야 한다는 사실을, 그리고 공간 형태의 변화는 공간 형식에 묶여 있으나, 오직 내가 감각 자료가 아니라 사물에서 시작하는 경우에만 그렇다는 사실을 알았을 것이다.

　c) 모든 것이 정돈되어 있고, 나의 주관성에서 유래한 변경할 수 없는 강요가 나에게 공간을 제공하고, 거기서 여기저기에 감성적 질료를 제공하며, 이러한 질료를 추상한다면 내가 공간 자체를 취할 수 있으리라고 가정해보자. 그리고 내가 심지어 공간이 선험적 직관으로서 일반적 주관성에서 나온다는 것을 이미 알고 있다고 가정해보자. 칸트에 따르면 공간에 속한 공리들은 공간으로서의 공간을 경계 짓는다. 그리고 나는 기하학의 종합적 판단에서 순수 직관을 향한다. 그러나 이 '향함'은 어떻게 이해되어야 하는가? 경우에 따라, 기하학적으로 사유하는 자로서, 나는 가령 내가 형상을 그려 넣는 칠판이나 벽면을 떠올린다. 거기서 우연적 대상이 자신의 평평한 평면을 나에게 제공하는 한, 여기서 나는 경험적인 직관을 갖는다.

나는 공간이라는 순수 직관을 어떻게 획득하는가? 이제 나는 색, 감성적 성질들의 우연성을 추상한다. 이것은 다시 다음을 의미한다. 그것은 나에게 중요하지 않으며, 나는 그것들을 자유롭게 변경할 수 있고, 그러한 자유로운 변경을 통해 방해받지 않는 것을 붙잡을 수 있다. 나는 칠판의 특정한 형태조차 관심이 없지만 그려진 도형에는 관심이 있다. 그러나 나는 그것을 **이념화한다**. 나는 이제 어떻게 선험적 종합으로서 나의 종합을 획득하는가? 나는 그 자체로 일반성의 형식을 갖고, 범례적이며 이념화된 종합을 일반성 의식으로 고양시키는 판단을 획득한다. 이때 무엇이 나를 이끄는가? 그것은 내가 그러한 이념적 개념을 형성한다면, 필연성 속에서 그것이 무조건 타당하다는 그러한 법칙적 판단을 표명해야 한다는 통찰이다. 이러한 통찰은 인간의 수용성 및 그 **우연적으로** 일반적으로 타당한 형식과 어떤 관계가 있어야 할까?

d) 그리고 또 불명료함: 칸트는 순수한 직관에 대해서 마치 그것이 필연적–사실적으로 산출된 형식인 것처럼, 그리고 직관인 것처럼 이야기한다. 마치 내가 '향해야' 하는 지속적인 공간–배경이 거기에 존재하는 것처럼 말이다. 그러나 내가 거기에 그려 넣는 것이라면, 종합은 왜 보편적 판단의 형식 속에서 무조건적으로 보편적으로 타당한 종합으로서 효력을 지닐 수 있어야 하는가? 칸트는 인간적 사실의 필연성 및 보편성을 통찰의 내용에 속하고, 모든 사실에 반대되는 필연성 및 보편성과 혼동한다.

e) 칸트는 진정한 의미에서 합리적 인식은 단지 분석적일 수만 있다는 형식적–합리주의적인 선입견의 토대 위에 서 있다. 합리적 인식이 그 필연적이고 일반적인 타당성 속에서(이때 필연성과 일반성은 무조건적인 것으로서 내용에 속한다) 통찰 속에서 증명될 때만 합리적 인식은 실제로 이해될 수 있고, 실제로 자명하다. 종합적인 선험적 인식은 그렇지 않은데, 그

러한 인식에는 진정한 합리성이 없다. 우리가 관련된 판단을 내릴 때 우리는 구속되어 있다고 느끼지만 실상 왜 그런지는 알지 못한다. 왜냐는 물음은 사실성에 호소하여, 인간 지성의 고유성에 호소하여 답을 얻는데, 인간 지성은 유일하게 가능한 지성이 아니다. 우리는 객관적 필연성을 가지고 우리의 본성의 사실 법칙에 의해 명제를 만들어야 하는데, 하나의 **강제**인 이러한 객관적 필연성과, 우리가 판단된 것('판단')의 내용에 속하는 것으로서 통찰하고, 통찰 속에서 단적으로 갖고 있는 필연성 간에 차이가 있다는 것을 칸트는 간과한다. 또 그는 거기서 통찰된 필연성인 이러한 필연성이 (모든 판단하는 자들에게 일반적인 타당성이 아니라) 순수한 일반성을 가리키는 다른 말일 뿐임을 간과한다. 그리고 우리가 인간 지성의 특성을 통해 그것을 '해명하고', 그것을 통해 제한하고, 그래서 일반성을 폐기하고, 우연적인 것으로 변경시키자마자 이러한 일반성은 없어진다는 것을 간과한다. 그는 실제로 선험적 종합 판단함을 경험적 판단함과 대립시킨다. 그러나 우연적 일반성을 밝히는 모든 판단은 단지 경험을 통해서만 정당성을 가질 수 있다. 그리고 그것은 그 자체로 선험적 판단이다. 그런데 진정한 선험적 판단은 말하자면 **통찰적으로** 입증될 수 있다. 칸트의 입장은 혼동을 통해서만 설명된다. 칸트는 인간의 특성(사실)으로부터 나오고, 이러한 특성을 존재하는 것으로 입증한 사람들만 알 수 있는(경험을 통해서만 가능한 것) 일반적 강요와, 임의적인 것으로서 임의적으로 제시된 개별 사례에 적용할 때 일반적으로 통찰된 것의 '다를 수 없음'으로서 통찰되는 필연성을 혼동한다.

　근본적으로 흄은 그의 '관념들의 관계'를 통해 진리에 더 가까이 있었고, 칸트의 모든 비난은 불명료하거나 근거 없는 것이다. 흄은 '관념들의 관계'를 '분석적 명제들'로, 즉 논리적인 형식 수학적 명제들로 간주하지 않았고, '관념들'과 함께 필연적으로 정립되는 순수한 관계들을 표현하는 진리들로 간주했다. 흄의 오류는 관념들이 그의 의미로 (판타스마로서, 즉 상상의 감각 자료로서) 이해된다면, 우리는 단독적 개별자들을 갖게 된다는 사실을 보지 못했다는 데 놓여 있다. 그리고 필연적으로 여기에 관계들이 속한다면 이러한 관계들은 우선은 다만 사실적인 관계들이며, 단독적 자료들에 대한 단독적 사건일 뿐이라는 사실을 보지 못했다는 데 놓여 있다. 우리가 **감각 자료**라는 의미의 관념으로부터 진정한 순수한 일반성 의식(이러한 의식 속에서 관련된 '관념들'의 범례적 토대 위에서 다른 종류의 '관념들', 순수하고 일반적인 본질의 의미에서의 관념들이 직관된다) 속에 주어진 것으로서의 **형상**으로 이행하지 못하는 한에서 그렇다. 이제 눈에 띄는 것은 본질적인 일반성에서, 무조건적 필연성에서, 가능한 개별적인 것 일반(가장 엄밀한 '일반')에, 관념 A와 관념 B에 이러저러한 관계가 속한다는 사실이다. 그는 완전히 틀린 (본질적으로 **버클리**의 것과 같은) 그의 추상 이론에서 모든 순수한 일반성 의식과 일반성의 모든 순수한 소여를 부정했지만, 관념들 간의 관계에 신조차도 구속되어 있다고 이야기한다(이것은 그가 자신의 이론과 반대로 순수 의식에 몰두하여, 그의 근원적 행위가 그 자체로 유효하게 되도록 하는 한에서만 가능하다). 그렇게 이야기하는 한, 그는 진리에 더 가까이 있었다. 그러나 그의 근본적인 오류는 감각주의다. 감각주의는 내재적 영역을 초월하는 (표상함과 구별되고 내재적이지 않은 표상된 것을 정립하는) 표상의 대상성의 모든 표상 방식과 형식을 허구적인 것으로 변화시킨다. 감각주의는 그 때문에 일관적으로, 기하학적 방식의 모든 통찰적인 수학적 판단은 불가능하며(그러니까 의식에 근거하여 초월을 가정하는 것이 사실적으로 불가능하기 때문에 초월적 타당성을 가지는 것이 사실적으로만 불가능한 것이 아니며), 기하학적 존재는 생각할 수 없다고 가르쳐야 했다. 흄의 문제는 이것이다. 의식은 자신의 내재 속에서 어떻게 초재적 대상을 정립하고 직관하는 데 이르며, 어떻게 거기에 이를 수 있는가? 그에게 초월적 직관은 모순적이고, 오직 초월적 직관, 공간-시간적인 인과적 존재에 관한 지각, 그리고 더 나아가 그것에 대한 학문의 **가상**만이 설명될 수 있다. 진정한 문제는 여기에 있다. 수학적인 것에 대한 통찰이 우리에게 수학적인 것을 제공하기는 하며, 경험적 통찰이 자연과 자연과학을 제공하기는 하지만, 의식이 자기 자신을 어떻게 초월하는지, '객관적' 인식이 어떻게 보이는지에 관해서는 우리가 불명료함 속에 있는 한 그렇다. 이러한 불명료함을 통해서 우리는 잘못된 변증술의 덫에 쉽사리 빠져든다. 그것은 흄의 변증술처럼, 우리가 가진 통찰을 다시 포기하고, 그것을 고쳐 해석하고, 심리학주의적-회의주의적으로 해소하도록 우리를 유혹한다.

칸트는 객관적 학문의 객관적 타당성을 고수하고자 한다. 통찰 속에 살면서 칸트는 객관적 학문을 믿을 수밖에 없었다. 그러나 그는 또한 합리주의적 선입견을 따르면서, 오직 분석적 판단만을 진정한 의미에서 합리적인 것으로 고집하고 그 밖의 종합적 판단은 (흄과 다른 방식으로이긴 하지만 똑같이) 사실들로 환원하여 회의적으로 해소함으로써 잘못된 변증술과 변증술적 가상에 빠져든다.

진정한 문제는 여기서 현상학적인 문제들이다. 그러한 문제들은 우리에게, 현실적 자연과 가능적 자연을 그것에 대한 가능한 의식의 상관자로 고찰하고, 현실성과 가능성을 판단의 토대로 사용하지 않으며, (더욱이 자연 자체가 인식의 대상으로 구성되어야 한다면) 수학적인 것과 자연에 관한 의식은 그것의 본질에 따라서 볼 때 본래 어떻게 보여야 하는지를 이제 체계적 연구를 통해 우리에게 분명하게 할 것을 요구한다.

그러나 이때 분석적인 인식, 논리적이고 형식 수학적인 인식에 대해서 동일한 문제가 생겨난다. 결국 어디서나, 그것이 (비이성적 의식에 대립하여) 이성 의식인 한에서, 의식을 그것의 모든 형태에 따라서 연구하고, (가치와 선善도 포함하는) 대상성의 모든 영역에 대해서, 그것들이 어떻게 구성되는지, 의식은 그 자체로 이러한 구성에 따라서 그것들에 어떤 의미를 귀속시키는지를 알려주는 것이 문제다. 그러나 연구는 의식이 우리에게 인간적 의식으로서가 아니라 초월론적 의식으로서, 그리고 특수하고 우연적인 의식으로서가 아니라 의식 '일반'으로서 부여하는 토대 위에서만 수행될 수 있다. 그러나 올바른 방식으로 이것은 다만 다음을 의미할 뿐이다. 우리는 진정한 의미에서 합리적인, 완전히 통찰할 수 있고 이해할 수 있는 본질 필연성들을 연구한다. 어떠한 문제도 미해결인 채로 있지 않을 때까지.

칸트 철학에서 '사물 자체'의 모순. 원형적 지성

사물에 대해서, 그것들이 그 자체로 어떠한지를 우리가 인식한다 하더라도, 다만 후험적으로만 무언가를 인식할 수 있을 것이다. 혹은, 원형적 지성이 아닌 우리 인간은 그러할 것이다. 우리는 먼저 촉발되어야 하고, 우리는 이전에 수용적으로 행동한 곳에서만 생각할 수 있고, 자발적으로 활동할 수 있다. 그러나 신은 모든 존재를 선험적으로 인식한다. 신은 창조적 정신이기 때문에 그의 사물-사유는 사물-존재에 앞선다. 신은 사물이 어떠한지를 비로소 경험에서 추론할 필요가 없다. 그리고 신은 사물에 대해서 법칙을 확정하고, 사유 속에서 종합을 수행하며, 일반적인 종합을 수행한다. 사물은 거기에 상응해야 한다. 왜냐하면 신은 바로 거기에 따라 사물을 창조했으며, 이러한 법칙이 사물들에 실제로 타당하다는 사실을 **만들었기** 때문이다. 그래서 신에게 모든 인식은 선험적 인식인데, 모순율의 지배를 받는 선험적 분석 인식일 뿐 아니라, 사태, 사물에 타당한 선험적 종합 인식이기도 하다. 이러한 측면에서 신에게는 경험적 인식과 종합적-선험적 인식이 구별되지 않는다.

우리 인간에 관해서 말하자면, 종합적 인식은 이러한 방식으로 우리에게 구분된다. 왜냐하면 우리는 종합적 법칙들의 한 부류와 관련해서는 신처럼 행동하기 때문이다. 즉 우리는 우리의 주관성의 형성물로서의 자연에 관해 어느 정도는 창조적으로 행동한다. 우리는 자연을 창조한다. 즉 우리는 기능의 내재적인 법칙성에 따라 감성적 재료들로부터 자연 대상을 형성한다. 이 자연 대상은 그것인 것으로서 필연적으로 이러한 형성의 법칙에 상응해야 한다. 우리에게서 나온 자연의 형식은 자연의 규정된 내용, 규정된 성질, 규정된 특수한 법칙을 열어두며, 이러한 관점에서 우리는 수용적으로 행동하고, 후험적 종합 판단에 따라 인식한다.

(만약 우리가 어떠한 이론에 근거해서든 어떠한 실천적 근거에서든 신의 존재와 창조를 전제한다면) 신에 관해 말하자면, 신은 사물 자체를 창조했고, 인간의 주관성을 창조했다. 신은 근원적으로, 인간의 지성에 형식들의 '필연성'과 그 법칙이 속하도록 했다. 그러나 신은 또한 촉발의 감성적 질료들이 그것인 바대로 생성되도록 했고, 그래서 우리는 우리가 갖는 특수한 현출들을 그때그때 가지며, 사실적으로 타당한 특수한 자연법칙들이 타당하도록 했다.

나는 이것이 토대 없는 형이상학이라고 생각한다.

1) 경험적 진리와 비경험적 진리의 구분 혹은 더 나은 표현으로는 사실 진리와 이성적 진리의 구분, 그리고 마찬가지로 분석적-이성적 진리와 종합적-이성적 진리의 구분은 우리 인간에게만큼이나 신에게도 적용된다. 그것은 형이상학적 구분이 아니라 진리 자체의 본질에 (내지는 오류의 본질에, 그것이 참이거나 거짓이거나, 올바르거나 올바르지 않은 한에서 일반적으로

판단의 본질에) 속한다.

하나의 진술이 이 집합에 속하는지 저 집합에 속하는지는 순전히 그 진술의 내적 의미에 관한 물음이다. 이 내적 의미는 '판단'이 경험을 통해 입증될 수 있는지 혹은 근본적으로 부여하는 작용으로서의 실제 경험 대신, 가능한 경험에, 유사 경험에 근거하여, '경험 없이' 입증될 수 있는지를 규정하는 하나의 이념이다.

판단은 개별적인 현존에 대해서 말하고, 개별적인 현존을 정립하든가, 아니면 그것을 정립하지 않고 그것에 대해 말하지 않고, 가능성에 대해서, 그것도 순수한 가능성에 대해서 말한다. 그리고 양쪽에서: 판단은 그것의 존재의 단독적 정립과 더불어 현실성과 가능성에 대해서 말하든지, 아니면 그러한 정립 없이 말한다. 즉, 순수하게 '일반적으로' 말한다. 여기에서는 어떠한 단독적 현실성도 가능성도 정립되지 않는다. 판단의 의미만 이 모든 것을 규제하고 그것 자체를 본질적으로 규제한다. 이 구분은 그 자체로, 본질 구분이고, 판단 가능성(가능한 판단함 일반)의 일반적 의미에 속한다. 여기에 대해 신도 아무것도 변경할 수 없다. 명시적으로도, 포괄적으로도, 판단의 의미에서 신에 관한 이야기는 없다.

그리고 이제 이러한 의미는, 증명이 어떻게 이루어져야 하는지를 규제한다. 그것도, 판단과 판단 증명, 판단함 일반과 통찰적 판단함을 결합하는 본질 법칙을 통해서 규제한다. 그러니까 경험을 통해서, 또는 유사 경험을 통해서, 즉 단독적인 것(개별적인 것)의 정립이 판단의 동기가 되는 단독적 소여들에 대한 단독적 직관을 통해서 통찰 속에서 근거가 주어지는지 그렇지 않은지를 규제한다.

판단은 내가 판단된 사태를 경험하기 전에 그것이 존재함을 확신한다고 해서 선험적인 판단이 되지 않으며, 올바른 확신이 되지도 않는다.

내가 나의 자유의 영역 속에서 의식적으로 놓여 있는 사태를 실현하기로 결정했다면, 내가 그것을 행하기 전에, 그것이 현실적이 되기 전에, 나는 그것이 존재하게 될 것임을 확신한다. 그러나 이러한 판단은 논리적인 의미에서 선험적인 것이 아니다. 그것은 '사실'을 표현한다. 미래의 존재와 존재 내용은 다만 경험을 통해서 후험적으로만 인식할 수 있다. 즉 현재 경험은 경우에 따라 과거의 경험과 결합하여 나의 확신 속에서 미래의 것을 존재하게 될 것으로서 동기부여한다. 아마도 현재 경험과 기억 경험의 연관에서도 사실적 결정이 미래에 존재하게 될 것을 고유한 판단 동기로서 함께 동기부여한다. 어쨌든 그러한 의미에서의 선험적 판단함: 존재하지 않는 사실을 그것이 실제로 경험되기 전에 미리, 존재하는 것으로 판단함은 논리적 의미에서 '선험적' 판단함이 아니다.

만약 우리가 신적 창조를 상상하고, 신에게는 선행하는 가능성과 뒤따르는 현실성의 구분이 없다고, 신에게는 시간 길이가 없다고 이의를 제기한다면? 이제 이것은 형이상학이다. 우리가 여기서 유비를 계속한다면, 어쨌든 창조적 의지는 그때그때의 진리의 후험적 성격과 선험적 성격에 아무것도 변경시키지 않는다. 신은 '세계'에 대해 창조적으로 관계하고, '세계'는 사실성의 명칭이다. 모든 사실은 여기서 바로 사실이고, 모든 개별적인 존재는 달리 존재할 수도 있을 것이다. 그리고 세계에 형식과 질료적 본질이 속하는 한, 세계에 대한 본질 인식이 존재한다. 그러나 단지 사실과 관계가 없고 사실을 전제하지 않는 본질 연관과 본질 법칙을 사실에 적용한다는 의미에서만 그러하다. 이러한 본질 법칙은 신도 창조할 수 없다.

칸트가 종합적–선험적 진리를 통찰을 통해 주어지는 것으로 두었음에도 불구하고, 그것을 달리 존재할 수 있었을 것으로 보았을 수도 있겠다 (그는 오직 '직관적'–감성적 진리에만 '명증'을 사용한다). 그렇다면 그는 이러한 진리를 일반적인 사실들로, 우연적 진리들로 변경시키는 것이다. 그리고 동시적으로 통찰에 호소함으로써 모순을 범하는 것이다.

사물들 자체라는 말에서 그는 우리가 그것에 대해 아무것도 알 수 없을지라도, 사물들 자체가 무언가이고, 대상들로서의 그것들에 무언가가 귀속된다는 사실을 전제한다. 신은 그것을 더 잘 안다. 그러나 사물들 자체는 대상들 자체에 속하는 본질 법칙의 지배를 받는다. 그러나 그것은 단순히 보편 수학의 의미에서 형식적—논리적 법칙들만을 의미하는 것이 아니라, 가능한 영역들의 법칙들도 의미한다. 그것은 가능한 개별적 존재 자체의 이념을 지배하고, 보편 수학으로서의 형식 논리학을 배제할 수 있는 법칙들도 의미한다. 비록 이 둘은 본질적으로 서로에게 속하지만 말이다. 따라서 모든 대상에 대해 분석적 본질 법칙과 종합적—선험적 본질 법칙이 우리에게뿐만 아니라 그 자체로 타당해야 한다. 그리고 신이 그것들을 인식함에 있어서(그가 인식하는 사물 자체와 관련하여), 그는 우리가 인식하는 사물들과 관련하여 우리가 처해 있는 상황과 다른 상황에 처해 있을 수 없다. 절대적 관점에서도 대상들은 단지 수용성으로서의 경험에 토대해서만 개별적 대상으로 정립될 수 있고, 다른 한편, 본질 법칙은 선험적 명증을 통해서 종합적, 질료적 본질 법칙으로 정립될 수 있다. 즉 어떠한 '촉발'도, 어떠한 실제적인 경험이나 유사—경험도 토대로서 전제하지 않는 본질 법칙의 고유한 과정을 통해서 정립될 수 있다. 물론 신은 창조하는 원리일 수 있고, 가능한 세계들을 그에 속하는 본질 법칙들과 더불어 자신의 창조적 의지에 앞서 가질 수 있다. 혹은 더 잘 표현하자면, 본질 법칙들에 따라 사물과 세계의 가능성을 정당하게 생각하고(본질 법칙들을 거슬러 생각하는 것은 모순일 것이다) 이것을 창조적으로 실현할 수 있다. 그러나 창조되어야 할 것은 존재해야만 할 것이라는 확실성은 창조된 세계를 '사실'과 다른 무언가로 만들지 않는다. 상관적으로, 창조적인 순수한 사유로서의 창조적 사유가 순수한 지성(Verstand)의 창조적 지성(Intellekt)이듯이 말이다. 이 모든 것은 잘못된 것이다.

그리고 '사물 자체'는? 경험의 고유한 의미에서 정립된 것, 직관된 것, 의미의 열린 경험적 지평을 통해 더 자세하게 규정될 수 있는 것 이외의 다른 사물을 가정할 근거를 경험 및 경험 자체에 놓인 감성적 촉발이 준다고 하자. 그런다면, 신마저도, 그가 인식하고 사유하면서 개별적 사물을 정립하고 이를 촉발에 토대해서만 행할 수 있는 곳에서, 자신의 사물들 뒤에 또다시 사물 자체를 정립해야만 할 것이다. 그리고 그에 대한 인식은 다시 사물 자체로 이끌 것이며 이는 무한히 계속될 것이다.

인식하는 주체로서의 자아는 자신의 본질에 따라서, 개별적 사물을 경험 위에만 근거 지을 수 있고, 그러므로 이성적으로 가정할 수 있으며, 그러므로 자아가 그 사물들을 산출하든 그렇지 않든 촉발되어야 한다.

그러나 오해의 핵심적인 이유는 언제나 다음에 있다. 그러니까 칸트가 처음부터 선험적 종합 판단을, 다르게 수행될 수 있었을 것이나 단지 사실적으로 우리 인간에 의해 우리의 사실적 주관성에 토대하여 지속적으로 동일한 방식으로 수행되어야 하는 종합으로 고찰했다는 것에 있다. 그리고, 지성이 순수하게 자신의 특성에 의해서, 모종의 종합을 언제나 다시 수행하거나 모종의 방식으로 기능하면서 행동하고 이를 통해 앞서 주어진 질료로부터 모종의 유형의 형태를 산출하도록 지속적으로 강요받는 곳에서, 이러한 지성이 이를 행해야 한다는 것을 이 지성이 선험적으로도 인식할 수 있다고 칸트가 믿었다는 데에 있다. 칸트는 주관성이 기능함 속에서 자신의 고유성을 고찰함으로써 자신으로부터 얻은 인식, 그러니까 '외부로부터 오는' 질료의 본성을 바라볼 필요가 없는 한에서 '선험적인' 인식을, 진

정한 의미에서의 인식의 선험성과 혼동한다. 경험 질료를 바라봄이 후험적
으로 인식함이다.

그러나 인식의 진정한 아프리오리(Apriori)는 본질 연관 속에서의 필증
적 통찰을 의미한다. 그리고 상관적으로 거기에는 그렇게 인식되는 사태의
아프리오리가 상응한다. 본질 연관. 해당 지성은 자기 자신의 일반적인 기
능의 방식을 다만 후험적으로만 인식할 수 있을 것이다. 왜냐하면 그것의
규칙 자체는 본질 규칙이 아니라 사실 규칙이며, 그래서 그것의 인식은 경
험적인 인식일 수밖에 없기 때문이다.

부록 17 (26강, a에 대하여)

칸트의 사실 개념

『판단력 비판』, §91.

그 밖에 엘젠한스(Elsenhans), 프리스(Fries)와 칸트

객관적 실재성이 순수 이성을 통해 입증되든 경험을 통해 입증되든, 그 객관적 실재성이 입증될 수 있는 개념적 대상은 사실이다.

첫 번째 경우에서 순수 이성을 통한다는 것은, 이론적 자료나 실천적 자료로부터, 그런데 어쨌든 그것에 상응하는 직관의 매개에 의해 입증됨을 의미할 수 있다.

그러나 인용된 구절에서 칸트는 사실에 **자유의 이념**을 포함시킨다. 즉 "그 자체로는 직관 속에서 제시되지 않고, 또한 그 가능성에 대한 어떠한 이론적 증명도 할 수 없는" 이성 이념을 포함시킨다. 그것의 실재성은 특수한 종류의 인과성으로서 순수 이성의 실천적 법칙을 통해, 그리고 이것에 따라서 실제적 행위 속에서, 따라서 경험에서 입증된다. 이것은 모든 이념들 중에서 유일하게 그것의 대상이 사실인 것이며 인식 가능한 것 (*scibilia*)에 포함되어야 하는 것이라고 한다.

이제 경험 개념은 **가능한** 경험의 대상들로도 확장된다. (인용된 곳의 주석에서.)

칸트와 라이프니츠의 비판에 대하여

데카르트 자신이 정신 혹은 영혼(*mens sive animus*)으로서, 사유하는 실체(*substantia cogitans*)로서 자기 자신의 존재에 관한 의심할 여지 없는 정신의 명증의 형태로 전유한 에고 코기토(*ego cogito*)라는 **데카르트적** 명증은 모든 근대 인식 이론에 앞서 놓여 있고 기초가 된다. 이러한 어법 속에서 라이프니츠는 데카르트적 명증을 넘겨받는다. 그는 또한 두 번째 유형의 실체, 즉 수학적 자연과학의 상관자인 물리적 실재성으로의 데카르트의 추론을 거부하고, 그러므로 수학적-자연과학적 객관성에 대한 스콜라 철학적인 형이상학적 정당화를 거부하지만, 모든 자연, 모든 초재적 실존이 오직 자아 자신의 관념(*ideae*)을 통해서만 이 관념의 관념 대상(*ideatum*)으로서 자아에 대해 현존한다는 데카르트적 증명을 고수함으로써, 모나드론이라는 '관념론적' 사상을 시도했다. 이에 따르면 어떠한 실체적인 물리적 자연도, 절대적인, 그 자체로 존재하는 실재성의 어떠한 실존도 필요하지 않다. 정신의 존재면 충분하다. 물리적인 것의 실재성은 자기 동일적 관념 대상(*ideatum*), 동일한 지향적 대상, 하위 법칙에 편입된, 물리적인 것에 관해 다양한 모나드들이 가지는 표상이라는 단순한 의미를 얻는다.

그리고 지향성이 학문적 주제일 수 있고 학문적으로 이해될 수 있다는 인식에 대해서는 아무 말이 없다. 그리고 실재가 지향적 통일체로서 구성 되기는 하는데 '실체'는 아니면서도 모든 인식하는 주관성과 인식에 대하 여 '실재적으로', '즉자적으로' 존재하는 것이 어떻게 가능한지에 관한 인식 에 대해서는 아무 말이 없다. 그러나 전체적인 방식은 통상적 의미에서 심 리학주의적이거나 자연주의적이지는 않지만, 그럼에도 처음부터 소박하 게 객관주의적이다. 세계는 자연적 의미에서 주어지고, 정밀한 학문을 통 해 그것의 자연적 진리에 따라 인식된다. 모나드론은 데카르트적 동기에 인도되어 이 모든 것을 그저 **고쳐 해석할** 뿐이다. 궁극적 의미에서 절대적 으로(그 시대의 어법으로는 실체적으로) 세계는 모나드들의 다수이다. 모나 드 각각은 그 자체로 하나의 실체이며, 그 절대적 실존이 보장되어 있다. 이 보장은 모나드에 속하는 혹은 적어도 자기의식적 '정신'에 속하는 가능 성으로서, 그것의 표상하는 행위와 체험의 절대적 자체 존재와 더불어, 에 고 코기토 속에서 자기 자신을 데카르트적 의미에서 자아로 파악할 가능 성을 통해서 이루어진다. 따라서 모나드는 한갓 표상을 통해, 한갓 반영을 통해, 한갓 '현출'을 통해 주어지는 것이 아니다. 현출들의 통일체로서, 그 러므로 무엇보다도 주체를 지시하면서 주어지는 것이 아니다. 그러나 이 때 모나드의 다수, 그리고 인간의 경험적 상호 교류의 절대로서 모나드의 소통의 주어짐은 소박하게 독단적으로 전제된다. 게다가 모나드의 본질에 대해 가르쳐졌고 형이상학적 세계 해석을 위해 사용된 것은 고유한 본질 탐구에서, 최초로 정당하게 파악될 수 있고 해석될 수 있는 데카르트적 명증의 테두리 내에서 순수 자아에 대한 연구로부터 얻어지지 않는다. 이 형이상학은 독단적이다. 왜냐하면 이 형이상학에는 개별적인 인식론적 반성은 선행하지만, 어떠한 독립적인 인식론도 선행하지 않기 때문이다. 그리고 이 인식론은 독단적이다. 왜냐하면 이 인식론은 그것의 때때로의 발상과 **로크**에 대한 주석이 있다고 해도 결코 자연적 소여로부터 그리고 일시적인 인식론적 반성을 통해 제안된 자연적 소여의 모나드론적 재해석으로부터 철저히 자유로워지는 데 이르지 못하기 때문이다.

경험하는 자인 나에게, 나의 신체와 나의 전체 환경세계는 오직 나의 경험함의 코기타툼들(*cogitata*)[21]을 통해서만, 원리적으로 그것에 내실적으로 내재적이지 않은 그것의 지향적 대상으로서 주어진다는 사실을 **데카르트**와 함께 보았다면, 그리고 이를 통해서, 자신의 내재적 자아 속에서 정립된 내재의 의미와 정당성이 내재의 의심할 여지 없는 절대적 소여에 대립하여 의문스러워진다면, 바로 그에 의해 모든 객관적이고 '명료하고 분명한' 학문의 의미는 이해할 수 없게 된다. 사람들이 그것의 권리를 포기하지 않으려는 경향이 있더라도, 우리는 이제 그것에 의문을 제기해야 한다. 모든 '형이상학적' 해석은 순수하고 의문의 여지 없는 에고 코기토 속에서 수행되는 초월적 '즉자(An-sich)'[22]의 의미부여와 그 속에서 전개되는 입증하는 정당화 인식 과정을 사전에 해명함을 통해서만 의미를 지닐 수 있다. 그러나 이 모든 것은 원리적 일반성 속에서, 객관적 학문의 사실에 맞고, 그것의 토대 위에서 사람들이 객관적 학문의 인식 수행과 객관적 학문의

..

21 라틴어 '*cogitata*'는 '생각된 것'을 뜻하는 '코기타툼(*cogitatum*)'의 복수형이다.
22 '즉자'로 번역한 'An-sich'는 '다른 것'과의 관계 없이 오로지 그 자체로 존재하는 존재 방식을 의미하는데, 문맥에 따라서 '자체'로 번역하기도 하였다.

인식된 것 속의 '자체' 존재의 정당한 객관적 의미를 규정할 수 있는 규범을 얻기 위해서다. 절대적 존재에 관한 (실체적 진리 속의 현실성에 관한) 이후의 모든 이론은 모든 철학적 작업의 이러한 근본 부분에 근거해야 한다. 그러니까 순수 '내재적' 의식 이론과 이성 이론에 근거해야 하고, 이러한 이성 이론을 통해, 우선 자연적인 객관적 학문(자연적 의미에서 엄밀한 학문)과 관계하는 규범화에 근거해야 한다. 그에 따라 모든 형이상학, 그리고 모든 모나드론도 에고 코기토에서 비롯된 저 순수한 학문 앞에서, 그리고 특수하게는 저 '초월론적' 물음의 해결 앞에서 명백히 불합리하다. 나는 '특수하게는'이라고 말했다. 왜냐하면 내재 내의 초재의 물음은 가능한 인식 물음 일반과 순수 내재의 본질 사건의 총체와 관계할 수 있는 모든 물음의 전체 복합체와 본질적으로 하나임을 즉시 알 수 있기 때문이다.

그러나 초월론적 인식론과 인식론 일반은 만약 그것들이 자연적으로 자라난 자연과 정신에 관한 학문의 진리이든 형이상학적 진리이든 상관없이, (순수 내재의 영역을 넘어서는) 초재적 진리를 전제로 사용한다면, 마찬가지로 불합리하다. 이러한 학문과 특히 (그 때문에 비판적으로 생각되는) 형이상학에서 이미 인식론적 동기가 관여했을지라도 말이다. 내재 속의 초재적인 것의 존재가, 더 자세히 말하자면 자아 속에서 내재적으로 수행되는 초월하는 인식이 일반적으로, 그리고 원리적 일반성에서 불가해하다면, 그리고 인식하는 의식이 그것 자체에 의해 수행된 의미부여 속에 있는 그것의 모든 형태들에 따라서 '경험된 것', '생각된 것', '입증된 것', '방법적으로 증명된 것'에 할당하는 의미 — '명증적' 인식이 가져야 하는 그 의미 — 가 불가해하다면, 이러한 불가해함을 이해로 가져오고, (개념적으로 파악하여) 그것을 이론적 통찰로, 그리고 이론적 학설의 단계로 가져와야 하는 모든 연구는 원리적으로 순수한 에고 코기토의 영역에 묶여 있다.

여기서 일반적으로 이용할 수 있는 것이 무엇인지, 여기서 무엇을 어떤 방법으로 연구해야 하는지를 해명하는 과제가 아무리 크더라도, 그만큼 확실한 것은 자연적 의미에서 객관적인 그 무엇, '정밀한 학문'이 이미 규명한 그 어떤 객관적 '진리'에 대해 초재적 경험과 초재적 주장을 아무리 살짝이라도 근거 짓는 방식으로 사용하는 것은 인식론적 문제의 의미를 위반하는 것이며, 처음부터 모순이 부착되어 있다는 사실이다.

거꾸로, 모든 형이상학은 그것에 선행하고, 그것을 규범화하는 인식론 없이는 원리적으로 불합리함이 명백하다. 왜냐하면 형이상학은 다름 아닌 절대적 존재자에 대한 학문이고, 우리에게 경험적으로 주어진 만물에 대한 궁극적 진리에 대한 학문이기 때문이다. 형이상학이 이러한 동일한 과제가 할당되는 **철학**과 구별된다면, 이것은 사람들이 일반성 속에서 존재자에 귀속되는 것을 탐구하는 목표만을 형이상학에 세우고, 그래서 우주로서의 우주 및 원리적 일반성의 관점 아래에서 모든 개별성과 관계하는 문제들을 형이상학에 할당시키기 때문이거나, 아니면 또한, 사람들이 철학의 개념을 주어진 세계와 모든 사실성의 범위 너머로 확장하고, 철학에 가능한 인식 일반과 형상적 인식의 총체를 편입시키기 때문에 일어난다.

어쨌든 분명한 것은 데카르트의 첫 두 성찰이 등장하고, 철학적 의식에 에고 코기토의 순수한 소여 토대에 대한 인식론적 물음 설정이 일깨워지자마자, 철학과 형이상학의 이념의 완전히 새로운 전환이 일어났다는, 또는 일어났어야 한다는 사실이다. 왜냐하면 이를 통해 절대적 진리와 절대적인 것으로서 규정될 수 있는 존재의 이념이 새로운 의미를 획득했기 때문이다. 절대적인 것은, 자연적으로 향해진 인식을 완전히 한다는 방향에 놓여 있던 목표를 이제 더 이상은 뜻할 수 없었다. 절대적인 것은 객관적 학문들을 방법적으로 완성하는 것을, 객관적 학문들을 모든 세계 영역으로 체계적으로 확장하는 것을, 객관적 학문의 성과를 최고의 종합으로 연결시키는 것을, 가장 보편적이고 모든 것을 지배하는 실재적 원리를 추구하는 것을 더 이상은 의미할 수 없었다. 오히려 이제 모든 객관적 학문, 그리고 그것이 그 진리 속에서 실재적인 것으로 규정한 것에는 불가해성의 결함이 부착되어 있는 것으로 보였다. 모든 객관적 학문은 이제 독단적인 것으로 보였다. 객관적 학문은 인식론적 '해석'을 필요로 했고, '절대적 인식'(이것은 자연적 진리에, '정밀 학문'의 진행에 어떤 변경을 일으켜야 하지 않으면서도, 모든 객관적 규정에 깊이 침투하며 영향을 끼칠 수 있었다. 이에 대해 사람들은 미리 알 수 없었다), 궁극적 진리의 학문은 이제 보다 높은 인식적 차원의 진리를 필요로 한다. 모든 객관적 진리와 그 객관적 존재가 가능적 인식에 본질적으로 되돌아 관계하고, 완전하고 궁극적인 진리는 오직 이러한 상관관계의 연구를 통해서만 획득될 수 있음을 사람들은 보아야 했다. 그에 따라 우리는 다음과 같이도 말할 수 있다.

데카르트의 성찰은 올바르게 이해된다면, 철학과 형이상학의 새로운 세계적 신기원을 가져와야 했다. 그러나 그것은 오직 올바르게 이해될 경우에만, 그러니까 그것이 위에서 제시된 연구의 의미에서 철학적 작업의 철저한 재정돈을 이뤄낼 때만 실제로 그럴 수 있었고, 새로운 철학을 불러올 수 있었다.

다음의 사실은 우리에게 분명하다. 즉 내재 속에서 '경험된', '사유된', '통찰적으로 입증된' 초재(Transzendenz)의 의미가 불가해한 한에서, 철학, 형이상학은 전혀 시작할 수가 없다. 초월론적 인식론은 모든 형이상학에 선행하는 형이상학의 가능성의 조건이다. 그리고 그것은 형성된 후에는 모든 객관적 의미부여와 방법에 관한 부단한 규범화의 기능 속에서 전체 형이상학적 작업에 필연적으로 동반된다. 이러저러한 것이 "학문으로서 타당해야 할 수 있어야" 하는 한, 인식론과 형이상학의 **의미**를 통해 선험적으로 미리 그려지는 이러한 관계에서 전적으로 아무것도 변경될 수 없다.

칸트

라이프니츠에서 출발한 모든 철학에는 철학과 인식론에서의 독단주의의 모순이 부착되어 있고, 그래서 **칸트적** 이성 비판도 그러하다. 칸트적 이성 비판이 통상적인 의미에서, 즉 인식론을 자연과학에, 심리학(심리 물리적 자연의 연관 속의 사실성으로서 동물적 영혼 삶에 관한 경험적 학문)이나 심지어 역사학에 명시적으로 근거 짓는다는 통상적 의미에서 자연주의, 심리학주의, 역사주의를 피하고 있다는 사실은 그저 칸트적 이성 비판이 아주 널리 유포된 불합리의 형식들 중 하나를 피하고 있다는 사실을 의미할 뿐이다. 그 때문에 칸트적 이성 비판이 특별히 심리학주의의 비난을 정말로 모면하는지는 확실하지 않다. 적어도 칸트가 자신의 이성 비판에서 처음부터 전제한 모든 심리학적 능력의 지식을 어디서 얻었는지에 대해 우리는 물음을 던져도 된다. 칸트는 그러한 지식 자체를 본질 필연성으로 제시하지 않았고, 그러한 것으로서 제시할 수도 없었는데, 왜냐하면 그는 단지 본질 필연성의 한 유형, 분석적 본질 필연성만을 인정했기 때문이다. 그러한 지식이 순수 의식에서 얻어져야 했을지라도, 그러한 깨달음 및 내재적 영역에서의 모든 깨달음의 의미와 권리가 학문적 연구에 내맡겨지지 않은 한, 엄밀한 학문성이라는 거대한 권리주장은 제기될 수 없다. 초월론적 인식론은 보편적 인식론의 틀 안에서만 수행될 수 있고, 보편적 인식론은 순수 의식의 학문으로서만 수행될 수 있다. 그러나 이 점을 도외시하더라도, 칸트의 이성 비판은 어디서나, 초월적인 형이상학적 가정을 가지고 작업하는 독단적 객관주의에 기초하고 있다.

만약 칸트가 주체의 다수성을 전제하고, 그것들에 일반적 속성을 귀속
시킨다면, 전제된 이러한 인식은 명백히, 경험적 세계 파악을 라이프니츠
의 모나드론적 철학으로 역번역한 데서 비롯된다. 주지하는 바와 같이 '우
리 인간'이란 말은 많이 쓰인다. 그리고 다른 자아 주체의 다수성이 인식
론적으로 연구하는 자아에게 오직 자연화된 형식으로만 주어진다면, 외적
자연처럼 신체성을 초월론적 현상들로 번역함을 통해서 처음에는 바로 이
연구자의 자아만이 산출될 것이라는 사실, 그리고 다른 자아의 정립의 초
월론적 가능성은 무엇보다도 우선 학문적으로 숙고되어야 한다는 사실은
고려되지 않는다. 특수한 말뜻[23]에서 (칸트가 많이 사용했고 신칸트주의에서
거의 독점적으로 선호된) 모든 역진적(regressiv) '초월론적' 방법은 결코 체계
적으로 탐색되지 않았고, 학문적으로 확정되지 않았으며, 무엇보다 순수
한 초월론적 토대 위에서 확정되지 않은 전제들을 가지고 작업한다. 이러
한 토대 자체는 결코 연구의 주제가 되지 않는다. 하나의 토대, 그러니까
이론적 관심의 태도 속의 모든 파악하는 사유에 앞서 근원적으로 직관적
으로 주어진 것의 영역이 고려되지 않고서는, 학문적 목적을 위해 준비되
지 않고서는, 그 토대가 자신으로부터 필연적으로 요구하는 엄밀한 방법
이 형성되지 않고서는, 어떠한 학문적 연구도 시작될 수 없음이 숙고되지
않는다. 모든 역진적 방법은 그러한 토대가 주어지고 다루어지지 않는 한,
그리고 역진적 방법이 긍정적 전제로서 요구하는 인식이 전진적 방법에서
획득되지 않는 한 명백히 허공에 떠 있다.

23 역진적 방법은 객관적 학문의 사실에서, 그리고 상관적으로, 모든 인식하는 자들에게 동일
하게 규정될 수 있는 (모든 사람의 인식에 대해 '그 자체'로 존재하는) 대상성에 대한 (무한
한 과제로서) 전진하는 접근의 이념에서 출발한다. – 원주.

수학, 물리학, 객관적 학문 일반의 가능성과 가능 조건이 물어지고 있을 때, 이들의 사실이 방법의 토대와 출발점이라고, 그리고 이러한 사실이 확실하다고 사람들이 우리에게 이의를 제기하지는 않을 것이다. 왜냐하면 바로 이러한 '사실'이 인식론적 반성의 투입과 함께 철저히 불가해하게 되기에, 철저히 의심스럽게 되기 때문이다. ('진리 자체'에 관한) 객관적으로 타당한 이론들의 체계인 객관적 학문과 객관적 학문의 주제인, 공간, 시간이라는 세계 형식(칸트에 따르면 수학의 주제)을 지닌 세계는 둘 다 인식하는 자에게 **의식** 속에서 구성된 지향적 통일체로서 **주어진다**. 이것들은 둘 다 각자의 방식으로 내재의 영역 속의 초재다. 그것의 존재(실재성의 자체-존재An-sich-sein로서의 존재와 진리의 자체-타당함An-sich-gelten으로서의 존재)가 의문의 여지 없는 것으로서, 해당되는 내재적 활동과 그것의 내재적으로 작동된 명증 속에서 '자명한' 사실로서 서 있는 한에서, 둘 다 단적인 사실이다. 바꾸어 말하면, 우리가 소박한 자연적 태도로 살아가고 학문적으로 사유하는 한, 우리는 일치하는 경험의 통일체로서의('경험적 직관의 미규정적 대상'으로서의) 세계를 자명하게 부여했다. 더 나아가 학문의 사실을 (역사적 경험으로부터의) 역사적인 문화 사실로 부여했고, 학문의 존재의 사실을 통찰적인 이론적 사유 속의 진리의 이론적 통일체로서 부여했다. 초재적 내용에 대한 (경험하는 직관과 파악하는 사유로서) 소박하게 작동된 인식에 대해 반성적 인식이 에고 코기토를 향해 시선을 돌린다면, 소박하게 작동할 때 자신의 대상들에 관한 인식이지만 그 자체가 인식의 대상은 아니었던 저 첫 번째 인식이 내재적 경험과 내재적으로 향해진 사유의 대상이 된다. 그러나 이제 체험으로서의 그것의 대상적 현존과 존재 방식은 '절대적으로 의심할 여지 없는' 반면, 그것의 초월함의 가능성과 의미, 그리고 그 속에서 초월적 대상성의 추정된 '자체' 존재의 확증과 증명이 파악되어야 하는 '명증'의 권리주장은 의심스럽게 된다.

그에 따라 분명한 것은 학문적 사실의 전제는 (그리고 학문 자체에 포함된 경험 세계의 사실의 전제는) 다음에서 설명되는 사실의 전제와 완전히 다른 의미를 지닌다는 것이다. 후자의 사실은 자연적 태도와 그 어떤 자연적 (즉, 아직 인식론적 문제제기에 의해 건드려지지 않은) 학문의 영역에서 전제되는, 그래도 그것이 어디까지 가능한가 하는 숙고가 동반되는 사실이다. 가령, 경험을 통해 주어진 자연 사실의 전제의 경우에 그렇다. 여기에서는 가능성의 조건에 대한 숙고가 명백히, 주어진 상황 아래에서 자연 사실을 설명할 수 있는 선험적이고 경험적인 필연성에 대한 역진적 숙고의 의미를 지닌다. 여기서 또한 순수한 수학적 숙고를 끌어들일 수 있다. 어떤 공리가 타당하지 않게 될 때나 변화된 내용 속에서 타당하게 될 때에도 통찰적으로 주어진 진리와 이론이 지속되는지를 살펴보는 것, 또는 그러니까 **어떤** 공리의 타당성이 해당 진리와 진리 체계의 '가능성의 조건'인지를 살펴보는 것이 순수 수학적 고려의 목표다. 그러나 그러한 경우에 모든 논의의 토대는 그것의 이론적 연구에 앞서 그때그때의 학문에 미리 주어진 영역이다. 전제된 사실 자체도 경험과 사유를 통해서 주어지고, 이러한 토대에 속한다. 그리고 숙고된 가능성의 조건은, 일반적이고 미규정적인 무한한 지평을 포괄하는 영역의 소여 속에서 함께 포함된 것과 특정하게 주어진 것 사이의 필연성 연관과 관계한다.

초월론적-역진적 문제제기의 의미는 완전히 다르다. 당연히 미규정적이고 무한한 우주가 주어지듯이, 세계와 학문은 주어지고 명증적으로 주어진다. 자기 자신을 세계의 토대 위에 세우고, 전진하는 지식과 학문적 인식을 수행할 필요가 없다. 세계의 한 부분을 다른 부분과 함께, 세계에 속하는 한 진리를 다른 진리와 함께 인식적으로 올바른 연관으로 가져올 필요도 없다. 자연적 태도에서 세계와 전체로서의 세계 학문, 전체로서의 현재와 미래의 객관적 학문의 총체는 자신 이외에 그것과 관련될 수 있는 어떠한 것도 갖지 않는다. 만약 우리가 인식론적 태도로 이행하고, 세계와 모든 객관적 학문의 소여가 우리에게 그 자체로 문제시된다면 사정은 완전히 달라진다. 이제 세계와 학문은 인식론적 연구자에게 단순히 하나의 사실이 아니다. 그것들은 그가 더 자세하게 알게 되는 단적으로 현존하는 현실성이 아니고, 학문적 진리는 인식론적 연구자가 사유하는 형태에서 '발견하고', 이론으로 발전시키고, 그 필연성의 연관 속에서 제시하고자 하는 단적으로 타당한 진리가 아니다. 그것들은 인식하는 주관성 안에서, 인식하는 주관성의 내재적 경험함과 이론적 작업수행함 속에서, 내재적 의미부여와 수동적 촉발 속에서, 언제나 새로운 의미를 창조하는 능동적 활동 속에서, 그것의 두드러지는 '명증적' 증명, 근거 지음, '추정적 사실과 통찰된 사실' 속에서 정립된다. 문제는 우리가 자연적 태도로 다시 떨어지자마자 즉시 단적인 사실로 이행하는, 내재 속에서의 내재적 작업수행으로서의 이 사실—존재다. '사실'이 순수 의식 속에서 만들어진다. '지성'이 자연에 그 법칙을 규정한다는 칸트의 이론에 반대한다 해도 그렇다. 인식론적으로 통찰된 객관적 세계의 현존과 객관적 학문의 타당성의 현존은 순수 의식의 테두리 내에서 특정한 성질로 질서 지어진 체험의 다양한 방식 속에서, 그리고 지향적 작업수행의 통일체로서의 '사실'을 가능하게 현실적으로 만드는 동기 연관 속에서 구성된다는 것, 이것은 순수 의식이 한번 확고하게 파악되면, 근본적으로 자명한 것이다.

그래서 단적인 사실이 아니라 인용부호 속의 '사실', 바로 내재적으로 '추정되고', 경험되고, 생각되고, 입증되고, 이론적으로 인식된 사실 '자체'가 역진적 문제제기의 출발점이다. 그리고 이제 분명한 것은 여기서 인용부호 속의 '우주'는 다만 그 자체로 독자적으로는 아무것도 아닌 지향적 통일체일 뿐이고, 어떤 의미에서도 그 자체로 독자적으로 존재하는 닫혀 있는 것이 아니라, 순수 의식 및 이 순수 의식의 순수 자아의 우주와 하나이면서 자기 자신으로 존재한다는 것이다. 이 '하나임'은 실재적 결합의 지절이라거나 의식 우주의 한 부분임을 의미하지 않고, 이러한 의식의 본질을 통해 추정된 것을 의미한다. 그래서 우리는 정말로 이제 절대적으로 주어진 것으로 여겨지는 유일한 우주와 다른 우주를 이제 갖게 된다. 모든 역진적 문제제기는 이러한 소여에서 자신의 직관적이고 이론적인 토대를 갖는다.

그래서 이제 단지 다음이 생각될 수 있다. 사실로서 세계와 학문이 주어진다는 사실은 어떻게 이해될 수 있는가? 즉 "그것은 나에게 사실이다", "나에게 세계가 주어지고", 공간과 시간 속에서 '객관적'으로 존재하는 것으로서 주어진다. "나에게 진리에 관한 이러한 이론적 체계의 인식 속에서" 세계가 무엇인지를 실제로 진술하는 "이 객관적 학문이 존립한다"는 어떻게 보이는가? 이 모든 것이 그 속에 내재적으로 존립하는, 경험하고, 관계 짓고, 결합하고, 파악하는 인식에 관해서, 이 모든 것은 어떻게 보이는가? 의식의 우주 속에서 객관적 우주와 그에 속하는 규정하는 진리의 우주가 구성된다는 말은 어떻게 이해될 수 있는가? 내가 이미 이러한 구성은 어떠한 절대적 사유 필연성도 아님을 인식한다면, 하나의 지향적인 객관적 우주를 의식 흐름에게 의미부여하고, 정립하고, 조화로이 유지하는 것이 말하자면 하나의 목적론을 — 목적론은 질서 지어진 가능성들의 한 체계를 다른 가능성들의 우주와 구별한다 — 의미함을 인식한다면, 나는 다음과 같이 물을 수 있다. 즉 "나에게, 그러니까 하나의 의식에, 의식에 객관적으로 현존하는 세계의 사실 같은 그러한 사실이 구성되어야 한다고 가정하면, 이를 위해 어떤 '가능성의 조건'이 제시되어야 하는가? 단순하게 직관하는 어떤 종류의 경험과 어떤 종류의 학문적 경험이 제시되어야 하는가? 그러니까, 감성적–직관적으로 볼 때 객관적인 것으로서, 그럼에도 순수한 상대성 속에서 자신을 주는 것을, 그 객관적으로 주어지는 것이 어떤 상대성 속에서 나타나든 간에, 어떤 감각적 현출 방식 속에서 나타나든 간에, '그 자체로' 타당한, 논리적으로 형성된 진리 속에서 규정하는 어떤 종류의 학문적 인식이 제시되어야 하는가?"라고 물을 수 있다. 보다 정확하게 구별하는 서술을 위해 복잡해진 문제로 들어가지 않더라도 다음은 명증적이다. 그 모든 것은, 그리고 해결을 위해 의미 있게 허용될 수 있는 모든 인식 수단은 순수 의식의 소여의 테두리 내에 놓여 있어야 한다는 사실과, 그러한 문제를 다루는 모든 이론은, 만약 그것이 (그러한 문제 자체의 의미를 스스로에게 완전히 분명하게 하지 않았음으로 인해) 인식하는 자아의 순수 의식 속에서 제시될 수 있는 것 이외의 다른 것을 사용하고, 이러한 자아와 의식의 본질 내용을 통해 미리 그려지는 것과 다른 방법을 이용한다면, 불합리하다는 사실이다.

그러나 우리가 이러한 규범적 관점으로 **칸트의** 이성 비판에 접근한다면, 칸트의 이성 비판은 저 규범적 관점을 — 그것의 의미 있는 가능성과 그것의 학문성의 본질 조건을 — 결코 충족시키지 못한다. 칸트의 초월론적 연구는, 그것이 이제 저 특수한 초월론적 의미에서 초월론적 방법으로 역진적으로 진행되든 그렇지 않든, 결코 에고 코기토의 절대적 토대 위에서 얻어진 것이 아니고, 실제로 초월론적인 것으로서 형성된 것이 아니며, 학문적으로 근거 지어진 것이 아닌 확신의 재료를 가지고 작업한다.

초월론적 철학에서 모든 것 각각은 초월론적이며, 순수 자아와 자아의식을 향한 순수하고 배타적인 태도를 통해 하나의 동일한 방법적 특징을 갖지 않는 어떠한 것도 존재하지 않고 존재할 수 없다. 그리고 이러한 특징은 일상적 의미에서의 소위 인식론적 문제와 그 가능한 해결이 종속되는, 초월론적인 것의 필연적이고 가장 보편적인 의미를 규정한다. 칸트, 그는 **데카르트의** 성찰의 강력한 진지함에 결코 사로잡히지 않았고, 이를 통해 초월론적-인식론적 문제의 필연적인 의미를 궁극적인 순수성과 명료함으로 가져오려는 경향을 결코 가지지 않았다. 그 때문에 칸트는 인식론적으로 반성하는 자가 그러한 물음을 가지고 어떤 토대 위에 필연적으로 자신을 세우는지에 대해, 그리고 모든 해결의 동기를 끌어내는 이 토대가 어떤 방법에 따라서 학문적 작업 속에서 취해져야 하는지에 대해 결코 철저한 숙고를 행하지 않았다. 하물며 그가 언젠가 철저한 내재적 연구의 일부라도 실제로 실행에 옮겼으리라는 것은 더욱더 사실이 아니다. 이론들은 한결같이 (우리에게 알려지지 않은 아마도 공동의 뿌리에서 발원한 인간 인식의 두 줄기로서) 감성과 지성에 관한, 그리고 그 밖의 능력에 관한, 다양하게 그 능력들에 속하는 체험들, 작용들, (재생산과 연상과 같은) 발생적 과정들, 이것들에 타당한 법칙들에 관한 (그 인식 원천과 초월론적으로 정당한 의미가 결코 규명되지 않은) 학설들에 토대해서 세워진다. 이 학설들은, 자기 자신이 초월론적 물음 아래에 서 있는 것은 '자연과학'으로서의 심리학으로부터는 도출될 수 없다. 더욱이, 심리학적 학설에 관한 일시적인 모나드론적 해석을 통해서는(즉 모든 동물적 존재를 그것의 영혼적 내면성으로 모나드론적으로 환원하는 방법으로는) 결코 정당화될 수 없는 것이다. 그리고 이미 이야기했듯이, 명백히 지속적으로 사용된 이러한 모나드의 다수성(칸트가 '우리 인간'에 대해 이야기할 때, 그는 오직 이것만을 의미할 수 있다. 왜냐하면 진정한 물리적 자연에 대한 모나드론적인, 그러나 다만 체계적으로 계속 수행된 것인 해석에 따르면 신체는 '우리 안의' 현출의 다양성 속에서만, 모나드적 내면성 속에서만 존립할 수 있기 때문이다)은 초월론적으로 숙고되지 않는다. 원리적 비판을 위해 이것이면 충분하다. 이것은 칸트의 인식 비판이 그 문제 설정과 방법의 방식에서 인식론에 (말하자면) 태생적인 의미에 상충된다는 것, 따라서 칸트의 인식 비판은 철저히 학문적 인식론의 **선**(先)형태에 속하지만, 그 자체가 학문은 아니며, 이것은 아르키메데스와 갈릴레이의 역학의 작은 시작이 이미 진정한 학문의 시작이자 근본 부분이었듯이, 이미 '학문으로 간주될' 수 있었던 가장 작은 시작에 따른 것이 아니었다는 사실을 규명하기에 충분하다. 그에 따라 '학문으로 등장할 수 있게 될' **형이상학**에 대한 그러한 인식 비판이 제기하는 모든 요구는 학문적 근거가 결여된 것으로서 정당하지 않다. 그렇게 획득된 규범으로서 그러한 인식 비판은 이성 학문의 진정한 의미와 형이상학 및 철학 일반의 진정한 의미에 상반된다. 만일 철학이 도대체 특유한 의미를 갖는다면, 그것은 단적으로 학문일 뿐 아니라, 완전한 '명료성과 명확함'의 학문, 어떤 의미와 방향으로도 숨겨진 심연을 허용하지 않으며, 간과된 문제의 차원, 상관적인 인식 방향의 혼동을 허용하지 않는 궁극적인 책임의 학문이다. 철학은 완전한 인식의 이념, 인식의 본질에 놓인 궁극적인 목적(Telos)을 대표하고, 모든 생성되는 인식을 이러한 이념에 따라 규제하기 위해 현존한다. 이러한 오래된 플라톤적 의미에서의 철학은 전혀 존재하지 않거나 아니면 가장 철저하고 궁극적인 의미에서의 가장 엄밀한 학문의 지향으로서 존재한다.

어떠한 자연적 학문도 철학이 아니고, 그래서 궁극적인 학문이 아니다. 각각의 학문은 그것들이 '궁극적' 학문의 단계로 고양될 때, 철학이 된다. 자연적인 학문과 달리, 본질적으로 철학은 자연적으로 미리 주어진 인식 영역을 탐구의 영역으로 삼고, 규명하고, 규명함에서 규명함으로 전진하고, 각 단계에서 그것의 권리 및 정당화와 진행의 방법을 검토하는 한에서만 숙고함으로써 시작할 수 없다. 자연적 학문은 자연적 태도에서, 자연적 명증의 테두리 내에서, 통찰적인 진리의 인식 목표를 추구하면서 이 모든 것을 한다.

철학의 본질에 속하는 것은, 소박하게 시작하는 것이 아니라, 철저한 시작에 대한 숙고를 통해, 그러니까 철저한 학문, 전적으로 궁극적으로 근거 지어지거나 전제 없는 학문의 철저한 시작에 대한 숙고를 통해 시작하고, 자신에게 필연적 시작을 필연적 시작으로 부여함으로써 시작한다. 철학은 **데카르트**가 그 유형을 고전적으로 밑그림 그린 그러한 숙고와 시작을 통해서만 삶 속으로 들어설 수 있다. 그의 철학은 덧없고, 오직 초기 근대 문화의 역사적 힘을 상기시키는 것으로서만 존속한다. 그러나 참된 시작의 발견과 절대적으로 근거 지어진 철학의 목표를 향한 성찰의 결과로 스스로에게 설정한 그의 철학의 신념은 참으로 영원할 것이다.

진정한 철학으로서의 이러한 신념은 새로운 철학이 낡은 철학에 근거할 수 없음을 요구한다. 그리고 이제까지의 철학을 진정한 철학으로 인정할 수 없는 한, 그 신념에 상응하지 않고, 절대적이고, 절대적으로 정당화된 방법에 따라 빈틈없이 근거 지어진 철학적 진행으로의 시작이 되지 않은 어떠한 걸음도 걷고자 하지 말 것을 요구한다. 이러한 철저주의는 데카르트로부터 그의 계승자들에게 상속되지 않았다. 칸트는 철저주의를 실행에 옮기지 않았고, 그랬기 때문에 어떠한 영속적인 철학도, 어떠한 순수하고 진정한 철학도 창조하지 못했다. 만약 칸트가 설정한 목표가, 적격의 윤리적 인격성으로서, 자기 자신에게 자신을 위해, 그리고 자기 시대의 적격의 대표자로서 자기 시대를 위해, 보편적 세계관을 형성하는 것이었더라면, 그에게 신, 세계, 그의 이웃에 대한 올바른 입장을 줄 수 있고 실천적-윤리적 방식으로 그를 이끌 수 있는 세계지혜를 설명하는 것이었더라면, 이러한 비판은 빗나간 것이 될 것이다. 어떤 것도 반대할 것이 없을 것이다. 그러나 칸트는 엄밀한 학문으로서의 철학을 원했고, 그가 모든 이론적인 입장과 그것의 가치론적이고 실천적인 입장을 절대적 철학에 근거 짓는 저 완전히 다른 철학의 대표자라고 믿었다. 플라톤적 전통의 정신을 생생하게 유지하고, 존중하고자 하는 우리처럼 그도 학문 외적인 지혜가 아니라 학문에 초점을 맞추었다. 그리고 바로 이러한 관점에서 그는 실패했다. 이것은 그가 객관적 인식, 세계 인식에 대한 초월론적 논의로 일면적으로 나아갔고, 모든 인식 이론이 보다 높은 의미에서 보편적이며, 그것들은 모든 다시 내재적인 인식을 포괄해야 하고, 자기 자신으로 되돌아 관계해야 한다는 사실을 인식하지 못했다는 데서도 드러난다.

이것은 칸트의 이성 비판이 **역사적** 이성의 어떠한 비판도, 정신과학적 인식의 어떠한 비판도 추구하지 않았고, 그것의 필연성에서 전혀 보지 못했다는 **딜타이**의 정당한 비판보다 훨씬 더 나아간다. 철학의 의미에는 모든 가능한 초월적 인식 문제, 그러니까 모든 가능한 초월적인 학문적 문제에 관한 초월론적 연구에서의 보편성이 놓여 있을 뿐 아니라, 그러한 인식으로부터, 절대적 내재의 영역 속에서 이러한 인식을 인식함으로 되돌아감을 통해 한 단계 더 되돌아가는 철저주의, 그리고 인식함을, 인식론자로서 인식함을, 그러므로 순수 의식과 의식-자아의 인식함 일반을 주제로 삼아야 하는 철저주의가 놓여 있다. 모든 반복 ─ 이 반복 속에서 의식은 반성하면서 보다 높은 단계의 의식으로 올려지고, 반성적 지향성을 산출한다 ─ 을 주제적으로 포괄하는 순수 의식에 관한 절대적 학문은 그 자체가 보다 높은 단계의 의식의 유형인 인식 속에서 활동한다. 그리고 이것도 모든 인식 문제에 속한다. 수학적 작업과 개념 형성이 무한히 작동할 수 있는 반복이 어떠한 수학적 인식도 제한하지 않고, 오히려 모든 반복과 그 무한성을 넘어서는 통찰을 지니는 것처럼, 의식의 반복을 지배하고, 모든 내재적 인식의 원리와 그 가능한 반성적 단계를 지배하는 통찰을 획득하는 것도 가능하다. 인식론은 자기 자신으로 필연적으로 되돌아 관계한다. 그리고 이 되돌아 관계함이라는 외견상의 순환은 법칙에 대한 통찰을 통해 해결되어야 한다. 이 법칙 통찰에 관해서는, 모든 의식적 반복이 그것에 예속되어 있음이 완전히 이해될 수 있어야 하고, 심지어 통찰될 수 있어야 한다.

후세에 철저한 철학으로의 돌진이 없지 않았고, 특히 칸트 철학을 그 철저화를 향해 비판적으로 변형하려는 시도가 없지 않았다. 주지하다시피, 여기서 **마이몬**(Maimon), **라인홀트**(Reinhold), **피히테**(Fichte)가 거명될 수 있다. 그러나 그들이 성급했으며, 내재적 신화학이나 어떠한 긍정적인 소득도 생겨나게 할 수 없는 내재적 목적론의 억지스러운 구축으로 빠져들었다는 사실도 알려져 있다.

내재적 철학은 절대적으로 '명료하고 명확해야' 하고, 절대적으로 투명해야 하며, 모든 단계에서 절대적 소여에 근거해야 한다. 사용된 모든 것이 제시되어야 하고, 절대적으로 주어진 것으로서 보여야 한다.

칸트는 정말로 인식 비판의 근본 문제에 적중했는가?

　더 나아가기 전에, 우리는 **칸트**가 "선험적 종합 판단은 어떻게 가능한가?"라는 자신의 물음으로 어느 정도까지 인식 비판의 근본 문제에 실제로 적중했는지, 내지는 칸트를 **그의** 인식 비판의 저 근본적 물음으로 이끈 그의 근본적 고찰이 어느 정도까지 인식 비판 일반의 근본적 물음으로 이끄는 데 실제로 적합한지를 고찰하고자 한다. 그리고 여기에는 선험적 형식론이라는 칸트적 유형의 이론이 진정하고 철저한 인식 비판을 위해 무언가를 해낼 수 있는지에 대한 고찰이 뒤따라야 한다.

　우선 한 번 더 짧게 지적해야 할 것은 오직 우리가 절대적으로 전제 없이 나아가고, 객관성과 관련하여 실제적이거나 추정적인 인식의 전체 영역을 의문시할 때만, 수천 년 동안 철학이 고생한 인식론적 곤경으로부터 벗어나기를 기대할 수 있다는 점이다. 우리는 절대적 확실성으로 되돌아가서, 공동의 삶과 학문이 가진 세계 지식의 내용으로부터 순전히 어떤 것도 미리 주어진 것으로, 그리고 자명한 것으로 전제하지 않으면서 하나의 철저한 인식론을 요구하게 된다. 참된 인식의 문제는 아주 일반적으로 다음과 같은 것이다. 즉 절대적 소여의 무전제의 영역 내에서 인식이 그 본질과 의미에 따라 무엇인지를 명료하게 하는 것이다. 인식이라는 명칭으로 우리는 우리가 객관화하는 지향으로, 대상적 의식으로 특징짓는 기술적 특성을 갖는 일련의 다양하게 구별되는 체험들 모두를 포괄한다. 지각, 상상표상, 기억, 예상, 긍정, 부정, 추론 등 — 이 모든 것은 대상 의식의 체험이다. 지각에서 대상은 우리의 눈앞에, 말하자면 몸소(in eigner Person)[24] 서 있다. 상상에서 대상은 상상의 방식으로 현출하고, 기억에서는 있었던 것의 현전화의 방식으로, 직관적 표상에서는 개념적으로 그러저러하게 규정된 대상으로서 현출하는 등이다. 대상적 관계는 이제 때로는 올바르고 때로는 틀리다. 그리고 이러한 차이는 엄밀한 의미의 인식에서 나타나야 한다. 엄밀한 의미의 인식은 "그것은 이러이러한데, 추정적으로만 그런 것이 아니고, 참되고 실제적으로 그러하다"는 것을 직접적으로나 매개적 근거를 통해서 바라보게 되는 지향적 체험이다.

이 모든 것에는 거대한 수수께끼가 숨겨져 있다. 그러나 우리는 그것을 이해하고자 한다. 그러니까 가령 심리학적으로 설명하는 것이 아니라 이해하고자 한다. 우리는 어떤 심리-물리적 상황에서 이러저러한 표상이 인간에게 나타나는지, 그 표상들은 어떻게 변양되고, 어떤 인과적 원인과 결과를 갖는지 하는 물음에 관심을 갖는 것이 아니다. 우리는 심리적 기능과 특히 소위 사유 기능의 생물학적 발달에 관한 생물학적 물음에 관심을 갖

---

24 'leibhaftig'와 동일한 의미로, 대상이 그 자체로 생생하게 우리에게 현전적으로 주어지는 방식을 일컫는 표현이다.

는 것이 아니며, 생명의 유지와 요구를 위한 목적론적 기능에 관한 물음에 관심을 갖는 것이 아니다. 전체 심리학, 전체 생물학, 그리고 모든 자연과학은 '알지 못하는 무언가(*Je ne sais quoi*)', '분명하지 않음(*non liquet*)'의 영역, 인식론적인 불확실성의 영역에 속한다. 이때 우리는 시종일관 이 모든 것에서 아무것도 알지 못하는 것처럼 행위한다. 그리고 우리는 실제로 인식 비판 이전에는 최종적인 앎을 갖지 못한다. 우리에게 주어진 것으로서 존재하는 것은 다양한 학문에서의 표상함, 지각함, 기억함, 예상함, 판단함의 한갓 '현상'일 뿐이다. 그리고 우리가 이해하고자 하는 것은 직관함, 사유함, 인식함의 이러한 (이른바) 작용들이 본래적으로 무엇**인지**, 그리고 이 작용들에서 그것들이 이러저러한 방식으로 이러저러한 것을 의미하도록 만드는 것이 무엇인지 하는 것이다. 우리는 그 작용들의 내재적 본질과 그 작용들의 생각함의 의미에 무엇이 속하는지, 어떤 내재적 관계와 법칙이 거기에 근거하는지를 연구하고자 한다. 우리가 그와 같은 것을 순수한 내재적 고찰에서, 절대적 명증과 무전제성의 영역에서 발견할 수 있는 한 연구하고자 한다.

인식에 대한 최초의 반성이 가져다준 혼란스러운 어려움과 모순은 우리가 인간이자 사유하는 자로서의 우리를 자연의 통일체에 편입시킨다는 데 근거한다. 우리 영혼의 상태로서의 우리의 사유 작용은 전체 자연의 무한한 움직임 속의 우연한 계기에 따라서, 이러한 연관을 통해 인과적으로 조건 지어지고, 자연법칙의 지배 아래에 놓인다.

그러나 자연과 자연법칙은 우리에게 단지 사유를 통해서만 존재하고, 우리에게 주어진 것은 의식 밖의 자연이 아니라 단지 자연에 **대한** 사유, 생각, 앎일 뿐이다. 그러나 의식이 자신 너머에 다다른다는 사실, 그리고 의식의 (이른바) 앎의 상태, 개별적인 영혼-모나드의 단순한 상태가 그것의 초월적 세계를 그저 반영할 뿐 아니라, 초월적 세계가 그렇게 한다는 것을 확신할 수 있다는 사실은 어떻게 이해될 수 있는가? 그리고 비슷한 질문이 그 밖에도 충분히 있다. 철저한 인식론은 처음부터 그러한 질문에 관여하지는 않을 것이다. 철저한 인식론은 '인간과 자연' 혹은 '사유하는 자아와 자아 밖의 생각된 현실성'이라는 도식에 기초하지 않고 다음과 같이 말할 것이다. 이 모든 것은 불확실하며, 주어진 것이 아니다. 철저한 인식적 물음은 불확실성의 영역에 속하는 어떠한 것도 현실적으로 존재하는 것으로서, 그리고 미리 주어진 것으로서 존재하게 해서는 안 된다.

우리에게 주어지는 것은 자아 자체와 외부 세계 자체가 아니라 자아-의식과 외부 세계-의식이다. 진정하고 올바른 의미에서 자아로서 그리고 외부 세계로서 이해될 수 있고, 존재하는 것으로서 가정될 수 있는 것이 무엇인지 우리는 이해하지 못한다. 그에 반해 인식의 본질이 해명되고, 인식 자체가 그 고유하고 폐기할 수 없는 의미에 따라서 대상을 무엇으로 생각하는지가 입증된다면, 학문 일반의 궁극적 의미가 무엇인지 해명되고, 그에 상관적으로 객관성의 궁극적 의미, 학문을 통해 정립되고 규정되는 자연의 궁극적 의미가 무엇인지가 해명된다면, 우리는 정당하게 '자아'라는 명칭과 '심리 외적 세계'라는 명칭으로 존재하는 것으로서 주장될 수 있는 것을 규정할 수 있을 것이고, 그리고 이때 '존재'가 진정하고 정당한 의미로 의미하는 것을 규정할 수 있을 것이다. 그리고 나서 사유 작용이 한편으로는 실제성의 요소라는 사실을 이해해야 하고, 다른 한편으로는 실제성이 어떻게 단지 사유 속에서만 의식되고, 직관되고, 생각되고, 입증될 수 있는지를 이해해야 한다. 그리고 사유 법칙이 한편으로는 바로 사유의 법칙이어야 하면서 그러나 다른 한편으로는 객관적으로 타당한 존재 일반의 가능성의 조건이어야 한다는 사실을 이해해야 한다. 인식의 고유한 의미에 근거해서만 우리가 인식에 대한 일반적 반성에서 빠져든 모든 어려움이 분명해질 수 있다.

이미 반복해서 강조했듯이, **칸트**는 철저하게 진행하지 않는다. 그가 자명한 것으로서 전제한 것은 인간의 마음 바깥에, 외부에 인간의 마음을 자극하는 사물들이 존재하고, 감성적 직관은 촉발하는 외부 사물을 통해 그 내용이 규정된다는 것이다. 그는 이 내용에서 변화하는 것과 필연적이고 보편적으로 존재하는 것을 구별하고, 전자를 변화하는 촉발들(Affektionen)에, 후자를 마음의 고유한 능력에 귀속시킨다. 그러나 이것은 인식론에서 전적으로 의미 없는 이론이다. 이 이론은 심리학과 심리 물리학에 속하지만, 인식의 본질에 관한 가장 미약한 가르침조차 포함하지 않으며, 인식 자체가 우리에게 부과한 그 어떤 어려움들에 대한 가장 미약한 해명조차 포함하지 않는다. **라이프니츠**의 '지성 자체(*intellectus ipse*)'라는 가정은 아무것도 해명하지 못한다. 이 가정은 정신이 순수하게 자기 자신으로부터 길어 오고, 외부의 자극으로부터 유래하지 않는 개념이 있음을 의미한다. 더 나아가 이러한 개념에 근거해서 구축되는 선험적 법칙이 정신의 내재적 본질에 순수하게 속하는 법칙성을 표현해야 함을 의미한다. **칸트**는 이것을 받아들이고, 이것에 근거해서 형식론을 만든다. 감각 자료는 감성과 지성이라는 근원적 기능을 통해 형성되고, 형성된 것은 경험적 사물이다. 라이프니츠에서처럼 우리가 어떻게 선험적으로 무조건적으로, 보편적이고 필연적으로 판단하는 데에 이르게 되는지가 이런 식으로 설명될 뿐 아니라, 이러한 선험적 법칙의 무조건적인 객관적 타당성도 설명된다. 그러나 이때의 타당성은 사물 자체에 대한 타당성이 아니라 현상적 사물에 대한 타당성일 뿐이다.

이것은 언뜻 보기에 매력적인 이론들이다. 그러나 나는 이때 이러한 이론이 아무것도 증명하지 못하고, 이 이론들 자체가 증명되지 못한 것이라는 사실에 머무른다. '지성 자체'의 이론과 형식론이 참이라고 가정해보자. 그러면 우리는 다음과 같이 묻게 된다. "이러한 심리학적 이론은 어디에 쓸모가 있다는 것일까?" 그래서 우리는 심리학적으로 그렇게 구성되어서 외부로부터 사물 자체에 의해 촉발되고, 감각은 촉발의 결과이며, 우리는 우리의 일반적인 인간의 구조에 속하는 방법과 방식에 따라서 감각을 직관으로, 직관을 경험 사물로 만드는 것밖에 할 수 없으며, 이때 이러한 형성하는 기능은 그 확고한 법칙성을 갖는다는 것이다. 그러나 그것이 그러하다는 것은 우리가 그것을 안다는 사실을 의미하지 않는다. 확실한 것으로서 우리에게 주어지는 것은 현상들뿐이다. 우리의 대상 형성 기능은 주어지지 않는다. 우리의 타고난 성향 자체도 주어지지 않는다. 심리 물리적 구조는 가정이다. 그리고 무엇보다 이러한 기능들의 법칙은 주어진 현상이 아니다. 이 모든 것은 초재다. 그러나 도대체 어떻게 초월적 인식이 가능하며, 현상의 직접적 소여에 대한 인식을 넘어서는 것이 가능한가? 감각 현상 외부에 물 자체와 같은 무언가가 존재한다는 사실에 대한 앎이 어떻게 가능한가? 지각 현상, 사유 현상, 필연적이고 보편타당한 것으로서 주장되는 판단 현상 바깥에서 어떤 **존재**, 가령 인간 구조의 존재, 형성하는 기능의 존재, 이러저러한 법칙의 지배를 받는 그것들의 특성은 어떻게 보장되는가? 잠깐 동안의 현상에서 끝나는 것뿐 아니라 직접적 소여를 넘어서 지향하면서, 그 자체로 주어지지 않은 그 무엇에 적중하는 앎과 같은 것이 존재한다는 사실이 어떻게 이해될 수 있는가? 학문은 그저 그 어떤 현상적으로 주어진 것을 가리키는 것에서만 존립하는 것이 아니라 순간적 의식을 넘어서는 객관적인 진술을 하는 것에서 존립하는데, 학문은 도대체 어떻게 가능한가?

그래서 지식과 학문 일반은 우리에게 수수께끼이다. 우리는 그것을 이해하지 못한다. 그리고 우리가 그것을 이해하지 못하는 한, 우리는 학문 자체가 우리에게 제공하는 수수께끼들을 풀기 위해, 모든 초월적 주장과 같이 수수께끼 전체를 품고 있는 초월적 가정들을 가지고 해나갈 수는 없다. 칸트의 토대 위에 서서, 『순수 이성 비판』의 서문에 더 가까이 가보자. 분석적 인식은 수수께끼를 포함하지 않고, 후험적 종합 판단도 수수께끼를 포함하지 않는다고 가정해보자. 아주 짧은 숙고만으로도, 후험적 종합 판단이 선험적 종합 판단과 정확히 동일한 수수께끼를 포함함을 알아차릴 수 있지만 말이다. 경험적 판단은 나의 직접적인 체험에 관한 판단이고자 하는 것이 아니라 내가 인식하든 인식하지 않든 그것인 것으로 존재하는 사물들과 관계들에 관한 무언가를 진술하고자 한다. 초월론적 분석론에서 칸트의 경험 이론이 이에 대한 증거를 제공한다. 왜냐하면 서문에서 어떤 문제도 제공하지 않는다는 판단들이 정확히 보면 거기서는 문제이기 때문이다. 그러나 이미 이야기했듯이, 선험적 종합 판단이 수수께끼라고 가정하자. 우리는 경험으로부터 독립적으로 판단한다. 우리는 우리가 통찰력 있게 판단을 내리는 곳 어디서나 이러한 판단의 외관에 속하는 것인 필연성과 보편성의 특징을 따른다. 판단은 그 의미에 따라서 객관적으로 타당하고자 한다. 판단은 어떻게 그럴 수 있는가? 여기서 본래적으로 존재하는 물음은 이제 다음과 같은 것이다. 필연성의 독특한 특성은 법칙적 내용을 갖는 판단에 실제적 타당성을 부여해야 하며, 그것도 물론 이러한 판단이 가지는 의미에서의 타당성, 그러므로 객관적 타당성을 부여해야 한다는 사실은 어떻게 이해될 수 있는가? 이 법칙이 형성하는 기능들에 속한다는 것이 이제 대답인가? 그러나 이로써 물음은 형이상학적이거나 심리학적인 영역으로 밀려난다. 필연성과 보편성의 특성을 가진 판단이 그 의미에 따라 필연적이고 보편적으로 타당하다는 사실을 어떻게 이해해야 하는지에 대해 내가 어찌할 바를 모르고 있다면, 나는 이러한 특성을 가지면서, 특별히 나의 심리적 기능과 관계하는 판단들이 이러한 권리주장의 의미에서 어떻게 타당한지도 이해하지 못한다.

칸트가 심리학적 의미에서의 필연성과 보편성을 인식론적 의미에서의 필연성 및 보편성과 어디서나 원리적으로 혼동하고 있다는 사실은 분명하다. 나의 정신이 주어진 감성적 감각의 동기로부터 언제나 그리고 절대적인 예외 없음을 가지고 어떤 형성을 수행하는 식으로 구성된다면, 이러한 보편성과 필연성은 하나의 사실이지 아직 이러한 사실에 대한 지식이 아니다. 개별적으로 사유하는 인간인 나에게는 언제나 단지 개별적인 감각들과 개별적인 형성의 결과만이 주어져 남아 있다. 나는 내가 필연적이고 일반적으로 그러저러하게 형성해야 한다는 사실을 어떻게 인식하는가? 내가 그 자체로 필연성의 특성을 지니는 판단을 가지고 있다고 가정한다면, 이 판단은 '필연성'이라 불리는 특성을 지닌 잠깐 동안의 체험이다. **이러한 필연성은, 그것이 이러하고 다를 수 없다는 의식이다.** 그러나 그것은 그럼에도 언제나 그저 나의 잠깐 동안의 체험 속의 순간적 특성일 뿐이다. 그래서 이러한 필연성은 내가 거기에 대해서 표상을 갖든 갖지 않든 이러저러한 것을 사실적으로 달리 할 수 없다는 저 심리학적 사실과는 완전히 다른 것이다. 물론 나는, 그 방법이 심리학적 구성의 법칙, 거기에 속하는 일반적 강요를 표현한다는 가정을 세움으로써는 어떤 방식으로도, 명증적인 법칙적 의식에 내재적으로 놓여 있는 필연성을 설명할 수 없다. 그래서 사유 의식의 인식론적 필연성이 형식의 필연성으로서, 형식을 부여하는 기능의 자연 법칙성의 의미에서 심리학적 필연성으로서 자명하게 설명된다는 것은 근본적으로 틀렸다.

칸트의 초월 철학과 나의 초월론적 현상학의 대결에 대하여

초월론적 현상학은 대상과 인식의 상관관계의 참된 본질을 연구함으로써 모든 잘못된 형이상학을 잘라낸다. 초월론적 현상학은 모든 실제 학문적 인식의 가능한 타당성을 오해들로부터 지켜내고, 이를 통해 현실적으로 타당한 실재적 인식을 해명하며, 그러한 인식에 (외연적으로 완전한 것이 아니라 논리적으로 완전한 것인 완전한 학문의 이상에 따라서) 참된 해석을 가능하게 함으로써 우리를 자연의 '토대'가 되는 '절대적인 것'에 관한 인식으로 이끈다. 초월론적 현상학을 통해서 (논리적으로 완전한) 자연과학의 상관자로서의 자연의 초월론적 해석이 가능해지고, 학문적으로 인식된 존재를 절대로, 의식으로 환원하는 것이 가능해진다. 그리고 초월론적 현상학은 또한 가치평가하고 의욕하는 의식 및 그 대상성의 초월론적 현상학으로서, 목적론적 형이상학의 가능성을 가능하게 하고, "기계적 자연 해석과 목적론적 자연 해석의 참된 화해"를 가능하게 한다.

그러나 지금 내가 논의해야 할 더 중요한 것은 **신칸트주의**의 의미에서의 초월론적 방법과 **칸트**의 분석적–이성 비판적 방법의 문제 및 그것들과 나의 초월론적 현상학적 방법과의 관계다.

나의 초월론적 방법은 초월론적 현상학적 방법이다. 이것은 '근원'으로 되돌아감으로써 인식의 타당성의 궁극적 의미를 탐구하려는 오래된 의도, 특히 영국 경험주의 철학의 오래된 의도에 대한 궁극적 충족이다. 여기서 (역사적으로도 올바르게 설정되지 못한) 심리학적 근원에 관한 완전히 잘못된 물음이 아니라 초월론적 현상학적 근원에 관한 물음이 문제시된다. 그리고 '인식의 근원으로 되돌아감'이란 다름 아닌 다음으로 되돌아감을 의미한다.

1) 논리적 근원, 권리주장된 인식의 논리적 증명, 모든 전진의 기반이 되는 논리적 시작점과 원리들로 거슬러 올라가는 엄밀한 학문. 출발의 경험, 출발의 공리, 방법적 원리들, 넓은 의미에서의 논리적 원리들을 제시하는 것. 그리고 특정한 학문이 중요한 것은 아니므로 완전한 객관적 논리학이 문제시되고, 학문의 모든 주요 형태에 따라 진정한 학문의 방법을 분석하는 것이 문제시된다.

2) 모든 인식의 **이러한** 근원, **논리적** 근원은 근원으로의 추가적 회귀, 즉 이러한 원리들에 진술된 객관적인 것의 구성에 관한 초월론적 연구로의 추가적 회귀를 요구한다. **초월론적 주관성에서 대상성의 근원**, 객체들의 상대적 존재의, 절대적인 것으로부터의 근원(이 절대적인 것은 의식을 의미한다. 더 나아간 목적론적 형이상학에서 '절대적'이라는 것의 새로운 의미가 생겨나지는 않는지?)(?!).

첫 번째 의미의 근원은 모든 원리적 토대들, 혹은 더 잘 이야기하자면, 다양한 토대들의 유형과 객관적–논리적 결합의 원리들이다. 두 번째 의미에서의 근원은 의식의 종류(의식의 본질)와 그것들에 속하는 본질 법칙들이다.

칸트와 칸트에 의존한 신칸트주의와 신관념론(Neuidealismus) 전체는 이러한 방법을 전혀 몰랐다.

그러나 이제 칸트의 초월론적 방법은 사정이 어떠한가? 어떤 가능한 문제가 여전히 결여되어 있는가?

'초월론적' 종류의 후험적 문제가 있다. 가령 **세계**가 인간의 인식에 접근될 수 있으려면 세계는 어떠한 성질의 것이어야 하는가? 그러면 우리는 이제 (현상학 이전의 입장에 있는 채로) 더 나아갈 수 있다: 세계가 관념의 테두리 안에서 인식 일반에 접근될 수 있으려면 세계는 어떤 성질의 것이어야 하는가? 이미 '인간의 인식'은 하나의 관념이다. 그러나 우리는 여전히 '인간의 인식'을 일반화할 수 있고, 일반적 인식 개념과 관련하여 숙고할 수 있다. (인간적 인식의 개념의 어떤 일반화의 의미에서) 세계가 인식 일반에 접근될 수 있으려면 세계는 어떤 성질의 것이어야 하는가? 이때 우리는 더 나아가면서, 혹은 더 자세히 규정하면서 다음과 같이 물을 수 있다. 세계가 자연과학적 인식에 접근될 수 있으려면 세계는 어떤 성질의 것이어야 하는가?

반대 질문은 다음과 같을 것이다. 하나의 세계가 인식 안에서 인식될 수 있으려면(그리고 더욱이 학문적으로 인식될 수 있으려면), **인식**은 어떤 성질의 것이어야 하는가? 자연에 관한 학문이 어떤 존재자에게 있을 수 있어야 한다면, 그 존재자는 어떻게 조직되어야 하는가(혹은 인간은 정신적으로 어떻게 조직되어야 하고, 인간은 정상적인 인간으로부터 어떻게 이탈할 수 있는가)?

그러한 물음에 대답하기 위해서는 그 물음의 합리성과 대답 가능성이 분명히 보이도록 물음이 합리적으로 제기되고 먼저 더 자세히 규정되어야 한다.

내가 인간의 인식이라고 말한다면, 나는 그것으로써 이미 인간과 '세계'를 정립한다. 이때 나는 무엇을 확고하게 주어진 것으로 알고자 하며, 무엇을 보인 변수로서 알고자 하는가? 나는 세계를 가정한다. 나는 어떤 방식으로든 세계를 특정하게 생각해야 한다. 그래야만 나는 변경시킬 수 있고, 인간의 인식과 인간을 포함하는 세계의 인식 사이의 기능적 연관을 규명할 수 있다. 출발점의 모호함에도 불구하고 나는 몇 가지 명제를 표명할 수 있다. 가령 나는 심리 물리적 연관 속에서 인간을 발견한다. 나는 다음과 같이 말한다. 만약 그와 같은 것이 존재하지 않는다면 인간의 영혼 삶은 자연과 그러한 관계 속에 있지 않을 것이다. 그러면 인간의 영혼 삶에서 어떠한 현상도 분명하게 구획되지 않고, 지각, 표상 등은 적절한 방식으로 정돈되지 않을 것이다. 그러니까, 우리가 일상적 삶이나 학문적 연구에서의 우리의 지각 연관, 기억 연관, 사유 연관 속에서 발견하는 종류 혹은 적어도 그와 유사한 종류로 정돈되지 않을 것이다. 그러면 당연히 '세계에 대한 어떠한 인식'도 존재하지 않을 것이다. 가령 인간이 해파리라면, 인간은 어떠한 학문도 가질 수 없을 것이다. 만약 우리가 우리의 삶에서 알고 있는 것처럼 지적인 종류의 의식 차이 없이 그저 희미하게 뒤섞여 흐르는 감각, 감정 등, 특정한 분절 없는 혼돈만 가지고 있다면, 세계는 존재하겠지만, 우리 해파리 인간에게는 어떤 것도 존재하지 않을 것이다.

우리는 또한 개별적으로 다음과 같이 숙고할 수 있다. 시각적인 감각 세계는 특정한 성질, 특정한 형성의 시각적 체험을 전제한다. 어둠 속에서 눈이 검정으로 채워지듯이, 우리의 시야가 끊임없이 그 자체로 변하지 않는 붉음으로 채워진다면, 감각장에는 어떠한 경계와 구별도 없고, 그래서 어떠한 현상도 없을 것이며, 어떠한 사물 통각도 없을 것이다. 혹은 그러한 구분은 있지만, 통각의 가능성이 없다면, 이렇게 경계 지어진 빛의 반점이 불규칙하게 왔다가 사라져 어떠한 통각도 형성되지 않는다면, 우리는 재차 어떠한 세계 현상도 갖지 못할 것이다. 혹은 우리에게 정돈된 방식으로 다양한 감각장에 할당되고 특정하게 조직된 감각적 체험이 절대적으로 불규칙하다면, 때로는 촉감이 있고, 그 밖에 아무것도 없으며, 때로는 시각적 감각이 있다면, 그것들이 어떤 것에도 영향을 남기지 않는다면, 재차 우리에게 세계는 존재하지 않을 것이다. 우리는 또한 다양한 발달 단계에서의 인간의 '세계'-인식의 차이에 대해, 혹은 인간과 동물에서의 다양한 단계의 세계 표상과 세계 인식의 차이에 대해 정당한 사유를 할 수 있다. 결국 이것은 우리가 자연과학에서, 외부 자연 자체에 관한 학문에서도 본래 발견하는 가능성과 차이에 대한 연구들이다. 지구가 태양 위에 떨어진다면, 어떤 일이 일어날 것인가? 혹은 공간이 4차원이라면, 이러저러한 기계적 원칙이 적용되지 않거나 변경된다면, 어떤 기계적 관계들이 존립할 것인가? 중력의 법칙이 거리의 제곱 대신 세제곱을 포함한다면 세계는 어떤 모습일까?

만약 우리가 인식에서 출발하여, 세계가 인식될 수 있으려면 인식이 어떤 성질의 것이어야 하는지 (혹은 정신의 본성이 어떤 성질의 것이어야 하는지) 묻는다면, 우리의 경우, 철저히 생물학과 심리학의 적용 영역에 속하는 숙고를 다루고 있는 것이다.

세계는 우리의 인식에 접근될 수 있으려면 어떠한 성질을 가져야 하느냐는 반대 물음—이 물음은 무엇을 의미하는가? 이것은 세계가 다른 성질이면서도 여전히 인식될 가능성, 그리고 세계가 우리의 인식에 더 이상 (즉 더 이상 완전하게) 인식될 수 없는 방식의 성격을 지닐 가능성을 의미한다. 우리가 경험적인 것에 머무는 한, 이것은 철학을 위해 중요한 어떤 것도 산출하지 않는다. 여기서 생물학뿐 아니라 대상 이론도 실행된다. 우리는 미리 주어진 학문의 토대 위에서 모든 가능성을 관여하면서 숙고할 수 있고, 이런 가능성들에 학문적으로 대답할 수 있다(라스비츠Lasswitz[25]).

그러한 경험적 고찰에는 우리가 초월론적 현상학의 관점을 획득하자마자 보게 되는 선험적인 것도 내재해 있다. 심리학적으로 고찰하면, 인식함은 물론 경험적 조건 아래에 있다. 우리 인간의 경우에는 그것이 심리학적으로 연구될 수 있는 것일지 모르고, 다른 가능한 존재들의 경우에는 다를지 모른다. 그러므로, 경험적 기본 법칙을 가지고 있다고 확신할 수 없는 한, 경험적 조건이 변하면 어떠한 인식도 없을 수 있다고 단적으로 말할 수는 없다. 우리는 거기서 그것의 유보 조건을 만들어야 한다.

그러나 다른 한편, 현상학은 우리에게 인식의 본질 유형을 가르쳐주고, 상관관계 속에서, 인식의 본질 유형들에서 구성되는 세계를 가르쳐준다. 우리가 이러한 상관관계를 알고, 관련된 본질 연관을 연구했다면, 우리는 경험적-초월론적 숙고(와 진정한 초월론적 숙고)에 대해 절대적으로 확실한 진술을 획득할 수 있고, 선험적인 것을 경험적인 것으로 전이시킬 수 있다. 가령, 어떤 조건을 충족하는 감성이 없다면, 그러니까 시각적, 촉각적, 운동적 종류의 감성적 내용 집합이 없다면, 그리고 불연속적 부각 속에서 나타났다가 다시 (가령 뜬 눈이 물체 위를 미끄러지는 동안 눈의 움직임에서의 시각적 감각을 기술한다면) 우리가 현상학적 반성에서 발견하는 것과 같은 연속적 매개 속에서 나타난다면, 자연적 의미에서 사물은 인식될 수 없을 것이다. 내가 말하건대, 그러한 조건이 사물 소여의 가능성의 조건으로서 충족되어야 한다는 사실은 선험적으로 파악될 수 있는 것이며, 모종의 본

• •
25 쿠르트 라스비츠(Kurd Laßwitz, 1848~1910)는 독일의 작가이자 과학자, 철학자다.

질 근거에 의존하는 것이다. 이 본질 근거는 지각적 인식과 사물적 대상성의 상관관계에 놓여 있는 것이며, 인간적 인식의 경험적 사실로 전이될 수 있는 것이다.

우리는 경험적-초월론적 방식의 이러한 숙고를 떠난다. 처음부터 분명한 것은, 그러한 숙고가 실제로 경험적인 한, 그것은 근본적-철학적으로 중요하지 않다는 것이다. 실재적인 정신적 존재의 인식의 경험적 사실을 세계와 맞추기 위한 (그것이 들어맞는다는) 조건에 대한 경험적 숙고는 현상학을 통해 요구될 수 있다. 그러나 그 역은 아니다. 철학적으로, 적어도 근본적 철학적 문제에 관하여 우리는 여기서 배울 것이 아무것도 없다. 자연 속의 정신, 정신을 자연에 맞추는 것, 인식하는 정신의 발전, 학문과 인류의 문화적 행위 일반의 발전, 이것 역시 철학적 측면을 갖고 있다. 그러나 어떠한 인식론적 측면도 갖지 않으며, 제일철학에 속하는 어떠한 측면도 갖지 않는다. 제일철학이 아니라 '마지막 철학'에 속하는 측면을 갖는다고 나는 말하게 될 것이다. 다른 한편, (인간의 인식의 가능성, 사물의 객관적 규정의 가능성, 가능한 경험에 대한 숙고와 연결 지어져 표명된다면) 우리가 선험적인 것으로 발견하는 것은 초월론적 현상학에 그 근원이 있다는 사실이 밝혀지게 된다. 그것은 특히 또한 우리가 칸트의 초월론적 방법과 학설을 고찰할 때 드러난다.

우리가 이제 초월론적 현상학의 토대 위에 서 있다면, 거기서 (비판주의의 의미에서) 어떤 초월론적 물음이 생겨나는가? '초월론적'이라는 말의 이중적 의미는 방해가 된다. 어떤 의미에서 '초월론적 물음'이라는 명칭은 객관적으로 타당한 인식, 그러니까 한편으로는 인식으로서 주관적이고, 다른 한편으로는 '객관적' 존재(주관성에 독립적인 존재 자체)에 들어맞는 인식의 가능성의 '해명'을 아주 일반적으로 다룬다. 더욱이 학문(자연과학, 수학,

순수 논리학 등)의 모든 근본 유형에서, 객관적으로 타당한 인식의 가능성의 상응하는 해명을 다룬다. 즉 객관적으로 타당한 인식이 자연과학의 형식에서 어떻게 가능한지, 객관적으로 타당한 기하학이 어떻게 가능한지 등을 다룬다. 우리가 '초월론적'이라는 이러한 개념을 기초로 삼는다면, 초월론적 현상학은 진정한 초월론적 철학이고, 이 모든 물음을 해결하기 때문에 '초월론적'이라는 이름을 가질 자격이 있다.

칸트는 주관성 내지는 주관성과 객관적인 것의 상관관계 속에서, 인식을 통해서 인식되는 객관성의 의미의 궁극적 규정을 찾는다. 그러한 한에서 우리는 칸트와 일치한다. 다만 우리는 '주관성'을 현상학적으로 규정하며, 규정해야 했을 뿐이다.

그러나 이러한 일치는 다만 외면적인 것일 뿐이다. 칸트는 인식과 인식 대상성의 상관관계의 참된 의미로 침투해 들어가지 못한다. 그래서 '구성'의 특수한 초월론적 문제의 의미에 침투해 들어가지 못한다. 이것은 초월론적 감성론에서 이미 드러난다. 여기서 칸트는 공간과 시간을 '감성의 형식'으로 만들고, 기하학의 가능성을 보장했다고 믿었다. 반면 단순한 '감성'의 내부에서, 즉 우리의 의미에서의 현상에 앞서, 먼저 「초월론적 분석론」이 (충분히 불명료하게) 다루는 '종합'에 앞서 공간성의 구성에 관한 어떤 것도 주어질 수 없다. 나는 기하학의 공간을 의미하는 것이 아니라 단순한 지각 공간, 단순한 직관의 공간을 의미한다. 이것은 물론 기하학의 전제다. 일상적 삶의 사물이 자연과학적 사물 규정과 자연과학 자체의 전제이듯이 말이다.

이제 또 다른 특수한 초월론적 방법이 「초월론적 분석론」에서, 특히 「연역」, 「원칙의 분석론」(더 자세하게는 「유추」에서)의 증명에서 나타난다. '유추'는 선험적으로 타당한 명제이며, 모든 경험에 앞서 타당하다. 만약 그것이 타당하지 않다면, 객관적으로 타당한 시간 규정은 불가능할 것이기 때문이다. 경험이 경험 과학의 형식 속에서 가능해야 한다면, 그래서 자연이 이러한 학문의 의미에서 인식 가능해야 한다면, 이러저러한 명제들이 타당해야 한다.

혹은 범주에 대해서는, 가령 다음과 같다. 즉 어떤 대상성이 사유하는 인식을 통해서 (학문적으로) 파악될 수 있어야 한다면, 우리는 다음과 같이 말할 수 있다. 사유는 판단과 개념 속에서 개념적 사유로 수행된다. 그러나 이것은 만약 그것이 공허해서는 안 된다면, ('우리 인간의 경우') 주어진 대상성과의 관계를 만들고, 대상성을 부여하는 직관을 전제한다. 대상이 개념 속에서 파악되고, 사유를 통해 인식된다는 것은, 그것을 통해 대상들이 주어져야 하는 직관의 본성에 놓여 있어야 한다.[26] 현출하는 대상은 사유의 조건에 적합해야 하고, 그것을 개념적으로 파악할 수 있게 하는 일종의 형식 자체를 지녀야 한다. (그 자신도 개념을 통해 표현할 수 있는) 이러한 형식들은 범주다. 그것은 가능한 경험적 학문을 사유할 수 있을 조건이다. 대상(현출하는 대상, 다른 것은 우리에게 아무것도 아니다)은 자연과학적 대상일 수 있어야 한다면, 필연적으로 사유 형식을 가져야 한다. 그래서 그 아래 모든 실재적 대상(**생각할 수 있는** 자연 일반의 대상)이 서 있어야 하는 어떤 범주가 있어야 한다. 혹은 범주는 '가능한 경험'의 그러한 조건이기 때문에, 객관적 의미를 가져야 한다. 그리고 역으로 그러한 것인 (**필연적으로** 모든 실재적 대상에 귀속되어야 하는) 개념은 범주이어야 하고, 그것의 무조

•

26 칸트에 있어서 직관은 보통 대상적으로 파악되어야 한다. 우리는 가령 다음과 같이 말할 수 있다. 직관함의 체험은 직관의 대상 자체가 개념적 형식을 갖고 개념적으로 술어적으로 규정될 수 있도록 개념적 체험과 맞아야 한다. – 원주.

건적인 객관적 타당성의 이러한 초월론적 근거를 가져야 한다.

여기서도 직관과 직관된 것 사이의 명료한 구분이, 의식의 양상으로서의 현출의 형식과 현출하는 대상성의 형식의 명료한 구분이 결여되어 있다. 「초월론적 연역」이 그토록 혼란스럽게 되고, 초월론적 통각이 그토록 많은 비밀을 품으며, 그토록 유해한 역할을 하는 것은 이 때문이거나, 본래적으로 현상학적인 것을 보지 못하기 때문이다.

어쨌든 아주 가치 있는 내용에서 초월론적 연역의 기초가 되는 것은 무엇인가? (다른 초월론적 숙고들에 대해서. 즉 "경험의 가능성의 선험적 토대를 형성하고", "그 경험적 성질이 아니라 그 초월론적 성질에 따라서" 1판 「연역」에서 그 역할을 수행하는 '주관적 원천'이라는 그와 같은 것에 대해서는 나중에 이야기할 것이고, 그것이 어느 정도까지 새로운 것을 제공하는지에 대해 숙고해볼 것이다.)

나의 현상학으로의 환원,
혹은 '현상학적 환원'에서 칸트의 초월론적 방법의 가치 내용

범주의 연역의 요구에서, 그리고 특별히 그 도입에서 가치 있는 사유는 아마도 다음과 같은 것이다. 우리가 모든 '능력들', 현상학적으로 무가치한 모든 것들, 그리고 순수한 인식론적 문제를 흐리는 것들을 차단하면(현상학적 환원을 수행하면), 우리의 눈앞에는 대상성과 인식의 순수한 상관관계가 서 있게 되고, 우리는 그것의 본질을 순수하게 내재적으로, 그리고 본질적으로 (이러한 의미에서 선험적으로) 연구할 수 있다. 우리는 이제 자연 대상성, 사물, 감성의 세계를 고찰한다. 그러한 대상성의 본질에는 '무조건적인 일반성과 필연성에서' 어떤 규정들이 속한다. 그러한 규정들은 바로 (몇 가지 명칭만 들자면) 공간, 시간, 물질, 운동, 변화의 본질에 속한다. 우리가 대상의 아프리오리(존재론적 아프리오리)를 이제 인식과의 관계 속에서 고찰한다면, (본래적 인식과 비본래적 인식의 다른 구별을 고려한 후) '본래성'의 영역에서는 '직관'과 '사유'가, 그리고 그에 따라 초월론적 감성론과 초월론적 분석론이 구분된다.

그래서 우리는 진정한 초월론적 감성론의 문제로서 다음을 갖게 된다. 대상은 어느 정도까지 직관 속에서 구성되는가? 무엇이 직관 속에서 제시되고, 그것은 어떻게 제시되는가? 대상은 거기서 어떻게 구성되고, 그것도 단순히 직관적으로, '그 자체로 존재하는 것'으로서 어떻게 구성되는가? 대상이 주어지는 지각 계열, 기억 계열 등은 어떤 모습인가?

이제 진정한 초월론적 분석론의 문제로서 다음과 같은 것이 있다. '지성'에서 그것(대상)은 무엇으로서, 어떻게 구성되는가? 자연과 자연 자체의 내부에서 사유는 대상들을 어떻게 규정하는가? 어느 정도까지 자연은 본질적으로 '정신', 경험적 주관성과 동시에 구성되는가?

그와 같은 것은 초월론적−현상학적 물음들이다.

그러나 이제 우리는 칸트의 초월론적 방법과 관련된 다음과 같은 고찰을 할 수 있다. 우리는 칸트로부터 다음과 같은 이야기를 듣는다.

"직관은 사유의 조건에 적합해야 한다. 그렇지 않으면 직관은 사유에 적합하게 파악될 수 없을 것이고, 현실성의 사물, 자연의 사물로 생각되며, 객관적으로 타당한 것으로서 규정되는 사물을 자신 안에서 현출하게 하지 못할 것이다." 이것은 무엇을 의미할 수 있는가?

a) 이것은 순수하게 선험적인 것에 관한 것일 수 있다. 또는, 선험적인 것을 사실적인 것에 순수하게 전이시키는 데에 관한 것일 수 있다. 이제 우리가 직관을 본래적인 사물 통각 없는 단순한 감각으로 이해한다면, 우리는 당연히 다음과 같이 이야기할 수 있다. 의식이 단순한 감각을 수행한다면(우리는 이때 어떠한 인간적인 것도 주시할 필요가 없고, 신체라는 이미 구성

된 사물성에 묶여 있는 어떠한 것도 주시할 필요가 없다. 대신 그 어떤 방식으로 통일적으로 닫힌 의식 작용의 통일체를 그것의 감성적 핵과 더불어 주시해야 한다), 의식이 이러한 감각에 어떠한 사물 통각도 각인하지 않는다면, 그리고 그와 더불어 보다 높은 의미에서의 사유에 대한 '파악 가능성'을 각인하지 않는다면, 어떠한 자연도 구성될 수 없을 것이다.

우리는 물론 이러한 방식으로 갖가지 선험적인 것을 표명할 수 있다. 동일화, 구별, 비교, 대조, 술어화 등과 같은 것이 없다면, 의식에는 어떠한 자연도 있을 수 없을 것이고, 어떠한 자연도 의식에 의해 인식될 수 없을 것이다. 이러한 모든 작용들은 의식 속에서 등장할 수 있어야 하고, 이러한 모든 '할 수 있음'과 '능력'은 현존해야 한다.

만약 우리가 현상학의 의미를 이해했다면, 그리고 현상학이 제시한 본질 연관들의 절대적 타당성의 의미를 확신한다면, 이 모든 것은 우리에게 어떠한 비밀도 숨기지 않고, 절대적으로 명료하다. 그러면 여기에는 무엇이 있는가? 자연과 의식의 상관관계의 본질에는 자연이 이러저러한 본질 형태들의 의식 속에서만 구성될 수 있다는 사실과 자연은 의식의 본질 형태들과 더불어 구성된다는 사실이 속한다. 감각, 직관(지각적 연관들)의 본질 형태들, 특수한 사유 형태들이 가능한 자연 인식의 통일체에 속한다는 사실이 일단 분명해졌다면, 단순한 감각은 어떠한 인식도 형성할 수 없고, 개별적인 단순한 지각도 마찬가지라는 사실, 그리고 동일성 의식이 없다면 어떠한 대상도 생각될 수 없고 인식될 수 없다는 사실이 선험적으로 확실하고 절대적으로 자명하다.

사람들이 동일화의 능력, 사물 통각의 능력과 같은 것이 없는 의식이 있다고 이야기한다면, 이것은 두 가지 의미를 지닐 수 있다. α) 어떻든 사실적인 것. 동일화 없는 의식을 사실적으로 생각해보자. 즉 어떤 의식의 흐름, 동일화와 같은 것이 나타나지 않는 그러한 의식 흐름의 일부를 생각해보자. 여기에는 어떤 문제도 없다. 이러한 가능성은 확실히 존재한다. 즉 이러한 전제된 사실이 존재하는 한, 그리고 어떠한 자연 현상도, 어떠한 사유도 존재하지 않는 한에서 여기에는 선험적으로 반대할 어떤 것도 없고, 자명하다. β) 다른 한편, 선험적인 것. 원리적 이유들 때문에 동일화할 수 없는 의식이 있다면, 그러나 이는 다음을 의미한다. 그 본질상 사물적으로 파악될 수 없을 감성적 내용을 생각해보자. 그 본질상 지각 다양체로 전개될 수 없고(그러한 것으로 정돈될 수 없고), 자신의 편에서 가능한 동일성 의식의 토대가 될 통일성 의식을 통해서 통합될 수 없는 사물 현출을 생각해보자. 원리적으로 진술의 기초가 될 수 없는 경험적 직관을 생각해보자.

그러나 이 모든 것은 불합리하다. 감성, 통각의 일반적 **본질**에는 그러그러한 가능성이 속해 있고, 거기에는 그러그러한 본질 법칙이 속해 있다는 바로 그러한 사실은 실제로 현상학이 보여주고 있다.

그래서 **사실적으로는** 이러저러한 본성의 작용들이 없는 의식이 있을 수 있고, **사실적으로는** 자연 인식이 (이러한 이유에서) 불가능할 수 있다. 그러나 의식이 의식이라면, 이러한 모든 작용에 대한 가능성이 선험적으로 존재하고, 어떤 사실(Faktum)도 저 의식의 흐름 속에 이념적 가능성에 따라, 의식의 본질 자체를 통해 **가능성**으로서 포함되어 있는 작용들이 들어설 수 있다는 사실을 변경시킬 수 없다. 물론 거기서 들어설 수 없는 것은 단지 본질 근거들 자체로 인해 배제된 것뿐이다. 여기에 대해서 우리는 본질 법칙들을 갖고 있다. 이념적 '능력'은 필연적으로 존재한다. 혹은 모든 '지성 능력'은 필연적으로 각각의 의식에 속한다. 이것은 어떤 사람이 어리석고, 경험적 이유에서 어떤 좋은 사유도 할 수 없다거나(그의 영혼의 자연법칙은 사실적으로 그의 의식의 흐름에 원해진 종류의 작용들이 존재하지 않음을 해명해야 한다) 혹은 해파리는 '그의' 의식에 어떠한 수학적 사유도 갖지 않으며, 인디언과 같은 수준의 경험적 세계 표상을 갖지 않는다는 사실을 전혀 배제하지 않는다.

칸트는 이에 대해 알지 못했다. 그의 초월론적 고찰에서 사실적인 것과 선험적인 것은 뒤섞이고, 구분되지 않는다. 칸트는 현상학적인 아프리오리를 알지 못한다.

b) 사실성에 대한 일종의 숙고는 현상학적 아프리오리를 사실적 의식으로 단순하게 전이시킴을 통해 생긴다.

나는 **사실적인** 의식이라고 말하고, **경험적인** 의식이라고 말하지 않는다고 미리 언급한다. 물론 나는 선험적인 것을 경험적인 것으로 전이시킬 수 있다. 그러나 방법의 순수성은 인식론과 형이상학이 숙고되는 곳에서, 우리가 모든 경험적인 것을 배제할 것을, 또는 그것을 절대적인 것으로 환원할 것을 요구한다. 사실적인 의식, 그것은 현상학적 환원에서 특정한 의식의 진행이다. 자명하게도, 본질 법칙은 특정한 절대적 의식 일반의 가능성을 제한한다. 그러나 그것은 무한히 많은 사실들, 사실적 의식의 무한히 많은 상황들을 열어둔다.

이제, 지금까지 고려되지 않은, 선험적 관점하에서(초월론적 관점하에서) 사실적 의식을 고찰하는, 가치 있는 또 하나의 방식이 있다.

초월론적 현상학은 자연의 가능성을 숙고하고, 자연(가능한 자연, 자연 일반)의 구성에 대하여 의식의 본질 가능성을 숙고한다. 그러나 이제 다음과 같은 새로운 연구 방향이 생겨난다.

자연은 하나의 사실(Faktum)이다. 혹은 우리는 다음과 같이 말한다. 자연은 하나의 사실(Tatsache)이다. 그리고 자연에는 자연을 사실적으로 구성하는 절대적인 의식의 진행이 상응한다. 이것은 하나의 사실(Faktum)이다. 이제 우리는 이념적 가능성으로서의 자연이 의식의 본질을 통해 밑그림 그려지는 **유일한** 이념적 가능성인지를 초월론적으로 숙고할 수 있다. 이것은 다음을 말하고자 한다. 우리는 초월론적 현상학에서 우선 주어진 자연으로부터, 그러니까 우리가 자연과학에서 인식하는 자연으로부터 혹은 일상적 경험에서 우리에게 주어지는 세계로부터 출발한다. 우리는 그것들을 현상으로 세우고, 현상학적 환원을 수행한다. 우리는 이제 그것들의 초월론적 구성을 연구한다. 우리는 구성하는 의식의 요소를 고찰하고, 다양한 초월론적 작용들, 지각, 기억 등을 고찰한다. 그리고 사물, 공간, 시간, 운동 등의 구성을 추적한다. 이러한 '순수하게 자연을 구성하는 의식의 요소'는 주어진 의식의 본질이다. 그것은 이제 단순히 **사실적으로** 자연인 **이** 가능한 자연의 구성에 도달하는가?

우리는 사실적 자연을 **주어진** 자연과학의 자연으로 취할 수 있다. 사실적 자연은 그렇게 생각해서는 안 되고 '순수한' 자연과학의 의미에서의 자연으로 생각해야 한다. 이 자연은 하나의 **이념**이다. 그러나 이것은 일련의 가능한 이념들 중 하나가 아닌가? 상관관계의 근본 법칙에 따라서 각각에는 가능한 의식의 구성이 상응한다. 여기서 다루어지는 것은 단순히 공허한 가능성이 아니라, 학문적으로 숙고할 수 있는 가능성이 아닌가? 예를 들자면 순수한 자연과학의 의미에서의 자연 앞에는 일반적인 자연 파악의 자연이 놓여 있다. 자연의 사물은 다양한 감각적 성질들이 부여되어 있다고 간주된다. 그리고 이 성질들은 '우리의' 감성 안에서 구성된다(즉 절대적인 고찰의 방식에서 친숙한 '감각 기관'에 속하는 감각, 시각, 후각 등을 통해서). '우리'의 감성은 유일하게 가능한 것인가? 즉 또 다른 감각 기관은 생각될 수 없는가? 혹은 철저히 다른 감각 기관들을 가진 의식은? 명백히 생각될 수 있다. 그렇지 않으면, 우리는 색맹 등의 개념이 경험적으로 허용된다고 생각할 수 없을 것이다.

이때 쉽게 통찰될 수 있는 것은 우리와 완전히 다른 감성(칸트적 의미에서 이해된 것이 아니라, 감관이 완전히 다른데, 다만 특정한 귀속 조건만을, 수학적-형식적 귀속 조건만을 충족시키는 방식으로. 이 경우나 저 경우나 종-다양체는 동일하도록)에 토대하여 **동일한** 순수한 자연이 구성될 수 있다는 것이다. 이것은 단지 공허한 가능성이지만 어쨌든 그러한 가능성이 존재한다는 것은 규명되어야 한다.

더 나아가 α) 더 이상 쓸모가 없는 완전히 공허한 가능성은 '우리의 것' 옆에, 완전히 다른 알려지지 않은 통각 유형(직관의 유형), 사유 작용의 유형, 그 밖의 형식의 의식의 유형이 존재할 수 있다는 데 놓여 있다.

β) 이제 위의 동일한 통각 유형처럼, 동일한 직관 유형, 사유 유형 등을 가정해보자. 그러면 그것들에 매우 상이한 종류의 '자연'을 구성할 선험적 가능성이 놓여 있지 않은지 묻게 된다.

'우리의 경험'에는 3차원적 공간이 구성되고, 모든 사물은 공간적으로 나타나며, 현출하는 이러한 공간은 유클리드적인 것으로서 기하학적으로 규정된다. 그러나 사물 지각에 대한 분석은 아마도 그것의 본질을 통해 또 다른 가능성이 생각될 수 있는 그러한 지향성의 요소에 이르지 않는다(생각할 수 있는 이러한 가능성을 우리의 상상 속에서 직관적으로 실현할 경험적 능력을 우리가 가져야 한다는 사실은 여기에 놓여 있지 않다). 4차원의 사물성 혹은 n차원의 사물성은 생각되지 못하는가? 즉 어떤 가능한 의식 속에서 구성되는 가능한 사물성으로서?

γ) 변화의 인과성은 사정이 어떠한가? '우리의' 사물 직관, 우리의 지각과 지각 연관을 전제하고서, 그것의 유형이 견지될 때, 엄격한 인과성의 지

배를 받는 어떠한 자연도 구성되지 못한다는 사실이 생각될 수는 없을까? "사물이 우리의 눈앞에 있다"는 것이 통상적인 지성의 세계관이듯이, 세계는 사실적으로 발생하는 대로 완전히 그렇게 있지만, 정밀한 자연과학의 의미에서의 자연으로 이끄는 감성적으로 현출하는 자연에 관한 어떠한 자연과학적 분석과 이론화도 가능하지 않을 것이고, 자연은 오히려 정밀한 법칙 아래, 모든 곳에서 (모든 변화가 종속되는) 정밀한 법칙 아래 있는 대신, 대략적인 법칙성과 '우연'의 영역을 지닌 자연이라는 식으로 생각될 수는 없는가?

이것으로 충분하겠다. 이것을 계속해나가려고 사람들이 마지막 예와 관련하여, 그것은 '자연'이 아닐 것이며, 그러면 어떠한 '자연과학'도 없을 것이라고 이야기한다고 해도, 우리는 단어를 두고 싸우는 데에 빠져서는 안 된다. 어쨌든 **주어진** 자연의 관념을 (존재론을 통해) 확고하게 경계 짓고, **그것으로부터** 추상을 통해 보편적인 것으로서 (여기서 그것의 최고의 이상을 의미하고 있는 정밀한 의미에서) **자연 일반**의 관념을 경계 지으며, 그런 다음 다른 한편에서 이 관념들을 계속해서 구별하는 문제가 생겨난다. 그래서

1) 가장 일반적인 의미에서 정밀한 자연의 관념을 그것의 가능한 본성들로 분석하는 것.

2) 세계, 즉 일정한 통일성을 여전히 소유하고 있는 사물 다양체라는 관념을 정의하고(그런데 이것은 정밀한 자연의 이념보다 더 일반적일 것이다), 이제 다시, 만약 우리가 정밀성의 관념을 포기한다고 해도 존립하는 가능성을 연구하는 것.

3) 마지막으로, 통일성 없이 다양체를 형성하는 사물들의 구성의 가능성을 숙고하고, 그러한 것이 통일성 없이 어느 정도까지 생각될 수 있는지 숙고하는 것.

그러므로 정밀한 자연 일반, 세계 일반, 사물 다수성 일반, 각각의 추가적 단계는 더 큰 일반성의 단계다. 그리고 이때 이러한 세 가지 가능성은 '우리의 감성', 우리의 지각, 기억 등, 우리의 사유, 요컨대 작용들의 현상학적으로 구별되는 근본 형태들(의식 유형들)을 부여받은 의식이 문제시되고 있다는 제한적 전제 아래에서 존립한다.

의식의 순수한 본질론으로서의 초월론적 현상학은 갖가지 가능성들을 열어놓는다. 그러나 **하나의** 자연이 사실적으로, **현실적인** 자연이다. 초월론적 현상학에 따라서 단지 다양한 가능성들만 존립하는 것이 아니라 사실적으로 상이한 '자연들이 서로 이행해 갈' 가능성, 사실적인 의식의 통일체에서 사실적으로 어떤 구간 동안 이러한 감성적 내용의 감성적 자연이 현출하고, 다음에는 저러한 감성적 내용의 감성적 자연이 (직관적으로) 현출할 가능성, 구간별로 한 번은 정밀한 자연이, 다른 한 번은 모호한 자연이나 세계가 구성될 가능성, 의식에 대해서 하나의 자연이, 언제나 자신과 동일한 하나의 자연이, 하나의 영원한 자연이 '존재하지' 않을 가능성, 그래서 객관적으로 말하자면, 영원히, 단적으로 하나의 자연이 존재한다고 이야기될 수 없을 **그러한** 가능성이 존립한다. 우리는 **이** 자연('우리의 자연')이 단적으로 존재한다고, 그 자체로 존재한다고 생각한다. 그러나 이것은 무엇을 의미하는가? 이것은 우리의 직관과 우리의 인식(자신의 것과 의사소통적인 것)이라고 불리는 의식의 흐름이 학문을 자라나게 하고, 이러한 학문에서 자연이 거기에 하나의 자연으로서 서 있음을 의미한다. 물론 이 하나의 자연은 유일하게 근거 지어진 자연이다. 그것이 실제로 현실적인 학문의 상관자이다. 그러나 이 학문이 언제나 타당해야 한다는 절대적인 확신이 있는가? 아마도 의식은 변하고(그것의 본질 형태는 '영원하고', 선험적이지만, 그것의 사실적인 형태는 그렇지 않다), 자연은 우연의 매개를 통해서든 지속적으로든 새로운 자연으로 바뀐다. 이때 자아는 자신의 동일성을 유지할 수 없을 수 있다. 자아 자체도 세계의 요소 부분이고, 물리적 자연과의 연관 속에서 구성된다. 끊임없이 자아와 물리적 자연이 존재해야 하는가? 의식이 형태들의 혼돈으로 무너질 수 있지 않은가?

다음을 고려해보자. 우리가 만약 사실적인 자연과 사실적인 의식에서 출발한다면, 현상학적인 아프리오리는 단순히, 의식 유형의 본질과 이러한 본질에 근거하는 선험적 가능성과 선험적 필연성에 존립한다. 사실적인 것은 의식의 흐름이다. 이것은 의식이 정밀한 자연, 더욱이 우리의 자연을 구성하기에 충분한지, 그리고 이러한 자연을 요구하기도 하는지에 상관없이 모든 경우에 타당하다. 더 자세하게 숙고해본다면 다른 의식 내용 아래에서 특정한 지각, 기억, 판단 등이 그러그러하게 흘러가고, 전달된다. 그것들 속에서 살면서 그러그러한 사물과 사물적인 변화가 지각되고, 그러그러한 추측, 그러그러한 논증이 수행되며, 하나의 자연이 그러그러하게 생겨난다. 그리고 특정한 사물이 그러그러하게 자연과학적으로 해명된다, 등등. 물론 현상들이 다르게 흘러간다면, 움직이는 것으로 현출하는 사물이 정지하여 현출하고, 그 반대도 일어난다. 그러나 또한 분명한 것은 현출들과 의식 형태들 일반은, 그것들 아래에 하나의 자연, 그것도 이 자연이 놓여 있다고 이성이 해석할 수 있기 위해서 **특정한** 방식으로 흘러가야 한다는 사실이다. 그래서 초월론적 현상학 앞에 하나의 사실이 있는데, 그것은 의식의 경과는 바로 그 속에서 '이성적' 통일체로서 하나의 자연이 구성될 수 있다는 성질을 지닌다는 것이다. 의식의 흐름에서 객관적 인식을 목표로 하는 사유와 인식의 작용들이 등장하는지 그렇지 않은지는 중요하지 않다. 물론 그러한 작용들은 단지 나머지 의식의 흐름이 직관, 구별, 동일화, 술어화의 측면에 따라서, 자연 인식을 동기부여**할 수 있는 일정한 방**

식을 지니는 경우에만 등장할 수 있다. 이제 우리는 아마도 다음과 같이 말할 수 있을 것이다. 모든 사실적인 의식의 흐름은, 그 속에서 모든 것이 필연적으로 다시 이성적 조화로 용해되는 포괄적인 의식에 편입되는 것으로 생각될 수 있다. 그래서 의식의 본질에는 자신 안에서 언제나 필연적으로 하나의 자연을 구성할 수 있음이 속한다. 그 어떤 해파리의 의식이 거기서 인식에 필연적인 동기의 토대를 제공하는 이러저러한 작용들의 저 규칙성, 저 서로 맞춰짐이 (그 자체로 봤을 때) 일어나지 않는 방식으로 흘러가는지는 중요하지 않다. 중요한 것은 이 보잘것없는 의식이 더 이상 보잘것없는 의식이 아니라 이성적인 의식, 그러니까 자신의 완전한 범위에 그때그때 **이** 자연으로서의 자연을 구성하는 동기부여를 포함하는 의식인 포괄적인 의식 연관에 편입되어야 한다는 것이다.

그러나 그러한 가정의 본질적 근거는 어디에 놓여 있는가? 현상학적인 아프리오리 이외에 다른 정당화의 원천이 있는가? 논리적 법칙이 이용되어야 하는가? 초월론적 현상학은 이러한 타당성을 본질 연관들로, 그 가능성이 주어져 있는 가능한 의식의 연관들로 환원한다. 논리적인 법칙들은 확실히 절대적으로 타당하다. 그것의 선험적인 것은 현상학적으로 증명된다. 확실히 논리적 법칙에는 모든 방법적 규범의 원천이 놓여 있다. 그러나 논리적 법칙만으로는 그렇게 할 수 없다. 논리적 법칙은 의식의 사실적 경과에서 자연, 그러니까 심지어 합리적으로 행동하는 자연을 방법적으로 인식하는 것을 사실적으로 허용한다. 그러나 논리적 법칙은 왜 **적용**의 영역을 가져야 하는가? 사실적인 자연에서? 초월론적으로 의식에 되돌아가는 것으로서 초월론적 논리학은 가능한 자연에 대한 근거들을 포함하지만, 사실적인 자연에 관해서는 아무것도 포함하지 않는다.

이러한 사실성은 현상학과 논리학의 영역이 아니라 **형이상학**의 영역이다.

여기서 기적은 절대적 의식 안에서 그 어떤 무언가가 구성될 뿐 아니라, 정밀한 자연과학의 상관자인 **자연**이 구성된다는 사실을 통해 절대적 의식에서 증명되는 합리성이다. 이것은 어떤 합리성인가? 합리성의 본질은 자명한 것처럼, 의식과 대상성 사이에 상관관계가 있을 뿐 아니라 사실적 의식과 경험적 학문 사이에 상관관계가 있다는 사실에 있다고 우리는 말할 수 있을 것이다.

사실적 의식, 계속 흘러가면서 언제나 새로운 형태들을 자신 안에 받아들이고 버리는, 의식 매개 없이 자체로 존재하는 절대적 의식 통일체들('개별적 의식들')로 분산되어 있는, 그러한 사실적 의식은 고정된 내용과 경과를 가진다. 거기서 현상학적으로 가능한 모든 의식 형태가 (본질과 본질 법칙을 열어놓는 모든 것이) 등장할 수 있는 것이 아니라, 현상학적 가능성의 무한성으로부터 특정한 선택이, 그것도 의식 속에 세계가 구성되어 이 세계가 엄밀한 학문의 형태로 파악될 수 있고 규정될 수 있다는 그러한 선택이 취해지는 한에서 말이다. 그러나 이제 엄밀한 학문은 무엇을 수행하는가? 혹은 오히려 엄밀한 의미의 학문이 있을 수 있는 '세계'는 어떻게 특징지어지는가?

그래서 수학적 자연과학에 상관적인 어떤 의미에서의 **자연의 이념**과 형태학적 자연과학(그리고 정신과학)의 상관자인 어떤 우주로서의 현출하는 자연의 이념(그래서 감성적으로 현출하는 사물에 대한 물리학적 이론화에서가 아니라 기술적인 '자연사적' 고찰 속에서 제시되고, 언제나 다시 형태학적으로 유, 종 등으로 나뉘고, 형태학적 학문을 위한 가능성을 제공하는 자연의 이념)을 구상하는 것이 문제다.

그래서 사실적 의식은 그 안에서 그러한 자연, 즉 이성적 우주가 구성된다는 성질을 지닌다.

칸트와 독일 관념론 철학

사물들 자체에 실재적 특성으로서 공간성을 귀속시킨다는 것은, 최소한의 근거도 없이, 우리의 주관성과 우리의 현출에 속하는 형식의 이중화를 사물들 자체에 덮어씌우는 것을 의미한다.

칸트는 시간에 관해 정확히 그런 식으로 처리한다. 이 시간은 경우에 따라 공간과 더불어, 수와 순수 운동에 관한 선험적 분과학문과 일반적으로 수학적 분과학문의 토대가 되는 시간이다. 그러한 분과학문의 가능성과 그 객관적 타당성의 가능성은 시간이 인간적인 직관 형식이며, 모든 대상적인 시간적 존재가 인간적 주관성에서 자신의 형성의 원천을 갖는다는 초월론적 구성(Konstruktion)에 근거한다.

훨씬 더 어려운 것은 칸트의 「초월론적 분석론」의 수행이다. 여기에서는 '순수' 자연과학의 선험적 법칙에 대한 동일한 이중적 문제가 초월론적으로 해결되어야 한다. 여기서 등장하는 종합적 판단은 순수한 직관에서 길어진 것이 아니기 때문에 그것에 대한 부정은 직관적으로 표상할 수 없음을 수반한다. 종합적 판단에서는 종합의 생산을 강요할 수 있는 공간이나 시간과 같은 종류의 추가적인 직관 형식이 제시될 수 없다. 여기서 원인과 결과, 질료적 실체와 우유성과 같은 개념들이 등장한다. 인과적 개념과 경험에서의 그것의 연결에 관해 **흄**은 이미 원인과 결과의 공속성은 직관적으로 요구될 수 없음을 보였다. 우리는 언제나 인과적인 것과 다른 직관의 진행을 직관적으로 표상할 수 있기 때문이다. 그것은 **단지** 기하학적인 것에 상응하는 형태와 관계만이 직관적으로 표상될 수 있는 공간 영역에서처럼 그렇지 않다. 그래서 새로운 영역에 속하는 개념들은 '감성적인' 개념이 아니다. 즉 감성적으로 규정된 것으로서의 주관성이 필연적으로 자신으로부터 제공하는 감성의 형식을 나타내는 것이 아니라, 칸트가 특별히 입증하고자 했듯이, '순수 지성 개념', 즉 지성의 능력, 그러니까 분석적―논리적 지성으로서 활동하는 능력으로부터, 그래도 순수하게 그것으로부터 유래하는 개념들이다. 칸트는 그것들을 **범주**라고 명명한다. '순수' 자연과학적 사유는 결합시키면서 범주들의 종합의 원리를 **향하는데**, 이때 범주들의 종합의 원리가 순수 자연과학적 사유 속에서 무엇이냐는 물음에 대해 칸트는 다음과 같은 이론으로 대답한다.

자아는 감각함의 주체다. 그리고 초월론적 감성적 필연성에서 공간―시간적 직관함의 주체고, 다양한 표상들을 갖고 있다. 표상들은 그 자체로 고찰하자면, 우리의 지각 표상이 대상들, 사물들에 대한 경험이라는 사실을 통해 표현되는 독특한 질서와 조직을 제시하지 않고서 한갓 혼돈으로 흐트러질 수도 있다. 바꾸어 말하면 거기서 우리의 표상들의 어떤 정돈이 표현된다. 그러니까 그때그때 가능한 표상들의 다양체가 통일적으로 결합하는 통각을 경험하는 방식으로 표상들의 무리 지음이 표현된다. 이러한 통각 속에서 가능한 표상들의 다양체는 하나의 동일한 대상의 현출로서 파악된다. 이 방에서 여기저기를 둘러보면, 감각 계열들이 흘러간다. 그것들은 완전히 다르게 흘러갈 수 있을 것이다. 그럼에도 감각들은 언제나 필연적으로 공간-시간적으로 연장되어 있고, 우리는 감성적 성질을 가진 공간 형태를 상으로서 갖는다. 그러나 이것들은 완전히 임의적으로 흘러갈 수도 있을 것이다. 그러나 사실적으로(*de facto*), 정돈된 직관의 흐름이 존재하고, 종합적 통각이 수반된다. 이러한 종합적 통각 속에서 그에 속하는 직관적 상의 모든 변화에도 불구하고, 의식이 존재하고 지속된다. 이러저러한 통일적인 객관적 대상이 경험되고, 때로는 이러한 질료적 상태 속에서, 때로는 저러한 질료적 상태 속에서 그것은 끊임없이 현출한다. **임의적으로** 감각하고 직관하는 주체는 자신의 맞은편에 어떠한 대상 세계도 갖지 못할 것이다. 그리고 만약 이때 그것이 동시에 사유하는 자아, 지성의 활동을 수행하는 자아라면, (한갓 분석적 판단은 도외시하자면) 그것은 한갓 주관적으로 타당한 종류의 경험적 판단만을 내릴 수 있을 것이다. 즉 그것의 우연적인 표상과 표상 경과에 대해서, 자기 자신만을 의미하는 순간적인 상들에 대해서 말이다. 한 자아의 판단은 다른 자아에게는 무의미할 것이다. 왜냐하면 각각의 자아는 자신의 표상의 혼잡을 갖겠지만, 누구도 대상 세계를 알지 못할 것이기 때문이다. 즉 대상이 현출하는 경험적 의식을 갖지 못할 것이기 때문이다. 하물며 공동의 대상 세계에 대해서, 그것도 동일한 대상과 관계하는 일치하는 대상 세계에 대해서 다수의 주체가 서로 의사소통하면서 판단할 수 없음은 말할 것도 없다.

그래서 만약 자아가 표상적 상의 저 객관화하는 종합 없이 생각된다면, 만일 자아가 그러한 것으로서 생각 가능하다면, 상황은 이러할 것이다. 그러면 또한 어떠한 자연과학도 존재하지 않을 것이다. 왜냐하면 자연과학은 한갓 감각들, 한갓 환영과 한갓 주관적 표상들에 대해 진술하는 것이 아니라 경험되거나 경험될 수 있는 대상들에 대해 진술하기 때문이다. 자연과학은 표상들의 정돈된 다양체를 통일하는 경험적 통각 속에서 경험적 통일체로 연결하고, 경험된 대상(즉 객관적 속성의 담지자, 객관적 관계들의 기준점, 객관적, 실재적 사건들의 기체)의 동일성의 의식 속에서 그것을 종합적으로 결합하는 주체를 전제한다. 이 모든 것은 한갓 표상들이 아니라 '사물적 경험'이라 불리는 통각적 파악 속에서 경험되는 대상들로서, 다양한 표상들에 토대하여, 주관적으로나 상호주관적으로 동일화될 수 있다.

물론 '순수한' 자연과학의 선험적 종합 판단은 오로지 대상하고만 관계한다. 인과성은 자연의 인과성이며, 한갓 주관적 인상과 관계하는 무언가가 아니다. 그리고 동일한 것이 모든 그 밖의 범주들에도 적용된다.

이제 칸트는 그에게 특유한 전문용어 '종합'이라는 말을 도입한다. 즉 그는 주체에서 수행되는 저 통각적 통일화의 작업수행을 그렇게 명명한다. 그러한 작업수행에 따라 표상들의 다양체는 의식 자체에서, 동일한 외적 대상의 통일체에 함께 속하는, 바로 이 대상**에 대한** 경험이라는 의미를 얻는다.

그래서 주체는 자신의 감성에서 수용된 감성적 재료를 고정된 시간, 공간의 형식에 따라서 경험적 직관으로 형성할 뿐 아니라 잡다의 직관을 집합별로 통각한다. 그래서 잡다의 직관은 종합의 통일성을 획득하고, 그것은 하나의 동일한, 이 경험적 직관 속에서 다만 변화하면서 현출하는 실재적 사물에 대한 경험이라는 성격을 갖게 된다. (칸트의 용어에서 이 대상은 단지 직관될 뿐 아니라 경험된다.)

물론 이제 물음은 다음과 같다. 실제적인 일치하는 대상이 경험될 수 있고, 만일의 오류에 맞서 자연과학적 진리가 인식될 수 있는 방식으로 이러한 종합은 어떻게 수행되는가? 다음과 같이 말하는 것이 즉시 떠오른다. 즉 지성이 그것을 수행한다. 그러나 이것은 우선은 아무것도 이해시키지 못하는 말일 뿐이다. 자아로서 자아에 분리 불가능하게 속하는 무언가를 더 자세히 숙고해보자.

우리 인간은 감각과 직관의 능력을, 한마디로 감성을 우리에게 귀속시킨다. 그러나 또한 지성도 귀속시킨다. 우리는 개념을 형성하고, 그것을 매개로 판단하는 능력을 갖고 있다. 감성은 촉발되는 능력이고, 촉발은 우연적인 무엇이기 때문에 칸트는 감성을 자아-주체 자체에 비본질적인 능력으로 간주한다. 칸트에 따르면 감성은 공간-시간적 형성의 법칙성과 함께 단지 인간 주관성의 사실적 장비에 속할 뿐, 모든 주관성 일반에 속하지는 않는다. 사유 능력, 지성의 경우에는 사정이 완전히 다르다. 내가 나인 한, 내가 어떠한 감성도 갖지 않더라도, 혹은 완전히 다른 종류의 감성을 갖더라도 나는-생각한다고 말할 수 있어야 한다. 범주는 종합적 사용에서 객관적 인식을 가능하게 하는 순수한 사유 개념이다. 만약 우리가 순수 자연과학의 범주적 판단에서 시-공간적 현출과의 모든 관계를 도외시한다면, 감성의 어떠한 것도 포함하지 않는 순수한 사유가 존재할 것이다. 만약 순수한 '나는 생각한다'의 자아가 순수 지성에서 생겨난 범주들을 이러한 종합적 판단에 결합시킨다면, 그러한 자아는 이제 어디로 향하는가? 대답은 다음과 같다. 자아로서 나는 필연적으로 사유하는 자아이고, 사유하는 자아로서 나는 필연적으로 대상과 관계한다. 그리고 나는 사유하면서 존재하는 대상 세계와 필연적으로 관계 맺는다. 그리고 더 나아가서, 순수한 주체, 지성에서 순수하게 수행된 자아-수행의 주체는, 생각된 대상성을 그것이 모든 그 사유 과정에서 언제나 자신과 동일한 대상성으로 고수할 수 있을 때에만 동일한 주체로서 유지될 수 있다는 성격을 지닌다.

나는 나의 사유 속에서 일치하면서 머물러 있는 한에서만 나의, 주체의, 자아-통일성을 유지한다. 즉 내가 그 어떤 무엇, 즉 어떤 대상을 한번 정립하였다면, 나는 모든 추가적 사유 정립에서 거기에 머물러 있어야 한다. 사정은 그래야 한다. 그리하여 나의 대상은 사유에 대해 언제나 동일한 대상으로서 계속해서 타당할 수 있고, 타당해야 한다. 더 나아가 칸트는, 범주라는 개념을 통해 순수한 자아가 자신의 상관적인, 자신에 의해 요구되는 대상 세계를 생각해야 한다는 것을 증명할 수 있다고 믿는다. 순수한 자아가 그러한 대상 세계를 일치적으로 생각하거나 자신을 동일한 지성적 주체로 입증하려면, 순수한 자아는 대상들을 범주적인 근본 법칙들에 따라서 생각해야 한다. 이러한 종합적인 선험적 명제들은 생각된 대상 세계가 동일하게 유지될 수 있을 가능성의 조건들을 진술한다. 그래서 사유하는 자아의 본성에 속하는 필연성으로서, 그러한 자아에 의해 동일한 것으로서 정립되고 요구되는 대상 세계를 일관적으로 향하는 필연성은 순수한 자연과학적 원칙이라는 종류의 범주적 종합을 수행함을 규정한다.

그러나 이제 이러한 원칙들, 사실적으로 주어진 자연에 대한 이러한 순수한 자연과학적 원리들의 타당성은 사정이 어떠한가? 그러나 이것들은 순수한 사유를 통해서가 아니라 경험을 통해서 주어진다. 나는 한갓 사유하는 자아가 아니라 직관하고 경험하는 자아로서 **그것들을** 정립한다. 자연은 나의 지성적 자아와 그 일관성의 유지의 조건과 어떤 관계에 있는가? 순수 지성에서 생겨난 범주들은 경험 및 감성의 능력과 어떤 관계에 있으며, 어떻게 적용될 수 있는가? 이제 대답은 다음과 같다. 경험함은 한갓 감각함이 아니고, 시공간적 형식들, 그러니까 직관함이 아니다. 그렇다면 나는 나의 의식에 대해서 어떠한 대상도 갖지 못할 것이다. 나는 저 종합을 통해서 대상들을 갖는다. 그리고 그것은 무조건적으로 지성의 숨겨진 작업수행으로 여겨져야 한다. 경험함은 사유함이고, 경험적으로 사유함이다. 사유하는 동시에 감각하고 직관하는 자아는 사유하는 자아**로서**, 그것이 요구해야 하는 대상성을 감각 재료와 직관의 재료에 각인시키는 것만을 할 수 있을 뿐이다.

그것은 종합을 수행함으로써, 감각의 눈먼 혼잡으로부터, 그리고 형성된 직관의 의미 없는 경과로부터 지성적인 통일체를 형성함으로써 그렇게 한다. 이러한 통일체에서 그것은 사유하는 자아로서 일관된 방식으로 끊임없이 계속 활동할 수 있다. 그것은 객관적으로 타당한 진술의 논리적인 주어가 될 수 있는 경험적 대상을 보다 높은 단계에서 만든다. 범주는 숨겨져 수행된 사유 종합의 유형을 나타낸다.

수학적 자연과학의 형식으로 사유함은 범주적 원칙에 따라서 이 대상에 대해 사유함이다. 이것은 사유하는 자인 내가 일치적으로 사유하는 자로서 행동하고, 그래서 주어진 대상 세계를 동일한 대상 세계로 고수할 수 있기 위한 가능성의 조건을 나타낸다.

나중에 자연과학의 판단의 대상이 되는 소위 수동적으로 주어진 자연은 이미 지성의 형성물이다. 그리고 객관화는 (물론 무한한) 자연과학적 사유의 보다 높은 단계에서만 계속되고, 완전한 방식으로 수행된다.

'객관성', '자연', 이것은 공간과 시간이 감성의 형식이듯이, 본래적으로 순수한 지성에 놓인 형식 체계다.

물음은 다음과 같다. 순수한 자연과학의 선험적인 종합적 판단은 어떻게 가능한가? 대답은 이렇다. 이러한 판단은 순수한 지성에서 생겨났더라도, 필연적으로 자연에 적용되어야 한다. 왜냐하면 자연은 결코 지성의 지배 이전에 주어진 즉자-존재(Sein-an-sich)가 아니고, 그 자체가 다름 아닌 직관의 지성적 형태에서 구성된 자연이기 때문이다. 이러한 경험적 지성의 세계는 순수한 지성을 말하자면 형식으로서 자기 안에 포함한다. 순수한 지성적 법칙은 미리 주어진 자연을 향하는 것이 아니다. 지성은 감성에 토대하여 자연을 형성하는 한, 자연에 자신의 법칙을 규제하는 것이다.

순수한 자연과학이 한정하는 자연 일반의 이념은 의식 초월적 자연의 상이 아니라, 사유하는 자아에 놓여 있고, 이것에 따라 이 자아가 구체적으로도(in concreto) 형성하는 자아로서 활동해야 하는 형식의 이념이다.

자연에 대한 형이상학적 해석에 대하여 다음이 밝혀진다. 자연과학, 그러니까 경험적 자연과학처럼 순수한 자연과학도 의식에 낯선 사물 자체의 의미에서의 자연에 관한 학문이 아니다. 그것은 직관과 지성의 지배 속에서 종합적으로 구성된, 우리 주관성의 형성물인 **경험된** 자연에 관한 학문이다. 모든 주체가 이러한 동일한 선험적 구조를 갖는 한, 모든 객관적인 자연-판단은 사유하고 경험하는 모든 주체에 대해서 이제 타당할 수 있고 타당해야 한다. 학문적인 객관성은 선험적으로 근거 지어진 필연적인 주관성과 같다. 이러한 주관성은 모든 인간-자아에 속하는 폐기할 수 없는 형식이다. 그래서 이것이 칸트의 '초월론적' 관념론의 의미다. 그것은 경험적 실재론이다.

그러나 이것으로써 초월론적 형이상학(초자연적 형이상학)을 정당화해야 하는 선험적 종합 판단의 가능성에 관한 물음에 부정적 대답이 주어졌다. 순수 개념을 통해 사유는 **실재성**에 대한 어떠한 인식도 제공할 수 없다. 어떠한 인식의 확장도 제공하지 않는 것을 분석적으로 생각하는 경우에도 그렇고, 범주적인 원칙들에 따라서 종합적으로 생각하는 경우에도 그렇다. 바로 이것이, 그러니까 범주적 개념들에 초월적 의미를 부여했고, 순수한 범주 속에서 사유하면서 존재 자체에 대한 인식을 획득할 수 있다고 믿은 것이 존재론적 형이상학의 방식이었다. 자연, 물질, 정신의 절대적 존재에 대하여, 신과 신의 창조 등에 대하여서 말이다. 그러나 우리 인간은 이전에 직관했던 경우에만 생각할 수 있고, 범주는 사실적 세계가 경험을 통해 우리에게 **주어지는** 경우에만 객관적 의미를 획득하고 사실적 세계와의 관계를 획득할 수 있다. 그러나 그러면 우리는 현상 세계, 자연과학의 의미에서의 자연과 관련된다. 선험적인 이론적 형이상학은 망상이다.

아주 일반적으로 객관적 학문은 가능한 경험의 영역에서만 가능하다. 단지 이러한 영역에서만 인식의 가능성이 초월론적 철학적으로 밝혀지고, 밝혀질 수 있다. 절대적인 초월적 즉자-존재(Sein-an-sich)는 인식할 수 없다. 형이상학은 학문이 아니다.

더 정확히 말하자면 형이상학은 가능한 **이론적** 학문이 아니고, 거기에는 순수하게 이론적으로 인식할 것이 아무것도 없다. 그에 반해 우리는 **실천적 이성**의 방법으로 칸트적 의미의 초월의 영역으로 파고 들어갈 수 있다. 칸트는 **윤리 법칙**이 실천 이성의 절대적 사실이며, 그 타당성을 우리가 윤리적 인간으로서 부정할 수 없음을 보이고자 애쓴다. 현실적인 실천 이성의 가능성의 조건, 그러니까 윤리 법칙의 필연성의 조건으로 요구되는 것을 우리는 믿어야 한다. 그래서 칸트는 신의 존재, 의지의 자유, 영혼 불멸, 감각적 세계의 배후의 자유로운 이성적 정신의 세계는 「순수한 실천 이성의 요청」임을 보이고자 애쓴다.

경험적 인식에 관한 칸트의 이론에 대한 비판

내가 모사한 칸트적인 사유 진행의 주요 노선은 비록 언제나 이해하기 어려울지라도, 아주 흥미로운 개별 상술과 과도적 연구들로 가득 차 있다. 극도로 심오하고 의미심장한 칸트의 이론을 이제까지의 우리의 고찰과 관련시키는 몇몇 비판을 이제 덧붙여보자.

칸트의 초월 철학은 실제로 궁극적 의미에서 비판 철학인가? 칸트의 초월 철학은 독단주의와 그토록 힘차게 맞서 싸우면서도 그 자체에 독단주의적 전제가 들러붙어 있지 않은가? 칸트에게 초월적 인식의 가능성은 종합적—선험적 가능성에 관한 그의 모든 물음에서 문제다. 우리의 의심할 여지 없는 주장에 따르면, 초월론적 문제의 해결은 모든 의식적 초월이 철저한 결단 속에서 작동되지 말아야 함을 요구하고, 연구는 그 속에서 모든 유형의 초재의 세계가 노에마들(Noemata) — 이러한 노에마들을 매개로 경험하고 사유하는 주체는 자신의 작용 속에서 그러그러하게 규정된 세계를 추정한다 — 을 통해서 대표되는 순수한 의식의 지반 위로 옮겨져야 함을 요구한다. 그러나 칸트는 그의 근본 문제를 감성과 지성의 능력을 지닌 인식하는 인간과 관련지어 도입한다. 더 나아가 그는 자연과학의 객관적 타당성을 전제하고, 그와 더불어 자연의 존재를 전제한다(이에 대해 출발점으로서 이의를 제기할 것은 없다). 그러나 그는 그 후에도 결코 우리가 요구하는 절대적 토대에 근거하여 문제를 제기하지 않았으며, 현상학적 환원의 요구와 순수 의식으로서 노에시스적 관점과 노에마적 관점에서 연구될 수 있는 것을 스스로에게 분명하게 하지 못한다. 그는 모든 것이 의존하고 있는 이러한 영역 속에서 순수 본질 직관의 가능성을 결코 직관하지 못했다.

칸트의 독단적 전제

독단적 전제는 주관적 측면에 특히 해로운 영향을 미친다. 인간 주체는 끊임없이 심리적 능력의 주체로 가정된다.

연구와 그 결과의 발전 과정에서 이러한 전제들은 필연적이지만 완전히 불분명한 변화를 겪는다. 그래서 그 전제들은 현실적인 철학적 학문은 허용할 수 없는 신화적 의미를 띠게 된다. 칸트는 정밀한 수학적 자연과학을 염두에 둔다. 그것만이 칸트에게 진정한 객관적 학문으로 여겨진다. 정밀한 수학적 자연과학을 통해 이성적으로 규정된 자연의 객관성만이 그의 문제제기와 관계하고, 정신에 관한 평행한 진정한 학문은 염두에 두지 않고, 인정하지 않는다. 그의 이론에 따르면 자연과학적 초재는 감성과 지성의 능력으로 자연을 형성하는 주관성의 작업수행으로 용해된다. 그러나 이때 **전제되는 것**은, 그것도 어떠한 후속하는 현상학적 환원을 통해서도 배제될 수 없는 방식으로 전제되는 것은 바로 주관성이다. 이러한 주관성에 대해서, 순수 자연과학과 사실적 자연과학의 객관적 타당성이 이해될 수 있도록 그 어떤 내용을 가지고 이미 전제된 심리적 능력이 초월론적 방법 속에서 재구성된다.

그래서 인식론적 요구로부터 구성되지만, 주관성에 대한 불명료한 전제에 근거하고, 마찬가지로 불명료함에 붙들려 있는 인식론적 요구에 근거하여 구성된 **초월론적 심리학**이 생겨난다. 가령 칸트는 자연처럼 **영혼**과 인격적 속성의 주체도 현실적 의식의 맞은편에 있는 초재임을 본다. 그러므로 그것은 정당한 문제이고, 자연적 초재와 얽혀 있는 문제다. 두 초재는 하나로 취해져야 하고, 문제가 있는 것으로 괄호 쳐져야 하며, 그것의 **근원**에 따라 연구되어야 한다. 그것의 **근원**에 따라서! 여기서 우리는 칸트 철학의 돌이킬 수 없는 근본적 결함과 마주치고, 칸트 철학의 우연적인 시대적 제약과 마주친다. 근원적 물음에 대한 대답의 차이에도 불구하고, 합리주의도 경험주의도 자유로울 수 없었던 심리학주의가 칸트에서도 살아 숨쉬고 있다. 만약 우리 시대의 칸트주의자들이 이러한 비난에 대해 격렬하게 반응한다면, 이는 부분적으로는 그들이 칸트를 통해 수행한 재해석 때문이지만, 부분적으로는 그들 자신이 모든 심리학주의로부터의 요구된 철저한 분리를 수행할 수 없었기 때문이다. 우리는 칸트가 그것으로부터 기하학적이고 범주적인 개념과 원칙들을 샘솟게 한 저 인식 능력을 한 갓 말의 방식(*façons de parler*)으로서 설정할 수 없다. 왜냐하면 그렇지 않으면 칸트의 서술이 완전히 이해할 수 없게 되기 때문이다. 다른 한편, 우리가 그것을 인간의 심리적 능력으로 진지하게 받아들인다면, 칸트의 초월철학은 **흄**의 회의주의와 근본적으로 전혀 구별되지 않는다. 칸트의 초월철학이 미래의 참된 철학의 관점에서 아무리 가치 있고 풍부하더라도 말이다. 현실적인 철학은 모호한 일반성에서는 아무것도 구축해서는 안 되고, 오직 순수 의식의 형상적 직관에 토대해서만 구축해야 하며, 모든 구축은 본질 법칙적으로, 그리고 순수한 명증에서 근거 지어져야 한다. 그러한 철학은 절대적인 소여를 제시해야 하고, 제시된 것으로부터 진정한 합리성의 단계에서, 초재적 존재와 초재적으로 향해진 학문의 가능성을 설명해야한다. 칸트에게는 진정한 합리성의 이념이 결여되어 있고, 이와 하나의 것인 바, 본질 직관에서 절대적으로 주어진 본질 필연성 내지는 본질 일반성으로서의 아프리오리의 진정한 개념이 결여되어 있다. 칸트는 필연성과 예외 없는 일반성이 아프리오리의 '특징'이라고 이야기한다. '특징': 그것들은 순수한 주관성, 그러니까 외부로부터의 감각에서 촉발되지 않는 한, 주관성에 근원을 지닌다는 특징이다. 이것은 초월론적-심리학적 구축이다. 이것은 합리주의적 전통의 나쁜 유산이다. 아니, 진정한 아프리오리는 주체가 촉발되는지 그렇지 않은지, 주체가 능력을 갖는지 그렇지 않은지 하는 물음과는 아무런 관계가 없다.

아프리오리와 선험적 판단의 진정한 의미

가령 무엇이 "2 〈 3"과 같은 판단을 선험적으로 타당한 것으로서 특징짓는가? 이에 대한 대답에서 우리는 이러한 판단의 특유한 의미와 이러한 예에서 우리에게 예시되는 모든 판단의 독특한 의미 외에 아무것도 살펴볼 것이 없다. 우리는 이렇게 기술할 수 있다. 많은 판단은 일반적인 사태를 의미하고, 그것도 그것의 의미에서 그 어떤 개별적인 사실의 최소한의 현실성 정립도 포함되어 있지 않은 방식으로 일반적인 사태를 의미한다. 이러한 판단의 진리가 통찰 속에서, 그러니까 이러한 일반적인 사태가 직관적으로 완전한 자체소여로 우리에게 오는 의식 속에서 증명된다면, 우리는 이러한 사태가 선험적인 사태라고 말한다. 이것은 그 의미에 내포된 '무조건적' 일반성과 함께 타당하다. 이제 우리는 이러한 무조건적인 일반적 타당성에 속하는 모든 사실적인 개별적인 특수한 경우는 가령 그것이 지각되는 한에서 사실로서 타당할 뿐 아니라 '필연적으로' 타당하다는 사실 자체를 더 나아가서 말하고, 다시 완전하게 통찰한다. 그 부정은 틀릴 뿐 아니라 불가능이고, 모순이며, 한갓 감각 내용에 달려 있는 일반적이고 선험적인 허위의 특수한 경우다. (우리의 예에서 '2'나 '3'과 같이) 항으로서, 말하자면 그러한 선험적 판단의 의미의 핵으로서 등장하는 개념적 내용은 본질적 개념들로 불린다. 이것들은 그 자체로 물론 개별적인 의미나 개별적인 현실성의 어떠한 것도 포함하지 않는다. '아프리오리'의 틀린, 심리학주의적인 의미를 배제하기 위해서 우리는 이러한 판단을 본질 판단으로 명명한다. 본질 판단은 순수 본질 개념에서 그것의 선험적 타당성에 근거한다. 이제 칸트에 관해 말하자면, 그는 거기서 논리주의적 합리주의의 선입견 아래에 서서 오직 한 가지 종류의 진정한 불합리, 즉 형식적–논리적 모순, 분석적 불합리만을 안다. 그에 따라 그는 모든 진정한 **종합적** 아프리오리가 모든 분석적 아프리오리처럼 부정할 때 모순을 불러일으키고, 순수하게 그것의 **의미**에 의해서 절대적으로 타당함을 보지 못한다. 칸트에게 종합적–선험적 판단은 본질 일반성과 본질 필연성이 아니고 타당성의 특수한 인간적 필연성을 표현한다. 이것은 인간적 주관성의 방식을 따라, 사실적 주관성의 특성에 매여 있다. 언제나 다시 칸트는 인간학적 계기를 강조한다. 예를 들어 감성을 갖추고 있고, 감성적 촉발의 재료들을 불가피하게 우리의 공간 형식과 시간 형식에 정돈해야 하는 우리 인간에게는 순수 **기하학**이 타당하다. 그러나 그것은 모든 순수한 주체 일반에게 절대적으로 타당한 것은 아니다. 완전히 순수한 수학과 순수 산술학도 그렇다.

그것은 근본적으로 틀렸다고 우리는 말할 것이다. 일반적으로 해당 개념들을 갖고, '2'나 '3'과 같은 그러한 의미를 구성하는, 생각될 수 있는 모든 순수한 자아는 필연적으로 "2 〈 3"이라고 판단한다. 그리고 그러한 자아가 이러한 본질 연관을 통찰할 수 있는 한, 올바르게 판단한다. 혹은 틀리게 판단한다. 그리고 그러한 판단의 적용은 또 다른 문제가 아니다. 주체가 개별적인 특수 경우들을 의식했다면, 본질적 진리를 이러한 경우들로 전이시키는 것은 절대적이고 필연적으로 타당하다. 여기에 존재하는 유일한 문제들은 존재와 의식 내지는 노에시스와 노에마에 관한 본질 관계의 해명, 특히 '명증'의 본질과 작업수행의 해명의 방향에 놓여 있다.

그리고 원리적으로 범주 및 그에 속하는 지성의 원칙과 관련해서도 사정이 다르지 않다. 우리가 선험적 종합 판단에 부여하는 무조건적 타당성의 해명이라는 문제는, 그러나 칸트에게서는, 보편적인 인간적인 심리적 구성을 그것의 활동에서 불규칙하게 행동하는 것이 아니라 생래적 법칙성에 따라서 끊임없이 법칙적인 형성들을 산출해야 하는 그러한 것으로서 구축하는 문제가 된다. 그러한 주체가 일반적으로 이러한 법칙성을 의식에 가져올 수 있다는 것을 칸트는 얼마나 자명하게 여기는가. 그러한 주체는 자신에게 자신의 기능의 법칙성을 일반적으로 정식화할 수 있으며, 만약 그렇게 한다면, 법칙은 당연히 타당성의 필연성과 일반성의 특성을 갖거나 혹은 그것 자체, 즉 주체에 대한 구속력을 갖는다.

이러한 '당연히'는 물론 잘못된 결론이다. 전체 이론은 흄의 이론보다 훨씬 낫다고 할 수 없는데, 둘 다 합리성을 **사실**로 환원하고, 그것으로써 진정한 합리성을 근본적으로 부정하는 한에서 그렇다.

그러나 다행스럽게도 칸트의 이론은 칸트 자신이 알고 있는 것보다 더 낫다. 다행히도 넓은 영역에서 통찰과 사유 필연성은 칸트 자신이 이해한 것보다 더 진정한 것이다. 그래서 우리는 문제 도입의 방식과 문제의 칸트적 해석 자체를 거부해야 하는 것으로 결정했지만, 그럼에도 강력한 발견들이 그의 철학에 내포되어 있다. 그러한 발견들은 저작의 구조에, 「초월론적 감성론」과 「분석론」의 구별에, 초월론적 분석론의 **이념**에 놓여 있다. 그것들이 아무리 완전한 방법적 순수화에 이르지 못했을지라도 말이다. 그리고 무엇보다 그의 「초월론적 분석론」에, **종합을 통한 자연의 구성**에 관한 그의 이론에 놓여 있고, 그러나 또한 되돌아 비추며 「감성론」, 「분석론」, 「변증론」에 대한 그의 구분에 놓여 있다.

한 가지만 강조하자면, 칸트는 의식에서 단계적으로 구축되는 지향성과 마주치는데, 이 지향성에서 외적 대상성은 경험하고 사유하는 의식에 대한 대상성이다. 이미 흄이 (칸트가 연구하지 않았던) 『인간 본성론』에서 원래 이것에 마주쳤다. 둘 다 결코 연구의 주제가 된 적이 없었던 사실, 즉 의식에 대해서 사물은 현출의 무한한 다양체 속에서 지각으로 온다는 사실에 집착한다. 흄에게 그것은 주관적인 허구다. 칸트에게 그것은, 자아가 객관 세계를 자신의 것으로 하는 필연적 형식이다. 칸트는 이미 환영적 직관의 통일체에 종합이 속하고, 모든 내재적 대상의 통일체에 종합이 속함을 간과하지 않는다. 그러나 그는 아주 나중에야 그것을 관철하고, 「초월론적 감성론」과의 모순 속에서 그렇게 한다.

그러나 언제나처럼, 거기서 칸트는 흄보다 얼마나 더 깊이 보았으며, 중요한 구분들을 내다보았는가. 그는 공간적으로 확장되고 형태 지어진 감각 자료(칸트가 직관이라고 부르는 것)가 아직 완전한 사물 현출이 아니라는 사실을 처음으로 본다. 칸트가 '종합'이라는 명칭 아래 한 단어로 특징지었을 뿐 아니라 단계적으로 나눈 것은 전체 학문의 시발점이 될 소명이 있었던 이론적 시작이다. 그러나 물론 여기에는 현상학적 환원이 필요하고, 현상학적 본질 태도가 필요하며, 모든 신화에 대한 단호한 거부가 필요하다. 외적 경험의 지향 자체에 무엇이 놓여 있는지, 가능한 경험 다양체에 대해 경험 가능한 대상의 동일성을 본질적으로 규정하는 것이 어떤 목적론적 연관인지, 외적 대상과 관계하는 본질 법칙의 궁극적 의미가 무엇인지는 순수 현상들의 내부에서 본질 학문적으로 연구될 수 있고, 연구되어야 한다. 거기에서부터, 사물성이 어떻게 소여성으로 오는지, 어떤 단계에서 소여성으로 오는지가 연구되어야 한다. 이러한 단계들에서 모든 노에시스적 구조와 노에마적 구조가 밝혀져야 하고, 객관화라는 그것의 필연적 기능 속에서 이해되어야 한다. 그렇지 않으면 그는 공간과 시간은 더 낮은 단계의 고유한 종합의 산물이며, 객관화하는 지성의 종합은 그저 더 높은 단계의 종합이라고 가르쳐야 했을 것이다.

그래서 거기서 칸트의 참된 위대함은 직관의 내부에서 구체적으로 직관된 것과 체계적으로 밝혀진 것의 충만함에 있다. 그러나 의심할 여지 없이 거짓인, 그의 이론들과 그의 불가지론에는 있지 않다.

그래서 칸트도 우리의 역사적–이념사적 도식에 편입된다. 공허한 일반성에 빠져 있지 않고, 의식과 의식의 현상에서 제시될 수 있는 종합의 단계를 추적하는 자연의 현상학과 자연 인식의 이론을 향한 경향이 그에게서 처음으로 나타난다. 이것을 그 본질 내용과 연관들에 따라 현상학적으로 연구하는 것이 칸트에게는 생각나지 않았지만, 그가 더 거친 구조를 처음으로 직관한 한에서, 그는 새로운 현상학을 위한 이행적 부분을 형성한다.

우리가 **라이프니츠**에 곧바로 이어서 존재론과 현상학의 전체 체계를 밝혔고 거기서 사물–현상학을 벌써 제시했던 한에서, 우리는 물론 역사적 과정에서 벗어나 있다. 그러나 그렇게 함으로써 우리는 칸트 이해와 간략한 칸트 비판의 어려움을 덜었다.

우리의 강의의 과정을 살펴보면, 우리는 거기서 **이론** 철학으로의 도입만을 수행했다. 피상적인 것에 빠지지 않고서는 짧은 여름학기에 더 많은 것을 수행할 수 없었다. 그러나 시작하는 자에게는 우선 이론 철학의 문제틀을 파악하는 것이 전적으로 중요하다. 이렇게 하면 가치론적 철학과 실천적 철학의 문제의 본질과 지위를 곧장 이해하게 된다. 형식적 일반성 속에서의 존재 일반과 자연 존재만이 그것의 인식론적 문제들과 노에시스적이고 노에마적인 문제들을 갖는 것이 아니며, 여기서만 진리와 거짓, 존재와 비존재를 주관주의적이고 상대주의적으로 증발시켜버리는 회의주의와 맞서 싸워야 하는 것이 아니다. 가치평가함 속에서, 우리에게 무언가가 가치 있는 것으로서, 아름다운 것으로서 나타나고, 행위함 속에서, 선이 목표되며, 뒤따르는 판단함은 가치와 선에 관한 추정적인 타당한 진리들을 진술한다. 그것들의 타당성은 사정이 어떠한가? 아름다움과 좋음은 각자에 대해서, 그에게 좋은 것으로 나타나는 것이라고 말하는 회의주의는 어떻게 극복될 수 있는가? 그러나 말하자면 모든 결정적인 싸움은 이론 철학 분야에서 벌어지게 된다. 여기에서만 사람들은 철학적 문제 일반의 특유한 의미를 자신의 것으로 할 수 있고, 여기서만 해결의 원리적 방법에 대해서 명확하게 할 수 있다.

이론 철학은 이론적인 객관적 학문과 연계되어 성장했으며 이는 본질적인 이유 때문이다. 고대 이래 엄청난 학문적 작업에서 객관적, 존재적, 노에마적 학문의 몇몇 주요 유형들이 확립되었고, 필연적으로 여기에는 인식론적 연구가 뒤따랐다. 이러한 인식론적 연구는 인식하는 작용과 노에마적 형태들을 가진 인식하는 주관성과 객관성의 최고로 어려운 관계를 인식론적으로 극복하고자 애썼다. 그래서 비로소 어떤 영역에서도 궁극적인 학문, 즉 철학적 인식이 가능하게 되었다.

데카르트에서 **칸트**에 이르는 전체 근대적 운동은 한편에서는 수학과 순수 논리학을 통해, 다른 한편에서는 물리적 자연에 관한 정밀한 학문을 통해 규정되었다. 이러한 좁은 영역에서 모든 철학적 방향이 성장하고, 그 속에서 우리가 강조한 다양한 경향들이 참된 철학으로 밀치고 나아갔다. 이것이 우리의 도입의 고유한 영역이었다. 여기서 전개는 상대적으로 간단했고, 비판적 고찰에 접근하기도 쉬워서, 우리의 사전 지식으로 충분할 수 있었다. 물론 칸트 이후의 관념론적 철학과 그것이 우리 시대에 미친 여파는 사정이 다르다.

칸트 이후의 철학

이에 대한 동기부여는 근대의 자연과학에서 나온 것이 아니다. 18세기 말경 혹은 후반 이래로 새로운 유형의 학문이 순수성 속에서 등장한다. 자연주의적 심리학과 대립하여 **특수한 정신과학**이 생겨났는데, 이것의 발전은 수학이나 정밀한 자연과학처럼 고전적인 결론에 이르지 못한 채, 오늘날까지 계속된다. 그러니까 내 말은, 수학과 물리학이 이미 오래전에 완전히 확실한 방법과 확고한 형태를 달성했던 것처럼 정신과학의 주요 유형들을 견고하게 하고 그 방법론을 견고히 하여 해명하지 못한 채 오늘날까지 계속된다는 것이다.

이것은 정신과학적 인식의 이론이 수학적 인식이나 자연과학적 인식의 이론의 뒤에 훨씬 처져 있고, 실제로는 아직 서투른 시작 단계에 머물러 있다는 사실과 연관된다. 그리고 더욱이 **여기서** 개시되고, 자연과학적 문제보다 초자연적 문제들에 훨씬 밀접한 관계를 갖는 **이** 형이상학적 문제들이 어떠한 학문적 정식화에도 이르지 못했고, 아직 확고한 작업 토대 위에 서 있지 못하다는 사실과 연관된다.

불행히도, '독일 관념론'의 위대한 사상가들은 칸트와 연결되어 있었음에도 불구하고, 칸트 철학의 본래적 내용을 파악하지 못했고, 자연을 경험하는 이성에 대한 비판에서 수행된 것으로부터 방법적 유용성을 끌어내지 못했다. 그들에게는 이해의 전제 조건이 완전히 결여되어 있었다. 칸트는 물리학에서 출발했지만, 독일 관념론자들은 신-르네상스의 전성기에 성장했다. 그들의 교양은 철저히 정신과학적인 것이었고, 수학적 자연과학은 그들에게 완전히 낯설고 이해할 수 없는 것으로 남아 있었다. 이 시기는 우리의 가장 위대한 시인 **괴테**가 성장한 시대였고, **뉴턴**과 수학적 물리학에 대항하는 그의 열정적 논쟁이 특징적인 시대였다. 이러한 논쟁은 완전히 근거 없는 것이었는데, 왜냐하면 괴테는 **물리학**의 자연, 그러니까 우리가 우리의 오늘날의 교육에서 거의 독점적으로 보게 되는 자연을 보지 못했기 때문이다. 보다 분명하게 말하자면, 괴테는 그의 예비지식으로는, 직관된 자연에 토대하여 수학적-물리학적 이론에서 끄집어내어져 이론화된 자연을 그 독특한 타당성과 존재에 따라 파악할 수 없었다. 그래서 그것을 허구라고 비난했다. 위대한 관념론자들에게서도 사정은 더 낫지 않다. 그들은 **칸트**에서 이어간다. 그리고 그들이 무의식적으로 결부되어 있다고 느끼는 그들의 정신적 태도의 의미에서 칸트를 즉시 재해석한다. 이것은 **데카르트** 이후의 시대를 지배하는 강력한 인식론적 추진력에 대한 그들의 몰이해를 설명하고, 그들이 빠져 있던 독단주의를 설명한다. 이러한 독단주의는 형이상학적 사변이 이제 자연과학적 세계 고찰이 아니라 정신과학적 세계 고찰을 향해 있는 한에서만 칸트 이전의 독단주의와 완전히 다른 성격을 지닌다. 동시에 독일과 유럽의 철학의 발전의 독특한 단절이 설명된다. 19세기 중반 이래 자연과학과 자연과학적 세계 고찰의 무조건적 우세는 한때 열광적으로 받아들여졌던 '독일 관념론' 철학을 경멸로, 심지어 망각으로 함몰시켰다. 그것들은 이해할 수 없는 횡설수설로 보였다. 실제로 그것들은 가장 먼 시대와 시기의 낯선 문화의 이상한 철학보다도, 고대 인도의 철학보다도 일반적인 이해에 더 멀리 떨어져 있었다. 당연히, 이러한 철학은 우리 시대에 우리의 이해의 기관이 증가하기 시작했음에도, 철학의 입문을 위해서는 거의 적합하지 않다.

다른 한편, 여러분은 언젠가 다시금 현상학이 부서진 다리를 재건하고, 관념론적 철학의 위대한 정신적 가치를 우리에게 선사할 자격과 능력이 있음을 알게 될 것이다. 순수 의식의 관점에서 고찰했을 때, **자연**의 모든 형태가 노에시스적 연구와 노에마적 연구를 필요로 하고, 그것을 통해 존재하는 자연의 절대적 의미를 규정하도록 허락하는 **현상**임을 일단 인식했다면, 정신과 정신적 삶의 형태들도, 그리고 개별적 정신의 본질 유형도, 사회성의 가능한 형식들의 본질 유형도 의식에서 구성된 현상으로서 본질 탐구에 접근될 수 있다는 사실, 그리고 다른 한편, 공동체적 삶에서 자라난 삶의 형식들, 더 나아가 예술, 문학, 학문 등과 같은 문화 형식과 문화 형성물들도 그러하다는 사실은 곧장 분명해진다.

미래의 과제는 우리의 제한된 고찰들을 통해 명백히 이미 우리에게 밑그림 그려져 있다. 정신과학적 존재론들과 현상학들의 구상이 필요하고, 이것에 토대하여, 결국 정신의 측면으로부터 설정된 형이상학적인 문제틀의 구상이 필요하다. 그리고 마침내 이러한 문제틀과 자연의 문제틀의 종합이 필요하다. 이것은 미래의 커다란 문제이며, 철두철미, 엄밀한 학문적 방법에 따라서 다룰 수 있는 문제들이다. 이 모든 것은 하나의 위대한 이념, 즉 궁극적 인식의 학문이라는 철학의 이념의 필연적 측면들을 나타낸다.

칸트 이후의 철학에 대한 발췌와 메모

에두아르트 폰 하르트만(E. v. Hartmann), 『형이상학의 역사(*Geschichte der Metaphysik*)』: "철학사적 비판은 필증적으로 확실한 선험적 형이상학은 영원히 죽었으며, 다시 깨어날 수 없음을 반박할 수 없게 입증했다."

야코비(Jacobi): **이성**은 "초감각적인 것을 이해하는 기관"이다. 그 자체로 참됨, 좋음, 아름다움을 전제하는 능력, 그리고 이러한 전제의 객관적 타당성에 대한 완전한 확신이다. 이성의 본질은 "초감각적이고 그 자체로 참된 것을 붙잡는 것"에 있다. 이것은 "설명하는 것이 아니라, 실정적으로 계시하는 것이고, 무조건적으로 결정하는 것이다" — "다른 감각들처럼." 또한 "이성을 통한 합리적 직관"이고 "예언적"이다.

이성적 직관을 통해서, "과도한 감정만으로는 감각에 도달될 수 없는 것이 지성에 (단순히 꾸며낸 것이 결코 아니기 때문에) 참된 객관적인 것으로서 인식되도록 주어진다."

"감정의 능력은 이성과 동일한 것이다."

하만(Hamann): '믿음'은 단순히 앎의 낮은 단계가 아니다. "믿는 것은 입증될 필요가 없다."

피히테(Fichte)의 지성적 직관: 사유 작용, 특히 자기 자신을 사유하는 작용의 내적 직관. 그러나 지성적 직관의 작업수행에 주의를 기울인다면 그러한 작업수행은 의지의 자유를 입증한다. 그것은 "그 자체로 전적으로 무로부터의 절대적 자기−산출이다." 일반적인 인간적 능력이 아니다. 그것은 단지 개별적으로만 발견된다. (그는 그의 모든 독자에게서 내적 직관의 자유의 능력을 전제하지는 않는다.) 학문 이론이 자신의 사유의 대상으로 삼는 것은 자기 자신으로부터 그리고 자기 자신을 통해서 인식을 산출하는 살아 있는 것, 그리고 활동적인 것이다. 철학자는 이것을 단순히 바라본다.

셸링(Schelling)의 지성적 직관: "외부로부터 온 모든 것을 벗은 우리의 가장 내밀한 자아로 시대의 변화로부터 우리를 끌어당기고, 그래서 불변의 형식 아래 우리 안의 영원을 직관하는 비밀스러운 놀라운 능력이 우리 모두에게 내재되어 있다. 이러한 직관은 가장 내밀하고 가장 고유한 능력이다. 우리가 초감성적 세계에 대해 알고 믿는 모든 것은 오로지 여기에 의존하고 있다."

그것의 전제는 자유다. 그것은 자유를 통해 산출되었다…는 점에 의해 모든 감성적 직관과 구별된다. 그것은 시간을 초월한 인식이다. 그 안에서 우리에게는 시간과 지속이 차츰 사라진다. 우리가 시간 속에 있는 것이 아니라, 혹은 그것이 시간 속에 있는 것이 아니라, 순수한 절대적 영원이 우리 안에 있다. 그것은 창조적 능력이다. 지성적 직관은 "앎인 동시에, 그 대상을 생산함이다." 정신의 어떤 행위를 생산하는 동시에 직관하는 능력이다.

철학함을 이해하지 못하는 것은 철학함을 파악해야 하는 기관이 없기 때문이다. 많은 사람들에게 그것이 전적으로 결여되어 있다. 그것은 배울 수 있는 것이 아니다. 자연으로부터 타고난 것이며, 신이 주신 선물을 통해 인간에게 부여되는 것이다.

(**에두아르트 폰 하르트만**은 자신의 저작에서 셸링의 철학적 체계를 다음과 같이 특징지으면서 이야기한다. 그것은 철학자의 활동이 아니라 인간 속의 초개인적인 것의 산물이다.)

지성적 직관 속에서 인간은 더 이상 보지 않는다. "영원한 봄 자신이 인간에게서 보는 것으로 된다."

우리는 죽음의 상태로부터 깨어나듯이 지성적 직관으로부터 깨어난다. 내가 지성적 직관을 계속한다면, 나는 살기를 멈출 것이고, 나는 시간으로부터 영원으로 가게 될 것이다. 그것은 절대적인 상태다. 우리는 지성적 직관 대신 탈아(Ekstase)를 이야기할 수 있다. 여기서 자아는 더 이상 존재자가 아닌 것으로서 자신의 외부에 놓인다.

헤겔(Hegel):

트렌델렌부르크(Trendelenburg), 『논리 연구(*Logische Untersuchungen*)』: "순수한 사유의 변증법적 방법은 다름 아닌 인간의 인식을 위한 새로운 최고의 기관을 제공하고자 할 뿐이다." **헤겔**은 그것을 **피히테**의 지성적 직관으로 환원한다. 변증법적 방법에 근거하는 능력: '이성'. 일상적인 의미에서가 아니다. 이성의 주요한 작업수행의 본질은 모순된 대립의 통일에 있다.

세계를 움직이는 것은 모순이고, 모순이 생각될 수 없다고 말하는 것은 어리석다. 진리는 일면적인 명제 속에서 진술될 수 없다. 진리에는 두 개의 모순된 명제가 속하는데, 하나는 동일성을, 다른 하나는 차이를 진술한다. 그것도 동일한 고려 속에서, 동일한 측면에서 말이다.

변증법은 세계 과정의 선험적 재구성이고, 그러므로 개별적 의식 속에서의 개념의 자기 운동이다. 이때 철학자는 그저 이성의 객관적 과정의 관찰자다. 절대적인 것의 발생은 의식 속에서 그저 재생산된다. "철학적 사유가 자신의 대상, 즉 이념을 그저 받아들이고, 이념을 허용하며, 이념의 운동과 발전을 말하자면 그저 바라보는 한, 철학적 사유는 분석적으로 진행한다. 철학함은 그런 한에서 완전히 수동적이다."

"변증법은 주관적 사유의 외적 행위가 아니라, 유기적으로 자신의 가지와 열매를 생산하는, 내용의 고유한 영혼이다. 주관적인 것으로서의 사유는, 자신의 편에서 추가된 것을 첨가하지 않고, 자신의 이성의 고유한 활동성으로서의 이념의 이러한 발전을 그저 바라본다."

그것은 창조적이고 직관하는 신적인 사유이고, 전적으로 전제 없는 것이며, 절대적이고, 결국 일종의 탈아적 상태다. 지성은 그것을 파악할 수 없다. 헤겔 자신은 그것을 신화적이라고 명명한다. 사변적 활동성의 특성은 의식의 중지다. "왜냐하면 사변은 의식과 무의식의 최고의 종합에서 의식 자체의 무화를 요구하기 때문이다."

미슐레(Michelet): 헤겔의 의미에서 이성에 관해 무언가를 가지려면 신들의 사랑을 받아야 한다. (아마도 헤겔의 『자연철학*Naturphilosophie*』(1841)의 서문에서.)

바이세(Weisse), 『형이상학(*Metaphysik*)』, 그리고 **이마누엘 헤르만 피히테**(I. H. Fichte)는 그의 『존재론(*Ontologie*)』에서, 변증법적 방법 외에 '사변적 직관'도 받아들인다. **피히테**: '투시'. **슈탈**(Stahl), 『법철학(*Rechtsphilosophie*)』: '예지력'.

프리스(Fries): 우리에게 지식과 동일한 확실성을 줄 수 있는 인식의 수단으로서의 믿음. 그것은 내용으로 관념들의 세계를 갖는다.

철학의 무전제성

헤겔: "사유가 자신의 대상 자체를 자신에게 산출하고 주는 한, 철학은 어떠한 전제도 만들지 않는다."

셸링: 철학이 도대체 존재해야 한다면, 모든 내용과 모든 형식의 조건을 포함해야 하는 단적으로 절대적인 원칙을 통해 조건 지어져야 한다.

이러한 독일 관념론자들의 철학에서 출발점은 **절대적인 것**이다. 절대적인 것은 생각될 수 없는 것이다. 없을 수 없으며, 다를 수 없는 것. 아프리오리-성격.

『초월론적 관념론의 체계(*System des transzendentalen Idealismus*)』는 전체 지식의 체계와 동일시된다.

스테펜스(Steffens): 자연철학의 방법은, 단순히 사실의 비교와 개별적인 것의 면밀한 연구를 통해 생겨나는 것과는 다르고, 심지어 이것에 반대되는 특수한 명증을 발전시키지만, 그럼에도 동일한 것을 발견하고 인식한다. 시간을 초월한 성격. 영원의 형상 아래에서(*sub specie aeternitatis*)의 인식.

피히테: 상상력에 대해서만 시간이 존재한다. 한갓 순수한 이성에 대해서는 모든 것이 동시적이다.

철학적 인식이라는 종류는 "인과 법칙과 이것이 타당할 수 있는 세계로부터 완전히 등을 돌릴 것을 요구한다."

헤겔: 시간의 차이일 뿐인 이 단순한 일어남은 아무것도 이해하게 하지 못한다. 유일한 원칙.

수학과의 비교(연역적 성격).

자연의 철학은 자연, 즉 전체 경험 세계의 가능성을 원리들로부터 도출해야 한다. 수학과 철학은 "인식의 종류를 고려할 때 완전한 동등성을" 갖는다.

철학의 참된 방법은 증명적(demonstrativ)이다.

그러나 **피히테**: "하나의 완전한 관념론에게는 아프리오리와 아포스테리오리가 두 가지 것이 아니고 완전히 하나의 것이다. 그것은 단지 두 가지 측면에서 고찰된 것이고, 오로지 거기에 접근하는 방법을 통해서만 구별된다."

"어떤 것이 선험적이라면, 그것은 바로 그로 인해 필연적으로 후험적이어야 하지 않는가. 어떤 것이 후험적이라면, 그것은 그것이 선험적이라는 것 말고 다른 이유가 있을 수 있는가?"

발견의 방식에 주의를 기울여보면, 모든 것은 후험적이다. 모든 것이 그 본질에 필연적으로 근거하고 있다는 사실에 주의를 기울여보면, 그것은 선험적이다.

그래서 셸링도: 선험적 명제와 후험적 명제의 차이는 가령 근원적으로 명제들 자체에 부착되어 있는 차이가 아니라, 그 차이는 단순히 이러한 명제들에 대한 우리의 지식과 우리의 지식의 종류를 고려하여 만들어진 것이다.

낭만주의적 관념론에서 **형식적 개념들의 실체화**(Hypostasierung): 형식적 개념들로부터 경험적 개념이 구성되고, 완전히 일반적으로, 형식적 개념들은 실재적 존재가 되고, 실재적 본질과 힘으로 생각된다. 사실에 대한 인과적 해명, 감각, 현실성의 해석을 향하지 않는다. '본질' — 이념 — 이념적 해석. 질료가 '의미하는' 것은 그것을 현출로 가져오는 어떤 이념을 위해서 필연적이다.

피히테: 학문 이론은 학문으로서, 전적으로 경험에 대해 묻지 않으며, 경험을 단적으로 고려하지 않는다. 심지어 어떤 경험도 있을 수 없을지라도 그것은 참된 것이어야 한다.

사실에 대한 그의 개념: 필연적으로 생각되어야 하는 것.

셸링: 사변적 자연학은 가장 엄밀한 의미에서의 지식이다. 우리는 스스로 생산된 것만 알고 있다. 그래서 말의 가장 엄밀한 의미에서의 지식은 순수한 선험적 지식이다.

"절대적인 전제로부터 모든 자연 현상의 도출." 그것을 통해 우리의 지식은 자연 자체의 구축, 즉 선험적 자연에 관한 학문으로 변화한다.

자연에서 모든 것은 선험적이다. 모든 개별적인 것은 전체를 통해, 혹은 자연 일반의 **이념**(Idee)을 통해 미리 규정된다.

순수한 경험은 학문이 아니고, 거꾸로, 순수한 학문인 것은 경험이 아니다. 경험적 학문의 개념은 도대체 생각될 수 없는 개념이다. 참된 이론은 단지… 절대적으로 선험적으로 세워진 것일 수만 있다.

철학적인 연구 방향은 개별적 학문의 방향과 대비하여 본질적으로 새로운 것이다.

셸링: 물리학과 화학은 자신의 고유한 언어를 갖고 있는데, 그 언어는 보다 높은 학문에서는 완전히 다른 것으로 해소되어야 한다. 자연철학은 "자연에 대한 완전히 변화된 견해"를 제공한다. 여기서 우리는 같은 사다리 위에서 전진하는 것이나 언젠가 밑그림 그려진 선에서 더 나아가는 것에 대해 이야기하는 것이 아니라 완전히 다른 새로운 인식의 종류에 대해서, 완전히 새로운 세계에 대해서 이야기하고 있다. 그 속에 오늘날의 물리학이 있는 인식 종류와 세계로부터 이 인식 종류와 세계로의 어떠한 이행도 존재하지 않는다. 이것은 일반적으로 완전히 독자적으로 그 자체로 자신 안에 포함되어 있고, 어떠한 외부적 관계도 갖지 않는다. 어떠한 길이나 인도(人道)도 보통의 학문으로부터 그리로 인도하지 않는다.

헤겔: 다른 학문들에 대한 사변적 학문의 관계.

경험적 학문에서 우리는 표상으로부터 사유로 간다. 철학에서는 거꾸로

된 길을 간다.

자철광(Magnetstein)의 예: 이 개념(자철광)에 무엇이 포함되어 있는지 규명하기 위해서는 우리는 돌로 문질러진 자철광이나 쇠에 대한 감각적 표상을 우선은 완전히 잊어야 한다.

낭만주의적 철학의 '**보편주의적 성격**': 철학은 "모든 개별 학문을 포괄한다"는 권리주장을 유지한다. **피히테**에 따르면 학문 이론의 원칙은 모든 학문과 모든 지식의 원칙이다. 여기에는 "모든 가능한 내용", "단적인 내용", "절대적 내용"이 놓여 있다. 이것은 인간 인식의 전체 영역을 완전하게 망라해야 한다.

셸링: "바로 이 때문에, 철학의 내용이 학문 일반의 모든 내용을 정당화해준다고 동시에 주장된다."

철학의 원칙 = 근원 내용, 모든 지식의 근원 형식.

찾아보기

ㄱ

감각 복합체 160, 162, 209~213, 239

감각 자료 78, 158, 160, 209~211, 219,
    230, 239, 246, 285~286, 294~295,
    312, 502, 505, 538

감각주의 107, 173, 174, 209~210,
    217~219, 222~223, 239, 248~249,
    253~254, 312, 314, 321, 401, 403,
    432, 479, 505

객관적 학문 73, 75, 77~79, 88, 94,
    98~99, 101, 104~107, 114, 118~119,
    121~122, 172, 173, 201, 203, 216,
    232~233, 236, 255, 259~260,
    262~264, 398~399, 403~404,
    456, 458, 506, 518~521, 523~524,
    526~527, 571, 573, 579

경험주의 176~177, 185, 187~191,
    193, 199, 202~207, 217, 221~222,
    235~238, 242~244, 248, 250~251,
    253~256, 261, 265~266, 402~404,
    429, 440, 474, 497~498, 543, 573

경험주의적 추상 이론 185, 402

고르기아스 20, 84~85, 425, 456, 473,

482

공간 55, 74, 78, 117, 128, 130, 139~142,
    155, 166~167, 169, 176 185, 210, 220,
    241, 243, 258, 263, 285~289, 293,
    299~300, 304, 357, 364, 382~383,
    418, 420~423, 431, 437, 446, 465,
    469~470, 481, 500~503, 506,
    524, 527, 546, 549, 551, 556~557,
    563~565, 567, 569, 576, 578

괄호 치기 174

근원설립 354, 376

기억 13, 20, 61, 63, 93, 115, 132, 138,
    148~149, 151~152, 154, 168, 180,
    183, 225, 227, 229, 244, 284, 289,
    297, 303, 331, 335~336, 348~353,
    355, 466, 482, 489~490, 493, 510,
    535~536, 545, 552, 556, 559~560

ㄴ

내실적 147, 151~152, 156, 162, 165,
    173, 180, 226, 313, 338, 356~357,
    401, 462, 474, 518,

내실적 내재 152

내재 118, 136, 143, 150~152, 179, 201,
　　209, 213~214, 218, 262~264, 337,
　　341, 366, 401, 431, 479, 506, 519,
　　521, 524, 526, 532
내재적 56, 90, 97, 109, 125, 127~128,
　　131, 149~152, 154, 157~159,
　　167~170, 174, 177~178, 181, 197,
　　199, 204, 206~210, 213~215,
　　217, 220, 222~223, 226, 229, 233,
　　235~237, 241, 245, 247, 249, 251,
　　253~254, 256, 262, 266, 269, 277,
　　285, 304, 311, 313, 337~338, 341,
　　369~400, 403, 432, 456, 460, 463,
　　475, 478~484, 490, 505, 508,
　　518~519, 522, 524, 526~527, 529,
　　532~533, 536, 538, 541, 551, 577
노에마 34, 313, 572, 576, 578~580, 582
노에시스학 372
논리학 32~34, 39~44, 46~51, 58,
　　64~69, 76, 78~81, 106, 118, 116,
　　192, 236~237, 243, 283, 287,
　　302~303, 307, 326, 372, 391,
　　396~398, 411, 414, 422, 458, 496,
　　511, 543, 549, 561, 580

ㄷ

다양체론 45~46, 438,
대상성 44~45, 49, 59, 65, 82, 87, 96,
　　99, 118~120, 148, 151~152, 155, 169,
　　179, 181~182, 186, 192~193, 229,
　　232~234, 241~242, 256, 303, 311,
　　313, 315, 329, 341, 344, 346~347,
　　353, 356~357, 406~407, 430, 444,

463~464, 484, 505, 507, 523~524,
　　542~543, 548~551, 562, 567, 569,
　　577
데카르트　18~19, 83, 87, 89~92,
　　94~98, 100, 102~107, 109, 114,
　　121~125, 128, 133, 136, 141~142,
　　145, 147, 156, 162, 170, 183, 192,
　　200~202, 206, 208, 215, 221, 225,
　　244, 250~251, 253, 257~259,
　　262~264, 304, 312, 316, 320~321,
　　339, 369, 375, 398~400, 402~403,
　　453, 459~460, 462~463, 465~468,
　　471~475, 477~480, 484, 486,
　　516~518, 520~521, 529, 531,
　　580~581
독사 85~86

ㄹ

라이프니츠 17, 48, 102, 123, 211,
　　213~214, 244, 250, 261, 264~270,
　　305, 320~321, 369, 403, 431, 451,
　　486~487, 516, 522~523, 538, 579,
란트그레베 395
렉톤 34, 396
로고스 67, 177, 186, 301~302, 390
로크 100, 107~109, 113~114, 120~125,
　　127~134, 136~145, 148, 154~161,
　　168, 170~173, 176~179, 186~187,
　　197, 199~204, 206~208, 210,
　　214~215, 220, 222, 231, 238, 244,
　　254~255, 265, 269, 369, 399~403,
　　432, 474, 480, 486, 493, 498, 518

ㅁ

메타바시스 118

명료화 42~43, 396, 414

명제 논리학 47~48, 65, 192, 396

명증 22, 24, 29, 42~44, 48, 50, 55,
59, 64~65, 85, 93~95, 101, 105,
109, 115, 123, 128, 130, 132, 141,
145, 147, 156, 162, 168, 181~182,
191~192, 198, 201~203, 209, 221,
226, 228~229, 234~236, 255~256,
262, 264~265, 270, 279, 310, 328,
359~360, 364~366, 368, 374, 376,
386, 388~389, 404, 434~435,
462~464, 467, 470, 472~473, 474,
482~483, 494~495, 498, 500, 502,
510~511, 516, 524~525, 531, 536,
574, 576, 588

모나드 102, 268, 410, 487, 517, 529, 536

모나드론 102, 211, 213, 261, 267, 399,
403, 487, 516~519, 523, 529

모순 24, 37~38, 40, 46, 82, 121,
148, 151~152, 154, 191, 202~204,
206, 214, 244~248, 269~270, 368,
396, 402, 404, 415, 419, 421, 423,
430, 458, 473, 475~476, 482~483,
492~493, 496~497, 507, 511, 520,
522, 536, 575, 577, 586

무모순성 34, 37~39, 41, 43, 45, 303,
396, 430, 467

무전제성 135, 221, 257, 536, 588

ㅂ

반성적 명증 234

반철학 202

버클리 154, 158~160, 186, 197,
206~215, 218, 238~241, 248, 401,
403~404, 475, 481, 484, 505

변증술 24, 27, 32, 54, 58, 64, 81, 396,
425, 506

보편 수학 48, 66~67, 359, 430~431,
487, 511

본유 관념 122~123, 130, 490

본질 직관 23~24, 173, 192, 279, 395,
451~452, 572, 574

부정주의 89, 202~203, 418, 425

브렌타노 149, 228, 312, 486~487

비정합성 36~39, 41, 43, 56, 396

ㅅ

사실 학문 27, 257, 340, 342, 362, 495

산술학 45, 48~49, 55~56, 58, 65, 244,
446, 576

상대주의 20, 84, 95, 292, 495

상상 69~70, 127, 223, 225, 227, 243,
246, 261, 267, 285~286, 297, 331,
336, 350~351, 447, 466, 477, 501,
505, 535, 557

상호주관성 154, 161, 242, 283, 361, 365,
433

소크라테스 19~22, 24~25, 30, 206, 279,
396, 437

소크라테스-플라톤 52

소피스트 20, 24~25, 83~84

소피스트 철학 24, 53, 81, 87, 206

순수 주관성 119, 162, 193, 231, 233,
253, 269, 322~323, 340, 342, 363,

399, 404, 462, 473~475, 478

순수 형식 논리학 65

스토아 32, 34

스피노자 142, 244, 250, 257~258, 263

습성 210

시간 75, 99, 129, 151, 169, 176, 220,
　　226~229, 241, 285~287, 289,
　　293, 299~300, 304, 318, 335, 337,
　　350, 378, 383, 418, 420~422, 431,
　　450, 510, 524, 527, 549~551, 556,
　　563~564, 566, 569, 576, 578,
　　585~586, 588

신체 93, 108, 159, 167, 212, 220,
　　291, 293, 295, 299, 412~413, 432,
　　436, 443~444, 459, 462, 469, 472,
　　477~478, 518, 529, 552

실증 학문 106~107, 257, 263, 322~323,
　　326, 328, 338, 358, 374

실증주의 173, 197, 218, 405

심리학적 환원 354

심리학주의 106~107, 123~125, 132, 136,
　　173~174, 186, 189, 197, 200, 202,
　　209, 215, 253~254, 339, 399~400,
　　402~403, 486, 522, 573

ㅇ

아르키메데스의 점 90, 200, 473

아리스토텔레스 13~14, 32, 34, 41, 43,
　　50, 56, 64, 76~77, 81, 118, 236~237,
　　252, 277, 390, 396~398, 429, 441,
　　447

아우구스티누스 89

아프리오리 23, 271, 283, 294, 299, 311,

314, 372, 407, 429~430, 433, 494,
　　513, 551, 555, 560~561, 574~575,
　　589

양상 40, 42, 44, 48, 50, 52, 58~59, 61,
　　74, 115, 130, 135, 154, 169, 184, 226,
　　269, 310, 331, 333~336, 345~347,
　　349~350, 355~356, 361, 368, 397,
　　436, 551

양상화 344, 354

에고 코기토 89~90, 92, 94, 103, 105,
　　107, 124, 129~130, 136, 146, 156,
　　167, 170, 193, 200, 203, 205, 217,
　　231, 262, 304, 316, 320, 339, 375,
　　459, 468~469, 473~474, 477, 479,
　　483, 516, 518~520, 524, 528

에우독소스 55

에피스테메 85

역진적 257, 261, 268, 283, 371, 523,
　　525~526, 528

예기 267, 290, 298, 300, 304, 475

예상 152, 210, 212, 225, 227, 240, 284,
　　298~300, 303, 351~353, 385~389,
　　464, 481, 535

오르가논 50

유명론 177, 238, 253

유사 정립성 332

유아론 99, 456, 476

유클리드　55, 58, 447

음영 141, 209~210

의견 72, 85~86, 95, 371, 386, 388, 426,
　　454

의식의 자연화 136, 148, 172, 206,
　　400~401

이념적 15, 25, 28, 33, 37~38, 43, 45,
 51, 54~55, 65~66, 79, 118, 149,
 169, 184~185, 191, 193, 233, 235,
 241~242, 244, 263, 311, 313, 315,
 332, 341, 344, 353~354, 356~357,
 380, 390, 412, 417, 422~423, 430,
 435~436, 438~441, 446, 503, 554,
 556, 589
인상 20, 103, 106, 218, 222~224,
 226~229, 240, 242, 244~245,
 247, 375, 404, 485, 488, 490~491,
 493~494, 497, 566
인식론 114, 116, 121~122, 124~126,
 128~129, 131~132, 136~137,
 139~141, 143, 170, 203~204,
 207~208, 221, 223, 230, 253, 259,
 261, 263, 266, 303, 399, 402, 415,
 467, 482~483, 493, 495, 497,
 518~522, 530, 533, 535, 537~538,
 555
일치성 32, 34, 47, 363~364
입장 취함 150, 310

ㅈ

자아론 103, 114, 125, 205, 217, 400,
 473, 477
자아-분열 348~349
자연적 경험 252, 328, 342, 403, 423,
 471~472, 474
자연적 명증 328, 359, 531
자연적 반성 344, 347, 353~356
자연적 태도 119, 121, 128, 141, 151, 174,
 297, 316, 323~324, 342, 346, 368,

 480, 524~531
자연적 학문 411, 421, 530~531
자연주의 106, 148, 158, 173, 177, 209,
 215, 219, 235, 399, 479, 487, 522
자연주의적 태도 185
자체 가짐 109, 190, 361, 464
자체 파악 53, 116, 177, 180~181, 189,
 190~192, 226, 229, 338, 363, 389,
 464, 476
자체부여 24, 181~182, 184, 190~191,
 220, 229, 237, 270, 402
자체소여 24, 162, 176, 179, 279, 471,
 575
재현 165, 185, 188, 268, 308, 402, 501
전진적 88, 257, 260~261, 523
정립적 작용 356
정신과학 32, 172, 254, 422, 432~433,
 562, 580
정합성 32, 34, 37~49, 56, 59, 396, 430
제일철학 13~17, 19, 27, 32, 87, 104,
 221, 313, 375, 395~396, 548,
존재론 41, 46~48, 252, 256~258,
 262~263, 306, 311, 370~371, 396,
 407, 411, 558, 579, 582, 587
주관주의 25, 84, 88, 254, 315
지평 98, 103, 205, 207, 304, 316,
 335~336, 342, 354~355, 361~364,
 367~368, 375, 382, 384, 387~388,
 457, 512, 525
지향적 함축 175, 349, 351
직관주의 139, 189, 203~208, 214, 222,
 237, 237, 249~250, 254, 269, 400,
 403~404

집합론 45

ㅊ

철저주의 20, 32, 104, 106, 121, 221, 309,
    338, 342~343, 396, 471, 531~532
초월 철학 308, 313, 314, 318~322,
    328~329, 398, 467, 487, 496, 498,
    542, 572, 574
초월론적 가상 141
초월론적 감성론 500, 552, 577
초월론적 감성학   284
초월론적 경험 330, 339, 341, 486
초월론적 관념론 570, 588
초월론적 노에시스학 372
초월론적 논리학 287, 372, 561
초월론적 반성 344, 347, 465
초월론적 분석론 540, 549, 552, 563, 577
초월론적 사실 학문 340, 342
초월론적 상호주관성 361
초월론적 인식론 122, 140, 519, 521
초월론적 자아 103, 465, 471, 473, 486
초월론적 자아론 103, 114, 125
초월론적 주관성   89, 93, 100, 104,
    233, 251~252, 254, 256, 265~266,
    270, 305, 320, 342, 358, 368, 372,
    376, 399, 430, 433, 460, 472~473,
    486~487, 543
초월론적 주관주의 88, 315,
초월론적 철학 90~91, 103~104, 193,
    254, 256, 368, 305~306, 308~309,
    313, 316, 338~341, 358, 370,
    372~375, 379, 400, 528, 549
초월론적 태도 174, 305, 316, 338~340,

359, 367~368, 371, 460
초월론적 학문 98~101, 109, 125, 233,
    241, 268, 321, 342, 399, 430
초월론적 현상학 17, 48, 204, 315, 342,
    372, 403, 498, 542~543, 547~548,
    555~556, 559~561
초재 136, 207, 211, 213, 315, 330, 460,
    479, 519, 521, 524, 539, 572~573
초재적 119, 156, 159, 161, 166, 179,
    206~207, 210~211, 217~218,
    246~247, 284, 401, 403, 431,
    462~463, 472, 479~480, 484~485,
    506, 516, 519~520, 574
촉발 144, 266, 276, 301, 332, 362, 493,
    507~508, 511~512, 526, 538~539,
    567, 574, 576
충전성 44, 59
충전적 명증 59

ㅋ

코페르니쿠스적 전환 281, 303, 320, 496
쿠자누스   451~452

ㅌ

타인경험   161, 292, 351, 401, 462

ㅍ

판타스마 223~224, 505
프로타고라스 20, 84~85
플라톤 19~22, 24~33, 51, 54~56,
    58, 77, 81, 83, 85~87, 106, 122,
    200, 279, 390, 396, 425~426, 434,
    436~440, 446~447, 452, 487

플로티노스 448
필증적 명증 24, 123, 264, 279, 470, 474
필증적 진리 54

ㅎ

합리주의 202, 240, 244, 250~251, 254,
    256, 261, 264, 279, 404, 427, 490,
    498, 573, 575
허구주의 243
현상학적 반성 547
현상학적 심리학 174
현상학적 태도 256, 315
현상학적 환원 256, 312, 315~316, 340,
    400, 471, 551, 555~556, 572~573,
    578
현전화 164~166, 180, 227, 331,
    346~347, 350, 352, 386, 535
현행적 35, 37, 115, 119, 288, 299, 301,
    342, 346, 350, 355, 365, 377, 391
형상적 태도 361
형상적 현상학 257, 343
형식 논리학 39, 41, 48, 58, 64~67, 307,
    396~397, 422, 511
형식 명제론 47, 65
형식 윤리학 307

형식 존재론 41, 46~48, 311, 371, 396
형이상학 13~14, 32, 100, 103,
    113~114, 134, 137, 201, 224, 244,
    247, 250~252, 255, 257, 259~264,
    315, 370, 408, 411, 415~416, 418,
    490, 508, 510, 518~522, 530,
    542~543, 555, 561, 570~571, 584,
    587
형태성질 152~153, 167
홉스 125, 132~133, 142, 177, 210, 400
환경세계 22, 150, 275~276, 282~283,
    293~294, 323, 353, 385, 388~389,
    432~433, 518
회의주의 82~84, 87~89, 105, 113,
    120, 144, 177, 186, 191~192, 197,
    199~200, 202~205, 218, 230, 234,
    236, 238, 243, 245, 249, 253, 305,
    321, 398, 401, 403, 405, 415, 425,
    455, 474, 482, 496~497, 574, 579
흄 144, 187, 197, 199, 203, 211,
    215~224, 227~228, 230~231,
    235~240, 243~249, 269, 289,
    305, 314, 320~321, 328, 369, 401,
    403~405, 477, 481~484, 488~498,
    504~506, 564, 574, 577~578

지은이

:: 에드문트 후설 Edmund Husserl

후설은 옛 오스트리아제국의 작은 도시인 프로스니츠(현재 체코의 프로스테요프)의 유대인 가정에서 태어났다. 1883년, 빈대학에서 수학의 변이 이론으로 박사 학위를 받았으나, 프란츠 브렌타노를 사사하면서 철학으로 전향했다. 1887년에 교수 자격을 취득한 뒤 할레대학, 괴팅겐대학에서 교편을 잡았으며, 1916년에 하인리히 리케르트의 후임으로 프라이부르크대학의 철학과 정교수로 취임했다. 유대인이었기에 말년에는 나치로부터 박해를 받았다.

초기 저작인 『산술 철학』(1891)에서는 수학적 대상을 심리적 작용으로 환원하는 심리학주의에 경도되었으나, 『논리 연구 1, 2』(1900, 1901)에서 심리학주의를 비판하면서 의식의 지향성에 대한 순수 기술적 방법인 현상학을 창시했다. 이후 후설은 의식에 대한 순수 기술로서의 현상학을 초월론적 환원에 기초한 초월론적 현상학으로 발전시켰는데, 이것을 체계적으로 정리한 것이 『순수현상학과 현상학적 철학의 이념들 1』(1913)이다. 이후 그는 현상학을 발생적 현상학으로 확장했는데, 『형식논리학과 초월론적 논리학』(1928)과 사후에 출간된 『경험과 판단』(1939) 등은 그 탐구의 빼어난 성과다. 또한 『데카르트적 성찰』(1931), 『유럽 학문의 위기와 초월론적 현상학』(1936) 등은 초월론적 현상학을 철저히 정초하려는, 필생에 걸친 노력의 마지막 결실이다. 생전에 출간한 이러한 저서들 외에도 후설은 총 4만 5000여 장에 달하는 방대한 연구 원고를 남겼는데, 이 연구 원고들은 아직도 후설 전집으로 출간 중이다.

후설은 현상학의 엄밀한 방법을 통해 학문의 토대를 철저히 정초함으로써 실증주의에 의해 생겨난 현대 학문과 문화의 위기를 극복하고자 평생 분투했다. 그가 개척한 현상학은 20세기 주요 철학 사조의 하나가 되었으며, 철학에서뿐만 아니라 인문학, 사회과학, 예술 등 여러 분야에서 광범위한 영향을 미치고 있다.

옮긴이

:: 박지영

서울대학교 미학과를 졸업하고, 같은 대학 철학과 대학원에서 후설의 명증 이론에 관한 연구로 석사 학위를, 상호주관적 명증에 관한 현상학적 연구로 박사 학위를 받았다. 지은 책으로는 『진리에 대한 현상학적 성찰: 상호주관적 명증의 현상학』이 있고, 옮긴 책으로는 『현상학의 이념』(에드문트 후설), 『후설의 현상학』(단 자하비)이 있다. 또한 「후설 현상학의 이념과 상호주관적 명증의 문제」, 「후설과 상대주의」 등의 논문을 썼다. 현재 서울대학교와 성균관대학교에 출강하고 있다.

한국연구재단총서 학술명저번역 **669**

제일철학 1
비판적 이념사

1판 1쇄 찍음 | 2025년 2월 18일
1판 1쇄 펴냄 | 2025년 3월 12일

지은이 | 에드문트 후설
옮긴이 | 박지영
펴낸이 | 김정호

책임편집 | 임정우
디자인 | 이대웅

펴낸곳 | 아카넷
출판등록 | 2000년 1월 24일(제406-2000-000012호)
주소 | 10881 경기도 파주시 회동길 445-3
전화 | 031-955-9511(편집)·031-955-9514(주문)
팩시밀리 | 031-955-9519
www.acanet.co.kr

Printed in Paju, Korea.

ISBN 978-89-5733-969-5 94160
ISBN 978-89-5733-214-6 (세트)

이 번역서는 2019년 대한민국 교육부와 한국연구재단의 지원을 받아 수행된 연구임.
(NRF-2019S1A5A7068294)
This work was supported by the Ministry of Education of the Republic of Korea
and the National Research Foundation of Korea. (NRF-2019S1A5A7068294)